조지 오웰
뒤에서
지워진 아내 아일린

WIFEDOM
Copyright © 2023, Anna Funder All rights reserved
Korean Translation Copyright © 2025 by Sangsang Academy

이 책의 한국어판 저작권은 저작권자와
직접 계약한 (주)상상아카데미에 있습니다.
저작권법에 의해 한국 내에서 보호를 받는 저작물이므로
무단전재와 무단복제를 금합니다.

조지 오웰
뒤에서
지워진 아내 아일린

1판 1쇄 펴냄 2025년 8월 7일

지은이 애나 펀더
옮긴이 서제인
발행인 김병준 · 고세규
발행처 생각의힘
편집 우상희 · 정혜지 디자인 이소연 · 김경민 마케팅 김유정 · 신예은 · 최은규

등록 2011. 10. 27. 제406-2011-000127호
주소 서울시 마포구 독막로6길 11, 2, 3층
전화 편집 02)6925-4184, 영업 02)6953-8396 팩스 02)6925-4182
전자우편 tpbook1@tpbook.co.kr 홈페이지 www.tpbook.co.kr

*책값은 뒤표지에 있습니다.
*잘못된 책은 구입하신 서점에서 교환해 드립니다.

ISBN 979-11-94880-08-0 (03800)

조지 오웰 뒤에서
지워진 아내 아일린

애나 펀더
서제인 옮김

WIFEDOM:
Mrs. Orwell's
Invisible Life
Anna Funder

생각의힘

크레이그에게
그리고 이모젠, 폴리와 맥스에게

사랑은… 성적인 것이든 아니든 힘든 일이다.
조지 오웰

우리 모두는 우리가 사랑하는 사람들을 꾸며낸다.
필리스 로즈

남자들과 여자들은… 삶을 더 사랑하기 위해 책을 읽는다.
비비언 고닉

아일린 오쇼네시의 옥스퍼드 시절 노트(1924년경)

2005년, 조지 오웰의 첫 번째 아내 아일린 오쇼네시가 가장 가까운 친구였던 노라 사임스 마일즈에게 보낸 여섯 통의 편지가 발견되었다. 그 편지들 속에는 아일린이 오웰과 결혼해 살았던 1936년부터 1945년까지의 시간이 담겨 있다. 아일린의 편지들은 이 책에서 다른 서체로 등장한다.

이 책을 향한 찬사

나는 오랫동안 조지 오웰을 사랑해 왔다. 이제는 안다. 그 사랑은, 한 남자가 애써 숨기려 했던 한 여성을 사랑하는 일과도 같다는 것을. 플롯으로 세상을 직조하고, 사람들이 동의하든 동의하지 않든 자신의 언어로 과거와 현재 그리고 미래까지 읽게 만들었던 작가. 조지 오웰. 그 뒤에 서 있던 여자. 이중사고의 주인공 아일린. 그녀는 조지 오웰이 걸작을 써내는 동안 일을 하고, 살림을 하고, 그에게 영감을 불어 넣었다. 조지 오웰은 분명 알고 있었으리라. 아일린이라는 진실을 영원히 숨길 수는 없다는 것을. 덕분에 나는 그가 "광기의 집합"이라 불렀던 '삶'에 아일린이 어떤 활력을 불어넣었는지 알게 됐다. 그래. 삶이란 분명 어둠으로 가득하다. 그러나 두려움을 감수하고 도전해 볼 만한 모험의 시간이기도 하다. 아일린의 삶이 그것을 증명한다. 이제 나는 조지 오웰의 글에 더 충만한 사랑을 느낀다. 그 사랑은 그의 뒤에 서 있던 한 영민한 여성을 향한 것이기도 하다. 아일린의 헌신에 감사를 전한다.

_강화길(소설가, 《치유의 빛》 저자)

소피아 톨스토이, 젤다 피츠제럴드, 시시 챈들러, 캐서린 디킨스, 매리 워즈워스⋯ 이름은 낯설지만 성姓은 익숙한 이 여성들은 모두 유명 작가의 아내다. 이들이 없었다면 세상에 나오지 못했을 작품들도 많지만, 정작 이들의 이름은 빛을 보지 못했다. 여성들은 남성 작가, 예술가의 삶과 작업에 주요한 역할을 하고 창작 과정의 일원이었음에도 기껏해야 '뮤즈' 정도로 불렸을 뿐 대부분은 '아내'라는 배역으로 그 존재가 지워지거나, 교묘하게 가려진다.

원서의 제목 와이프덤wifedom은 흥미로운 단어다. 아내라는 단어에 농노신분serfdom, 노예신분slavedom 같은 표현에서 흔히 보는 접미사를 사용했기 때문이다. 신분제 사회에서 이름을 알 필요가 없는 노예들처럼, 가부장제 사회에서 그 존재를 무시해도 좋다고 생각한 아내들을 가리키는 표현이다. 이 책은 가상의 폭정에 저항한 조지 오웰이 현실에서는 자기 아내 아일린의 기여와 존재를 얼마나 의도적이고, 교묘하고, 철저하게 지우려고 했는지 보여준다. 특히 오웰의 생각에서 드러나는 여성혐오는 자기연민과 근거 없는 피해의식과 얽혀 있어 21세기의 많은 남성들이 직시해야 할 거울이 된다.

_박상현(오터레터 발행인, 《친애하는 슐츠 씨》 저자)

조지 오웰은 누구인가? 그는 난봉꾼, 강간범, 교활한 겁쟁이, 착취자였다. 이것이 오웰의 '참모습'이다. 가부장제 사회에서 문학과 작가는 어떻게 만들어지는가에 대해 이보다 더 논리적이고 정교한 책은 없을 것이다. 이 책을 읽으면서 마르크스, 톨스토이, 아인슈타인이 예외가 아니었음을 깨닫는다. 성별 분업 사회에서 그들은 조지 오웰과 같은 평범한 인간이었다.

"아내는 남자에게 두 개의 삶을 선사한다". 일상의 노동으로부터 떠날 수 있는 삶과 아프거나 세상으로부터 상처 받으면 언제든지 돌아올 수 있는 삶. 이것이 가부장제의 작동 원리다. 이 책은 오웰의 아내 아일린에 대한 이야기라기보다는 아일린의 남편 오웰의 이야기, 역설적인 여성의 역사이다.

저자는 글쓰기의 깊이와 두터움을 통해 현기증을 일으키는 분노를 체험케 하는 새로운 형식의 전기를 선보인다. 조지 오웰의 모든 글을 읽기 전에 이 책을 먼저 읽어야 한다.

_정희진(문학박사, 《다시 페미니즘의 도전》 저자)

개인적인 회고록, 약간의 허구적 재구성, 그리고 빛나는 목적의식을 결합해 주제를 다뤄내는 거장의 솜씨.

_〈뉴욕타임스〉

경계를 넘는 도전적인 작가 애나 펀더는 그간 회고록과 사실, 상상력을 통합해 인상적인 결과물을 만들어냈다… 그는 이 책에서 최고의 기량을 발휘하면서 한 가지 사실을 보여준다. 결혼에서든 타인의 전기를 쓰는 일에서든, 용서와는 또 다른 급진적인 공감이 우리를 이해에 한 걸음 더 다가서게 해줄 것이라는 사실을 말이다.

_〈월스트리트저널〉

애나 펀더는 얼마 안 되는 세부사항들을 역사학자의 정밀함으로 꿰어맞춰 하나의 삶을 재구성한다. 그리고 소설가가 지닌 상상력의 힘으로, 명확히 표시한 지점들을 통해 그 삶이 어떤 삶이었을지 추측한다… 학문적으로나, 순수한 감정의 측면에서나 눈부신 성취다.

_〈로스앤젤레스타임스〉

장르의 경계를 넘나드는 역작… 이 책 이후로 우리는 오웰이나 그의 작품을 절대 예전처럼 바라볼 수 없을 것이고, 그래서도 안 된다.

_〈인디펜던트〉

사납고 매혹적이다.

_〈더타임스〉

우아하고 창의적으로 아일린을 복원해내는 책.

_〈이코노미스트〉

독자의 상상 속에 끝까지 남아 떠도는 건 펀더가 불러낸 아일린의 삶, 잡힐 듯 잡히지 않는 그 삶이다. 마법 같은 성취다.

_〈파이낸셜타임스〉

흔들림 없이 단단하면서도 저항할 수 없이 강렬한 책이다. 책이라는 하나의 사물인 동시에 하나의 힘이다… 노골적인 억압과 은밀한 억압을 다룬 또 하나의 탁월하고 중요한 서사다.

_〈오스트레일리언 북리뷰〉

역사적 기록 속의 부재를 이토록 예민한 눈으로 들여다보고 글을 써내는 작가는 찾기 어렵다.

_〈새터데이 페이퍼〉

이 책은 20세기 문학의 주춧돌로 여겨지게 된 작품들을 창조하는 데 중요한 역할을 했던 한 여성의 생생한 초상이다. '아내'라는 역할로 가려져 왔지만, 아일린이 한 공헌의 정도는 측정하기 어렵다.

_〈옵저버〉

정신을 뒤흔드는 이 맹렬한 책에서, 애나 펀더는 아일린 오쇼네시 블레어를 사라지게 만든 '사악한 마술의 속임수'의 정체를 드러내는 일에 착수한다… 이 열정적인 편애가 담긴 문학적 복원 작업에 독자들은 그저 전율과 충격을 동시에 느낄 수밖에 없을 것이다.

_〈선데이타임스〉

전기, 회고록, 탐정의 작업을 방불케 하는 문학이 탁월하게 결합된 작품. 펀더는 아일린을 되살려내고, 남성 작가들이 쓴 여러 편의 전기, 그리고 압제와 진실에 관한 오웰의 고전들을 법의학적 정밀함으로 새롭게 읽어낸다.

_〈가디언〉

짜릿하다… 형식과 내용 모두 대담한 펀더의 이 책은 미묘한 뉘앙스와 세련미를 갖춘 문학적 성취다.

_〈커커스 리뷰〉

강렬한 심리적 통찰과 유려한 문장들로 가득한 이 책은 눈부시다.
_〈퍼블리셔스 위클리〉

한 마디로 걸작이다. 이 책에서 애나 펀더는 전기 쓰기의 기술을 새롭게 정의할 뿐 아니라 한 여성을 온전한 모습으로 되살려낸다.
_제럴딘 브룩스(《피플 오브 더 북》 저자, 퓰리처상 수상자)

놀랄 만큼 훌륭한 책이다… 이 책의 모든 부분이 너무도 마음에 든다. 모서리를 접어두고 지워지지 않게 표시해둔 이 책을 다음 세대를 위해 내 책장에 보관할 생각이다.
_톰 행크스

조지 오웰을 새롭게 조명하는 독창적인 연구. 깊은 통찰이 담긴 이 책은 어디에나 있는 유명한 남성들의 잊힌 아내들에 대한 증언이다.
_줄리아 보이드(《히틀러 시대의 여행자들》 저자)

놀라울 정도다… 이 책은 남성중심적인 역사의 의도적인 누락으로부터 주목할 만한 한 여성을 구출한 것이나 마찬가지다.
_캐럴라인 크리아도 페레스(《보이지 않는 여자들》 저자)

처음부터 끝까지 놀랍고, 기대 이상이며, 흥미진진하다.
_안토니아 프레이저(《마리 앙투아네트》 저자)

일러두기

1. 이 책은 *Wifedom: Mrs. Orwell's Invisible Life*(2023)를 우리말로 옮긴 것이다.
2. 단행본은 겹꺾쇠표(《》)로, 영화와 잡지 등은 홑꺾쇠표(〈〉)로 표기했다.
3. 각주는 저자주와 옮긴이주를 구분했다.
4. 본문의 대괄호([])는 저자의 부연 설명이다.
5. 인명 등 외래어는 국립국어원의 표준어 규정 및 외래어표기법을 따랐으나, 일부는 관례와 원어 발음을 그대로 따랐다.
6. 국내에 소개된 작품명은 번역된 제목을 따랐고, 국내에 소개되지 않은 작품명은 원어 제목을 그대로 적거나 우리말로 옮겼다.
7. 저자는 아일린의 편지 및 일부 인물의 편지를 인용할 때 이탤릭체로 표기했다. 이 책에서는 본문과 다른 서체(꽃섬체)로 표기했다.

차례

I 아내 노릇, 대항 서사 —— 19
II 보이지 않는 투사 —— 147
III 보이지 않는 노동자 —— 265
IV 해피 엔딩 —— 423
V 사후 —— 477
    종장 —— 561

한국 독자들을 위한 짧은 해설 —— 571
감사의 말 —— 576
옮긴이의 말 —— 581
주 —— 588
사진 출처 —— 626
참고문헌 —— 628

I

아내 노릇, 대항 서사

서퍽
1936년 11월

결혼식을 한 지 여섯 달이 지났다. 아일린은 펜 뚜껑을 연다.

서퍽, 사우스올드
하이 스트리트 38번지
화요일

이제 뭐라고 써야 할까?

아일린은 일어나 난롯불을 뒤적인다. 그러고는 다시 앉는다. 은빛 털을 한, 자기가 뭘 원하는지 명확히 아는 고양이가 무릎에 뛰어오른다. 아일린은 성냥 하나를 켠 다음 재떨이에서 다 타게 놔둔다. 또 하나를 켠다.

"누구한테 편지 쓰는 거예요?" 안락의자에서 조지가 묻는다. 그는 자신이 짜증이 났다는 걸 아일린에게 알리려는 듯 신문을 힘주어 구기고 있다. 그럴 만도 하다. 아일린은 정말로 짜증스럽게 굴고 있었으니까.

"노라요."

"아, 그 유명한 노라." 조지는 농담조로 말한다. 노라를 한 번 만나본 적도 없으면서. "그게 그렇게 어렵나?" 그의 푸른 눈에는 웃음기가 어려 있다.

아일린이 미소 짓는다. "그럴 리 없잖아요?"

조지가 일어선다. "그럼 마저 써요."

아일린은 책상 앞에 앉아 있다. 나른하고 조용한 사우스올드에 있는 시가의 거실이다. 주방에서는 사람들이 점심 먹은 접시를 치우고 있다. 이 집에 들어온 뒤로 매일같이 그 일을 해온 터라, 오늘만큼은 자신에게 한숨 돌릴 시간을 주는 아일린이다. 접시는 시어머니와 조지의 여동생인 에이브릴이 치울 것이다. 조지의 누나인 마조리는 결혼해서 멀리 이사를 갔는데, 차라리 다행이다. 이 집에 사람이 더 들어설 공간이라곤 거의 없으니 말이다.

아일린은 조그만 기구로 담배 한 대를 만 다음 혀로 살짝 적셔 붙인다. 결혼식 이후로 자신에게 일어난 일을 설명하려니 어디서부터 시작해야 할지조차 막막하다. 아일린과 노라는 편지에 '노라에게' '아일린에게' 같은 말을 쓰는 일이 드물다. 대학 시절부터 이어져 온 이 친밀한 습관 때문에 그들의 대화는 마치 끊기지 않고 계속되는 한 번의 대화처럼 느껴진다. 아일린은 말아둔 담배에 불을 붙이고 두 번 빨아들인 다음 재떨이에 내려놓는다. 고양이가 주르르 쏟아지듯 무릎에서 내려간다.

주소를 적어놓은 지도 상당히 오래되었네. 그 뒤로 난 고양이 세 마리랑 놀았고, 담배를 한 대 말았고(요즘은 담배를 말아 피워. 맨손으로는 아니지만), 난롯불을 뒤적였고, 에릭, 그러니까 조지를 거의 미치게 만들었어. 이 모든 게 사실은 무슨 말을 써야 할지 몰랐기 때문이겠지. 늦지 않게 편지 쓰던 습관을 결혼하고 첫 몇 주 동안 잃어버렸나 봐. 에릭이랑 너무도 끊임없이, 정말이지 격렬하게 싸워댔거든. 살인이나 별거가 성사되면 편지를 딱 한 통만 써서 모두에게 보내는 편이 시간 절약이 되겠다는 생각까지 들지 뭐야.[1]

노라는 웃음을 터뜨릴 것이다. 하지만 행간에 담긴 뜻도 읽어낼 것이다.

아일린은 입술 한쪽에 담배를 끼워 넣는다. 조지는 바깥 뒤뜰에서 무언가에 못을 때려 박고 있다. 저러다 또 무슨 일이 나면 뒷수습은 모두가 하게 되겠지. 이제 그냥 말해버리는 게 나을 것 같다.

에릭은 자기 작업이 방해받아서는 안 된다고 결론을 내렸어. 결혼 일주일째에 지독하게 불평을 늘어놓더라. 일주일 동안 자기가 온전히 작업을 한 건 이틀밖에 안 된다고 말이야.

아일린 앞의 창문은 똑바로 중심가를 향하고 있다. 겨우 3미터쯤 떨어진 곳에서 노란 모자를 쓴 한 여자가 작은 남자아이의 손을 잡고 걸어간다. 두 사람 모두 추위에 코끝이 빨개져 있다. 이곳은 바닷가 도시이고, 아일린은 눈이 오기를 바라고 있다. 해변에 쌓인 눈을 본 적이 한 번도 없어서다.

그러고 나서 에릭의 이모님이 와서 지내셨는데, 너무 지긋지긋해서(두 달이나 지내셨거든) 우린 싸움을 멈추고 그냥 한탄만 했지 뭐야. 그러다가 그분이 가시고 나니 우리의 모든 괴로움이 끝났어.

아일린은 이곳이 마음에 든다고 쓴다. 지금까지 이 지역만큼 나를 놀라게 한 곳도 없지만 말이야. 특히 굉장히 작은 데다 거의 선조들의 초상화로만 꾸며진 이 집을 본 뒤로는 더더욱 그래.

선조들은 모두 에릭의 아버지 쪽 사람들이지만 훨씬 더 흥미로운 건 에릭의 어머니인 아이다 쪽이다. 아이다는 재미있고 매력적인 사람으로, 귀에는 버마산 은으로 만든 귀걸이를 매달고, 손에는 기다란 담뱃대를 들고 다닌다. 아이다 주위에는 자유로운 분위기가 감돈다. 프랑스인의 피가 반쯤 섞여선지 참새 같은 매력이 넘치고, 정치적으로는 페이비언 협회°와 여성 참정권을 지지한다. 아이다가 그저 물려받은 가구 중 한 점처럼 대하는 에릭의 아버지는 융통성 없는 노인네로, 시들어 빠진 카네이션 한 송이를 단춧구멍에 꽂고 다닌다. 어젯밤 저녁을 먹을 때 그는 틀니를 빼서 접시 근처에 놓아두었다. 마치 잇몸으로 음식을 씹는 동안 스스로를 조용히 감추기라도 하려는 것처럼.[2] 아이다가 그에게 건넨 말이라고는 푸딩이 나왔을 때 "타피오카네요. 당신이 제일 좋아하는 거"라고 한 게 다였다. 그러더니 아이다는 "그 짐승 같은 인간들"(남자들을 가리키는 말인

○ 1884년 영국에서 점진적인 사회주의화를 목표로 창립한 단체이다. ─옮긴이

듯하다)³이 배수관을 수리하러 올 거라는 이야기를 이어갔다. 정말 우스웠다. 아일린 자신의 결혼은 그런 꼴이 되지 않으면 좋겠지만 말이다.

이제 접시를 제자리에 정리하는 소리가 들려온다. 시골집에 있지 않아서 다행이다. 그곳에서는 모든 노동이 아일린의 몫이니까. 노라에게 그 이야기는 하지 않을 것이다. 그 시골집에는 위생 설비도, 난방도 없고 전기도 들어오지 않는다는 이야기도 하지 않을 것이다. 처참했던 재래식 변소 사건에 대해서도. 변변치 못한 섹스는 말할 것도 없다. 어떤 생각들은 (거의) 억누를 수 있다. 하지만 그러다가 깨닫게 된다. 절친한 친구에게 하지 않는 이야기가 점점 많아지다 보면 결국 아무 이야기도 하지 못하게 된다는 걸. 이런 식으로 일부러 자기 계급에서 떨어져 나와 조지의 작업을 위해 모든 것을—옥스퍼드에서 받은 교육을, 그리고 이른바 '재능'을—위험에 빠뜨리고 있다는 건 말로 표현하기에는 너무 심한 일이다.

절대 언급하지 않을 사실이 있다면 다음 주에 조지가 참전하기 위해 스페인으로 떠난다는 것이다. 가라고 격려한 사람은 아일린이었지만, 이렇게 간신히 허약하게 유지되는 결혼이라는 상태를 설명하기는 어렵다. 어쩌면 다음번 편지에서는 말할 수 있을지도 모른다. 아일린은 대신 자신의 새 가족에 관해 이야기하기로 한다.

블레어 집안은 스코틀랜드 저지대 출신인데, 따분한 사람들이지만 그중 한 명은 노예 사업을 해서 엄청난 돈을 벌었어. 그의 아들 토머스는 믿을 수 없을 만큼 소심한 사람이었는데,

웨스트모어랜드 공작(나는 들어본 적이 없지만)의 딸과 결혼했고, 너무도 호화롭게 산 나머지 돈을 전부 탕진해 버렸어. 게다가 노예 제도가 유행이 지났기에 돈을 더 벌 수도 없었고. 그래서 군대에 들어갔다가 제대 후 성직자가 되었고, 자신을 싫어하던 열다섯 살짜리 소녀와 결혼해서 열 명의 아이들을 낳았어. 그 아이들 가운데 유일하게 살아남은 사람이 지금 여든 살인 에릭의 아버지야. 조지 말로는, 자기들 모두 거의 빈털터리지만 여전히 떨리는 손으로 상류층의 체면 끄트머리를 간신히 붙들고 있대.

모두 그를 에릭이라 부르지만 아일린에게 그는 조지다. 조지는 그 스스로 선택한 필명이다. 그의 정체성이 둘이라는 건 가정생활이 언제든 실수 연발의 코미디로 변해버릴 수 있다는 뜻이다. 그리고 그들은 정말로 웃기는 사람들인데, 시어머니는 의도적으로 웃기고, 에이브릴은 웃기려는 의도 없이 자연스럽게 웃긴다. 거기에 더해 두 사람 다 에릭 또는 조지에 맞서 아일린의 편이 되어주는 것처럼 보인다.

이 모든 것에도 불구하고 전반적으로 재미있는 사람들이고, 나를 대하는 태도도 꽤 뜻밖일 만큼 호의적인 것 같아. 이 사람들 모두 에릭을 무척 좋아하면서도 에릭이랑 같이 사는 건 꽤 어려운 일이라고 생각하거든. 사실 결혼식 날 블레어 부인은 고개를 젓더니 이렇게 말했어. 내가 이게 뭔지 알고 뛰어든 거라면 용기가 대단한 여자일 거라고. 그리고 조지의 여동생 에이브릴은 이러더라. 모르고 뛰어든 게 틀림없다고, 그렇지 않고서는 이 자리에 있을 리가 없다고. 다들 내가 타고난 기질에 있어

서 서 1936년 11월

서는 에릭이랑 아주 비슷하다는 걸 아직 알아채지 못한 것 같아. 일단 받아들이고 나면 그 사실은 장점이 될 수도 있는데 말이야.

이제 문간에 에이브릴의 머리가 나타난다. 길고 중성적인 얼굴, 버섯의 갓을 연상시키는 머리 모양, 조지와 똑같이 옅은 눈. 에이브릴은 아일린에게 자신들과 함께 부두를 산책하지 않겠냐고 묻는다.

"지금요?" 아일린은 펜을 내려놓지 않은 채 묻는다.

"네, 지금요."

아일린은 나중에 끝낼 생각으로 편지를 접고, 문진 삼아 재떨이로 눌러놓는다. 그러다가 한 가지 할 말이 더 떠올라 다시 편지를 꺼낸다.

널 만나러 갈 수 있을 줄 알았어. 갈 수 있는 날짜를 두 번이나 정하기도 했고. 그런데 내가 떠날 거라는 사실을 알게 되면 에릭은 항상 뭔가 병이 나. 그리고 (우리 오빠 에릭이 지금까지 두 번 와서 나를 데려갔던 때처럼) 그 사실을 본인이 미리 알지 못하면, 내가 떠난 뒤에라도 꼭 뭔가 병이 나기 때문에 난 결국 돌아와야 해.

물론 조지에게 폐질환이 있다는 건 아일린도 알고 있었지만, 그가 그 병을 그런 식으로 이용할 줄은 몰랐다. 그런 건 예상하지 못했다.

어쩌다 여기까지 오게 된 걸까?

현재, 팽팽한

어쩌다 여기까지 오게 된 걸까?

2017년 여름의 끝자락, 정신을 차려보니 나는 과부하가 절정에 달한 상태였다. 10대 딸들이 각각 새로 시작할 학교생활―교복, 책, 수십 통의 이메일―을 따로따로 준비하고, 치과 교정을 받고, 유포니움°을 대여하고, 아들의 방학 프로그램을 챙기고(홀치기염색을 할 셔츠를 여분으로 가져가야 함!), 우울한 프랑스인 교환학생을 차에 태워 관광을 시켜주고, 고집불통에다 거들먹거리는 수리공들이 내 낡은 집을 자기들이 고른 세 시간 내에 대충 고치도록 일정을 잡고, 친척이 병원 치료를 받게 해주는 동시에, 서로 다른 주에 사는, 크나큰 슬픔의 시기를 맞은 사랑하는 가족들을 초대해 돌보고 있었다. 이 모든 것 때문에 나는 깨어 있는 매 순간 째깍째깍 소리내며

○ 금관 악기의 하나로 튜바와 비슷하다. ―옮긴이

다가오는 원고 마감들을 자꾸만 뒤로 미뤄놓게 되었다. 또다시 기빨리는 동네 쇼핑몰에서 식료품 쇼핑을 했다. 또다시 차를 몰고 빙빙 돌며 아래층으로 주차 경사로를 타고 내려갔고, '출구'라고 적힌 표지판들을 따라갔지만, 나도 알다시피 그것들은 공허한 약속이었다. 나는 결코 정말로는 떠날 수 없었으니까. 탐욕스러운 차단기가 주차권을 빨아들였을 때, 나는 깨달았다. 그 쇼핑몰이 나름대로 여유 있던 내 갱년기의 영혼까지 몽땅 빨아먹어 버렸다는 사실을. 나는 영혼을 되찾아야 했다.

그래서 집에 가는 대신 길모퉁이를 돌아 중고서점 '사포' 앞에 차를 세웠다. 아이스크림이 트렁크에서 녹든, 유독한 비닐에 싸인 고기에서 물기가 스며 나오든 상관없었다. 사포 서점은 우리 어머니에게는 해방의 시대였던 1970년대의 유물이다. 그곳은 개조되지 않은 저층 연립 주택으로, 작은 공간들이 복잡하게 얽혀 있다. 서가에는 손으로 만든 표지판들이 삐죽삐죽 튀어나와 있고, 허술하지만 따뜻하게 맞아주는 느낌의 안마당에는 야자수 화분들이 놓인 카페가 있다. 삐걱거리는 나무 계단을 올라 논픽션 서가로 가는 길은 좀 더 상냥했던 디지털 이전의 시대, 낡아빠진 안락의자들과 뜻밖의 재미있는 발견들로 가득했던 그 시대로 돌아가는 것 같았다. 이곳은 매 10년 동안 출판되고 잊힐 수많은 책 속에서 발견되고 엄선된, 시대를 초월하는 작품들이 모여 있는 보물 창고다. 당신이 놓쳤거나 접할 기회가 없었던, 필요하다는 사실조차 알지 못했던 책들이 여기 있다. 사포는 쇼핑몰의 반대말이다. 여기서는 아무도 당신에게 무언가를 팔려고 하지 않는다. 사실 계산대에 서 있는 문신을 한 여자는 손님이 책을 사면 유감스럽다는 듯 한숨을 쉰다. 마치 돈으로는 그 책의 상실을 보상할 수 없다는 듯이. 이곳은 온전히 영혼 그 자체다.

나는 위층의 안쪽 공간에서 1968년에 네 권짜리 시리즈로 출간된 조지 오웰의 《산문, 기사와 편지 모음》 초판을 발견했다. 나는 언제나 오웰을 사랑해 왔다. 그의 자조적인 유머를, 권력이 어떻게 작동하고 누구에게 영향을 끼치는지에 대한 그의 날카로운 통찰력을. 나는 안락의자에 몸을 깊이 파묻었다. 곧 부서질 것만 같은 짙은 색 페이지들이 과거의 냄새를 풍겼다. 에세이 〈코끼리를 쏘다〉를 펼쳤다. 그 글은 다음과 같이 시작한다.

> 버마 남부 모울메인에서 나는 많은 사람들에게 미움받았다. 살면서 그런 일을 겪을 만큼 내가 중요한 사람이었던 유일한 시기였다. 나는 도시의 한 구역을 담당하는 경찰관이었다… [4]

저 목소리! 나는 식료품들을 집에 놔두고 오웰의 책을 챙긴 다음 프랑스인 교환학생을 항구에 있는 수영장 '던 프레이저 배스'로 데려갔다. 거기서 교환학생은 수영을 할 것이고 어쩌면 기운을 좀 차릴지도 몰랐다. 나는 140년 된 관람석 그늘에 앉아 오웰이 짧은 산문 한 편 한 편을 통해 작가로서의 정체성을 만들어가는 과정을 살펴볼 것이었다.

그날 하루가 끝나갈 무렵 유명한 에세이 〈나는 왜 쓰는가〉에 이르렀다. 오웰은 말한다. "나는 내게 단어를 다루는 재능과 불쾌한 사실들을 직시할 힘이 있다는 걸 알고 있었다. 그리고 그것이 내가 매일 일상에서 경험하는 실패에 대해 복수할 수 있는 일종의 내밀한 세계를 창조해 준다고 느꼈다."

나는 반짝이는 물결 너머로 코카투섬을 바라보며 내가 오늘 하루 동안 일상에서 경험한 실패들을 곰곰이 생각해 보았다. 유독한 비닐, 주차장에서 죽어버린 영혼, 비참하게도 끝없이 수영장 트랙을 돌고 있는 가엾은 프랑스인 교환학생. 미처 끝내지 못한 작업들은 말할 것도 없었다. 그것들은 이제 걱정스러운 빨간 깃발을 단 채 받은 메일함에 쌓이고 있었다. 나는 '불쾌한 사실'을 직시해야 했다. 그 사실이란 이랬다. 내 남편인 크레이그와 나는 살아가고 사랑하는 데 필요한 노동을 우리가 공평하게 분담하고 있다고 믿었다. 하지만 세상은 우리가 품고 있던 최선의 의도를 깔아뭉개 주려고 지금껏 음모를 꾸며온 듯했다. 그보다 내가 훨씬 더 많은 노동을 해온 지가 너무 오래되어서 우리는 더는 그 격차를 알아차리지도 못하게 되었다. 세상사의 여러 가지를 알아차리는 일을 업으로 삼은 내 눈으로 보면, 그리고 아홉 살 난 우리 아들의 입도 빌리자면, 이건 '대실패'였다.

나는 다시 그 페이지로 눈을 돌렸다.

"대략 서른 살이 넘으면," 오웰은 쓴다. "사람들 대부분은 개인적 야망을 포기하고—사실 많은 경우엔 자신이 개인이라는 감각조차 거의 포기해 버리고—주로 남들을 위해 살거나, 그도 아니면 그저 힘겹고 단조로운 일에 짓눌려 살아간다."

"애나?" 나는 내게 젖은 그림자를 드리우고 있는 교환학생을 올려다보고는 신용카드를 건네주었다. 아이스크림으로 시간을 벌기 위해서였다.

오웰은 계속 쓴다. "하지만 끝까지 자신만의 삶을 살기를 결심하는, 재능과 의지를 지닌 소수의 사람도 있는데, 작가들이 이 범주에 속한다."

나는 아직 내 분노를 뿌리 뽑을 만큼 선명하게 직시할 수는 없을지도 몰랐다. 하지만 적어도 그 분노에게 같은 편을 만들어 줄 수는 있었다. 그다음 문장들은 이랬다.

내가 시작하는 지점은 언제나 누군가를 분명히 편들고자 하는 감정, 무언가가 부당하다는 감각이다. 자리에 앉아 책을 쓸 때면 나는 '이제부터 예술작품을 만들어내야지'라고 되뇌지 않는다. 나는 까발리고 싶은 어떤 거짓말이, 주의를 집중시키고 싶은 어떤 사실이 있기 때문에 책을 쓴다⋯

나는 책을 덮었다. 계획이 생겼다. 나의 세 아이들, 10대가 된 두 아이와 열 살 남짓된 한 아이가 어린 시절을 벗어나 내 진짜 모습을 바라보려면, 먼저 나 자신이 나를 볼 수 있어야 했다. 나는 그동안 내가 짊어져 온 아내 노릇이라는 막중한 짐 아래를 들여다보고 거기 남아 있는 내 모습을 살펴볼 것이었다. 오웰이 그의 시대에 존재했던 압제와 "악취 나는 하찮은 정설들"[5]에 대해 쓴 글들을 읽을 것이고, 나를 짓누르는 압제와 통념들로부터 나 자신을 해방시킬 것이었다.

여름이 가을로 바뀌는 동안 나는 1970년대에서 2003년까지 출간된 오웰의 주요 전기 여섯 권을 읽었다.[6] 그 책들의 저자는 피터 스탠스키 Peter Stansky와 윌리엄 에이브럼스 William Abrahams(1972년과

1979년), 버나드 크릭Bernard Crick(1980년), 마이클 쉘던Michael Shelden (1991년), 제프리 마이어스Jeffrey Meyers(2001년), D.J. 테일러D.J.Taylor (2003년), 그리고 고든 보커Gordon Bowker(2003년)다. 오랫동안 오웰의 글을 사랑해 온 나는 "20세기의 가장 위대한 작가 중 한 명"[7] " 도덕적인 힘, 어둠 속에서 반짝이는 빛, 암흑을 뚫고 나갈 길을 보여주는 존재"[8]로 묘사되는 사람에 관해 알게 되는 것이 기뻤다. 나는 오웰이 1910년대에 보낸 어린 시절, 그가 이튼 칼리지에서 보낸 나날들, 그리고 버마에서 경찰관으로 보낸 젊은 시절에 관해 읽었다. 그가 1936년에 아일린 오쇼네시와 결혼했고, 스페인 내전에서 파시스트들에 맞서 싸웠으며, 그런 다음 런던에 거주하며 파시스트들의 폭격을 견뎌내는 한편으로 걸작 《동물농장》을, 그 뒤에는 디스토피아를 담은 놀라운 작품 《1984》를 썼다는 이야기도 읽었다.

겨울이 자리를 잡을 무렵 다음과 같은 문장들을 읽게 되었다. 결혼 생활이 끝난 뒤 오웰이 마지막으로 투병하던 시기에 쓴 글이었다. 그는 이 글을 개인적인 문학 노트에 3인칭으로 썼다. 마치 인정하기 힘든 감정들로부터 거리를 두기라도 하려는 것처럼.

여자들에 관해 두 가지 중요한 사실이 있었다… 이는 오직 결혼을 해봐야만 알 수 있는 것이며, 그동안 여자들이 용케도 기만적으로 세상에 내세우는 데 성공한 자신들의 모습과는 명백히 모순되는 사실들이었다. 하나는 그들이 구제할 길이 없을 만큼 지저분하고 단정치 못하다는 점이었다. 다른 하나는 그들의 무섭도록 탐욕스러운 성욕이었다… 어떤 결혼에서든, 혹은 보통의 어떤 연애 관계에서든, 성적으로 집요한 상대는 언제나 여자

쪽이라고 그는 생각했다. 그의 경험으로 보건대 여자들은 아무래도 만족할 줄을 몰랐고, 사랑의 행위를 얼마나 계속하든 절대 지치는 법이 없어 보였다… 한두 해 이상 지속되는 어떤 결혼에서든 성관계는 의무로, 남자가 여자에게 제공해야 하는 서비스로 여겨졌다. 그리고 그는 어떤 결혼에서든 갈등은 항상 동일한 게 아닌가 여겼다. 남자는 성관계를 피하려 하고, 오직 자기가 당길 때만(혹은 다른 여자들하고만) 하고 싶어 하며, 여자는 그 행위를 더, 더, 더, 더 많이 하자고 요구하는 동시에 자기 남편의 생식능력 부족을 점점 더 의식적으로 경멸하게 된다는 것이었다.

오웰이 함께 살았던 아내는 평생 단 한 명뿐이었다. 이 말들은 아일린을 겨냥한 것이다.

나는 전기들을 샅샅이 훑었다. 그중 몇 권에는 이 인용문의 일부가 실려 있었다. 무슨 일이 일어나고 있었던 건지 알아내는 데 그 책들이 도움이 될까? 한 전기 작가는 이 글에 이어 다음과 같은 논평을 덧붙인다. "오웰은 훗날 에드워드 7세 시대의 어느 악명 높은 살인자에 관해 언급하면서 '아내를 살해하는 남자에게 누구나 느낄 법한 공감'에 관해 썼는데, 이는 (설령 반어적으로 그렇다 해도) 오웰이 일시적으로 여성혐오적인 감정에 빠져 있었음을 명백히 보여준다. 하지만 이것은 그가 보통 때는 감추거나 억누르려고 애쓰던 감정이었다."[9] 이 논평은 당혹스러웠고, 별로 도움이 되지 않았다. 또 다른 전기 작가는 이 글이 픽션이며, 아마도 "살짝 가학적인 성적 판타지를 담은 다른 장편이나 단편소설에 들어갈 구절들"일 거라고 암시한다. 하지만 그러면서도, 아마도 오웰이 털어놓은 '생식능력 부족'

이 걱정되어서인지, 이 말들에 "성적으로 요구가 지나친 여성에 대한 생각이 드러나 있다"[10]며 그런 여성들을 비난하려 든다. 이 논평 역시 전혀 도움이 되지 않았다. 세 번째 전기 작가는 다음과 같이 쓴다. "[오웰은] 아내들이 섹스라는 수단을 이용해 남편을 통제한다고 암시했다."[11] 이는 여성이 실제로 '통제'하고 있는 건 자기 몸에 접근하려는 시도인데도 남성을 통제하고 있다고 묘사하는 여성혐오적인 수사다. 그러니 이것 역시 전혀 도움이 되지 않는 주장이다. 특히 오웰이 자기 아내의 육체를 원하지 않는다고 말하고 있을 때는 말이다. 전기 작가들에게는 여성과 아내와 섹스에 대한 혐오로 가득한 오웰의 분노 발작을 다룰 방법이 없어 보였다. 그것을 들어내 버리거나, 그 충동에 공감하거나, 그것을 '일시적인 감정'이라며 중요하지 않아 보이게 만들거나, '픽션'이라고 부인하거나, 다름 아닌 그 여성을 탓하는 방법을 제외하고는 말이다.

오웰의 생각들은 읽기 고통스럽다. 여자들은 그를 혐오하고, 그는 자신을 혐오한다. 그에게는 피해망상이 있는데, 거짓된 '자신들의 모습'을 세상에 '기만적으로 내세우는' 추잡한 여자들의 정치적·성적 음모에 속았다고 느끼는 것이다. 오웰은 여자들을, 다시 말해 아내들을 그들이 자신에게 무엇을 해주는지, 혹은 무엇을 '요구하는지'의 관점에서만 바라본다. 청소는 충분하지 않고 섹스는 너무 많이 요구한다고 말이다. 그럼 아내의 입장에서는 어땠을까? 내게 첫 번째로 떠오른 생각은 이렇다. 아마 청소는 너무 많이 해야 했고, 섹스는 충분치 않았거나 충분히 근사하지 않았을 것이다.

이렇게 해서 나는 작품에서 삶으로, 그 남자에게서 그의 아내에게로 옮겨 가게 되었다.

밀랍으로 만든 집

오전 한가운데다. 작업실에서 돌아온 나는 커피를 더 마시려고 뒷문으로 들어간다. 주방에서는 열여섯 살 난 딸아이가 토스트에 버터를 바르고 있다. "엄마, 지금 쓰고 있는 게 뭐예요?" 아이가 묻는다. 이렇게 어른스러운 질문을 하는 건 처음이다.

"음… 누군가의 아내였던 사람의 이야기야. 결혼에 관한 이야기이기도 하고." 나는 곧 덧붙인다. "조지 오웰의 아내야. 근데 좀 어렵네." 나 역시 이런 대답은 처음이다. 어른 대 어른으로, 어른의 취약함을 드러내는 대답이다.

"뭐가 어려운데요?" 아이가 묻는다. 우리의 역할이 바뀌고 있음이 느껴진다. 우리 가족을 이루는 지각판들이 갈라져 움직이고 있다. 나는 보통 공감해 주는 코치, 귀찮게 재촉하는 사람인데 말이다.

"왜냐면," 나는 냉장고 문을 닫으며 말한다. "어떻게 생각해야 할까. 만약에 네가 어떤 작가를 오랫동안 좋아했는데 나중에 알고 보니 그 사람이⋯"

"나쁜 놈이면요?" 아이가 나이프에 묻은 땅콩버터를 핥는다.

"말하자면." 나는 요란한 소리를 내며 커피 분쇄기를 돌린다.

내 딸은 미투 운동의 폭로들이 터져 나오는 시기에 어른이 되어가는 중이다. '나쁜 놈'은 어디에나 있다. 지금은 말할 수 없는 진실들의 시대다. 말할 수 없다는 건, 너무나 흔해서 굳이 말할 필요도 없지만, 일단 말이 되어 나오면 이루 말할 수 없이 나쁘다는 뜻이다. 야간 뉴스에 나와 눈물을 글썽이는 여자들과 얼굴이 흙빛이 된 남자들, 개별적으로, 혹은 제도의 비호를 받으며 행동해 온 것으로 드러난 연쇄 성범죄자들, 하비 와인스타인Harvey Weinstein과 제프리 엡스타인Jeffrey Epstein에 대한 폭로, 교회와 학교에 만연한 학대, 백악관과 오스트레일리아 국회의사당에서 터져 나온 강간 혐의, 그리고 오스트레일리아의 최고 법 집행관인 법무부 장관의 강간 혐의까지. 만약 당신도 나처럼 말할 수 없는 거대한 무언가를—신부님이 안으로 들어오라고 하거나, 교수님이 연구실 문을 닫거나, 파트너급 변호사가 늦게까지 남으라고 하거나 할 때—느끼며 성장했다면, 이런 광경을 보는 건 해방일 것이다. 마치 시체를 먹는 악귀들이 드러나는 걸 보는 것처럼. 하지만 나는 내 딸이 우리 세상의 썩은 밑바닥을 볼 일이 없게 할 수만 있다면 뭐든 할 것이다. '나쁜 놈'이라는 판단이 이토록 빠르고 슬프게 튀어나올 일이 없게 할 수만 있다면.

"어떻게 받아들여야 할지 판단하기가 어렵구나." 나는 말한다. "여자들을 함부로 대하는 남자들도 스스로 괜찮은 사람으로 여겨도 되게끔, 온 세상이 그렇게 만들어져 있었으니 말이야."

"있었다고요?"

나는 심호흡을 한다. 엄마 노릇에는 나무처럼 독소를 받아들이고 산소를 내뿜으면서 이 세상을 필터링해 견딜 만한 곳으로 만드는 일도 포함되는 것 같다.

"세상이 변하고 있잖아. 예를 들어 배우들만 봐도, 남을 성적으로 괴롭히는 놈들이랑 아동 성착취범들, 음침한 인간들이 스크린에서 재깍재깍 퇴출되고 있잖아. 그자들이 저지른 짓을 알기 전에는 우리도 그 작품들을 문제없이 즐겁게 봤지만 말이야."

"그 화분남처럼요?"

이건 유명한 코미디언 이야기다. 젊은 여자들 앞에서, 그리고 전해지는 바로는 식물 화분에 자위하는 걸 좋아했으며 애석하게도 이제 온 세상에 그 사실이 알려진 남자. 이 세상은 알고 싶지 않은 것들로 가득하다.

"그래. 그리고 오웰도 이런 고민을 했어. 자신에 대해서가 아니라 아내를 함부로 대하는 다른 작가들에 대해서. 이 모든 게 나한테는 어렵구나."

"엄마가 여전히 오웰의 작품을 좋아해서 그런 거겠죠."

"그래."

"그리고 엄마도 한 사람의 아내니까요."

나는 웃는다. "그게 가장 큰 이유지."

나이프를 내려놓은 딸아이가 서랍에서 숟가락을 꺼내 땅콩버터 병에 찔러 넣는다. "오웰은 자기가 나쁜 놈이라는 걸 어느 정도는 알고 있었을 거예요." 아이는 말한다. "그러니까 그런 문제에 관심이 있었겠죠." 아이는 나를 똑바로 본다. 아이의 반짝이는 입술 근처에 걱정하는 듯한 미소가 감돌고 있다. "근데 엄마는 왜 이 문제에 관심이 있는 거예요?"

나는 다시 웃는다. 오웰에 대한, 그리고 나에 대한 아이의 통찰력에 놀라서다. "아마도, 내가 나쁜 인간이라서?" 나는 말한다. 딸아이에게 이 비슷한 말을 하는 건 처음인 것 같다.

아이는 조금도 주저 없이 대답한다. "누구나 다 조금씩은 나쁜 인간 아닌가요?"

작업실로 돌아온 나는 책상이 놓인 돌출된 창가에 앉는다. 말벌들이 덧문에 집을 짓고 있다. 잘록한 허리로 주위를 맴도는 벌들은 휴식을 취하는 중인 듯하다. 육각형 벌집 주위를 미적거리는 모습만 보고 벌들의 일과 생활을 구분하기는 어렵지만 말이다. 나는 자랑스럽기도 하고 가슴이 아프기도 하다. 이런 게 청소년기 자녀를 둔 부모의 전형적인 감정 상태인지도 모르겠다. 우리는 우리의 아이였던 존재들이 세상을 알게 되는 걸 지켜본다. 우리가 15년 넘게 그 애들에게 감추려고 헛되이 애써 온 그 세상을, 세상의 본모습을 바라보는 걸 지켜본다. 그리고 당연하게도, 그 본모습에는 우리도 포함되어 있다.

이런 감정 상태를 표현할 새로운 단어가 필요하다. 그들의 지성이 우리가 세워놓은 시시한 보호막들을, 밀랍으로 만든 집처럼 허약한 그 보호막들을 산산조각 낼 때 느껴지는 자랑스러움, 그리고 어린 시절을 벗어난 그들이 인간의 삶 속으로, 피도 눈물도 없는 싸움과 나쁜 놈들 천지인 세상으로 들어오는 데서 느껴지는 괴로움. 이 두 가지를 결합해 표현해 줄 단어가.

사우스올드
여전히 시가에서

그들은 차를 마신 참이다. 블레어 씨는 안락의자에 앉아 코를 골고 있다. 아일린은 슬며시 책상 앞에 앉는다. 바깥에서 해가 저물어간다. 길 건너편 건물들이 마지막 햇살을 받아 빛나고 있다. 건물을 뒤덮은 담쟁이덩굴의 반들거리는 잎들이 서로를 밀치며 햇빛을 받으려 애를 쓰고 있다.

해변에는 눈 같은 건 쌓여 있지 않았다.

"해변에 왜 눈이 쌓여 있겠어요, 아일린 언니?" 부두를 따라 산책하면서 에이브릴은 그렇게 말했다. 에이브릴은 '바보'라는 말을 하지 않고도 대부분의 문장에 그런 뜻을 담아낼 수 있는 사람이다. 에이브릴은 찻집에서 일하는데, 그곳을 '고급 시설'이라고 부른다. 마치 특정한 부류의 차 애호가들만 받는 곳이라도 되는 것처럼. 아마도 그 손님들은 그런 암묵적인 지시에 따르는 사람들일 것이다. 아일린은 에이브릴이 규칙들로 간신히 자신을 지탱하는 사람, 두려운 게 많은 사람일 거라고 여긴다.

하지만 오늘, 하늘은 거대하고 높고 파랗게 펼쳐져 있었다. 부두 끝에서 본 해변은 금빛 미소 같았다. 아일린은 언제까지라도 걸어 다닐 수 있을 것 같았다.

노라에게 보낼 반쯤 쓴 편지를 재떨이 밑에서 빼내는데, 아이다가 오븐 문을 닫는 소리가 들려온다. 아일린과 조지가 결혼식 날부터 줄곧 지내온 시골집의 화덕은 영 부실했다. 아일린은 펜을 집어 든다. 그 화덕으로는 아무것도 만들 수가 없었고, 삶은 달걀은(에릭은 거의 그것만 먹고 살았는데) 정말이지 진저리가 났어. 하지만 이제는 오븐으로 몇 가지는 괜찮게 만들 수 있게 됐고, 에릭도 아주 빠른 속도로 작업 중이야.

집안일과 관련된 사소한 이야기는, 혹은 과장된 고생담은 이쯤 해두자. 조지가 병에 걸리기도 했었다. 에릭이 7월에 3주 동안 '기관지염'을 앓았다는 얘기를 깜빡했네. 그 후에는 6주 동안 비가 내려서 그동안 주방은 내내 물에 잠겨 있었고, 음식들은 몇 시간 만에 죄다 곰팡이가 피었지 뭐야. 아일린은 담배에 불을 붙인 다음 덧붙인다. 아주 오래전 일처럼 느껴지지만, 그때는 그런 상태가 영원히 계속될 것 같았어.

그때 갑자기 조지가 등 뒤에 나타난다. 그는 아일린의 머리칼을 밀어내고 목덜미에 입을 맞춘다. 그의 두 눈이 편지로 향한다.

"따옴표가 필요한가, '기관지염'에?" 그가 속삭인다.

"의사한테 진찰을 받을 때까지는 필요하죠." 아일린이 미소 짓는다.

"음, 어쨌든 난 이제 다 나았어요." 조지는 몸을 돌려 아일린을 마주하며 책상에 기대어 선다. "담배 좀 사러 나갈 건데, 뭐 필요한 거 없어요?"

조지의 두 눈은 말도 안 되게 푸르고, 기다란 손가락 끝은 주걱처럼 생겼다. 현실의 그에게선 어떤 어색함이, 혹은 다정함이 느껴진다. 두 사람 중 누구도 말로 표현할 수 없겠지만, 아일린은 알 수 있다. 그가 아주 깊은 간극의 건너편에서 자신을 바라보고 있다는 걸. 가까워지기를 바라면서도 발을 떼면 그 안으로 떨어져 내릴까 봐 불안해하고 있다는 걸.

"없어요." 아일린이 말한다. "그래도 고마워요."

조지 뒤쪽으로 에이브릴이 급히 복도를 지나간다. 빈 빨래 바구니를 품에 안고서.

"실은, 나도 갈까 싶어요." 아일린이 말한다. 그러고는 편지를 접어 바지 주머니에 밀어 넣는다.

블레어 씨는 몸을 뒤척이며 여전히 잠에 빠져 있다.

검은 상자

한 남자가 무대 위에 서 있다. 묵직한 검은색 정장을 입고, 하얀 칼라 위로 불룩한 턱을 드러낸 채, 오른손에 지팡이를 쥔 그의 뒤에는 문 달린 관처럼 보이는 검은 상자가 똑바로 세워져 있다. 남자 앞에는 낮은 의자가 있고, 그 위에는 그의 마술사 모자가 놓여 있다. 상자 한쪽 옆에는 검은색 레오타드에 스타킹과 힐을 신은 한 여자가 서서 이유 없이 미소를 짓고 있다. 남자가 허리를 굽혀 절을 한다. 그의 널찍한 이마에서 땀방울이 반짝인다.

　오늘 남자는 여자를 톱으로 반 토막 내는 일은 하지 않기로 마음먹은 터다. 그는 손짓해 여자를 상자 안으로 걸어 들어가게 하고는, 여자 등 뒤로 문을 닫고 의자 쪽으로 걸어간다. 그러고는 어깨를 으쓱한다.

　"아브라카다브라?" 그는 우리 모두가 아는 농담처럼 그 말을 하며 모자 속을 뒤지더니 무언가를 끄집어낸다. 손수건이다. 우리는 웃음을 터뜨린다.

"이런 건 마술도 아니죠!" 남자는 말한다. 그러고는 의자에 앉아 이마를 닦는다. "제가 한 가지 말씀드리죠. 인생에서 써먹을 수 있는 마술 트릭이 있다면," 그는 말한다. "너무 많은 걸 기대하지 말라는 겁니다."

관객들이 킥킥거린다. 오랫동안 침묵이 흐른다. 관객들이 조금 더 킥킥거린다. 남자는 상자를 돌아보더니 한숨을 쉰다.

"남자는 남자의 할 일을 해야겠죠." 그는 그렇게 말하고는 다시 상자로 걸어간다. "기억하세요." 그는 손잡이로 손을 뻗으며 말한다. "너무 많은 걸 기대하시면 안 됩니다."

그가 문을 열자, 안에는 아무것도 없다. 관중들이 즐거워한다.

"아, 안 돼, 내가 무슨 짓을 한 거람?" 남자가 외친다. 두 손과 팔로 상자 안을 위아래로 더듬는다. 거기에는 아무것도 없다. 의자로 돌아가 모자 속을 확인해 보지만, 모자 역시 텅 비어 있다. 남자는 그것을 머리에 쓰고는 상자로 돌아간다. 상자는 여전히 열려 있다.

"그렇다면 여기까지인 것 같군요. 문을 닫는 게 낫겠네요." 남자가 문을 닫자 관중들이 숨을 헉 들이쉰다.

문 뒤쪽, 상자 바깥에 여자가 서 있다.

여자는 아무 말도 없이 미소를 지으며 한쪽 손바닥을 펴 남자를 가리킨다.

우리 중 누구라도 그 여자가 될 수 있었다.

남자가 허리를 굽혀 절을 한다. 이것이 그의 마술이다. 하지만 질문은 이거다. 여자는 그동안 어디 있었던 걸까?

아일린은 오웰의 전기 속에 존재한 적이 없다. 오웰의 전기 작가 일곱 명은 모두 남자고, 그들은 한 남자를 바라보고 있다. 그들 각자는 조금씩 다른 이야기를 멋지게 펼쳐 보인다. 때로는 오웰을 영웅시하고 용서해 주는 쪽으로 치우쳤다가, 또 때로는 이름 붙일 수 없는 복잡함이 가득한 '마음속의 어두운 심연'을 파고든다. 하지만 오웰의 삶에서 여성들이 지니고 있던 중요성을 최소화했다는 점에서는 그들 모두 똑같다. 결국, 그 전기들은 누락으로 점철된 허구처럼 보이기 시작했다.

그래서 나는 그 이야기들의 출처가 된 자료들을 찾아보았고, 그곳에서 또 다른 사실들과 인물들을 발견했다. 삭제된 사실들과 인물들이었다. 아일린이 되살아나기 시작했다. 어느 정당 사무실에서 함께 일했던 동료는 아일린을 그곳의 다른 누구보다도 "우수한 인재"[12]라 여겼지만, 어떤 전기 작가도 이런 세부사항은 인용하지 않았다. 또 다른 동료이자 친구는 아일린이 "조심스럽고 겸손한 태도"를 지니고 있었으며 동시에 "결코 흔들리지 않는 조용한 고결함" 역시 지니고 있었다고 묘사했다. 내가 발견한 건 누구도 보지 못하는 것들을 보고 누구도 하지 못하는 말들을 했던 한 여성이었다. 아일린은 오웰을 "깊이, 하지만 애정을 담아 재미있어하며" 사랑했다.[13] 아일린은 오웰의 남다른 정치적 단순함[14]을 알아차렸는데, 전기 작가 중 한 명은 이 표현이 불편했는지 "남다른 정치적 공감 능력"[15]으로 바꿔 놓았다. 그리고 아일린은 오웰이 예수를 닮은 주름진 얼굴을 근거로 '성 조지'라고 불리는 것에 이의를 표한 적도 있다. 아일린의 말에 따르면 오웰은 그냥 이가 하나인가 두 개 빠져서 그렇게 보인다는 것이었다.[16]

아일린은 나를 웃게 했다. 나는 검은 상자 안으로 들어가 그를 데리고 나오기로 마음먹었다.

밖에서 굳이 바라보려는 사람이 있었다 한들 그 상자 안에서는 아무 일도 없는 듯 보였을 것이다. 관 크기의 검은 상자는 흔들리고 있었다. 작게 불평하는 소리가, 때로는 연기가, 그리고 가끔은 개 짖는 소리가 상자 밖으로 새어나왔다. 상자 안은 어두웠다. 거창한 기분이 드는 날이면(그런 날이 많지는 않았다) 나는 에우리디케를 찾으러 지옥으로 내려가는 오르페우스가 된 기분이었다. 특히 어둠 속에서 적들의 화신을 만나는 날에는 더 그랬다. 그 화신이란 머리 셋 달린 사나운 개였다. 길을 막고 있는 그 케르베로스의 이름은 누락·하찮게 만들기·동의였다. 무엇보다 충격적인 건 그 짐승이 내게도 익숙한 존재라는 사실이었다. 내가 이 짐승을 볼 수 있다면 놈을 지나쳐 아일린을 찾아낼 수도 있지 않을까, 나는 생각했다.

나는 아일린을 찾아내기는 했다. 하지만 조각난 사실들의 형태로, 강아지가 씹는 장난감처럼 갈기갈기 뜯긴 상태로 찾아냈다. 푸른 눈 한쪽, 정장 재킷 아래로 도드라진 어깨뼈 모서리 하는 식으로 말이다. 옥스퍼드대학교에서 장학금을 받았고 1934년에는 〈세기말, 1984〉라는 제목의 디스토피아적인 시를 발표했던 젊은 여성. 두 번이나 동료들을 조직해 폭력적인 상사들에게 저항했던 사람. 가녀린 사람이면서 사람 같지 않을 정도로 강하기도 했다. 별명은 '돼지'였는데, 그 이유는 아무도 기억하지 못했다.

아일린을 상자에서 데리고 나오니, 사실들로 이루어진 하나의 삶이, 조각난 한 명의 여성이 내게 주어졌다. 처음에는 장편소설을, 오웰의 전기들 속에 나오는 이야기에 대항하는 소설을 써볼까 하는 생각도 있었다. 하지만 나는 아일린이 얼마나 교묘하게 은폐되어 왔는지에 자꾸만 마음을 빼앗겼다. 장편소설로는 그런 것들을 보여줄 수가 없었다.

그러다가, 나는 그 편지들을 찾아냈다.

2005년, 아일린이 절친한 친구 노라 사임스 마일즈Norah Symes Myles에게 보낸 여섯 통의 편지가 노라의 조카의 유품 가운데서 발견되었다.[17] 오웰의 전기들이 모두 쓰인 뒤였고, 전기 작가들은 그 편지들을 활용할 기회가 없었다. 만약 활용할 수 있었더라면 그들은 무엇을 했을까? 한 저명한 오웰 연구자는 그 편지들이 "대단히 애정 넘치는 성정"[18]을 드러낸다고 지적한 바 있다. 그건 사실이지만 진실은 훨씬, 훨씬 더 많은 것을 담고 있다.

노라는 1906년에 태어나 1994년에 세상을 떠났다. 노라에 대해 알려진 사실은 별로 없고, 그가 아일린에게 편지를 보낸 흔적도 없다. 노라는 옥스퍼드의 세인트 휴스 칼리지에서 가장 "활기 넘치는 여학생"[19] 중 한 명이었던 것으로 보인다. 노라가 일찍이 사랑했던 한 사람은 젊은 나이에 세상을 떠났다. 노라는 졸업한 뒤 의사인 쿼터스 세인트 레저 마일즈Quartus St Leger Myles(Q로 알려졌다)와 결혼해 브리스톨에 정착했다. 노라 부부에겐 아이가 없었다. 노라와 아일린은 아주 절친했는데, 아일린이 유언장에 자신이 일찍 세상을 떠날 경우 아들을 돌봐줄 사람으로 노라를 지정했을 정도였다.

아일린이 노라에게 보낸 편지들은 아일린의 결혼식 직후부터 스페인 내전 기간과 아일린 부부가 모로코에서 지낸 시간을 거쳐, 전쟁이 일어나고 런던에 대공습이 퍼부어지던 시기까지 쓰였다. 그 편지들은 하나의 계시와도 같다. 마치 오웰이 세상을 떠난 뒤로 반세기도 넘게 지난 지금 그의 사적인 삶으로 통하는 하나의 문이 열리고, 그 문 안쪽에서 살아갔던 여자와 그곳에서 글을 썼던 남자가 전혀 다른 빛 아래 드러난 것만 같다.

장편소설을 쓰는 건 이제 불가능했다. 그 소설은 편지들을 '소재'로 삼아 삼켜버리고, 내 목소리를 아일린의 목소리보다 우위에 두어버릴 테니까. 게다가 아일린의 목소리는 짜릿하다. 나는 아일린을 되살리고 싶었다. 동시에 그를 지워버린, 그리고 지금도 여전히 영향력을 행사하고 있는 사악한 마술의 속임수를 드러내고 싶었다. 나는 이 작업을 '포용하는 소설'을 쓰는 작업이라고 여겼다.

그렇게 해서 나는 몇 달 동안, 그러다 몇 년 동안 세상에서 멀어진 채 오웰 연구에 몰두하게 되었다. 유니버시티 칼리지 런던에 있는 오웰 아카이브에서, 나는 아일린의 대학 시절 노트들과 그가 또렷하고 둥근 글씨체로 오웰에게 썼던 편지들을 찾아냈다. 아일린과 오웰이 1944년에 입양했던 아들 리처드 블레어와 함께 카탈로니아 곳곳을 여행하면서 오웰이 스페인 내전 기간에 그곳에서 보냈던 시간들을 추적하기도 했다. 결국에는 스코틀랜드의 주라섬으로 향했고, 오웰이 마지막 작품 《1984》를 썼던 집에 도착한 다음 그에게 그 집을 임대했던 여성의 손자와 함께 위스키를 마셨다.

공교롭게도, 2020년 실비아 톱Sylvia Topp이 《아일린: 조지 오웰을 만든 여성 Eileen: The Making of George Orwell》을 출간했다. 그 책에는 내가 찾아내지 못했던 많은 자료가 담겨 있었고, 읽으면서 가슴이 설

노라 사임스 마일즈

레기도 했다. 비록 톱과 나의 자료 해석에 차이가 있어 우리가 그려 낸 아일린의 초상에도 차이가 있긴 하지만 말이다.[20]

아일린을 찾는 작업에는 권력이 어떻게 작동하는지에 관한 오웰의 글을 읽는 즐거움도 포함되어 있었다. 나아가 아일린을 찾아낸다면 그 권력이 여성들에게는 어떤 영향을 끼치는지, 한 여성이 처음에는 가정생활에 의해, 다음에는 역사에 의해 어떻게 묻혀버릴 수 있는지 드러낼 수도 있었다.

하지만 오웰의 작품들은 내게 소중하다. 나는 그의 작품들을, 혹은 그를 어떤 식으로든 끌어내리고 싶지 않았다. 내가 하는 이야기로 인해 그가 '취소'될 위험에 처할까봐 걱정스러웠다. 물론 아일린은 이미 가부장제에 의해 취소되어 버렸지만 말이다. 나는 그들 모두를—작품과 오웰, 그리고 아일린을—내 마음속에 하나의 별자

리처럼 붙들어 둘 방법을 찾아야 했다. 각각의 부분이 서로를 제자리에 지탱시켜 주는 별자리처럼.

    그리하여, 소설을 쓰며 거짓을 말하지 않겠다고 마음먹은 내가 정한 소박한 기본 원칙들은 다음과 같다. 아일린은 되살아나 그가 실제로 썼던 편지들을 다시 쓸 것이다. 절친한 친구에게 여섯 통, 남편에게 세 통, 그리고 다른 편지 몇 통을. 나는 그 편지들을 쓸 때 아일린이 어디에 있었는지 안다. 접시들은 싱크대 속에서 얼어붙어 있었고, 아일린은 하혈을 하고 있었고, 오웰은 다른 여자와 침대에 들어가 있었으며 아일린이 그 사실을 알고 있었다는 것도 안다. 이 이야기에서 목소리를 내는 사람은 아일린이다. 가끔, 나는 실제로 일어난 일에 기반해 어떤 장면을 쓴다. 그리고 대체로, 세트장에서 배우에게 연기 지시를 하는 영화감독처럼 몇 가지만 덧붙여 넣는다. 안경을 문질러 닦는 손길, 카펫 위에 떨어진 재, 아일린의 무릎에서 주르르 쏟아지듯 내려가는 고양이 같은 것들만.

사랑에 빠지다
햄스테드, 1935년 봄

오웰을 만날 무렵, 아일린은 어머니와 함께 런던에 살고 있다. 하지만 종종 오빠인 로런스와 그의 아내 그웬과 함께 그리니치 공원 맞은편에 있는 그들의 으리으리한 저택에서 지내기도 한다. 가끔 (미들네임인 '프레데릭'을 줄인) '에릭'으로 불리기도 하는 로런스는 아일린보다 네 살 많다. 아일린의 유일한 형제인 그는 카리스마 있고 잘생긴 데다 의욕이 넘치는 사람이고, 아일린은 그를 존경해 마지않는다. 로런스는 할리 스트리트에서 촉망받는 폐 및 흉부외과 의사로, 결핵에 관해서는 이미 저명한 권위자다. 그는 최근 히틀러를 치료해 온 유명한 교수 자우어브루흐Sauerbruch에게서 연수를 받고 베를린에서 돌아온 참이다. 그동안 나치 정권을 아주 가까이에서 보아온 로런스는 이제 파시즘에 열렬히 반대를 표하는 중이다. 그웬 역시 의사인데, "호리호리한 몸에 조용한 존재감, 상냥한 태도와 활짝 열린 마음을 지닌 사회주의자"다.[21] 그웬과 로런스는 수단에서 7년 동안 함께 일하며 지내다 그곳에서 결혼했다. 이제 그웬은 그들의 저택 1층 방들에서 일반의원을 운영하며 성공으로 이끌고 있고, 종종 런던 남동부의 미혼모들과 가난한 사람들을 돌봐주기도 한다.

아일린은 그리니치에서의 생활이 마음에 든다. 그 집은 생기가 넘치고 쾌적한 곳이다. 아일린은 졸업한 뒤로 9년 동안 여러 가지 특이하고 흥미로운 일을 해왔다. 지금은 종종 오빠의 의학 논문을 교열하고 타자로 쳐주기도 한다. 1934년, 아일린은 유니버시티 칼리지 런던의 심리학 석사과정에 등록했고, 그곳에서 리디아 잭슨Lydia Jackson을 만났다.

러시아인인 리디아는 최근 케임브리지대학교 교수와 이혼했는데, 본인의 표현에 따르면 "자신감이 거의 전무한 상황을"[22] 겪고 있다. 그는 햄스테드에서 열리는 어느 파티에 아일린을 초대한 참이다.

리디아는 그 파티에 가는 길에 무릎이 까지고 만다. 리디아의

그리니치에 있던 로런스와 그웬의 저택

영어는 완벽하지만 제2언어인 까닭에 소박한 말투로 되어 있다. "나는 축제 분위기와는 거리가 먼 기분으로 그 집에 도착했다." 훗날 회고록에 리디아는 이렇게 쓴다. "길에서 넘어져 무릎에서 피가 나고 있었다."

리디아의 친구 로잘린드 오버마이어Rosalind Obermeyer 역시 이혼한 여성이다. 융 심리학자인 로잘린드가 이 소규모 파티를 열게 된 건 아파트 동거인의 제안 때문이다. 그 동거인은 에릭이라는 남자로, 서점에서 일하는 한편 자기 방에서 밤낮으로 글을 쓴다. 하지만 결국 손님들 대부분(다른 심리학자들과 대학 관계자들)을 초대한 사람은 로잘린드다. 에릭은 대학에 다닌 적이 없다. 그는 딱 한 명의 친구만 초대했는데, 자신이 글을 기고하는 잡지의 편집자인 리처드 리스Richard Rees라는 예의 바른 좌파 성향 귀족이다.

리디아는 자신들이 그곳에 도착했을 때를 이렇게 회상한다. "그 집 주인이 우리에게 보여준 방에는 가구가 별로 없었고 조명도 부실했다. 키 큰 남자 두 명이 불 꺼진 벽난로에 느슨하게 기대 서 있었다. 체호프의 작품에 나오는 불멸의 표현을 빌자면, 내게는 두 사람 모두 다소 '좀먹은' 것처럼 보였다. 옷차림은 칙칙했고, 얼굴은 주름지고 건강하지 못해 보였다. 나는 둘 중 누구에게도 말을 걸 시도를 하지 않았다. 하지만," 리디아는 이렇게 덧붙인다. "아일린은 분명 그렇게 했던 것 같다."[23]

모두가 술을 마시고 이야기를 나누고 담배를 피운다. 아마 음악이 흐르고 있었을지도 모른다.

첫눈에 반하는 사랑 coup de foudre이란 눈에 보이지 않고, 오직 그것을 경험하는 사람(들)에게만 느껴지게 마련이다. 나중에, 자신들은 보지 못했으나 그곳에서 무슨 일이 벌어졌는지 알게 된 다른 사람들은 그날 저녁을 기억해 내려고 노력했다. 짧은 보브컷, "쾌활하고 미소 띤 얼굴에 마음이 따뜻한"[24] 여자였던 케이 이케발Kay Ekevall은 당시 오웰과 자는 사이였기에 두 사람을 특히 면밀하게 지켜보았다. 케이의 말에 따르면 아일린은 "명랑하고 활기차며 흥미로웠고, 오웰과 훨씬 더 수준이 맞는 사람"[25]이었다. "아일린은 나보다 나이가 많았고, 대학을 졸업했고, 자신만의 지적인 입지를 갖추고 있었죠…." 그 뒤로 심리치료 분야에서 탁월한 커리어를 쌓게 된 로잘린드는 이렇게 기억을 떠올렸다. "에릭이랑 리처드가 벽난로 앞에 함께 서 있었어요. 둘 다 키가 크고 마르고 볼품없었는데, 이야기를 나누다가 방으로 들어오는 손님들을 힐끔거렸고, 그러다 다시 대화를 계속했죠."

그날 저녁이 깊어가며 오웰은 점차 활기를 띤다. 저녁 시간이 끝날 무렵, 그는 아일린과 리디아를 버스정류장까지 데려다주겠다고 고집한다. 그들을 데려다주고 돌아온 그는 로잘린드를 도와 유리잔과 재떨이를 치운다. 초기 전기 작가들에 따르면, 그러다가 그는 "로잘린드에게 몸을 돌리고는 이렇게 말했다. '아일린 오쇼네시가 내가 결혼하고 싶은 여자야.'[26] 이는 오래전의 그 특별한 날에 관해 오버마이어 부인이 여전히 생생하고 정확하게 기억하는 단 하나의 다른 세부사항이다".

오웰이 사적인 이야기를 하는 건 대단히 드문 일이었기에, 그 말은 로잘린드의 머릿속에 30년이나 남게 된다.

다음날 대학에서 아일린은 로잘린드를 찾아가 감사 인사를 전하고는 사과한다. "제가 좀 취해서 최악의 모습을 보여드린 것 같아요. 너무 시끄러웠죠."[27] 아일린이 웃는다. 로잘린드는 아일린이 오 웰의 첫 장편소설인 《버마의 나날》을 팔에 끼고 있다는 걸 알아차 린다.[28] 그러고는 아일린에게 그가 그 책의 저자에게 깊은 인상을 남겼다고 말해주고는, 아파트에서 그들 두 사람이 함께하는 저녁 식사 자리를 마련하겠다고 즉석에서 제안한다.

그 저녁 식사 자리는 그다음 주에 열린다. 식사가 끝나자마자 로잘린드는 자리를 피해 준다.

리디아는 이렇게 회상한다. "그 파티가 있고 얼마 지나지 않아, 아일린은 그 남자들 중 한 명을 다시 만났는데 그 사람에게서 청혼을 받았다고 말했다."

"뭐! 벌써?" 나는 소리 질렀다. "그 사람이 대체 뭐랬는데?"
"자기는 사실 자격이 부족하다고. 그치만…"
"그래서 넌 뭐라고 대답했어?"
"아무 말도 안 했지… 그냥 그 사람이 얘기하게 놔뒀어."
"근데 그 사람이 누군데?"
"로잘리가 그러는데 작가래. 조지 오웰이라고."
"처음 들어봐."
"나도."

"그때는 아일린의 말을 오직 반쯤만 믿었다." 리디아는 이렇게 쓴다. "하지만 아일린이 진지하다는 걸 알게 되자, 나는 그 사실이 정말이지 마음에 들지 않았다."[29]

그 상황을 참을 수가 없어진 리디아는 이렇게 다그친다. "그래서 어떻게 할 생각인데?"

"모르겠네…" 아일린이 대답한다. "있지, 난 서른 살이 되면 처음으로 청혼하는 남자를 받아들이겠다고 다짐했거든. 근데… 내년이면 내가 서른이야…."

그런 장난스러운 말투는 리디아에게 몹시 괴롭게 다가왔다. 리디아는 워낙에 엉뚱한 말이나 영국인 특유의 에둘러 말하기와는 거리가 먼 사람이었으니까. 하지만 그것이야말로 "아일린다운 태도였다"고 리디아는 말한다. "나는 아일린이 이런 종류의 말을 진지하게 하는 건지 농담으로 하는 건지 결코 알 수 없었다. 이 말은 농담으로 받아들이는 게 나을 것 같아 웃음을 터뜨렸지만, 그 뒤로 줄곧 궁금했다. 오웰의 청혼을 받아들였을 때 아일린은 정말 그 다짐을 행동으로 옮긴 거였을까?"

어쩌면 리디아에게는 다음과 같은 사실이 보이지 않는 것인지도 모른다. 오웰은 자신에게 결혼할 자격이 부족하다고 밝히면서도 동시에 청혼할 수 있는 남자다. 한편, 아일린은 오웰이 얘기를 하도록 그냥 놔둬 주는 여자고, 그렇게 용인해 주는 태도가 자기 자신과 했던 내기의 일부일 수도, 아닐 수도 있는 여자다. 그렇기에 오웰은 아일린에게서 자신과 어울리는 짝이 될 자질을 발견한 것일 수도 있다.

수년 뒤 리디아는 로잘린드의 집에서 있었던 아일린과 조지의 우연한 만남을 "파멸을 예고하는 만남"이라고 묘사했다. 리디아는 두 사람 모두와 오랜 우정을 유지했으나 그 생각을 바꾸지는 않았다.

리디아 비탈레브나 지부르토비치Lidiia Vitalevna Jiburtovich는 1899

리디아 잭슨

년 상트페테르부르크에서 태어났다. 아일린을 만났을 때는 아일린보다 여섯 살 많은 서른다섯 살이었고, 결혼 후 이름인 리디아 잭슨으로 불리고 있었다. 런던에서 혼자 지내던 리디아는 사기가 떨어져 있었지만, 수업 시간에는 스스로 인정하듯 "신랄하면서도 순진한" 질문들을 던졌다. 리디아가 처음 그렇게 했을 때 다른 학생들은 눈을 치떴다. 하지만 아일린은 몸을 돌려 늘 그러듯 근시가 있는 사람처럼 눈을 가늘게 뜨고 리디아를 바라보고 있었다. "쉬는 시간이 되자 아일린은 내게 다가와 말을 걸었다." 리디아는 그렇게 기억을 떠올렸다. "우리는 그렇게 해서 친구가 되었다." 아일린은 리디아를 저녁 식사에 초대했다.

리디아는 너무도 외로웠던 나머지 수업이 끝난 뒤 로런스가 자신의 거대한 검은색 차에 그들을 태웠을 때, 그가 손을 잡고 자신에게 "똑바로 눈을 들여다보며 꿰뚫어 보는 듯한 시선"을 보냈을 때,

한 줄기 전율 같은 무언가를 느꼈다. 로런스에게 이끌린 리디아는 영리하고 헌신적인 그웬을 "두꺼운 발목을 지닌 존재감 없는 여자"라고 격하게 깔보기에 이르렀다.

리디아에게는 주고 싶은 사랑이 있었지만, 그 사랑은 갈 곳이 없었다. 오웰이 그들의 삶 속으로 들어오기 전, 한번은 리디아가 로런스와 그웬의 집에서 아일린과 함께 하룻밤을 보낸 적이 있었다. 두 여자는 맨 위층 침실을 함께 썼다. "…잠옷을 입고 거울 앞에 서서 추운 듯 떨고 있는 아일린을 본 나는 보통이 아닐 만큼 여윈 그 모습에 놀랐고, 이상하게 마음이 아팠다. 아일린이 안쓰러웠고, 어떤 남자가 저렇게 비현실적으로 가벼운 몸에 욕망을 품겠느냐는 생각이 들었다."

욕망은 대단히 종류가 많아서 아마도 언어를 넘어서는 하나의 스펙트럼을 이루고 있을 것이다. 리디아의 말들 속에는 그 자신도 알기 힘든 어떤 종류의 갈망이 숨어 있다. 리디아는 '이상하게 마음이 아파서' 연민을 품는다. 누가 이 여자를 사랑해 줄 것인가? 그럴 사람이 아무도 없다면, 그러면 아일린은 혹시 리디아의 것이 될까? 하지만 누군가가 있다면, 그는 리디아만큼 아일린을 아껴 줄까?

졸업 후, 리디아는 존경받는 심리학자이자 체호프 번역자가 되었다. 결혼은 두 번 다시 하지 않았다. 1960년대 들어 리디아는 아일린에 관한 에세이를 썼고,[30] 자신의 회고록에서도 아일린을 언급했다. 1980년대에는 캐나다의 라디오 인터뷰에서 아일린에 관해 이야기했다.[31] 리디아의 말에 따르면, 아일린은 리디아에게 "가족 같은 집의 문을 열어" 주었고, 그를 구해주었다. 이에 대한 보답으로 리디아는 평생 아일린을 구해내려 애쓰며 살았다.

오웰은 누구인가?

아일린을 만났을 때, 벽난로에 느슨하게 기대어 서 있던 에릭 블레어Eric Blair는 서른두 살이었고, 키는 189센티미터에 몸은 접이식 자처럼 여위어 있었다. 여자친구였던 케이의 말에 따르면 그는 "건강해 보인 적이 없었다". 오웰은 "버마의 열기에 말라버린 것처럼 건조하고 다소 창백한 피부"[32]를 지니고 있었다. 코 양쪽 옆에서 턱까지는 돌에 새겨진 괄호처럼 깊은 팔자주름이 새겨져 있다. 그는 싸구려 살담배로 "한숨이 나오는 담배"[33]를 손수 말아 줄담배를 피운다. 끊임없이 불안한 기침을 하고, 조심성 없이 재를 흘린다. 그의 목소리는 높고 가늘며, 말투는 상류층처럼 여유롭고 느리다.

다른 누구도 그렇게 생각하지 않지만, 오웰은 자신이 못생겼다고 믿는다. 그는 이미 20대 때 자신이 "심하게 낡아가고 있다"고 여겼다. 하지만 꿰뚫어 보는 듯한 연한 푸른색을 띤 그의 두 눈은 "놀랍도록 아름답다". "너무나도 맑고 반짝이는 그 눈에는 유머가 담겨 있었어요. 그 두 눈이 그 사람 얼굴에서 가장 결정적인 부분이었죠. 그 눈빛 하나로 즐거워 보이기도, 진지해 보이기도 했어요." 한 여성은 이렇게 말했다. "제가 아는 사람 중에 그렇게 사람을 똑바로, 강렬하게 쳐다보는 사람은 없었어요. 가끔은 좀 당황스러울 정도였죠." "오웰은 미소 지을 때면 정말로 미소 지었어요. 마치 태양이 모습을 드러내는 것 같았죠."[34] 오웰은 주문 제작한, 하지만 단정치 못한 트위드 재킷을 입고 다닌다. 마치 그의 가족이 수 세대 전에 잃어버린 돈과 계급의 자취를 보여주는 것만 같다. 파티장에 들어올 때면 그는 누더기를 걸치고 황야에서 돌아온 세례자 요한 같고, 그럴 때면 쾌활하고 돈 많은 여자들은 모피를 두른 채 전율한다.[35]

오웰이 파티에서 아일린을 만난 날 밤 무슨 말을 했는지는 기록에 없다. 리디아도, 오웰의 친구였던 리처드 리스도 적어두지 않았다. 하지만 오웰은 "어딘가 매력적이고 사람을 잡아끄는" 데가 있고, "워낙에 독창적이고 별난, 보기 드문 친구"다.[36] 오웰이 즐겨 쓰는 전략은 터무니없거나 망상에 가까운 어떤 의견을 공표한 다음 방어하려 하는 것이다. 이를테면 그는 "담배 가게 주인들은 죄다 파시스트"[37]라거나 "스코틀랜드인들은 전부 거짓말쟁이"라거나 "보이 스카우트 단장들은 하나같이 동성애자"라는 말을 던진다. 이런 말들은 대화체로 된 수류탄, 타인의 반응을 촉발하기 위해 던지는 말이다. 자신이 어째선지 세상과 어울리지 않는다고 느끼고, 세상이 어떻게 반격하는지 보고 싶어 하는 한 남자의 선제공격인 셈이다. 또 다른 친구의 이야기에 따르면 오웰은 "키가 크고 여위었으며, 몸 동작이 몹시 어색한 청년"[38]이었다. "오웰은 무생물의 세계조차도 자기한테는 적대적으로 군다고 느꼈던 것 같아요…. 그러니까,

그 친구가 가진 가스레인지는 죄다 고장 나고, 라디오는 몽땅 망가져 버리곤 했거든요…. 외로운 친구였어요. 아일린을 만나기 전까지는 굉장히 외로운 친구였죠. 아무도 자신을 좋아해 주지 않을 거라고 단단히 확신하고 있었고, 그런 생각 때문에 쉽게 발끈했고요."

오웰은 아웃사이더의 위치에서 세상에 접근하는 사람이지만, 그 점과는 어울리지 않게도 상류층 같은 억양으로 말을 한다. 그리고 그는 젊은 작가로서 인생을 건 도박을 하고 있는데, 그가 스스로를 내걸고 있는 이 도박은 사춘기 때의 절친한 친구 재신타 버디콤Jacintha Buddicom에게 털어놓았듯 언젠가 자신이 "**유명한 작가**"[39]가 될지도 모른다는 도박이다. 이 모든 것은 문학을 사랑하고 폭군을 싫어하는 대단히 지적인 한 여성에게 강렬한 호기심을 불러일으킬 만했다.

오웰은 벵골에서 태어났다. 그의 아버지 리처드 블레어Richard Blair는 그곳의 식민지 아편 무역 체제에 속한 하급 관리로 일했다. 오웰의 어머니인 아이다 리무쟁Ida Limouzin은 버마의 활기차고 다문화적인 가정에서 자라난 사람답게 (아이다의 어머니인 테레즈는 영국인이었고, 아버지는 프랑스의 상인이었다) 머리 회전이 빠르고 세상 일에 적극적으로 참여하는 사람이었다. 오웰이 두 살 때, 아이다는 리처드를 모울메인에 남겨두고, 오웰과 오웰의 누나 마조리Marjorie만 데리고 영국으로 이주해 왔다. 리처드는 아이다보다 나이가 훨씬 많았고, 두 사람은 결코 친밀한 관계가 못 되었던 것으로 보인다. 오웰이 자기 아버지를 제대로 만나본 건 여덟 살이 되어서였다. "삶에 대한 뿌리 깊은 원한"을 품고 있던 리처드가 은퇴해 영국으로 돌아왔던 것이다.

"매우 지적이고 예리한 판단력을 지니고 있던" 아이다는 오웰의 교육을 준비하기 시작했다.⁴⁰ 오웰은 우선 단기 시험 준비 학교에 들어갔고, 열심히 공부해 열 한 살 때 모두가 탐내는 이튼 칼리지의 장학금을 따냈다. 하지만 일단 이튼에 입학한 그는 "뺀질이"⁴¹가 되고 말았다. 가족은 그를 대학에 보낼 만한 형편이 되지 않았고, 어쨌거나 학교 측에서도 그를 추천해 줄 생각이 없었다.⁴² 그렇게 해서 젊은 에릭 블레어는 아버지의 뒤를 이어 식민지에서 일하게 되었고, 10대 후반과 20대 초반의 인격 형성기를 버마에서 경찰관으로 영국의 법을 집행하며 보냈다.

버마 사람들은 그를 행복한 청년으로 기억했지만, 그는 남몰래, 그리고 신속하게 자기 인생에서 가장 중요한 깨달음 중 하나에 도달했다. 식민주의는 "약탈을 최종 목표로 하는 압제"이자 인종차별적인 체제라는 것이었다.

오웰의 첫 장편소설 《버마의 나날》은 이런 경험에서 탄생했다. 오웰의 화자인 플로리는 식민지에서의 삶을 묘사하면서 영혼을 압살하는 인종차별주의의 위선을 그려낸다. 그리고 거기에 따라붙는, 은근히 끓고 있는 자신의 내밀한 분노를 이렇게 표현한다.

살아가기에는 숨 막히는, 사람을 멍청하게 만드는 세상이다. 모든 말과 생각이 검열당하는 세상… 모든 백인 남성이 압제의 톱니바퀴 속 부품일 때는 우정조차 존재하기 힘들다. 자유로운 발언은 상상도 할 수 없다. 다른 모든 형태의 자유는 허용된다. 주정뱅이가 될 자유도, 게으름뱅이가 될 자유도, 겁쟁이, 험담하는 인간, 간음하는 인간이 될 자유도 있다. 하지만 스스로 생각할 자유는 없다. 상상할 수 있는 모든 중요한 주제에 대한 당신의 의견은 '진정한 신사_pukka sahib_'의 규범에 따라 결정된다.

결국 숨길 수밖에 없는 반항심이 은밀한 질병처럼 당신을 감염시킨다. 삶이 통째로 거짓말로 채워진다. 해가 갈수록 키플링의 망령이 떠도는 작은 클럽에 앉아⋯ 저 빌어먹을 민족주의자들은 기름에 튀겨버려야 한다는 보저 대령의 의견에 열렬히 동조를 보내게 된다. 당신의 동양인 친구들이 "겉멋만 든 알랑거리는 인도인 놈들"이라고 불리는 걸 듣고는, 마치 순응하듯 그들이 정말로 겉멋만 든 알랑거리는 인도인 놈들이라고 생각하게 된다. 학교를 갓 졸업한 무례한 작자들이 머리가 희끗희끗한 하인들을 발로 차는 것도 보게 된다. 그러다 자신의 동포들에 대한 증오로 불타오르는 시기가 찾아온다. 선주민 중 누군가가 들고일어나 당신의 제국을 피바다로 만들기를 갈망하는 시기가⋯ 그래서 그는 말할 수 없는 내밀한 생각들과 책 속에서 조용하고도 비밀스럽게 사는 법을 배운 터였다⋯ 하지만 자신의 진짜 삶을 숨기고 비밀스럽게 살아가다 보면 사람은 타락하게 마련이다.[43]

오웰은 식민지의 인종차별적 정치 체제의 공포스러움을 가까이에서 목격했다. 그 자신이 체제의 도구 중 하나였기 때문이다. 그는 '학교를 갓 졸업한 무례한 작자들' 중 한 명이었고, 자신의 하인을 발로 찬 적이 있다고 인정하기도 했다. 비록 그가 자기 집에서 일하던 소년을 좋아했고, 그 소년에게 자기 발을 간지럽혀 잠에서 깨우는 법을 가르치기는 했지만 말이다. 한번은 오웰이 어느 현지인 남자에 대한 잔혹한 심문을 감독한 적이 있었는데, 이를 지켜보던 미국인이 "나라면 당신 같은 일은 하지 않을 거요"⁴⁴라며 괴로운 표정으로 자리를 뜨기도 했다. 오웰은 버마인 노동자들 위에 군림하면서 반대 의견을 억압하는 백인 남성이었지만, 그가 자기 집안에 버마인의 피가 섞여 있다는 사실을 어딘가에서 언급한 적은 한 번도 없는 것으로 보인다. 오웰의 외삼촌과 외종조부는 둘 다 버마인 여성과 관계를 맺은 적이 있었고, 오웰의 사촌들은 혼혈이었다. 오웰의 할머니 테레즈는 버마제 원피스를 입었고, (당시에는 금기시되던) 성대한 다인종 파티를 여러 차례 열었으며, 말년에는 버마인들의 사회 속으로 "자취를 감췄다". 테레즈의 죽음은 어디에도 기록되어 있지 않다.

식민지의 권력 가운데는 성적인 권력도 있었다. 현지 여성들과의 섹스는 제국을 위해 일하는 데 너무도 기본으로 따라붙는 혜택이었다. 총독 부인이 영국인 남성들에게 현지처들과 결혼하든지 아니면 그들과 섹스하는 걸 그만두든지 하라고 촉구하는 운동을 벌이자 "계집 없이는 석유도 없다"⁴⁵는 반응이 서면으로 나올 정도였다. 오웰은 모울메인의 강변에 있던 사창가를 자주 찾았다. 형편이 곤궁해진 어느 교사가 자신의 식스 폼sixth form○ 학생 세 명과 함께 차린 성매매 업소였다.⁴⁶

오웰의 초기작들을 읽다 보면 여성이 주도하는 혼혈 가정 출신의 젊은 남자가 남성중심적인 세계에서 남성성에 도달하는 과정을 지켜보게 된다. 그 세계는 백인 남성을 중심에 세우기 위해 여성과

○ 영국 중등교육의 마지막 2년으로 16~18세에 해당하는 나이다. –옮긴이

다른 인종을 폄하해야 하는 세계다. 오웰은 정치적으로 혐오스러운 동시에 개인적으로는 도취감을 주는 위선적인 폭정 속에서 살았다. 그러면서 그는 타는 듯한 통찰력으로 자기 시대의 권력을 꿰뚫어 보는 남자가 되어가고 있었다. 그가 보기에 제국은 약탈을 목적으로 설계된 압제 체제였다. 오웰은 그 체제가 인종차별에, "거대한 정신적 기만 체계"[47]에 의존하고 있다는 걸 깨달았다. 그 체제 안에서 식민지인들은 온전한 인간으로 여겨지지 않고, 따라서 그들의 노동력과 재화와 생명은 약탈해도 되는 것으로 여겨진다.

이런 체제에서 압제자들은 스스로 결백하다고 여기기도 한다. 한 민족에 대한 범죄를 부정함으로써가 아니라, 그 민족이 자신과 동등한 인간이라는 사실을 부정함으로써 그렇게 한다.

문제의 클럽에 앉은 채 "[그] 자신의 동포들에 대한 증오로" 불타오르고 있는 플로리의 감정에 관해 읽는 동안, 나는 맥락을 이해하기 위해 또 다른 말들에 의지하게 된다. 한 세대 뒤에 제임스 볼드윈James Baldwin이 쓴 다음과 같은 비범한 말들이다.

> 대대적인 파괴의 주범들이 결백할 수도 있다는 생각은 용납 불가능하다. 바로 그 결백함이 범죄의 구성 요소다.[48]

오웰은 가짜 결백함을 드러내는 이 정신적 상태에 이름을 붙이고, 그럼으로써 20세기의 가장 유명한 신조어 중 하나인 '이중사고doublethink'를 만들어 낼 사람이 되어가고 있었다.

하지만 식민지 권력의 탐욕스러움을 꿰뚫어 보는 그의 통찰력은 결코 성별 간의 관계로는 확장되지 않았다. 오웰은 한 번에 몇

루피씩 주고 젊은 여자들을 사면서도 여성의 위치에 대해서는 여전히 무지했다.⁴⁹

아일린을 만나기 5년 전, 오웰은 영국으로 돌아왔다. 스물다섯 살이 되기 직전이었던 그는 사우스올드에 있는 부모님 댁에 머무르고 있었다. 그러면서 글을 쓰며 할 수 있는 가정교사 일자리들을 찾아냈다. 오웰은 여자친구나 아내가 있었으면 했을 것이다. 사춘기 시절 좋아했던 재신타를 찾아갔지만, 재신타는 오웰은 기억하지 못하는 듯한 어떤 이유론가 그를 만나주지 않았다. 오웰은 친구 데니스 콜링스Dennis Collings의 여자친구였던 엘리너 자크Eleanor Jaques와도 연애 사건을 일으켰고, 그들은 숲속에서 정사를 벌이곤 했다. 하지만 엘리너는 오웰과의 결혼은 원치 않았는데, 그가 "너무 냉소적이랄지, 비꼬는 성격이어서"⁵⁰였다. 오웰은 같은 동네에 살던 도로시 로저스Dorothy Rogers라는 여성을 스토킹했고, 도로시의 약혼자는 오토바이를 타고 나타나 오웰을 쫓아버려야 했다.⁵¹

오웰은 브렌다 살켈드Brenda Salkeld와도 사랑에 빠졌다. 브렌다는 "솔직하고 지적이며 독립적인 태도를 지닌"⁵² 체육 교사였고, 성직자의 딸이었다. 브렌다는 오웰과의 섹스를 거부했지만, 오웰의 글에 관해서는 이야기를 나눴고, 친밀한 편지도 주고받았다. "결혼 이야기가 나왔어요." 브렌다는 이렇게 회상했다. "그랬더니 그 사람이, 내가 남자 형제들하고 아무것도 하지 않았으면 좋겠다는 거에요. 난 이렇게 말했죠. '말도 안 되는 소리 하지 말아요. 난 내 가족들밖에 모르니까.'" 브렌다는 당시에는 웃었지만, 사람을 고립시킴으로써 통제하려 드는 이 이상한 충동을 수십 년 뒤에도 기억하고 있었다. "절대 사람들 이야기를 쓰지 말아요."⁵³ 브렌다는 오웰에게 말했다. "당신은 사람들을 이해하지 못해요. 심지어 당신 자신에 관해서도 아무것도 모른다고요."

오웰은 매 순간 여자들에게 의존했다. 그는 친구이자 시인이었던 루스 피터Ruth Pitter에게 자신의 시에 관한 조언을 청했고, 루스는 그에게 런던에 있는 아파트를 구해주었다. 너무나 돈에 쪼들렸던 오웰이 촛불을 켜놓고 두 손을 녹이곤 했던 집이었다. 일단 런던에 정착한 오웰은 이스트엔드의 노동계급 사람들, 떠돌이 노동자들, 홉 수확꾼들과 노숙자들의 생활을 조사하기 위해 부랑자로 변장하고 "비밀리에" 출격을 시작했다. 1928년 초, 그는 런던을 떠나 넬리 이모가 사는 파리에서 18개월을 보냈다. 오웰의 어머니 아이다의 언니였던 넬리는 화려하고 매혹적인 사람이었다. 배우이자 여성참정권 운동가, 사회주의자였으며, 에스페란토어 운동가이기도 했다. 넬리는 오웰에게 경제적으로 도움을 주었고, 그를 에이전트와 출판사들에 연결해 주었다. 오웰은 기사와 르포르타주 집필을 처음으로 시도했고, 고급 호텔에서 접시닦이*plongeur*로 일했다. 이런 경험들은 그의 첫 번째 책《파리와 런던의 밑바닥 생활》의 토대가 되었다.

파리에서 지내던 오웰은 사우스올드의 부모님 댁으로 돌아갔고, 그곳의 해변에서 메이블 피어즈Mabel Fierz를 만났다. 메이블과 철강 회사 경영자였던 그의 남편은 그 도시에 별장 한 채를 두고 있었다. 오웰보다 열세 살 많았던 메이블은 부유했고 문학적 감각이 뛰어났으며 인맥이 풍부했다. 그는 오웰에게 본격적으로 작가로서 커리어를 쌓을 기회를 잡고 싶으면 다시 런던으로 오라고 조언했고, 오웰이 런던 햄스테드에 있는 자신의 집에서 지내게 해주었으며, 그에게 에이전트와 출판사, 잡지의 세계를 소개해 주었다. 한 번은 《파리와 런던의 밑바닥 생활》 출간을 거절당하고 의기소침해진 오웰이 메이블에게 원고를 던지며 이렇게 말한 적이 있었다. "태워버리세요. 클립들은 가지시고요."[54] 메이블은 그 원고를 태우는 대신 자기가 아는 에이전트였던 레너드 무어Leonard Moore에게 보냈다. 무어 역시 그 원고를 거절하자, 메이블은 원고를 그의 사무실로 도로 가져가 한 번만 더 읽어달라고 "끈질기게 졸라댔다."[55] 그렇게 해서 무어는 오웰을 받아주었고, 평생 그의 에이전트가 되었다.

《파리와 런던의 밑바닥 생활》은 1933년 '조지 오웰'이라는 필명으로 출간되었다. 작품이 실패하더라도 아버지가 수치스럽지 않도록 하기 위해서였다고 오웰은 말했다. 그 뒤 메이블은 오웰이 자신의 친구 로잘린드네 집에서 지내게 해주었고, 그 뒤에는 또 다른 집을 구해주었으며, 오웰에게는 알리지 않고 집세 일부를 내주기까지 했다.[56] 우정이 깊어가던 어느 시점에 그들은 연인이 되었다. 오웰은 아무에게도 말하지 않았던 것으로 보이는 비밀들을 메이블에게는 털어놓았다.[57]

나이가 지긋해진 메이블은 캐나다 방송국과 여러 차례 인터뷰를 했다.[58] 테이프에 녹음된 그의 음성은 자신감이 넘치고 자유로우며 명석하게 들린다. 하지만 메이블이 쏟은 노력과 애정, 그가 지니고 있던 너그러운 마음씨와 인맥들은 전기 작가들의 시선 속에서는 중요하지 않은 것이 되어버렸다. 메이블은 "기운이 넘치고 독단적인 중년 여성, 자신을 신인 발굴자 비슷한 무언가로 여기는 사람"[59]으로, "에게리아"(로마 신화에 나오는 님프)로, 심지어는 "살짝 괴짜 같은 사람"[60]으로 격하되고 만다.

오웰이 아일린을 만나기 얼마 전, 넬리 이모는 오웰에게 일자리를 하나 구해주었다. 자신의 친구들이 햄스테드에서 운영하고 있던 사회주의 서점에서 하는 일이었다. 오웰은 오후 시간에 자유롭게 글을 쓸 수 있었고, 자기 삶에서 소재를 얻어 작업을 시작했다. 그는 열심히 글을 썼다. (그가 브렌다와 이뤄보려고 했던 관계에서 착안한) 두 번째 장편소설《신부의 딸》이 출간을 앞두고 있었다. 좌파 잡지인 〈디 아델피 The Adelphi〉에 서평을 기고하기 시작한 참이기도 했다. 이 잡지는 부유하고 친절하며 자기비하가 몹시 심했던 독신 남성 리처드 리스가 발행인이자 편집자로 있는 잡지였다. 운명적이었던 그날 밤, 벽난로에 느슨하게 기대어 서 있던, 키 크고 "좀먹은" 몰골을 한 또 한 명의 남자가 그였다.

리스는 이 이야기의 시작부터 등장하고, 끝까지 함께할 인물이

리처드 리스, 오웰 아카이브

다. 그는 결혼하지 않는다. 그의 관심사는 문학과 정치, 그리고 스스로는 절대 입 밖에 내지 않는 어떤 이유론가, '구원'인 것으로 보인다. 리스는 예의 바른 태도의 소유자이며, 자신의 상처는 혼자서 감당하는 사람이다. 문제 있는 가정에서 자라나 이튼 칼리지에, 다음에는 케임브리지에 진학한 리스는 "누가 봐도 바보라는 소리를 내가 듣지 않을 수 있었던 건, 이런 배경들 때문이라기보다는 너그러운 신의 섭리 덕분"[61]이라고 말한다. 리스는 자신이 사회를 변화시키는 데 도움이 될 수 있다고 "어리석을 정도로 단순하게" 믿는 사회주의자가 되어 있었다. 나중에는 그 믿음이 "나 자신의 부적응을 보여주는 하나의 증상에 불과했다"[62]고 여겼지만 말이다.

리스는 자기 친구의 결점들을 알면서도 친구에 대한 애정을 간직할 수 있었다. 그는 오웰을 "표면적으로는 너무도 편안하고 붙임성 있는 남자, 유쾌하고, 유머 감각과 재치가 있으며, 사려 깊고 다정한, 하지만 예측할 수 없는 남자"라고 여겼다. "나는 그가 속으로는 '다루기 곤란한' 사람일지도 모른다고 상상할 수 있었다. 사실, 그는 속으로는 극도로 내성적이었고 감정을 드러내지 않는 사람이었다. 유독 퓨도르*pudor*(수치심을 뜻하는, 리스가 마찬가지로 설명하지 않고 남겨둔 단어다)를 타고난 것처럼." 오웰에 대한 애정에도 불구하고 리스는 이렇게 썼다. "나는 그가 사람의 인격을 평가하는 데 있어 믿을 만한 사람이라고는 전혀 생각할 수 없었다. 그는 자신에게 가장 가까운 사람들의 마음속에서 일어나고 있는 일에 대해 다소 둔했거나, 둔해 보였다." 이는 어쩌면 오웰이 "한 번도 다른 인간을 진정으로 바라본 적이 없었기"[63] 때문이었는지도 모른다.

…그럼 아일린은 누구인가?

아일린은 다른 사람들을 진정으로 바라보는 사람이다. 그는 "마치 그들의 얼굴과 행동 방식이 유리같이 투명하기라도 한 것처럼" 그들을 관찰한다고, 훗날 어느 소설가 친구는 아일린을 모델로 한 인물을 내세워 쓴다. "그가 들여다보는 건 사람들의 감정이다."[64]

리디아는 아일린이 "세련되고, 세심하며, 대단히 총명하고 지적이었다⋯ 아마 그 애가 결혼한 남자와는 다른 면에서 재능이 있었을 뿐, 결코 그보다 재능이 부족하지는 않았을 것이다"라고 쓴다.

아일린은 몸이 몹시 매력적이었다. 몸을 움직이는 방식은 다소 어색했지만 말이다. 아일린은 키가 크고 날씬했고, 흔히 아일랜드인의 몸 빛깔로 여겨지는 색깔들을 지니고 있었다. 머리칼은 검었고, 눈은 연한 푸른색이었으며, 피부색은 섬세한 흰색과 분홍색이었다. 아일린의 말에 따르면 볼 색깔은 연지를 발라서 그런 거였지만 말이다. "그걸 꼭 발라야 돼?" 나는 그렇게 못마땅해 했다. "안 바르면 금방이라도 기절할 것처럼 보일걸." 아일린은 대답했다. 그 애는 조지가 '고양이상'이라고 부르는 얼굴을 지니고 있었다.[65]

오웰은 사람들을 도발하려고 "무산 계급의 코스튬"[66]을 입지만, 아일린은 옷차림에는 정말로 관심이 없고, 보통 품질은 좋지만 "허름하고 솔질하지 않은 검은색 옷"[67]을 입는다. "다소 단정치 못하기는"[68] 하지만 아일린에게는 독특한 우아함이, "두 다리 위로 아름답게 균형 잡힌"[69] 몸이 있다. 아일린은 "매우 사려 깊고 철학적인"[70] 사람이다. 그는 경청하는 데 있어 비상한 능력을 지니고 있었고, 시간을 들여 곰곰이 생각한 다음 대답했다. "삶에 대한 감각이 너무도 강렬한 나머지 아일린은 어떤 일이 일어나든 그것이 주는 영향을 온전히 받았고, 그것을 고립된 상태로가 아니라 연결된 모든 것들과 함께 바라보았기 때문"[71]이다. 아일린이 말을 할 때면, 그 말은 사람을 설레게 하는 말, 재미있고 기다릴 만한 가치가 있는 말이 된다. 그래서 사람들은 기다린다.

리디아는 이렇게 기억을 떠올렸다. "무언가 재미있는 이야기를 할 때면 그 애의 두 눈동자는 춤추듯 이리저리 움직였고, 이목구비는 온통 웃음을 머금고 있었다… 아일린이 습관적으로 이야기를 윤색한다는 것, 그리고 실제로는 그 일이 그 애가 묘사한 것처럼 재미있게, 혹은 뜻밖의 방식으로 벌어지지 않았다는 건 누구나 알 수 있었다. 그럼에도 아일린이 들려주는 이야기의 정확성을 문제 삼는 사람은 없었다. 그런 건 중요하게 느껴지지 않았다. 그 애가 하는 과장에 악의가 깃들어 있는 일은 드물었다⋯."[72]

하지만 가끔은 악의가 깃들어 있기도 하다. 진지한 성격의 리디아는 자신의 친구가 "말로 사람을 후려치기도"[73] 한다는 걸 알게 된다. 아일린은 어리석은 사람들을 참아내지 못하고, 누구도 봐주지 않는다. "아일린이 하는 이야기는 종종 자기 자신을, 혹은 자기 가족 중 누군가를 비난하는 것이었다. 그 애는 가족 이야기를 일부러 완전히 터놓고 하는 듯 보였고, 그러면서 자신들의 관계를 드러냈다. 마치 책 속의 인물들을 논하듯이 말이다. 나중에 그 애는 자신과 조지에 관해서도 똑같은 방식으로 이야기했다."

자신이 사람들과 맺고 있는 관계를 '일부러 완전히 터놓고', 마치 '책 속의 인물들을 논하듯이' 할 수 있는 사람은 소설가의 본능을 지닌 사람이다. 타인이 된다는 것이 무엇인지 이해하는 본능. 아일린은 자기 자신에게서, 그리고 인간이든 동물이든 다른 존재에게서 그 정수를 뽑아낸 다음, 그 각자를 자신만의 삶을—그러므로 플롯을—지닌 캐릭터로 빚어낼 수 있었다. 그는 평생 자신의 경험을 이야기로 바꿔냈고, 여기에는 많은 경우 주변인들을 그들 자신보다도 명확한 시선으로 바라보는 일이 포함되어 있었다. 하지만 타인의 입장이 된 자신을 상상하는 이런 능력은 상대방에게 과도하게 관대해지는 성향이 되어 스스로를 방어하지 못하게 만들기도 한다. 이런 능력은 심지어 자신조차 자기편을 들지 못하는 사람의 특징일 수도 있다. 아일린의 파악하기 어려운 면모, 엉뚱한 말, 자신을 돌볼 줄 모르는 태도, 그리고 누구의 관심도 받지 못하는 뛰어난 지성을 본 리디아는 결국 그를 보호하려는 마음에서 오는 좌절감을 발작적으로 터뜨리게 된다.

아일린은 영국 북부의 "괴짜 같고 유쾌한"[74] 앵글로-아이리시 가정 출신이다. 아일린의 집안은 오웰이 스스로 "하급 상위 중산층"(상위 중산층이지만 돈이 없는 사람들이라는 뜻이었다)이라고 이름 붙여 유명해진 블레어 집안보다 좀 더 확고하게 상위 중산층에 속했다. 오웰이 버마에서 지내는 동안 아일린은 장학금을 받아 옥스퍼드에 입학했고, 그곳에서 제프리 초서Geoffrey Chaucer와 윌리엄 워즈워스William Wordsworth를 중심으로 영문학 작품들을 읽었다. 아일린을 가르쳤던 교수진 중에는 J. R. R. 톨킨J.R.R. Tolkien이 있었고, 동료 학생 중에는 시인인 W. H. 오든W.H.Auden과 스티븐 스펜더Stephen Spender, 그리고 루이스 맥니스Louis MacNeice가 있었다.

아일린은 옥스퍼드에 계속 머무르며 교수가 되기를 바랐을 것이다. 하지만 "예측할 수 없는 우연의 장난으로"[75] 1등급 학위를 받지 못했다. 리디아의 말에 따르면 "그 실패의 경험은 아일린의 허를 찔렀고, 그 애의 동력을 앗아갔으며, 어떤 노력도 할 가치가 없다고 느끼게 만들었다."[76] 아일린이 스스로 좀 더 나은 것을 받아야 마땅하다고 느낀 것은 그때가 처음이자 마지막이었던 것으로 보인다. 무언가 부당하고 사람을 완전히 무너뜨리는 일이, 아일린이 받아들일 수 없는 어떤 일이 일어난 것 같았지만, 아일린은 한 번도 그 일이 무엇인지 말하지 않았다. 적어도 기록된 바로는 그렇다. 어쩌면 당시에는 여학생에게는 1등급 학위를 주지 않았기 때문인지도 모른다. 확실히, 아일린이 졸업한 1927년에는 그 과정을 듣던 어떤 여학생에게도 1등급은 주어지지 않았다. 여성에게 학위 수여 자체가 허용된 것도 겨우 다섯 해 전의 일이었다.[77] 만약 내가 쓰고 있는 게 소설이었다면, 나는 그런 종류의 성차별, 마치 공기처럼 보이지 않지만 어디에나 있는 성차별을 행하는 인물을 만들어 넣었을 것이다. 그런 성차별은 아일린의 허벅지에 올려진 한쪽 손(털이 부숭부숭하든 창백하든, 반지를 끼고 있든 그렇지 않든), 점수를 대가로 암묵적으로 요구되는 키스, 혹은 더 나쁜 무언가의 모습을 하고 있을 수도 있다. 혹은, 그런 상황은 아일린이 "나중에 심리학 수업에서 그랬듯",[78] 그저 한 남자의 말을 정정함으로써 그를 분노하게 만들었기 때문에 찾아온 것이었는지도 모른다.

어쨌거나 이 시점 이후로 글쓰기를 삶의 중심에 두려는 아일린의 노력은 좌절되고 만다. 아일린은 문학을 주제로 학술적인 글을 쓰지 않을 것이다. 쓰고 있던 시들을 끝까지 쓰지도 않을 것이다. 이제 아일린의 문학적 재능은 다른 사람들의 문학적 재능의 실현을 돕는 일로 승화될 것이다.

1920년대에 여성의 진로는 엄격하게 제한되어 있었고, 보통 결혼과 함께 끝났다.[79] 급료가 있는 형태의 가사노동을 하는 게 아니라면 말이다. 아일린은 졸업한 뒤 다양한 일을 시도했다. 여학생 기숙학교에서 한 학기를 보냈고, 리디아의 말에 따르면 "주로 그런 학교를 운영하거나 거기서 일하는 여성들이라는 종種에 대해 유머러스한 연구를 하느라 바빴다".[80] 아일린은 유명한 퀘이커교도이자 초콜릿 제조업을 하는 가문의 노부인이었던 엘리자베스 캐드버리 여사Dame Elizabeth Cadbury에게 책을 읽어주는 일을 했다. 신문에 몇 편의 특집 기사를 썼고, 노동자교육협회에서 연강도 두 번 했다. 아일린은 노숙자들과 함께 부랑 생활을 하지는 않았지만, '예방 및 구조작업을 위한 대주교 자문위원회'에서 노숙자들의 권익을 위해 일했다. 오웰의 전기 작가 중 한 명은 그 일이 "아마도 성매매 여성들 사이에서 했던 사회사업"[81]이었을 거라고 표현하고 있지만 말이다. 아일린은 또 타자 에이전시에 들어가 "신경질적으로 잔인한 데다 직원이란 직원은 모두 울리는 데 몰두해 있는 어느 만만찮은 여성 사업가" 밑에서 일하기도 했다. 그러면서 그 여성이 "자기 직원들을 모욕하고, 그들의 노력을 너무도 가혹하고 파괴적인 방식으로 비난하고, 그들을 해고해 버리겠다고 끊임없이 위협하는 데서 즐거움을 느끼는" 걸 지켜보았다. 몇 달 뒤, 아일린은 전 직원을 결집시켜 그 폭군 같은 고용주에 맞서는 "억압된 자들의 저항"을 성공적으로 끌어냈고, "의기양양하게 사무실을 걸어 나갔다".[82]

1931년, 아일린은 어떻게 했는지는 몰라도 비서 업무를 하는 사업체 한 군데를 사들였다. 저축해둔 돈이 있었던 건지, 아니면 가족의 돈으로 한 일인지, 아는 사람은 아무도 없다. 아일린은 열다섯 살의 총명한 소녀 에드나 버시 Edna Bussey를 조수로, 혹은 "따까리"로 고용했다. 두 사람은 아주 친해져서 "서로의 생각을 읽고, 가끔은 서로가 다음에 어떤 행동을 할지까지 알고 있는 것 같았다"고 에드나는 기억을 떠올렸다. 에드나는 아일린이 한 번도 큰돈을 벌어본 적이 없었다고 말했다. "지나치게 너그럽고, 안타깝지만 너무도 사업가답지 못했기 때문이었던 것 같아요…. 아일린은 지치지 않고 사람들을 도우려고 노력했어요. 테레셴코 씨라는 백계 러시아인○이 또렷이 기억나네요. 그 사람은 교수가 되려고 논문을 쓰고 있었는데, 아일린이 보호해 줬지요. 아일린은 그 사람의 논문을 문자 그대로 다시 써줬어요. 저는 늘 그 교수 자격을 따낸 사람은 아일린이

○ 러시아 혁명과 그에 이은 내전 기간에 볼셰비키 정권을 피해 다른 나라로 이주한 러시아인을 뜻한다. −옮긴이

라고 생각해 왔어요." 아일린은 에드나에게서도 무언가를 발견했고, 그를 자신의 보호 아래 두고 대학에 입학할 수 있도록 가르쳐주겠다고 제안했다. 하지만 에드나의 경계심 많은 어머니는 이를 허락하지 않았다.[83]

수년 뒤 에드나는 어느 인터뷰에서 이렇게 말했다. "아마 지나치게 편드는 것처럼 들릴 텐데, 사실 편들고 있는 거 맞아요. 당신이 저였더라도 틀림없이 아일린의 매력에 푹 빠졌을걸요." 에드나는 아일린이 비록 이제는 한 발짝 물러나 있기는 해도 삶의 중심에 무엇을 두고 있는지를 보았다. "아일린이 사랑하는 건 글쓰기였던 것 같아요."

1934년, 아일린은 마침내 자신의 예리한 통찰력과 타인에게 공감하는 재능, 그리고 날카로운 이성에 완벽하게 어울리는 자격 과정을 찾아냈다. 유니버시티 칼리지 런던의 심리학 석사과정이었다. 아일린의 학과장은 시릴 버트Cyril Burt 교수였는데, "키가 작고 기운차고 언변이 좋은"[84] 남자로, 1912년에 여학생이 일반적인 지능 면에서 남학생과 동등하다는 것을(1912년 당시의 '일반적인 지능'에 관해 많은 것을 말해주는 주제다) 증명하는 논문을 쓰면서 커리어의 첫발을 내디딘 사람이었다. 어쨌거나 그는 아일린에게 "보통 이상의 재능"[85]이 있다고 여겼다.

아일린을 처음 만난 오웰은 아일린이 이야기하는 주제들 때문에 불안해진다. 그 주제들에는 "단어 연상", "목격자 증언의 신뢰도", "정신병리학"이 포함되어 있다.[86]

한편, 오웰을 처음 만난 아일린은 자신의 다음 과제를 찾아낸다.

훗날 자신을 언어로 가장 선명하게 그려낸 작품 중 한 편을 남기게 될 사람이 절친한 친구 노라도, 작가인 남편도 아닌 리디아라는 걸 어떻게든 알았더라면 아일린은 놀랐을지도 모른다. 리디아는 아일린이 때로는 피하고 싶은 사람이기 때문이다. 리디아는 당신이 가장 하고 싶어 하는 일을 위험하다는 이유로 말릴 사람이다. 하지만 위험하다는 점이야말로 당신이 그 일을 하고 싶어 하는 이유다. 그럴 때 당신은 알고 싶어 하지 않는다. 그것이 위험하다는 것도, 그래서 그것에—혹은 그 남자에게—끌린다는 것도.

리디아의 도움에 힘입어, 내 눈에는 그날 밤 햄스테드에 있는 오웰과 아일린의 모습이 생생히 보이는 것 같다. 그들은 로잘린드의 집 벽난로 선반 앞에 서 있다. 소규모 사립학교 운영자라는 '종'에 관해, 혹은 식민지 행정직이나 비서 업계에서 볼 수 있는 저열한 압제자에 관해 이야기를 주고받는 중이다. 가난한 사람들—부랑자들, 노숙자들, 홉 수확꾼들과 성매매 종사자들—과 그들의 삶에 관해 이야기하는 두 사람이 보인다. 자신들이 알아 온 개인들로서의, 그리고 부당한 사회체제의 피해자들로서의 그들에 관해 이야기한다. 서로의 얼빠진 모습을 알아차리고 위안을 느끼는 모습도 보이는 것 같다. 아일린의 자세는 온통 뻣뻣하고, 오웰은 벽난로 선반에 올려놓고 있던 팔꿈치가 미끄러지면서 사방에 재를 비처럼 뿌려댄다. 오웰은 몸을 굽혀 석탄 팬과 빗자루를 집어 들고 재를 쓸어 담으려 하지만 오히려 카펫에 더 문질러버릴 뿐이고, 아일린은 그런 그의 모습을 지켜본다. 오웰은 자기 작업에 관해서는 비밀스러운 태도를 유지했으니 그 이야기는 하지 않았겠지만, 나는 문학을, 특히 시를 논하는 그들을 상상해 본다. 오웰은 처음에 시인이 되고

자 글쓰기를 시작했고, 아일린은 호수파 시인°들을 가장 좋아했다. 어쩌면 아일린은 자신이 그 전해에 썼던 시 한 편을 언급했을지도 모른다.[87] 그 시는 1984년을 배경으로 텔레파시와 세뇌가 성행하는 미래를 그리고 있다. 혹은, 아일린은 자신이 가끔 "시가 가득 든 여행 가방"[88]을 들고 옥스퍼드대학교로 가서 보들레이언 도서관을 배회하며 위안과 즐거움을 찾는다고 언급했을 수도 있다. 그 말을 들은 오웰은 런던의 고급 문학계에서 성공하기 위해서는 "하찮고 해충 같은 인기 작가들의 엉덩이를 빨아줄"[89] 수밖에 없다고 불평을 늘어놓았을지도 모른다. 아일린은 웃음을 터뜨리고는 그 말에 대해 설명해 달라고 했을 것이다.

오웰이 그날 밤 로잘린드의 집에서 바로 알아차렸든 나중에 알아차렸든, 아일린의 흔들리지 않는 고결함과 독립적인 태도, 이야기꾼으로서의 재능, 그리고 주변인들의 부조리함을 꼬집는 능력은 오웰을 기쁘게 했던 게 틀림없다. 아일린은 오웰이 소중히 여기던, 인간이라는 존재가 "꼭 갖추어야 하는 고상함"을 체현해 놓은 존재였다. 오웰은 작가로 살아가는 동안 이 고상함이야말로 우리가 잘못된 권력에—우리를 '안전하게' 지켜준다고 떠들어대면서 실은 억압하는 구조에—생각 없이 굴복하지 않게 해줄 수 있는 가장 중요한 한 가지 자질이라는 걸 깨달았다. 그건 오웰이 지니고 싶어 했을 만한 자질이었다.

° 19세기 초 영국의 호수가 있는 지역에 거주했던 시인 그룹으로 윌리엄 워즈워스, 새뮤얼 테일러 콜리지 등이 여기에 속한다. —옮긴이

사우스올드

￣￣￣

 이제 바깥은 어둡고 저녁 식탁은 치워졌다. 아일린은 다시금 창가 책상 앞에 슬며시 앉은 다음 주머니에서 편지를 끄집어낸다. 편지를 펼치자 모래 몇 알갱이가 튀어나온다. 아일린은 그것들을 털어낸다. 노라에게 할 이야기가 더 있지만, 어떻게 해야 너무 과장되어 보이지 않게 그 이야기를 할 수 있을지 모르겠다. 물론 모두 사실이지만, 글로 쓰면 너무 심해 보이기도 하니 말이다.
 마을 사람이 부부의 결혼 선물로 마멀레이드 한 병을 주었다.[90] 꾸덕꾸덕한 황금빛 마멀레이드였다. 결혼한 다음 날 아침, 아일린이 그 병을 식탁 위에 올려놓자 오웰은 경악했다. 마멀레이드가 항아리에 옮겨져 있기를 바랐던 것이다. 아일린은 웃음을 터뜨렸지만 결국 그가 원하는 대로 했다. 오웰은 또 저녁 식사를 할 때는 두 사람 다 옷을 차려입기를 바랐다.[91] 아일린이 그건 "가식"이라고 하자 이번에는 오웰이 재미있다는 듯 웃으며 이렇게 말할 차례였다. "그래요, 그런 것 같네." 그래서 결국 그들은 옷을 차려입지 않기로 했다. 오웰의 예민함이 극에 달할 때도 있었다. 변기가 역류해 앉는 자리며 화장실 안에 오물이 온통 넘쳐흐르자, 오웰은 자신은 그 상황에 대해 그냥 아무것도 못 하겠다고 했다. (그의 건강이 좋지 못한 건 사실이었지만, 누군들 그런 상황에서 상태가 좋았을까 싶다.) 배관공을 부를 돈은 없었다. 아일린은 오웰의 방수 장화를 신고 정원용 장갑을 끼고 양동이를 들고 그 일을 해냈다. 그건 정말이지 노라에게는 말할 수가 없다. 오빠에게도. 리디아에게도. 말하지 않음으로써 오웰을 보호하고 있는 건지, 아니면 자기 자신을 보호하고 있는 건지, 아일린은 알 수가 없다.

아일린은 이 편지를 끝마치고 싶다. 마멀레이드와 비와 너무 오래 머무르는 이모님이 아니라 진짜 중요한 것들에 관해, 섹스와 일과 스페인에 관해 노라에게 말하고 싶다.

지금 그들의 섹스는 이상하다. 형식적이다. 연기하는 것 같기도 하다. 조금도 소통의 행위처럼, 혹은 열정에서 나온 행위처럼 느껴지지 않는다. 아일린은 언제나 섹스를 좋아해 왔고, 그들 부부가 변화하고 성숙함에 따라 섹스 또한 그렇게 되기를 바란다. 그러면서도 오웰의 다른 여자친구들이 궁금해진다. 그중 몇 명은 아일린도 만나본 적이 있다. 오웰보다 나이가 많고 유부녀인 메이블은 분별 있으면서 에너지가 넘쳐흐르는 사람으로 보인다. 오웰이 런던의 서점에서 만났다는, 다가

가기 편한 문학소녀 타입의 케이도 있다. 케이는 오웰이 식당에 가면 점심을 먹는 내내 자기가 얼마나 가난한지 불평을 늘어놓았다고, 하지만 그 뒤에는 자기가 돈을 내겠다고 고집하면서 "더치페이"는 절대 하지 않으려 했다[92]고 아일린에게 말해주며 웃음을 터뜨렸다. 오웰이 짝사랑했던 여자도 몇 명 있었다. 학교 선생님이었다는 브렌다, 그리고 서점에서 만났다는 또 다른 친구 샐리. 그 두 사람은 아일린이 만나본 적 없는 사람들이다. 오웰은 버마에서 어느 교양 있는 장교 부인과 사랑에 빠졌던 적도 있다. 그리고 물론 그곳과 파리의 사창가 여자들도 있었다. 그러니 문제가 뭐든 연습 부족이 원인은 아니다.

이런 것들이 아일린이 아는 것들이다. 아일린은 남자들에 관해서는 모른다. 그게 무슨 뜻이든, 학교에서 "흔하게 일어나는 패깅"º도 모른다. 버마에 있을 때 자기 집에서 일하던 소년이 옷을 벗겨줄 때면 오웰이 느꼈다는 쾌락도 모른다.[93] "비역질". 그는 언제나 그 단어를 내뱉곤 한다. 부랑 생활을 하러 나가 빈털터리로 노숙을 할 때면 비역질이 "수두룩"했다고. 어쩌면 오웰이 머무르는 곳은 욕망과 혐오감이 뒤섞여 있는 지대인지도 모르겠다고 아일린은 생각한다. 그곳에 아일린은 없다.

그리고 이제, 오웰은 참호로 떠날 것이다.

시골집에 있을 때였다. 아일린이 설거지를 하고 있는데 오

º 20세기 중반까지 영국의 학교에서 행해져 온 악습으로, 나이 어린 남학생이 그보다 나이 많은 남학생의 하인 역할을 해주는 일을 말한다. 여기에는 종종 성희롱과 성적인 학대가 포함되었다. －옮긴이

웰이 주방으로 들어왔다. 그러고는 마치 담배를 사러 나간다고 말하듯 아무렇지도 않게 말했다.

"스페인에 갈까 싶어요."

그때 무언가가 뒷문을 쿵, 쿵 하고 두 번 쳤다. 아일린은 앞치마에 손을 닦고 문을 열었다. 줄에서 풀려난 염소 넬리(비밀리에, 그리고 심술궂게도 넬리 이모에게서 딴 이름이었다. 아일린은 노라에게 이 이야기는 할 수가 없다)가 친구를 찾아와 있었다. 아일린은 염소의 부드러운 머리를 쓰다듬어준 다음 녀석을 다시 우리로 데려갔다. 그러고는 몸을 돌려 보니, 조지는 허리에 양손을 얹은 채 대답을 기다리며 문간에 서 있었다. 그 순간 아일린은 알아차렸다. 오웰에게 아일린은, 가축들과 집과 정원이 있는 이곳에 속한 사람이라는 걸.

"좋은 생각이네요." 뒤쪽 계단에 도착한 아일린은 말했다. "우린 틀림없이 유용한 역할을 할 수 있을 거예요."

오웰은 놀란 듯했다. "하지만 난 전방에 나가 있을 텐데. 당신이 할 일은 없을 텐데요."

아일린은 그 말에는 대꾸하지 않고 넘어갔다. 수많은 여성이 반파시스트 진영을 돕기 위해 떠났다. 저 사람은 내가 떠날 이유가 오직 자신뿐이라고 정말로 생각하는 걸까?

"그리고 이건 다 어쩌고?" 오웰은 두 팔을 벌렸다. "우린 여길 맡아줄 사람을 찾아야 할 거예요."

"그래요." 아일린은 대답했다. 그러면서 생각했다. '우리'는 실은 나겠지.

그리고 지금, 오웰은 문설주에 기대어 서서 한 손을 주머니에 넣고 미안해하는 표정을 짓고 있다. "에이브릴이 브리지 게임을 할 네 번째 사람이 필요하다네요." 오웰은 어깨를 으쓱한다. 그는 눈썹을 치켜올린 채 방해해서 미안하다고, 하지만 이건 같이 감당해야 할 몫이라고 말하는 중이다.

아일린은 편지지를 접고 봉투를 혀로 적신다. 어쨌거나 불가능한 일이다. 이런 일들을 노라가 구해주겠다며 냉큼 달려오지 않아도 되게끔 설명할 수는 없다. 오웰과 함께하면서 느끼는 희망에 여지를 남겨두듯이 설명할 수도 없다. 아일린은 자신들이 어떻게 될지, 다음엔 무슨 말을 쓰게 될지 너무도 궁금하다.

"알겠어요." 아일린은 말한다. "저도 할게요."

공짜로

자서전은 오직 수치스러운 무언가를 드러낼 때만 신뢰할 만하다.
자기 자신을 칭찬하는 남자는 거짓말을 하고 있을 가능성이 크다.
어떤 삶이든 내부에서 보면 그저 패배의 연속에 지나지 않으니 말이다.
하지만 가장 대놓고 부정직한 책조차…
의도와는 상관없이 그것을 쓴 작가의 진짜 모습을 보여주기도 한다.
___ 조지 오웰, 〈성직자의 특권-살바도르 달리에 대한 몇 가지 단상〉, 1944년

나는 저녁을 만드는 중이다. 주방에 놓인 TV에서 미국 상원 사법위원회가 대법원 판사 후보자를 심사하는 장면이 나온다. 아홉 살인 내 아들은 자기 엄마와 비슷하게 생긴 한 여자가 울음을 터뜨리는 모습을 지켜보고 있다. 오래전에 일어난 폭행 사건에 관해 이야기하는 여자의 얼굴은 고통으로 일그러져 있다. 다음 장면에서는 한 남자가 마이크 뒤에 앉아 있다. 남자의 얼굴은 분노로 굳어져 있다. 마치 여자의 이야기가 사실이 아닐 뿐 아니라 너무도 기본적인 금기를 깨는 것이어서 할 말이 없다는 듯이. 자신이 여자들을 대하는 태도는 자신이 고위 법관직[94]에 어울리는 "고상한" 인간이라는 인식에 아무런 영향을 끼치지 못할 거라는 듯이. 그건 1만 년 동안 이어져 온 가부장제가 자신에게 권리를 주었다고 말하는 얼굴이다. 사실관계가 어떻든 30년 전에 한 행동을 부인할 수 있는 권리를. 그건 이렇게 말하는 얼굴이기도 하다. 검은 상자 속으로 돌아가.

I   아내 노릇, 대항 서사

우리 집 꼬마가 내게 몸을 돌린다. "이 모든 게 언제 시작된 거예요?" 아이는 묻는다.

"저 사람들이 대학 다닐 때였던 것 같구나." 나는 말한다.

"아뇨, 제 말은, 남자들이 여자들한테 저런 짓을 해온 것 말이에요." 아이의 창백하고 무방비한 얼굴에는 이것이 남자가 되는 과정의 일부일지 모른다는 공포가 떠올라 있다. 나는 꼭 그렇지는 않다고 말해준다. 네 아버지를 포함해 남자들 대부분은 저렇지 않다고.

그런 다음 접시들을 치우고 나서, 나는 내 텍스트로 돌아간다. 우리 모두가 붙들려 있는 거미줄을, 이 밀랍으로 만든 집을 해체해 보려고 애를 쓴다.

가부장제는 이 세상에 5,000년에서 1만 년 정도 존재해 왔다.[95] 그 이전의 몇몇 시공간에서는 사람들이 지금과는 조금 다른 방식으로 서로를 바라보고 가치를 부여하기도 했던 것으로 여겨진다. 그런 사회들은 아이를 키워내는 일, 모성에 가치를 두는 일, 혹은 성적인 상대를 '여성이 선택하는 일' 위주로 꾸려져 있었다. 시몬 드 보부아르Simone de Beauvoir는 가부장제를 전쟁과 연관 지어 다음과 같이 쓴다. "남자들은 생명을 주는 것이 아니라 위태롭게 만드는 데에서 자신이 동물보다 우월하다는 근거를 찾는다. 이것이 인류 역사 내내 아이를 낳는 성별이 아니라 다른 존재를 죽이는 성별에게 우위가 주어져 온 이유다."[96] 그럼에도 보부아르는 이것이 실은 이치에 맞지 않음을 알고 있다. 그는 이렇게 쓴다. "세상은 언제나 남자들의 것이었다. 그리고 그 이유 가운데 어느 하나라도 충분해 보였던 적은 한 번도 없었다."

> *There is no logic for this portion of our knowledge.*

아일린의 옥스퍼드 시절 노트(1924년경)

    정치철학자 프리드리히 엥겔스Friedrich Engels의 견해에 따르면, 가부장제는 유목 생활을 하던 수렵 채집 공동체들이 정착해 땅과 동물들과 여자들과 후손의 소유권을 주장하면서 발달했다. 경계가 (검은 상자들이, 울타리들이) 중요해졌다. 이건 누구 땅이지? 저 짐승은 누구 거지? 이 아이는? 남자들은 자손의 재생산에 통제력을 행사하고 싶어 했고, 그래서 여자들의 섹슈얼리티는 일부일처제 결혼이라는 제도에 의해 통제되었다. 부富의 성별을 남성으로 유지하기 위해 상속은 오직 아들에게만 가능해졌다. "어머니로서의 권리가 전복된 건 세계 역사상 기록될 만한 여성의 패배였다."[97] 엥겔스는 이렇게 쓴다. "남성은 집에서도 명령을 내렸고, 여성은 강등되어 노예 상태로 전락했으며, 남성이 지닌 욕망의 노예이자 자손 생산을 위한 도구에 불과한 존재가 되어버렸다." 역사학자 거다 러너Gerda Lerner는 《가부장제의 창조》에서 이를 다음과 같이 표현한다. "여성은 최초의 노예였다."[98] 여자들은 짐승들과 함께 가축화되었다. 1938년, 버지니아 울프는 이렇게 썼다. "우리 뒤에는 가부장제가 놓여 있다. 무용함과 부도덕함과 위선과 노예근성으로 가득한 그 비밀스러운 집이…"[99]

    그런데 우리 앞에 놓여 있는 건 뭘까?

    우리 어머니는 내 딸을 만나보신 적이 없지만, 그 애가 나이프에 묻은 땅콩버터를 핥으며 내 진짜 의도가 뭐냐고 묻는 걸 보셨더라면 즐거워하셨을 것이다.

　1960년대에 일을 시작했을 때 어머니의 봉급은 남자의 절반밖에 되지 않았다. 어머니는 결혼을 하면서 법 때문에 억지로 일을 그만두어야 했다. 나중에 박사 학위를 받고 나자, 어머니는 (놀라운 일은 아니겠지만) 가부장제하에서 여성들, 특히 이혼한 아내들이 처해 있는 경제적 상황을 연구하며 평생을 보냈다. 거기에는 아내들이 하는 노동에 달러화 가치를 부여한다는, 당시로서는 급진적이었던 개념이 포함되어 있었다. 우리는 수 세대에 걸쳐 아내 노릇이 어떤 것인지 이해하려고 애써 온 듯하다.

　우리 어머니는 오스트레일리아에서 대대로 아일랜드계 가톨릭 교도였던 집안 출신이다. 그 사실을 고려해 보면 어머니가 1990년대의 어느 시점에―짧았던 당신 생애의 말년에―해주신 다음의 이야기는 종파적으로 다소 놀라운 느낌으로 다가온다. 어머니의 말에 따르면 우리 조상 가운데 캔터베리 대주교이자 영국 국교회 지도자의 둘째 아들이 있었는데, 이 청년은 말을 안 듣는 것으로 유명했다. 19세기의 어느 날, 지금은 기억하는 사람이 없는 어떤 이유론가 망신을 당한 이 청년은 오직 가족에게서 물려받은 은제품 가운데 일부와 식민지 총독이었던 랄프 달링Ralph Darling 앞으로 된 추천서 한 통만 가지고 멜버른에 도착했다. 내 조상은 많지 않은 봉급을 가지고 어떻게 살아가야 할지 몰라 난처해하고 있었다. 그는 달링을 찾아갔고, 달링은 그에게 이렇게 조언했다. "하녀를 구한다는 광고를 내게. 그런 다음 그중에 제일 예쁜 여자를 골라서 결혼해. 그러면," 이 부분에서 우리 어머니의 목소리는 낮아지고 짓궂어졌다.

"자넨 그 모든 걸 공짜로 얻게 될 거야."

심리학자였던 우리 어머니가 이 이야기를 들려준 데에는 여러 가지 이유가 있었다. 그중 하나는 한 편의 식민주의에 반대하는 한 편의 동화를 들려주기 위해서였다. 동화 같은 이 이야기에는 약혼의 순간에 자신의 힘을 이용해 미래 세대들은 가톨릭교도로 키워야 한다고 주장하는 눈치 빠른 젊은 여성이 등장한다. 또 다른 이유는 진실이 말해지는 순간의 즐거움을 느끼기 위해서였다. 너무나 흔해서 굳이 말할 필요도 없지만, 일단 말해지면 이루 말할 수 없이 나쁜 진실. 그 진실이란, 아내는 성적인 노동과 가사노동을 무급으로 하는 존재라는 것이었다. 당신은 그 사실을 내게 경고해 주어야 했던 것이다.

이제 한 명의 작가이자 한 사람의 아내가 된 나는 거장이라 불리는 남성 작가들을, 그 생각 없는 "20세기 중반의 여성혐오자들"[100](이 자리에는 거의 모든 유명한 이름을 넣을 수 있다)을 부러워하는 나 자신을 깨닫는다. 어떤 개인적인 이유로, 혹은 그들이 했던 작업·여행·총기류 소지·성적인 기행 등등과 관련된 무언가 때문에 부럽다는 게 아니다. 아니, 어쩌면 그런 이유로 부러운 건지도 모르겠지만. 내게 가장 부러운 건 그들의 창작 환경이다. 그 남자들 중 너무도 많은 수가 우주의 도덕적·물리적 법칙을 거스르는 사회 구조로부터 혜택을 받았다. 그 구조에서는 여성의 보이지 않는 무급 노동이 그들에게 창작할 시간을, 따뜻하고 정돈되어 있으며 쿠션은 빵빵하게 부풀려져 있는 공간을 만들어준다.

우리 모두 알다시피 전통적으로 남성 작가가 글을 쓸 시간은 쇼핑이나 요리, 본인이나 다른 사람이 있던 자리 청소하기, 일상적인 편지 쓰기, 손님 접대, 여행이나 휴일 일정 잡기, 아이 보기(마치 그 것이 자기 일이 아니라는 듯, 혹은 자기 아이들이 아니라는 듯 육아를 '도와주고' 감사 인사를 받는 경우는 제외), 기타 등등의 일을 할 필요에서 해방됨으로써 만들어졌다. 시간이 귀중한 건 유한하기 때문이다. 그러니 다른 모든 유한한 것들과 마찬가지로 시간에도 경제라는 개념이 존재한다. 시간은 거래하거나 흥정하거나 슬쩍하거나 훔칠 수 있다. 주말은 유한하다. 배우자와 함께 주말이라는 할당된 시간과 공간을 가지고 저글링을 해보려고 애를 쓰는 어떤 양육자든 그렇게 말할 것이다. 삶은 유한하다. 아일린과 오웰이 함께했던 삶을 살펴볼수록, 나는 오랜 과거에 존재했던 그 역학관계가 나 자신이 엮여 있는 역학관계 속으로 혼란스럽게 메아리쳐오는 걸 느꼈다. 다른 모든 귀중한 재화가 그렇듯 시간에의 접근 역시 젠더화되어 있다. 한 사람이 일할 시간은 다른 사람이 시간을 들여 하는 노동을 통해 만들어진다. 남자가 일해야 하는 시간이 많을수록 그 시간을 만들어주기 위해 여자는 더 많은 일을 하게 된다. 80년 전의 결혼을 살펴보다 보면 거리감이 주는 가짜 위안(우리는 당연히 저것보단 발전한 상태겠지?)도 느껴지지만, 세상은 결코 충분히 변하지 않았다는 두려움에서 오는 전율도 느끼게 된다. 내가 아는 이성애 커플 가운데 가정환경 및 여타 환경을 여자가 자신을 위해 해주는 것만큼 조성해 주어서 여자도 자신만큼 인생을 즐길 수 있게 해주는 남자는 많지 않다. 한 손에 꼽고 손가락이 남을 정도다. 룸미러에 비친 사물은 보이는 것보다 가까이에 있는 법이다.

보이지 않고 급료도 없으나 당신의 시중을 드는 것이 생의 피할 수 없는 목적이기에 꼭 감사를 표할 필요도 없는 누군가로부터 이익을 얻는다는 것. 그건 당신이 해낸 일을 당신 혼자서, 누구의 도움도 받지 않고 해냈다고 상상하게 된다는 것이다. 당신이 정복한 어떤 섬에서 재산을 몰수했든, 허공에서 말들을 짜냈든 간에 말이다. 보이지 않는 노동자에게는 급료를 줄 필요도, 고마워할 필요도 없다. 그저 서문에 '나의 아내'에게 감사한다고 진심을 담아 한 문장 꽉 채워서 써주면 그만이다.

이런 식의 사고방식은 작가의 상상력에는 엄청나게 유리한 것이 된다. 작가에게 있어 상상력의 첫 번째 임무는 글 쓰는 자아를 창조하는 것이다. 그건 상당히 큰일이지만, 당신들 두 사람이 함께 착수하면 도움이 된다. 아내가 당신을 믿어주기에 당신도 당신 자신을 믿게 된다. 이렇게 영양분을 공급받은 자아는 작품을 생산해낸다. 그러면 이번에는 그 작품이 자아의 증거가 된다. '나는 만들었다. 고로 나는 존재한다.'

그리고 이 문장 속에서 당신의 아내는 사라져버린다.

작가들은 불안정한 것으로 악명이 높고, 굳건한 심지 따위는 없으며, 지지받지 못하면 자기 자신의 텅 빈 중심으로 무너져내리기 십상인 부류다. 누군가가 당신 주변을 움직이고 있으면 당신은 중심핵이 된 듯한 기분을 느낀다. 관객이 있다면, 당신은 틀림없이 스타일 것이다.

이렇게 남성중심성을, 그리고 작품을 만들어내는 남성의 상상력을 강화하기 위해서는 그것을 떠받치는 존재가 반드시 보이지 않는 상태로 남아 있어야 한다. 공중 줄타기에서 와이어가 보이면 경외심을 불러일으킬 수가 없다. 보이지 않고 인정받지 못하는 아내는 줄을 타는 그 행위를 하늘로 솟구치게 해주는 실질적인 와이어이며, 종종 지적인 와이어이기도 하다. 그리고 그 행위가 정말로 놀라운 일이 되기 위해서는 와이어도 아내도 지워져야 한다. 당대에도, 시간이 흐른 뒤에도 그렇다. 아내의 노력은 그 노력으로 이익을 얻는 남자에게 거의 인정받지 못한다. 그 뒤에, 아내는 남자의 전기 작가들에 의해 남자가 이뤄낸 일들에서 지워진다. 혹자는 이를 1,000년이나 이어져 온 (혹은 오웰의 경우에는 거의 한 세기나 이어져 온) 남성 특유의 무신경함이라고 여길지도 모른다.

누군가의 사각지대에서 살아가는 건 힘든 일이다. 후일에 역사가 그를 찾아내는 것 또한 힘든 일이다. 하지만 불가능한 일은 아니다.

한 사람의 작가로서, 나는 어느 위대한 작가의 아내가 해온 보이지 않는 노력에 마음이 끌린다. 앞서 말했듯 부러움 때문이다. 내게도 아일린 같은 아내가 있었으면 좋겠다고 생각한다. 그러다가 작가처럼 생각한다는 건 곧 남자처럼 생각한다는 것임을 깨닫는다. 그건 남성의 관점에서 오웰에게 무엇이 필요했는지, 오웰이 그것을 어떻게 얻어냈는지 보는 것이다. 하지만 한 사람의 여성이자 아내로서의 나는 아일린의 삶이 두렵다. 그 안에서 나는 목숨을 건 투쟁을 본다. 그건 자아를 유지하는 일, 그리고 여성이 갖추면 너무도 칭찬받는 가부장제적 덕목인 자기희생과 자기말소 성향, 이 두 가지 사이에서 벌어지는 투쟁이다. 자기희생과 자기말소 성향이야말로 우리의 노력과 시간을 훔쳐 가는 기본 구조의 일부다. 아일린은 무엇을 내주었고, 그 대가로 무엇을 감당해야 했을까? 20년 동안 분투하며 생활과 가정을 꾸려온 경험에서 나온 이 질문이 내뿜는 한기가 너무 강렬한 나머지, 나는 이것이 내게는 해당되지 않는 질문이라고 생각하고 싶다. 나는 아일린과는 다른 시대를 살고 있다. 우리 시대 여성들은 동등한 존재라고 불린다. 가정에서 상상할 수 없을 만큼 불균형하게 과도한 노동을 하고, 미래 세대를 돌보고, 많은 경우에는 이전 세대도 돌보고 있음에도 그렇다. 말과 현실 사이의 간극. 우리는 이 모든 노력을 보이지 않는 상태로 유지함으로써 그 간극을 만드는 일에 공모하고 있다. 그리고 당신은 그 간극 속으로 추락할 수도 있다.

나는 특권을 지닌 백인 여성이다. 가부장제가 여성의 시간과 노력과 삶을 약탈하고 훔쳐 가는 일종의 전 지구적 폰지 사기라는 사실을 알고 있음에도, 노력 없이 얻은 특권을 지닌 나는 가부장제에 관해 말하는 일이 두 가지 이유로 편치만은 않다. 첫 번째 이유는 내가 부유한 서구 국가에서 살고 있다는 것이다. 이 나라는 충격적인 인종차별, 가난과 계층에 대한 편견에 맞서 싸우고 있지만, 이는 나로서는 둔감해질 수도 있는 투쟁들이다. 이곳에, 혹은 세상의 다른 어딘가에 사는 여성들과 남성들이 나보다 훨씬 더 힘들게 살고 있다는 걸 안다. 하지만 계속 침묵을 지킬 수만은 없다. 어디서든, 어느 인종과 계층에서든, 여성들은 집 안에서는 남성들보다 많은 노동을 무급으로 하고 집 밖에서는 남자들보다 적은 돈을 벌기 때문이다. 통계에 따르면 전 세계적으로 변하지 않고 반박되지도 않는 이성애적 규범이 존재한다.[101] 그 규범은 민족과 피부색과 계층을 뛰어넘어 만연해 있다. 여성 집단이 남성 반려자들과 똑같은 권력이나 자유, 여가 시간이나 돈을 가진 곳은 지구상에 단 한 군데도 없다.

표면상의 계층적 평등도, 반대로 부富도, 이 불평등한 부담을 변화시키지는 못했다. 어느 곳에서나 그렇다. 공산 국가에서는 여성

평등에 관한 수사들을 사용하고 있지만 여성들은 여전히 가사와 돌봄 노동을 책임지고 있고, 지도자의 위치에 오르는 일은 드물다. 민주 자본주의 사회의 돈도 커플 사이의 불평등을 해소하지는 못하는 것 같다. 여성은 부유하다 해도 여전히 가사노동을 책임진다. 설령 다른 사람에게, 보통은 여성에게 비용을 지불하고 노동의 일부를 맡길 수 있다고 해도 그렇다. 지구상의 모든 사회는 여성들이 제공하는 무급 노동과 저임금 노동 위에 세워져 있다. 만약 그 노동에 대한 비용을 지불해야 한다면 그 액수는 10조 9,000억 달러에 이를 것으로 보인다.[102] 하지만 그 돈을 지불하게 되면 부와 권력은 재분배될 것이고, 그렇게 재분배를 하다 보면 가부장제의 자금줄은 말라버리고 이빨은 뽑혀버릴 수도 있을 것이다.

또한 여러 개별적인 예외 사례도 존재한다. 한 사람(대부분 여성)이 모든 일을 다 해내는 한부모 가정이 있다. 사랑하고 살아가는 데 필요한 노동을 좀 더 평등하게 분담하는 이성애 및 동성애 커플들도 있다. 그리고 우리는 젠더 이분법이('좋은' 여자가, 혹은 '진정한' 남자가 무엇인가 하는 개념들과 함께) 도전받는 시대를 살아가고 있다. 젠더를 조금 더 유동적인 개념으로 이해하게 되면 우리는 결국 무엇이 여성이고 무엇이 남성인가 하는 허구의 이야기들로부터, 그리고 그런 정의들이 은밀하지만 아주 은밀하지는 않은 방식으로 품고 있는 노동과 돌봄에 관한 억측들로부터 해방될 수 있을 것이다.

가부장제에 관해 이야기하기 어려운 다른 한 가지 이유는 이런 것이다. 남편과 나는 서로를 동등한 존재로 여긴다. 젠더화된 부담에 주의를 집중하면 우리 사이에 불화의 원인이 생기게 될 것만 같다. 사실 그 불화의 원인은 이미 거기 있고, 그건 우리 둘 중 누구도 서명한 적 없는 가부장제의 보이지 않는 계약이 부과한 것인데도 그렇다. 내가 아는 너무도 많은 여성이 똑같은 심정을 느끼지만, 우리는 이 이야기를 속삭이는 목소리로 한다. 우리는 갈등을 피한다. 그러면서 우리 한 사람 한 사람이 삶을 제대로 바로잡는 데 실패했다고 여긴다. 그리고 정당한 억울함 밑에는 우리가 목소리를 높일 수 없게 만드는 수치심이 있다. 나는 내가 동등한 존재인 척하는 동안 개를 산책시키고, 식료품을 구입하고, 치과 대기실에서 기다리고, 기분이 언짢은 10대들을 위로하고, 빨래를 갠다. 내가 동등한 존재인 척하면서 채소를 썰고, 상담사와 병원과 변호사에게 연락을 취하고, 냉장고를 청소한다. 사실 나는 이 가운데 어떤 일도 꺼리지 않는다. 이게 내가 정말로 사랑하는 것들로 채워진 내 진짜 삶이니까. 안다, 나이가 들면 나는 젊은 시절의 내가 지니고 있던 분주함을, 인생의 목표를, 넓은 마음으로 바쁘게 소용돌이치듯 꾸려나가던 삶을 부러워하게 될 것이다. 하지만 그럼에도 노동 분담은 평등하게 하기가 어렵다. 그 노동 가운데 너무도 많은 부분이 '나다운 것'이라는 정의 안에 녹아 들어가 잘 보이지 않기 때문이다. '받아들이는 연습'을 하면서, 혹은 '그냥 좋게 좋게 지내면서', 아일린이 종속되어 있던 힘들과 똑같은 현재의 힘들에 내가 종속되어 있지 않은 척하는 건 일종의 광기 속에서 살아가는 일이다. 노동으로부터 해방된 척하면서 그 노동을 하고 있으니 말이다.

　여러 해에 걸쳐 이 글을 쓰는 동안, 나와 이런 이야기를 나눠 본 거의 모든 여성은 고개를 끄덕이고 웃음을 터뜨리고 눈을 치떴다. 그들 각자에게는 자신만의 이야기가 있었고, 그 이야기는 우리가 직장이나 학교 복도에, 혹은 물건을 계산하거나 코로나바이러스 검사를 받으려고 줄을 서 있을 때 불쑥 튀어나오곤 했다. 아이가 둘 있는 어느 저명한 역사학자는 더는 관리할 수 없는 게 가족과 집안일과 커리어 말고 또 있다면 그건 자신이 사랑하는 정원이라고 했다. 집 대문 위로 들장미 덩굴이 드리워지자 그는 조용히 가지치기를 그만두었다. 그러면서 가족 중 누군가가 그 일을 하는지, 아니면 자신이 그동안 해왔던 일을 계속 모른 척하면서 훨씬 좁아지고 가시투성이가 된 공간으로 그냥 들어가는지 보려고 기다렸다고 했다. 영향력 있는 기자인 내 또 다른 친구는 유명한, 그리고 우울증에 걸린 것으로도 유명한 작가와 결혼했는데, 남편이 상태가 좋지 않을 때면 그의 시나리오 일부를 대신 써주어야 했다. 하지만 남편은 시나리오에서 아내의 이름을 언급하지 않았다. "나 자신을 잃어가고 있는 것 같아." 친구는 말했다. 변호사이면서 가라테 검은띠 3단 보유자인 또 다른 친구는 자기 자신이 "회반죽" 같다고 했다. 이유는 알 수 없지만, 빨래건조대를 지나칠 때 빨래를 걷어야 한다는 걸 알아차리는 능력이 있는 사람이 집에서 자신밖에 없다는 거였다. 친구는 자신이 "그 모든 걸 붙이고 지탱하는 존재"라고 했다. 이 여성들은 이 모든 이야기를 조용히 들려주었다. 마치 그것이 오래전에 바로잡아야 했던 무언가인 것처럼. 그 문제를 해결하는 것이 오직 그들 각자의 책임인 것처럼. 그들의 할 일 목록에 있는 또 다른 항목들은 아마 다음과 같을 것이다. 토요일 생일선물 준비, 의자 수리, 항진균제, 강아지 렙토스피라증 예방접종, 일과 나 자신 드러내기, 가부장제 바로잡기.

    우리는 특권을 지닌 전문직 여성이니 우리 자신을 해방할 도구 또한 있을 거라고 생각할지도 모르겠다. 하지만 그렇지 않다. 어쨌거나 지금까지는 그래 본 적이 없다. 여자와 남자가 함께 살며 돌봄과 사랑에 필요한 노동을 할 때 벌어지는 이런 차원의 불평등을 이야기하는 건 오랫동안 금기였다. 이야기를 했다가는 '불평분자'로, 혹은 (이 노동이 은밀한 방식으로 '좋은' 여자 되기의 일부가 되어왔기에) '나쁜 여자'로 보일 위험에 처하게 되니 말이다. 수많은 여성 잡지가 과중한 부담을 짊어진 여성들에게 '자기 돌봄'이나 '부담을 효율적으로 조절하는 법'에 관한 조언을 제공한다. 마치 그 문제가 개인적인 것이고, 우리가 좀 더 노력하면 해결할 수 있는 문제이기라도 한 것처럼. 우리를 이렇게 만들고 우리가 가진 것을 빼앗아가는 구조는 건드리지 않고 놔둔 채로 말이다.

내가 결혼한 남자는 감정적으로 민감한 사람이고, 아이들을 돌보는 일에도 깊이 관여하고 있다. 크레이그와 나는 경제적 부담을 함께 지고, 우리 삶의 노동 대부분을 분담한다고 생각한다. 하지만 그걸로는 나를 보호하기에 충분치 않았다. 가부장제는 너무 거대하고, 나는 너무 작거나, 어리석거나, 아니면 그저 이 싸움을 할 준비가 되어 있지 않은 존재다. 남성 개인이 너무도 사랑스러울 수는 있다. 하지만 구조는 그가 손가락 하나 까딱하지 않아도, 채찍을 들지 않아도, 시트를 갈지 않아도 여전히 그에게 이익을 줄 것이다. 이것은 내가 나 자신에 대항해 말하는 이야기다. 그리고 이런 나와 내 남편의 자아를 만들어내고, 그의 시중을 드는 역할로 나를 몰아넣은 구조에 대항해 말하는 이야기이기도 하다.

아내 노릇이란 우리가 배워 우리 자신에게 행해 온 사악한 마술의 속임수다. 나는 그것이 어떻게 행해지는지 폭로하고 싶다. 그래서 속임수를 쓰는 그 사악한 힘을 없애버리고 싶다.

수동태, 뻣뻣한

> 능동태를 쓸 수 있는 곳에 절대 수동태를 쓰지 마라.
> ___ 조지 오웰, 〈정치와 영어〉, 1946년

한 명의 여성은 어떻게 해서 사라지게 되는가? 오웰의 전기 작가들은 기본적인 사항을 생략하는 것으로 시작한다. 이를테면 오웰이 어머니 쪽에서 물려받은 문화적·지적 유산 같은 것들 말이다. 그들이 쓴 전기를 모두 읽어봐도 알 수 있는 거라곤 오웰의 아버지 쪽 가족들이 수 세대 전에 노예 사업으로 돈을 벌었고, 오웰의 아버지 리처드가 아편을 밀매하는 제국의 변방에서 일하는 하급 위탁 판매원이었다는 사실 뿐이다. 오웰의 어머니 아이다가 영국에서 교육을 받았으며 페이비언 협회의 사회주의자이자 여성참정권 운동가였다는 사실은 알 수 없을 것이다. 아이다의 언니 넬리가 배우로 런던의 무대에 선 적이 있고, 팽크허스트Pankhurst 가족과 함께 여성참정권 시위에 참여했다가 감옥에 갇혔으며,[103] 여성자유연맹 소속이었다는 사실 또한 알 수 없을 것이다. 여성자유연맹은 검열에 반대하고 동일 임금을 촉구하며 남성과 여성 사이의 관계 혁신을 주창했던 단체다. 넬리는 파리와 런던에 거주하던 중요한 작가 및 사상가들과 연결되어 있었는데, 그중에는 G.K. 체스터튼G.K.Chesterton, 앙리 바르뷔스Henri Barbusse, E. 네스빗E.Nesbit, 그리고 오웰의 영웅이었던 H. G. 웰스H.G.Wells도 있었다.[104] 하지만 오늘날 이런 연결들은 이루어지지 않는다. 오웰을 탄생시킨 사상과 정치적 견해라는 환경이 여성들 덕분에 존재했다고 인정하는 건 불가능한 일인 모양이다.

전기 작가들은 오웰의 삶 속 여성들을 지우거나 눈에 띄지 않게 만드는 과정에서 오웰 자신의 도움을 받기도 한다. 예를 들면, 오웰은 10대 시절 사랑했던 문학을 좋아하는 부유하고 젊은 여성 재신타에게 편지를 쓰면서 재신타가 그를 "버마에 버려두고 떠났다"[105]고 언급한다. 그러면서 한 가지 사실을 생략한다. 그들의 마지막 만남 (시골에서의 "산책") 이후에 어떤 일이 일어났고, 그 일로 정신적 외상을 입은 재신타가 "스커트가 찢기고 얼굴은 눈물로 범벅이 된 채 우레처럼" 집으로 도망쳐 들어가야 했다는 사실이다. 재신타의 감정을 오웰이 몰랐던 건 아니다. 재신타는 문제의 그 만남 이후 오웰에게 편지를 쓰면서 "그가 **강제로** 성관계를 하려 한 것에 대한 충격과 혐오감을 전했다… 당시 오웰은 재신타의 몸을 찍어눌렀고(당시 오웰의 키는 193센티미터였고 재신타는 아직 150센티미터가 살짝 넘을까 말까 했다), 재신타가 몸부림을 치며 **그만하라**고 소리를 치는데도 스커트를 찢고 어깨와 왼쪽 엉덩이에 심하게 멍이 들게 만들었다."[106]

좀 더 대담하고 독창적으로 여성을 지워버린 사례는 오웰 자신의 글에서 찾아볼 수 있다. 《파리와 런던의 밑바닥 생활》에서, 오웰은 하숙집에서 "구레나룻을 기른 어느 까무잡잡한 이탈리아인"에게 가진 걸 몽땅 털렸다고 이야기한다. 하지만 사실 그의 소지품을 털어간 사람은 여자였다. 그가 몹시 좋아했던 "꼬마 창녀", 파리의 어느 카페에서 데려와 자기 호텔 방에 머무르게 했던 수잔Suzanne이었다. 거리의 여자이자 사기꾼이었던 수잔은 오웰이 아일린을 만나기 전에 알고 지낸 모든 여자 중에 "가장 사랑했던" 여자였다. 오웰은 메이블에게 이렇게 말했다. "그 여자는 몹시 예뻤고, 사내아이 같은 몸매에다 머리는 이튼 학생처럼 짧았어요. 모든 면에서 탐이 났죠."[107]

하지만 오웰에게 사기를 칠 능력이 수잔에게 있어서는 안 된다. 그랬다가는 오웰 자신의 힘이 약화되고, 그는 수치스러운 존재가 되어버릴 테니 말이다. 그래서 오웰은 수잔을 구레나룻을 기른 외국인 남자로 바꾸고, 그럴듯해 보이기 위해 과도한 배경 설정을 만들어 넣는다.[108] 수잔은 집주인 여자가 보자마자 불신하며 집세를 선불로 달라고 요구하는 "조판공"이 된다. 오웰은 그 약탈 사건을 묘사해야 한다. 그 사건 때문에 그가 가난해지고, 악명 높은 접시닦이 일을 맡게 되고, 극빈층을 위한 병원에서 치료받게 되기 때문이다. 하지만 이 이야기는 그 자체로 또 한 명의 여성을 보이지 않게 만든다. 이번에도 넬리 이모다.[109] 내내 파리에 살고 있었던 넬리는 오웰에게 식사와 돈을 제공했고, 편집자들과 지식인들을 연결해 주었으며, 평생의 반려자이자 급진 사회주의자였던 외젠 아담Eugène Adam과 함께 반스탈린주의 좌파 사상을 오웰에게 소개해 주었다.

다음엔 스페인에서의 일들이 있지만, 그건 또 완전히 다른 이야기다.

이런 여러 가지 누락의 방법을 알아차리게 되자 나는 몹시 흥미가 생겼다. 여성들은 완전히 지워질 수 없을 때는 의심을 받고, 하찮은 존재로 변해버리고, 그도 아니면 폰트 크기 8의 주석으로 전락해 버린다.[110] 은폐하기 위해 시간 순서가 조작되는 경우도 있다. 여성이 무엇을 했는지, 혹은 여성에게 무슨 일이 행해졌는지는 그 여성은 쏙 빼고 사건 자체만 서술된 다음 몇 페이지가 지나고 나서야 언급된다. 이는 여성의 행위를 그 영향력으로부터, 여성의 용기를 그로부터 이익을 보는 사람들로부터, 여성이 버는 돈을 그 돈으로 먹고사는 남성으로부터, 여성의 고통을 그것을 초래한 사람들로부터 분리시킨다. 그리고 이 방법 중 어떤 것도 통하지 않을 때면, 여성들은 그들이 당한 일에 동의한 것으로 간주된다. 아일린의 경우에는 완전히 허구인 "3자 동거 *ménage à trois*"[111] 혹은 날조된 '개방 결혼'이 그것이었다.

　여성의 행위를 누락하는 가장 교묘한 방법은 수동태를 사용하는 것이다. 원고는 타자 치는 사람 없이 타자로 쳐지고, 목가적인 환경은 그것을 만들어낸 사람 없이 존재하고, 스탈린주의자인 추격자들로부터의 도피는 이루어진다. "~하기로 계획되었다"라거나 "아무도 다치지 않았다" 같은 문장들을 볼 때마다 나는 예민해졌다. 그러기로 계획한 사람은 누구일까? 다칠 수도 있었던 사람은 누구일까?

　텍스트 속에 있어야 했으나 없는 존재가 누구인지 일단 깨닫게 되자, 그 전기들은 전기 작가와 주인공 사이에 이루어진 기이한 협업의 결과물처럼 보였다. 마치 그들이 이름을 밝힐 수 없는 같은 모임에 속해 있고, 그 모임의 첫 번째 규칙이 이런 것이기라도 한 것처럼. 여자들에게 중요한 역할을 주지 마라. 우리가, 혹은 우리의 영웅이 (어머니, 선생님, 편집자, 멘토, 혹은 자금 제공자인) 그들에게 지고 있을지도 모르는 빚에 관해서도, 우리가 (친구, 성매매 여성, 연인, 아내, 정부인) 그들에게, 혹은 그들과 함께 하는 행동에 대해서도 말하지 마라.

숨겨진 이런 방법들을 발견할수록 그것들은 점점 잉크로 적어 놓은 가부장제 수법들의 축소판처럼 보였다.

가부장제는 한 편의 허구다. 모든 주요 인물은 남성이고, 세계는 남성들의 관점에서 서술된다. 여성들은 그들을 보조하는 배역 cast, 아니 계급 caste이다. 우리 모두 그 이야기 속에서 살고 있고, 그 이야기는 너무도 강력해서 현실을 대체해 버렸다. 우리 삶을 풀어낼 다른 서사도, 가부장제에서 벗어난 어떤 역할도 우리 눈에는 보이지 않는다. 가부장제에는 외부가 없기 때문이다.

이 허구에서는, 두 가지 주된 목적의 사라지게 만드는 속임수가 있다. 하나는 여성이 하는 일이 사라지게 만드는 것이다. 그리하여 남성이 그 모든 일을 혼자서 해낸 것처럼 보이게 한다. 다른 하나는 남성이 여성에게 하는 행동이 사라지게 만드는 것이다. 그리하여 남성을 결백해 보이게 한다.[112] 이 속임수는 가부장제의 사악하고 이중사고적인 핵심이다.

전기들을 읽으며 나는 알아차리기 시작했다. 가부장제는 오웰이 자기 아내의 보이지 않는 노동으로부터 이익을 얻도록 허용해 주었다. 그런 다음 똑같은 방식으로, 전기 작가들이 그가 그 모든 일을 혼자 해냈다는 인상을 주도록 허용해 주었다. 전기 작가들은 오웰의 이야기에 들어갈 사실들을 세상에서 골라내는데, 그 사실들은 이미 오웰에게 유리하도록 세상이 선별해 놓은 것들이다. 가부장제와 전기의 서술 기법은 솔기 없이 매끈하게 결합한다. 오웰을 가르치고 키워 낸, 그에게 영향을 주고 도와준 여성들을 편집실 바닥에 흩날린 종이 부스러기들처럼 남겨놓는다. 건물이 올라가고 나면 제거되는 지지대들처럼.

 그래서 나는 글을 쓴다. 오웰이 표현했듯, 까발리고 싶은 어떤 거짓말이, 주의를 집중시키고 싶은 어떤 사실이 있기 때문이다. 혹은, 공교롭게도 어떤 사람이.

약혼

오웰을 만나기 시작할 무렵 아일린은 어머니와 함께 살고 있다. 그러다 보니 가끔 긴장감이 감돌기도 해서, 아일린은 종종 로런스와 그웬의 집에 머무른다. 아일린과 오웰은 산책을 많이 하고, 근교의 블랙히스로 승마도 하러 간다. 그러면서 서로를 알아가기 시작한다. 오웰은 공원과 숲속에서 섹스하는 걸 좋아했으니, 어쩌면 두 사람도 그랬을지 모른다.

리디아는 "아일린이 에릭 블레어와 사랑에 빠졌다는 걸 믿을 수 없었다. 내게는 전혀 매력적으로 느껴지지 않는 남자였다"고 쓴다. 하지만 이 문장은 어떤 전기 작가도 사용하지 않는다. 다음 문장도 마찬가지다. "나는 아일린을 동경했고, 그 애가 무일푼의 무명작가, '좀먹은' 것 같은 외모에다 누가 봐도 건강이 좋지 않아 보이는 그 사람보다는 나은 누군가를 만나 마땅하다고 여겼다. 그 애를 보면 몰두하고픈 마음이 드는 사람이 틀림없이 있을 테니, 그 애가 안정되고 편안한 삶을 살기 바랐다."

리디아가 자신의 걱정을 아일린에게 전했는지는 알 수 없다. 리디아는 좋은 친구가 마주하는 전형적인 곤경에 빠져 있었다. 사랑에 빠진 친구에게 경고를 함으로써 우정을 위험에 빠뜨릴 것인가? 당신이 완전히 틀렸을 수도 있다. 설령 틀리지 않았더라도, 욕망 앞에서 말들은 힘을 잃고, 사랑에 빠진 사람은 온 세상을 음소거해 버릴 수 있다.

몇 달 동안 아일린과 사귀던 오웰은 로잘린드의 아파트에서 이사를 나간다. 그들의 또 다른 동거인이었던 의대생 재닛 그림슨Janet Grimson은 오웰과 집안일 분담(이 되지 않는) 문제로 그와 말다툼을 한 적이 있었다. 오웰이 떠난 뒤, 로잘린드와 재닛은 오웰의 옷장 속에서 "생쥐 가족"을 발견했다.[113] 쥐들은 아마도 오웰이 반쯤 먹다 넣어둔 몇 상자의 비스킷을 먹고 살아온 듯했다. 오웰은 "확실하게 노동계급 분위기인"[114] 켄티시 타운에 있는, 이번에도 메이블이 구해준 아파트로 이사를 간다. 그는 이 집을 자신보다 젊은 두 남자와 함께 쓴다. 작가로서 막 글쓰기를 시작한 레이너 헤펜스탈Rayner Heppenstall, 그리고 자기 사촌인 에드나와 '불타는' 연애 사건을 이어가고 있던 젊은 아일랜드 시인 마이클 세이어스Michael Sayers가 그들이다.

한번은 리디아가 그 집에 저녁을 먹으러 갔다. 다른 사람들은 오웰이 자신의 '독신자용 조리기구'로 만든 음식을 좋아했지만 리디아는 차마 그럴 수가 없었다. "그가 손수 음식을 만든 게 틀림없었다." 리디아는 이렇게 쓰고 있다. "그건 분명 너무도 먹기 힘든 무언가였던 것 같다. 오웰은 요리에는 전혀 소질이 없었으니까."

오웰이 전보다 불편한 지역으로 이사한 이유는 전기 작가 중 누구도 제시하지 않는다. "사생활을 좀 더 보호받기 위해서"였을 거라고 그들 중 한 명이 제안한 것이 가장 근접한 서술이다. "약혼자와 같은 학교 학생이 집주인인 데서 오는 곤란함"[115]이 있었던 게 분명하다는 것이다. 아무도 말하지 않는 이런 곤란함은 대체 어떤 곤란함인 걸까? 그들 세 사람은 모두 20대 후반과 30대의 교육받은 사람들, 자유로운 마음의 소유자들이었다. 로잘린드는 전에 결혼한 적이 있기도 했고, 섹스에 관해 점잔을 빼는 사람은 아무도 없었다. 그럼 오웰이 로잘린드로부터 '사생활'을 보호받으면서 하고 싶었던 일은 뭘까? 오웰이 실제로 하고 있었던 일(진실), 그리고 그가 생활 환경을 자신에게 맞게 바꾼 이유. 전기 작가 중 누구도 이 두 가지를 연결짓지 않는다. 불편하기 때문이다.

하지만 이리저리 얽힌 회피의 맥락을 풀고 그들이 숨겨온 시간 순서를 확실히 해보면 그 이유는 명백해진다. 한 전기 작가는 마치 오웰의 이사와는 평행선상에 있는, 전혀 관계없는 사건들을 언급하듯 이렇게 쓴다. "한편, 오웰은 주중에는 계속 케이와 잤고, 주말은 아일린을 위해 비워놓았다…." 그리고 오웰은 그때까지 그와 섹스하기를 거부하던 또 다른 여자 샐리도 만나고 있었다. 아일린은 이런 일이 일어나고 있는 걸 알았을까? 전기 작가 중 누구도 이 점을 궁금해 하지 않는다. 아일린이 계속 모르기 위해서는 그 일이 계속 로잘린드의 아파트에서 벌어져서는 안 됐다. 로잘린드가 아일린에게 말할 수도 있으니 말이다. 겉으로는 당신과 사랑에 빠져 있는 것처럼 보이는 구혼자가 실은 그 시간 내내 다른 사람과 섹스하고 있고, 그러면서 또 다른 사람과 섹스하려고 애쓰고 있다는 걸 알게 되는 건 당혹스러운 일일 것이고, 아마도 하나의 신호일 것이다.

오웰과 아일린이 서로를 알게 된 지 10개월이 된 1936년 1월, 오웰은 북쪽에 있는 가난한 광업도시 위건으로 간다. 광부들의 삶을 조사해 《위건 부두로 가는 길》이라는 놀라운 작품이 될 글을 쓰기 위해서다. 3월에 돌아온 그는 사회로부터 한층 더 멀리 떨어진 하트퍼드셔의 월링턴으로 이사하기로 마음먹는다. 런던에서 북쪽으로 64킬로미터 떨어진 그곳은 인구가 100명 남짓 되는 조그만 마을이다. 오웰의 이모 넬리가 자신이 세 들어 살고 있던 이 마을의 시골집을 곧 내줄 것이다. 집세가 싸고 몹시 외딴곳에 있는 집이다. 거실은 전에 식료품 가게였던 공간인데, 오웰은 그 가게를 다시 열어 돈을 벌 수도 있겠다고 생각한다. 동네 사람들은 다들 다른 곳에서 물건을 사지만 말이다. 오웰은 채소와 닭들을 키우며 가난한 사람들의 삶의 조건에 관한 책을 써낼 계획을 세운다. 그리고 결혼할 계획도.

달리기

결혼식 몇 달 전, 아일린과 그 가족인 오쇼네시 부인, 로런스와 그 웬 부부는 윌링턴에 찾아간다. 리디아도 함께 간다. 그들은 로런스의 멋진 검은색 자동차를 타고 여유롭게 도착한다. 300년 된 그 시골집은 아래층과 위층에 방이 각각 두 개씩 있고, 조명은 없으며, 캠핑용 휴대 난로가 하나 있고, 수도꼭지는 딱 하나밖에 없다.

리디아는 기분이 언짢다. 아일린이 석사학위를 포기할까 걱정이 되어서다. 리디아의 회상에 따르면, 그들은 아래층에서 "접이식 탁자 주위로 어찌어찌 몸을 간신히 구겨 넣고" 식사를 한다. 점심 식사가 끝나자 오웰은 그들을 데리고 산책을 나간다. 그 지역 영주의 저택을 지나고, 시장 출하용 채소 농원들과 황금빛 옥수수 낟가리들이 여기저기 흩어져 있는 들판들을 지난 다음, 폐교를 지나 집 쪽으로 향한다. 그때 몇 안 되는 동네 아이들이 매일 버스를 타고 옆 마을로 등교한다는 이야기가 나온다. 리디아는 이렇게 쓴다. "그 이야기를 들은 나는 자기가 연구를 계속할 거라고 확신하고 있는 아일린을 향해 조금은 신랄한 미소를 지어 보였다. 그 애의 연구에는 무작위로 선정된 다수의 아이를 대상으로 지능검사를 실시하는 작업이 포함되어 있었다."

"내 걱정의 대상이었던 아일린 자신은," 리디아는 말을 잇는다. "그날 산책하는 동안 평소답지 않게 조용했다." 오웰은 로런스와 이야기를 나누고 있다. 리디아는 아일린의 어머니와 함께 걷고 있다. 아일린은 차분하고 분별 있는, 그리고 의사로서 자신만의 일이 있는 그웬과 함께 걷고 있다. "그때 갑자기 아일린이 달려가기 시작했다. 우린 모두 그 애의 뒷모습을 빤히 바라보았다. 대체 무슨 일인지 궁금했다. 그러다가, 두 남자는 하던 대화를 다시 이어갔다. 아일린의 기이한 행동에 무슨 말인가 중얼거린 사람은 오쇼네시 부인밖에 없었다."

내게는 마치 아일린이 그 자리에서 말해지지 않는 모든 것으로부터 도망치고 있는 것처럼 보인다. 외적으로 좋은 인상을 주지 못하는 예비 남편을 자신의 가족 모두가 '사찰하고 있는' 자리에 함께 한다는 참을 수 없는 어색함으로부터 말이다. 오웰의 작가로서의 가난은 그 자신에게는 야망의, 전념의, 혹은 실패의 증거일지 모른다. 하지만 한 명의 아내에게 그건, 리디아가 범죄 수사를 하듯 날카롭게 예견하는 것처럼 육체적으로나 정신적으로나 고된 노동의 전조다.

연인을 가족에게 소개하는 순간은 어쩔 수 없이 불편하다. 우리가 선택하는 사람은 우리 자신에 관해, 우리의 욕망과 필요에 관해 우리가 알 수 있는 것 이상으로 많은 것을 드러낸다. 그리고 '내가 아는 나'와 '무심코 드러나는 나' 사이에는 취약함이라는 간극이 펼쳐져 있다. 아일린이 오웰에게 끌린다는 사실은, 어쩌면 아일린으로서는 참기 힘들 정도로 많은 것을 가족에게 폭로하고 있는지도 모른다. 운명을 믿는 아일린의 성향을, 물질적인 것에 대한 아일린의 철저한 무관심을, 글쓰기에의 열정적인 헌신을. 그리고 그 글쓰기가—아일린의 재치와 널리 알려진 이야기꾼으로서의 재능, 그가 받은 교육을 고려해 볼 때—아일린 자신의 것이 되지 못할 거라는 전조를.

다른 사람들이 시골집에 도착할 무렵에도 아일린은 여전히 어디에도 보이지 않는다. 훨씬 더 멀리 달려간 모양이다. 하지만 결국 그는 돌아온다. "그 애는 다소 숨이 차고 수세에 몰린 듯 보였지만 아무 말도 하지 않았고, 다른 사람들 역시 아무 말도 하지 않았다." 리디아는 이렇게 전해준다. "약간의 시간이 지난 뒤에 그 애는 스스로 내게 이렇게 말했다. 그냥 더는 참을 수가 없었어… 도망쳐야 했어." 리디아는 무엇을 참을 수 없었던 거냐고 묻지 않는다. "알 것 같다는 생각이 들어서였다."

아일린은 자신의 구혼자를 사찰하고 있는 가족으로부터 도망치고 있었을지 모른다. 하지만 동시에 '신랄한' 미소를 짓고 있는 리디아로부터도 도망치고 있었을지도 모른다. 분명 오웰과 결혼해 그곳에서 산다는 건 자신의 연구를, 그리고 독립적인 직업을 가지고 지적이면서 경제적으로 자립한 삶을 살아갈 가능성을 포기한다는 뜻이었을 것이다. 그런 결정에는 어떤 소심함이, 혹은 자기학대적 성향이 숨어 있는 걸까? 그건 당시 아내들에게 요구되던 일반적인 종류의 결정이었을까? 야망과 아내 노릇이 공존할 수 없기에 자기 자신이 되거나 다른 누군가에게 헌신하거나 둘 중 하나를 선택해야 했던? 혹은 그건 당대에도 너무 도가 지나친 결정이었을까? 어느 쪽이든 아일린을 보호할 방법은 없었다.

이 무렵 케이는 오웰과의 섹스를 그만둔다. 케이는 아내가 되는 일에는 관심이 없다. 사실 자신과 그 친구들은 "결혼을 경멸하는 쪽에 가까웠다"고, 훗날 케이는 어느 라디오 인터뷰에서 웃으며 말한다. "오웰은 여자들을 제법 좋아했어요. 하지만 그들을 삶에서 중요한 존재로 바라본 적은 사실 한 번도 없었죠. 여자들은 아주 부차적인 존재였어요."[116] 케이는 오웰에게 줄곧 이렇게 말했었다. "자, 들어봐. 혹시 다른 사람이 생기면 주저 없이 말해줘. 난 그런 걸 질질 끄는 게 싫거든." …그리고 실제로 오웰은 케이에게 다음과 같은 말을 했던 유일한 남자였다. "있지, 내가 결혼하고 싶은 여자를 만났어." 결혼식 날이 상당히 가까워질 때까지 그 말을 미뤄두긴 했지만 말이다.

케이에게는 아일린이 그런 결정을 내림으로써 치러야 할 대가가 선명하게 보였다. "아일린이 그 모든 걸 포기해야 한다는 게 참 비극적이라는 생각이 들더군요." 학위와 커리어 이야기였다. "저라면 그러지 않았을 거예요."

후류 後流

20대 때 내 친구는 어느 나이 많은 록스타와 사귀고 있었다. 그 남자의 유명세는 가죽옷을 입고 헤로인에 취한 마니아들을 결집시켰고, 하나의 하위문화를 형성했다. 그는 자신의 유명세를 머릿속에서 더욱 과장했는데, 알코올과 헤로인이 만들어낸 영원한 현재시제 속에서 살고 있었기 때문이다. 당시 일어난 일이 내 기억에 전혀 없는 건 이상한 일이다. 그 일이 내 입속으로 누군가의 혓바닥이 갑작스레 밀고 들어온 사건이었다는 걸 알기에 특히 그렇다.

그럼에도 친구는 내가 그 일을 이야기해 줘서 고맙다고 한다. 그때 내 입장은 참으로 끔찍했다. 친구의 행복을 망치거나, 그 행복이 얼마나 불안정한 토대 위에 세워져 있는지에 관해 내가 아는 바를 친구에게는 숨기거나, 둘 중 하나를 선택해야 했으니까. 당시 나는 친구의 행복보다는 친구를 선택했던 것 같다. 다행히도 친구는 내가 나쁜 소식을 전한 걸 용서해 주었다. 아마도 친구가 그럴 수 있었던 건, 그 남자가 나를 덮친 일이 욕망이 아니라 자아도취, 주어진 기회, 제멋대로 날뛰는 록스타의 자아에서 비롯되었음을 알고 있었기 때문인 것 같다.

지금, 친구는 내게 그 남자와 함께 있는 게 왜 좋았는지 말해준다. "그런 재능 있는 사람이랑 한패가 되는 일엔 어딘가 멋진 구석이 있어 보였거든. 후광 효과였지." 그 사람의 궤도 안에 존재할 가치가 있는 사람으로 여겨지는 일에는 따스한 빛을 쬐는 듯한 기쁨이 있었다. 하지만 그 기쁨에 따라붙는 건 당신 자신의 재능을, 그리고 그것을 길러내기 위해 확보해야 하는 자기중심성을 포기하는 일이다. 친구와 나는 젊은 변호사였고, 틀에 박힌 삶에서 벗어날 방법을 찾아 주위를 둘러보고 있었다. 그리고 우리는 결국 그 삶에서 벗어났다.

나는 궁금하다. 자신의 야망이 부서지고 불탄 자리에 오웰을 대신 들여놓으면서 아일린도 이것과 비슷한 일을 하고 있었던 걸까. 그리고 일단 오웰이 거기 들어서자 아일린은 그를 떠날 수 없게 되었다. 오웰의 작업은 아일린의 목표가 되었다. 오웰과 그의 작업은 아일린과 그의 작업이 있어야 했던 자리를 차지했다. 아일린은 오웰의 후류 속에 있었다.

역겨운 부분 지우기, 빈칸에 줄 긋기

결혼식은 1936년 6월 9일, 월링턴에 있는 조그만 교회인 세인트 메리 교회에서 열릴 예정이다. 그 전달에 오웰은 한 친구에게 다음과 같이 편지를 쓴다.

난 이제 곧 결혼할 거야… 마치 비밀이라도 되는 것 같군. 우린 식당일까지 가능한 최소 인원에게 알리려고 하거든. 친척들이 어떻게든 힘을 합쳐 식을 못 올리게 하면 안 되니까 말이야. 물론 진행이 몹시 성급한 감은 있지만, 우린 충분히 이야기를 나눴고, 내가 결혼을 하기에 경제적으로 온당한 사람이라고 증명될 일은 결코 없을 테니 온당치 못하다는 말을 나중에 듣든 지금 듣든 마찬가지라고 결론을 내렸어. 우린 그럭저럭 살아나가겠지만—돈에 관해서 그렇다는 뜻이야—항상 하루 벌어 하루 먹는 생활이 되겠지. 내가 베스트셀러를 쓸 일은 없을 것 같으니 말이야.[117]

오웰의 여동생 에이브릴에 따르면 이런 식의 비밀스러움은 집안 내력이었다. 그들의 아버지도 꼭 그랬다는 것이다. 하지만 그렇다 해도, 친척들이 공모해 결혼식을 못 하게 할 거라는 상상은 다소 과해 보인다. 친척들 모두가 초대되고 실제로 참석했다는 사실을 생각해 보면 더욱 그렇다. 이 결혼식을 가장 막고 싶어 했을 사람은 리디아인데, 그는 때마침 외국에 나가 있다. 리디아는 자신의 적대감이 전해졌다는 걸 알고 있었던 것으로 보인다. 시간이 흐른 뒤, 설령 자신이 그때 영국에 있었다 해도 초대받지는 못했으리라 생각했으니 말이다.

오웰이 친구에게 전하는 진실은 말이 아니라 행간에 담겨 있고, 그건 다음과 같다. "믿기 힘들지만 아무도 이 결혼을 막지 않는군." 오웰은 비난받지 않고 빠져나가는 중이다. 그는 자기 생계도 간신히 꾸려나가는 처지인데, 그럼에도 또 다른 사람의 노동을 평생 공짜로 취하게 될 것이다.

결혼식 날 아침에도 그는 여전히 편지를 쓰고 있다. 심지어 급하지 않은 편지까지도. 그는 최근 미국에서 돌아와 오랜만에 연락이 닿은 학창시절의 옛 친구에게 다음과 같이 편지를 쓴다.

킹 팔로우에게
당연히 기억하지… 아쉽게도, 너무나 가고 싶지만 11일에는 못 갈 것 같아… 참 이상하게도, 바로 오늘 아침에 내 결혼식이 있어. 사실 지금 난 한쪽 눈으로는 시계를, 다른 쪽 눈으로는 기도서를 보면서 이 편지를 쓰고 있어. 지난 며칠 동안 이 기도서를 꼼꼼히 읽어 왔거든. 결혼 예배의 역겨운 부분들에 대비해 마음을 단단히

먹을 수 있기를 바라면서 말이야.[118]

결혼식은 소규모로 치러진다. 오웰의 부모와 누이들이 오고, 아일린의 어머니, 로런스와 그웬도 온다. 오웰은 제단에서 긴장한 채 아일린을 기다리지 않는다. 두 사람은 시골집에서 교회까지 함께 걸어간다. 그런 다음 오웰은 현란하고도 유쾌한 몸짓으로 교회 뜰에 쳐진 담을 짚고 뛰어넘은 뒤, 문간으로 가서 아일린을 안아 들고 입장한다.

그들이 제단에 도착하자 깜짝 놀랄 일이 오웰을 기다리고 있다. 결혼식 준비는 아일린이 했는데, 거기에는 오쇼네시 집안의 교구 목사를 북쪽에서 불러와 주례를 맡기는 일이 포함되어 있었다. 그리고 아일린은 결혼 예배의 '역겨운 부분들' 중 적어도 한 가지는 수정해둔 뒤였다. 결혼식 다음 날, 오웰은 짝사랑했던 브렌다에게 이렇게 편지를 쓴다. "어제 우리 결혼식은 이곳의 교구 교회에서 했으니 형식은 제대로 갖췄지만, 제대로 된 예배는 아니었어요. 무엇보다 목사가 '순종'에 관한 구절을 들어내 버렸거든요." 순종에 관한 구절이란 신부가 남편을 사랑하고 소중히 하며 그에게 순종할 것을 서약하는 전통적인 구절이다. 하지만 신랑은 '순종'에 관한 이 서약을 하지 않아도 된다. 분명 아일린은 그따위 것을 받아들일 생각이 없었다. 하지만 오웰도, 전기 작가들과 후손들도, 교구 목사가 그 구절을 '자발적으로' 들어낸 거라고 여겼다. '순종'이라는 '역겨운 부분'을 알아차리고 삭제한 공로를 아일린에게 돌릴 능력이 있는 사람은 그때나 지금이나 아무도 없다.

결혼식이 끝난 뒤 오웰은 교구 장부의 빈칸을 채워 넣는다. "에

결혼 증명서(1936년 6월)

릭 아서 블레어. 33세. 미혼." 그는 서명한다. "직업"이라고 쓰인 칸 옆에는 "작가"라고 쓴다. 아일린의 칸에는 다음과 같은 말이 쓰인다. "아일린 모드 오쇼네시. 30세. 미혼." 그리고 "직업" 칸 옆에 아일린은 줄 하나를 긋는다.

소규모 결혼식에 참석한 사람들은 술집에서 점심을 먹는다. 나중에 아일린이 리디아에게 말한 바에 따르면, "블레어 부인은 쉬지 않고 이야기를 했던 반면, 무뚝뚝하기로 유명한 에이브릴은 종일 한마디도 하지 않았다". 떠나기 전, 블레어 부부는 신혼부부에게 집안 대대로 내려오는 은제품 일부를 선물로 준다. 그런 다음 "점심을 먹고 나서 가족들은 차를 타고 돌아갔고, 신혼부부만 남았다. 조지는 글쓰기를 시작할 것이었고, 아일린은 주부로서 해야 할 일들을… 그리고 가게 일을 해야 했다." 리디아는 이렇게 썼다. 오웰은 그동안 가게를 열고 싶어 했지만, 아일린이 와서 그 일을 대신할 수 있게 될 때까지 기다렸던 것이다.

I 아내 노릇, 대항 서사

목가적인 삶

살아 있는 용 가까이에서 살고 있다면,
그 용을 계산에서 제외해서는 안 된다.
___ J. R. R. 톨킨

오웰에게 결혼 생활의 첫 몇 달은 목가적으로 다가온다. 한 전기 작가는 이렇게 쓴다. "아일린이 얼마나 수수께끼 같은 존재였고 성격이 얼마나 남달랐든 간에, 당시 오웰의 친구들은 한 가지 점에서 폭넓은 의견 일치를 보였다. 아일린이 오웰을 격려해 주었고, 부정적인 생각에서 해방시켜 주었으며, 능력에 대한 자신감을 심어주었다는 것이었다."[119] 오웰의 한 친구는 이렇게 말했다. "오웰이 정말로 행복했다는 걸 알 수 있었던 유일한 해가 있다면 그 친구가 아일린이랑 함께 보낸 결혼 첫해였어요."[120] 1970년대 초반에 맨 먼저 오웰의 전기를 집필했던 스탠스키와 에이브럼스도 이에 동의한다. 문명이 닿지 않은 듯한 시골집에서 새신랑으로 사는 동안 오웰은 그때까지 살아온 어느 순간보다도 행복하다. 두 전기 작가는 이렇게 쓴다. "오웰의 삶에 대한 어떤 연구를 봐도 1936년의 그 여름은 확실히 독보적인 위치를 차지한다. 오웰은 건강했고, 사기도 하늘을 찔렀다. 일도 원하는 만큼 할 수 있었다. 시골에서 생활하는 즐거움을 누렸고, 그건 그가 오랫동안 바라 온 것이었다. 무엇보다 아일린과 결혼해 함께한다는 즐거움이 있었다. 그 즐거움은 질병이나 부재로 흐트러지지 않은 채 한 주, 또 한 주 계속되었다… 사실, 여러 요소와 환경이 그런 식으로 결합해 오웰에게 행복이라는 이상을 실현해 준 시기는 1936년의 그 여름이 유일했을 것이다."[121]

작가에게는 창작할 수 있는 조건이 곧 행복의 조건이다. 지독한 가난과 불행 속에서(혹은 오웰처럼 빈털터리에 기관지염까지 앓으며 가축우리 같은 집에서) 글을 쓴다고 해도, 적어도 당신은 글을 쓰고 있다. 그리고 글을 쓴다는 건 당신 자신과 망각 사이에 단어들을 쌓아 올림으로써 삶에서 창작이라는 행복을 어렵사리 길어 올리는 것이다. 그건 엔트로피와는 구별되는 '작용'이며, 정신적으로 죽은 상태와는 다른 '삶'이다.

오웰이 경험한 "여러 요소와 환경의 결합", 다시 말해 원하는 만큼 일할 수 있는 상태는 다른 누군가의 노동에 의해 그에게 꼭 맞게 만들어진 상황이라기보다는 행복한 우연처럼 보인다. 이런 상태는 마치 그것을 만들어낸 사람 없이 존재하는 듯 보이는데, 수동적인 서술 방식이 아일린을 사라지게 만들었기 때문이다.

하지만 우리가 알다시피 아일린은 그곳에 있고, 일을 하고 있다. 그러면서 조지가 생활 때문에 자기 작업이 방해받는 걸 원치 않을 때면 살인을 저지르거나 별거를 하고픈 충동을 용케 다스리고 있다.

작가라면 누구나—그들의 배우자는 그렇지 않을 수도 있겠지만—이런 상황에 어느 정도 공감할 것이다. 오웰은 자신의 마지막 노트에 다음과 같이 쓴다.

…[작가로서 살아온 평생] 내가 빈둥거리고 있다고, 해야 할 작업이 늦어지고 있다고, 결과물의 양이 다 합쳐 봐도 비참할 정도로 적다고 느껴지지 않았던 날은 말 그대로 단 하루도 없었다. 심지어 하루에 10시간씩 일하고 일주일에 네댓 편의 기사를 써내던 시기에도 신경을 갉아 먹히는 듯한 이런 느낌, 내가 시간을 낭비하고 있다는 느낌에서 벗어날 수 있었던 적은 한 번도 없다.[122]

하지만 그는 시간을 낭비하고 있는 게 아니다. 아일린이 그를 위해 시간을 더 만들어주고 있다. 오웰이 자기 삶을 스스로 관리했더라면 결코 가질 수 없었을 만큼 많은 시간을 제공하고 있다. 아일린은 에이전트와 주고받는 편지를 포함해 오웰의 서신 업무 상당수를 처리한다. 부부의 사교 모임을 계획하고, (4.8킬로미터 떨어진 발독 마을에 버스를 타고 가서) 필요한 모든 생필품을 구입하고, 청소 대부분을 담당한다(왔다가 안 왔다가 하는 '청소부'가 있기는 하다). 아일린의 노동 조건은 열악하다. 한 전기 작가에 따르면, 16세기에 지어진 그 시골집은 "아주 작고 대단히 좁았다… 윗가지에 회반죽으로 지어진 그 집에는 아귀가 잘 맞지 않는 현관문이 달려 있었고, 참나무로 된 들보는 낮아서 머리를 박기 쉬웠으며, 흉한 양철 지붕은 비가 올 때마다 끔찍한 소음을 냈다… 석유램프들에서 나오는 빛은 어둑했고… 정원 끝에는 겨울에는 얼어붙을 만큼 춥고 다른 계절에도 그다지 쾌적하지는 않은 옥외 변소가 서 있었다". 오웰이 병에 걸리자 아일린은 "꼼짝없이 너무도 역겨운 일들을 해야 했는데, 여기에는 오물 구덩이가 역류했을 때 변소를 통째로 청소하는 일도 포함되어 있었다".[123] 한 친구는 그곳의 상태를 이렇게 표현했다. "위험천만했어요… 싱크대는 종종 막혔고, 휴대용 석유 화로는 작동이 되지 않았죠. 세면대의 배수 플러그는 빠지지가 않았어요. 계단은 몹시 어두웠고… 두 사람이 계단의 엉뚱한 곳에 책 무더기를 쌓아두어서 곳곳이 함정투성이였어요. 집 안에는 먼지가 상당히 쌓여 있었고요."[124] 아일린 자신도 이런 상태를 익살스럽게 묘사한다. "몇 대대나 될 것 같은 쥐들이 선반 위에서 어깨를 맞대고 도자기를 밀어 떨어뜨리고 있어."[125]

아일린은 여러 해 동안 경제적으로 자립한 여성으로 살아왔다. 하지만 이제는 무급으로 일하며 "완전히 빈털터리가 된다"[126]는 게 무슨 뜻인지 몸소 깨닫기 시작했다. 확실한 건 리디아가 예견한 대로 아일린이 집 안과 정원과 가게에서 이전보다 훨씬 더 많은 육체노동을 해야 한다는 것이다. 그리고 스스로 인정하지 않는다 해도, 아마도 아일린은 직감하고 있었을 것이다. 자기만의 커리어를 꾸릴 생각 따위는 포기해야 하리라는 것을. 아일린은 자신이 줄을 그었던 결혼증명서의 빈칸 속에서 살기 시작한 참이다.

사우스올드의 시가에서 노라에게 쓴 첫 편지에, 아일린은 오웰의 의존적인 태도와 교묘한 술수를 재미있다는 듯 묘사한다. 하지만 바로 거기, 그 페이지 위에 진실이 있다. 오웰이 달리 어떻게 그렇게 많은 작품을 완성하겠는가? 그것도 계속 빠른 속도로 말이다. 결혼식 사흘 뒤, 오웰은 〈코끼리를 쏘다〉라는 에세이를 송고한다. 다음 6개월 동안에는 《위건 부두로 가는 길》을 집필하고, 서른두권의 책에 대한 열두 편의 서평을 쓴다. 그리고 기사도 두 편 쓰는데, 〈서점에서의 기억들〉과 길고 상세한 기사 〈소설을 옹호하며〉가 그 것이다. 그가 글을 쓰는 동안 아일린은 (그곳에서 두 달이나 머무르며!) '끔찍한' 거주자가 된 이모님을, 넘쳐흐르는 물을, 오물 구덩이를, 가게 일을, 집안일을, 정원 일을, 오웰이 앓는 여러 가지 병을, 닭들을, 염소를, 그리고 손님들을 돌본다. 아일린은 의학 논문을 퇴고하는 데 동생의 도움을 필요로 하고 있던 오빠와 함께 (일하는) 휴가를 가져보려고 몇 번이나 시도하지만 좌절된다. 그때까지 아일린은 그 모든 상황을 이해할 시간이 없었다. 심지어 절친한 친구에게 편지 한 통을 쓸 시간도 없었다.

   노라에게 전하는 슬랩스틱 코미디 같은 불행의 목록 아래에는 점점 분명해지는 아일린의 깨달음이 숨어 있다. 자기의 커리어뿐 아니라 자기의 삶 역시 남편의 작업보다 부차적인 것이 되리라는 자각이다. 그럼에도 아일린은 리디아에게는 오빠에게 의지하면 된다고 말한다. "지구 반대편에 있다가도 내가 '당장 와줘'라고 전보를 치면 오빠는 와줄 거야."[127] 아일린은 말한다. "조지는 안 그러겠지. 그에겐 그 어떤 사람보다도 자기 작업이 먼저니까." 리디아는 안심이 되지 않는다.

   아일린은 마치 그것들을 하나하나 짚어내면 견딜 수 있게 되기라도 할 것처럼 신혼 생활의 현실들을 노라에게 전한다. 하지만 우리가 바란다 해도, 용에 이름을 붙인다고 그것이 길들인 용이 되지는 않는다. 그 용들은 여전히 저 바깥에서, 혹은 위층에서, 저녁 식사를 기다리고 있다.

젠더화된 영혼의 고백

이 말을 해야 할 것 같다. 물론 꼭 할 필요는 없지만 말이다. 나는 이 글을 대단히 잘 정돈된 집에서 쓰고 있지는 않다. 한번은 우리가 휴가로 집을 비운 동안 내 남동생과 그 애의 아내가 무언가를 두고 가려고 들른 적이 있었다. "아, 어떡해." 올케가 말했다. "이 집에 도둑이 들었나 봐." 그러자 남동생은 한숨을 쉬며 말했다. "아냐, 우리 누나네는 그냥 이러고 살아."

나는 아이를 세상에서 가장 꼼꼼하게 돌보는 엄마도 아니다. 한번은 내가 일을 끝내기를 기다리다 지루해진 열 살짜리 딸아이가 내 작업실 화이트보드에 위시리스트를 적어놓은 적이 있었다. 거기에는 '캠핑', '옷', '돈돈돈'처럼 예상 가능한 것들도 있었지만, 맨 위쪽 가까이에는 '내가 아플 때 관심 좀'이라고 적혀 있었다. 나는 그 목록을 그대로 두었다. 내가 보지 못할 수도 있는 것들을 그 목록이 일깨워주기를 바라면서.

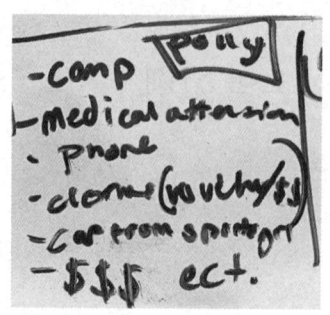

나는 고백하듯 이 글을 쓴다. 마치 이 집을 늘 정돈된 상태로 유지하는 일이 내 몫이기라도 한 것처럼. 우리 집은 마치 버지니아 울프가 말했던 "집 안의 천사"가 내 손에 살해당한 것 같은 모습을 하고 있을지도 모른다. 하지만 그 천사는 여전히 여기 어딘가에 숨어서는, 사람들이 오기 전에 쿠션을 바로잡고 아이들이 아무렇게나 흩어놓은 부스러기들을 치우는 일을 내 의무로 만들어놓는다. 울프는 하녀들이나 아이 엄마들의 노동과는 관계없는 삶을 살았기에, 그가 죽여야 했던 천사는 내 천사와는 달랐다. 그건 "매력을 발산해야 하고… 달래야 하고… 직설적으로 말하자면, 성공하기 위해 거짓말을 해야 하는" 천사였다. '집 안의 천사'라는 이 여성성 모델은 여성이 "인간관계와 도덕성, 그리고 성性에 관해 진실이라고 여기는 것"을 표현하지 못하게 막는다. 울프는 이렇게 쓴다. "내가 죽이지 않았다면 그 여자가 나를 죽였을 것이다. 그 여자는 내 글에서 심장을 뽑아버렸을 것이다."[128]

하지만 우리는 아이의 엄마이기도 한 천사를 죽일 수는 없다. 우리의 임무는 어떻게든 우리 아이들에게 세상의 광기와 부당함을 해석해 주는 것, 그 애들에게 절망을 안겨주지 않는 방식으로 그렇게 하는 것이기 때문이다. 우리는 '달래고', 의미를 부여하고, 의미를 부여할 수 없을 때는 위로한다. 그런 행위에는 우리와 그 애들 모두를 해치는 거짓말이 얼마나 섞여 있는 걸까. 그건 나도 모르겠다. 이 책은 당신이 감당해야 할 하나의 위험이다. 세상의 부당함을 보여주는 일이 당신을 괴롭히고 해칠 수도 있으니까.

하지만 어쩌면 이 책은 그 부당함에 맞설 수 있도록 당신을 단단히 무장시켜 줄 지도 모른다.

박하사탕

학교로 돌아온 리디아는 아일린이 몹시 그리워진다. 그래서 주말 동안 머무르기 위해 월링턴으로 간다.

리디아는 아직 이 모든 상황을 납득하지 못했다. "나는 여전히 아일린이 결혼했다는 사실을 거의 받아들이지 못한 채로 그 애의 남편에게 막연한 적대감을 느끼면서, 아내를 대하는 그의 태도를 비판할 준비가 된 상태로 그곳에 도착했다."[129] 리디아에게 시골집의 풍경은 일종의 자학적인 전원 판타지가 한창 무르익은 모습, 타인의 예술을 위해 극한의 가난과 고통을 감내하며 살아가는 실험처럼 보인다.

시골집은 춥다. 거실에 벽난로가 있긴 하지만 불을 피울 때마다 "끔찍하게 연기가 나서", 마치 얼어 죽든, 고기처럼 훈연되든 둘 중 하나를 골라야 할 것만 같다. 한번은 오웰이 문을 열어 손님을 맞았는데, 얼굴은 완전히 새까매져 있고, 푸른 두 눈만 또렷하게 이쪽을 쏘아보고 있었다. 집을 따뜻하게 만들려고 애쓰다 보면 당연히 그렇게 된다는 듯이 말이다. 집에는 등유 램프 하나를 빼면 촛불 몇 개가 전부다. 벽도 있고 양철 지붕도 덮여 있지만 그들은 캠핑을 하고 있는 것 같다.

리디아는 너무 추워서 잠을 제대로 자지 못했다고 기억한다. 그러고 나서 "에릭 블레어의 믿을 수 없을 만큼 시끄러운 자명종 소리에 깜짝 놀라 깨어나 보니 이른 새벽이었다. 그 소리는 두 개의 닫힌 문과 방 하나를 통과해 울렸다. 에릭이 일어나 암탉들에게 모이를 줄 시간에 맞춰 놓은 자명종이었다".

리디아는 이 시간에 너무 시끄럽다고 항의했지만, "에릭 블레어는 재미있다는 듯 양쪽 눈꼬리에 주름을 잡으며 이렇게 대답했을 뿐이다. '암탉들은 매일 아침 같은 시간에 모이를 먹고 싶어 해요. 오늘이 일요일이라는 걸 모른다고요.'" 그는 리디아가 암탉들에게 모이를 주지 말라고 말하고 있는 게 아니라는 걸 안다. 리디아는 그저 그 일을 하면서 자신을 깨우지 말아 달라고 부탁하고 있을 뿐이다. 잠시 후 에릭은 여전히 그 눈빛을 한 채 리디아에게 할 말이 있으면 해보라고 으르듯 말한다. 하지만 리디아는 말하지 않는다. 말할 수가 없는 건지도 모른다.

리디아가 할 수 있는 건 타인을 불안하게 만드는 데서 기쁨을 느끼는 오웰의 성향을 훗날 이야기로 전하는 것뿐이다. "양철 지붕과 손님 방 천장 사이의 공간이 온통 뒤흔들리며 요란한 소리가 났다. 특히 해질녘과 동틀 녘에 그랬다. '사람들은 저게 쥐들이라고 생각하죠.' 에릭 블레어는 만족스러운 미소를 지으며 말했다. 내게서 겁먹은 반응을 기대하는 듯했지만, 나는 그 기대에 부응해 주지 않왔다. 그는 미소를 띤 채 말을 이었다. '사실 저건 저 안에 둥지를 틀 거나 그냥 잠깐 앉아 있다 가는 새들이에요.'"

더러움도 쥐도 무서워하지 않는 아일린에게라면 그런 말이 오 웰의 쥐 공포증을 드러내는 것으로, 혹은 장난스럽게 비꼬는 말로 들렸을지도 모른다. 하지만 리디아는 그렇게 받아들일 수가 없다. 리디아는 불쾌함에서, 타인을 불쾌하게 하는 일에서 저열한 기쁨을 느끼는 친구의 남편으로부터 친구를 보호하고 싶다. 리디아는 오웰의 듬성듬성한 콧수염과 '만족스러운 미소' 아래서 가학성 비슷한 무언가를 알아본다. 아일린에게는 아직 보이지 않는 무엇을 본다. 그 가학성을 견디기 위해 훗날 아일린이 해야 할 자기학대를. 오웰은 리디아를 비웃고 있다. '이 여자가 날 얼마나 사랑하는지 봤지?' 이것이 이 상황에 숨어 있는 뜻이다. '난 이 여자를 어디서든, 내가 고르는 어떤 환경에서든 살게 할 수 있어. 그걸 댁이 어쩔 건데.' 리디아의 도화선에 불이 붙는다. 자신에게 보이는 것을 어떻게든 아일린에게도 보여주지 않으면, 그것도 얼른 그렇게 하지 않으면, 리디아는 두 번 다시 그들 사이에 끼지 못하게 될 것이다. 그들이 자물쇠와 열쇠처럼 꼭 들어맞으며 리디아를 들어오지 못하게 할 테니 말이다. 리디아는 쓴다. "이 동반자 관계에서는 언제나 오웰의 필요가 우선시되었다." 하지만 "그렇다고 해서 아일린이 남편을 떠받들어 모시는 어리석은 아내였다거나 남편에게 빌붙어 살며 그를 비판할 줄도 몰랐다는 뜻은 아니다. 오히려 정반대였다…" 리디아는 그 시골집에서 오갔던 대화를 기억한다. 오웰이 스스럼없이 도발적인 농담을 던지자 아일린은 그의 말을 실시간으로 바로잡는다.

…아일린은 명석한 논리로 사고하는 사람이었고, 이야기를 하다가도 오웰이 뭐든 '불합리한 추론'을 내놓으면 곧바로 물고 늘어졌다. 유독 기억에 남는 일이 하나 있다. 우리는 아침으로 달걀과 베이컨을 먹고 있었는데, 조지가 마을 사람들 모두 손수 돼지를 기르고 베이컨을 직접 훈연해 먹을 수 있어야 한다는 말을 했다. "하지만," 조지는 덧붙였다, "일련의 복잡한 위생 규정들을 충족시키지 않고서는 돼지를 키울 수가 없어요. 베이컨 제조업자들이 그렇게 손을 써놨거든…."
아일린은 재빨리 나를 힐끔 보더니 미소 지었다. "음, 대체 뭘 보고 그런 말을 하는 거예요?" 아일린이 큰 소리로 말했다. "너무 대충하는 말 아닌가요?" 조지의 얼굴에는 재미있어하면서도 약간 당황한 듯한 표정이 떠올랐지만, 그는 자기 의견을 고집했다.
"그게 베이컨 제조업자들의 이익에 부합하잖아요…" 그가 입을 열었다.
"네, 알아요. 하지만 그 위생 규정들을 그 사람들이 만들었다는 증거가 하나라도 있어요?" 조지에게 그런 증거는 없었다. 그러자 아일린은 덧붙였다. "참, 무책임한 기자나 할 법한 말이네…." 조지는 유머 감각이 있어서 이런 종류의 도전을 꺼리지 않았고, 아일린은 종종 이런 식으로 그에게 도전했다.

리디아는 이야기를 계속한다. "나는 아일린의 논리적인 면모가, 그리고 정확한 언어 사용에 대한 감수성이 부지불식간에 오웰에게 영향을 끼쳤을 거라고 확신한다. 초기에는 다소 날것인 데다 작위적인 과장이 섞여 있어 설득력이 떨어졌던 오웰의 글쓰기 방식이 나아진 건 그래서였을 것이다." 아니, 어쩌면 오웰은 그 점을, 그리고 아일린이 자기 작품을 더 나아지게 해주리라는 것을 알고 있었는지도 모른다.

리처드 리스 역시 1936년 오웰의 작품에 일어난 "엄청난 변화"[130]에 주목했다. 하지만 그는 오웰이 결혼하기 전의 글에서는 "찾아보기 힘들었던 품위와 매력과 유머 감각이 너무도 많은 후기 작품을 장식하게 된"[131] 이런 현상을 설명할 인과관계는 알아내지 못했다. "오웰의 글과 태도 양면에 너무도 놀라운 변화가 일어났다."[132] 리스는 말했다. "마치 평생 그의 내면에서 은근히 타고 있던 어떤 불씨가 그 시기에 갑자기 불꽃으로 확 타오른 것 같았다. 하지만 나는 그런 변화를 이해할 수도, 정확히 무슨 일이 일어난 건지 설명할 수도 없다. 나로서는 알 수 없다." 이 변화를 좀 더 분명하게 알아차린 몇몇 전기 작가들은 이렇게 쓴다. "오웰의 작가 경력에서 가장 중요한 시기가 결혼 생활의 시작과 겹친다는 건 그저 우연의 일치가 아니다… 거침없는 감정 표현, 관대하고 자비로운 태도, 겉으로는 단순해 보이는 경험도 실상은 복잡하다는 사실에 대한 인정. 오웰의 초기 작품에는 부재했던 이런 요소들이 결혼 후부터 그의 작품에 등장하게 되는데, 이는 최소한 부분적으로는 아일린의 영향 덕분이라고 볼 수 있을 것이다…."[133]

리디아는 그 주말 내내 머무른다. "내가 받은 인상은,"[134] 리디아는 이렇게 쓴다. "오웰이 아일린을 너무 당연하게 여긴다는 것이었다. 남자라면 이런 아내를 소중하게 여겨야 하지 않나? 나는 생각했다. 너무도 매력적인 외모에다, 대단히 지적이고, 유쾌하고 재치 있는 언변을 갖췄고, 요리 솜씨까지 뛰어난 아내가 있다면 말이다. 그런데 나는 오웰이 아일린에게 보내는 어떤 상냥한 시선도, 배려하는 작은 몸짓도 감지하지 못했다. 아일린이 모든 일을 다 했고, 식사 준비를 하고 상을 차렸고, 가게 초인종이 울리면 나가서 손님 응대도 했다. 점심을 먹은 뒤 오웰은 위층으로 물러났고, 우리 귀에는 그가 타자 치는 소리가 들려왔다. 나는 아일린을 도와 설거지를 했고, 그런 다음 우리는 산책을 갔다."

아일린은 암탉들이 주인공으로 나오는 어린이 책을 써볼까 한다며 말을 꺼낸다.[135] 하지만 이내 웃음을 터뜨린다. 한 끼 설거지를 하고 다음 끼니 준비를 시작할 때까지 겨우 25분밖에 시간이 없다면서 말이다. 게다가 아일린은 논문 작업을 끝낼 거라고 계속 리디아에게 말하고 있지만, 그 마을에서 아이들이라고는 찾아보기 힘들고, 가장 가까운 학교도 4.8킬로미터나 떨어진 곳에 있다. "그곳까지 자전거를 타고 갈 수도 있었겠지만, 아일린은 집안일을 하고 '가게에도 신경을 써야' 했기 때문에 다른 일을 할 시간이 좀처럼 나지 않았다." 그리고 아일린은 여위고 창백해져 있다. 어느 시점부턴가 자궁내막증으로 보이는 증상으로 괴로워하기 시작했고, 나중에는 빈혈까지 생겼다. 리디아의 눈에 아일린은 이미 "거리가 얼마나 되든, 자전거를 탈 체력이… 안 돼 보였다".[136]

하지만 아일린은 실험 대상으로서, 이야기 상대로서, 혹은 둘 다로서 그 아이들을 끌어들일 방법을 찾아낸다. "그 애들은 곧 그 가게에 있는 '부인'이 사탕 네 개를 반 페니에 준다는 사실을 알아냈다. 다른 가게들은 똑같은 사탕 일곱 개를 1페니에 파는데 말이다."¹³⁷ 계산을 해본 아이들은 여러 가지 맛이 섞인 감초 사탕과 박하사탕을 사려고 가게를 드나든다. 그 아이들 가운데는 피터라는 수줍은 열 살짜리 소년도 있다. 피터는 "좀 늦되다"고 여겨지는 아이지만, 아일린은 그 애에게 시험을 보게 한 다음 아이의 지능지수가 높다는 사실을 알아낸다. "그런 다음 아일린은 몇 달 동안 그 애에게 읽기와 산수를 가르치는 자원봉사를 했고, 그 결과 피터는 모두가 부러워하는 장학금을 받게 되었다." 전에 러시아 출신 망명자와 '따까리' 에드나에게 그랬듯, 아일린은 이번에도 자신의 도움으로 삶이 바뀔 수 있는 누군가를 찾아낸 것이다. "그렇게 성공한 경험에 그 애는 무척 기뻐했다. 아일린은 피터를 마치 자기 아들이라도 되는 것처럼 자랑스러워했다." 리디아는 이렇게 적었다.

리디아에게 이런 일들은 친구의 "의심할 바 없이 상당한 심리학적 재능"¹³⁸을 충분히 활용하는 것과는 거리가 멀어 보인다. 하지만 어쩌면 아일린은 리디아가 이해하지 못하는 무언가를 이미 이해하고 있었는지도 모른다. 자신의 다음번, 그리고 가장 야심 찬 계획이 위층에서 진행 중이라는 사실을. 아일린은 《위건 부두로 가는 길》을 읽으며 타자로 치고 있다. 처음에는 오웰이 아일린의 의견을 경계했기 때문에 많은 의견을 내고 있지는 않지만 말이다.

아일린은 리디아와 거리를 두기 시작한다. 대신 노라에게 편지를 써서 런던에서 만날 시간을 정하자고 말한다. 너무도 간절히 보고 싶구나,¹³⁹ 아일린은 쓴다. 그는 리디아가 분노에 차서 불시에 찾아오는 일을 피할 수 있도록 여행 일정을 잡으려고 애쓰고 있다. 하지만 그 여행은 결코 성사되지 못한다.

과도한 섹스

> 그는 자신의 사생활에 관해서는
> 내가 알던 어떤 남자보다도 비밀스러운 태도를 보였다.
> ─ 프레드릭 바르부르크 Fredric Warburg, 오웰의 발행인[140]

오웰의 첫 번째 전기 작가였던 스탠스키와 에이브럼스는 오웰이 아일린을 만났던 시기에 관해 이렇게 쓴다. "그때까지 살아오는 동안─오웰은 그해 6월에 서른한 번째 생일을 맞았다─그의 여자 경험은 얼마 되지 않았던 데다 뒤처져 있었던 것으로 보인다…."[141] 그들은 오웰이 결혼한 뒤에는 "적어도 규칙적인 성생활은 했다"고도 덧붙인다. 그로부터 30년 뒤인 2003년, 또 다른 전기 작가는 이렇게 쓴다. "오웰 부부는 누가 봐도 육체적으로 친밀했다. 시골에서 목가적인 생활을 하는 동안 그들은 충분히 행복했던 것으로 보인다. 확실히 아일린은 조지를 도와 가게 일을 하고 가축을 돌보는 일을 즐겼고, 심지어 정원의 악취 나는 변소 청소를 거들기까지 했다. 하지만,"[142] 그는 말을 잇는다. "오웰의 친구들이 마음속에 간직하고 돌아온 그 목가적인 그림은 부부 사이에 생겨난 한 가지 문제를 은폐하고 있었다." 아일린은 기혼 여성이자 조지보다 나이가 많은 친구였던 메이블에게 이렇게 말했다. 자신은 조지가 결혼 전에 "과도한 섹스"를 했던 걸로 알고 있다고. 전기 작가는 이 문장을 아일린이 메이블에게 "마치 오웰이 침대에서 보이는 행동이 세심함과는 거리가 멀다고 암시하기라도 하듯 푸념을 늘어놓았다"고 그럴듯하게 바꿔 놓는다. 또 다른 전기 작가는 문제의 말을 다음과 같이 정반대의 뜻으로 해석한다. "아마도 아일린의 말은 시간이 좀 지나자 오웰이 섹스에 시큰둥해지고 반응이 없어졌다는 뜻이었을 것이다."[143] 그들 중 누구도 아일린이 자기 성생활 이야기를 메이블과 나누려 했던 또 다른 이유였을 수도 있는 사실은 언급하지 않는다. 그 사실이란, 메이블이 전에 수년 동안 오웰과 자는 사이였다는 것이다.

'성적인 문제에 관해 상의하는 여자들'이란 전기 작가들로서는 상상조차 할 수 없는 개념인 모양이다. 그래서 그들은 그런 건 상상하지 않는다. 대신, 그들은 오웰이 전에 했던 성적인 경험이 '얼마되지 않았다'는 둥 뭐 그런 이야기를 한다. 그들보다 훨씬 아는 게 많았을 오웰의 아내는 오웰이 전에 했던 것이 '과도한'—그게 무슨 뜻이든 간에—섹스였다고 증언하고 있는데도 말이다.

오랫동안 나는 오웰 부부의 내밀한 삶을 파고드는 일이 꺼림칙했다. 그건 마치 조지 오웰이었다면 싫어했을 법한 (누구라도 싫어할 법한) 일종의 사생활 침해처럼 느껴졌다. 하지만 아일린을 찾는 과정에서 내가 오웰의 사생활을 침해하고 있다고 느낄수록, 한 가지 사실을 점차 뼈저리게 깨닫게 되었다. 사생활을 보호받을 권리와 제대로 된 대우를 받을 권리를 두고 저울질을 하면서 그곳을 들여다보지 않는다? 그건 사실상 "수컷 동물은 암컷보다 더욱 동등한 존재"°라는 논리를 받아들이는 것이나 마찬가지였다.

그리고 설령 삶에서는 그렇지 않았다 해도 작품 속에서는 오웰 역시 나와 생각이 같다. 그는 버마에서 억압받는 식민지 사람들과 영국 북부의 광부들, 영국의 부랑자들과 프랑스에서 접시닦이 일을 하는 사람들의 삶의 조건을 깊이 파고들었다. 사회의 위선 아래 숨겨진 사람들을 드러내고, 그들을 계속 안 보이게 가로막는 구조를 폭로하고 싶어 하는 오웰의 욕망은 너무도 감탄스럽고, 또한 너무도 흥미진진하다. (우리가 안다고 믿었던 세상의 본모습을 우리에게 드러내기 위한) 훌륭한 글쓰기라는 목표와 (우리가 안다고 믿었던 세상의 본모습을 드러내 변화를 촉구하기 위한) 정치적인 목표가 완벽하게 결합되어 있다.

오웰의 친구이자 작가 겸 풍자가였던 맬컴 머거리지Malcolm Muggeridge는 다음과 같은 느낌을 받았다. "오웰의 내면에는 진실에 대한 이런 열정적인 헌신, 진실인 척 고결함을 내세우는 편의주의를 묵인하지 않는 태도, 사적인 행동과 일치하지 않는 도덕적 사고방식에 대한 가차 없는 혐오가 있었다".[144] 하지만 기이하게도 가부장제에서 '사적인 행동'이라는 말에는 여자들을 대하는 태도나 가정에서의 태도는 포함되어 있지 않다. 만약 가부장제의 관습들이 그토록 전체주의적이지 않았더라면, 즉 너무도 절대적이어서 다른 현실을 허용하지 않는 구조가 아니었더라면, 머거리지는 친구가 사적인 영역에서 어떻게 행동하는지 곰곰이 따져봐야겠다고 생각했을지도 모른다. 그리고 그 관습들이 오웰에게 그토록 유리하게 작

○ "(모든 동물은 동등하다. 하지만) 어떤 동물은 다른 동물보다 더 동등하다"라는 《동물농장》의 유명하고 반어적인 문장을 저자가 패러디한 것이다. ─옮긴이

I 아내 노릇, 대항 서사

용하지 않았더라면, 오웰은 결국에는 "안쪽으로 파고드는 밑바닥 생활"을 하며 여자들과 아내들의 삶의 조건을 탐구하게 되었을지도 모른다. 어쩌면 자기 아내의 삶의 조건까지도.

어쨌거나, 여성들로 이루어진 이런 '사적인' 세계는 오웰에게는 몹시 친숙한 것이었다. 오웰은 정치에 활발하게 참여하는 여성들이 중심이 된 집안에서 자라났고 (어느 전기 작가는 아이다가 "거의 팜프 리브르*femme libre*°였다"고 설명한다)[145] 특히 정치 활동가이면서 성적으로도 자유로웠던 넬리 이모와 가까운 사이였다. 오웰은 생애 마지막 해에 쓴 노트의 한 단락에서 이렇게 기억을 떠올렸다.

> 그가 어렸을 때 엿들은 대화들, 어머니, 이모, 누나, 그리고 그들의 페미니스트 친구들 사이에 오가던 대화들. 그 대화들을 들으며… 그는 한 가지 확고한 인상을 받았다. 여자들은 남자들을 좋아하지 않았다. 그들은 남자들을 덩치가 크고, 흉하고, 냄새나고, 우스꽝스러운 일종의 짐승으로, 상냥한 태도를 보이라고 강요하며 갖가지 방식으로 여자를 학대하는 짐승으로 바라보았다. 성관계가 오직 남자에게만 기쁨을 준다는 인상은 그의 의식 깊숙이 새겨졌고, 그가 스무 살 가까이 될 때까지 그대로 남아 있었다. 그는 성관계란 무언가 남자가 여자 위에 올라타는 것과 관계가 있다는 걸 알고 있었고, 그것은 그의 머릿속에서 여자를 뒤쫓아가 억지로 쓰러뜨린 다음 올라타는 남자의 모습으로 나타났다. 마치 그가 자주 보았던 암탉을 덮치는 수탉 같았다.

○ 자유롭고 진보적인 여성을 뜻하는 프랑스어이다. -옮긴이

이 모든 인상은 섹스와 직접 관련된 말들이 아니라 우연히 듣게 된 이런 말들로부터 얻어진 것이었다. "그것만 봐도 남자들이 얼마나 짐승인지 알 수 있다니까." "있지, 그 여자는 완전히 바보같이 구는 거 같아, 그렇게까지 남편한테 휘둘리는 걸 보면." "그러게 말이야. 그 남자한테는 너무 과분한 여잔데." 뭐 그런 말들… 그는 서른 살 무렵이 되어서야 자신이 실은 어머니가 가장 아끼는 자식이었음을 깨달았다.[146]

성인이 된 오웰은 가족들이 남녀 관계를 주제로 나누는 대화에 함께하게 되었다. 넬리가 1933년에 어느 잡지 구독권과 돈을 동봉해 오웰에게 보낸, 지금까지 유일하게 남아 있는 편지가 있다. 그 편지에는 넬리가 마키아벨리의 책과 《성에 관한 정설들 Les Dogmes Sexuels》을 읽고 있다는 소식이 적혀 있다. 넬리는 《성에 관한 정설들》이 "남녀의 일반적인 차이라고 받아들여지는 성 관념들에 반박하는 책으로, 생물학에 기반해 쓰인 책"[147]이라고 오웰에게 알려 준다. 보부아르가 《제2의 성》을 쓰기 17년 전에 쓰인 아드리엔 사위케 Adrienne Sahuqué의 이 책은 여성이 사회적으로 열등하다는 가부장제의 주장이 과학적으로 아무런 근거가 없으며, 그럼에도 "너무도 항구적이고 보편적인 오류"로 남아 있다는 사실을 개략적으로 보여준다. 사위케는 그 이유를 탐구하면서 "전쟁과 여성 노예의 강간을 통해 얻어진 남성 우월성에 대한 합리화"[148]에 다름 아닌 "성적인 정설들", 혹은 이데올로기들을 점검한다. 오웰이 이 책을 실제로 읽었는지는 알 수 없지만, 그의 가족이 정치뿐 아니라 성 정치에도 관심이 있었다는 사실은 분명하다. 그리고 분명한 사실이 또 있다. 오웰은 그 자신의 표현을 빌자면 여자들이 "갖가지 방식으로 학대"를 당한다고 느끼기도 한다는 것을 평생 알고 있었다. 그리고 젊은 청년이었기에, 여자들이 섹스에서 기쁨을 느끼기를 기대한다는 것도 알고 있었다. 하지만 이제 막 시작하려는 삶에서, 그는 아내의 노동으로부터 이익을 얻기 위해 전자를 외면할 것이다. 그리고 후자 역시 외면하게 될 텐데, 그건 아마도 어쩔 수 없어서일 것이다.

시골집에서 그렇게 신혼의 나날을 보내는 동안, 오웰은 성적인 욕망을 느끼고 있지는 않을지 몰라도 어떤 차원에서는 그 욕망에 관해 생각하고 있다. 결혼식 직후, 오웰은 친구 시릴 코널리Cyril Connolly의 장편소설에 서평을 쓰면서 그 소설이 '비역질'을 미화하고 있다고 비난한다. 그러면서 이렇게 호소한다. "우리가 구명대에 매달리듯 꼭 붙들어야 하는 사실은, 우리는 정상적이고 고상한 사람으로 살면서도 충만하게 살아 있을 수 있다는 것이다."[149] 오웰은 '정상적'이고 '고상해'지고 싶어 하는데, 이는 아마도 이성애를 뜻하는 것으로 보인다. 하지만 이성애가 그에게 '충만하게 살아 있는' 느낌을 주는 것은 아닐지도 모른다. 이는 괴로운 울부짖음이다.

어떤 전기 작가도 오웰이 동성애자였을 가능성을 명확히 다루지 않는다. "그는 여성혐오자는 아니었다."[150] 스탠스키와 에이브럼스는 이렇게 쓴다. "그는 여자들과의 관계를 늦게 시작했지만, 그가 버마에서 돌아온 뒤로 여자들은 언제나 그에게 꼭 필요한 존재가 되곤 했다."

나는 이 문장을 처음 읽었을 때 웃기다고 생각했다. 그런 다음엔 웃긴 부분이 어디인지 따져보기로 했다. 나는 머릿속에서 과거로 여행을 떠났다. 저 문장은 오웰이 여성과 섹스를 했다는 이유 하나만으로 그에게서 모든 여성혐오의 혐의를 효과적으로 지워버리는 문장이다. 나는 존경받는 전기 작가들, 그들의 편집자, 발행인, 그리고 독자들이 저 문장을 문제 삼지 않고 받아들일 수 있었던 순간까지 생각을 뻗어 보려고 애를 썼다. 그 시대의 감수성을 거의 이해할 수 있을 것 같았지만, 결국 그러지는 못했다. '여성혐오'가 '동성애'를 뜻하는 암호로 쓰인 게 아니라면, 저 문장은 '여자들과 섹스하고 있는 한, 당신은 분명 여자들을 좋아하고 존중하는 사람이다'라는 뜻이 되어버린다. 하지만 그건 전기 작가들이 하고자 하는 말이 아닐 것이다.

저 이상한 문장을 곱씹을수록, 여자들이 '그에게 꼭 필요한 존재'였다는 표현은 점점 더 오웰이 이성애자라는 항변처럼 들렸다. 수없이 많은 오웰의 친구들이 그의 지독한 동성애 혐오를 기이하게 여겼다. 오웰의 친구이자 시인 겸 비평가였던 윌리엄 엠프슨William Empson은 오웰의 "내면에 도사린 깊은 반감"[151]에 대해 말하면서 그 반감을 "그가 단호히 표현했던 동성애에 대한 불쾌감"과 연관지었다. 엠프슨은 지니고 있지 않던 반감이다. "그 시절," 그는 말했다. "혹은 우리 둘 다 좀 더 젊었던 시절에, 노동계급 남자들을 좋아하던 많은 젊은 신사들이 실제로는 그런 불쾌감을 드러냈다." 엠프슨은 이렇게 의견을 표했다. "오웰의 가장 뛰어난 글 속에는 육체적인 혐오감이, 아니 그보다는 공포심이 깊이 박혀 있다. 그것은 훌륭한 남자라 해도 참을 수 없을 만큼 강렬하게 그런 혐오감을 느끼면 언제든 어떤 악행으로 내몰릴 수 있다는 공포심이다…." 오웰과 함께 학교에 다녔던 코널리는 오웰이 "기숙학교에서 유행한 콜보이 관계°를[152] 맺기에는 스스로가 너무 못생겼다고 여겼던 것을 기억해 냈다. 하지만 오웰은 자신이 아주 좋아하던 소년을 건드리지 말아 달라고 애원하는 쪽지를 코널리에게 남긴 적도 있었다.[153] 오웰은 결혼하기 전 이사해 들어갔던 남성 전용 셰어하우스에서 술에 취해 있던 동거인 레이너 헤펜스탈을 사냥 지팡이로 때려눕힌 일로도 유명하다. 오웰이 그 집에 들어가 지내는 데 도움을 주었던 메이블은 사건 당시 부상을 입은 헤펜스탈을 위로하며 "아무래도 실현되지 못한 동성애 때문에 그랬던 것 같다"[154]라고 말했다. 또 다른 동거인 이었던 마이클 세이어스는 오웰보다 열 살 어렸다. 매일 아침 오웰은 침대에 누워 있는 그에게 차를 가져다주곤 했다. 세이어스는 자신을 향한 오웰의 감정이 "매우 친밀하고 다정하며, 심지어는 동성애적이기까지 하다고"[155] 느꼈다. 세이어스는 오웰이 "스스로가 보기에도 불쾌하고 위험한 자기 내면의 무언가"를 의식하고 있다는 "너무도 강력한 인상"을 받았다. 오웰과 마찬가지로 월링턴에 살면서 그의 결혼 생활을 면밀히 관찰해 온 작가 잭 커먼Jack Common은 오웰과 아일린의 결혼이 "진정한 결혼은 아니었으며", "두 사람이 함께 있는 건 어딘가 잘못된 것처럼 보였다"[156]고 생각했다.

    삶의 끝자락에서 오웰은 자신의 동성애 혐오에 스스로 의혹을 제기했다. 이번에도 마지막 문학 노트에 3인칭으로, 그는 이렇게 적었다. "성매매에 중독된 남자들이 다들 그러듯, 그는 동성애에 혐오감을 느끼는 척했다."[157] 그리고 성매매에 관해서는, 오웰은 성매매의 쾌락이 지닌 기만적인 면을 미술관에서 자신이 예술을 즐기고

○ 나이 많은 학생이 어린 학생을 보호하고 후원하면서 그 대가로 성적인 관계를 갖던 관행을 이른다. ─옮긴이

월링턴의 교회 묘지에 있는 오웰.
결혼식 당일로 추정된다.

있다고 "스스로 되뇌는" 남자에 비유해 설명했다.[158] 오웰은 동성애를 혐오하는 세계에 갇혀 있었다. 그를 그의 진실로부터 분리해 놓았을 수도 있는 세계에. 그의 성적인 경험은 '얼마 되지 않았던' 게 아니었다. '뒤처져 있었던' 것도 아니었다. 그리고 그건 그가 진정으로 원하는 게 아니었을 수도 있다.

오웰은 동성애가 끔찍할 정도로 악마화되고 불법이었지만 동시에 학교와 하숙집과 사교계에서 흔히 벌어지던 시대를 살아갔다. 그는 이런 분열을 아주 깊이, 너무도 깊어서 그 자신조차 인식할 수 없는 차원에서 경험했는지도 모른다. 어쩌면 그 경험은 욕망하는 것과 실제로 가능한 것, 진실과 말할 수 있는 것 사이의 간극에 그가 접근하게 해주었는지도 모른다. 그리하여 그가 '이중사고'라는 모순 속에서 세계를 바라보고 그것을 언어로 표현하도록 이끌

I   아내 노릇, 대항 서사

었는지도 모른다.

오웰이 그의 표현에 따르면 "신경을 갉아 먹히는 듯한" 투쟁 속에서 자신만의 탁월함이라는 광맥을 캐내기 위해 쏟아부은 어마어마한 노력이 내게는 느껴지는 것만 같다. 하지만 그의 내면에 존재했던 동력은 검토되지 않은 채로 남았다. 우리 가운데 너무도 많은 이들에게 그러듯이 말이다.

아일린이 이 모든 것 가운데 얼마나 많은 부분을 결혼 초기의 나날들에 알고 있었는지, 혹은 알고 싶어 했는지는 알 길이 없다. 메이블은 아일린에게 자신이 보기에는 "오웰이 마치 자신의 남성성과 생식능력[159]을 증명하려는 듯 여자들과 잠자리를 갖는 것 같았다"는 이야기를 했을 수도, 하지 않았을 수도 있다. 어쩌면 아일린은 메이블과 이야기를 나누는 동안 자신이 접하는 여자들 중 몇 명이 오웰의 전 연인일지 궁금해질지도 모른다. 어쩌면 오웰이 그동안 (그게 무슨 뜻이든) '과도한 섹스'를 해왔다고 여기는 게 더 나을지도 모른다. 그가 자신과 섹스하고 싶어 하지 않는다고 생각하는 것보다는.

겨우살이

리디아가 그 소식을 듣는 건 로런스와 그웬의 집에서 모두가 저녁 식사를 하고 있을 때다. 오웰이 스페인 내전에 참전하러 떠난다는 소식이다.

"처음에는 일종의 절망감이 밀려왔다."[160] 리디아는 이렇게 쓴다. "다음에는 분노, 에릭 블레어에 대한 분노가 치밀었다." 이제 막 결혼한 아내를 두고 떠나버리다니.

하지만 그게 다가 아니다. 떠날 시간이 되자 오웰은 리디아에게 다가와 작별 인사를 건넨다. 그러더니 "씁쓸한 미소"를 지으며 말한다. "올해 크리스마스에는 겨우살이 밑에서 당신한테 키스할 수가 없겠네요…." 리디아는 발끈한다. 그는 리디아에게 키스하는 것이 그동안 즐겁게 떠올려 왔지만 당분간 참아야 할 행동이라는 듯 군다. "분명 나는 쌀쌀맞은 표정을 지어 보였을 것이다." 리디아는 쓴다. "그가 아일린에게 못되게 굴고 있다고 느꼈고, 그 겨우살이 농담도 마음에 들지 않았으니까."

　로런스가 리디아를 억까지 바래다준다. 리디아는 오웰이 아일린을 대하는 태도에, 그가 "아일린과 시골에 정착한 지 얼마 되지도 않았는데 벌써 스페인으로 떠나버린다는" 사실에 분노를 "쏟아낸다". 하지만 오웰이 자신에게 집적거린 일에 대해서는 한마디도 언급하지 않고, 대신 이렇게 말한다. "아일린은 대체 어떻게 먹고살죠? 그 애가 전에 그랬어요. 가게를 해서 얻는 수입이 일주일에 반 크라운°밖에 안 된다고요!" 로런스는 여느 때처럼 차분한 태도로 오웰에게 "투사의 기질"이 있다는 말만 할 뿐이다. 어쩌면 그는 남매간의 유대감이 너무도 강한 나머지, 동생이 외딴곳에서 혼자 살아가야 한다 해도 자신의 존재가 충분히 버팀목이 되리라 생각하는지도 모른다. 어쩌면 아일린도 같은 생각일지 모른다.

　아일린은 오웰이 떠날 수 있도록 준비를 하고, 부츠, 손전등, 긴 내의, 담배, 필기도구, 주머니칼을 챙겨준다. 그런 다음 결혼 선물로 받은 블레어 집안의 은제품들을 전당포에 맡겨 오웰의 여행 자금을 마련한다. "마지막 순간에, 그 사람이 가져갈 돈이 충분치 않아서 우린 몹시 당황했어." 아일린은 한 친구에게 이렇게 말했다. "그래서 블레어 집안의 숟가락과 포크를 죄다 전당포에 맡겼지."[161] 오웰이 떠나고 나자 아일린은 《위건 부두로 가는 길》의 최종 교열을 간신히 끝낸 다음 출판사에 송고한다.

　사실, 리디아도 알고 있듯이 아일린은 "몹시도 그와 함께 스페인에 가고 싶었을 테지만, 당시에는 그게 불가능했다."[162] 아일린은

○　지금으로 치면 약 25파운드(약 4만 6,000원)에 해당하는 금액.

집에 남아 가게를, 가축들을, 채소밭을, 오웰의 출간 일정을, 교정지들과 갖가지 서신들을 관리해야 한다. 아내는 남자에게 두 개의 삶을 선사한다. 떠날 수 있는 삶과 돌아와 누릴 수 있는 삶을.

오웰은 아일린과 함께 사우스올드의 부모님 댁에 들렀다가 곧 떠난다. 아일린은 월링턴으로 돌아온다.

⌇

시골집에 혼자 있자니 훨씬 더 춥게 느껴진다. 혹시 사람 한 명 줄었다고 온도가 더 내려간 걸까? 아일린은 생각한다. 수도관들은 얼어붙었다. 싱크대에는 오래된 접시들이 빙하 속의 뼈들처럼 갇혀 있다.

암탉들에게 모이를 주고, 감자를 심고, 가게 초인종이 울릴 때마다 이리저리 뛰어다니고 난 뒤 저녁이 되면, 아일린은 대체로 씻지 않은 상태로 앉아 있다. 얼어붙을 듯한 추위 속에서 담배를 피우고, 달걀과 홍차로 끼니를 때우면서. 스페인에서 무슨 일이 벌어지느냐에 따라 이 결혼은 아주 짧게 끝날 수도 있다.

오늘 밤 벽난로 불꽃에서는 제법 심하게 연기가 피어오른다. 아일린은 개의치 않고 등유 램프 불빛에 의지해 책을 읽는다. 그러면서도 곰곰이 생각하고 있지만 말이다. 아일린은 머릿속에서 오래오래 되새김질을 한다. 동물처럼 행동하지 않으려 애쓰고 있지만, 물론 아일린 역시 결국에는 동물이다. 어떤 동물은 그냥 좀 더 동물다울 뿐이다.

아일린은 자리에서 일어나 신문 한 장을 벽난로 앞에 들이

댄다. 연기가 방 안으로 퍼지지 않고 위쪽으로 빠져나가게 하려고 애를 써본다. 결혼 서약에서 '순종'에 관한 구절을 빼달라고 교구 목사에게 부탁했었다. 그 구절은 말로 하기에도 터무니없는 데다 결혼제도가 노골적으로 굴종을 요구하던 시절의 유물이었기 때문이다. 교구 목사는 금속 테 안경 너머로 보이는 연한 속눈썹이 달린 눈을 깜짝도 하지 않았다. 그는 아일린을 아기 때부터 알아왔으니까. 조지는 깜짝 놀랐지만, 이의가 없다고 재빨리 말했다. 조지도 네안데르탈인은 아니다. 그런데 지금 아일린은 길들여진 다른 짐승들 틈에 고분고분하게 갇혀 있다. 순종에 관한 어떤 맹세도 하지 않았는데도.

혼자 있는 것과는 또 다른 외로운 느낌이 있다. 하지만 이런 것들은 노라에게 보내는 편지에 쓸 만한 이야기가 아니다.

닭들은 잠들어 있다. 바깥에서는 사방으로 스며든 어둠이 모든 것을 침묵시킨 뒤다.

II

보이지 않는 투사

머리글자라는 역병

오웰은 전쟁에 나가게 되어 들떠 있다. 그는 "파시스트들을 죽이고", "상식적인 고상함"[1]을 위해 싸우고, 그 과정을 글로 남기고 싶어 한다.

《카탈로니아 찬가》는 오웰이 스페인 내전에 참전해 보낸 시간, 그리고 그 뒤에 필사적으로 도망쳐 온 일에 관한 이야기다. 오웰은 모든 것을 적나라하게 드러낸다. 두려운 심정도, 자신의 스페인어가 "형편없다"는 것도, 자신이 사수로서 끔찍한 수준이라는 것도, 수많은 이들이 바지 안쪽에 알을 까고 고환 위로 기어다니고 있다는 것도. 오웰의 약함과 솔직함은 독자를 바짝 끌어당긴다. 나는 이 책을 10대 때부터 사랑해 왔다.

오웰은 바르셀로나의 레닌 막사에 도착하자마자 어느 젊은 이탈리아인에게 한순간 강렬하게 끌리는 경험을 한다. "스물다섯이나 스물여섯 살쯤 된 강인해 보이는 청년으로, 불그스름한 노란색 머리칼과 건장한 어깨의 소유자였다… 그의 얼굴에 담겨 있던 무언가가 내 깊은 곳을 건드렸다. 그건 친구를 위해 살인도 불사하고 자기 목숨도 기꺼이 내던질 수 있는 남자의 얼굴이었다… 이유는 모르겠지만 나는 지금껏 누구에게도—내 말은, 어떤 남자에게도—그토록 즉각적으로 호감을 느낀 적이 거의 없었다….” 오웰은 용기 있게 “보잘것없는 스페인어로” 그에게 인사를 한다. 그러자 그 남자는 “방을 가로질러 걸어와 내 손을 힘껏 움켜쥐었다. 묘하기도 하지, 처음 보는 사람에게 느껴지는 이런 애정이라니! 마치 그와 나의 영혼이 잠시나마 언어와 전통이라는 간극을 뛰어넘어 완전한 친밀감 속에서 만나는 데 성공한 것만 같았다.”[2] 전쟁의 포화 속에서 섹스와 죽음은 가까이, 오웰이 스스로의 사고에 허용하게 될 것보다 더 가까이 맞닿아 있다. 그는 다시 “밑바닥 생활”에 뛰어들 것이다. 남성들로만 구성된 또 하나의 세계, 친밀감은 남자들 사이에서만 존재하고 섹스란 곧 성매매를 뜻하는 세계 속으로.

    오웰의 산문이 사랑스럽고 명쾌한 것만큼이나 그가 쓴 시들은 어색하고 무겁다. 그의 친구였던 시인 루스 피터Ruth Pitter의 표현을 빌자면 “머스킷 총을 든 암소만큼이나”[3] 그렇다. 하지만 오웰은 산문으로 쓰기에는 너무 직접적이겠다 싶을 때는 다음과 같이 시를 활용했다.

    위병소 탁자 옆에서
    그 이탈리아 병사는 내 손을 잡았네
    강인한 손, 민감한 손
    그 손바닥들은 오직

총성이 울려야만 만날 수 있지,
하지만 아! 그때 나는 얼마나 평화로웠나
어떤 여인보다도 순수한
그 수척한 얼굴을 응시하면서!⁴

오웰은 이제 막 결혼했다. 하지만 그가 있고 싶은 곳은 여기, 남자들 사이다.

스페인에서 혁명이 일어나고 겨우 6개월밖에 지나지 않은 시점이었다. 오웰은 "노동계급이 권력을 쥔" 그곳에서 지내는 것이 "놀랍고 압도적인" 경험이라고 쓴다. 토지는 소작농들에게 지급되었고 산업은 집산화되었는데, 심지어는 구두닦이들과 성매매 종사자들까지 포함되었다. 오웰은 특히 계급제도의 폐기에 놀라움을 느낀다. "종업원들과 매장 안내원들은 동등한 인간으로서 얼굴을 똑바로 바라보며 손님을 대했다… 아무도 '선생님 Señor'이나 '님 Don', 심지어는 '당신 Usted' 같은 말조차 사용하지 않았고, 모두가 서로를 '동지 Comrade', '너 Thou'라고 불렀다. 혁명주의자들은 재빨리 팁 문화를 금지했다. 팁은 자본주의자들의 관행으로, 세금을 덜 내는 사람들이 저임금 노동자들의 세계에서 내킬 때마다 스스로가 관대하다고 느끼게 해주는 문화였다. 그 모든 것은 묘하면서도 감동적이었다. 내가 이해할 수 없는 것도 많았고, 어떤 면에서는 마음에 안 드는 부분도 있었다. 하지만 그것이 싸워서 얻어낼 가치가 있는 상태라는 건 곧바로 알 수 있었다. 또한 나는 상황이 겉으로 보이는 모습 그대로라고 믿었다…."

1936년, 유럽은 강압적인 독재자들의 손아귀 아래 파시즘에 무너지고 있는 듯 보인다. 독일에서는 히틀러가, 이탈리아에서는 무솔리니가 집권하고 있고, 7월에는 우익 가톨릭 지휘관인 프랑코 장군이 스페인의 통제권을 장악하려고 시도했다. 카탈로니아에서는 갖가지 노동조합과 그들이 꾸린 변변한 무기도 없는 시민군이 기적적으로 힘을 합쳤고, 그곳에서 수 세기 동안 정권을 잡고 있던 봉건-성직 권력자들의 폭정을 무너뜨리는 데 성공했다.

이제 혁명주의자들은 새롭게 얻어낸 사회주의 질서를 유지하기 위해 프랑코의 군대에 맞서 싸우는 중이다. 그들은 그 지역의 아나키스트들이 "중앙집권화된 야바위 기계에 불과한 것"[5]으로 여기는 자본주의 민주주의를 원치 않는다. 그보다 더 공정한 무언가를 원한다. 하지만 히틀러와 무솔리니가 프랑코에게 병력과 군수품을, 포함과 전투기를 보내는 동안 공화파 저항 세력은 사실상 비무장 상태로 고립되어 있다. 원조를 보내주는 나라는 오직 멕시코(미미한 수준)와 러시아(처참한 수준)뿐이다. 그리하여 수많은 이상주의자 개인이 스페인을 도와 파시즘에 저항하기 위해 와 있다. 작가들 역시 속속 도착하는 중이다. 몇몇은 그 저항을 기록하기 위해, 그리고 오웰 같은 다른 몇몇은 직접 싸우기 위해.

오웰은 자신이 이곳에 와 있는 건 "히틀러 수하에 있는 블림스 대령°의 군대가 일으킨 광기 어린 폭동에 맞서 문명을" 지켜내기 위해서라고 여긴다. 그는 어느 깃발 아래에서 싸우든 개의치 않는다. "P.S.U.C., P.O.U.M., F.A.I., C.N.T., U.G.T., J.C.I., J.S.U., A.I.T. 같

○   1930년대와 1940년대 영국 신문에 연재된 데이비드 로우의 만화 캐릭터로, 기득권층의 반동적인 태도와 어리석음을 풍자하는 인물이다. ─옮긴이

은 따분한 이름들을 달고 만화경처럼 펼쳐지는 정당들과 노동조합들의 풍경"에 관해 오웰은 이렇게 쓴다. "스페인은 마치 머리글자라는 역병에 시달리고 있는 듯했다." 오웰이 선택하는 머리글자는 ILP, 즉 독립노동당the Independent Labour Party으로, 그가 넬리 이모의 인맥을 통해 알게 된 단체다.

ILP는 스페인의 POUM[6], 즉 마르크스주의통일노동자당the Partido Obrero de Unificación Marxista의 자매 정당이었다. 스탈린은 자신의 숙적인 트로츠키와 동맹을 맺은 정당이라고 간주해 POUM을 몹시 싫어했다. 그로부터 거의 20년 전, 트로츠키는 러시아 혁명의 지도자 중 한 명이었지만, 혁명에 관해 독자적인 사상을 지니고 있었다. 스탈린은 트로츠키를 말살함으로써 그 사상들도 말살하고 싶어 했다. 오웰이 스페인에 도착할 무렵, 트로츠키는 목숨을 구하기 위해 멕시코시티로 도망친 뒤였다. 한편 스탈린은 자국에서 "대숙청"을 시작했고, 즉결처형, 집단학살, 조작된 공개재판, 임의적인 투옥이 이어졌다. 또한 정치적으로 그에게 반대하는 사람들과 지식인들, 부농들과 소수민족들은 시베리아로 추방되었다.

이제 스탈린은 해외의 '트로츠키주의자들'로 눈을 돌리고 있다. 오웰이 도착해 POUM에 합류한 바로 그 시점에 스탈린은 그 정당을 해산시키겠다는 의지를 천명한다. "카탈로니아에서 트로츠키주의자들과 아나코생디칼리스트°들을 제거하는 작업이 시작되었다."[7] 독재자는 선언한다. "그 작업은 소련에서와 똑같이 철저하게 수행될 것이다." 다시 말해 살인적인 광포함 속에서 수행된다는 뜻

○ 아나코생디칼리즘Anarcho-syndicalism은 노동조합을 계급 투쟁의 도구로 하는 아나키스트 조직이다. ─옮긴이

바르셀로나의 레닌 막사(1936년). 맨 뒤에 오웰의 모습이 보인다. 다른 이들보다 머리 하나는 더 크다. 이들은 "대부분 뒷골목 출신의 열여섯, 열일곱 살 소년들"이었다.

이다. 오웰은 유럽에서 벌어진 가장 잔혹한 싸움에 발을 들여놓은 참이다. 이는 그가 생각하는 공화주의자들과 파시스트들 사이의 싸움이 아니다. 이른바 반파시스트 동맹 내부의 싸움, 스페인의 독립 좌파 정당인 POUM과 스탈린의 공산주의자들 사이의 싸움이다.

은밀하게 진행되는 이 전투는 오웰에게 몹시 깊은 상처를 남기게 된다.《동물농장》은 스탈린이 러시아 혁명을 배신하고 트로츠키를 박해한 사건을 비틀어놓은 우화다.《1984》에는 오웰이 카탈로니아에서 경험한 스탈린주의와 감시의 흔적이 짙게 배어 있다. 감시와 배신이야말로 공포가 사용하는 수단이며, 공포는 곧 전체주의 정권의 토대임을 오웰이 깨닫게 된 것도 이곳에서였다. 그 깨달음은 깊은 상흔을 남겼다. 오웰은 그 뒤로 평생을, 아무리 외딴곳에 있어도, 신분을 숨긴 공산주의자가 자신을 추적해 살해할 거라는 공포에 끊임없이 시달렸다.

겨우 몇 주 동안 훈련을 받고 나자, 남자들에게는 알쿠비에레 산맥 전선으로 떠나라는 명령이 내려온다. 남루한 옷차림에 간신히 무장을 갖춘 남자들과 소년들은 행렬을 만들고 횃불을 받쳐 든 다음 열광하는 군중들을 지나 역까지 행군한다.

같은 날, 모스크바에 있던 스탈린은 스페인에 있는 자신의 부하들에게 다음과 같은 명령을 내린다. "대중과 언론을 대상으로 트로츠키와 그 지지자들을 테러리스트들이자 파괴 공작원으로 몰아가는 선동을 전개하라… 그자들은 독일 게슈타포와 내통하는 스파이들이다."[8] 오웰은 이런 사실을 알 길이 없다. 하지만 참호로 향하는 기차에 오르는 순간, 그는 자신이 죽이러 가고 있는 적과 협력했다는 혐의를 받게 된다.

산맥에 도착한 남자들은 아라곤의 언덕들을 걸어 올라간다. 말에 탄 뚱뚱한 남자가 앞장서서 그들을 이끌어가고 있다. 조르주 코프Georges Kopp, 오웰이 "튼튼한 벨기에인 지휘관 *commandante*"[9]이라고 부르는 사람이다. 뒤에서 보니 안장에 앉은 코프의 몸은 삼각형을 이루고 있고, 베레모는 비스듬히 얹혀 있으며, 손가락 사이에는 언제나처럼 시가 한 대가 끼워져 있다. 코프는 금발에 가운데가 움푹 들어간 턱을 지녔고, 결단력 있고 낙관적이며 엄청나게 용기 있는 남자다. 우화 작가 같은 매력의 소유자인 그는 자신의 과거를 꾸며내는 데 능한 사람이기도 하다. 코프는 러시아에서 태어났지만 (어째선지 그는 이 사실을 비롯해 많은 것을 숨겼다) 주로 벨기에에서 살아왔고, 엔지니어 교육을 끝까지 받지는 못했으나 거리낌 없이 엔지니어로 일해 왔다. 전쟁이 발발하자 그는 전처와 다섯 명의 아이들을 남겨두고 스페인으로 왔다. 코프는 음식과 여자들을 사랑하고 인생을 즐길 줄 아는 사람이자, 신랄함이나 냉소와는 거리가 먼 사람이다. 부끄러움 없이 자신의 감정을 표현하는 사람이기도 하다. 즉, 비쩍 마르고 적당한 유머 감각이 있으며 진실을 사랑하고 스스로에게 엄격한 영국인인 오웰과는 정반대되는 사람이다. 하지만 앞으로 벌어지게 될 전투에서 두 사람은 모두 명분을 위해, 그리고 서로를 위해 기꺼이 목숨을 내던질 준비가 되어 있다.

그들이 전선에 접근하는 동안 오웰의 귀에는 폭탄과 기관총 소리가 들려온다. 오웰은 이렇게 털어놓는다. "나는 속으로 겁에 질려 있었다." 하지만 일단 참호 안쪽의 대피호에 들어서자, 총탄이 아니라 지루함이 문제가 된다. "너무나도 진절머리가 났다." 오웰은 이렇게 쓴다. "이런 걸 전쟁이라고 부르다니! 우린 적과 거의 접촉조차 못 하고 있는데!" 남자들은 언덕의 경사면에 파인 얼어붙은 동굴 속에서 생활한다. 그러면서 맞은편 언덕에 얼어붙은 듯 자리 잡은 파시스트들을 바라본다. 700미터나 떨어져 있으니 사실상 사정거리 밖이다. 오웰은 너무도 지루해진 나머지 참호 위로 고개를 불쑥불쑥 내밀기 시작한다. 그러자 곧 "총알 한 발이 끔찍하고 날카로운 소리를 내며 내 귓가를 스쳐 날아가더니 뒤쪽 방호벽에 쾅 하고 박혔다." 그는 자신에게 실망한다. "아아! 나는 고개를 숙이고 말았다. 총알이 처음으로 머리 위를 지나갈 때는 고개를 숙이지 않겠노라고 평생 맹세해 왔는데. 하지만 그 움직임은 본능적인 것인지, 거의 모든 사람이 적어도 한 번씩은 그렇게 한다."

3주 동안 오웰이 쏘는 총알은 겨우 세 발이다. "사람 한 명을 죽이는 데는 총알이 1,000발쯤 든다고들 한다." 그는 한탄한다. "이래 가지고야 내가 첫 번째 파시스트를 죽이는 데 한 20년은 걸릴 것 같다." 코프는 두 팔을 휘젓고 목에 걸린 쌍안경을 덜그럭거리며 대피호 끝에서 끝까지 성큼성큼 걸어 다닌다. "이건 전쟁이 아니야!" 코프는 외친다. "어쩌다 한 번씩 죽는 사람이 나오는 희가극이지!"

오웰은 진흙 벽에 기댄 채 글을 쓰는 것으로 남는 시간을 때운다. 그러면서 남자들과 음식과 추위에 관해 자세히 적어 넣는다. 그는 적의 총탄에 맞을 위험을 무릅쓰고 무인 지대로 기어나가 장작으로 쓸 나무나 감자를 찾아다니고, 그 바람에 다른 남자들을 겁에 질리게 만든다. 노새 등에 실어온 물이 너무 더러운 나머지 그는 와인을 써서 면도를 한다. 그들은 자신들이 만들어내는 부산물의 냄새, 썩어가는 음식물과 씻지 못한 몸의 악취를 견디며 살아간다. 그들의 동굴 뒤쪽에는 골짜기를 이용한 변소가 있지만, 남자들은 가끔 참호 속에 변을 본다. "어둠 속에서 그걸 피해 걸어 다녀야 했을 때는 정말 역겨웠다."[10]

조르주 코프, 카탈로니아(1937년)

가장 소름끼치는 건 그곳이 설치류과 짐승들의 소굴이라는 사실이다. 오웰은 쥐라면 질색을 한다. 쥐들은 참호 속에서 탄띠의 가죽을, 베개로 쓰는 배낭을 갉아 먹는다. 한번은 오웰이 잠에서 깨어보니 통통한 쥐 한 마리가 그가 신고 있던 부츠를 갉아 먹고 있었다. 그는 권총을 움켜쥐고 자기 발과 쥐를 동시에 겨냥하지만 둘 다 맞히지 못한다. 진흙투성이 동굴 속에서 그와 친구로 지냈던 한 사람의 말에 따르면, 그 총성은 전선 전체에 울려 퍼졌다. "파시스트들은 우리가 공격한 거라고 생각했어요." 밥 에드워즈Bob Edwards는 그렇게 회상했다. "포탄이 쏟아지고 폭격기가 날아왔죠. 그러는 바람에 우리 매점이 날아가고, 우리 버스 여러 대도 날아가고, 모든 게 날아가 버렸어요." 오웰이 아무리 자기 비난에 능한 사람이라지만, 그 비난조차 그가 스스로 아군에 불러온 파괴를 감당할 수는 없다. 이 일화는 결국 《카탈로니아 찬가》에 실리지 않는다. 어쩌면 그

알쿠비에레 산맥 전선. 오웰이 처음 배치된 참호를 복원해 놓은 곳에서 우에스카 외곽 파시스트 진지를 건너다본 장면이다.

는 아일린에게조차 이 일을 말하지 않을지 모른다. 에드워즈가 말하듯 "쥐를 향해 쏜 총알치고는 굉장히 커다란 대가를 치른"[11] 셈이었다.

2월 중순, 남자들은 파시스트가 점령한 도시인 우에스카의 외곽으로 이동한다. 그곳에서는 전투가 바로 가까이에서 맹렬히 이어지고 있다. "내가 포화 속으로 제대로 들어가 본 건 그때가 처음이었다." 오웰은 이렇게 쓴다. "그리고 창피하게도, 나는 내가 지독하게 겁에 질려 있다는 걸 깨달았다… 총알이 몸 어디를 할퀴고 갈지 모른다는 생각을 내내 하다 보면 온몸이 불쾌할 만큼 예민해진다."[12] 그럼에도 그는 참호 위로 고개 내밀기를 계속한다. "고개 숙여!" 다른 사람들은 그렇게 소리치지만, 그는 들으려 하지 않는다.

기적 일으키기, 손톱 다듬기

2월 중순이다. 세상은 회색빛 색조들로 이루어진 팔레트 같고, 추위는 뼛속까지 스며들어 있다.

아일린은 뒷문 가까이 있는 긴 의자에 앉아 부츠를 당겨 신으며 염소를 산책시킬 준비를 한다. 두 사람은 날마다 오후가 되면 염소에게 목줄을 채운 다음 녀석을 데리고 마을 끝까지 함께 걸어가곤 했다. 조지는 마을 사람들이 하는 말에는 조금도 신경 쓰지 않는다. 아일린도 그 산책이 별나 보인다는 건 알지만 계속해 왔다. 가엾은 넬리는 채소를 먹어치우지 못하도록 줄에 묶인 채 작은 궤도만 그리며 평생을 산다. 데리고 나가는 것 정도는 해주어야 할 것 같다.

아일린은 외투 양쪽 주머니를 두드려본다. 담배, 성냥, 손수건, 동전들, 길에서 마주칠지도 모르는 아이들에게 줄 사탕들.

자신이 어떻게 여기까지 오게 된 건지 머리로는 이해가 가지만, 여전히 앞뒤가 맞지 않게 느껴진다. 아일린은 양손을 허벅지 위에 올려놓고 심호흡을 한다.

조지가 떠난 지 몇 주가 지났다. 아일린은 혼자서 염소를 산책시키겠다고 한 적이 없다.

아일린은 스페인에 가고 싶다. 하지만 그들이 돌아왔을 때 집이 제대로 되어 있으려면 여기 있는 자신을 대신해 줄 사람을 찾아야 할 것이다. 하지만 대체 누가 이렇게 살면서 이 모든 일을 하겠는가? 그것도 급료 없이?

고리에는 염소 목줄이 걸려 있지 않다. 아일린은 긴 의자 밑을 살펴본다. 목줄은 거기 떨어져 있을 것이다. 구석에 빨간색 털실로 된 덩어리 하나가 있다. 아일린은 그것을 조심조심 끄집어낸다. 생쥐 새끼들이 잔뜩 숨어 있을지도 모르니까. 다행히 그렇지는 않다. 덩어리는 낡아서 올이 풀린 뜨개 모자, 넬리 이모님의 모자다. 아일린은 그것을 헛간으로 가져가 염소의 머리에 씌우고는 녀석의 캐러멜빛 두 귀를 조심스레 구멍으로 빼낸다. 운이 좋으면 모자를 쓴 염소를 보고 밖으로 나오는 아이들도 있을지 모른다. 넬리는 아마도 그 이름의 원래 주인인 인간 여자보다는 행복할 것이다. 가엾은 이모님. 사실혼 관계인 그분의 남편, 에스페란토어 운동가이자 사회주의자인 '랑티'는 아내를 버리고 멕시코로 사라져 버렸다.[13] 이모님은 지금 영국에 돌아와 있는데 몹시 의기소침한 상태다.

문을 닫는데 생각이 떠오른다. 그렇지! 넬리 이모님이야말로 딱 맞는 사람, 유일한 적임자다.

산책에서 돌아온 아일린은 이모님에게 편지를 쓴다. 그들의 신혼 생활을 박살내 버렸던 무신경한 활동가이자 늙어 가는 배우, 사회주의자이자 살롱 운영자인 그분에게. 이제 이모님은 자신의 이력에 '소작농'을 추가할 수 있을지도 모른다.

그게 통했다! 아일린은 지금 런던에 있다! 스페인으로 가는 중이다!

지금은 그리니치 공원이 내려다보이는 건물 1층에, 로런스의 책상 앞에 앉아 있다. 아일린은 만년필 펜촉을 잉크병에 담갔다가 레버를 조정해 잉크를 빨아올린다. 내일 떠난다는 게 믿기지 않는다.

넬리 이모는, 그 가엾은 분은 곧바로 답장을 보내왔다. 그러고는 마음은 산산조각 났으나 의지는 충만한 얼굴로 나타났다. 가게를 운영하고, 닭들을 돌보고, 괭이질해 감자와 시금치 씨앗을 뿌리고, 염소젖을 짜는 방법을 배우게 되어 행복한 얼굴로. 이모님에게 염소 이름은 말해주지 않았다. 그 이름으로 불러도 녀석은 어차피 대답하지 않는다.

금속이 스치면서 긁히는 소리가 들려온다. 아일린은 자리에서 일어나 그쪽을 본다. 목도리를 코 위까지 끌어올린 관리인이 공원 문을 닫고 있다. 가로등들이 켜지며 빛으로 된 밝고 화려한 호를 그려낸다.

아일린은 도로 자리에 앉는다. 이곳에 오니 빛 속으로, 문명

속으로 다시 떠오르는 기분이다. 이 집은 난방이 되고, 요리사 겸 하녀도 한 명 있다. 스페인에서 사람들이 근절시키기 위해 싸우고 있는, 돈과 계급이 주는 모든 혜택이 여기 있다. 리디아의 말에 따르면, 하인을 고용하지 않는 여자는 스스로 하인이 될 수밖에 없다. 리디아는 또 이렇게도 말한다. 러시아 혁명은 노동자들을 고용주들로부터 해방시켰지만, 여자들을 남자들로부터 해방시키지는 못했다고. 아일린은 서랍에서 종이를 한 장 꺼낸다. 어쩌면 이번 혁명에서는 이런 일들이 자연스럽게 해결될지도 모른다. 그렇지 않을지도 모르지만. 그럼에도 이곳에서 아일린은 믿을 수 없을 만큼 많은 시간을 누리고 있다.

오늘이 며칠인지 모르겠다. 2월 중순쯤일 테니 그냥 16일이라고 쓰기로 한다.

노라에게

아일린은 소매를 걷어 올리고 두 팔을 쭉 편다. 처음에 뭐라고 쓴담? 막 감은, 느슨하게 곱슬거리는 머리칼이 빠져나와 자꾸만 얼굴로 내려온다. 아일린은 머리칼을 귀 뒤로 넘긴다. 이제 막 적으려는 이야기가 작은 기적 같다는 생각이 든다. 그것도 아일린 스스로 일으킨 작은 기적. 아일린은 기억 속의 그 어느 때보다도 짜릿한 기분이다.

아이다와 에이브릴이 작별 인사를 하러, 그리고 그곳에 자리를 잡은 넬리를 보러 시골집에 왔을 때. 그때는 정말이지 아슬아슬했다. 아일린은 그들 모두에게 차를 대접했다. 집안 대대로 내려오는 은식기를 쓰지는 못했지만 말이다. 은제품들은 어디 있느냐고 그들은 물었다. 아일린은 즉석에서 답을 지어내야 했다. 그래서 숨을 들이마시고는, 그들의 얼굴을 번갈아 보며 말했다. "조지도 집을 비웠고 하니 좋은 기회인 것 같아서요. 가문의 문장을 새기려고 맡겨 놨어요."[14]

지금 아일린은 자신이 지어낸 이야기의 교묘한 짓궂음에 혼자 미소 짓는다. 그건 아일린 혼자만의 농담이다. 실제 사람들을 등장시킨 다음 서사 속에서 사소하고 비밀스럽게 복수할 방법들을 찾아내 만드는 이야기다. 전당포에서 돈을 받아 집에 돌아온 아일린은 조지에게 이렇게 말했다. 노예 사업으로 번 재산을 다 쓰고 남은 부스러기로 사회주의에 깊이 개입하는 데 필요한 자금을 대다니 얼마나 얄궂은 일이냐고. 하지만 지금 아일린이 보기에 훨씬 더 통쾌한 건 계급적 자의식이 강한 시가 식구들을 속여 넘긴 자신의 해명이다. 사라진 특권을 귀금속에 새겨 넣는다는 허구의 이야기.

아일린은 담배에 불을 붙인다. 그들이 막 떠나려는데, 동네에 사는 소년 피터가 문 앞에 찾아왔었다. "넬리에게 줄 음식 찌꺼기"가 담긴 양동이를 들고서 말이다. 그때도 정말 위험했다. 이모님이 그 말을 듣지 못했기를 바랄 뿐이다. 아일린은 이 가운데 어떤 것도 노라에게는 말하지 않을 생각이다. 아일린보다 착한 노라는 가끔 신랄한 이야기를 힘들어하기도 하니까. 하지만 사실 그 은제품들은 조지가 떠날 수 있는 유일한 방법이었고, 그 이야기의 주인은 아일린 자신이었다.

아일린은 다시 펜을 집어 든다.

내일 아침 9시면 내가 스페인으로 떠나게 된다는 걸 알리려고 짧은 편지를 써(아마 그럴 거야. 하지만 파리에 있는 사람들이 상상할 수 없을 만큼 호들갑을 떨면서 전화를 걸어오고 있어서, 목요일이나 되어야 떠날 수 있을지도 모르겠어).[15]

상상할 수 없을 만큼의 그런 호들갑 뒤엔 조직의 체계 없음이 숨어 있지 않을까, 아일린은 생각한다. 아일린은 어찌어찌 취직에 성공했다. ILP에서, 아마 당연하게도 일종의 비서로 급료 없이 일하게 되겠지만 말이다. 바르셀로나에 있는 ILP는 존 맥네어라는 사람이 혼자 운영하는데, 장거리 전화를 해보니 확실히 친절했지만 전화 목소리는 좀 아닌 사람이었어. 기사에 쓰는 문체도 꽤나 재앙 같은 수준인데, 그 글들을 아마도 내가 타자로 치게 될 것 같아. 상관없다고, 아일린은 노라에게 말한다. 만약 프랑코가 날 손톱 관리사로 고용했더라면 자신은 스페인에 가기 위해 그 파시스트의 손톱을 다듬어주었을 거라고.

그러다가 기억이 떠오른다. 지난번 편지에는 조지가 스페인에 간다는 이야기는 한마디도 쓰지 않았다. 너무 심하게 느껴질 것 같아서였다.

아일린은 이렇게 덧붙인다. 그건 그렇고, 조지가 스페인 민병대에 들어갔다는 이야기, 내가 너한테 했지? 기억이 안 나네. 뭐 어쨌든 그렇게 됐어. 처음에는 나도 전적으로 찬성했는데, 어느새 조지가 깊이 관여하게 되어버렸어. 조지는 지금 아라곤 전선에 있어. 정부가 그곳을 공격해야 한다는 건 나도 어쩔 수 없이 알고 있지. 그래서 오히려, 내가 안다는 사실이 보호막 역할을 해서 정부가 실제로는 그곳을 공격하지 않기를 바라고 있어. 현실은 대개 상상을 능가하는 법이라고 아일린은 믿는다. 그런 믿음이 그곳에 있는 조지를 보호해 줄지 궁금하다. 아일린이 예측하면 그 일은 일어나지 않게 될까?

아래층에서 종소리가 들려온다. 벌써 저녁 먹을 시간인가? 할 말이 더 있는데. 할 말은 항상 더 있다.

파시스트 공군이 목표물을 계속 빗맞히고 바르셀로나로 가는 철도가 계속 운행된다면 언젠가 거기서도 내 소식을 전할 수 있을 거야… 일단은 컨티넨탈 호텔에 묵으려고 해. 조지를 그리로 보내느라 돈이 거의 바닥난 까닭에 그 호텔에 얼마나 오래 머무를 수 있을지는 하느님만 아신다. 결국에는 에스페란토어 운동가들이 "지푸라기 위에서 잔다"고 부르는 신세가 될지도 몰라, 아일린은 생각한다. 그리고 에스페란토어 운동가들이 짚 위에서 잔다는 건 정말로 지푸라기 위에서 잔다는 뜻이야.

아일린은 손을 뻗어 녹색 유리로 된 책상 스탠드 갓을 조정하면서 이모님을 생각한다. 가엾은 이모님은 이제 촛불의 불빛에 의지해 지내고 있다. 조카네 염소를 붙잡고 젖을 짜고 있는 버림받은 에스페란토어 운동가. 에스페란토어 운동가들은 그런 사람은 뭐라고 부를까? 아일린은 마음이 썩 좋지는 않다. 너무 오랫동안 집에 머물렀던 그 배우를 가축우리와 염소 돌봄 담당으로 배치해 버린 건 아무리 '서사적 정의'라 해도 양심상 그리 납득이 되지는 않을 것 같다. 아일린은 어깨를 뒤로 젖히고 오른 손목을 문지른다. 하지만 그건 이미 끝난 일이다.

아일린은 노라에게 스페인으로 편지를 보내 달라고 부탁한다. 혹시 불안해 보일까? 아일린은 불안해 보이고 싶지는 않다. 아일린이 편지를 써달라고 부탁하는 건 내가 바르셀로나를 싫어하게 될 가능성이 크다는 생각이 들어서야. 나로선 신나는 일들을 좀 보고 싶지만, 그런 일들은 일어나지 않겠지. 그곳에 얼마나 머무르게 될지는 확신할 수가 없다. 조지는 부상을 입지 않는다면 전쟁다운 전쟁이 끝날 때까지 머무를 것 같아. 그리고 나 역시 그럴 거야. 강제로 후송되거나 돈을 구하러 돌아와야 하는 상황이 아니라면 말이야… 저녁 식사 종이 울리네. 이게 배급받지 않고 할 수 있는 마지막 식사일지 모른다는 거, 안 쓰럽지 않니.

돼지로부터.

전쟁에서는 무슨 일이든 일어날 수 있고, 그들은 둘 다 그걸 알고 있다. 아일린은 대수롭지 않다는 투로 전쟁 이야기를 흘려보낸다. 자신을 사건의 중심에 놓는 걸 워낙에 어려워하는 사람이라 그렇다. 하지만 알고 보니, 사건의 중심이야말로 정확히 아일린이 있게 될 곳이다.

고인 물

알고 보니 총격전은 드문 일이다. 오웰은 전쟁의 지루한 고인 물속에 한 달 넘게 잠겨 있다. 하지만 추위와 배설물, 쥐와 이가 들끓는 상황에도 불구하고 몇 가지 위안은 있다. 음식이 "상당히 괜찮다". 와인도 그렇고, 담배도 있다. 아, 그리고 "이 무렵 내 아내는 바르셀로나에 있었고, 구할 수 있을 때면 차와 초콜릿, 심지어는 시가까지 구해서 내게 보내주곤 했다".[16]

그렇다, 아일린은 바르셀로나에 있다. 그곳이 오웰이 아내에게 모든 걸 보내는 곳이다. 편지와 노트, 그리고 진흙 묻은 편지봉투 뒷면에 적어넣은 그 모든 관찰 내용들을. 아일린은 그곳에서 그 글들을 타자로 쳐서 하나의 긴 문서로 만들고 있다. 그 문서는 오웰이 쓸 책의 토대가 되어줄 것이다. 아일린은 나머지 시간은 전선에 있는 오웰에게 보낼 작은 사치품들을 찾아다니며 보내는 듯하다.

나는 《카탈로니아 찬가》를 두 번이나 읽었지만 아일린이 스페인에 있었다는 사실은 전혀 알아차리지 못했다. 내가 물어본 사람 중에 아일린을 기억하는 사람은 아무도 없었다. 어떤 사람이 어떤 장소에 혼자가 아니라 배우자와 함께 있었는데, 어떻게 책을 읽고도 그게 전혀 기억나지 않을 수가 있을까? 나는 생각했다. 만약에 아일린이 한 일이 호텔에서 지내며 오웰의 메모들을 타자로 치고 그에게 가끔 물건들을 보내준 게 다였다면, 그랬다면 저 정도의 언급이 전부여도 괜찮은 걸까?

나는 다시 전기 작가들의 글을 찾아보았다. 한 전기 작가는 아일린이 바르셀로나에 간 건 "존 맥네어John McNair의 사무실에서 자원봉사자로 일하기 위해서"[17]였다고 말한다. 아일린은 거기 머무르면서 "남편에게 가장 도움이 되는 건 차, 초콜릿, 그리고 구할 수 있을 때면 시가를 구해 보내주는 일일 거라고 생각했다"[18]는 것이다. 또 다른 전기 작가는 이렇게 쓴다. "아일린이 자신도 스페인으로 가겠다고 결심한 건 정치적인 이유 때문이 아니라(비록 아일린이 전적으로 공화주의자들에게 공감하고 있기는 했지만) 그저 오웰 가까이에 있고 싶어서였다…."[19] 이 글에는 건질 만한 내용이 별로 없었다. 하지만 나 역시 전기 작가들에게 공감은 간다. 아일린을 이야기에서 들어내 버린 건 오웰 자신으로 보이니 말이다. 그래서 나는 이제는 습관이 되어버린 일을 했다. 주석들을 샅샅이 훑은 다음 그 출처가 된 자료들로 돌아가 무엇이, 그리고 누가 누락되었는지 알아낸 것이다.

마침내 나는 아일린이 경험한 전쟁을 하나로 조합할 수 있었다. 아일린이 어디에 있었는지, 그가 대의를 위해, 부대원들을 위해, 그리고 오웰을 위해 무엇을 했는지 알게 되었다. 아일린이 여러 사람의 목숨을 구했다는 건 분명했다. 《카탈로니아 찬가》를 다시 읽으며 나는 당혹감에 사로잡혔다. 아일린이 어디에도 보이지 않아서였다. 명쾌하고 솔직하며 자기비하로 가득한 이 책은 이제 반쯤만 진실로 느껴졌다.

내가 바르셀로나로 떠나게 된 건 그때였다.

런던에서 기차를 타고 바르셀로나에 도착한 나는 호텔로 가기 위해 택시를 탔고, 람블라스 거리를 올라가는 동안 창문을 내렸다. 그곳의 공기에서는 다른 맛이 났다. 바다에서 온 톡 쏘는 소금 맛, 진열창 안의 회전식 기구에서 구워지는 닭고기 냄새. 햇빛도 달랐다. 더 황금빛이었고, 더욱 두려움 없이 뻗어왔다.

나는 두 명의 70대 남성과 함께 카탈로니아 곳곳을 여행하게 되었다. 이 이야기의 계승자들이었다. 아일린과 오웰이 1944년에 입양한 아들 리처드 블레어 Richard Blair, 그리고 오웰의 지휘관이었던 조르주 코프의 아들이자 아기 때부터 리처드의 친구였던 쿠엔틴 코프 Quentin Kopp. 역사가, 그리고 이 이야기가 전해주는 바에 따르면 이 두 남자는 서로를 거의 사촌처럼 여기며 자라났다. 이제 그들은 함께 오웰 협회를 이끌어가고 있다.

쿠엔틴은 자기 아버지를 닮았다. 그는 푸른 눈과 함박웃음이 돋보이는 유쾌한 남자로, 차분하고 체구가 풍만하며 현실적인 사람이다. 그는 여행 그룹을 조직하는 데 탁월한 감각이 있다. 아마 그의 아버지도 부대를 조직하는 데 똑같이 감각이 있었을 것이다. 리처드는 검은 눈을 한 점잖은 남자로, 새끼손가락에 반지를 끼고, 머리에는 검은 띠를 두른 흰색 중절모를 쓰고 있다. 그는 트랙터 회사인 '매시 퍼거슨'에서 일하다 퇴직했다. 그는 여행하는 동안 다양한 장소에서, 폴리오라마 극장 건물 옥상에서, 참호에서, 우에스카 시내에서 《카탈로니아 찬가》를 펴들고는 우리가 서 있는 각각의 장소와 관련된, 그리고 자신의 아버지나 쿠엔틴의 아버지가 그곳에서 했던 일이 나오는 부분을 읽어주었다. 이들과 함께하며 이 아들들의 몸을 통해 시간을, 혹은 반대로 과거가 얼마나 가까이 있는지를 가늠해 보는 건 뭉클한 경험이었다.

우리 일행은 열 명이 조금 넘었다. 모두 오웰에게, 혹은 그가 참전했던 전쟁에 관심이 있는 사람들이었다. 우리는 바르셀로나 중심부의 호텔에 함께 묵었고, 5월의 농밀한 햇빛 속에서 거리를 걸어갔다. 그루터기가 듬성듬성 남아 있는 알쿠비에레 전선의 언덕들에 올라갔고, 진흙으로 만들어진, 오웰이 그 안에서 생활했던 어두운 대피호 안으로 몸을 굽히고 들어갔다. 아이들이라고는 없고 돌벽 뒤에서 닭들만 바쁘게 움직여 다니는 작고 황폐한 마을들도 찾아갔다.

오웰이 참전했던 전쟁은 패배로 끝났다. 스페인은 거의 40년 동안 우익 독재정권 아래 있었고, 1975년 총통이었던 프랑코가 죽은 뒤에야 그 정권에서 벗어났다. 이곳에는 몇 세대에 걸친 침묵이 이어져 왔다.

우에스카에서, 우리는 2016년에 개장한 기념비를 찾아갔다. 이 도시를 파시스트들로부터 지키기 위해 애쓰다 목숨을 잃은 지역 주민들을 기리는 곳이었다. 기념비는 묘지의 벽돌 벽 작은 틈에 자리 잡고 있었다. 그 벽 바깥에서 많은 이들이 총살당했다고 했다. 틈

1936년에서 1945년 사이 우에스카에서 총살된 사람들을 기리는 기념비

안쪽에는 거의 보이지 않을 정도로 희미하기는 해도 그 548명의 사망자 이름이 새겨져 있었다. 과거가 여전히 남아 있을 때 과거를 기억하기는 쉽지 않은 법이다.

스파이와 거짓말
바르셀로나, 1937년

기차를 타고 바르셀로나 산츠역에 도착한 아일린은 택시를 타고 컨티넨탈 호텔로 간다. 람블라스 거리를 따라 차가 달려가는 동안 창문을 내리고, 흐릿한 형체가 되어 지나쳐 가는 헐벗은 플라타너스들 뒤로 높은 하늘을 올려다본다.

아일린은 여행 가방과 타자기를 방 안에 내려놓고 어깨에서 가방을 풀어낸 다음 주위를 둘러본다. 침대, 옷장, 책상, 라디에이터, 더운물과 찬물이 나오는 수도꼭지가 있는 욕실. 거리로 난 창문들 사이에는 금으로 장식된 거울이 있다. 아일린은 잠깐 그 앞에 서본다. 오픈칼라 셔츠, 회색 바지, 헝클어진 머리칼. 낡은 거울에 얼룩진 뿌연 점들 때문에 몸 일부가 흐려진다. 아일린은 여닫이문을 열고 발코니로 나가 연철 난간 위로 몸을 기댄다. 아래쪽으로는 람블라스 거리 전 구간이 뻗어 있다. 널찍한 중앙분리대 양쪽으로 차선이 이어져 있고, 신문들이 줄에 걸린 신문 가판대가 보인다. 신문들의 주요 기사 제목은 방향이 서로 반대인 느낌표 사이에 들어 있다(¡동부 전선의 승리! ¡난, 빵 무료 지급 선언!). 아일린은 일터로 가야 한다.

세수를 하고 가방을 집어 들고 카펫이 깔린 계단을 내려간다. 로비와 회전문을 지나 인도 위로 나선다. ILP 사무실은 알고 보니 100미터도 안 되는 곳에 있다. 아르누보 풍으로 화려하게 장식된 또 하나의 호텔인 리볼리 호텔 건물이다. 아일린은 단숨에 계단을 네 번 올라가 국제노동당 포스터가 붙어 있는 문 앞에 선다. 문 안쪽에는 말쑥한 남자가 책상 앞에 앉아 있다. 50대에 가까워 보이는, 커다란 갈색 눈에 양팔에는 소매 가터를 하고 두 손은 조그만 남자다.

"블레어 부인이시군요." 남자가 말한다. "이리로, 이리로 오세요, 부인. 환영해요."

이 사람이 존 맥네어, 아일린의 고용주다.

존 맥네어는 오랫동안 독신으로 지내온 사람으로, 열세 살에 학교를 그만두고 사환이 되었다가 그 뒤로는 줄곧 사회주의 정치에 몸담아왔다. 지난 20년 동안은 파리에 거주하며 가죽 무역업에 종사하고, 소년 축구팀 코치로 일하고, 영시 강의를 했다. 지금 그는 ILP 스페인 지부의 책임자다. 그는 마치 모든 것이 항상 똑같이 시급한 것처럼 말을 한다. 축구, 음식, 신문, 총, 돈, 모두가.

사실 돈은 정말로 시급한 문제다. 근무를 시작하자마자 아일린은 지부장을 포함해 ILP 전체가 파산 상태라는 걸 알게 된다. 여기 생활비는 아주 싸요.²⁰ 아일린은 오빠에게 쓰는 편지에 그렇게 쓴다. 하지만 ILP 파견단에 돈을 많이 쓰게 되는데, 지금껏 그들 중 누구도 급여를 받지 못했고 다들 필요한 물건이 많기 때문이에요. 존한테도 500페세타를 빌려줬어요. 그 사람 돈이 다 떨어졌거든요. 아일린의 업무는 프랑스어-영어 속기 타이피스트라고 적혀 있었지만, 알고 보니 실제로 할 일은 그것보다 훨씬 많다.

첫 번째로 해야 하는 일은 병참 업무다. ILP에서는 서른한 명의 남성이 전선에 나가 있다. 아일린은 참호에 있는 그들과 고향 사이에 오가는 편지, 전보 그리고 소포 모두를 관리한다. 그들에게 옷과 돈, 담배, 그리고 초콜릿, 마가린, 시가 같은 기호품을 마련해 준다. 약품도 준비한다. 한번은 그웬을 설득해 가족이 쓰는 차에 병원에서 얻은 의료용품을 가득 채우고 런던에서 바르셀로나까지 차를 몰고 와달라고 한 적도 있다. 그웬이 현실적이고 두려움을 모르는 사람이기는 해도, 데이비드 웍스David Wickes라는 젊은 자원봉사자가 동승해 운전을 분담해 주자 아일린은 안심이 된다. 아일린은 "비서"가 ILP 파견단 전체의 보급품과 통신, 그리고 은행 업무까지 담당하는 자리임을 알게 된다.²¹

아일린의 업무 나머지 부분은 ILP 선전부에서 미국인 찰스 오어Charles Orr와 함께 일하는 것이다. 그들은 당의 영어 신문과 라디오 프로그램을 함께 제작하면서 전선에서 들어온 사실을 뉴스로 바꿔 놓는다. 20대 후반인 찰스는 세련되고 교양 있는 경제학자다. 혁명 전에는 제네바의 국제노동기구에서 일했고, 켄터키 출신의 대학 졸업생인 열아홉 살의 로이스와 막 결혼한 참이다. 로이스에게는

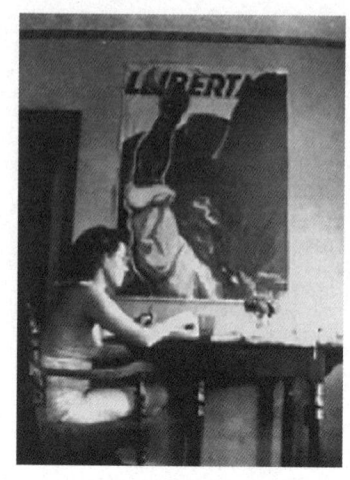

바르셀로나의 로이스 오어

　어리석은 세상에 어긋장을 놓는 10대 특유의 신선함이 있다. 아일린을 만난 로이스는 아일린이 "친절하지만 말을 할 때는 상당히 모호한 느낌으로 말을 하고… 담배를 입에서 떼어놓지 않는 사람"[22]이라고 여긴다.

　오웰이 주로 따분함과, 그리고 해충들과 싸우면서 총알이 언제쯤 자신을 맞힐지 알아내려 애쓰고 있는 동안, 아일린은 작전의 심장부에 있다. 그는 전선에서 들어오는 갖가지 급보들과 코프 지휘관의 방문을 통해 정확히 무슨 일이 일어나고 있는지 알게 된다. 남자들이 언제 공격을 받고 군수품이 얼마나 부족한지, 방한 외투가 겨우 세 벌뿐이어서 보초를 설 때면 돌아가며 입어야 한다는 것까지도. 그리고 그런 통탄스러운 상황이 가공을 통해 POUM이 주도하는 반파시스트 활동이 한 단계 나아갔다는 영광스러운 선전으로 어떻게 바뀌는지도 안다. 그 선전을 다름 아닌 아일린과 찰스가 함께 쓰고 아일린이 타자로 치고 있기 때문이다.

아일린이 스페인에서 경험하는 직장 생활에 대해 가장 가까이에서 묘사를 남겨놓는 사람은 찰스 오어다. 아일린은 아름답고 외향적이며 남들과 어울리기 좋아하는 사람이었다고 그는 말한다. "모두가 아일린을 좋아했다. 남자들뿐 아니라 여자들도." 아일린이 심리학 교육을 받은 옥스퍼드 졸업생이라는 걸 알고는 감탄한다. "아일린은 자존심에 상처를 입는 일 없이 비서 겸 타이피스트 일을 받아들인 것이다… 독자는 내가 그를 과도하게 이상화한다고 여길지 모르지만, 매일같이 한 사무실에서 일하다 보면 동료 직원의 성품을 깨닫게 되는 법이다. 우리 사무실 직원들이었던 망명자들, 개혁가들과 혁명주의자들, 그리고 정치적으로 우리 주위에 있던 다른 사람들과 비교해 볼 때, 아일린은 단연 돋보이는 사람이다."23

찰스는 "《카탈로니아 찬가》에서 [오웰이] 자기 아내를 거의 언급하지 않기 때문에" 아일린에 관한 글을 쓰지 않을 수 없다고 느낀다. 그리고 아일린은 사무실에서만 깊은 인상을 남기는 게 아니다. 또 다른 친구는 아일린이 자리를 잡은 뒤 "ILP 사람들 사이에서 몹시 중요한 인물이 되었고, 다른 환경이었더라면 '살롱'이라고 불렸을 모임을 컨티넨탈 호텔에서 계속 열게"24 되었다고 설명한다.

스파이 활동에서와 마찬가지로 전쟁에서도 개인적인 삶과 직장 생활, 사적인 것과 공적인 것 사이의 경계는 흐려진다. 죽음이나 배신의 순간에 그런 경계들은 존재하기를 멈춘다. 참호 속에 사생활이란 없고, 죽음은 당신이 대가를 받고 수행하는 일이 된다. 사무실에서는 일을 핑계로 당신과 가까워진 스파이가 사생활에 틈입해 당신을 가지고 놀고, 거기서 얻어낸 정보로 당신을 배신한다. 참호에서의 생활이 전투의 일부이듯 개인적인 삶도 스파이 활동의 일부다. 전쟁이 계속될수록 아일린이 사무실에서 하는 직장 생활과 100미터도 안 되는 거리에 있는 컨티넨탈 호텔에서의 삶 사이에는 구분이 없어진다.

컨티넨탈 호텔은 세계 각국에서 온 혁명주의자, 이상주의자, 스파이, 기자들이 가득한 소굴이다. 그들 중 일부는 혁명을 위해 일하면서 파시즘에 맞서고 있다. 다른 일부는 스탈린을 위해 일하면서 혁명을 좌초시키려 하고 있다. 어떤 이들은 전 세계 신문에 기사를 보내고 있고, 다른 이들은 상부에 보고를 하고 있다. 카펫이 깔린 복도를 따라 문들이 열렸다 닫히고, 뉴스와 소문, 음모가 떠들썩하게 오간다. 거울로 된 벽과 중세를 모방한 천장이 딸린 호화로운 라운지는 민병대원들, 용병들, 정보원들의 화려한 무대가 된다. 거리에서 포탄이 터질 때면 샹들리에가 덜컹덜컹 흔들리고, 사람들은 테이블 아래로 몸을 숨긴다. 컨티넨탈 호텔은 집이다. 하지만 거기서 함께 살고 있는 사람이 정확히 누군지는 알 방법이 없다.

아일린 자신도 부주의하게 스파이 한 명을 사무실에 들이는 데 일조하고 말았다. 바로 데이비드 웍스. 그웬과 함께 차를 타고 온 그 젊은 "언어 교사"가 훈련받은 공산주의자 스파이다.[25] 웍스는 도착하자마자 소련 정보국에 아일린, 맥네어, 그리고 찰스 오어에 대해 보고하기 시작한다. 그의 보고는 곧바로 스페인에 있던 스탈린의 부하 알렉산더 오를로프Alexander Orlov에게 전해진다. 오를로프는 제거 작전을 시작하라는 명령이 모스크바에서 떨어지기만을 기다리며 살해 대상자 목록을 작성하는 중이다.

아일린은 사무실에서 오웰에 관해 많은 이야기를 한다. 찰스는 아일린이 "에릭에 관해, 사랑하고 존경하는 게 분명했던 영웅적인 남편에 관해 이야기하는 걸 멈추지 못했다"고 쓴다. 아일린은 남편과 떨어져 있었던 날들을 헤아리고(대략 115일쯤 되는 듯했다) 찰스는 그 이야기를 들어주어야 한다. 찰스는 비슷하게 신혼인 사람으로서는 공감하지만, 점점 인내심이 바닥나기 시작한다. "영광스럽게도 나는 매일같이 오웰에 관한 이야기를 들어야 했다."[26] 찰스는 지친 듯 언급한다. "그렇다고 내가 특별히 관심을 가진 건 아니었다. 당시 오웰은 아직 알려지지 않은 작가 지망생에 불과했고, 다른 이들과 마찬가지로 파시즘에 맞서 싸우려고 스페인에 온 사람일 뿐이었다."

오웰을 만난 찰스는 다음과 같은 인상을 받는다. "그는 키가 크고 여위고 팔다리가 길쭉했는데, 조금 어색해 보일 정도로 그랬다… 말을 잘하지 못하고 더듬었고, 사람들을 두려워하는 것처럼 보였다." 찰스가 생각하기에 오웰은 "의심의 여지 없이 사교적이고 외향적인 아내가 필요했다. 세상으로 통하는 창문으로서 말이다. 아일린은 이 말주변 없는 남자가 다른 사람들과 소통하게 도와주었다. 결혼한 지 채 일 년도 지나지 않았는데 아일린은 이미 오웰의 대변인이 되어 있었다". 정말이지 아일린은 오웰이 "세상을 향해 뻗은 손"이었다.[27]

결국 찰스는 오웰을, "내 비서의 남편인 이 민병대원을, 위아래가 붙은 자루 같은 황갈색 작업복을 입은 그를" 존경하게 된다. 하지만 그것 역시 "아일린 때문이었다. 그렇게 훌륭한 여자를 아내로 얻을 수 있었던 남자라면 어딘가 괜찮은 구석이 있을 게 틀림없었다. 아일린이 내게 보여준 남자는 단순히 얼간이 같은 모험가가 아니라 훌륭한 남자, 깊이가 있는 남자였다".[28]

중개자

찰스 오어가 아일린을 흠모하는 유일한 사람은 아니다. 오웰의 지휘관인 조르주 코프가 거대한 참모 차량에 타고 전선을 오가고 있다. 병사들의 소식을 가져오고 보급품과 우편물을 가지고 돌아가는 그는 사무실과 참호를, 아일린과 오웰을 잇는 중개자다. 코프는 아일린을 깊이 사랑하게 된다. 삶을 바꿔 놓는, 삶의 마지막 순간까지 이어지는 사랑이다.

찰스는 코프를 이렇게 묘사한다. "덩치가 크고 육중하며 혈색이 좋은 금발의 벨기에인으로, 유쾌하고, 아주 세련되진 못했지만 나름대로 배운 남자였다. 모두가 그를 좋아했다."[29] 아마도 직설적이고 까다로운 성격을 지닌 젊은 로이스만 빼고 그랬을 것이다. 로이스는 코프를 "비대한 인간" "배불뚝이"[30]라고 부른다. 하지만 아일린은 코프를 좋아한다. 모두에게 줄 꽃다발과 초콜릿을, 그리고 아일린을 위해서는 사랑하는 남자의 소식을 가지고 성큼성큼 사무실로 걸어들어오는 그 남자를. 아일린과 코프는 종종 식사를 함께한다. 때로는 둘이서만, 때로는 다른 사람들과 함께. 두 사람과 동석하게 된 로이스는 음식에 열광하며 끝없이 음식 이야기를 나누는 그들에게 질려버린다.

노라에게 쓴 편지에서 밝히듯, 시간이 갈수록 아일린은 코프가 내게 '살짝 마음이 있는' 것 이상이라는 걸 깨닫는다. 그래서 불편해진다. 나중에 아일린은 노라에게 자신이 코프를 매우 좋아한다고, 그건 그의 몹시도 비범한 용기 때문이고, 그가 전장에서 진심 어린 애정으로 오웰을 자상하게 아껴주었기 때문이기도 하다고 털어놓는다. 하지만 아일린은 이렇게도 쓴다. 내가 조르주와 흔히들 말하는 사랑에 빠져 있지 않다는 건 언제나 알 수 있었어. 우리 관계는 그 사람이 곧 닥쳐올 어떤 공격이나 작전에서 죽음을 거의 피할 수 없을 것처럼 보일 때마다 조금씩 도약하며 진전되었거든.

코프는 오웰을 좋아하지만 아일린에게 넋이 나가 있다. 어느 시점엔가 코프는 아일린에게 청혼했던 게 틀림없다. 훗날 아일린이 노라에게 세상 어떤 이유로도 당신과 결혼할 수는 없다고 그 사람에게 말해줄 기회를 그냥 한 번 놓쳤을 뿐이라고 털어놓기 때문이다. 그 '한 번'은 이 이야기의 좀 더 뒤쪽에, 코프가 곧 처형될 시점에 등장한다.

또 한 명의 영국 스파이는 기자로 신분을 속이고 사무실에서 활동 중인데, 스탈린주의자들에게 이렇게 보고한다. 아일린이 코프와 "친밀한 관계"라는 건 "90퍼센트 확신"[31]할 수 있다고 말이다. 많은 전기 작가들은 아일린이 코프와 잤다고 생각하고 싶었을 것이다. 역사적으로 정확한 어떤 이유 때문이 아니라(그들로서도 알 방법이 없지 않은가) 한 번의 혁명적인 밀회가 있었다면 오웰의 결혼이 상대방의 혼외 관계를 허용하는 '개방' 결혼이 될 수 있기 때문에 그렇다. 하지만 그들의 결혼은 그런 식의 개방 결혼이 아니었다.

아일린은 자기 삶 속에 스파이가 득실거린다는 걸 알지만 감당할 수 있다고 생각한다. 사무실 주위에는 한 관찰자가 묘사하듯 "명목상의 일자리만 있거나 일자리가 아예 없는, 그럼에도 기묘한 방식으로 '내부자'처럼 보이는, 뭐라 말할 수 없는 자들이 어슬렁거리고 있다".[32] 로이스는 아일린과 자신이 (진짜, 그리고 가짜) 기자들의 표적이 되어 "멋진 장소들에서 근사한 저녁 식사를"[33] 대접받았다고 기억을 떠올렸다. 그 "뉴스 사냥꾼들"은 두 사람에게 와인과 음식을 귀찮게 권하며 정보를 캐내려고 "찔러 보지만", 두 사람은 "당연하게도" 아무 이야기도 하지 않는다. 그런 인간 중 한 명인 조르조 티올리Giorgio Tioli는 무솔리니 치하의 이탈리아에서 도망쳐 온 서글서글한 반파시스트다. 그는 자주 사무실을 배회하며 나중에 찰스도 깨달았듯 "기자 행세"를 한다. 티올리는 매력적인 남자다. 그건 로이스조차 인정하는 바다. 로이스는 그가 "우아하고 여윈 이탈리아 신사, 하얀색 린넨 옷을 입고 다니는 티 한 점 없이 말끔한 남자"라고 생각한다.

티올리는 아일린을 표적으로 삼는다. 그는 아일린과 더 많은 공통점이 생기도록 자신이 아동 심리학자라고 주장한다. 그러고는 아일린이 묵고 있는 호텔 옆방으로 거처를 옮긴다. 그와 아일린과 오어 부부는 함께 피크닉을 가거나 바르셀로나 외곽 언덕을 거닐며, 와인을 곁들여 오랫동안 점심 식사를 하면서 주말을 보낸다. 로이스의 말에 따르면 아일린과 조르조는 "어딘가 나사가 빠진 듯하지만 멋있는" 카탈로니아어에 과장되게 경악하면서 가까워지고, 그들 모두는 멕시코로 환상적인 도피 여행을 떠날 계획을 세운다. 그들의 우정이 진짜인지 아닌지, 그건 알 수 없는 일이다.

하지만 스파이 활동은 진짜다. 찰스가 훗날 밝혔듯 조르조 티올리는 "공산주의자 앞잡이 중에서도 가장 흥미로운 인물"이었다. 티올리 역시 아일린, 맥네어, 그리고 오어 부부에 대해 스페인에 있는 스탈린의 부하들에게 직접 보고하고 있었다.

티올리와 웍스는 아일린에게 각별히 주의를 기울인다. 적어도 한 명은 더 있는 다른 스파이도 마찬가지다. 누군가가 당신의 모든 행동과 말과 생각에 깊은 관심을 보인다면 그건 사랑일 수도 있지만 스파이 활동일 수도 있다. 혹은 둘 다일 수도 있다.

집으로 보내는 여러 통의 편지에서 아일린은 그 모든 것을 대수롭지 않게 이야기한다. 아일린은 상황의 심장부에 있었다. 그 상황은 겉으로 보기에는 반파시스트 내전이었지만, 표면 아래에는 스탈린주의자들이 벌이는 제거와 숙청 작업이 숨어 있었다. 그럼에도 아일린은 편지 속에서 그 경험을 여름 캠프, 다만 폭탄들이 있는 여름 캠프처럼 들리게 만든다. 아일린은 이렇게 쓴다.

너무나 사랑하는 엄마에게
화요일에 폭격이 있었어요. 제가 바르셀로나에 온 뒤로 폭격은 처음이었어요. 상당히 재미있는 경험이었어요. 진짜로 응급이라 할 만한 상황이 생긴 건 아니지만, 폭탄들이 평소보다 시내 한복판에 가깝게 떨어졌고, 사람들로서도 꽤 동요할 만큼 요란한 소리가 나긴 했거든요. 사상자 수는 얼마 안 돼요. 전 간밤에 목욕을 했는데 정말 짜릿한 경험이었어요. 요즘 하루에 석 잔, 혹은 그 이상으로 커피를 자주 마셔요. 밤마다 일찍 가서 편지를 쓰거나 다른 무언가를 하려고 마음 먹지만, 밤마다 다음 날 아침이 되어야 가게 되지 뭐예요!³⁴

아일린은 이 편지에 대해 이렇게 양해를 구하는데, 이는 우편물이 검열되거나 스파이들에게 가로채이고 있다는 사실을 암시하는 것일 수도 있다. 또다시 멍청한 편지가 되고 만 것 같네요. 이런 생활에 대해선 나중에 직접 만나서 더 생생하게 전할게요. 그럴 수 있기를 바라요.

3월 중순, 아일린은 전선으로 돌아갈 때 자신도 데려가 달라고 코프를 설득한다. 찰스도 함께 간다. 그들은 커다란 참모 차량에 타고 카탈로니아의 텅 빈 지형을, 여러 줄기 길들을 지나 아직 잠에서 깨지 않은 회갈색 풍경 속으로 들어간다. 아일린은 크리스마스 전부터 지금까지 오웰을 만나지 못하고 있다.

아일린은 전선에서 사흘 밤을 보내고, 그 경험을 몹시 마음에 들어 한다. 그런 다음 편지에 이렇게 쓴다. 전 최전선에 있는 대피호 속에 종일 있어도 된다는 허락을 받았어요. 파시스트들이 소규모 폭격과 상당히 많은 기관총 총격을 가해 왔는데, 그건 당시 우에스카 전선에서는 상대적으로 드문 일이었거든요. 그래서 그곳을 방문한 일이 꽤 흥미로웠어요. 정말이지 그보다 즐거웠던 경험은 없었어요.³⁵ 남자들은 그동안 아일린이 자신들을 위해 해준 모든 일에 고마워하며 곧바로 그에게 호감을 갖기 시작한다. 한 전기 작가는 아일린이 했던 전문적인 역할을 지워버리면서, 그가 부대를 위해 한 일이 대원들에게 "어머니처럼 관심을"³⁶ 갖는 것이었다고 묘사한다. 그들

영국인들로 구성된 '톰 만Tom Mann' 부대. 앞줄에 손목시계를 차고 무릎을 굽히고 앉아 있는 사람이 조르조 티올리다.

모두는 참호 속 기관총 주위에 모여 사진 한 장을 찍는다. 오웰은 사이프러스 나무처럼 큼지막한 키로 아일린 뒤에 서 있다. 아일린은 오웰의 발치에 웅크리고 앉아 카메라를 향해 미소 짓고 있다. 코프는 이 사진 속에는 없다. 그의 아들 쿠엔틴은 이 사진을 찍은 사람이 그일 것이라 추측한다.

우에스카 전선에서, 아일린과 오웰은 사방으로 뻗어 있는 농가이자 막사로 쓰이는 '라 그랑하'의 별채에서 잠을 잔다. 코프는 부부가 적어도 사흘째 되는 밤의 일부는 함께 보낼 수 있도록 배정해 준다. 아일린은 어머니에게 보내는 편지에 이렇게 쓴다. 우린 10시나 그쯤 잠자리에 들었는데, 새벽 3시에 코프가 와서 소리를 치는 바람에 저는 잠에서 깼어요. 아일린은 혼자서 밤의 어둠 속으로 비틀비틀 걸어 나간다. 검은 어둠 속으로 나가 무릎까지 잠기는 진흙을 헤치고 걸어갔고, 이상한 건물들 안팎을 드나들며 걷다 보니 희미한 불빛이

보였어요. 코프가 거기서 차를 가지고 기다리고 있었죠. 조지는 다시 잠들었기를 바라요.[37]

오웰은 보통 세부사항에 신경을 쓰는 편이었지만,《카탈로니아 찬가》에 이 방문에 관해서는 언급되어 있지 않다. 당신이 생각하기에도 언급될 수 있는 일일 것이다. 그때 오웰은 아일린과 재회했고, 아일린은 적의 포화 아래서도 흔들림 없는 모습을 보여주었으니 말이다. 하지만 그 일은 마치 일어나지조차 않은 것 같다. 아일린은 아예 그곳에 있지도 않았던 것 같고 말이다.

우리가 속한 작은 그룹이 라 그랑하, 그러니까 아일린과 오웰이 머물렀던, 벽으로 둘러싸인 그 '이상한 건물들'의 단지를 찾아간 건 2017년 4월의 일이었다. 그 건물은 다시 농가로 돌아가 운영 중이었다. 나는 차량 출입문을 향해, 1937년 그날 아침 아일린이 코프의 차 쪽으로 가기 위해 빠져나갔던 문을 향해 걸어갔다. 외벽에는 여전히 총알구멍들이 남아 있었다. 벽 안쪽에는 작은 예배당이 있었는데, 이 건물은 전쟁 중에 실용적인 이유로, 그리고 성직자들에게 반대한다는 뜻으로 옥외 변소로 사용되었으나 지금은 훌륭히 복원되어 있었다. 그 옆에는 지붕이 낮은 집 한 채가 있었고, 안뜰 맞은편에는 별채 건물들이 있었다. 안뜰에는 분해된 농기계 부품들이 여기저기 흩어져 있었고, 꽃들과 높다란 풀들이 가느다랗게 금속 틈을 비집고 나와 있었다.

그날 우리 그룹에는 1937년에 암살된 공화주의 지도자 안드레우 닌Andreu Nin의 손녀가 함께하고 있었다. 우리는 농가의 기다란 테이블에 주최자들과 함께 앉았다. 패배한 뒤 40년 동안 강제로 잊

전선의 아일린. 아일린 뒤쪽, 오른쪽에서 다섯 번째 사람이 오웰이다. 해리 밀튼Harry Milton은 왼쪽에서 세 번째에 무릎을 굽히고 앉아 있다.

했다가 이제야 재발견된 저항을 기리기 위해서였다. 낡은 흰색 앞치마를 두른 여자가 마늘과 타임 향이 풍기는 커다란 수프 그릇을 내왔다. 그 내용물이 널찍한 그릇 여러 개에 나눠 담기는 동안 내 귀에는 뼈들이 달그락거리는 소리가 들려왔다. 그리고 뒤이어 금속이나 돌이 부딪치는 것 같은 조금 더 큰 소리도. 음식이 내 앞에 도착해서 보니 그 묽은 스튜는 토끼고기와 달팽이를 넣은 스튜였다. 내 그릇에는 생쥐만 한 달팽이 껍데기 세 개가 담겨 있었는데, 둘은 똑바로 서 있고 하나는 옆으로 누워 있었다. 나선형을 그리며 올라가다 무너져 내린 시간처럼.

아일린은 코프, 찰스와 함께 차를 타고 전선을 떠난다. 민둥산 위로 새벽이 밝아오고, 매끈한 차는 길을 헤집으며 거침없이 달려간다. 아일린은 돌아가는 중이다. 친구들과 동료들, 스파이들과 사무실에 불쑥 나타나 기회를 엿보는 자들에게로. 아일린을 점심 식사에 초대하며 컨티넨탈 호텔의 금장식이 된 복도를 누비는 자들에게로.

회전문이 아일린을 로비에 뱉어놓는다. 아일린은 등에 진 배낭 때문에 균형을 잃고 비틀거리다가 어떤 여자와 부딪칠 뻔한다. 녹색 스웨이드 펌프스를 신은 여자는 쇠줄에 묶인 티컵 푸들에게 끌려가고 있다. 그때 누군가가 아일린의 팔을 붙잡는다.

존 맥네어다. 셔츠는 구겨져 있고, 면도도 하지 않았다.

"가방은 방에 둬요. 우리 좀 나가죠. 이야기 좀 해요."

아일린은 덜컹거리는 차에서 일곱 시간을 보내고 막 내린 참이다. 샤워를 하고 싶다.

"여기서 이야기하면 안 되나요?"

"안 돼요." 존은 아일린의 어깨너머로 주위를 계속 훑어본다. 그에게서 지독한 구취가 풍겨온다.

존은 카페에 가지 않으려고 든다. 그래서 그들은 람블라스 거리의 중앙분리대를 따라 가로수 아래를 걸어 바다까지 갔다가 다시 돌아온다. 존은 이야기를 시작하더니 멈추지 않는다.

그는 말한다. 지난밤에 젊은 퀘이커교도 친구와 함께 어느 큼직한 카페에 있었는데, 경찰이 들어와 총을 겨누고 그들을 체포했다고. 그 과정에서 경찰이 엄청난 소동을 일으키는 바람에 모두가 지켜봤다고. 그들은 기다리고 있던 차 안으로 떠밀려 들어갔고, "어두운 뒷골목을 목이 부러질 것 같은 속도로 달려갔다". 존은 자신과 친구가 "끝장날 거라고… 조용히 처리되고… 우리 시체는 아무 데나 던져질 거라고" 생각했다. 대신 그들은 감옥으로 끌려갔다. 거기서 존은 자신의 영국 여권을 흔들어대며 조사관에게 계속 소리를 질러댔고, "대체 당신이 뭔데 너무나도 무고한 영국 시민을 두 명이나 구류하는 거냐고 물었다."[38] 두 사람은 밤새 그곳에 갇혀 있다가 그날 새벽에 풀려났다고 했다. 존은 로비에서 몇 시간이나 아일린을 기다리고 있던 참이었다.

"한바탕 시끄럽게 굴어서 목숨을 건졌어요." 그들이 해변에 도착하자 존이 말한다.

"그럴지도요." 눈을 찡그리고 햇빛 속으로 그를 바라보며 아일린이 말한다. 하지만 그랬을 리는 없다는 걸 두 사람 모두 알고 있다. 그건 잡았다 풀어주는 작전, 사람을 먹잇감처럼 가지고 노는 작전이었다. "어쨌든 목숨을 건지셔서 다행이에요." 아일린은 덧붙인다. 머리가 떡 지고 앞니 두 개가 빠진 어린 소녀가 구두를 닦으라며 그들을 손짓해 부른다. 존은 벌써 몸을 돌려 걸어가며 손을 내저어 아이를 쫓아버리는 중이다. 아일린은 동전 세 개를 아이의 작은 손바닥에 밀어 넣는다.

그들이 호텔로 다가가는 동안 존은 아일린에게 말한다. "회의가 몇 건 있어서 파리에 가요. 상황이 잠잠해질 때까지 있을 거예요. 일주일이나 그쯤. 사무실은 아일린이 맡을 수 있겠죠? 찰스랑 같이?"

"네."

"그냥, 조심했으면 해요."

아일린은 고개를 끄덕인다.

존이 걸음을 멈춘다. 이제 그들은 컨티넨탈 호텔 정문 바로 앞, 뉴스 가판대 옆에 서서 회전문을 바라보고 있다. 존이 어깨를 슬쩍 으쓱해 보이며 덧붙인다. "물론 숨을 곳은 없지만요."

그가 현실을 인정해 주어서 아일린은 고맙다. "저도 그렇게 생각해요." 아일린은 말한다. 그리고 그들은 안으로 들어간다.

샤워실 안의 물줄기가 몸을 타고 흘러 배수구로 내려간다. 아일린은 심호흡을 한다. 맥네어의 이야기를 들으니 스탈린주의자들이 시민 경찰을 장악했다는 걸 알겠다. 이제 그들을 통해 러시아인들은 누구에게 무슨 짓이든 저지를 수 있다. 민간 정부는 없다. 이건 공포 정치다. 오래지 않아 어떤 법도, 어떤 여권도, 당신이 아는 그 누구도 아무런 소용이 없어질 것이다.

가운을 입은 아일린은 창문을 열고 따스한 오후 햇살을 마주한다. 책상 앞에 앉는다. 무언가 평범한 일을 해보자. 어머니에게 편지를 쓰는 거다. 전선에서는 <u>정말이지 즐거웠어요,</u>[39] 아일린은 그렇게 서두를 뗀다. 그러다가 그 말이 사실이라는 걸 깨닫는다. 전선에서는 적의 실체가 명확하다. 여기서 일어나고 있는 일보다 단순하다.

아일린은 스파이들이 우편물이라면 모두 가로챈다는 걸 알고 있다. 그래서 편지의 어조를 계속 온건하게 유지한다. 바르셀로나에서 지내는 게 다시 즐거워졌어요, 아일린은 어머니에게 말한다. 마치 말할 수 없는 이유로 변화가 필요하기라도 했던 것처럼. 마찬가지로 말할 수 없는 이유로, 이제 상황은 훨씬 더 힘들어졌다. 모두가 그렇듯 저 역시 영국을 몹시 그리워하는 버릇이 생겼어요. 거기까지 쓴 아일린은 잠시 멈춘다. 당연하지만 그 이유는 어머니에게 말할 수가 없다. 그래서 아일린은 그냥 그 그리움이 어떤 건지 말하기로 한다. 요전 날 식당 종업원이 제 담배에 불을 붙여 주기에 제가 라이터가 멋있다고 했거든요. 그랬더니 그 사람이 스페인어로 "맞아요, 맞아요, 상당히 좋죠, 그리고 영국제예요!" 하고 말하는 거예요. 그러더니 저한테 그 라이터를 건네줬어요. 제가 그걸 만져보고 싶어 한다고 생각하는 게 분명했어요. 아일린은 어머니에게 이모님을 돌봐달라고 부탁한다. 그들 중 누구도 이모님과 연락이 닿지 않는다고. 아일린은 이모님이 윌링턴에서 지내시는 게 몹시 슬플지도 모른다고 생각한다.

아일린은 펜을 내려놓는다. 혁명이 뒤흔들리고 있다. 부자들이 다시 호텔에 모습을 드러내고 있고, 아무도 그들을 감히 '동지'나 '너'라고 부르지 않는다. 사람들은 보이지 않고 이름 붙일 수도 없는 것들을 두려워하고 있다. 모두가 속삭이듯 목소리를 낮춘다. '오래지 않아 큰일이 날 거야.'

아일린의 열 손가락 손톱 밑에 여전히 박힌 흙이 단정한 호 모양을 그려내고 있다. 아일린은 욕실로 돌아가 그것들을 문질러 닦아낸다.

공포

이때 오웰의 가장 친한 친구인 리처드 리스가 바르셀로나에 모습을 드러낸다. 그는 "굉장한 희열감과 절망감이 뒤섞인 상태였고, 새 것인 티가 나는 구급차 기사 복장을 하고 있었다. 런던에 사는 어느 냉소적인 친구가 내가 입고 있는 걸 보고는 히틀러의 돌격대원인 줄 알았다고 했던 옷이었다".[40] 리스는 자신의 희열감은 "사회주의를 위해 목숨을 걸 준비를 하고 있다고 자각하면서, 그리고 절망감은 내가 지닌 동기들을 좀 더 현실적으로 이해하게 되면서 생겨났다"고 쓴다. 리스가 여기서 말하고 있지 않은 것이 무엇인지는 알 수 없다. 어쩌면 그는 자신이 스스로 생각하는 것만큼 '한숨이 나오는 겁쟁이'는 아니라는 사실을 증명하고 싶었는지도 모른다.

리스는 곧바로 아일린을 찾아간다. 그러고는 아일린이 거의 알아보지 못할 만큼 변했다는 걸 깨닫는다. "나는 오웰의 아내 아일린이 일하고 있는 POUM 사무실로 찾아갔고, 아일린의 정신상태가 내게는 몹시 낯설게 느껴진다는 걸 알게 됐다. 아일린은 어딘가 딴데 정신이 팔려 생각에 골몰해 있었고 멍해 보였다."⁴¹ 리스는 아일린이 전선에 있는 오웰에 대한 걱정에 사로잡혀 있는 거라고 생각한다. 그는 아일린을 데리고 나가 점심 식사를 함께하고 싶어 한다. 하지만 아일린은 거절한다. 그가 거듭 권하자 아일린은 그냥 그럴 수가 없다고 대답한다. 리스는 이런 "이상한 태도"에 당혹감을 느낀다. 그때 아일린이 사무실 밖으로 나가자고 조용히 말한다. 복도로 나간 아일린은 자신이 감시를 받고 있으며 자신과 함께 있는 게 목격되면 리스 역시 위험에 처할 거라고 설명한다. "아일린이 길에서 자신과 함께 있다가 목격되는 일의 위험성에 관해 이야기하기 시작하면서…" 리스는 서서히 상황을 이해하게 된다.

아일린은 자신이 표적이라는 걸 안다. 자신의 생활반경 안에 있으면서 실은 스탈린의 심복인 사람이 대체 누구인지는 모르지만 말이다. 하지만 곧 무슨 일인가가 일어날 것이다. "나는 나중에야 깨달았다. 나는 아일린을 보며 정치적인 공포 속에서 살아가는 일이 끼치는 영향을 처음으로 목격한 것이었다."

한 전기 작가는 아일린의 상태에 다른 이유를 가져다 붙인다. "그랬을 수도 있다. 하지만, 사랑에 빠진 코프가⁴² 갑자기 나타나 조지의 옛 친구 앞에서 자신을 민망하게 만들지도 모른다는 공포였을 가능성도 있다." 이런 식으로 성적으로 빈정거리는 뉘앙스를 덧씌우는 건 아일린의 정치적 활동을 은폐하고, 아일린이 스탈린의 테러 행위의 표적이었던 일의 의미를 하찮게 만들어버리는 일이다.

며칠 뒤 휴가를 받은 오웰이 바르셀로나로 돌아온다. 그는 도시의 달라진 모습에 충격을 받는다. 걸인들이 다시 거리를 메우고, 배고픈 아이들은 음식 찌꺼기를 달라고 떠들어댄다. 식당 종업원들과 점원들은 "익숙한 태도로 굽실거리고 있다. 아내와 나는 스타킹 몇 켤레를 사려고 람블라스 거리에 있는 양말 가게로 들어갔다. 그러자 판매원이 절을 하더니 두 손을 비벼댔는데, 20년이나 30년 전이라면 모를까 요즘에는 영국에서도 볼 수 없는 태도였다. 팁을 주는 관행이 은밀하고도 간접적인 방식으로 되돌아오고 있었다".[43] 혁명은 보이지 않는 힘에 의해 훼손당한 채 사라져가고 있다.

아일린은 오웰에게 그동안 있었던 일을, 즉 자신들이 적으로 변해버렸다는 사실을 말해준다. 맥네어가 밤새 감금당한 사건은 그들 중 누구든 언제라도 사라질 수 있다는 경고의 신호였다. 아일린은 자신이 감시를 받고 있으며 사무실에 공산주의자 스파이가 아마도 여럿 있다고 알린다. 호텔에도 많은 것이 확실하다고. 그들은 오웰이 "우리의 아주 훌륭한 친구"라고 부르는 조르조 티올리와 함께 식사를 한다. 아마 그들은 티올리에게도 그런 이야기를 했을 것이다.

다음날, 티올리는 또 한 명의 영국인 '종군기자' 데이비드 크룩David Crook을 사무실로 데려와 아일린에게 소개한다. 크룩은 스물여섯 살로, 이마 위로는 검은 머리가 물결치듯 뻗어 있고, 조각 같은 턱선과 환한 함박웃음을 지녔다. 그는 영국의 엘리트 학교들과 컬럼비아대학교에서 교육을 받았고, 스페인 내전 취재에 자원했으며, 최근에는 다리에 총을 세 방이나 맞았다. 크룩은 마드리드에서 회복에 집중하던 동안에는 마사 겔혼Martha Gellhorn과 어니스트 헤밍웨이Ernest Hemingway, 멀크 라지 아난드Mulk Raj Anand와 스티븐 스펜더 같은 작가들과 어울려 지냈다고 아일린에게 말한다. 크룩이 말하지 않는 사실이 있다면 그가 마드리드에서 러시아인들에게 훈련을 받기도 했다는 점이다. 크룩은 스승이자 훗날 트로츠키를 암살하게 될 인물인 라몬 메르카데르Raymond Mercader와 함께 파괴 행위, 비밀 폭력, 감시 기술에 대한 집중 훈련을 막 끝낸 참이다. 크룩의 공격 목표는 ILP다. "특히 POUM과 함께 일하는 ILP의 주요 인물들,[44] 맥네어, 코프 그리고 블레어 부부"다.

훗날, 중국에서 공산주의자로서 오랜 강의 경력을 이어간 끝에 노인이 된 데이비드 크룩은 어느 인터뷰를 통해 밝혔다. POUM을 괴멸시키는 작업에서 자신이 맡았던 역할이 자랑스러운 건 아니라고 말이다.[45] 그렇다고 그가 그 일에 능하지 않았던 건 아니다. 그는 그 일을 아주 잘 해냈다.

곧 크룩은 사무실을 마음대로 드나들게 된다. 다른 사람들이 나가서 오랫동안 점심을 먹는 동안, 그는 이런저런 핑계를 대며 사무실에 남는다. 그러고는 매일같이 서류들을 숨겨 사무실을 나선 다음 문타네르 거리에 있는 러시아 측의 안전 가옥으로 가져간다. 그곳에서 서류들을 사진으로 찍고, 사람들이 사무실로 돌아오기 전에 되돌려 놓는다. 일주일도 안 되어 러시아인들은 모든 자료의 복사본을 손에 넣는다. 크룩은 아일린과 코프, 맥네어에 대한 자세한 보고서를 작성해 자신의 연락책인 또 다른 영국인 공산주의자에게 전달한다. 그들은 가끔 카페에서 접선하고, 크룩은 신문의 접힌 틈에 서류를 끼워 건넨다. 좀 더 조심해야 할 때면 그것들을 호텔 화장실에 숨겨두고 가져가게 한다. 코프와 아일린이 '친밀한 관계'라고 '90퍼센트 확신'할 수 있다는 보고를 하는 사람도 다름 아닌 크룩이다.

참호에서 몇 달을 지낸 오웰은 즐거운 시간을 보내고 싶어 한다. "나는 제대로 된 음식과 와인, 칵테일, 미국 담배, 기타 등등에 걸신들린 듯한 욕망을 느끼고 있었다. 살 돈만 있으면 어떤 사치품에든 빠져들었다는 걸 인정한다." 아마도 그와 아일린은 함께 시내에 나갔겠지만, 그는 아일린과 함께였다는 언급을 하지 않는다. 하지만 자기 자신에 대해서는 유난스레 이야기를 늘어놓는다. "지나치게 먹고 마셔댄 까닭에 나는 그 주 내내 건강이 살짝 안 좋아져 있었다. 몸이 좀 안 좋다는 느낌이 들어 반나절을 침대에서 보내다가 일어나서는 또다시 과도한 식사를 했고, 또다시 몸이 안 좋아지곤 했다." 자신이 권총을 사야겠다는 강박에 "사로잡혀" 있었다고 그는 말한다. 그리고 전쟁의 고인 물속에 잠겨 있는 일에 너무도 넌더리가 나고, 마드리드 전선으로 가고 싶은 마음이 너무도 간절해진 나머지, 오웰은 아일린이 모든 걸 설명했음에도 여전히 공산주의자들에게 합류하고 싶어 한다.

이는 아일린에게는 위험한 일이다. 아일린은 맥네어와 마찬가지로 ILP 본부에서 일하기 때문에 표적이 된다. 보병으로 전선에 있는 오웰은 아직 눈에 띄지 않았지만 말이다. 아일린은 오빠에게 오웰의 계획에 관해 말하지만, 아마 마드리드는 내게는 닫혀 있을 거예요라고 수수께끼 같은 말을 남긴다. 그러면서 이렇게 덧붙인다. 물론 우리가, 아마도 특히 내가 정치적으로 요주의 인물이긴 할 거예요. '특히' 자신이 무언가의 중심에—여기서는 공산주의자의 소총 가늠자 한가운데에—있다고 아일린이 생각하는 건 이때가 유일하다. 그럼에도 아일린은 오웰의 욕망에 따라 준다. 그들은 친구인 척하는 적들의 진영으로 오웰을 이동시키기 위해 공산주의자 모집책과 이야기를 나눈다. 그러고는 자신들의 상황을 전부 사실대로[46] 털어놓는다. 아일린은 이렇게 쓴다. 그 담당자는 너무도 충격을 받

데이비드 크룩, 스페인(1937년)

은 나머지 대화를 나누는 30분이 끝나갈 무렵엔 사실상 내게 행정직 일자리를 제안하고 있었어. 내 생각엔 그들이 조지를 받아줄 것 같아.

그들의 상황 가운데 어떤 사실이 그토록 '충격적'이었는지, 아일린이 그때 뭐라고 말했는지는 기록에 남아 있지 않다. 아마 아일린은 자신의 고용주가 납치되었고, 사무실에 스파이들이 있으며, 자신이 언제든 어두컴컴한 차에 태워져 끌려갈 수 있다는 이야기도 했을 것이다. 아일린에게는 대체 어떤 매력이, 어떤 티 나지 않는 고도의 대인 관계 능력이 있었던 걸까? 그랬기에 공산주의자 모집책에게 그들 때문에 느낀 공포를 털어놓고도 그 조직 내부에서 자신을 보호해 줄 일자리 제안을 받을 수 있었던 걸까?

아니면 혹시, 크룩과 윅스가 아일린에 관해 썼던 보고서가 추천서만큼이나 훌륭했던 걸까?

전투를 찾아서
1937년 5월 3일

오후 3시에서 4시 사이의 어느 때다. 오웰이 컨티넨탈 호텔 근처의 람블라스 거리를 걷고 있는데, 그의 눈앞으로 총알들이 날아간다. 노면전차가 멈추고, 운전사들과 승객들이 달아나고, 상점 주인들이 철제 덧문들을 쾅쾅 내려 닫는다. 아수라장이 펼쳐진다. 오웰은 이렇게 쓴다. "나는 곧바로 생각했다. '시작이구나!' …당장 호텔로 돌아가 아내가 괜찮은지 확인해야 한다는 걸 깨달았다."[47]

하지만 그는 그렇게 하지 않는다. 그곳을 지나가던 지인이 반대 방향으로, 팔콘 호텔로 가자고 그를 설득한다. 항구 근처의 그 호텔에 POUM 구성원들을 위한 "일종의 기숙사"가 있다는 것이었다.

팔콘 호텔에는 거리의 전투를 피해 도망쳐 온, 혹은 그 전투에 끼고 싶어 하는 사람들이 가득하다. 젊은 남자들, 나이든 여자들, 아기를 안고 있는 여자들까지 각양각색이다. 오웰은 무기를 찾으려 하지만, POUM에는 물자가 부족한 까닭에 무기도 거의 없다.

오웰은 컨티넨탈 호텔로 돌아가고 싶다고 되풀이해 말하지만, "람블라스 거리를 올라가는 건 불가능하다고 모두가 말했고", 그런 다음엔 "[그들의 건물이] 언제라도 공격당할 수 있다는 막연한 이야기가 떠돌아다녔다. 우리는 기다리는 게 낫겠다는 분위기였다⋯." 하지만 오웰은 기다리지 않고 저녁 식사를 하러 나간다. "친구와 나는 빠져나가 그의 호텔로 갔다." 저녁을 먹고 돌아온 오웰은 컨티넨탈 호텔에 전화를 걸어 자신이 살아 있다는, 혹은 숙소로 돌아가지 않을 거라는 사실을 알리려 한다. "아내와는 연락이 닿지 않았지만", "간신히 존 맥네어와는 연결이 되었다". 파리에서 돌아와 있던 맥네어는 오웰에게 "모두 무사하고 아무도 총에 맞지 않았다"는 소식을 전해준다.

그런 다음 오웰은 그 건물 내부의 버려진 극장에서 잘 곳을 찾아낸다. 그는 칼을 꺼내 무대의 막을 찢어낸 다음 그것을 몸에 둘둘 감는다. 그는 자기 주머니에 든 조잡한 아나키스트 폭탄들이 "내가 너무 힘껏 돌아눕는 바람에 눌려버리면 나를 허공으로 날릴지도 모른다"는 생각으로 잠을 설친다.

《카탈로니아 찬가》를 구석구석 읽으며 그때 무슨 일이 일어났는지, 누가 그곳에 있었지만 텍스트에서는 빠져 있는지 알게 된 내게는 이 순간이 분석이 필요한 순간처럼 느껴진다. 우리는 암흑물질을 오직 그것이 가시 세계에 끼치는 영향을 통해서만 파악할 수 있다. 마찬가지로, 이 순간은 우리가 부정적인 방식으로라도 아일린을 엿볼 수 있는 순간일지 모른다. 이 텍스트는 아일린을 피해 가려고 몸을 이리저리 굽히고 늘이고 있다. 내가 아일린이 남겨놓은 형상을 볼 수 있는 건 텍스트의 그런 움직임을 통해서다.

아일린에게 전화를 건 오웰은 맥네어와 연결된다. 어떻게? 가장 가능성 있는 설명은, 아일린이 그들의 방에 없어서 오웰이 아일린의 고용주에게 전화를 걸었다는 거다. 하지만 오웰은 자신이 아일린을 찾는 과정에서 그 고용주에게 전화를 걸었다고 우리에게 말할 수가 없다. 아일린에게 직업이, 혹은 사무실이 있다는 말을 할 수가 없기 때문이다. 그리고 그가 우리에게 특히 말할 수 없는 건, 아일린이 POUM 집행부에서 정치적인 일을 하고 있다는 사실이다. 오웰은 맹렬한 전투의 현장 가까이에 있는 건물들에 전화를 걸고 있지만, 그 말 역시 할 수가 없다. 그랬다가는 아일린이 위험에 처해 있는데 자신이 반대 방향으로 도망쳐 왔다는 사실이 들통날 테니까. 한참 뒤 텍스트 속에서(이제 시간은 오웰이 팔콘 호텔에서 무대의 막을 둘둘 감고 하룻밤을 보낸 다음날이 되었다), 오웰은 "전날" "POUM 건물에" (즉, 아일린의 사무실에) 공격이 개시되었다고 언급한다. 아내에 대한 자신의 염려와 그것을 불러일으킨 위험한 상황을 멀찌감치 떨어뜨려 놓기 위해서다. "스무 명, 혹은 서른 명쯤 되는 무장한 돌격대"○가 옆 건물에 있는 카페 '모카'를 장악하고 거리의 사람들에게 총을 쏘아대고 있었다고 오웰은 쓴다. "모두 무사하고 아무도 총에 맞지 않았다"는 걸 알게 되었다는 오웰의 말은 실은 아일린이 무사하다는 걸 알게 되었다는 뜻이다. '아무'가 바로 아일린이다.

책 속의 시간 순서를 분해했다가 다시 짜 맞추는 일은 마치 얽

○ 돌격대는 1931년 스페인 공화국에서 도시의 폭력과 정치적 폭력을 다스리기 위해 창설한 특수 경찰 및 준군사 조직이다. 이 시점에서 돌격대는 스탈린주의자들의 통제하에 들어가 있었다.

바르셀로나의 카페 모카(1930년대)

힌 거미줄을 풀어내는 일 같았다. 보이지 않는 사람의 관점에서 인과관계를 재구성하는 동안, 나는 사람을 사라지게 하는 속임수가 어떻게 작동하는지 알 수 있었다. 일단 그 기술을 알아차리면 가부장제의 마술은 작동하지 않게 되고, 당신은 아일린을 볼 수 있게 될 것이다. 바로 거기, 사건의 심장부에 있는 그를.

전투 한복판
1937년 5월 3일

사무실 창문은 열려 있고, 탁상달력은 펄럭이고 있다. 1937년 5월 3일, 오후 3시에서 4시 사이의 어느 때다. 다른 사람들은 아직 점심을 먹고 있다. 조지는 근처 어딘가에 나가 있다. 아일린은 커피를 한잔 더 마시고 싶어진다.

그 소리는 단조로운 스타카토처럼 들려온다. 처음에는 알아차리지 못하다가 조금 뒤에 그 소리를 알아차린 아일린은 재빨리 창가로 향해 간다. 세상은 정지해 있는 듯 보인다. 노면전차는 멈춰 서 있고, 택-택-택- 하는 소리가 계속되더니, 오른쪽 어딘가에서 더 깊은 천둥소리 비슷한 폭발음이 울려 퍼진다. 맞은편 골목의 어느 문간에서는 한 여자가 자기 몸을 웅크려 아이를 보호하고 있다.

맥네어가 뛰어 들어온다. 그는 땀투성이가 되어 숨을 헐떡이고 있다. 공황 상태에 빠진 그의 몸 주위로 공기가 소용돌이치는 것만 같다.

"돌격대가 옆 건물 '모카'를 장악했어요! 바리케이드를 치고 틀어박혀서! 기관총을 쏘고 있어요!"

"어떻게 들어오셨어요?" 아일린이 묻는다. 아일린은 창문을 등지고 책상에 몸을 기대고 있다.

"뒷문으로요." 맥네어가 의자 위로 재킷을 던지며 말한다. "찰스는 어디 갔어요? 그 애는?"

"아마도 점심 먹으러요." 아일린이 말한다. '그 애'란 전선에서 휴가를 받아 나와 있는 스태퍼드 코트먼Stafford Cottman이다. 열여덟 살인 코트먼은 명민한 소년이지만, 사무실에서는 쓸모가 별로 없다.

맥네어는 사무실 안을 왔다 갔다 하며 말한다. "아마 그자들이 전화선도 끊어버릴 텐데!"

아일린은 수화기를 집어 들어 귀에 대보고는 말한다. "아직은 아니에요."

"이 건물에는 경비 요원이 두 명밖에 없어요!" 맥네어는 앉을 생각이 없어 보인다. 그는 무언가 하고 있는 듯 보이지만 아무것도 하고 있지 않고, 생각을 하고 있는 듯 보이지만 아마 아무것도-

"가서 병력 지원이 가능한지 알아봐야겠어요." 맥네어가 재킷을 집어 든다.

"물건들을 사무실 밖으로 가지고 나가야 할 것 같아요." 아일린이 주위로 손짓을 하며 말한다. "편지, 여권, 지도, 암호, 그런 것들을요."

"그래요, 그래." 맥네어는 아일린을 향해 손사래를 치면서 문으로 걸어간다. "꼭 그렇게 해줘요, 알겠죠?" 아일린은 걸어가 맥네어의 등 뒤로 문을 닫은 다음 이마를 잠시 문에 기댄다.

그러다가 돌아서 심호흡을 한다. 책장을 훑던 시선이 맥네어의 책인 히틀러의 《나의 투쟁》에 닿는다. 제목이 프랑스어로 되어 있긴 하지만, 스탈린주의자들이 들이닥친 상황에선 그다지 좋은 인상을 주지 못할 것이다. 그 책을 끄집어내는데 좀 더 얇은, 거의 팸플릿 같은 무언가가 툭 떨어진다. 스탈린이 쓴 '트로츠키주의자들 및 기타 표리부동한 자들을 숙청하기 위한 조치'[48]라는 제목의 글이다. 그것 역시 좋은 인상을 주지 못할 것 같다. 아일린은 책상 위에 자신들이 맞서 싸우고 있는 파시즘에 관련된 자료들을 쌓아 올린다. 지금은 오히려 자신들을 파시스트로 보이게 만드는 데 이용될 수 있는 자료들이다. 아일린은 자신이 위험한 역설의 지대에서 살고 있다는 생각이 든다. 그런 곳이 존재한다면 말이다.

아일린은 재빨리 몸을 돌려 금고 앞에 쪼그려 앉는다. 기억에 의지해 다이얼 자물쇠를 푼 다음 남자들의 여권을, 그리고 자신과 오웰의 여권을 꺼낸다. 전부 서른세 개다. 그것들은 타자기 옆에 푸른색 무더기로 쌓인다. 타자기! 타자기를 여기 두고 갈 수는 없다. 타자기가 없으면 그들은 조직으로 존재하기조차 어려울 것이다. 하지만 한쪽 팔에는 타자기 케이스, 다른 쪽 팔에는 사무실에서 가장 중요한 자료들을 끼고 이곳을 포위한 적들의 시선 속에서 건물을 아주 잘 빠져나갈 수는 없을 것 같다. 아일린은 사무실 안을 둘러본다. 책상 넷, 금고 둘, 그리고 서류 캐비닛들과 책장들이 벽을 따라 늘어서 있다. 이것들은 소거법으로 처리해야 해, 제거 작전이니까! 아일린은 자신의 농담에 몸서리가 쳐지지만, 이제 천천히, 똑바로 생각해야 한다. 정확히 무엇을 가져갈 것인지. 아일린은 옆 건물에 있는 남자들이 언제, 어떻게 공격해 올지 생각해 본다. 하지만 그럴 경우 자신에게 무슨 일이 생길지까지는 미처 생각이 닿지 않는다. 아일린의 심장이 상자 속에 갇힌 새처럼 파닥거린다.

아일린은 사무실 안을 다시 훑어본다. 케이스, 가방, 뭐든 그 비슷한 것을 찾는다. 와인 상자가 하나 있다. 지금은 깃발들이 들어 있다. 쓸모가 없진 않지만 충분치는 않다. 그때 아일린의 눈에 문 뒤쪽 구석에 있는 격자무늬가 언뜻 스친다. 쇼핑 카트! 캔버스 천으로 만들어지고 바퀴가 달린, 거의 써본 적이 없는 카트다. 완벽하다. 카트 안에는 그물로 된 장바구니도 세 개나 들어 있다. 더더욱 좋다. 아일린은 소포를 포장하는 데 쓰는 갈색 두루마리 종이를 집어 들고 여권들을 신속하게 싸서 세 개의 꾸러미로 만든다. 그런 다음 지도와 서류, 책들을 끄집어내 그것들도 싼다. 그것들을 치즈 조각처럼, 소시지 덩어리처럼 장바구니 속에 집어넣는다. 타자기를 케이스에 넣어 카트 아래쪽으로 집어넣으려 해보지만 들어가지 않는다. 케이스를 빼고 넣으니 딱 맞게 들어간다. 아일린은 타자기 위를 갈색 종이 꾸러미들로 덮는다. 그물 가방들은 무겁다. 두 번 왕복해야 할 것 같다. 하지만 돌아오기 전에 그자들이 건물을 장악하면 어쩌지?

아일린은 수화기를 들고 로이스에게 전화를 한다. 대답이 없다. 이번에는 조르조에게 전화를 한다. 그런 다음 책상 위에 걸터앉아 창밖을 본다. 아무것도 없다. 람블라스 거리는 텅 비어 있다. 지금 이 순간 너무도 많은 일이 벌어지고 있는데, 정작 보이는 건 아무것도 없다니.

사무실에 도착한 조르조는 한눈에 모든 상황을 파악한다. 책상 위, 터질 듯 부풀어 있는 그물 장바구니들 사이에 앉아 있는 한 여자. "장 본 물건들은 제가 들어드릴게요!" 조르조가 손뼉을 짝 치며 말한다. 흠잡을 데 없는 남자다. 이 남자는 땀도 안 흘리는 걸까?

그렇게 해서 그들은 햇빛 가득한 거리로 걸어 나간다. 격자무늬 쇼핑 카트를 끄는 가냘픈 여자. 그리고 린넨 정장을 입고 한쪽 팔에는 불룩한 서류 가방을, 다른 쪽 팔에는 장 본 물건들을 든 키가 큰 이탈리아인 남자. 아무도 쏘지 않는다.

호텔 방에서 조르조가 나가고 나자, 아일린은 카트에서 물건을 하나하나 꺼낸 다음 타자기를 책상 위에 올려놓는다. 두 손에 여권 뭉치를 든 채 빨간 카펫 위에 서서 천천히 주위를 둘러본다. 침대, 옷장, 책상, 라디에이터, 욕실… 아일린은 여권들을 변기 물탱크 뒤에 끼워 넣는다. 너무 뻔한 장소지만, 어쩔 수 없다.

라운지로 나간 아일린은 식사를 함께할 사람을 찾아본다. 지금 만날 수 있는 사람 중에서 신뢰할 수 있는, 혹은 가장 교활함이 덜한 사람을. 전투에서 중립지대로 선포된 호텔은 대단히 특이한 사람들로 넘쳐난다.[49] 아일린이 아는 외국 기자들, 갖가지 배경을 지닌 정치적 요주의 인물들, 정부를 위해 일하는 미국인 비행사가 눈에 띈다. 구석에는 언제나처럼 뚱뚱하고 음흉해 보이는 러시아인이 있다. 별명이 찰리 챈°인 그는 허리 밴드에 권총과 작고 정교한 폭탄을 하나씩 차고 있다….

뚱뚱하고 음흉한 러시아인이라면 알아보기 쉽다. 스파이들에게 문제가 있다면, 가장 매력적인 스파이가 가장 뛰어난 스파이라는 것이다. 매력은 그들의 무기 중 하나다. 로이스가 창가 테이블에 앉아 있다. 하느님 감사합니다.

자리에 앉는 아일린의 안경에 햇빛이 비친다. 지저분하다.

"찰스는 어디 있죠?" 원피스 주머니에서 손수건을 꺼내며 아일린이 묻는다. 안경알을 닦기 시작하려던 아일린은 두 손목을 테이블 위에 고정해야 한다.

"손이 떨리시네요." 로이스가 말한다.

"그자들이 사무실을 공격할 준비를 하고 있어요. 찰스한테 들어가지 말라고 전해야 해요."

"그리고 아일린은," 로이스가 종업원을 손짓해 부르며 말한다. "위스키가 좀 필요하겠네요. 조지는 어디 있어요?"

"몰라요. 전투를 찾아 밖으로 나간 것 같아요." 아일린이 대답한다.

"그럼 뭐, 제법 안전하겠네요." 로이스가 씩 웃는다.

"아닐 수도 있지만요." 그럼에도 아일린 역시 미소 짓는다. 아랫입술을 깨물면서. 안경을 쓰자 갑자기 모든 것이 초점이

○   미국의 작가 얼 데어 비거스Earl Derr Biggers가 창조한 중국계 미국인 탐정 캐릭터. 논리적인 추리력과 따스한 성격의 소유자다. ─옮긴이

딱 맞는 상태로 돌아온다. "정말이지 그랬으면 좋겠네요. 어디 있는지는 몰라도 오후 내내 나가 있었거든요. 계속 총소리가 들려요. 조지는 거기서 멀리 떨어진 곳에 있으면 좋겠는데."

사무실에서는 전화가 울리기 시작한다. 전화는 한참 울리다 끊어진다. 그러더니 이번에는 아일린의 호텔 방에서 전화가 한참 울리다 끊어진다.

아일린과 로이스는 마리네이드에 절인 아티초크, 정어리, 그리고 박하를 곁들인 레몬 소르베를 먹는다. 그런 다음 아일린은 방으로 올라가 침대에 들어가서 기다린다. 조지가 돌아오기를, 혹은 적어도 전화를 해서 안전하다고 알려주기를.

전화 교환국이 오늘 습격당했다. 어쩌면 전화는 이미 끊겼을지도 모른다. 아일린은 지금껏 전선에 있는 조지의 생사를 모른 채 이 침대에서 너무도 많은 밤을 혼자 보내왔다. 오늘 밤이라고 다를 것은 없다. 그럼에도 오늘 밤은 다르다. 전투가 바로 이곳에서 벌어지고 있기 때문이다.

새벽녘, 아일린은 더 많은 총소리에 깨어난다. 잠옷 바람으로 발코니로 달려간다. 총소리는 아일린의 사무실 쪽에서 들려오고 있다.

한참으로 느껴지는 찰나, 세상은 하나의 정지된 풍경으로 변한다. 돌격대의 녹색 제복을 입은 한 남자가—적이지만 적갈색 머리칼을 한 소년이기도 하다—인도 위에 누워 있다. 남자의 모자는 머리에서 1.5미터쯤 떨어진 곳에 있다. 남자의 머리는 다친 데 없이 온전하다. 그의 몸 아래에는 피 웅덩이가 번져간다. 유일하게 움직이는 것이 있다면 그 피다.

전투 한복판 1937년 5월 3일

그러자 멈췄던 시간이 다시 흐르기 시작한다. 아일린이 있는 건물에서 POUM 경비 요원들이 중앙분리대를 향해 뛰쳐나간다. 그러더니 동료 중 한 명의 몸을 (아일린은 그가 거기 쓰러져 있는 걸 미처 보지 못했다) 끌고 건물로 돌아온다.

제복을 입은 남자는 조지라고 하기엔 키가 너무 작다.

같은 날 아침, 팔콘 호텔에서 눈을 뜬 오웰은 몸에 감고 있던 극장의 막을 풀어낸다. 다행히 그는 주머니에 있던 폭탄들 때문에 날아가지는 않았다. 오웰은 이제 컨티넨탈 호텔로 돌아가는 모험을 해보기로 마음먹는다. 총소리가 들리긴 하지만 더 멀리 떨어진 곳에서 나는 소리라고 판단한 것이다. 하지만 그건 착각이다. 그가 아케이드 시장을 지나가는데 포탄이 터진다. 유리로 된 지붕이 산산조각 나고 사람들이 사방으로 흩어진다. 오웰은 개의치 않고 시장 안으로 들어가 커피 한 잔을 사고 "산양유 치즈 한 조각도 사서 폭탄들 옆에 쑤셔 넣었다".[50]

오웰이 아일린의 사무실로 다가가는데, 건물을 온통 둘러싸고 자리 잡은 적들의 모습이 보인다. 건물 안에서는 겁에 질린 POUM 특공대원들이 방어하고 있다. 양쪽 모두 총을 쏘아대고 있다. 중앙분리대에 쏟아지는 십자 포화 때문에 발이 묶인 한 미국인이 뉴스 가판대 뒤로 몸을 숨긴다. 그 남자의 머리는 사실상 "축제의 맞히기 게임에 표적으로 놓여 있는 코코넛 같다". 하지만 오웰은 다치지 않고 그곳을 빠져나간다. "나는 컨티넨탈 호텔로 올라갔다." 오웰은 이렇게 쓴다. "모두 무사하다는 걸 확인하고 세수를 한 뒤 지시를

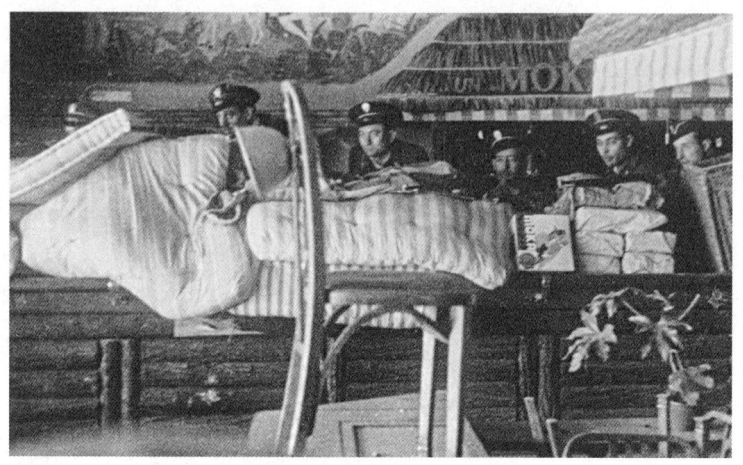

카페 모카 내부(1937년 5월). "카페 모카 안의 돌격대원들은 철제 셔터를 내리고 카페 가구들을 쌓아 바리케이드를 만들었다." 《카탈로니아 찬가》 중에서.

구하기 위해 P.O.U.M. 집행부 사무실(100미터 좀 못 되게 떨어진 곳에 있었다)로 돌아갔다. 이때쯤에는 사방에서 들려오는 소총과 기관총의 굉음이 거의 전투의 소음과 맞먹을 정도였다."[51]

다시 한번, 오웰이 '모두 무사하다는 걸 확인'했다고 말하는 부분을 주목해 보자. 이렇게 말함으로써 오웰은 독자에게 자신이 아내를 챙겼다는 걸 알리면서도, 아내의 이름이나 아내의 안부를 확인하는 일이 왜 필요했는지는 굳이 언급하지 않아도 된다. 아내가 이 순간 왜 POUM 집행부 사무실이 아니라 호텔에 있는지 설명하지 않는다. 설명할 필요가 없다. 우리도 알다시피, 그는 아내가 그 사무실에서 일한다는 사실을 한 번도 밝힌 적이 없기 때문이다.

아일린의 사무실에서는 코프가 지휘를 맡고 있다. 모두가 초조해져 있다. 무기는 거의 없다. 갑자기 "끔찍한 충돌음이 연달아" 들려온다. 오웰은 이렇게 쓴다. "코프는 창문 밖을 힐끗 보더니, 지팡이를 등 뒤로 비스듬히 걸치고는 말했다. '조사해 보지.' 그런 다음 그는 평소처럼 태평한 태도로 계단을 슬렁슬렁 내려갔다. 나도 따라갔다." 바깥에서는 POUM 대원들이 "마치 볼링이라도 하듯 보도를 따라 폭탄들을 굴리고"[52] 있다. 폭탄들은 '모카' 근처에서 터진다. "20미터 좀 못 되게 떨어진 곳에서 무시무시한, 거의 귀청이 찢어질 듯한 폭발음이 터져 나오며 소총 소리와 뒤섞였다."

오웰은 그제야 모두가 그토록 겁에 질려 있는 이유를 우리에게 들려준다. "아침 일찍, 그들은 밖으로 나가려고 시도했다. 하지만 총격전이 벌어져 [POUM] 특공대원 한 명이 심한 부상을 입었고 돌격대원 한 명이 사망했다."

코프가 두 손을 들고 건물에서 나오며 카페 쪽에서 자신을 향하고 있는 기관총을 마주한다. 그의 차는 총탄으로 벌집이 되어 있고, 앞 유리는 폭탄에 맞아 박살이 나 있다. 코프는 총을 땅에 내려놓고 걸어가 겁에 질린 특공대원들에게 말을 건다. 오웰은 이렇게 쓴다. "나라면 20파운드를 준다고 해도 하지 않을 행동이었다."

불안정하게나마 휴전이 성립되자, 코프는 오웰을 맞은편 폴리오라마 극장 건물 옥상에 배치한다. 오웰은 그곳에서 사흘을, 대체로 지루해하며 펭귄 출판사의 문고본 책들을 읽으면서 보낸다. 담배를 피우고 컨티넨탈 호텔로 건너가 점심을 먹는다.

한번은 "야간 보초 근무를 마친 뒤 지치고 배고프고 지저분해진 상태로" 들어온 오웰이 "호텔의 내 방에 앉아 있는 몇 명의 국제여단 [공산주의자] 남자들"을 발견한다. 그는 이렇게 쓴다. "그들의 태도는 완전히 중립적이었다. 만약 열성 당원이었더라면 아마 진영을 바꾸게 하려고 나를 설득하거나, 심지어는 내 몸을 묶고 주머니에 가득 든 폭탄들을 빼앗기까지 했을 것이다. 하지만 그들은 그저 옥상에서 보초를 서며 휴가를 보내야 하는 내 처지를 안타깝게 여길 뿐이었다."

종종 텍스트 속의 상황은 생략 때문에 기이하게 변한다. 텍스트는 아일린을 감추려고 안간힘을 쓴다. 호텔의 '내 방'에 들어간 오웰이 왜 두 명의 공산주의자가 거기 앉아 있는 걸 발견했겠는가? 그들이 침입한 걸까? 아니면 길을 잃고 우연히 그 빈방에 앉아 있게 된 걸까? 이유가 될 수 있는 건 하나뿐이다. 아일린이 거기서 그들과 대화를 나누고 있어서다. 아일린은 그들과 함께 싸우고 싶어 하는 오웰의 의지에 관해 논하고 있을 수도 있다. 혹은, 그들이 아일린에게서 POUM에 관한 정보를 캐내려 애쓰고 있을 수도 있다. 누가 알겠는가? 아일린이 거기 있다는 이야기를 오웰이 절대 하지 않으려 드는데.

다음날인 5월 5일, 코프는 오웰에게 "엄숙한 얼굴로" POUM이 곧 불법 단체로 규정될 거라고 말한다. 그들은 짐승처럼 사냥당할 거라고. 남자들은 아일린의 사무실 건물 안으로 들어가 바리케이드를 치고 옆 건물로부터 공격당할 것에 대비한다. 오웰은 그 전투에서 "내가 아마도 죽게 될 것 같다"고 느낀다. 그는 이렇게 말한다. "내 아내는 호텔에서 내려와 있었는데, 간호할 사람이 필요한 경우에 대비해서였다." 오웰은 전투가 시작되기 전 소파에 누워 30분쯤 휴식을 취한다. "벨트에 끈으로 묶여 허리의 움푹한 부분에 끼어 있는 권총 때문에 참을 수 없을 정도로 불편했던 기억이 난다. 그 다음으로 기억나는 건, 깜짝 놀라 깨어 보니 아내가 내 옆에 서 있었다는 거다. 햇빛이 가득했고, 아무 일도 일어나지 않았으며, 정부도 P.O.U.M.에 전쟁을 선포하지 않았다… 이따금 거리에서 들려오는 총소리를 빼면 모든 게 평소와 똑같았다. 아내는 차마 나를 깨울 수가 없어서 거실 중 하나에 있는 안락의자에서 잠을 잤다고 했다."

그렇게 해서 '내 아내'는 간호하기 위해 호텔에서 내려온 사람이 된다. 그들 두 사람이 아일린의 직장에, 아일린의 사무실에 있다고 말하는 건 여전히 불가능한 일이다. 아일린이 책상에서 무언가를 가져가거나, 금고를 지키거나, 사람들에게 여분의 양동이가 있는 청소용 붙박이장이 어디 있는지 알려주거나, 뒤쪽 계단으로 통하는 열쇠를 찾으러 왔을 수도 있을 텐데도 말이다.

다음날이 되자 모든 것은 끝난다. 수천 명의 돌격대원이 거리를 가득 메우고, 스탈린을 대신해, 그리고 프랑코의 이익을 위해 혁명을 끝내려 한다. "공포, 의심, 증오, 검열된 신문, 사람들로 꽉 찬 감옥, 어마어마하게 긴 식량 배급 줄, 그리고 무장한 채 거리를 헤매 다니는 남자들의 무리가 만들어내는 끔찍한 분위기"[53]가 있었다. 그리고 역사의 윤색이 시작된다. 이것은 POUM이 일으킨 폭동이라는, POUM은 혁명을 좌초시키기 위해 파시스트들과 함께 일하고 있다는 내용으로. 그러니 이제 그들은 제거 대상이 된다.

컨티넨탈 호텔은 공포의 공간이 된다. 경찰은 스페인인이든 외국인이든, 남자든 여자든, 전투원이든 민간인이든, 회사원이든 누군가의 아내든 가리지 않고 추적하고 있다. 비非스탈린주의 좌파 세력과 관계된 자는 누구든 "불법"이며 사라져야 할 존재다. 오웰의 한 영국인 친구는 부상을 입은 몸으로 거리에서 붙잡혀 "사람들로 꽉 차서 누울 공간조차 없는" 감방에서 8일을 보낸다. 아내들이 체포되는데, 이는 그들의 남편들을 공개된 장소로 끌어내기 위해서다. "지금까지 친구였던 누군가가 자신을 비밀경찰에 고발할지도 모른다는 불쾌한 감정이 내내 떠돌고 있었다." 오웰은 그렇게 쓴다. 그는 신경이 완전히 곤두서 있다. "나는 매번 문이 쾅 하고 열릴 때마다 권총을 집어드는 지경에 이르러 있었다."

그래서 그는 도망친다. 파견단이었던 사람들과 함께 전선으로 돌아간다. 이제는 범죄 단체의 이름이 된 POUM을 버리고 인민군 제29사단이 되어.

공포, 의심, 증오, 그리고 무장한 채 거리를 헤매는 남자들 한복판에 아일린을 남겨둔 채로.

~~~

전투가 끝났다.

새벽녘, 아일린은 타자기를 케이스 없이 가슴에 안고 다시 거리를 걸어간다. 보도에는 담배꽁초들과 빈 탄피들이 흩어져 있고, 그 흔적은 계단 위 아일린의 사무실까지 이어져 있다. 책상은 여전히 창가에 있다. 책상 위에는 부츠 자국들이 나 있다. 먼지투성이 거인들이 여기서 춤을 추고 있었던 모양이다. 아일린은 타자기를 내려놓는다.

타자기를 사무실에 두는 게 더 안전할지, 아니면 호텔 방에 두는 게 나을지 아일린은 알 수가 없다. 하지만 그건 POUM의 재산이니, 방에 두지 않는 쪽이 아일린으로서는 더 안전할 수도 있다.

책상 서랍에는 여전히 종이가 들어 있다. 아일린은 의자의

전투 한복판 1937년 5월 3일

앉는 부분을 팔로 쓸어내고 자리에 앉는다. 종이 한 장을 타자기에 끼운다. 아마도 보내게 되지는 않을 편지다. 하고 싶은 말을 담을 수 없는 편지. 그럼에도 아일린은 숨을 들이마시고, 쓰기 시작한다.

노라에게

충격이 계속되는 한 전쟁은 재미있어. 상점 진열창 속의 비행기보다 훨씬 놀라움이 덜하기도 하고. 하지만 평소에는 상당히 제정신이고 지적이었던 사람들에게 전쟁이 끔찍한 영향을 끼치는 건 사실이야. 어떤 사람들은 일종의 고결함을 유지하기 위해 필사적으로 애를 쓰고, 또 어떤 사람들은 전혀 애쓰지 않지만, 거의 어떤 사람이든 분별력을 유지하기가 힘든 상태야. 정직함은 말할 것도 없고.

이제 해는 높이 솟아 있고 햇빛은 람블라스 거리에 서 있는 플라타너스들의 녹색 잎 사이로 새어 나오며 세공한 것 같은 섬세한 무늬를 땅 위에 그려내고 있다. 가판대를 운영하는 남자가 금속 막대기로 강철 덧문을 밀어 올리고는 거짓말로 가득한 신문들을 판매할 준비를 한다. 손님이 될 사람들은 어제 아일린을 쏠 수도 있었던 남자들이다.

아일린은 자신이 쓴 글을 읽어본다. 히스테리처럼 들린다. 지금 느끼고 있는 감정이 히스테리인 걸까? 노라는 행간을 꿰뚫어 볼 것이다. 일종의 고결함을 유지하기 위해 필사적으로 노력하고 있는 건 아일린이라는 사실을 알아차릴 것이다. 그러고는 왜 그런지 궁금해 할 것이다. 아일린은 주위를 맴도는 두 명의 데이비드, 데이비드 윅스와 데이비드 크룩 때문에 난처한 상태다. 그들은 아일린이 무슨 말을 하든 그 말이 끝나기도 전에 고개를 끄덕인다.

그리고 다음엔 물론 조지와 조르주 코프가 있다. 저 지저분한 창문 바로 바깥, 아일린의 사무실과 이 호텔 사이에서 두 남자는 서로의 목숨을 구해주기를 계속했다. 끔찍한 방식으로. 그때 조지는 코프가 아일린에게 빠져 있다는 걸 알아차리지 못했지만 말이다. 가끔씩 아일린은 생각한다. 그 누구도 이만큼의 죄책감은 느껴보지 못했을 거라고.

아일린도 알다시피 스파이들과 여러 나라 정부 관계자들이 열어보게 될 편지에 이런 이야기를 담을 수는 없다. 아일린은 종이를 타자기에서 꺼내 접은 다음 원피스 주머니에 집어넣는다. 이곳은 조용하다. 허리케인이 지나간 뒤 초토화된 공간처럼.

같은 날 새벽 오웰은 전선에 있다. 난간 위로 "머리와 어깨를 내놓은 채" 창백한 세상에 검은 실루엣으로 서 있다. 보초 교대 시간이다. 담배에 불을 붙인 오웰은 파리의 사창가에서 겪은 모험담들로 젊은 병사들을 즐겁게 해주고 있다.[54] 자신의 호텔 방에 '꼬마 창녀'를 데려다 놓는 데 얼마나 돈이 적게 들었는지 하는 이야기였을지도 모른다. 그때 총알이 그의 목을 똑바로 관통한다.

오웰이 쓰러지는 순간, 곁에는 해리 밀튼Harry Milton이라는 남자가 있다. "오웰이 입술을 깨물고 있어서 이미 죽은 줄 알았어요. 총알이 너무 빨라서 상처 입구가 그을려 있더라고요. 전 그 사람 머리를 두 팔로 안았어요. 한 손을 목 아래로 집어넣어 보니, 거기 피 웅덩이가 생겨나 있었어요."[55]

오웰에게 "그건 폭발 한가운데 있는 듯한 느낌이었다… 엄청난 충격이 느껴졌다. 아픔은 아니고, 다만 격렬한 충격이었다. 마치 전기 단자를 만졌을 때 느껴지는 것 같은 충격. 그리고 철저히 무력해진 느낌도 들었다. 얻어맞고 쪼그라들어 아무것도 아닌 것이 되어 버린 느낌이…"

"셔츠를 찢어!" 해리가 고함을 지른다. 오웰은 자신의 칼을 꺼내 돕고 싶지만, 몸이 움직여지지 않는다는 걸 깨닫는다. "내 아내는 이제 기뻐할 것이다." 오웰은 생각한다. "아내는 항상 내가 부상을 입기를 바라 왔으니까. 그러면 나는 큰 전투가 벌어진다 해도 거기 투입되어 전사하지 않아도 될 테니까." 오웰은 자신이 총을 맞은 부위가 어디인지 간신히 묻는다. "목입니다." 해리는 말한다.

총알이 목을 똑바로 관통했다는 걸 깨닫자마자 당연하게도 이제 끝이라는 생각이 들었다. 사람이든 짐승이든 총알이 목 한가운데를 관통했는데 살아났다는 이야기는 들어본 적이 없었다. 내 입꼬리에서 피가 뚝뚝 떨어지고 있었다. '동맥이 끊어졌구나.' 나는 생각했다. 경동맥이 잘리면 몇 분이나 버틸 수 있을까? 아마 오래는 못 갈 것이다. 모든 게 몹시 흐릿했다. 내가 죽었다고 생각하면서 한 2분쯤 지났을 것이다. 그것 역시 흥미로웠다. 내 말은, 그런 순간에 무슨 생각이 떠오를지 알게 되는 게 흥미롭다는 거다.[56]

오웰의 생각은 아일린에게로 향한다. "아일린한테 사랑한다고 전해줘요."[57] 들것을 들고 날랐던 사람 중 한 명은 오웰이 그렇게 말했다고 기억한다.

아일린이 나중에 타자로 친 글에서, 오웰은 그 마음을 좀 더 미적거리며 표현한다. "첫 번째로 떠오른 생각은, 너무나 상투적이지만 내 아내에 대한 생각이었다." 오웰은 마치 진부하게 들릴까 봐 사랑 표현을 수줍어하는 사람처럼 그렇게 쓴다. 하지만 당시에 그 감정은 진실했고 또한 절박했다. "두 번째로 떠오른 생각은 격렬한 억울함이었다. 이러니저러니 해도 내게 너무도 잘 맞는 이 세상을 떠나야 한다는 억울함."

잠시 후, 오웰은 끔찍한 고통 속에서 안도감을 느낀다.

죽어가는 순간에 감각이 더 예민해지지는 않는다는 걸 깨달은 것이다. 기분이 조금 더 평소처럼 돌아왔고, 들것을 어깨에 짊어지고 땀을 흘리며 미끄러지듯 나아가고 있는 네 명의 불쌍한 사람들에 대해 연민이 느껴지기 시작했다. 구급차까지 가려면 울퉁불퉁하고 미끄러운 오솔길을 따라 2.4킬로미터나 힘겹게 걸어가야 했다. 바로 하루인가 이틀 전에 부상 당한 병사를 운반하는 일을 도왔던 나는 그게 얼마나 고된 일인지 알고 있었다.[58] 우리 참호들을 둘러싸고 곳곳에 늘어서 있던 은백양나무 잎들이 내 얼굴을 스치자, 은백양나무가 자라는 세상에 살아 있다는 건 얼마나 좋은 일인가 하는 생각이 들었다….

오웰은 자신의 외부에 있다. 그는 들것을 운반하는 사람들의 고통을 떠올리고, 은백양나무 잎들의 손길을 느끼며 자신이 떠나게 될지도 모르는 세상과 아내에 대한 사랑이 밀려드는 경험을 한다.

트럭 뒤에 실려 병원에서 병원으로 옮겨지는 여정을 오웰은 엎치락뒤치락하는 희극 풍으로 자세히 기록한다. 피투성이 헝겊 인형처럼 튀어 올랐다가 들것 밖으로 굴러떨어지는 부상 당한 남자들의 모습까지도. 오웰은 야전병원(나무로 지은 오두막집이다)으로 옮겨져 모르핀을 맞고, 그런 다음 시에타모의 한 병원으로, 그다음 날에는 바르바스트로의 또 다른 병원으로, 또 그다음 날에는 레이다의 더 큰 병원으로 옮겨져 닷새인가 엿새를 보낸다. 그다음에는 "시체 같은 형상"을 한 다른 사람들과 함께 덜컹거리는 열차의 삼등칸에 실려 타라고나의 병원으로 이송되고, 그곳에서 그의 말에 따르면 또 다시 사흘인가 나흘을 보낸다. 기운이 회복되자 불평할 힘도 돌아온다. 주된 대상이 되는 건 최악으로 미숙한 간호사들의 실력이다.

마침내 그는 모린 요양소로 옮겨진다. 바르셀로나 교외의 언덕 위에 자리 잡은, "어떤 돈 많은 부르주아"의 대저택을 개조한 그곳은 이제 POUM 대원들을 위한 병원으로 쓰이고 있다. 그곳에서 충분히 회복된 오웰은 노면전차를 타고 시내로 나가 점심을 먹을 수 있게 된다. "내 아내가 여전히 컨티넨탈 호텔에 묵고 있었고, 낮 시간이면 나는 보통 바르셀로나 시내로 나갔다."

마치 총에 맞은 오웰이 뼈가 담긴 자루처럼 이리저리 옮겨지며 부주의한 의사들과 형편없는 간호와 불안한 기차들을 견뎌내는 동안 아일린은 내내 "여전히 컨티넨탈 호텔에 묵고 있었다"는 말처럼 들릴 것이다.

하지만 실제로는 그렇지 않았다. 아일린은 소식을 듣자마자 코프와 함께 차를 타고 전선으로 향했다. 오웰이 부상 당한 지 48시간 이내에 도착했고, 그가 레리다와 타라고나에 머무르는 동안 "매 순간" 그의 곁에 있었다.[59] 아일린은 오웰을 간호했고, 그와 함께 이동했고, 의사들을 상대했고, 그를 모린 요양소로 옮길 차편을 마련했다. 코프에게 오웰의 목에 난 상처를 그림으로 그려달라고 해서 로런스에게 보내 의견을 구하기도 했다. 사실 아일린이 코프에게 그려달라고 한 그림은 두 장이었다. 아일린은 그것들을 각각 다른 우편으로 보냈는데, 스파이들이 가로챌 가능성이 크다는 걸 알고 있었기 때문이었다. (그리고 아일린이 옳았다. 그 그림 중 한 장은 모스크바 KGB의 오웰 관련 파일에서 발견되었다. 한 전기 작가는 이렇게 말한다. "아마도 모스크바에서 ILP 사무실 주변에 심어둔 스파이였던 크룩이 슬쩍했을 가능성이 크다."[60]) 다른 한 장은 로런스에게 도착했고, 로런스는 오웰이 고향에 돌아오면 받을 치료 계획을 세우는 일에 착수했다.

그리고 아일린은 부모님에게 전보를 보냈다. 전형적인, 담담한 말투로 쓰인 전보였다.

에릭 살짝 부상. 빠르게 회복 중.
사랑을 전해요. 걱정 마시길. 아일린.

오웰은 자신이 받은 병원 치료에 대해 우리에게 이야기하는 데 2,500단어 이상을 쓰면서도 아일린이 곁에 있었다는 사실은 한 번도 언급하지 않는다. 나중에 그 글을 타자로 치면서 아일린은 어떤 기분이었을까.

220 전투 한복판 1937년 5월 3일

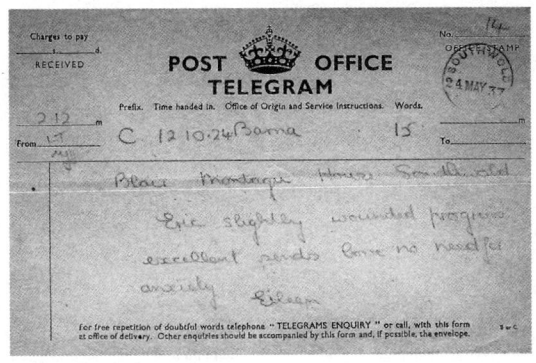

조지가 모린 요양소에서 무사히 치료를 받게 되자, 아일린은 컨티넨탈 호텔의 자기 방으로 돌아간다. 호텔은 아일린이 생각하기에는 정신병원 같은 곳이다. 누가 광인이고 누가 지켜보는 자인지는 전적으로 불분명하지만 말이다. 조지가 말했듯 마치 어떤 거대하고 사악한 의지가 도시 위에 몸을 드리우고 있는 것만 같다. 아일린은 침대에 누운 채 천장에 달린, 도르르 말린 석고 덩굴 장식을 쳐다본다. 쉴 수가 없다. 생각을 할 수도 없다. 옆방에서는 조르조의 타자기가 탁, 탁, 탁 소리를 내고 있다. 아일린은 방을 나와 사무실로 간다.

사무실을 계속 사용할 것인지에 대해서는 찰스와 존과 논의해 왔다. 결국 그들이 내린 결론은, 경찰이 체포할 생각만 있다면 어디서든 그들을 찾아낼 테니 숨을 필요가 없다는 것이었다. 아일린은 여전히 전선에 있는 대원들의 업무를 관리하고 있다. 찰스는 거의 매일 사무실에 나오고, 윅스와 크룩도 오곤 한다. 하지만 오늘 이곳엔 아무도 없다.

책상 상판에는 녹색 모직 천이 끼워져 있다. 아일린이 전에는 거의 알아보지 못했던 것이다. 누군가가 이곳을 정돈한 게 틀림없다. 그때 타자기 옆에 놓인, 아일린 앞으로 온 편지 한 통이 눈에 들어온다. 데이비드 웍스가 쓴 편지다.[61] 거기에는 강한 쪽과—다시 말해 공산주의자들과—함께해야겠다는, 아일린도 그래야 한다는 웍스의 말이 적혀 있다. 그는 사무실에 다시 오는 일은 없을 거라고, 그러니 "우리가 서로 만날 일은 더는 없을 거"라고 말한다. 마치 두 사람이 계속 만나 오고 있기라도 했던 것처럼. 편지 말미에서 그는 아일린에게 용서를 구한다. 아일린이 무언가를 확실히 깨닫게 되는 건 그때다. 성냥이 켜진다.

크룩이 문간에 서 있다. "그건 뭐죠?" 그는 엄지와 검지손가락 사이에 담배를 끼운 채 손을 살짝 오므리고 연기를 내뿜는다. 말도 안 되게 잘생긴 남자다. 검은 머리칼은 제멋대로 곱슬거리고, 두 눈은 수정처럼 푸르며, 부드러운 피부 아래로는 목울대가 도드라져 있다. 정신이 산만해진다.

"데이비드한테서 온 편지예요. 돌아오지 않겠다네요."

"아듀, 몬 아무르°?"

"그럴 리가요."

아일린은 웍스가 이 사무실의 업무와 자신에 대해 알고 있는 모든 것을 떠올린다. 지금 그 정보를 누구에게 흘리고 있을

○ 프랑스어로 '잘 지내요, 내 사랑'이라는 뜻이다. —옮긴이

지도. 그리고 그가 자신을 사랑한다고 암시하고 있는 게 얼마나 터무니없는 일인지도. 마치 그 사랑이 아일린이 그를 용서해 주어야 하는 이유라도 되는 것 같다. 아일린은 속이 뒤틀린다.

"내가 보기에 그 사람은 항상 약간… 종잡을 수 없는 사람 같더라고." 크룩이 말한다. "괜찮아요?"

"네. 완전히 괜찮아요."

"그럼 점심 먹으러 갈까요?"

그들은 호텔 식당으로 가는 길에 라운지를 통과한다. 수류탄이 매달린 벨트를 한 뚱뚱한 러시아인이 민병대원 한 명을 구석에 몰아넣고 있다.

"저것 좀 봐요." 크룩이 말한다. "틀림없이 OGPU° 요원일 거예요."

"제 생각에," 아일린이 천천히 입을 연다. "거짓말이 직업인 사람을 본 건 처음인 것 같아요." 아일린은 미소 짓는다. "물론 기자들은 빼고요."

크룩은 거의 곧바로, 그래도 100만 분의 1초쯤은 가만히 있다가 웃음을 터뜨린다.

점심을 먹은 뒤 아일린은 방으로 돌아간다. 방문에 열쇠를 꽂는데, 조르조가 불쑥 자기 방문을 열고 나온다.

"아, 잘됐네요." 조르조가 말한다. "만났으면 하고 있었어요." 그는 자신에게 중요한 지도들이, 자칫하면 죄를 뒤집어쓰

○   소련의 비밀경찰을 뜻한다. －옮긴이

게 되는 원인이 될 수도 있는 지도들이 있다고 말한다.[62] 그것들이 자기 방에서 발견될까 걱정이 된다고.

"발견된다고요?" 아일린이 묻는다.

"음, 노출된 기분이 들어서요." 조르조는 말한다. "그것들을 아일린 방 발코니에 좀 보관해도 될까요? 그자들이 와서 내 방을 수색할 경우에 대비해서?"

아일린은 잠깐 침묵이 흐르게 둔다.

"그리고 만약에 그자들이 아일린 방으로 먼저 오면, 그냥 내 방 발코니에서 손을 뻗어서 그것들을 도로 가져올게요."

그냥? 아일린은 생각한다. 찰스의 말에 따르면 스파이 기술에서는 이런 걸 '단서'라고 한다지. 무의식적으로 거짓말임을 드러내는 말. 조르조의 두 눈은 투명한 웅덩이 같고, 그의 숨결에선 박하 향이 풍긴다.

"그러세요." 아일린은 말한다. 어떤 일이든 일어날 수 있는데도. 조르조의 정체 또한 뭐든 될 수 있는데도.

조르조는 자기 방으로 들어가 지도들을 가지고 나온다. 판지로 만든 원통에 담겨 있다.

"고마워요, *카라*°." 그가 말한다.

아일린은 그 통을 발코니에 둔다.

조르조가 가고 난 뒤, 아일린은 책상 위에 놓인 타자로 친 원고 더미로 향해 간다. 그것은 조지의 모든 노트, 그가 전선에서 보내온 종잇조각과 화장실 휴지에 적힌 글을 합쳐놓은 것이다.

○   이탈리아어로 '소중한 사람'이라는 뜻이다. ─옮긴이

아일린이 인쇄용지에 타자를 쳐 쭉 이어진 하나의 문서로 만든 그 글은 이제 빨간색 끈으로 묶여 있다. 이것이 그들 자신을 제외하면 여기서 가지고 나가야 하는 가장 중요한 것이다. 아일린은 안다. 이 방은 안전하지 않다.

다음날, 퇴원한 조지가 노면전차를 타고 돌아온다. 목에는 붕대가 감겨 있고, 오른팔은 팔걸이 붕대에 고정되어 있다. 아일린은 그가 돌아와서 기쁘다. 너무도 기쁘다.

거미줄처럼 펼쳐진 바르셀로나 거리는 불규칙한 사선들이 얽혀 미로를 이루고 있다. 아일린은 조지를 데리고 호텔에서 멀리 떨어진 좁은 골목들을 내려간다. 그들은 어느 건물에 새로 붙은 포스터 앞을 지나친다. POUM 대원이 가면을 벗자 그 밑에서 나치 문양이 새겨진 사악한 얼굴이 드러나는 그림이다. "이런 중상모략이!" 오웰이 말하며 다치지 않은 쪽 손으로 포스터를 잡아 뜯으려 한다. 포스터는 일부만 뜯겨져 나온다. "펜 있어요?"

아일린은 뚜껑을 벗긴 펜을 건네준다. 오웰은 남아 있는 포스터 위에 카탈로니아어로 'iPOUM 만세!'라고 휘갈겨 쓴다.

그곳을 통과해 걸어가면서 오웰은 절레절레 고개를 젓는다. "우릴 파시스트라고 부르다니! 공산주의자들이, 자기들이 우릴 공격한 이유를 지어내고 있네요!"

"그러게요." 아일린이 말한다. 그러고는 식당의 움푹 들어간 어두운색 문 앞에서 멈춰 선다. "하지만 공격이 끝났다면 왜 굳이 저렇게까지 하는 거죠?"

문이 열리자 안에는 좁다란 바가 보이고, 그 뒤로는 동굴 같

"가면을 벗어라!"
1937년 바르셀로나의 공산당 선전 포스터

은 식당 공간이 이어진다. 지나가는 그들의 모습이 바의 거울에 비친다. 날개가 부러진 키 큰 남자, 그리고 민들레 솜털처럼 부풀어 오른 머리를 한 여자. 그들은 하몽 덩어리들 아래를 걸어간다. 그것들은 발굽을 아래로 하고 매달린 채 작은 종이 원뿔 속으로 기름을 떨구고 있다. 아직 정오밖에 되지 않았고 손님은 거의 없다. 그들은 가게 안쪽의 레드 와인이 담긴 나무통들 사이에서 테이블 하나를 찾아 앉는다.

아일린은 오웰에게 또 다른 문제가 닥쳐오고 있다고 알린다. "윅스가 이탈해서 공산주의자들한테로 가버렸어요. 아마도 그 사람 연락책들한테로."

오웰은 얼어붙은 듯 듣고 있다.

"조르조는 수색이 너무 두려웠는지 나한테 문서들을 맡겼고요. 안전하게 보관해 달래요. 말이 안 되죠. 존은 고양이처럼 잔뜩 날이 서 있어요." 아일린은 거리의 전투는 그저 서곡에 불과했다고 말해준다. 우선 선전을 통해 상대방을 적으로 만든 다음 제거해 버리는 거다.

"하지만 난 아직 여기 있잖아요." 오웰이 말한다.

아일린은 그를 가만히 바라본다. 정확히 3초 동안.

"이건 제거 작전이에요." 아일린이 아주 차분한 어조로 말한다. "러시아식 제거 작전이라고요. 우리, 조심해야 해요."

"난 이제 여기서 별로 쓸모가 없어요." 오웰이 다치지 않은 쪽 어깨를 으쓱하며 말한다. 그는 얼기설기 기워놓은 허수아비 같다. 두 눈은 아주 파랗고, 아일린이 보기에는 그 모든 것에도 불구하고 믿을 수 없을 만큼 천진해 보인다. "집으로 가요."

오웰은 일찍 나선다. 제대증을 받으러 전선으로 돌아간다.

아일린은 정돈되지 않은 침대 가장자리에 앉아 빨간 러그 위에 맨발을 올려놓는다. 햇볕에 탄 두 발에는 샌들 때문에 하얀 줄무늬가 남아 있다. 오소리 발 같다. 침대맡 협탁에 놓인 재떨이는 가득 차 있다. 아일린은 다시 담배 한 대에 불을 붙인다. 기억나는 어느 순간보다도 혼자인 기분이다. 하지만 일어서서 그 기분을 떨쳐버린다. 지난주에 오웰이 맞은편 건물 옥상에서 쓴 글이 담긴 노트를 집어 들고는 자리에 앉아 타자를 치기 시작한다.

～

오웰은 영국 여권을 가지고 스페인을 떠날 수도 있었다. 부르주아 여행자처럼 옷을 입고 한 번도 전투에 나간 적이 없는 척하면 그럴 수 있었다. 하지만 그는 탈영자로 남고 싶지 않았기에 제대증을 받고 싶어 한다. 그러기 위해서는 전선의 의료 위원회로 돌아갔다가, 그가 치료받았던 각각의 병원을 모두 방문한 뒤, 마지막으로 POUM 민병대 본부에서 모든 서류에 도장을 받아야 한다. 그는 1937년 6월 15일에 바르셀로나를 떠난다.

그러고는 닷새간 편하지 않은 곳에서 잠을 잔다. 때로는 병원에서, 또 때로는 하숙집이나 도랑에서 밤을 보낸다. 그는 결국 "제29사단 직인이 찍힌 제대증과, 내가 '쓸모없는 사람임을 공표'[63]하는 의사의 증명서를" 받는다.

오웰은 다시 한번 결정적인 사건을 비껴간다. 그가 떠나던 날, 스탈린은 바르셀로나에 있던 자신의 심복 오를로프에게 POUM을 숙청하라는 명령을 내린다. 오를로프는 스페인 경찰에게 명령을 수행할 것을 지시한다.[64] 공포가 시작된다.

이번에는 아일린의 사무실 건물이 습격을 당한다. 방어는 불가능하다. POUM 집행부 전체와 지도자인 안드레우 닌이 체포된다. 그들은 경찰서와 감옥의 독방에 갇히고, 교외의 급히 개조된 주택들에 감금된다. 많은 이들이 고문을 당하고, 몇몇은 목숨을 잃는다. 외국인, 전투원, 여자, 민간인 할 것 없이 모두가 쫓기고 있다.

~

아일린이 호텔 방에서 낡은 타자기를 두드리고 있는데 문에서 노크 소리가 난다. 아일린이 뭐라 말하기도 전에 맥네어가 달려 들어온다.

전투 한복판 1937년 5월 3일

"다행히 여기 있군요. 그자들이 사무실을 습격했어요." 맥네어의 이마에는 땀이 송골송골 맺혀 있다. 그는 오직 멜빵과 셔츠 소매를 붙들고 있는 가터들에 의지해 간신히 몸을 지탱하고 있는 것처럼 보인다.

"전부 다 감옥으로 끌려갔어요. 아니면 다른 어딘가로요. 넌 도 잡혀갔고요."

그 말들이 의미를 만들어내지만, 아일린은 아직 받아들일 수가 없다.

맥네어는 한 손으로 다른 손목을 쥐고 비틀면서 방안을 이리저리 걸어 다닌다. "대원들을 전부 스페인 바깥으로 빼내야 해요. 한 명도 빠짐없이 전부 다. 민간인 옷을 입혀서요. 여권들, 아일린이 가지고 있죠?"

"네." 이제 아일린의 머리는 빠르게 돌아가고 있다. "그리고 옷도 구할 수 있을 것 같습니다."

"좋아요. 걔들이 전선에서 돌아오면 여권에 출국 비자가 준비되어 있어야 할 거예요. 경찰청에서 받아야 해요. 그런 다음 우린 모두를 영사관에 머무르게 해야 해요."

"네, 알겠습니다." 아일린은 말한다. '우리'라는 건 결국 '나' 겠지, 생각하면서. 경찰청은 그들을 체포하려는 사람들이 있는 곳이라는 사실 또한 아일린은 알고 있다.

맥네어는 문으로 향한다. "난 다른 사람들을 찾아볼게요. 아직 잡히지 않은 사람들 말이에요. 오늘 오후 3시에 여기서 다시 만나요."

아일린이 고개를 끄덕이는데, 맥네어는 이미 가고 없다.

아일린은 타자를 끝낸 페이지를 타자기에서 빼낸다. 이제 높이가 2.5센티미터도 넘는 조지의 원고 더미에 그 페이지를 더하고, 다시 끈으로 묶는다. 그런 다음 욕실로 가 변기 물탱크 뒤에서 여권들을 꺼낸다. 책상 서랍에서 당의 수표책을 꺼내 원고 더미 위에 얹는다. 오늘은 일요일이고, 경찰청은 닫혀 있다. 다시 한번, 이 방 어디도 안전해 보이지 않는다. 아일린은 매트리스를 들어 올리고 엉망이 된 스프링들을 바라본다. 접힌 신문을 집어 그 위로 밀어 넣고 서류들을 전부 거기 집어넣은 다음 매트리스를 다시 내려놓는다.

아일린은 로이스와 함께 점심을 먹는다. 하지만 두 사람 다 식욕은 별로 없다. 바깥세상이 무너지는 동안에도 주방은 돌아간다는 사실이 아일린에게는 놀랍게 다가올 뿐이다.

조르조가 커피를 마시러 그들에게 합류한다. 크림색 정장에 연한 푸른색 셔츠를 입었고, 넥타이는 하지 않았다. 그는 테이블에서 의자를 꽤 멀리 빼내더니, 한쪽 무릎 위에 반대쪽 발목을 얹고 일부러 침착해 보이는 자세로 앉는다. 그러고는 조용조용 말을 하면서 이따금씩 관객을 위해서인 듯 미소를 짓는다.

"만약에 내일 체포된다면, 감옥에 뭘 가져다주면 좋겠어요?"

그는 두 사람 모두에게 묻고 있다. 농담인지도 모른다.[65]

로이스가 웃으며 말한다. "지금까지 들어본 질문 중에 제일 웃기네요."

아일린은 조르조를 지켜보고 있다. "제 칫솔이요." 아일린이 말한다.

조르조가 로이스에게 몸을 돌린다. "로이스는요?"

"너무 바보 같아. 아무 생각도 안 나요."

"아니, 정말로요." 조르조가 말한다. "말해봐요."

"이거 무슨 사고실험 같은 건가요?" 아일린이 묻는다.

"씨○." 조르조가 대답한다. "정확히 그래요. 사고실험."

"그럼 복숭아요." 로이스가 말한다. "복숭아를 받고 싶어요."

○ 이탈리아어로 '네'라는 뜻이다. －옮긴이

다섯 낮, 다섯 밤

어떤 일인가가, 꼭 이렇게는 아니라 해도 본질적으로는 이와 비슷한 어떤 일인가가 일어났을 것이다.

～

3시 정각, 아일린과 찰스, 그리고 맥네어는 아일린의 방에 있다. 아일린은 남자들이 입을 속옷을 사오라고 코트먼을 보낸 참이다. 맥네어가 데이비드 크룩에게 와달라고 부탁해서 세 사람은 크룩을 기다리고 있다.

맥네어는 가만히 앉아 있지 못한다. 겨드랑이 아래가 반달 모양으로 축축하게 젖어 있다. 찰스는 발코니 너머가 내다보이도록 책상 의자를 창가로 옮겨 앉아 있다. 양쪽 팔꿈치를 허벅지에 괸 채 몸을 앞으로 숙이고, 한쪽 발뒤꿈치로는 조용히 바닥을 두드리고 있다. 햇빛이 찰스의 머리를 비춰서 아일린은 그의 머리숱이 줄고 있다는 걸 처음으로 깨닫는다. 찰스는 아주 차분해 보이지만 닌이 끌려간, 경찰서 앞에서 열린 집회에서 방금 돌아온 참이다. 6월의 긴 오후, 하늘은 아무것도 모른다는 듯 창백한 빛을 띠고 있다.

음악이 흘러나온다.

"이럴 수가," 맥네어가 말한다. "오르간 연주자가 아직 여기 있네."

아일린이 미소 짓는다. "같이 있는 원숭이는 전쟁이 났다는 것도 모를걸요." 아일린은 찰스를 돌아본다. "로이스는 어디 있죠?"

작고 둥근 안경을 벗은 터라 찰스의 녹회색 눈은 갑자기 더 작고 무방비해 보인다.

"목욕하고 있어요."

"그것도 재능이네요." 아일린은 열아홉 살 때가 기억난다. 세상의 어리석음이 자신과는 무관하다고 믿었던 그때의 무적 같은 기분이.

문에서 노크 소리가 나더니 크룩이 들어온다. "죄송합니다." 그가 말한다. "좀 지체됐네요." 그는 아무 일도 없다는 듯 미소 짓는다. 그의 입술은 너무도 도톰하고, 치아는 너무도 반듯하다. 그는 안락의자에 자리를 잡고 손가락 마디를 조심스레 꺾으며 딱딱 소리를 내기 시작한다.

"좋아요." 맥네어가 이야기를 시작한다. "간단히 말하죠. 들으셨을지 모르지만 우리한테 체포 영장이 나왔어요."[66]

"우리 전부 다요?" 크룩이 묻는다. 그는 한 손을 숱 많은 곱슬머리 속으로 넣어 쓸어 넘긴다.

"저랑 아일린이랑 조지한테요. 그자들이 영장 없이도 사람들을 잔뜩 잡아들이고 있긴 하지만요."

"그럼 왜 굳이 영장을 발부하는 건지 모르겠네요." 크룩이 말한다.

맥네어는 주머니에서 손수건을 꺼내 얼굴을 두드린다. "달리 방법이 없어요. 우리 모두 숨어 있어야 해요. 하지만 여러분도 잘 알다시피 POUM이 소유한 안전한 은신처 같은 건 없어요. 아무 데서나 자야 한다는 얘기예요."

찰스가 아일린을 돌아본다. "아일린도 그래야 한다는 뜻이에요."

"저는-" 아일린은 말을 멈춘다. 그랬다가 좀 더 힘을 주어 말을 잇는다. "저는 못 가겠어요. 조지가 돌아오게 되면 덫에 걸려들 것 같아서요."

찰스가 금속 테 안경다리를 다시 귀 뒤에 끼워 넣는다.

"여기 있으면 아일린이야말로 덫에 걸려 있는 거예요." 그는 마치 방 안에 다른 사람은 없는 것처럼 아일린을 바라보며 말한다. "조지가 들어오는 순간 둘 다 바로 붙잡힐 거예요. 아일린-"

"조지가 와서 잡혀가게 놔두고 떠날 순 없어요." 아일린은 말한다. "전 그냥 여기 있을게요."

찰스가 이마에 손을 짚고 미간을 한데 모은다. 침을 꿀꺽 삼키고는 손을 그대로 짚고 있다. 크룩은 맥네어를 바라보며 아무 말도 하지 않는다.

"존." 아일린은 침대에서 일어나 오웰의 노트들을 타자로 친 원고를 집어 들고 맥네어에게 다가간다. 맥네어는 발코니에서 잠시 쉬고 있다. 아일린은 지나가면서 찰스의 어깨에 가볍게 손을 얹는다. 사과의, 혹은 위로의 의미로. 그런 다음 아일린은 맥네어에게 말한다. "잠적하실 거라면 이것도 가져가 주실 수 있나요?"

"맙소사." 찰스가 낮은 목소리로 중얼거린다. "그건 구하고 당신 자신은 구하지 못하게 될 거예요."

아일린은 못 들은 척한다.

"그리고 이것도요." 아일린은 참호 평면도와 우에스카 외곽의 부대 동선이 그려진 파라핀지 한 롤을 맥네어에게 건넨다. 코프가 안전하게 보관해 달라며 맡긴 물건이다. "필요하면 접어도 돼요."

맥네어는 원고를 받고, 평면도가 그려진 파라핀지를 접은 다음 그것들을 전부 가방에 넣는다.

크룩이 기침을 한다. "제가 아는 곳이 있는데요, 다들 묵을 수 있을지도 몰라요." 그는 말한다. "부두 근처에서 양복점을 하는 아나키스트가 있거든요. 그 가게 위에 방이 하나 있어요."

"고마워요." 맥네어가 말한다. "근데 코트먼하고 나는 오늘 밤에 플라사 마시아에 있는 하숙집에서 묵기로 했어요." 그는 가방을 어깨에 걸친다. "그런 다음에 상황을 좀 봅시다." 그는 아일린을 돌아본다. "여권, 아일린이 전부 가지고 있죠?"

아일린은 고개를 끄덕인다. "내일 경찰청에 가져갈 겁니다."

"좋아요." 맥네어는 그렇게 말하고는 가버린다.

크룩이 양해를 구하고 욕실로 간다. 아일린은 책상 위로 몸을 굽히고 담배를 만다. 찰스는 아무 말 없이 앉아 있다. 그들의 귀에 옆방 문이 열렸다 닫히는 소리가 들려온다.

찰스가 목소리를 가다듬는다. "사실, 오늘 조르조를 봤어요." 그는 조용히 말한다. "경찰서 앞에서요. 거기 사람들이 엄청 모여 있었고 닌 부인도 있었어요. 다들 닌을 석방하라고 요구하고 있었죠. 조르조가 우리한테 다가오더라고요. 기분이 너무 이상했어요. 우리도 감옥에 가게 되면 담요를 가져다주겠다고 약속하던데요."[67] 거리에서 들려오던 음악이 멈춘다. 찰스는 목소리를 거의 속삭임에 가깝게 낮춘다. "농담일까요?"

아일린이 고개를 젓는다. "그 사람, 저랑 로이스한테도 뭘 가져다주면 좋겠냐고 물어보던데요. 로이스는 복숭아라고 했고, 전 칫솔이라고 했는데." 아일린은 고리 모양의 연기를 창밖으로 내뿜는다. "혹시 경고였을까요?"

찰스가 고개를 끄덕인다. "조르조가 그자들 끄나풀일까요?"

아일린은 어깨를 으쓱한다. 전에 어느 정도 해본 생각이지만 말로 들으니 충격적이다. "알 방법은 없죠. 하지만 이상한 건, 로이스도 저도 그 사람은 뭘 받고 싶냐고 물어볼 생각을 못 했다는 거예요."

찰스는 검지로 엄지손톱 주변의 얇은 피부를 긁고 있다. 변기 물 내리는 소리가 들려온다. 찰스가 일어선다.

"아일린…" 그는 아일린의 손에서 담배를 빼내 재떨이에 집어넣는다. 늘 침착하고 프로답던 이 남자는 이제 아일린의 양

어깨를 붙잡고 있다. "로이스랑 나는 내일부터 숨어 지낼 거예요. 로이스가 그러더라고요. 우린 가라앉는 배에서 도망치는 쥐들이라고. 난 그게 그 지독한 감옥으로 끌려가는 것보다는 낫다고 봐요." 그는 아일린에게서 시선을 떼지 않는다. "목요일에 뉴욕으로 가는 배가 있어요."

"그럼 사흘 동안 길에서 지내셔야겠네요." 아일린의 목소리는 조금도 흔들리지 않는다. 하지만 찰스가 이런 어조로 말하는 걸 전에는 들어본 적이 없는 것도 사실이다. 찰스는 거의 애원하고 있다. 아일린은 말한다. "티켓 구하는 건 제가 도와드릴 수 있을지도요."

찰스는 눈을 감고 코로 깊이 숨을 들이마신다. "아일린이 날 돕는 건 바라지 않아요. 아일린 자신을 돕기를 바라지."

크룩이 욕실에서 나온다. 찰스는 손을 놓는다. 더는 당혹스러워하지 않는다. 언제나처럼 품위를 지킨다. 그는 크룩을 돌아본다.

"크룩, 당신도 잠적할 건가요?" 찰스가 묻는다.

크룩은 고개를 젓는다. "저는 가능한 한 오랫동안 관련 기사 쓰는 일을 계속해야 할 것 같아서요." 그는 모자를 쓴다. "두 분 중에 누구든 그 방이 필요하시면 알려주세요."

"고마워요." 찰스가 말한다. "내일 얘기합시다."

"아일린은요?" 크룩이 묻는다.

"고맙지만 전 괜찮아요. 아직은요."

"그럼, 아듀."

그날 밤 코트먼이 묵고 있는 하숙집 방에 숨어든 맥네어는 잠을 이루지 못한다. 날은 참을 수 없을 만큼 덥고, 그는 가방에 든 "자칫하면 죄를 뒤집어쓰게 되는 원인이 될 수도 있는 문서들" 때문에 겁에 질려 있다. 맥네어는 그것들을 태워버리기로 마음먹는다. "그래서 트레이싱지로 먼저 시도해 보았지만 타지 않았다. 그저 연기가 나고 조금 녹았을 뿐이다… 나는 그 문서들을 화장실로 가져가 잘게 찢은 다음 변기 물을 내리려고 체인을 당겼다. 그런데 물이 나오지 않았다. 그래서 주방에 들어가 물 한 양동이를 받아다가 물을 내렸다. 그런 다음 다시 침대에 들어갔다."[68]

새벽 1시 30분. "건장한 경찰 여섯 명이 달려 들어오더니 얇은 파자마를 입고 있던 나를 붙잡아 침대에 내동댕이쳤다." 경찰들은 다그치듯 질문을 퍼붓는다. 하지만 맥네어는 이번에는 소동을 벌이지 않는다. 대신 하품을 하며 "피곤하고 무기력한 영국인 여행자인 척했다. '전 여기서 공화주의자들을 도와주고 있는데요.'" 그는 그들에게 그렇게 말한다. 그의 가방을 연 경찰은 오웰의 원고를 찾아낸다. 거기에는 'POUM' '우에스카' 같은 단어들이 적혀 있다. 맥네어는 시치미를 뗀다. "POUM은 작은 정당 아닌가요?" 그는 말한다. "이 위대한 작가가 파시즘에 맞서는 이 위대한 투쟁 얘기를 하려면 작은 정당들 얘기까지 전부 해야 하는 게 당연하지 않겠어요…?"

경찰들이 떠나자 몸이 떨려온다. 맥네어는 복도를 걸어가 코트먼을 깨운다. 그들은 새벽 5시에 그곳을 떠나 "도주"에 들어가기로 한다. 그날 몇 시간 뒤, 맥네어는 "스탈린주의자들의 조간신문에서 존 맥네어라는 자에게 5,000만 페세타 절도 혐의로 체포 영장이 발부되었다는 기사를 읽었다. 정말이지 말도 안 되는 거짓말, 한번 퍼지면 결코 정정할 수 없는 그런 종류의 거짓말이었다." 하지만 그는 자신이 상황을 한발 앞서가고 있다고 느낀다.

하지만 다른 사람들은 그렇지 못하다. 그날 아침, 코프가 컨티넨탈 호텔로 성큼성큼 걸어 들어가는데 수위가 전화기를 집어 든다. 그러자 난데없이 무장한 경찰들이 나타나더니 코프를 문밖으로 억지로 끌고 나가 차에 태운다.

잠시 후, 크룩이 로비 근처 화장실 안에서 체포된다. 그는 임시 감옥에 코프와 함께 갇힌다. 코프를 계속 감시하기 위해서다.

그리고 아침 8시, 그들은 로이스와 찰스를 찾아온다. 남자 여덟 명—사복 차림의 SIM° 요원 네 명과 돌격대 네 명—이 그들의 아파트에 들이닥쳐 두 시간 동안 머무른다. 그들은 "쓰레기통 바닥까지" 뒤졌다고 찰스는 전한다. 너무도 샅샅이 뒤진 나머지 "우리가 잃어버리고 찾지 못하고 있던 물건들까지"[69] 찾아냈다고. 그런 다음 그들은 두 사람을 감옥으로 끌고 간다.

한밤중, 수감자들은 강제로 거리를 행진한다. 각 수감자의 양옆에는 경찰이 한 명씩 붙어 걷는다. 로이스는 "이제 끝이라는 걸 확신"하고 있다. 최소한 혁명가라도 몇 곡 불러야 하지 않을까, 그는 생각한다. "무언가를 해야 한다. 그자들이 이 칠흑 같은 어둠 속에서 우리 목숨을 소리 없이 끊어버리도록 그냥 놔둬선 안 된다." 하지만 노래를 부르는 사람은 아무도 없다.

찰스와 로이스는 이제는 감옥이 된 "어느 파시스트의 화려한 저택"으로 끌려가 창문 없는 방에 따로따로 갇힌다. 남자들은 여자들

○   스페인공화국의 정치 경찰이었던 군사정보국의 약자.

과 분리된다. 그들은 비좁고 끔찍한 환경에서 아홉 밤을 보낸다. 그들을 감시하는 좌익 청년들은 왜 자신들이 동지들을 가둬야 하는지도, 위층에서 러시아인이 명령을 내리고 있는 이유도 이해하지 못한 채 당혹스러워 한다. 수감자들은 거의 굶다시피 하며 배급 식량으로 연명한다. 하루에 두 번, 묽은 수프와 곰팡이 핀 빵이 나오는 게 전부다. 침대는 없는데도 여기저기 빈대들이 기어 다닌다. 그들은 노래를 부르거나 벽에 구호들을 휘갈겨 쓰며 어떻게든 기운을 잃지 않으려고 애를 쓴다. 여성 수감자 한 명이 스파이라는 의심을 품기도 한다(그리고 그 의심은 사실로 밝혀진다). 로이스는 그들이 자신을 "아기"라고 불렀다고 말한다. "나는 살아온 인생 얘기가 너무 짧았기 때문이었죠."[70]

로이스는 어느 러시아인 앞으로 불려가 지문을 채취당한다. 서로 다른 다섯 개의 양식에 다섯 번 찍는다. 러시아인 남자는 유창한 영어를 구사한다. 로이스는 이렇게 기억을 떠올렸다. 그는 "그 양식 하나하나가 어떻게 될지 말해주면서 나를 죽도록 겁에 질리게 했어요. '하나는 모스크바로, 하나는 워싱턴의 FBI로, 하나는 발렌시아 정부로, 또 하나는 자치정부 경찰로 보내고, 나머지 하나는 여기 보관할 거다.' 그는 그렇게 말했어요. '넌 절대 네 죄에서 도망칠 수가 없어.'"[71]

다음날, 수감자들은 공산당 신문(그들에게 허용되는 유일한 신문)에서 "우리에 대한 고발문 전문"을 읽는다. 그것은 "전형적인 GPU식 날조로, 비밀 네트워크를 통해 프랑코와 트로츠키를 위해 일하는 외국 공작원들이 특별히 열린 스파이 행위 관련 법정에서 재판에 회부될 것이라는 내용"[72]이다. 이 선전은 전 세계로 퍼져나간다.

심지어 〈뉴욕타임스〉에도 오어 부부가 "파시스트 스파이 도당"의 일원이라는 기사가 사진과 함께 실린다.

바깥에서는 그들이 어디에 있고 무엇을 필요로 하는지 계속 알아내기 위해 아일린이 "초과 근무를 하고"[73] 있다. 하지만 거의 불가능한데, 이제 바르셀로나는 온통 비밀 감옥들로 이루어진 거미줄 같은 연결망이 되어버렸기 때문이다. 그런데 누군가가 미국 영사에게 오어 부부의 정확한 위치를 알려준 모양이다. 영사는 그 비밀 감옥에 정확히 찾아갈 뿐 아니라, 딱 맞는 선물도 들고 간다. 로이스에게 줄 복숭아다. "하지만 칫솔은 없었어요." 영사에게 정보를 주고 있는 게 누구든 (틀림없이 조르조일 것이다) 그 정보원은 아일린이 거기 없다는 걸 알고 있기 때문이다. 미국 영사는 면회를 거절당하지만, 놀랍게도 복숭아는 전달된다. 여성 수감자들은 "한 조각이 두 입 크기가 되도록" 조심스럽게 복숭아를 썬다. 로이스는 그 실낱같은 희망에 너무도 고마움을 느낀 나머지, 자신이 그곳에 갇힌 게 조르조의 배신 때문이었다는 결론은 도출해내지 못한다.

켄터키에 있는 로이스의 고향 마을에서는 어느 상원의원이 〈뉴욕타임스〉에 실린 기사를 읽는다. 로이스를 '파시스트 스파이 도당'의 일원으로 지명하는 기사다. 로이스의 가족과 오랜 친분이 있는 그는 로이스가 파시스트와는 아무 관련이 없다는 사실을 알고 있다. 그는 곧바로 바르셀로나 주재 미국 영사에게 연락하고, 영사는 로이스를 만나려고 다시 한번 애를 쓴다. 러시아인들이 "로이스는 당신을 만나고 싶어 하지 않는다"고 전하자, 영사는 그 말은 로이스에게 직접 들어야겠다고 대답한다. 로이스는 "위층의 작은 방으로 끌려"간다. 거기서는 영사가 기다리고 있다. "내 평생 그렇게 반가

웠던 사람은 없었죠." 로이스는 말했다.
 다음날 새벽 4시, 로이스와 찰스는 거리로 풀려난다. 일주일 뒤, 그들은 파리에 있다.
 아일린은 이제 정말로 혼자다. 유일하게 남은 사람은 조르조인데, 그 사실은 전혀 위안이 되어주지 못할 것 같기도 하다.

훤히 보이는 곳에

사무실은 해산되었다. 모두가 감옥에 갇혀 있다. 조지는 제 대증을 받으러 어딘가에 나가 있다.

아일린은 매일 밤까지 대부분의 시간을 호텔 로비에, 누구든 볼 수 있는 자리에 앉아서 보낸다. 이 의자 저 의자로 옮겨 앉고, 차를 마시고, 먹지도 않을 음식을 주문한다. 담배를 피우고 또 피운다.

전선에서 타고 온 기차에서 내린 조지는 몹시 지친 몸으로 저 금빛 문을 밀고 들어올 것이다. 그런 다음 눈 깜짝할 사이에 체포될 것이다.

아일린이 어떤 의자에 앉든 정문은 잘 보여야 한다. 그다지 계획이라고 할 것도 없지만, 그게 아일린이 지닌 계획의 전부다. 조지는 두 발로 걸어들어올 것이고, 아일린은 일어나서 그를 다시 데리고 나갈 것이다. 정말이지 계획이라고 할 수도 없는 계획이다. 아일린이 아는 한, 어쩌면 조지를 덫으로 유인하고 있는 건 아일린 자신일지도 모른다. 프런트 직원 한 명은 친절해 보이지만, 알 수 없는 일이다. 그가 수화기를 들 때마다 아일린은 한 줄기 공포가 뱃속을 찌르는 걸 느끼며 문가의 경비요원들이 자신을 잡으러 오는지 확인한다.

그 밤들은 최악이다. 조지가 이미 죽었다 해도 그 사실을 알릴 사무실 사람들조차 남아 있지 않다. 아일린은 그 소식이 자신에게 닿는 데 얼마나 걸릴지 궁금해진다. 밤이면 밤마다 여기 이렇게 앉아 있는 건 어쩌면 아무 의미 없는 일일지도 모른다.

나흘째 되던 밤 아주 늦은 시각, 조르조가 와서 아일린 앞에 선다.

"조지가 보고 싶어요?" 그가 묻는다.

"그래요."

조르조는 몸을 숙여 아일린의 팔에 손을 얹는다. "좀 자둬야 해요, *카리시마*°. 정말로요."

이 남자는 무슨 말을 하고 있는 걸까? 가장 단순한 말에도 무언가 다른 의미가 숨어 있을지 모른다. 이 장소에 상식이란 없다.

아일린은 방으로 올라가 침대에 들어간다. 눕기 전에 매트리스 아래를 확인한다. 그들의 여권과 수표책은 여전히 거기

○ 이탈리아어로 '소중한 사람'이라는 뜻이다. - 옮긴이

있다. 아일린은 그제야 자리를 잡고 눕는다. 소중한 알들을 품는 암탉처럼.

하지만 잠들기는 쉽지 않다. 아일린은 밀려드는 생각들을 가만히 지켜본다. 그건 심리학의 기본이자, 생각에 휘둘리지 않기 위한 아일린만의 요령이다. 지금 아일린에게 떠오르는 생각은 두 가지 착각이 자신을 보호해 주고 있다는 것이다. 첫 번째는 '돼지'에게는 절대 아무 일도 일어나지 않는다는 것이다. 그렇게 생각하자 다정하게 미소 짓는 노라의 얼굴이 눈앞에 다가오는 것 같다. 두 번째는, 아일린은 아무것도 잘못한 게 없으니 감옥에 갇힐 리도 없다는 착각이다. 하지만 돈과 마찬가지로 민주주의도 모두가 그것을 믿어야 유지될 수 있다. 그렇지 않으면 법은 그저 얇은 종잇조각에 불과해지고 만다. 아일린이 지금 깔고 누워 있는 수표책과 여권들처럼.

아일린은 잠에 빠져들며 코프와 크룩을, 찰스와 로이스를, 어느 집 지하실에선가 쇠약해져 가고 있을 그 모두를 떠올린다. 다들 아직 살아 있기는 할까. 아일린은 맥네어와 소년이 안전한 도랑이든, 부드러운 묘지든 몸을 뉠 곳을 찾았기를 바란다. 그러고는 누군가가 문을 노크하기를 기다린다. 조지일 수도 있으니까. 아니 어쩌면-

그때 노크 소리가 난다. 아일린은 일어나 앉는다. 잠에 빠졌던 게 분명한데 커튼 사이로는 아직 불빛이 보이지 않는다.

다시 노크 소리가 난다. 그렇다면 조지는 아니다.

아일린은 옆방에 있는 조르조가 그 소리를 들었기를 바란다. 두 발을 바닥에 내려놓으며 "나갈게요" 하고 소리친다. 제법 큰 소리로, 영어로, 조르조가 듣기를 바라며.

문을 열자 희미한 형체가 보인다. 모두 여섯이다. 제복을 입었고, 그중 셋은 나무 상자를 들고 있다. 아일린은 두 손을 목으로 가져간다. 잠옷 끈이 풀려 있다. 그들이 말없이 자리를 잡는 동안 아일린은 천천히, 조금씩 뒤로 물러나 침대 위로 올라간다. 침대 헤드에 몸을 기대고, 두 발을 이불 속으로 집어넣는다. 가슴이 쿵쾅거리고, 귓속에서 피가 맥박친다.

두툼한 목에 희끗희끗한 콧수염을 기른 나이 든 남자가 고함을 지르며 명령을 내리고 있다. 또 한 남자, 실은 소년에 불과한, 뺨 가득 여드름이 퍼진 아이가 아일린을 훔쳐본다. 아일린은 침대맡 협탁을 향해 손짓한다. 그런 다음 천천히 팔을 뻗어 안경을 집어들고 쓴다.

"안녕하세요." 아일린이 스페인어로 말한다. 그러고는 베개 위에서 몸을 똑바로 고쳐 앉는다. 베개 뒤에는 또 하나의 베개가 세워져 있다.

아일린은 발코니에서 소리가 들려오는지 보려고 귀를 기울인다. 아무 소리도 나지 않는다. 숨을 들이마신 다음 멈춘다. 그들이 방 안의 미리 계획한 자리에 그대로 서 있는 동안 아일린은 깨닫는다. 이곳에 저자들에게 가치 있는 물건은 없다. 정체가 대체 뭐든, 저자들은 이미 사무실 급습과 스파이 활동을 통해 필요한 모든 것을 손에 넣었다. 이 수색의 목적은 오직 아일린에게 공포를 불어넣는 것이다. 아일린은 이 연극에서 주어진 역할을 해야 한다.

남자들은 이리저리 움직이며 물건들을 들고 만지작거리고

있다. 소년은 두 손을 아일린의 속옷 서랍에 집어넣고 있다. 제복이 헐렁할 만큼 체구가 작은 소년인데, 지금은 새벽에 여자 방에서 여자 속옷들을 마구 뒤적이고 있다. 소년이 부끄러워한다는 걸 알아챈 다른 남자들은 그 감정을 없애버리고 싶어 한다. 보이지 않는 척하는 아일린에게도 실은 보인다. 그들은 소년의 까만 눈에 비친 자신들의 모습을 보는 걸 부끄러워하고 있다. 파시스트와 POUM 대원의 차이도, 명령과 도를 넘은 지시의 차이도, 한 여자와 자신들의 대의에 반하는 적의 차이도 아직 구분할 줄 모르는 이 소년의 눈에.

"책상 서랍." 지휘관이 소년에게 고함을 지른다.

나머지 남자들 중 한 명은 욕실에 있다. 아일린이 얼핏 보니 그는 물탱크 뒤를 더듬고, 몸을 굽혀 욕조 아래를 살펴보고 있다. 그가 약장을 여는 소리, 약병들을 열어 세면대에 쏟느라 딸깍거리는 소리가 들려온다. 또 다른 남자는 책상 밑에 있던 휴지통을 쏟은 다음 내용물을 조사하고 있다. 귤껍질, 타자기 리본, 구겨진 종이 같은 것들이다. 세 번째 남자는, 도대체 무엇을 찾는지는 하느님만 아시겠지만, 벽을 두드려 소리를 들어보고 있다. 그러더니 그는 의자 위에 올라서서 커튼 봉을 손으로 훑는다. 휴지통을 조사하던 남자가 일을 끝내고는 카펫을 둘둘 말기 시작한다. 네 번째 남자는 옷장을 열고 두 손을 오웰의 바지 주머니와 아일린의 카디건 주머니에 쑤셔 넣는다. 그러더니 살구색 슬립 한 장을 꺼내 조명을 향해 들어 올린다. 지휘관은 책상과 바닥 여기저기에 쌓여 있는 책과 마닐라지 폴더들을 점검하고 있다. 그러는 동안 욕실에 있던 남자가 지휘관 뒤로 걸어나와 나무 상자에 물건들을 집어넣는다.

지휘관이 잠시 멈춘다. "이거, 파시스트 책 아냐." 그는 말한다. 그가 들어 올린 건 맥네어가 가지고 있던 히틀러의 《나의 투쟁》 프랑스어판이다.

"씨." 아일린이 말한다. "*파라 사베르.*" 네, 알기 위해서죠.

지휘관은 계속 뒤진다. 그러다 다시 멈춘다. 아일린은 그가 스탈린의 팸플릿 '트로츠키주의자들 및 기타 표리부동한 자들을 숙청하기 위한 조치'를 끄집어내는 걸 지켜본다. 지휘관은 아무 말 없이 그것을 나무 상자에 집어넣는다.

소년은 책상 서랍을 샅샅이 뒤졌다. 펜, 잉크, 종이, 고무밴드, 우표, 편지 몇 통, 노트 두 권, 종이 성냥, 회중전등, 심지로 쓰는 끈, 담배 마는 종이들을 꺼내 놓았다. 소년의 목덜미가 붉어지더니, 불그스름한 기운이 점점 위로 퍼져나간다. 지휘관은 편지와 노트 들을 재빨리 집어 들어 자기 가방 속에 넣는다.

"담배 마는 종이네." 그가 말한다. "그것들 좀 확인해봐."

소년은 손에 든 꾸러미로 시선을 돌리기 직전에 아일린과 눈이 마주친다. 그 애는 눈을 돌려 아일린의 목을, 들썩이는 가슴을 바라본다.

"푸크?" 좀 피워도 될까요? 아일린은 다시 담배가 있는 침대맡 협탁으로 손짓을 하고, 손을 뻗어 한 대에 불을 붙인다.

소년은 담배 마는 종이를 한 장, 또 한 장 끄집어낸다. 책상 위에 하얀 종이들이 펄럭이며 쌓일 때까지 계속한다.

남자들은 두 시간 동안 그 방에 머무른다. 아일린은 침대를 떠나지 않는다.

나무 상자를 든 남자 셋이 먼저 문으로 나가고, 지휘관이 맨 마지막으로 나간다. "*세뇨라*°." 그는 아일린을 지나쳐 가며 말한다. 문은 닫지 않는다.

아일린의 목구멍 속에서 무언가가 치밀어오른다. 이 방 안의 모든 것에, 물건과 표면 하나하나에 모두 그자들의 손이 닿았다. 아일린은 욕실로 가 토한다. 그런 다음 돌아와 문을 닫고 생각에 잠긴다.

오웰은 《카탈로니아 찬가》에서 이 장면을 두 번 묘사한다. 한 번은 자신이 노트와 팸레터 몇 통을 어떻게 잃어버렸는지 설명하기 위해서(그리고 답장을 하지 못한 것에 사과하기 위해서)다. 다른 한 번은, 오웰은 이 장면을 묘사하면서, 내가 생각하기에는, 무슨 일이 일어났는지 설명하는 아일린의 목소리가 우리에게 들리게 놔둔다(물론 오웰은 그게 아일린이라고 말하지 않지만 말이다). 오웰은 경찰이 "우리에게 히틀러의 《나의 투쟁》 프랑스어 번역본이 있다는 사실을 알아내고는 의심에 들뜬 나머지 황홀경에 빠졌다"고 쓴다. "만약 발견된 유일한 책이 그 책이었다면, 우리는 파멸을 피할 수 없었을 것이다." 하지만 다음 순간, "그들은 스탈린의 팸플릿 한 부를 우연히 발견했다… 그러고는 다소간 안심했다". 그곳에 머무르는 두 시간 동안 "그들은 결코 침대는 뒤지지 않았다고 한다. 내 아내가 내 침대에 누워 있었던 게 분명하다." 그리고 여기서, 내 귀에는 다

° 스페인어로 '부인'이라는 뜻이다. ─옮긴이

시 아일린의 목소리가 들려온다. "매트리스 밑에 기관단총 대여섯 자루쯤 있을 수도 있었는데. 베개 밑에 도서관 하나 분량의 트로츠키주의 관련 문서들이 있을 수도 있었다는 건 말할 필요도 없고 말이죠."[74] 오웰은 아내의 용기에 대해서는 어떤 언급도 하지 않는다. 사실, '우리는 파멸'을 피할 수 없었을 거라고 말함으로써 그 용기를 가려버리기까지 한다. 위험에 직면했던 건 아일린인데도 말이다. 오웰에게 이 일화의 주인공은 온통 남자들이다. "그럼에도 형사들은 침대에 손을 대려는 시도는 하지 않았고, 침대 아래를 들여다보지조차 않았다. 나는 이것이 OGPU의 통상적인 절차라고는 도저히 믿을 수가 없다. 경찰이 거의 전적으로 공산주의자들의 통제 아래 있었고, 그 남자들 자신도 공산당원이었을 거라는 점을 기억해야 한다. 하지만 그들은 스페인 사람이기도 했고, 여자를 침대에서 끌어내는 건 그들로서는 조금 무리였다. 업무의 그 부분은 조용히 생략되었고, 그러면서 수색 전체가 무의미해졌다." 오웰에게 이 일화는 스페인 사람들의 '관대함, 그리고 일종의 고결함'을 보여주는 '작고 별난 사건'이 된다.

 오웰의 노트들은 사라졌다. 스페인 사람들은 고상한 사람들이다. 하지만 '내 아내'는 그곳에 거의 없는 것이나 마찬가지다.

 습격 다음 날 밤, 아일린은 다시금 로비의 안락의자에 앉는다. 종일 아무것도 먹을 수가 없었다. 마치 장갑처럼 몸 안팎이 뒤집힌 것 같고, 카디건 주머니처럼 함부로 쑤셔진 느낌이다. 하지만 달리 할 수 있는 일은 없다. 아일린은 모두가 볼 수 있도록 조명이 훤히 밝혀진 로비에 앉아 오웰이 저 문으로 걸어들어오기를 기다린다. 그가 들어오는 순간을 자신이 틀림없이 놓쳐버릴 거라는 생각이 든다. 화장실에 가 있거나, 누군가가 시선을 가로막으며 말을 거는 바람에 다른 곳에 정신이 팔려 있거나 할 것 같다.

하지만 그렇게 되지는 않는다.

오웰이 마치 유령처럼 회전문으로 들어온다. 아일린은 심장이 쿵쾅거리지만 꾹 참고 천천히 몸을 움직인다. 속에서는 모든 것이 비명을 지르지만, 애써 미소를 지으면서. 아일린은 오웰의 목에 팔을 두르고 그의 귓가로 입을 가져간다. 그런 다음 그를 다시 문밖으로 데리고 나간다.

다음은 오웰이 이 장면을 묘사한 것이다.

바르셀로나에 돌아왔을 때는 늦은 시각이었다… 나는 컨티넨탈 호텔로 향했고, 가는 길에 잠시 식당에 들러 저녁을 먹었다… 호텔에 도착하니 아내가 라운지에 앉아 있었다. 아내는 일어서더니 내게는 몹시 태연하게 느껴지는 태도로 나를 향해 다가왔다. 그러더니 내 목에 팔을 두르고, 라운지의 다른 사람들을 의식해 달콤한 미소를 지으면서 내 귓가에 속삭였다. "나가요!"
"뭐라고요?"
"여기서 나가자고요! 당장!"
"뭐라고요?"

"여기 계속 서 있지 말고요! 빨리 밖으로 나가야 해요!"

"뭐? 왜요? 갑자기 무슨 소리예요?"

아내는 내 팔을 붙잡고 벌써 계단 쪽으로 끌고 가고 있었다…

"대체 이게 다 무슨 일이에요?" 보도로 나서자마자 나는 물었다.

"**못 들었어요?**"

"네. 뭘요? 난 아무 얘기도 못 들었는데."

"P.O.U.M.이 탄압을 당했어요. 그자들이 건물들을 전부 장악했다고요. 사실상 전부 다 감옥에 갇혔어요. 그리고 그자들이 벌써 사람들을 총살하고 있다는 소문이 돌고 있어요."

결국 그렇게 된 것이었다. 우리는 이야기를 나눌 공간이 필요했다. 람블라스 거리의 대형 카페들은 하나같이 경찰들로 북적거렸지만, 옆 골목에서 조용한 카페 하나를 찾아냈다. 아내는 내가 자리를 비운 동안 무슨 일이 일어났는지 설명해 주었다.[75]

⁓

아일린은 호텔에서 먼 곳으로 오웰을 이끌고 간다. 끝없이 이어지는 미로 같은 거리들을 지나 그들이 처음 가보는 카페로 그를 데려간다. 그들은 안쪽의 칸막이 자리에 앉는다. 아일린은 오웰에게 주머니 속에 든 걸 전부 꺼내라고 말한다. 그러고는 오웰의 서류들을 훑어보더니, POUM 당원증과 전선에서 찍은 사진들을 없애버려야 한다고 말한다. 오웰은 제대증만큼은 내놓으려 하지 않는다. 그것 때문에 죄를 뒤집어쓸 수도 있는데도. 그는 제대증을 접어 셔츠 주머니에 도로 집어넣는다.

아일린은 자신이 아는 것을 말해준다. 마드리드 의회 건물 계단에서 POUM 지도자인 닌의 다리 없는 시신이 발견되었다. 찰스와 로이스는, 아직 살아 있다면 어딘가의 감옥에 있다. 코프는 로비에서 붙잡혀 끌려갔고, 크룩도 잡혀갔다. 맥네어와 코트먼은 도주 중이다.

오웰이 받아들이기엔 무리에 가까운 이야기다. 그는 몹시 지쳤고, 한쪽 팔이 아프고, 목도 아프고, 트럭에 실려 온 터라 여전히 머릿속이 쿵쿵 울린다. 아일린은 그의 목에 한 손을 두르고 이마를 그의 이마에 가져다 댄다. 그의 피부에 난 총알구멍이 오른손 손끝에 만져진다. 오웰은 그저 침대에 눕고 싶다. 잠을 자고 싶을 뿐이다.

"하지만 여보, 당신이 호텔에서 자면 내일이면 우리 둘 다 감옥에 갇히게 될 거예요. 감옥에는 침대가 없어요."

"말도 안 돼. 나를 왜 체포하겠어요? 내가 뭘 했다고?"

"상관없어요. 그자들은 당신이 '트로츠키주의'라는 죄를 지었다고 선포했어요. 그거면 충분해요."

"당신, 나를 참아 주고 있군, 안 그래요?" 오웰이 미소 짓는다.

아일린은 그에게 키스한다. "맥네어하고 연락이 닿게 해줄게요. 내가 내일 10시에 영사관 근처에서 그 사람을 만나거든요. 당신은 그 사람이랑 코트먼이랑 같이 노숙을 하면 돼요. 출국 비자는 이틀이나 사흘 뒤에 나올 거예요. 내가 그걸 받아온 다음에 함께 떠날 방법을 찾아봐요."

오웰은 대대적인 체포와 살해가 벌어지던 이 시기에 대해 이렇게 쓴다. "그러는 와중에도, 그들은 내 아내는 '잡아가지' 않았다. 아내가 컨티넨탈 호텔에 계속 머물러 있는데도 그들은 체포하려는 움직임을 보이지 않았다. 아내가 미끼로 이용되고 있다는 게 제법 분명해 보였다."[76]

오웰은 아일린이 스탈린주의자들에게 가치가 있다면, 그건 자신에게로, 다시 말해 전선에 나가 있는 민병대원에게로 통하는 길을 열어주는 사람으로서의 가치일 것이라 생각한다. 하지만 실제로 아일린이 그들에게 지니는 가치는 훨씬 더 컸을 것이다. 아일린은 ILP와 POUM의 심장부에서 일하면서 모든 것을 알고 있었기 때문이다. 하지만 오웰은 그 점을 보지 못한다. 혹은, 적어도 입 밖에 내지는 못한다.

오웰과 맥네어, 그리고 코트먼은 아일린이 자신들의 비자를 받아다 주기를 48시간 동안 기다린다. 밤이 되면 그들은 한뎃잠을 잔다. 낮에는 영국인 여행자인 척하며 고급 식당에서 식사하고, 면도를 하고, 구두닦이를 시켜 구두도 닦는다.

그러는 동안 아일린은 들쑤셔진 방에서 감시를 받으며 홀로 잠을 청한다. 친구들을 붙잡아간 경비 요원들을 지나치며 호텔을 드나든다. 스페인 국경을 빠져나가려면 여권에 세 개의 도장을 받아야 한다. 이 과정은 각 단계마다 체포될 위험이 뒤따르는 복잡한 절차다. 오웰은 아일린을 언급하지 않으면서 그 과정을 이렇게 묘사한다. "우리 여권을 제대로 받으려면 아마 며칠은 걸릴 것 같았다. 스페인을 떠나려면 세 군데 장소에서 여권에 각각 도장을 받아야 했다. 경찰청장, 프랑스 영사, 그리고 카탈로니아 입출국 관리 당국의 도장이었다. 물론 위험한 건 경찰청장이었다."⁷⁷ 경찰청장이 '물론' 위험한 이유는, 부하들을 보내 아일린의 방을 급습하고 아일린의 친구들을 체포해간 사람이 바로 그이기 때문이다.

전기 작가들은 오웰의 방식을 그대로 따라간다. 아일린이 그들을 구해내느라 그런 위험에 직면해야 했다는 사실을 전혀 언급하지 않은 것이다. 이를테면, 한 전기 작가는 그 임무가 얼마나 위험하고 긴급한 것이었는지는 강조하지만, 그 임무를 실제로 해낸 사람에 관해서는 한마디도 하지 않는다. 그러면서 마치 그들이 그 일을 함께 해낸 것처럼 암시한다. "오웰과 아일린이 스페인에 남아 있었더라면, 그들은 총살당했을 게 거의 확실하다. 탈출이 가능해지기 전, 그들은 줄어드는 시간 속에서 일련의 복잡한 절차를 처리하며 한동안 바르셀로나에 갇혀 있어야 했다."⁷⁸

그리고 여권에 도장을 전부 제대로 받는다 해도 그들의 이름은 아마 프랑스 국경의 체포 대상자 명단에 올라 있을 것이다. 모든 것은 스페인 사람들의 느긋한 태도에, 그리고 국경 경비대와의 소통(의 부재)에 따라 달라질 것이다.

여권을 기다리던 그 이틀 중의 하루, 아일린은 오웰과 함께 감옥으로 코프를 면회하러 간다. 이는 의리 있는 행동이지만 그럼에도 무모하기 짝이 없다. '트로츠키주의자이자 파시스트'로 간주되는 수감자들을 면회하러 가는 방문자들은, 어쩌면 당연한 일일 텐데, 들어가자마자 트로츠키주의자이자 파시스트로 체포되기도 했기 때문이다. 두 사람은 전에는 상점의 앞부분이었던 자그마한 공간으로 들어간다. 그곳은 100명 가까이 되는 사람들로 가득 차 있어서 서 있을 자리밖에 없다. 사방은 어둑한데, 거리 쪽의 금속 덧문이 내려져 있기 때문이다. 그리고 그 공간에는 "적절한 위생 설비 없이 많은 사람이 한곳에 몰려 있을 때면 항상 나는 짐승 같은 악취"가 진동한다. 오웰은 자신들을 본 코프가 "사람들을 밀치고 우리를 만나러 다가왔다. 그의 통통한 살구색 얼굴은 평소와 별로 다름 없어 보였고, 그 불결한 장소에서도 그는 제복을 깔끔하게 유지하고 용케 면도까지 하고 있었다"고 쓴다. "[코프는] 대단히 활기차 보였다. '음, 우리 모두 총살당할 것 같군요.' 그는 쾌활하게 말했다." 코프는 '트로츠키주의자들'에 대한 대학살이 예상된다고 그들에게 말해준다.[79] 하지만 그가 살아날 방법이 한 가지 있기는 하다. 지휘관이 보낸 편지다. 코프가 엔지니어로서 믿을 만한 사람임을 보증하고 그에게 동부 전선으로 돌아오라고 요청하는 편지. 하지만 그 편지는 경찰에 압수당한 상태다.

오웰은 그 편지를 되찾으려고 경찰청으로 달려간다. 여러 전기 작가들이 이 용기 있는 행동에 감탄을 보낸다. 하지만 그들 중 누구도 아일린이 바로 그 직전에 정확히 같은 장소에 다녀왔다는 사실은 언급하지 않는다.

～

아일린은 코프의 얼굴을 올려다본다. 조지가 가고 난 지금, 그들은 갑작스레 낯선 침묵의 지대에 들어서 있다. 감옥의 소음에 온통 둘러싸여 있는데도 그렇다.

"조지가 그자들한테 붙잡히지 않았으면 좋겠군요." 코프가 말한다.

"제가 어제 거기 갔었거든요." 아일린이 말한다. "그 사람들,

상당히 체계가 없어 보이던데요. 그런데 눈은 괜찮으세요?" 코프의 왼쪽 눈이 충혈되어 있다.

"괜찮아요." 코프는 아일린의 두 손을 감싼다. 큼직하고 따뜻한 그의 손안으로 작고 차가운 아일린의 손이 사라지듯 파묻힌다.

"괜찮지 않잖아요!" 아일린은 웃지만, 뜨거운 눈물이 차오른다. "당신을 여기 남겨두고 가고 싶지 않아요."

코프는 여전히 아일린의 손을 쥔 채 어깨를 으쓱한다. "일어날 일은 일어나겠죠. 아닐 수도 있고." 그는 아일린의 귓가로 몸을 바짝 굽힌다. 코프에게서 비누 냄새가 풍겨온다. "내가 여기서 나가게 되면 결혼합시다. 내가 당신을 돌봐줄게요."

아일린의 얼굴에는 눈물이 흘러내리지만, 코프에게 두 손이 잡혀 있어서 아무것도 할 수가 없다. 아일린은 고개를 끄덕인다.

"사랑해요." 코프가 말한다. 그는 아일린의 두 손을 꼭 쥔다. "쥬뗌므, 아일린."

아일린은 그가 진심이라는 걸 안다. 그는 전에도 그 말을 했었다. 어떻게 이곳에 이토록 생생하게 살아 있는, 귓가에 숨결을 불어넣고 있는 사람이 다음 순간에는 사라질 수도 있다는 걸까. 아일린은 그에게 키스하고 싶다.

하지만 그럴 수는 없다. 코프의 오른쪽 어깨 너머로 크룩이 나타나고, 방은 다시 소음으로 가득 찬다. 코프는 아일린의 두 손을 놓는다. 크룩은 면도하지 않은 얼굴에, 목에는 지저분한 빨간색 두건을 감고 있다.

"두 분이 사랑이라도 속삭이는 건가요?" 크룩이 미소 짓는다. 그러면서 한 발에서 다른 발로 체중을 옮겨 싣는다.

무언가가 밀려오는 게 느껴진다. 증오다. 아일린은 두 손으로 얼굴을 닦는다.

"계획을 세우고 있었어요." 아일린은 말한다. "크룩, 원한다면 당신 편지도 내가 밖으로 가지고 나가줄 수 있어요."

"고마워요." 크룩이 말한다. "한 통 써서 내일 줄게요. 종이를 좀 슬쩍할 수 있으면요."

그때 경비요원이 나타나 아일린의 팔꿈치를 붙잡는다.

"그럼 내일 봐요." 아일린은 어깨 너머로 코프에게 그렇게 말한다. 하지만 두 사람 모두 그럴 일은 없으리라는 걸 안다.

아일린은 감옥으로 돌아가지 않았다. 하지만 크룩은 소련을 위해 일하는 직업 스파이라 그가 편지들을 밖으로 내보내는 데는 아무런 도움도 필요하지 않았다.

얼마 지나지 않아 코프는 정말로 편지를 한 통 쓴다. 자신이 곧 처형될 것이고 이것이 마지막 편지가 되리라는 생각이 들어서다. 편지의 수신인은 영국에 있는 아일린이다. 크룩이 그 편지를 어떻게든 보내주겠다고 제안하자, 코프는 그에게 의심을 품는다. 그러고는 똑같은 편지를 한 통 더 써서 다른 방식으로 어찌어찌 몰래 내보내는 데 성공한다. 아일린 앞으로 쓰인 그 편지 중 한 통은 영국에 도착한다(이 편지는 아일린이 없애버린 것으로 보인다). 그리고 나머지 한 통은 크룩 덕분에 결국 모스크바의 비밀경찰 손에 들어간다.

오웰은 코프의 편지를 경찰로부터 되찾아오는 데 실패한다. 그와 아일린이 코프를 위해 달리 해줄 수 있는 일은 없다. 그 동네의 어느 여인에게 돈을 약간 남겨두고 오는 것 말고는. 여자는 가능하면 오랫동안, 혹은 코프가 살아 있는 한은, 그에게 음식을 가져다 줄 것이다.

보이는 존재

아일린은 여전히 적측의 감시 아래 컨티넨탈 호텔에 묵고 있다. 아일린의 계획은 역에서 오웰, 맥네어, 코트먼과 합류한 후 저녁 7시 30분 기차를 타고 프랑스로 가는 것이다. 아일린은 그들의 짐(케이스, 가방 여러 개, 작은 가방 하나, 타자기)을 전부 꾸려두고 택시를 대기시켜 두고 있다가 재빨리 계산을 하고 떠날 예정이다. 도망치고 있다는 걸 알아차린 호텔 직원이 경비 요원을 부르기 전에 말이다. 하지만 그날 저녁 역에 도착한 오웰은 당황스럽게도 기차가 조금 일찍 떠났다는 걸 알게 된다. 그는 가까스로 아일린에게 연락하고, 아일린은 가던 길을 되돌아와 호텔에서 하룻밤 더 묵는다. 오웰과 나머지 사람들은 아나키스트 카페 주인의 남는 방에서 묵는다.

    다음 날 아침, 아일린은 체포되지 않고 역까지 가는 데 성공한다. "내 아내는 호텔에서 성공적으로 빠져나왔다."[80] 오웰은 아일린이 처했을지 모를 가능성이 있는 어떤 위험도 언급하지 않고 단지 이렇게만 말한다. 그들 네 사람은 기차에 올라 서로에게서 멀찌감치 떨어져 앉은 채 돈 많은 여행자인 척한다. 맥네어는 이렇게 쓴다. "내가 기억하기로 나는 워즈워스를 읽고 있었고, 코트먼은 내가 갖고 있던 존 메이스필드John Masefield의 책을, 오웰은 자기가 읽던 책을 마저 읽고 있었다. 굉장히 느리게 가는 기차였다…."[81] 아일린은 언급조차 되지 않는다. 아일린이 없었더라면 아마 그들도 거기 없었을 텐데 말이다.

두 명의 형사가 객실 차량을 차례로 지나가며 외국인들의 이름을 받아 적는다. 하지만 "식당칸에 있는 우리를 본 그들은 우리의 그럴듯한 차림새에 만족한 듯 보였다"고 오웰은 쓴다. 두 형사는 그들을 신경 쓰지 않고 지나간다. 마지막 심사는 프랑스 국경의 여권 사무소에서 행해진다. 그곳에서 "그들은 용의자 카드 색인에서 우리 이름을 찾아보았다". 틀림없이 무시무시한 경험이었을 테지만, "경찰의 무능함 덕분에 우리 이름은 명단에 없었고, 심지어 맥네어의 이름조차 없었다. 우리는 머리끝에서 발끝까지 수색을 당했지만… 나를 수색한 '카라비네로'들은 제29사단이 P.O.U.M.이라는 걸 알지 못했다. 그래서 우리는 빠져나갔다…."[82] 오웰은 다음과 같이 건조하게 언급한다. "스페인 비밀경찰인 그들은 어느 정도 게슈타포와 분위기가 비슷했지만, 그만한 능력은 없었다."

그들이 프랑스에 도착했을 때 맥네어가 가장 먼저 하는 일은 역 근처 가판대에서 신문을 사는 것이다. 신문을 펼친 그는 자신이 스파이 혐의로 체포되었다는 기사를 발견한다. 신문사가 실세들로부터 넘겨받은 "예정된 미래"를 기사로 내보낸 것이다. 다시 한번, 맥네어는 상황을 한발 앞서간다.

맥네어와 코트먼은 파리로 향한다. 아일린과 오웰은 지중해 연안의 바뉼쉬르메르에서 마음이 붕 뜬 채 며칠 밤을 보낸다. 그런 다음 영국 남부를 거쳐 런던으로 돌아간다. 영국 남부의 풍경은 오웰에게 갑자기 "세상에서 가장 매끈한 풍경"처럼 보인다.

아일린이 스페인에서 보냈던 시간을 퍼즐처럼 맞춰 본 뒤에도 나는 여전히 혼란스러웠다. 어떻게 나는《카탈로니아 찬가》를 두 번이나 읽고도 아일린이 거기 있다는 걸 깨닫지 못했던 걸까? 아일린은 정당 본부에서 일했고, 전선으로 오웰을 찾아갔고, 부상 당한 그를 돌봤고, 그의 원고를 맥네어에게 건네줌으로써 그것을 지켜냈고, 여권들을 지켜냈고, 호텔에서 체포될 게 거의 확실했던 오웰을 구해냈으며, 어떻게든 비자를 받아 그들 모두를 구해냈다.[83] 그러고도 아일린이 보이지 않는 이유는 무엇일까? 나는 그 책의 전자책 텍스트를 훑어보았다. 오웰은 '내 아내'라는 표현을 37회 사용한다. 나는 그제야 깨닫는다. 아일린의 이름은 단 한 번도 언급되지 않는다. 이름 없이는 어떤 인물도 살아날 수가 없다. 하지만 '아내'라는 직함에서는 이름이 얼마든지 박탈되어도 무방하다.

하지만 스탈린의 부하들에게 아일린은 너무도 분명하게 보이는 존재였다. 아일린과 오웰이 영국에 도착할 무렵, 두 사람 모두에게 반역 혐의로 기소장이 발부된다. 붙잡혔다면 그들은 아마도 사형당했을 것이다. 이 기소장은 크룩, 윅스 그리고 티올리가 제공한 정보에 기반하고 있다. (티올리는 이 무렵 자취를 감췄다. 아무도 그가 어떤 식으로 사라졌는지 알지 못한다. 어쩌면 찰스 오어가 생각한 대로 그는 담요와 복숭아, 칫솔을 가지고 그들에게 경고나 위로를 하려고 했던 일로 처벌받았을지도 모른다.) 그리고 스탈린주의자들은 (비록 오류와 오타는 많을 지언정) 아일린의 이름을 다음과 같이 적을 수 있었다.

바르셀로나 스파이 행위 및 대역죄 재판소, 1937년 7월 13일
에릭 블레어와 그의 아내 **아일린 블레어**
이들의 서신은 그들이 과격한 트로츠키주의자라는 사실을 드러낸다.
이들은 영국의 *I.R.P.*° 소속이다…
POUM과 연계된 ILP의 연락 요원으로 간주해야 한다.
이들은 POUM 집행위원회의 후원을 받아 팔콘 호텔에서 생활한 적이 있다.
집행위원회가 발행한 보증서가 있으며, 보증서는 조르지°° 코프가 서명했고 아일린 B.를 위해 작성되었다(그 성격상 이는 5월의 사건들이 벌어지는 동안 유효했던 보증서로 추정된다).
에릭 B.는 5월의 사건들에 참여했으며…
아일린 B.는 1937년 3월 13일 우에사 전선에 있었다…[84]

바르셀로나의 거리들은 그들의 비밀을 품고 있다. 나는 람블라스 거리를 걸어 올라가 보케리아 시장을 지나간다. 1937년 5월 전투 당시 오웰이 산양유 치즈 한 조각을 샀던 곳이다. 코프가 수감되어 있던 악취 나는 감옥에서 아주 가까운 곳에는 패션 브랜드 매장이 들어서 있다. 컨티넨탈 호텔에 도착해 보니, 아일린이 오웰

○   원문 그대로.
∞   원문 그대로.

이 들어오는지 지켜보았던 거대한 정문도 이제는 그곳에 없다. 건물 1층은 매각되어 상점들이 들어섰고 입구는 건물 한쪽에 난 작은 문으로 바뀌었다. 그 문을 열면 대리석 계단이 나오는데, 예전에는 수위, 직원들, 경찰들이 오르내리던 계단이다. 계단들은 흰색이고 매끈하며 차갑다. 수많은 사람이 밟고 지나간 끝에 움푹하게 닳아 있다.

나는 로비 창문 너머로 폴리오라마 극장 건물을 바라본다. 오웰은 그곳의 옥상에 사흘 동안 앉아 있었다. 거기서라면 아일린의 방이 보였을 것이다. 전투가 멈췄을 때, 오웰은 주의를 끌지 않고 소총을 이곳으로 도로 가져와야 했다. 그는 바지의 다리통 속에 그것을 숨기고는 '몬티 파이튼'○ 스타일로 걸어왔다. 어쩌면 아일린은 그의 그런 모습을 보고 웃음을 터뜨렸을지도 모른다.

나는 거리를 따라 100미터를 걸어 리볼리 호텔에 도착한다.

여기가 바로 코프의 검은색 참모 차량이 총에 맞았던 곳이다.

그날 아침 한 소년이 쓰러져 숨져 있던 곳.

나는 뒤를 돌아본다. 저 위에는 발코니가 있다. 아일린이 모든 것을 내려다볼 수 있었을 발코니다.

저마다 독특한 모습으로 서 있는 플라타너스들이 너무도 아름답다. 가판대의 남자가 웃으며 인사를 건넨다.

○   영국의 코미디 그룹으로 〈몬티 파이튼의 성배〉 등 영화, TV 시리즈, 음반, 책 등에 걸쳐 많은 히트작을 남겼다. – 옮긴이

III

보이지 않는 노동자

월링턴
1938년 1월 1일

시골집에는 여전히 전기가 들어오지 않는다. 마지막으로 남은 햇빛 속에서 아일린은 타자 치기를 멈춘다. 대규모 체포와 실종과 살해가 이어지던 시기, 조지는 제대증을 받기 위해 멀리 떠나 있었다. 아일린은 그가 돌아와 기차역과 자신이 묵고 있던 호텔 사이에서 저녁을 먹기로 마음먹는 부분까지 타자로 쳤다. 그때 아일린의 친구들은 모두 감옥에 있었다. 아일린은 밤이면 밤마다 호텔 로비에서 담배를 피우며, 누구나 볼 수 있도록 환한 조명 아래에 앉아 조지를 기다리고 있었다.

아일린은 원고를 다시 읽어본다. 거기에는 조지가 잠시 식당에 들러 저녁을 먹으며 "몹시 아버지 같은 종업원"과 구리 주전자에 관해 대화를 나눴다고 적혀 있다. 너무 시시콜콜한 정보다. 실제로 일어난 일은 그게 아닐 거라고 아일린은 생각한다. 하지만 실제로 일어난 일을 알고 싶지도 않다. 혁명이 좌절

되면서 집산화되었던 "고급 사창가"들이 원래대로 돌아가고 있다는 부분을 타자로 칠 때, 아일린은 특히 그런 내용은 알고 싶지 않다고 느낀다.

조지 역시 위층에서 타자기를 두드리고 있다. 얼어붙을 것처럼 춥다. 아일린은 타자기를 흔들리는 카드 게임용 테이블 위에, 난롯불에서 최대한 가까운 곳에 내려놓는다. 집에 양초가 떨어졌다. 적어도 1층에서는 눈에 띄지 않는다. 장갑의 손가락 부분을 잘라버리고 나니 담배를 피우고 타자를 치기에는 훨씬 수월하다. 아일린의 두 손은 부랑자의 손처럼, 페이긴°의 손처럼 보인다. 아일린은 노라에게 편지를 쓸 생각이다. 그 애를 말동무로 불러내야겠다. 우선 담배부터. 성냥에서 피어오르는 불꽃, 황 냄새, 그리고 안도감. 아일린은 담배를 잠시 재떨이에 내려놓는다.

월링턴, 더 스토어스
1월 1일

있지, 지금 난 펜도, 잉크도, 안경도 없고, 불빛이 생길 가망도 없어. 펜과 잉크, 안경과 양초는 모두 조지가 작업하고 있는 방에 있는데, 내가 또다시 조지를 방해하면 오늘 밤만 해도 열다섯 번째가 될 거거든. 하지만 굳은 의지와 기발함으로 무장한 나는 타자기를 찾아냈단다. 눈이 안 보이는 사람들은 어둠 속에

○   《올리버 트위스트》에 나오는 소매치기 우두머리이다. ─옮긴이

서 타자를 친다고들 하잖아.¹

개는 난롯불 옆에 누워 꿈을 꾸고 있다.

너한테 쓰다 만 편지를 찾아냈어. 굉장히 이상하고 신경질적인 편지였고, 내가 스페인에서 쓴 어떤 글보다도 더 스페인스러운 글이었어.

짐을 풀다 원피스 주머니에서 찾아낸 그 편지는 지금 구겨진 채 눈앞에 놓여 있다. 새로 쓰는 이 편지는 좀 더 말이 됐으면 좋겠다. 아일린은 입술 사이에 담배를 끼우고 한쪽 눈을 감은 채 타자를 친다.

자, 이제 시작해 볼게. 스페인 내전의 문제는 그게 여전히 너무도 비합리적인 방식으로 우리 삶을 지배하고 있다는 거야. 조지는(아니면 에릭이라고 할까?) 그 문제에 대한 책을 거의 다 써가고 있고, 난 그 사람 원고를 타자로 쳐주는데, 원고 뒷면에 내가 손으로 잔뜩 적어놓은 수정 사항을 읽을 수가 없어서 그 사람은 항상 내게 다시 물어봐야 해. 그리고 난 완전히 평화주의자로 돌아온 참이야.

아일린은 담배를 내려놓고 구겨진 편지를 바라본다. 그러다가 다시 타자를 치기 시작한다.

총격이 계속되는 한 전쟁은 재미있어. 하지만 거의 어떤 사람이든 분별력을 유지하기가 힘든 상태야. 정직함은 말할 것도 없고.

아일린은 데이비드 크룩을 떠올린다. 미남에, 엉덩이가 날씬하고, 까마귀처럼 검은 머리칼을 지녔던 그 사람을. 방법은 알 수 없지만 그는 감옥에서 나온 것으로 보인다. 하지만 가엾은 조르주 코프는 여전히 어느 끔찍한 지하실에 갇혀 있다. 그 이야기 중 일부라도 설명할 수 있을지 아일린은 알 수가 없다. 사랑과 총탄, 스파이와 습격이 뒤얽힌 그 이야기 가운데 여기 책상 위에 놓인 원고에 드러나 있는 건 고작 일부분일 뿐이다.

방치된 담배는 기다란 관 모양의 재로 변해 있다. 아일린은 그것을 비벼 끈다. 가느다란 담배 한 대에 불을 붙인다. 타자로 친 원고 페이지들을 테이블에서 집어 들어 난롯불 쪽으로 들어 올린다. 그래, 여기 있다. "한편 경찰은 P.O.U.M.과 관련된 사람은 누구든 손 닿는 대로 체포하고 있었다… 경찰은 누군가의 행방을 알 수 없을 경우 그 사람의 아내를 인질로 잡는 수법을 쓰고 있었다(이 전쟁의 양측 모두에 광범위하게 사용된 수법이었다)."

아내들이 잡혀가고 있다는 이야기를 조지에게 전한 사람은 아일린이었다. 바로 아일린이 밤마다 호텔 로비에서 감수하고 있는 위험이기 때문이었다. 그런데 이제 아일린은 스페인에서 자신이 했던 경험들이 자신으로부터 분리되어 있다는 걸 알게 된다. 그 경험은 조지의 일반적인 지식, 아일린은 기여한 적도 관련된 바도 없는 지식이 되어 있다. 경찰이 "누구든 손 닿는 대로 체포하고 있었다"는 건 아일린의 동료들 이야기였다. 퍼지고 있던 소문, 벨트에 폭탄을 술 장식처럼 매달고 라운지를 성큼성큼 걸어다니던 러시아인 스파이… 모두 아일린이 조지에게 말해 준 것들이다. 아일린 자신도 '내 아내'로 일반화되어 있다. 아일린의 모든 정체성과 행동과 지식이 멋대로 조지의 것이 되어 있다.

이런 상황을 설명하는 언어를 아일린은 사실상 찾아낼 수가 없다. 아일린은 조지의 원고 페이지들을, 여백에 온통 휘갈겨진 자신의 글씨들을 노려본다. 아일린은 누구에게도 보이지 않을 방식을 통해서만 이 이야기 속에 존재한다. 마치 발판이나 뼈대처럼, 최종 결과에서는 사라지거나 가려져 버리는 무언가처럼. 아일린이 생각하기에 자기말소 성향이란 오직 그것을 지닌 사람이 여전히 존재할 때만 효과가 있다. 자신이 한 역할이 보잘것없다고 주장함으로써 거기에 오히려 주의를 집중시키는 교묘한 방법으로서만. 자기말소가 문자 그대로의 의미일 리 없는데, 그런데, 여기 그것이 있다.

아일린은 유리 재떨이에 가느다란 담배를 내려놓는다. 누군가가 여기, 타자로 치고 있는 행간에서 날 발견할 일이 있기는 할까.

노라에게 전쟁 이야기 들려주는 일이나 계속해야겠다.

조르주 코프와의 상황은 이제 그 어느 때보다도 델스러워졌어.º 그 사람은 아직도 감옥에 있는데 어떻게인지는 몰라도 몇 통의 편지를 바깥에 있는 내게 보냈더라. 그런데 내가 없을 때 그중 한 통을 조지가 뜯어서 읽은 거야.

옥스퍼드 시절 노라와 아일린 둘 다의 친구였던 메리가 건강상의 이유로 급히 와달라고 해서 갔을 때였다. 아일린은 생각한다. 조지가 그 편지를 읽지 않았더라면 좋았을 텐데. 그 유럽풍의 둥글둥글한 필기체를, "고르고 고른 생각을 보내요"와

○   당시 인기를 끌던 작가 에델 M. 델Ethel M. Dell(1881-1939)의 로맨스 소설에 나오는 것 같은 플롯들을 가리키는 것으로 보인다.

"당신에게 사랑을" 같은 말들을, 그리고 조지에게는 그저 "악수를" 보낸다는 말. 조지는 자신이 편지를 뜯어본 건 코프가 감옥에서 긴급한 도움을 필요로 하고 있을지도 몰라서였다고 했고, 그 말은 충분히 그럴 듯했다. 하지만 그 말을 할 때 조지의 턱이 굳어져 있었던 것도 사실이다. 아일린은 자신으로선 해명할 일이 없다고 느꼈다. 그럼에도 한 남자가 당신을 원하게 되면 갑자기 해명할 일이 생겨버리는 것도 사실이었다. 그 남자가 당신을 원한다면 그건 당신의 잘못이 된다. 어쩌면 이런 건 글로 써보면 좀 더 말이 될지도 모르겠다.

조지는 조르주를 아주 좋아해. 조르주는 스페인에서 진심 어린 애정으로 조지를 자상하게 아껴주었고, 어쨌거나 몹시도 비범한 용기를 갖춘, 군인으로서는 감탄할 만한 사람이니까 말이야. 그리고 조지는 이 모든 일에 대해 이례적으로 관대하게 굴고 있어. 조르주가 이례적으로 관대하게 굴었던 것과 똑같이 말이야. 사실 그들은 서로의 목숨을 구해주는 일을, 혹은 그러려고 시도하는 일을 계속했어. 내게는 거의 끔찍했던 방식으로. 그때 조지는 조르주가 내게 '살짝 마음이 있는' 것 이상이라는 걸 알아차리지 못했지만 말이야. 난 가끔 생각해. 그 누구도 이만큼의 죄책감은 느껴보지 못했을 거라고.

위층에서 타자 소리가 멎는다. 기침 소리가 난다. 기침이 계속되고 또 계속되다가, 조지가 숨을 고른다. 그가 다시 자판을 두드리는 소리가 아일린의 귀에 들려온다. 아일린은 자신이 친 마지막 문장을 바라본다. 그 죄책감은 아일린과 조르주 사이에 실제로 일어났거나 일어나지 않은 일과는 별로 관계가 없다. 아일린은 결코 조르주와 사랑에 빠져 있지 않았다. 그 죄책감은 그보다는, 조르주가 자신과 사랑에 빠져 있지 않았더라면 좀 더 분별력 있게 행동했을지 모른다는 생각에서 비롯된 것이다. 그건 말도 안 되는 생각이지만 말이다. 그랬더라도 조르주는 지금 감옥에 갇혀 있을 것이다. 아일린은 다시 타자를 치기 시작한다. 노라에게만큼이나 자기 자신에게도 무언가를 분명히 하기 위해서다.

내가 조르주와 흔히들 말하는 사랑에 빠져 있지 않다는 건 언제나 알 수 있었어. 우리 관계는 그 사람이 곧 닥쳐올 어떤 공격이나 작전에서 죽음을 거의 피할 수 없을 것처럼 보일 때마다 조금씩 도약하며 진전되었거든. 하지만 내가 마지막으로 봤을 때 그 사람은 감옥에 갇혀 있었고, 우리 둘 다 확신했듯 총살당하기를 기다리고 있었어. 그 사람에게 일종의 작별 인사를 하듯, 당신은 결코 조지의 맞수가 될 수 없다고 또다시 설명하는 일은 도저히 할 수가 없더라. 그 사람은 6개월 넘게 지저분한 감옥에 갇혀 있으면서 쇠약해져 갔어. 내 마음이 가장 흔들렸던 순간들을 기억하는 것 말고는 할 일도 없는 상태로 말이야. 그 사람이 끝내 거기서 나오지 못한다면, 사실 그럴 가능성이 제일 큰데, 적어도 어떤 생각들을 즐겁게 할 수 있었다는 건 다행한 일이 되겠지. 하지만 만약 그 사람이 나온다면, 난 모르겠어. 방금 자유의 몸이 된 사람에게 어떻게 상기시켜 줄 수 있을까? 세상 어떤 이유로도 당신과 결혼할 수는 없다고 당신에게 말해 줄 기회를 그냥 한 번 놓쳤을 뿐이라고 말이야.

이 정도면 됐다. 더 할 수 있는 일이 뭐가 있겠는가? 전혀 없다. 아일린은 현재 시제로, 이 농장을, 그리고 인간이든 동물이든 이곳에 사는 모든 존재를 설명하는 일로 돌아온다.

우린 이제 암탉이 열아홉 마리나 있어. 열여덟 마리는 원래 키우려고 했고 나머지 한 마리는 우연히 생겼는데, 오리 새끼를 몇 마리 사니까 암탉 한 마리가 따라왔거든. 아무래도 그 암탉을 올가을에 삶아 먹어야 할 것 같아서 우린 번갈아 가며 둥지 상자를 지켜봤어. 녀석이 알을 낳아서 좀 더 살아도 된다는 걸 입증했는지 보려고. 그리고 녀석은 알을 낳았어. 그 암탉은 어미 노릇을 잘하니까, 봄에는 병아리들을 부화시키게 될 거야. 오늘 오후에는 닭장을 지었어. 가금류를 키우는 일에 관해서라면 내가 대답을 못 하거나 대답할 준비가 되어 있지 않은 질문은 아마 없을 거야. 어쩌면 넌 내 조언을 잘 활용하려고 욕실에 닭장을 줄지어(세 칸쯤일까) 마련하고 싶어질지도 모르겠구나. 이를 닦기 직전에 거둬들인 달걀을 이를 닦은 직후에 먹는 건 정말 감동적일 거야. 그러고 보니 사우스올드에서 시가 식구들이랑 믿을 수 없을 만큼 가족적인 크리스마스를 보내고 돌아온 뒤로 우리가 거의 언제나 삶은 달걀을 먹었다는 사실이 떠오르는구나. 우리한텐 푸들 강아지도 한 마리 있어. 마르크스라고 이름 붙여주었는데, 우리가 마르크스를 한 번도 읽어본 적이 없다는 걸 상기하기 위해서였어. 우린 이제야 마르크스를 조금 읽었는데, 그 사람을 개인적으로 너무 싫어하게 되어버려서 그 강아지한테 말을 걸 때면 얼굴을 쳐다볼 수도 없지 뭐야.

아일린은 다리를 톡톡 두드린다. 마르크스가 난롯가에서 물러나 이쪽으로 걸어온다. 녀석의 꼬리가 의지와는 상관없이 마

마르쿠스

구 흔들린다. 이 개는 기본적으로 기쁨을 느끼게 되어 있는 존재다.

이 녀석은 은색 털로 자라날 줄 알았는데 검은색과 흰색이 되었고, 4개월밖에 안 됐는데 벌써 양쪽 관자놀이 부분이 희끗희끗해지고 있어. 미니어처 푸들인 줄 알았는데 그것보단 더 크기도 하고. 그리고 놀랄 정도로 소화를 잘 시켜. 자랑스러울 정도라니까. 이 녀석은 한 번도 아팠던 적이 없어. 근 20년간 아무도 본적 없는 뼈들을 거의 매일같이 정원에서 찾아내서 몇 개를 씹어 먹기도 하고, 의자랑 걸상도 많이 씹어먹었지만 말이야.

아일린은 메리를 찾아갔던 이야기를 노라에게 해준다. 메리의 어린 아들 데이비드는 아주 똑똑하고, 그 애를 보고 있으면 살짝 질투도 나는데, 나도 아들이 있었으면 좋겠지만 없기 때문이야라고도 적는다.

내가 거기 있었을 때는 메리와 내 처지가 인간의 역사를 끔찍한 방식으로 압축해서 보여주는 것 같았어. 난 저주가 시작되기 전의 극심한 고통을 느끼고 있었는데, 이번에는 통증 없이 지나갈지도 모르겠다는 착각을 할 만큼 뒤늦게 찾아온 통증이었어. 그리고 메리는 저주 시작 전의 고통 같은 건 전혀 없었지만, 열이 나는 바람에 약사한테 가서 맥각麥角이나 다른 약을 사려고 하고 있더라.

아일린의 친구는 낙태약을 사고 싶어 한다. 하지만 아일린의 희망은 매달 피로 변해 흘러나오고 있다.

마지막 촛불이 깜박이며 타들어 가고 있고, 이 편지를 좋게 끝낼 방법이라곤 없는 것 같구나.

아일린은 자리에서 일어나 난롯불 속에 나무 조각 하나를 더 집어넣는다. 이미 늦었지만, 그러지 않으면 불빛이라곤 아예 없어져 버릴 테니까. 아일린은 너무나도 브리스톨로 가고 싶다. 가서 노라를 만나고 싶다.

이 책 작업이 끝나면 난 휴가를 가질 거고, 그건 이번 달이 될 거야. 다만 우리한테 돈이 한 푼도 없다는 게 문제야. 내가 단 하루라도 자리를 비울 수 있을지 모르겠어. 책 작업은 늦어지고 있고 최종 원고 타자 작업은 아직 시작도 안 했거든. 그리고 조지의 원고를 받아서 고치려고 해도 그 안에 담긴 내용을 도무지 이해할 수 없는 일이 계속되고 있어. 하지만 네가 판매 행사에 <u>와준다면</u> 이 모든 건 중요하지 않은 일이 될 거야.

돼지로부터.

월링턴 1938년 1월 1일

아일린이 종이를 타자기에서 빼내려는데, 오웰이 뒤에 와서 서 있다. 그는 시커먼 형상으로 거기 서서 기침과 말을 이어간다. 아일린은 지금이 몇 시인지 전혀 알 수가 없다.

오웰이 위층으로 돌아가자 아일린은 이렇게 덧붙인다.

에릭(그러니까 조지)이 방금 왔다 갔어. 불이 꺼졌다면서 (그는 작업 중이라 알라딘 램프를 가지고 있거든) 기름이 있느냐고 묻더라(이런 질문이라니). 그러고는 이런 불빛 속에서는 타자를 칠 수 없는 거 아니냐고(사실일지도 모르지만, 어차피 친 걸 읽을 수도 없는걸) 하더니 배가 고프다고, 비스킷을 곁들여 코코아를 좀 마시고 싶다고 했어. 지금은 자정이 지났고, 마르크스는 뼈를 씹어먹고 있어. 녀석은 의자마다 뼛조각들을 남겨놨는데 이제 어느 의자에 앉을지 모르겠구나.

아일린은 타자기에서 종이를 돌려 빼낸다. 그런 다음 주방으로 가서 코코아를 탄다.

8주 뒤, 책이 완성된다. 3월 초, 날씨는 여전히 춥다. 그들은 거실 난롯가에 앉아 있다. 그때 조지가 기침을 시작하더니, 피를 토할 때까지 멈추지 않는다. 영원히 쏟아지는 거 아닌가 싶을 정도로 많은 피다.[2] 아일린은 구급차를 부르고, 오빠도 부른다. 옆 마을에 사는 자신들의 친구 잭 커먼에게는 와서 가축들을 좀 돌봐달라고 부탁한다. 조지는 소파에 누워 이마에 얼음을 올리고, 가슴에는 수건을 덮고 있다. 적갈색으로 흠뻑 젖은 수건이 끔찍해 보인다. 조지는 미안하다고 말하고는 덧붙인다. "제기랄, 엉망진창이군."

아일린은 구급차를 함께 타고 병원으로 간다.

다행히도 로런스가 그곳에서 그들을 맞아준다. 로런스는 조지를 청진기로 진찰하고, 창백한 가슴을 가볍게 두드려보고, 엑스레이와 객담 검사를 받으라고 지시한다. 그러고는 자신이 진료를 보는 켄트의 프레스턴 홀에서 조지가 치료를 받게 해야겠다고 결론을 내리고 또 한 대의 구급차를 부른다.

조지는 이동을 위해 진정제를 투여받는다. 그러고는 베개를 베고 고개를 비스듬히 떨군 채 잠에 빠진다. 아일린은 그의 입을 바라본다. 그의 입은 거기서 쏟아져 나온 끔찍한 것이 전혀 짐작되지 않을 만큼 말끔하게 정돈되어 있다. 아일린은 로런스가 의학적인 정보는 (결핵, 병변, 치료에 있어서의 선택지, 여명이 몇 년 몇 개월인지 등) 뭐든 말해줄 것이고, 자신은 그 말을 알아들을 것임을 알고 있다. 하지만 동시에―조지의 호흡은 이제 너무도 차분하고 잔잔하고, 그의 얼굴은 주름 속으로 고요히 가라앉아 있다―아일린은 자기 안의 무언가가 의학에서 떨어져 나와 희망과 마술의 영역으로 옮겨 가는 걸 느낀다. 사실들이 뭐라고 하든, 아일린은 조지가 살기를 바란다. 자신이 의지와 비현실, 사랑, 그리고 한때 기도로 불렸던 것의 영역에 들어서고 있다는 걸 느낀다.

그날 밤 아일린은 로런스와 그웬과 함께 그리니치의 저택에 머무른다. 다음 날 아침, 아일린은 영리하고 친절한 잭에게 편지를 쓴다. 쏟아지는 비를 뚫고 시골집에 와서 가축들을 돌봐주어서 고맙다고 쓴다. 그러고는 의사들이 조지에게 만들어 넣으려 했던 인공 기흉 없이도 출혈이 멎게 해주었다고도 쓴다.

동네 병원에서 프레스턴 홀로 구급차를 타고 가는 건, 마치 아주 호화롭고 바퀴 달린 침실에 있는 듯한 경험이었어요… 그러니 한번 타볼 만했던 거죠. 에릭은 사람을 죽일 목적으로 만들어진 시설에 들어와 있다면서 약간 우울해졌지만, 그것만 빼면 놀랄 만큼 괜찮아졌어요. 여기 사람들 말로는 오래 있을 필요가 없다지만, 전문가는 출혈이 일어난 실제 부위를 식별해서 향후 관리를 할 수 있을 거라는 일종의 희망을 품고 있어요. 이번 일은 정말 감사드려요. 그렇게 멀리서 악천후를 뚫고 이웃처럼 와 주셔서요. 위안이 된다고는 할 수 없는 마을 사람들하고만 이야기하다 보면 사람이 신경질적으로 변하게 되거든요. 경과는 또 알려드릴게요. 지금은 친척들에게 써야 할 끔찍한 편지가 있어서요.[3]

어제의 공포가 지나가고 난 지금, 아일린은 그 감정이 민망하게 느껴진다. 사람은 자신이 무엇을 느끼는지 알아내기 위해 글을 쓴다. 아일린은 편지를 쓰고 나서야 자신이 마을에서 얼마나 외톨이인지를 깨닫는다. 그 전문가가 실은 오빠라고 잭에게 말할 수는 없다. 노동계급 남자인 잭의 눈에는 그게 중산층을 위한 특별대우처럼 보일 테니까. 그리고 사실 그건 특별대우가 맞다.

잭은 아일린이 시골집에 돌아오기 전에 떠났다. 아일린이 문간에 서서 열쇠를 돌리자, 마르크스가 기뻐 날뛰며 뛰어오르고, 낑낑거리고, 털투성이 몸뚱어리로 피루엣°을 돈다. 녀석은

○   발레에서 한 발을 축으로 팽이처럼 도는 동작이다. – 옮긴이

줄무늬 안락의자의 쿠션 속을 씹어 헤집어놓았는데, 그건 아무리 녀석이라고 해도 지나친 짓이다. 넬리는 자기가 묶여 있던 말뚝을 뽑아버리고는 자라고 있던 시금치를 몽땅 먹어 치웠다. 녀석의 젖통이 잔뜩 부어 아파 보이니, 양동이를 가져와 젖부터 짜주어야 할 것 같다.

웰링턴 1938년 1월 1일

혀로 하는 키스

오웰이 프레스턴 홀 요양소에서 지내는 6개월 동안, 아일린은 혼자서 지낸다. 그러면서 2주에 한 번씩 그를 찾아간다. 월링턴에서 켄트까지 가려면 돈이 많이 들고, 시간도 다섯 시간이나 걸린다. 우선 4.8킬로미터를 걸어가 버스를 탄 다음, 기차를 타고, 지하철을 타고, 다시 기차를 타고, 또다시 버스를 탄 다음, 또다시 걸어야 한다. 아일린으로서는 로런스와 그웬의 집에서 지내는 게 더 나았을 테지만, 누군가 염소와(이제 두 마리였다) 오리와 닭을 돌봐야만 한다. 아일린은 오웰에게 먹을 것과 꽃을 가져다주고, 지금껏 알을 낳아 스스로의 목숨을 구해온 세에라자드 같은 암탉의 이야기도 들려준다.

한번은 아일린이 리디아에게 자기 대신 오웰을 찾아가 달라고 부탁한다. 리디아는 런던에 살고 있어서 병문안을 가기에는 더 가깝다. "나는 조지에게 집에서 만든 스콘 몇 개와 아일린과 조지 두 사람 모두가 아주 좋아하는 노란구륜앵초 한 다발을 가져가기로 했다."[4] 리디아는 이렇게 쓴다.

메이드스톤을 조금 벗어난 곳에 자리한 요양소는 커다란 공원으로 둘러싸여 있었다. 조지는 옷을 제대로 갖춰 입고 야외의 접이식 의자에 앉아 있었다. 그는 내가 도착하자마자 일어서더니 공원으로 산책을 가자고 했다. 우리는 그리 멀리 가지는 않았다. 건물들이 보이지 않는 곳까지 가자, 우리는 풀밭에 앉았고, 조지는 나를 끌어안았다. 어색한 상황이었다. 나는 남자로서의 그에게 전혀 끌리지 않았고, 그의 병약한 모습은 오히려 내 안에 약간의 혐오감을 불러일으키기까지 했다. 하지만 동시에, 그가 아내와 나누던 친밀감을 잃고 외로움에 굶주린 아픈 사람이라는 사실 때문에 그를 거절하기가 어렵기도 했다. 나는 내숭을 떠는 듯 행동하거나 그 사건을 심각하게 받아들이고 싶지 않았다. 키스하는 일이 그에게 몇 분 동안의 기쁨을 줄 수 있다면 내가 왜 밀어내야 할까? 나는 그가 아일린을 깊이 사랑하며, 내가 아일린에게 맞수가 될 일은 결코 없다고 스스로를 납득시켰다.

오웰이 스페인으로 떠나기 전 크리스마스에 "겨우살이 밑에서 당신한테 키스할 수가 없겠네요"라고 속삭였을 때, 리디아는 곧바로 알아차렸었다. 그건 아일린을 은밀히 훼손하려는 의도로 계획된 성적인 접근이었다. 그 접근이 결국 도달한 곳이 여기였다. 결핵에 걸린 사람과 혀로 하는 키스. 그리고 그 순간, 리디아는 여성이 반복해 빠져드는 이중사고에 빠져들고 만다. 그것은 자기 자신을 포함해 모든 것을 무의식적으로 남성의 관점에서 바라보는 사고방식이다. 리디아는 자신이 오웰을 거절하면 '내숭을 떤다'는 모욕을 듣게 될 거라고 예상한다. 리디아가 '그 사건을 심각하게 받아들이면' 그건 곧 유머 감각이 없다는 뜻이 될 터였다. 리디아는 명확히 말로 표현할 수 없는 상황 속에 갇혀버린다. 그 상황에서는 사랑하는 친구의 병든 남편과 키스하는 것이 그것을 거부하는 것보다 어쩨선지 더 쉬운 일이 되어버린다. 그 키스가 아일린에 대한 배신일 뿐 아니라 어쩌면 죽음을 부르는 키스가 될 수도 있다는 사실을 알면서도 그렇다. 아일린이 스페인에서 언제든 죽을 수 있었던 조르주 코프에게 자신을 하나의 위안으로 허락하지 않을 수 없었던 것과 정확히 똑같은 방식으로, 리디아는 자신을 오웰이 누려 마땅한 기쁨으로 여긴다.

키스는, 특히 첫 키스는 그저 키스만은 아니다. 그건 여성이 헤쳐 나가야 하는 하나의 상황이 된다. 여성에게 주어진 선택지는 내숭 떠는 여자 아니면 걸레, 혹은 유머감각 없는 년 아니면 공범이다. 그 둘을 나누는 경계선은 여성이 자신의 욕망을 발견하고 나아가 충족시키기에는 너무나도 비좁은 공간이다.

몇 달이 흐르면서 아일린과 오웰의 자금이 고갈되어 가자, 아일린은 생계를 위해 타자 치는 일을 맡는다.[5] 오웰의 요양이 끝나갈 무렵, 의사는 좀 더 회복될 수 있도록 기후가 더 온화한 지역으로 가라고 권고한다. 두 사람은 사실상 파산 상태지만, 한 익명의 후원자—사실은 소설가 L. H. 마이어스L.H.Myers—가 그들이 떠날 수 있도록 300파운드°를 후원한다. 오웰은 그렇게 큰돈을 받는 걸 달가워하지 않지만, 로런스가 의학적으로 필요하다며 그를 설득한다. 1938년 9월, 두 사람은 증기선 스트라테덴호에 몸을 싣고 북아프리카의 마라케시로 떠난다.

떠나기 전의 일들은 흐릿하다. 아일린은 이렇게 적는다. 나로 말하자면 영국에서 마지막으로 보낸 몇 주가 기억나지 않아. 거의 내내 기차에서 보냈다는 것 말고는. 사람들에게 작별 인사를 해야 했고, 나라 곳곳에서 (에릭을 포함해) 이것저것을 챙겨 와야 했고, 시골집을 지금 그곳에서 겨울을 보내고 있는 커먼 부부에게 넘겨주어야 했고, 염소들을 한데 모아 관리해야 했고, 기타 등등.[6]

아일린은 브리스톨에 사는 오웰의 누나 마조리에게 마르크스를 데려가 맡긴다. 하지만 무슨 이유에선지, 시간이 없어서인지, 혹은 노라가 거기 없어서인지 노라를 만나지는 못한다.

───────────────────────────────

○   지금으로 치면 약 2만 파운드(약 3,800만 원)에 해당하는 금액이다.

보이는 동시에 보이지 않는 존재가 되는 일에 대하여

유사流沙○

내가 어렸을 때 우리 가족은 프랑스에 살았다. 오스트레일리아로 돌아오기 직전, 내가 여섯 살 때, 우리는 노르망디 해안에 있는 몽생미셸에 갔다. 차를 타고 둑길을 따라, 젖은 모래로 뒤덮인 풍경을 가로질러 갔다. 그 모래 속에서는 바닷물이 보이지 않게 차오르고 있었다. 어린아이들이었던 우리는 휘둥그레진 눈을 한 채 경고를 들었다. 밀물은 우리가 달리는 속도보다 빠르게 밀려든다는 것이었다. 몽생미셸 자체도 동화에서 튀어나온 것 같은 성이었고, 언덕 위에는 그것을 떠받치는 여러 하부 건물들이 자리 잡고 있었다. 차에서 내린 우리는 그곳의 모래가 사실 유사라는 말을 들었다. 그래서 나는 곧바로 모래 속으로 발을 내디뎠다. 다리가 무릎까지 푹

○ 바람이나 흐르는 물에 의해 흘러내리는 모래를 뜻한다. – 옮긴이

빠졌다. 누군가가 나를 끌어 올려주어야 했지만, 나는 그 모래가 어떤 것인지 알고 싶었다.

멜버른에 있을 때 우리 어머니는 프랑스어를 잊어버리지 말라고 나를 알리앙스 프랑세즈 학원에 등록시켰다. 첫 수업이 끝난 뒤 선생님은—검은 턱수염을 기른 남자였는데—나를 한쪽으로 데려가더니 내 생일이 언제냐고 물었다. 내가 날짜를 말해주자 그는 몸을 아래로 숙였다. "그래, 그러면," 그는 부드러운 목소리로 내 얼굴에 대고 속삭였다. "선생님이 비즈$_{bise}$°를 한번 해줄게." 나는 그 말이 무슨 뜻인지 알아들었고, 그게 보통 생일날에 하는 뽀뽀가 아닐 거라는 사실도 알아차렸다. 나는 어머니에게 다른 말은 하지 않고 다시는 그 수업을 들으러 가고 싶지 않다고만 말했다. 그러자 내 평생 처음으로 (그리고 아마도 마지막으로) 어머니는 내게 무언가를 계속하라는 강요를 하지 않았다. 나는 지금도 그 사실에 놀란다. 그리고 더욱 놀라운 건, 어머니가 내게 한 번도 왜냐고 묻지 않았다는 거다.

나는 꿈을 통해, 기억을 통해, 그리고 보이지 않는 곳에서 급속히 퍼져나가는 서사적 충동을 통해, 내가 성적으로 위협을 받은 이 첫 경험을, 그리고 내가 여섯 살의 나이에 그게 뭔지 본능적으로 알아차렸다는 슬픔을, 전속력으로 밀려들던 몽생미셸의 밀물과 결합해 왔다. 우리가 호기심을 느끼지만 결국엔 간신히 달아날 수 있을 뿐인, 세상의 그 엄청나고도 괴상한 속도와.

○ 프랑스어로 '키스'를 뜻하는 *bise*는 볼에 하는 가벼운 뽀뽀를 가리키는, 선생님이 쓸 수 있을 법한 단어이지만 이때 저자는 단어 이외의 말투나 분위기 등으로 성적인 뉘앙스를 전달받았다. —옮긴이

관점

나는 그 뒤에도 프랑스에 머무른 적이 있다. 이번에는 10대 초반에 가족 휴가를 갔을 때의 일이다. 나는 아버지가 읽던 조르주 심농Georges Simenon과 로스 맥도널드Ross Macdonald의 탐정소설들을 읽으며 뒹굴거린다. 그러면서 사설탐정들의 눈을 통해 세상을 보는 법을 익혀간다. 그 세계에서 여자들은 이방인이고, 욕망의 대상이 되기 위해 존재한다. 아버지와 나, 그리고 우리 가족과 함께 머무르고 있던 10대 소년 한 명은 이에르의 해변을 따라 걷는다. 여자들은 첫 번째 해변에서는 비키니를 입고 있고, 두 번째 해변에서는 상의를 벗고 있고, 세 번째 해변에서는 완전히 벌거벗고 있다. 친절한 사람이었던 우리 아버지는 가벼운 말투로 소년에게—그 소년은 열네 살이다—말한다. "보는 건 괜찮지만 만지면 안 된다." 그들은 웃음을 터뜨리고, 나는 작은 두 발이 모래 속에 파묻힌 채 상의를 벗고 있던 내가 그곳에 존재하지조차 않는다는 걸 깨닫는다.

그날 밤, 아이였던 우리는 잠자리에 든다. 그러자 그 소년이 내 다리를 발가락에서부터 쓰다듬기 시작한다. 그러더니 더 높은 곳으로, 허벅지까지 올라온다. 나는 자는 척한다. 그 애의 손은 움직이다가도 내가 원하는 곳에 닿기 전에 항상 멈춰버린다. 그 애는 우리 아버지의 말을 제대로 듣지 않았다. 나도 마찬가지였다.

버섯들

내가 스무 살쯤 되었을 때였다. 우리 집에서 파티가 열렸다. 저녁이지만 꽤 이른 시간이어서 여전히 밝았고, 사람들도 여전히 맨정신이었다. 나는 부모님과 또 다른 부부와 함께 서 있었다. 그 부부 중 남편은 우리 아버지처럼 의학 교수였다. 그런데 대화가 이어지던 도중에 그 교수가 아무런 전조도 없이 몸을 굽히더니 내 손목을 붙잡았다. 그러고는 내 손을 자신의 사타구니 쪽으로 끌어당겼다. 그가 무슨 말을, 농담 같은 걸 했을 수도 있지만, 주변 사람들이 무언가를 알아차렸다는 기억이 내게는 전혀 없다.

나중에 나는 그 일을 어머니에게 이야기했다. 하지만 어머니도 그곳에 있었는데. 나는 어머니가 그 광경을 보지 못했다는 걸 믿을 수가 없다. 어딘가에 정신을 팔고 계셨던 걸까? 음식을 챙기느라고? 정신없이 날뛰는 개를 제지하느라고? 나는 어머니에게 말했다. "꼭 자루에 든 버섯들을 만지는 것 같았어요." 어머니는 웃었다. 비유를 좋아하는 분이었으니까. 그리고 흔히들 말하듯, 그게 다였다. 나는 정신적 외상을 입지는 않았다. 그 상황은 너무도 공공연하게 벌어졌기에 위협 같은 건 느껴지지도 않았다. 내가 받은 충격은 한 남자가 자기 아내와 우리 부모님이 보는 앞에서, 그것도 우리 집에서 그런 행동을 하면서도 그래도 된다고 느꼈거나, 그래야 한다고 느꼈거나, 어쩌면 둘 다였을지 모른다는 깨달음에서 왔다. 그리고 그는 그런 짓을 저지르고도 아무런 대가를 치르지 않았다. 보이지 않는 존재가 된다는 건 손끝에 버섯들이 와닿고, 귓가에 킥킥거리는 웃음소리가 울려 퍼지는 것 같은 경험이다.

모로코

오웰과 아일린은 마라케시에서의 첫날밤을 어느 호텔에서 보낸다. 아일린은 시어머니에게 보내는 편지에 이렇게 쓴다. 한때는 제법 괜찮았을지 몰라도, 최근 주인이 바뀌면서 사창가가 된 게 분명해 보이는 곳이에요. 제가 사창가에 대해 직접 아는 바는 많지 않지만, 아마도 그런 곳들은 다들 '특별 서비스'를 제공하기 때문에 지저분하고 다른 편의시설이 없어도 괜찮은 모양이에요. 그럼에도 두 사람은 그 호텔에 묵는다. 그건 에릭이 거기서 실제로 지내보기 전까지는 어떤 이상한 점도 알아차리지 못했기 때문이기도 하고, 당시 제 체온이 한 시간에 1도 정도씩 올라가고 있었기 때문이기도 해요. 저는 그저 눕고 싶은 마음뿐이었고, 눕는 건 아주 쉬운 일이었죠. 음료수를 마시고 싶기도 했는데, 그건 각양각색의 모습으로 거리에서 일하는 수많은 아랍 사람들이 가져다줬어요. 험악해 보이지만 실은 아주 친절한 사람들이었죠. 에릭은 물론 외식을 했는데, 모로코에서 외식은 돈이 꽤

많이 들어서 저희는 최대한 빨리 이곳으로 옮겼어요.[7]

그들은 임대할 별장을 찾아낸 참이다. 별장은 도시에서 5킬로미터쯤 떨어진 곳에 있다.

일단 자리를 잡고 나자, 아일린은 노라에게 편지를 쓴다. 어쩌다 여기까지 오게 되었는지 이해가 되게끔 설명하고 싶다. 하지만 아일린은 한 가지 아주 중요한 사실을 숨긴다. 노라에게 말하면서도 동시에 말하지 않는 방식으로.

의사들이 오웰이 결핵이 아니라고 결론 내린 뒤에도 몇 달 동안 요양소에 머무르게 했다고 아일린은 노라에게 말한다. 하지만 이는 이상한 일이다. 오웰은 사실 결핵을 앓고 있었기 때문이다. 오웰은 평생 자신의 병에 대한 언급을 피했다. 당시에는 그 병의 치료제가 없었으니, 병을 너무 의식하고 싶지 않았던 건지도 모른다. 주위 사람들에게도 말하지 않는 일이 종종 있었다. 그럼에도 주변에 감염되지 않은 사람이 더 많았던 건 작은 기적이라 해야 할 것이다. 가끔씩 오웰은 자신의 병을 "기관지 확장증"(결핵보다는 덜 심각한 폐질환이다)이라고 불렀다. 하지만 대체로는 그냥 신경을 쓰지 않았다. 아일린과 로런스는 엑스레이를 통해 정확한 상황을 알고 있었을 테니, 아일린은 노라의 기분을 생각해서 상황의 심각함을 숨기고 있었던 건지도 모르겠다.

하지만 오웰이 결핵이 아니라고 쓰면서도 아일린은 하마터면 진실을 드러낼 뻔 한다. 자신의 오빠가 기후가 더 온화한 지역으로 가라고 고집했다는 이야기를 하는 대목에서 아일린은 이렇게 말한다. 로런스가 더는 그 병에 대해 지어낼 거짓말이 없었다[8]고. 그리고 아일린과 오웰 두 사람 모두 오웰이 갑자기 세상을 떠날 가능성이 크다는 걸 알고 있다. 물론 우리가 여기 온 건 어리석은 일이었지만 그땐 거절할 수가 없었어. 그리고 에릭도 자신이 은혜를 입었다고 생각했고. 상당히 의도적으로 지속된 거짓말 때문에 평생 처음으로 빚을 지게 됐고, 자기가 제 기능을 할 수 있을 것으로 예상되는 몇 해 남지 않은 시간 가운데서 거의 일 년이나 낭비해 버렸다고 쉬지 않고 신랄하게 불평을 늘어놓기는 하지만 말이야.

하지만 지금 당장은 오웰이 작업을 하고 있고, 두 사람 모두 비교적 괜찮은 상태다. 머무르는 집은 외딴곳에 있긴 하지만 아름답다고 아일린은 노라에게 말해준다. 이 집은 오렌지 과수원 한복판에 있고, 이곳의 모든 것은 그 과수원을 가꾸는 푸줏간 주인의 소유야. 하지만 그 사람은 고기가 있는 곳에서 지내는 걸 더 좋아해. 이웃이라고 할 만한 사람은 오렌지를 관리하는 아랍 사람들밖에 없어. 그 동네 사람 중 한 명인 마흐즈루브는 오웰 부부를 위해 집안일을 해준다. 별장에는 풀과 버들가지를 엮어 만든 의자들, 기도용 깔개 한 장, 숯불을 피워서 쓰는 요리용 금속 화로 두 개, 꼭 필요한 도기류의 3분의 1 정도, 그리고 체스 말 몇 개가 갖춰져 있다.

자전거를 한 대 산 아일린은 자전거를 타고 마라케시 시내로 들어가는 일을 즐긴다. 그 도시에는 분홍색 벽들이 있다고 아일린은 노라에게 말해준다. 그리고 고약한 냄새가 스며 나오는 아름다운 아치형 구조물들이 있고, 버짐이 피고 파리들을 잔뜩 달고 다니는 사랑스러운 아이들로 가득해. 시장들도 환상적이야. 단, 항상 담배를 (이왕이면 시가를) 피우고 절대 아래를 내려다보지 않는다면 말이야.

아일린은 또 한 명의 친구에게 보낸 편지에서 자신이 관찰한 그 파리들을 다음과 같이 생생하게 되살려 놓는다. 아랍인들은 [수의 색깔로] 밝은 녹색을 선호하고, 관은 사용하지 않는데, 그건 장례식 날 파리들에게는 멋진 일이야. 그 파리들은 심지어 식당에 있다가도 잠시 그곳을 떠나 지나가는 시신을 맛보러 가거든.[9] 오웰은 아일린이 관찰한 바를 자신의 에세이 〈마라케시〉의 도입부에 다음과 같이 변형해 사용했다.

> 시신이 지나가자 파리들은 식당 테이블을 떠나 떼로 몰려들더니 서둘러 시신을 따라 날아갔고, 몇 분 후 다시 돌아왔다… 파리들을 정말로 매료시키는 건 이곳에서는 시신들이 절대 관에 안치되는 법이 없고, 그저 한 조각의 넝마에 싸이고 거친 나무 관대에 올려진 채 고인의 친구 네 명의 어깨에 얹혀 운구된다는 점이다.

아일린은 아랍인들, 파리들, 심지어는 '지나가는' 과정에서 관계를 맺고 있는 시신들까지, 자신의 문장 속 모든 존재들 안에 힘차게 살아 있다. 아일린의 유머 감각은 모순 속에서 빛난다. 수의는 '밝은' 색이고, 관이 없다는 건 '멋진' 일이며, 파리들은 식당 음식과 시신 중 어느 쪽을 맛볼지를 두고 심사숙고를 하기도 한다.

하지만 오웰의 글에서 시신들은 왠지 학대당하는 느낌이다. 그것들은 '절대' 관에 안치되는 법이 없고, '그저 한 조각의 넝마에 싸이고 거친 나무 관대에 올려진 채' 운구된다. 아랍인들도, 까다로운 파리들도 등장하지 않는다. 한 전기 작가는 이런 유사성을 언급하며 이는 "오웰의 후기 작품 속 핵심적인 아이디어들이 시적 감각이 뛰어난 아일린과 함께한 관찰과 의견 교환 과정에서 탄생했을 수도 있다는 점을 시사한다"[10]고 말한다. 내 생각에, 이 전기 작가는 《동물농장》을 미리 가리키고 있는 것 같다. 나는 조금 더 분명하게 말하겠다. 이는 다른 존재들과 온갖 생명체들을 더 생생하고, 더 인정 많고, 더 익살스럽게 바라보는 다양한 방식이 아일린에게서 비롯되었음을 보여주는 증거라고 말이다.

～

오늘 아침 아일린은 마라케시 시내로 들어가 집으로 보낼 크리스마스 선물들을 샀다. 조지는 지름이 1미터 20센티미터나 되는 황동 쟁반 하나를 두고 흥정을 했다(너무 통이 커서 잘하지는 못했지만 말이다). 그 쟁반은 의심의 여지 없이 두 사람의 남은 평생에 가장 눈에 띄는 물건[11]이 될 것이다. 아일린은 노라에게 선물할 정교하게 세공된 가죽 상자 하나를 찾아냈다.

지금, 아일린은 방에서 쉬고 있다. 맨발 아래로 와닿는 타일의 감촉이 시원하다. 마흐즈루브가 방금 닦았으니 아마 앞으로 10분 동안은 바닥에서 모래알이 밟힐 일이 없을 것이다. 마흐즈루브가 주방에서 일하는 소리가 들려온다. 그는 두 팔과 두 무릎을 대고 엎드린 채 뒤로 옮겨 가며 젖은 헝겊 뭉치로 바닥을 닦고 있다. 아일린은 저녁이면 그를 집으로 돌려보낸다. 그가 저녁마다 집 뒤쪽 계단에 앉아 시간을 보내며 이따금 테이블 시중을 들기 위해 계단을 뛰어오르고 다시 뛰어 내려오는 일을 반복했기 때문이다. 조지는 알아차리지 못했지만, 마흐즈루브가 너무 안절부절못하는 태도를 보여서 아일린은 견디기가 힘들었다.[12] 주름투성이 얼굴에 경계심이 많은 그는 거리감이 느껴지는 방식으로 공손하지만, 그래도 그들은 이야기를 나누기는 한다. 마흐즈루브는 어린 시절 프랑스군에 소년병으로 징집되었다고 했다. 아일린은 문득 궁금해진다. 그는 또 다른 전쟁이 다가오고 있다는 걸 알까?

옥상의 작은 방에서 타자기가 탁탁탁 소리를 낸다. 조지는 《숨 쉴 곳을 찾아서》라는 장편소설을 쓰고 있다. 잔소리가 심한 아내와 말 안 듣는 두 아이를 둔, 중년의 지독한 실망 속에 잠겨 사는 한 남자의 이야기다. 아일린은 그 소설이 훌륭하다고 생각한다. 조지가 어떤 끔찍한 일들에 대해 속죄를 하고 있다고도 생각한다.

방 한쪽 구석에서, 그들이 사 온 비둘기 한 쌍 중 한 마리가 깔끔하게 똥을 누더니 뽐내듯 걸어간다. 저걸 치우려면 마흐즈루브를 다시 불러야 할 것 같다. 아일린은 배 위의 탕파湯婆°를, 그리고 다리 사이에 댄 천을 고정하는 벨트를 바로잡는다. 생리는 고통스럽지만 곧 끝날 것이다. 이 나라에서 처음 몇 주 동안 지독한 두통에 식중독까지 겪었던 쾌거에 비하면 이 정도는 아무것도 아니다. 마흐즈루브는 아일린을 위해 박하차를 끓여두었다. 아일린이 찻물을 12분 동안 끓여달라고 부탁하자 그는 가스 낭비라며 고개를 저었지만, 결국 차는 준비되었다.

바깥에서는 태양이 땅을 금빛으로 달구고 있다. 아일린이 오늘 아침 빨랫줄에 걸어둔 침대 시트, 속옷, 셔츠 같은 빨래들이 마치 살아 있는 것처럼, 혹은 항복의 신호처럼 펄럭인다.

○ 뜨거운 물을 넣어서 그 열기로 몸을 따뜻하게 하는 기구로, 주로 이불 속에 넣고 잔다. －옮긴이

아일린은 종이 묶음에서 한 장을 새로 꺼내 편지를 쓰기 시작한다. 고향의 가족들 소식은 노라에게 전할 만한 게 별로 없다. 사람들은 전쟁 준비를 얼마나 진지하게 해야 할지 갈피를 못 잡고 있다. 오웰의 누나 마조리는 자기 아이들에게 줄 방독면을 샀지만, 남편이 마당에 방공호를 파는 걸 보고는 "미치광이" 같다고 하고 있다. 블레어 씨는 암으로 죽어가고 있지만, 그 일로 요란을 떨지는 않는다. 하지만 아일린의 머릿속을 정말로 차지하고 있는 건 조르주 코프가 모로코로 와서 함께 머무르겠다고 제안했다는 사실이다. (그 사람은 돈이 한 푼도 없고, 우린 그가 감옥에서 나와 스페인을 떠났다는 소식을 그 전날 전보로 들었어. 에릭은 전보를 받고서는 조르주가 우리 집에 머물러야 한다고 했지만, 그가 도착했다는 편지를 받고서는 조르주가 우리 집에 머물러서는 안 된다고 했어. 내 생각에 조르주는 필요한 돈을 빌려줄 사람을 결국 찾지 못할 테고, 그러면 이 상황은 해결되지 않을까 싶어.)[13]

아일린은 사실 코프를 만나고 싶지 않다. 전쟁이라는 극적인 상황, 그리고 가장 그럴 것 같지 않은 남자들마저 영웅으로 바꿔 놓았던 위험한 삶이 사라져버린 지금, 그는 나약하고 미덥지 못한 사람으로 보일 것 같다. 아일린은 가슴을 찌르는 수치심과 함께 깨닫는다. 스페인에서는 그의 현란하고 과장된 프랑스식 표현을 진짜처럼 받아들일 수 있어서 행복했다는 것을. 그곳에서는 그런 과장법이 어울리는 것처럼 느껴졌다. 아일린은 코프가 무슨 책을 읽는지조차 알지 못한다. 바라건대 그가 오지 않았으면 좋겠다. 어쩌면 이곳 대신 영국에 있는 로런스와 그웬의 집으로 가보라고 제안해야 할지도 모르겠다.

그래도 에릭[조지]은 이제 좀 나아졌어. 기침도 많이는 하지 않고 말이야(여전히 영국에 있을 때보다는 많이 하지만). 그러니 외국에서 보내는 이번 겨울이 끝날 무렵에도 처음보다 상태가 그렇게 나빠지지 않을 수도 있을 것 같아. 내 생각에 에릭의 수명은 또다시 일이 년쯤 줄었겠지만, 그 모든 전체주의자들에게 그런 사실은 별 의미가 없겠지. 우린 이 나라의 전반적인 끔찍함에도 이제는 단련되어서, 오히려 상당히 즐기고 있어. 에릭은 우리 둘 다에게 몹시 만족스러운 책을 쓰고 있어. 그리고 우린 어떤 의미에서는 에릭 오빠[로런스]를 용서했어. 오빠는 선천적으로 파시스트일 수밖에 없는 사람이고, 그런 사실을 자각하고는 정말로 속상해하고 있거든.

아일린은 뒤로 기대앉은 다음 시가에 불을 붙인다. 노라는 로런스가 사회주의자라는 걸 알고 있으니, 여기서 그가 전체주의자라는 말은 의학적 견해에 한해서만 그렇다는 뜻임을 알아들을 것이다.

이곳에서는 집들의 문이 모두 열려 있다. 바깥에서는 마흐즈루브가 빨래통에서 헝겊 뭉치를 짜며 콧노래를 부르고 있다.

마흐즈루브는 최근까지 걱정을 하고 있었어. '물고기'에 해당하는 프랑스어를 도무지 기억해낼 수가 없다고 말이야. 하지만 이번 주에는 드디어 그 단어, *와조*°를 외웠어. 우린 이제 서로의 말을 제법 잘 알아듣게 됐어(그 사람은 나를 종종 몽 비외 마

○ '새'라는 뜻이다.

담°이라고 불러). 그가 하는 말이 프랑스어인지 아랍어인지 거의 구별할 수가 없고, 정작 나는 종종 영어를 쓰지만 말이야. 마흐즈루브는 장을 보고, 펌프로 물을 퍼올리고, 바닥을 닦아. 그리고 나는 요리를 하고, 희한하게도 빨래도 한단다. 세탁소는 너무 비싸거든. 그리고 우린 비둘기도 두 마리 키우고 있어. 녀석들은 알을 낳지는 않지만, 마음만 먹으면 틀림없이 우리 베개 속에 둥지를 틀 거야. 하루의 대부분을 앞서거니 뒤서거니 집 안 곳곳을 걸어 다니면서 보내니까 말이야.

아일린은 노라에게 부탁할 게 있다. 마조리가 편지에서 "마르크스는 더할 나위 없이 훌륭해요. 절대 없어지지 않을 그 타고난 심술기만 빼면요."[14]라는 말을 했다. 아일린은 처음에는 그 문장이 재미있다고 생각했지만, 지금은 그 불쌍한 강아지를 구해줘야 하는 게 아닌가 싶어졌다. 노라가 가서 녀석을 살펴봐줬으면 좋겠다. 조지의 누나에게도 예의상 한번 들러주고 말이다. 나는 마음속 깊은 곳에서는 마조리가 싫어. 정직하지 않은 사람이라서. 하지만 또 막상 만나면 매번 즐겁더라. 그리고 마조리의 아이들, 열다섯 살인 제인, 열 살인 헨리, 일곱 살인 루시도 모두 재미있는 아이들이다.

너무 늦어서 노라의 어머니에게 보내드릴 크리스마스카드는 고르지 못했다. 열이 나고 편두통에다 생리까지 너무 오랫동안 계속되는 바람에 이곳의 병원에 입원해 있었다는 이야기는 노라에게 하지 않았지만, 이제는 말할 수 있다. 거의 끝난 거

○ 프랑스어로 '영감마님' 정도의 뜻이지만 문법적으로는 틀린 표현이다. 옮긴이

모로코의 아일린.
담장에 그림자가 비치고 있는
오웰이 촬영한 것으로 추정된다.

나 다름없으니까.

　2주쯤 전에 갑자기 신경통이 심해지고 열이 났었어. 보통 때는 빨간색 자전거를 타고 마라케시 시내로 들어가거든. 일본에서 만든 자전거인데, 다리는 굉장히 짧고 손은 세상에서 제일 큰 누군가를 위해 만들어진 물건 같아. 하지만 이번에는 택시를 타고 엑스레이를 찍으러 갔어. 물혹이 또 생긴 게 분명해 보였어. 사실 또 입원할 상황에 대비해서 짐까지 싸 놨거든. 그런데 내 턱에 생긴 문제가 무엇이었든 검사를 해도 아무것도 안 나오더라고. 열은 이틀인가 사흘 전에 그냥 가라앉았고. 오늘은 머리에 손수건을 두르고 처음으로 외출을 했단다. 크리스마스카드를 사기에는 너무 늦어버렸네. 그러니 어머니께, 그리고 다른 친척들 모두에게 대신 내 사랑을 전해주렴. 그 누구보

다 노라를 사랑하는

　　　　　　　　　　　　　　　돼지로부터.

　아일린은 주방 바닥에서 고리버들로 짠 커다란 바구니를 집어 옆구리에 끼운다. 밖으로 걸어나가 빨랫줄을 향해 가는데, 누군가가 외치는 소리가 바람에 실려 온다. 다섯 시 기도를 알리는 소리다. 마흐즈루브는 벌써 저녁 기도를 하러 가고 없다.

휴식

오웰이《숨 쉴 곳을 찾아서》집필을 마치고, 아일린이 수정한 원고를 다시 타자로 치고 난 뒤, 그들은 아틀라스 산맥의 고지대에 위치한 타데르트로 휴가를 간다. 그곳은 납작한 지붕의 아주 작은 석조 주택들이 모여 있는 마을이다. 집들은 아무것도 없이 광활한 눈밭 위에 마치 입체파 그림에서 튀어나온 듯한 모습으로 자리 잡고 있다.

⁓

여관 한 군데를 찾아내 들어간 그들은 쿠션을 깔고 앉아 양고기스튜를 먹고, 작은 잔에 담긴 차를 마신다. 바깥에서는 마을 사람들이 두건이 달린, 땅에 끌리는 옷을 입고 돌아다닌다. 여자들은 은팔찌를 차고, 눈가를 콜로 검게 칠하고 있고, 턱에는 문신이 새겨져 있다. 조지는 그 여자들에게 마음을 빼앗긴다. 아일린은 그가 그 여자들에게서 눈을 떼지 못하고, 자신이 보고 있어도 신경 쓰지 않는다는 걸 깨닫는다.

그들은 그동안 배운대로 오른손으로 음식을 집어 먹는다. 조지는 여관 주인의 어린 딸에게 숟가락을 하나 달라고 해서 받아 쓴다. 식사가 끝나자 그는 몸을 뒤로 기댄다.

"나 그동안 정말 열심히 했어요, 엄마." 조지가 어린애처럼 칭얼대며 말한다. 그러면서 라이터를 찾아 바지 주머니를 뒤진다. 그가 스페인에서 가져온, 길고 노란 심지가 달린 라이터다.

"그래, 정말 그랬어, 얘야."

"그러니까 이제 좀 즐겨야겠어요." 조지는 그렇게 말하며 가느다란 연기 한 줄기를 아일린에게서 멀리로 내뿜는다.

아일린의 마음 한구석이 돌처럼 굳는다. 조지가 말하는 즐거움이란 아일린이 아니다. 아일린은 한순간 숨 쉬는 걸 잊었다가 겨우 다시 숨을 쉰다. 입을 다문다. 조지는 저 베르베르인 여자들 중 딱 한 명하고만 즐겨 보고 싶다고 말하고 있다. "딱 한 명만요."

"나보고 어쩌라고요?" 아일린이 말한다.

"그냥 당신한테 말해야 할 것 같았어요."

그날 밤 아일린은 작은 방에 혼자 남아 조지를 기다리며 유리가 끼워지지 않은 창으로 마을을 내려다본다. 바깥은 칠흑 같은 어둠뿐이다. 창 한쪽에는 붉은 천이 매달려 있다. 일종의 커튼이다. 결혼이란 결국은 방에서 기다리는 일이기도 한 모양이다. 이제 아일린도 그 일을 하고 있다. 이렇게 많은 시간을 기다려야 할 줄은 몰랐다. 아일린은 담배를 피우며 방안을 서성거린다. 책을 읽으려 해보지만, 도무지 읽히지가 않는다. 자신의 생각을 헤아려보려다가, 그래서는 안 된다고 결론을 내린다. 어쨌든 제대로 된 생각 같은 건 떠오르지 않는다. 대신 공허와 비참함이 있을 뿐이다. 삶에서 아일린이 차지하는 위치를 바꿔 놓을 어떤 일인가가 일어나고 있다.

오웰이 문간에 서 있다. 그의 손가락 사이에는 빨간 불씨가 남은 담배꽁초가 끼워져 있다. 이곳엔 당연하게도 욕실 같은 건 없고, 물 주전자 하나를 빼면 몸을 씻을 수 있는 시설도 없다. 침대는 하나뿐이다.

이 일은 노라에게 보내는 편지에는 적지 않을 것이다. 이런 일을, 이렇게 무시당하는 일을 표현할 언어는 없다.

＊

세부 사항들은 내가 상상한 것이지만, 이건 실제로 일어난 일이니 분명 어떤 종류의 소동은 있었을 것이다. 나는 대부분의 전기 작가들이 생략한 증거를 끌어다 쓴다. 그 작가들은 그 증거를 생략할 수 없을 때는 주석으로 밀어 넣고는 의혹까지 제기한다. 사실을 소문으로 바꾸고 싶은 것이다. 하지만 그들이 아무리 애를 써도 "고상한" 오웰과 그가 한 행동들이 맞아떨어지지 않는다는 사실은 은연중에 드러나고 만다.

가끔은 출처가 되는 남성이 전기 작가들을 위해 의혹을 제기해 주기도 한다. 토스코 파이벨Tosco Fyvel과 그의 아내 메리는 이후 전쟁 중에 아일린과 오웰과 몹시 친해졌다. 어느 날 그들의 집에서 점심 식사를 하던 오웰이 (아마도 아일린에게는 들리지 않는 곳에서) 모로코에서의 성적 무용담을 회상한 일이 있었다. 아마 자신이 일탈해도 된다는 "허락"을 받았음을 내비치고, 메리 역시 그런 걸 허락하는지 보려는 의도였을 것이다.

    토스코는 이렇게 그때를 떠올렸다. "그가 아일린과 함께 모로코에서 지낼 때 이야기를 메리에게 들려준 것도 기억난다. 그는 자기가 젊은 아랍 여자들에게 갈수록 끌린다는 걸 깨달았고, 결국에는 그 가운데 한 명과 딱 한 번만 자봐야겠다고 아일린에게 말하게 되는 순간이 찾아왔다고 했다. 그는 아일린도 동의했고, 그래서 아랍인 여자와 잤다고 했다. 사실일까, 지어낸 얘기일까? 그건 중요하지 않았다."[15]

    하지만 분명 아일린에게는 중요한 일이었을 것이다. 그리고 다른 증거도 있다. 이번에도 오웰 자신의 발언이다. 그리고 이것 역시 종종 주석으로 밀려나는 발언이다. 전쟁이 끝날 무렵, 오웰은 파리에서 부유한 게이 작가이자 학자였던 해럴드 액턴Harold Acton과 식사를 한 적이 있었다. 액턴은 그때의 대화를 기억하고 있었다.

    …나는 그에게 버마에서 지낼 때 이야기를 들려달라고 재촉했다. 버마 여자들의 사랑스러움에 관해 이야기하면서 그의 슬프고 진지한 두 눈은 기쁨으로 빛을 냈다… 그가 더욱 열광하는 대상은 모로코의 미인들이었고, 육체적인 희열과는 웬만해선 연관되는 일이 없는 이 시체 같은 금욕주의자는 자신이 어떤 모로코 여자들에게서 맛본 것 같은 지극한 행복을 그때까지는 거의 맛본 적이 없었다고 인정했다. 그가 그 여자들의 완벽한 자연스러움과 우아함과 솔직한 관능을 너무도 단순하고 직설적인 언어로 묘사한 나머지, 그들의 잘록한 허리와 작고 봉긋한 가슴

이 눈앞에 그려졌고, 그 매끄러운 피부에 밴 향료 냄새까지도 맡을 수 있을 것 같았다. 나는 속으로 생각했다. 이건 앙드레 지드의 작품만큼이나 가치가 있고 그만큼이나 진솔한 묘사라고.[16]

전기 작가들은 오웰의 행동을 변호해 주려고 애를 쓴다. 한 전기 작가는 "이 증언에 대해서는 뭐라 말하기가 몹시 어렵다"[17]고 주장하면서 그 난처함을 다음과 같이 그대로 드러낸다. "모로코에서의 일에 관한 그 고백이 실제로 이루어졌다 해도 그것을 믿기는 어렵다. 그리고 오웰은 자신이 누구와 대화 중인지 잘 알고 있었으니, 어쩌면 상대를 당황스럽게 만들려 했던 것일 수도 있다. (심지어 존슨 박사조차도 한번은 공작부인과의 성관계가 그 부인의 하녀와의 성관계보다 원칙적으로 더 큰 즐거움을 줄 것인지를 두고 논쟁한 적이 있다.)" 이 전기 작가가 액턴의 증언을 의심스러운 것으로 만들고 싶어 하는 건 분명해 보인다. 그러기 위해 그는 액턴이 동성애자였다는 사실을 넌지시 언급하고, 그런 다음 문학적 권위자인 새뮤얼 존슨Samuel Johnson의 도움을 끌어와 오웰이 자신보다 낮은 계급 여성과 동침한 일을 정당화한다. 다른 전기 작가들은 비슷한 어조로 글을 쓰면서 이 밀회를 일정상으로 도저히 존재할 수 없었던 일로 만들려고 애를 쓴다. 그들은 주석에 이렇게 덧붙인다. "오웰에게도 없지는 않았던 남성으로서의 자존심이 많은 것을… 그리고 [이] 기묘한 대화를 거의 확실히 설명해 준다…"[18] 그런 다음 그들은 여행 날짜들을 단조롭게 나열하고는, 오웰이 《숨 쉴 곳을 찾아서》를 얼마나 치열하게 집필해 왔는지를 강조한다. 그러면서 그들이 산에서 보낸 휴가 이후 오웰이 3주 동안 몸이 아팠고, 그 뒤에 오웰 부부가 런던으로 떠났음을 밝힌다. 마치 오웰이 산맥에서의 휴가를 전후해 너무 바빴기에, 그곳에 있는 동안 모로코 여자로부터 성 구매를 할 시간도, 기력도 없었다는 인상을 주려는 것처럼 말이다.

또 다른 전기 작가는 오웰의 잔인한 행동이 상호 합의에 의한 것이었다고 암시함으로써 그것을 사소한 일로 만들려고 애쓴다. 그는 "결국 아일린은 오웰이 마라케시의 10대 아랍인 성매매 여성 중 한 명과 자도록 허락했다"고 쓴다(하지만 파이벨 부부와의 대화는 때로는 타데르트에 있던 여관 주인의 어린 딸을 두고 한 이야기였다고 전해지기도 한다). 이 점이 "그렇지 않았으면 관습적이었을 그들의 관계에 묘한 광택을 더해주고, 그들의 공적인 삶 표면 아래로 그림자에 싸인, 비밀스러운 세계가 펼쳐지고 있다는 생각을 하게 해준다"고 쓴다.[19] 하지만 그 '그림자에 싸인 세계'는 '그들의' 공적인 삶이 아니라 오웰 한 사람의 공적인 삶 뒤에 숨어 있었다. 전기 작가들은 자신들의 주인공에게 행동의 동기와 결백함이라는 속성을 동시에 부여하면서 그를 그 자신의 행위로부터 구해내려 애쓴다. 혹은, 이 경우에는 증거가 있는데도 불구하고, 오웰이 얻은 '모로코 여자'와 그의 고상함이 둘 다 성립하게 하려고 애를 쓴다. 이 과정은 결국 오웰의 행동을 축소하는 방식으로 이루어진다. 그리하여 그 여자(혹은 소녀)는 허풍에 불과한 이야기로, 일정상 도저히 불가능했던 일로, 혹은 상호 합의 아래 이루어진 일로 치부되어 버린다.

오웰은 그렇게 바쁘지는 않다. 영국으로 돌아간 뒤 성생활을 어떻게 꾸려갈지 계획을 세울 만큼의 여유도 있다. 그는 그동안 몰래 리디아에게 편지를 써 왔다. 리디아를 몹시 불쾌하게 만드는 편지들이었다.

당신을 만날 날이 너무나 기다려져요! 요즘은 어떤 젊은 남자와 지내고 있는지 궁금하네요? 너무나도 자주 당신 생각을 했어요. 혹시 당신도 그동안 내 생각을 했나요? 이런 이야기를 편지에 쓰는 건 신중하지 못한 일이지만, 당신은 영리하니 이 편지를 불태워 줄 거예요, 그렇죠?[20]

리디아는 그 편지를 다음과 같이 '복잡한 심정'으로 읽었다.

나는 아일린을 다시 만나기를 기대하고 있었다. 하지만 조지는 아니었다. 특히 그가 편지에 쓴 말투는 메이든헤드 병원에서 내가 마음이 약해져 거절하지 못했던 그 성적인 행동이 다시 시작될 것 같은 뉘앙스를 풍기고 있었다. "요즘은 어떤 젊은 남자와 지내고 있는지"라는 구절도 마음에 들지 않았다. 마치 아일린과 그가 마라케시로 떠나기 전에는 본인이 내 연인이기라도 했다는 듯 말했다. 당시 내게는 남자인 친구들이 많았고, 그들은 조지보다 훨씬 더 매력적이었다. 나는 조지가 지닌 남성 특유의 그 자만심이 짜증스러웠다. 무엇보다 나는 그와 아일린의 관계를 방해하고 싶지도, 아일린에게 무언가를 숨기고 싶지도 않았다. 나는 '일정을 비워두는' 일에 대해서는 계속 수동적인 태도를 유지하기로, 그리고 상황이 조지에게 유리한 방향으로 흘러가게 놔두지 않기로 결심하고 있었다.

하지만 집에 있는 한, 리디아는 손쉬운 목표가 되어버린다.

그가 언급했던 날짜들이 다가왔지만 나는 평소처럼 볼일을 보러 다녔다. 그러다 어느 날 오후, 문틈으로 카드 한 장이 들어와 떨어져 있는 걸 발견했다. 조지는 거기에 이렇게 휘갈겨 써 놓았다.

리디아에게

문을 두드렸는데 당신이 집에 없어서 너무나 실망했어요. 복도에 있는 건물 관리인한테 들었어요. 당신이 사실 런던을 떠난 게 아니라는 걸 알게 됐어요. 내일은 부모님을 뵈러 내려가서 주말 동안 머물러야 하지만, 화요일쯤 돌아오면 만날 수 있기를 바라요. 그 전에, 잘하면 내일 아침에 한 시간 정도 들를 수도 있을 것 같아요. 그러니 아침에는 집에 있어 줄래요?

사랑을 담아, 에릭으로부터

리디아는 이때의 방문을 다음과 같이 피한다.

그날 아침 내가 외출을 했던 건지, 아니면 조지가 도착했다고 전화를 걸어올까 봐 일부러 받지 않았던 건지는 기억나지 않는다. 하지만 내가 무엇을 했든 그건 의도적인 행동이었다. 나는 내가 자신과의 만남을 당연히 아일린에게 숨길 거라고 여기는 조지에게 짜증이 났고, 내 의지와는 상관없이 서서히 스며드는 기만에 혐오감이 일었다. 그렇게 적대적인 기분으로 그를 만나는 일은 피하고 싶었다. 그가 나를 껴안으려 하면 확 밀쳐버릴 수도 있을 만큼 나는 날이 서 있었으니까.

공교롭게도 오웰은 런던에 계획대로 갈 수 없게 됐고, 그래서 리디아는 "그날의 일은 겪지 않아도 됐다". 하지만 감히 오웰을 피하려 했던 일의 후폭풍까지 비껴가지는 못했다. 오웰은 화가 나 있다.

리디아에게

내가 그렇게 부탁했는데 오늘 아침 집을 비우다니, 참 못되게 구는군요. 하지만 어쩌면 피치 못할 사정이 있었지도 모르죠. 내가 세 번이나 전화했는데. 나한테 화났어요? 난 모로코에서 두 번이나 당신에게 편지를 썼는데 당신이 답장을 보낸 기억은 없네요. 그래도 들어봐요. 난 월요일 아니면 화요일쯤 런던으로 돌아갈 거예요. 아일린은 여기 내려온 김에 조금 더 머무를 거고요. 며칠 동안 시내에서 처리할 일이 많으니, 그때 만날 수 있게 일정을 잡으면 되겠네요. 당신이 원치 않는 게 아니라면 말이죠? 전화할게요.

언제나 당신의 것, 에릭으로부터

며칠 후, 또 한 통의 편지가 도착한다. 오웰은 몸이 아파 이번에도 올 수 없었다고 사정을 설명한다.

…하지만 며칠 뒤에 런던에 용무가 있어 가야 하니 우리 그때 만나요. 미리 알려줄게요. 이번에는 일이 성사되지 않아서 정말 유감이에요.

사랑하는 에릭으로부터

리디아는 결국 마지못해 받아들인다. 짜증이나 '못된' 사람이 된 기분보다는 차라리 인정 많은 사람이 된 기분을 느끼는 게 나을 것 같아서다. 그게 더 쉬워 보인다. 하지만 사실은 그렇지가 않다.

나 역시 마음이 좋지 않았다. 우리가 만나지 못한 것에 대해서가 아니라, 건강을 위해 상당한 비용을 지불하고 아프리카에서 여러 달을 머물렀던 그가 돌아오자마자 몸이 안 좋아진 것에 대해서였다. 내 연민이 그에 대한 짜증을 눌러버렸다. 그래서 결국 우리가 만났을 때, 나는 그를 불친절하게 대할 수가 없었다. 그는 의심의 여지 없이 내가 원해서 그가 키스하게 내버려 뒀다고 생각했을 것이다. 하지만 난 원하지 않았다. 나는 남자로서의 그에게 끌리지 않았을 뿐더러, 그가 아픈 사람이라는 사실은 내게 희미한 혐오감을 불러일으키기도 했다.

오웰이 왜 자신과 성적으로 얽히고 싶어 하는지 깨닫게 되자, 리디아의 혐오감은 더 깊어진다.

…조지가 어쩐지 즐거워하며 자신이 '실수를 했던' 이야기를 전해주자 나는 더욱 심란해졌다. 그는 런던에서 나와 만나기로 했다는 사실을 하마터면 아일린에게 불쑥 말해버릴 뻔했다고 했다. 아일린이 내 편지를 가져다주었을 때 조지는 침대에 있었다. 그건 조지의 마지막 편지에 대한 내 답장이었다. 조지는 편지를 뜯으면서 무심코 "리디아에게서 온 편지네!"라고 말해버렸다고 했다. 그런 다음 문득, 아일린이 편지를 보여달라고 할

지도 모른다는 걸 깨달았다. 그러면 지난 며칠 동안 그가 내게 여러 번 편지를 썼다는 사실을 아일린이 알게 될 수도 있었다. 그래서 그는 즉석에서 편지 내용 일부를 아일린에게 알려주었다. 운 좋게도, 아일린은 나머지 부분에 대해서는 전혀 호기심을 보이지 않았다고 했다. 조지가 이런 식의 은폐에 성공한 걸 뿌듯하게 여기고 있다는 사실이 너무도 분명해서 나는 또다시 화가 났다. 달갑지 않은, 너무나도 혐오스러운 기만의 공범 역할이 내게 억지로 떠맡겨지고 있었다. 게다가 내가 왜 내 친구 아일린을 속여야 한단 말인가? 내게는 조지와의 우정보다 아일린과의 우정이 훨씬 더 소중한데? 조지는 왜 나와 섹스를 하려 했을까? 아픈 남자라서? 여자들에게 매력적인 남자로 다가갈 수 있다는 자신감을 잃은 상태라서? 안도감이, 위로가 필요해서였을까…?[21]

아일린은 봉투에 쓰인 글씨체나 봉투 뒷면의 반송 주소를 알아보았을 가능성이 크다. 어쩌면 아일린이 전혀 호기심을 보이지 않았던 건 리디아를 의심하지 않았기 때문일 수도 있다. 혹은 오웰이 벌이는 잔인한 힘겨루기에서 그에게 만족감을 주고 싶지 않아서였을 수도 있다. 한편, 리디아는 화를 내거나 딱딱하게 구는 일은 피하고 싶어 한다. 대신 필사적으로 연민을 느끼고 싶어 한다.

그렇게 해서 나는 조지가 우리 관계를 연애로 규정하려고 집요하게 애쓰고 있다는 걸 알게 되었다. 하지만 나는 그것이 연애 관계가 되어버리지 않도록 처음부터 끝까지 저항했다. 아일린에게 그 애의 남편과 만난 일들을 숨겨야 한다는 것에 몹시 죄책감이 느껴졌다. 하지만 그 애에게 말한들 무슨 소용이 있을까? 나는 그 애가 사실을 알게 되는 게 두려웠다. 내가 원치 않았지만 어쩔 수 없이 공범이 되었다는 걸 그 애는 믿어주지 않을 수도 있었으니까.

오웰은 약혼 기간에 두 남자와 함께 아파트로 이사한 뒤에도 케이와 계속 섹스를 했었다. 그때 그는 마치 아일린에게 그 사실을 알릴 수도 있는 여자들의 세계로부터 멀어지고 싶어 하는 것처럼 보였다. 그런 다음 그는 월링턴으로 이사해 아일린을 더욱 고립시켰다. 그곳에서 오웰은 아일린이 노라나 자기 오빠를 만나러 가려고 할 때마다 번번이 몸이 안 좋아졌다. 이제 그는 아일린에게서 오랜 친구 리디아 역시 떼어놓고 싶어 하는 것처럼 보인다. 섹스를 둘 사이를 갈라놓는 무기로 이용하면서 말이다.

오웰은 아일린이 모르는 수많은 다른 여자들과 섹스를 할 수도 있었다. 그는 사창가에 자주 다녔으니, 그런 곳에 가는 것도 가능했다. 그런데도 리디아를 끌어들인 건, 어쩌면 리디아와의 섹스가 아일린에게 가장 큰 상처를 입힐 거라는 생각에서였는지도 모른다. 자기 아내의 절친한 친구를 노리는 건 아내를 훼손시키려는 의도적인 행동이다. 그렇게 하면 아내는 더욱 철저하게 고립될 테고, 더욱더 자신의 소유가 될 수 있을 테니까.

리디아는 궁지에 몰린 기분이었다. 원하지 않았던 처음의 키스, 친구를 배신하도록 강요했던 그 키스 때문에 침묵 속에 갇혀버리고만 걸까? 아니면 다른 무언가가 더 있었을까?

리디아는 말년에 자신만의 일기장에 이렇게 썼다. "내가 [오웰에 대해] 지니고 있는 주된 기억들은 촉감이다… 그의 뒤통수에 까칠까칠하게 일어나 있던 짧은 머리칼의 감각, 내 입술에 와닿던 그의 입술의 느낌, 그의 입에서 살짝 풍기던 희미하게 달착지근한 냄새(손상된 폐 때문이었을까?)."[22] 리디아는 아일린이 가진 것에 호기심을 느꼈던 걸까? 마음속에서 생겨난 어떤 욕망의 삼각형 속에서 아일린에 대한 애정이 점점 늘어난 나머지, 아일린이 섹스하는 남자와 자신도 섹스를 하고 싶어졌던 걸까? 그건 알 수 없는 일이고, 어쩌면 리디아 자신도 알지 못했을 것이다. 하지만 리디아가 자신이 "원치 않았지만 어쩔 수 없이 공범이 되었다"고 말할 때 그 말을 믿는 건 중요한 일이다. 그리고 나는 그 말을 믿는다.

그들이 모로코에서 집으로 돌아온 지 한 달이 지났다. 조지는 부모님을 뵈러 사우스올드에 가 있다. 아일린은 윌링턴에 남아 다시금 가축들하고만 지내는 중이다. 아침에 집안일을 끝내고 나면 아일린은 시골길을 따라 한참 동안 산책을 갔다가 마을을 통과해 집으로 돌아온다.

자신이 가르쳤던 소년 피터가 막대기로 낡은 자전거 바퀴 하나를 툭툭 두드리며 굴리고 있는 걸 보자 아일린은 마음이 환해진다. 그 애를 향해 발걸음을 재촉한다. 피터는 다정한 아이다. 두 눈은 엷은 갈색이고 머리칼은 한쪽으로 삐죽 서 있다. 이제 중등학교에 다니는 그 애는 자신에게 꼭 맞는 삶을 살게 될 것이다. 왼손으로 자전거 바퀴를 붙잡은 피터가 환하게 웃는다. 그들은 길 한복판에 함께 멈춰 선다.

그러다 갑자기, 아일린이 그만 집에 가봐야겠다는 말을 한다. 염소에게 옥수수죽을 줘야 한다며 변명하듯 중얼거린다. 아일린은 재빨리 멀어진 다음, 대문에 도착하기도 전에 주머니를 뒤져 담배를 찾는다. 담배를 꺼내는데 무언가가 손 피부에 걸리는 바람에 아일린은 움찔한다. 손가락을 빨며 길을 올라가 한쪽 어깨로 집 문을 밀어젖힌다.

그 착한 아이에게 사과를 해야 할 것 같다. 그 애가 한 말이라고는 자기도 지난주에 블레어 씨를 봤는데, 다른 여자 선생님과 함께 숲 쪽으로 걸어가고 있더라는 말이 다였다.

리디아는 기만이 들통날지도 모른다는 두려움 속에서 지내고 있다. 어느 날 아일린이 리디아의 아파트에 찾아온다. 아일린은 "자기 남편에 대해 크나큰 좌절과 분노를 품은 채" 그곳에 도착한다.

아일린은 모로코에서 돌아온 이후로 남편과의 관계가 평소답지 않게 화목했었다면서 이야기를 시작했다. 그러다가 갑자기 모든 것이 심각하게 어그러지기 시작했다고 했다.
"왜 그런지 난 알아!" 아일린이 충동적으로 내뱉었다. 너무나 그 애답지 않게 거칠고 단호한 목소리여서 나는 가슴이 덜컹 내려앉았다. 그 애가 자신이 불행한 건 나 때문이라고 말할 것만 같았다. "그 여자 때문이야!" 아일린은 말을 이었다.
"어떤 여자?" 내가 작은 목소리로 물었다.

"조지가 오전날 숲으로 만나러 갔던 여자 말이야… 나랑 결혼하기 전에 알던 여자야. 학교 선생인가 뭐 그래. 마을 사람들이 조지가 그 여자를 만나는 걸 봤대. 이 관계가 계속되는 건 그 여자가 조지랑 자지 않으려고 하기 때문이야. 만약 잤다면 한참 전에 끝났을 텐데."

아일린이 분노에 차서 용서할 수 없다는 듯한 어조로 이야기를 계속하자 나는 두려움에서 조금씩 풀려났다… 분명 조지에겐 안도감과 위로가 필요했던 것이다! 그리고 아일린이 '그 여자'가 그토록 조지를 꽉 붙잡고 있는 건 그와 섹스하지 않기 때문이라고 말하는 걸 듣자 왠지 우습기도 했다. 조지가 그토록 끈질기게 내게 매달리는 것도 같은 이유 때문일 수 있을까?

숲으로 산책을 간다는 핑계로 브렌다를 만난 일에 관해 아일린이 따지고 들자, 조지는 자신은 그 여자와 자지 않았다고 말하며 자신을 방어한다.

"알아요. 잤다면 이렇게까지 집착하진 않겠지."

"그럼…" 조지가 미소 짓는다. "내가 일 년에 딱 두 번만 그 여자랑 자면 어떨까요? 그러면 그 여자가 마음에서 정리될 것 같은데."

"그렇게 해서 정리가 될 리가 없잖아요." 아일린은 돌처럼 차가운 목소리로 말한다.

간극에 유의하라

> 그는 마치 바다 밑바닥의 숲속을 헤매는 것 같은 기분이었다.
> 그 자신이 바로 괴물인 기괴한 세상 속에서 길을 잃은 것만 같았다.
> ___ 조지 오웰, 《1984》

크레이그와 나는 아들의 3학년 학부모 상담에 와 있다. 우리는 아주 작은 의자에 앉아 반들거리는 코팅이 된 책상 아래로 무릎을 간신히 집어넣고 있다. 교실 곳곳에는 사진과 그림, 지리와 수학 과제들이 가득하다. 벽마다 걸려 있고, 우리 머리 위 허공에서 교차하는 줄에도 집게로 매달려 있다. 하지만 가장 눈에 띄는 건 선생님의 책상에서 조금 떨어진 곳에 걸린 중앙 표지판이다. 내가 앉은 낮은 의자에서 보면 딱 눈높이에 걸려 있는 그 문구는 아홉 살짜리들에게 가장 필요한, 어쩌면 우리 모두에게 가장 필요한 말이다. "진실함: 아무도 보고 있지 않을 때도 옳은 일을 하는 것." 아일린은 그것을 '정직함'이라고 불렀다. 오웰은 그것을 '고상함'이라고 불렀다. 그리고 그 순간, 나는 깨닫는다. 오웰에게 너무도 중요했던 사생활과 고상함이라는 두 개념이 어떻게 가부장제에서는 서로 반대말이 될 수 있는지를 말이다. 그 시절, 남자는 집 밖에서는 고상하게(혹은 합법적이라고) 여겨지지 않을 행동들을 자기 집의 사생활에서는 합법적으로 할 권리가 있었다. 다른 사람에게 한다면 자신이 지닌 진실함이라는 개념에 모욕이 될 만한 행동들이었다. 그가 집 안팎의 여자들에게 그렇게 행동할 수 있는 건 사실 (전통적으로 수치심에 의해 강요된) 우리의 침묵이 그의 사생활을 보장해 주기 때문이다.

사회는 어떻게 "책임을 지지 않아도 되는 사적 가부장의 고상함" 같은 모순적인 개념을 중심에 품은 채 유지될 수 있을까? 이에 대해서는 오웰 자신이 다음과 같이 아주 정확한 설명을 한 적이 있다.

> **이중사고**란 한 사람이 머릿속에 두 가지 모순된 믿음을 동시에 품고 받아들일 수 있는 힘이다… 그 과정은 의식적으로 이루어져야 한다. 그렇지 않으면 충분히 정확하게 수행되지 않을 것이기 때문이다. 그러나 그 과정은 또한 무의식적으로 이루어지기도 해야 한다. 그렇지 않으면 자신이 가짜라는 느낌, 그리고 그로 인한 죄책감이 동반될 것이기 때문이다… 그것은 거대한 정신적 기만 체계다.[23]

가부장제야말로 겉으로 보기에는 '고상한' 남성이 여성들에게 함부로 행동하도록 허용해 주는 이중사고다. 식민주의와 인종차별이 겉으로 보기에는 '고상한' 사람들이 다른 사람들에게 차마 말로 할 수 없는 짓을 저지르도록 허용해 주는 것과 마찬가지다. 남성들이 어떤 행동을 저지르는 동시에 결백할 수 있으려면, 여성들은 인간이어야 하지만, 온전히 인간은 아니어야 한다. 그렇지 않으면 '자신이 가짜라는 느낌, 그리고 그로 인한 죄책감'이 밀려올 것이기 때문이다. 그러니 여성들은 남성들과 똑같은 인권을 가졌다고들 하지만, 우리가 그들보다 적게 가진 시간과 돈과 지위와 안전함 같은 자원들을 보면 실제로는 그렇지 않다는 걸 알 수 있다. 여성들 역시 다음과 같은 두 가지 모순된 생각을 머릿속에 항상 품고 살아야만 한다. '나는 인간이지만, 인간 이하의 존재이기도 하다.' 우리가 살아온 경험 앞에서 세상이 늘어놓는 수사는 거짓이 된다. 우리는 이중사고의 어두운 쪽에서 살아가는 사람들이다.

이중사고는 너무도 효과적이어서, 남성들은 자신들에게는 보이지 않지만 자신들을 떠받쳐 온 이 거대한 세계에 당혹감을 느끼기도 한다. 그렇기에, 그 세계를 알아차리는 데 있어 여성들은 다른 존재들보다 '더욱 동등한' 위치에 놓이게 된다.

오웰은 어떻게 해서 고상한 것과 고상하지 않은 것, 의식과 무의식으로 분열된 세계를 깨닫게 되는가? 어쩌면 양쪽을 보는 그의 능력은 자신의 삶에서 경험한 분열에서 비롯된 건지도 모른다. 그는 이튼 칼리지에서 상류층 소년처럼 보이지만, 실은 자신이 속하지 않은 계급 사람들의 습관과 특성을 알아차린 아웃사이더에 불과하다. 그는 탐욕스럽고 인종차별적인 체제 속에서 식민 지배를 강화하기 위해 버마로 가지만, 정작 자신은 프랑스인, 영국인, 버마인이 섞인 혼혈 가정 출신이다. 그는 끝도 없이 여자들을 뒤쫓고 친구들이 놀라워할 정도로 동성애를 혐오하지만, 어쩌면 본인조차 인식하지 못하는 그의 욕망은 남자들을 향하고 있었을지도 모른다. 분열된 삶을 살아가기에, 그는 현실을 허울 좋은 표면적 이야기로 보고 그 이면의 또 다른 진실을 찾아 나설 수 있게 된다. 하지만 자신을 겉과 속이 같은 사람, 혹은 그의 표현대로 '고상한' 사람으로 여기기는 힘들어진다.

우리는 사람들이 '고상한' 존재이기를 바라며, 우리가 아는 작가들 역시 그렇기를 바란다. 오웰은 "결함 있는 사람들에게서 나온 훌륭한 작품"이라는 이 문제에 관여한 적이 있었다. 작품에 감탄하면서 창작자의 사인私人으로서의 행동은 모른 척하는 데에도 이중사고가 필요할까? 오웰에게 이 질문은 그가 달리, 디킨스, 그리고 셰익스피어에 대해, 그리고 의미심장하게도 그들이 아내를 대했던 태도에 대해 생각하면서 떠오른다. 달리의 화려한 자서전을 읽으며 오웰은 그를 이렇게 표현한다. "자신이 동성애자는 아니라고 떠벌리지만, 그게 아니라 해도 누구나 꿈꿔볼 법한 온갖 성적 도착증을 다 갖춘 듯 보이는 지저분한 꼬마 건달."[24] 오웰은 달리의 시체 애호적인 열망들에, 배설물에 매혹을 느끼는 경향에, 아내에 대한 가학적 성향에 소름 끼쳐하며 경악한다. 하지만 달리는 위대한 예술가이기도 하다고 오웰은 생각한다. 그는 어떻게 이 두 가지 생각을 동시에 머릿속에 품을 수 있는 걸까?

오웰은 디킨스에 대해 쓴 에세이에서 분명하게 주장한다. 작가가 사적인 삶에서 여자를 학대했다는 사실이 우리가 그의 작품을 읽는 방식에 영향을 끼쳐서는 안 된다고 말이다. 그는 디킨스를 다룬 어느 장편소설을 "단지 개인에 대한 공격일 뿐이며, 대부분 디킨스가 아내를 어떻게 대했는지에만 관심이 있는"[25] 소설이라고 일축한다. "그 소설은 디킨스 독자 1,000명 중 한 명도 들어보지 못했을"(그리고 들어볼 필요도 없다) 사건들을 다루고 있다고 그는 쓴다. "그리고 두 번째로 좋은 침대 때문에《햄릿》의 가치가 무효화되지 않듯, 그 사건들 역시 디킨스 작품의 가치를 무효화하지 못한다."
(셰익스피어는 유언장을 통해 자신의 '두 번째로 좋은 침대'를 아내에게 남겼다. 이 사실로 인해 수 세기에 걸쳐 고통스러운, 그리고 결론이 나지 않는 검토 작업이 확산되었다. 그것이 유언을 빙자한 모욕적 행위였는지, 혹은 무언가 다른 뜻이 있는 행위였는지에 관한 검토였다.) 오웰에게 디킨스를 그의 작품과 완전히 분리해 생각하는 건 가능한 일이다. "작가의 문학적 개성은 그의 사적인 인격과 거의, 혹은 전혀 관계가 없기" 때문이다. 남자는 한 명의 인간으로서 글을 쓰고, 그와는 전혀 다른 또 한 명의 인간으로서 행동할 수 있어야 한다. 상자 속의 여자에게 무슨 일이 일어나든, 그건 고려 대상이 아니다.

그렇게 되면 하나의 질문이 완전히 열린 상태로 남게 된다. 오웰의 내면, 더 나아가 우리 모두의 내면에 자리한 어두운 용광로는 과연 작품이 탄생하는 근원으로서 얼마나 큰 역할을 하는 걸까? 위대한 예술작품 가운데 그 작가가 이 장소에 익숙하지 않은 듯 느껴지는 작품은 하나도 없다. 결국 우리가 예술에서 보고 싶어 하는 건 그 보이지 않는 세계 아닐까.

하지만 그 세계에서는 바로 당신 자신이 괴물이 될 수도 있다. "중요한 것은," 오웰은 달리에 대해 이렇게 쓴다. "여기서 온전한 정신에 대한, 그리고 고상함에 대한 직접적이고도 분명한 공격이 드러난다는 것이다… 달리의 세계관과 인격 속에는 인간이 기본적으로 지닌 고상함이라는 것이 존재하지 않는다."

오웰에게 인간의 고상함이란 한 인간이 궁극적으로 통과해야 하는 시험이다. 고상함이야말로 전체주의적인, 그리고 다른 잔인한 본능들로부터 우리를 구해 줄 자질이다. 그것은 《동물농장》의 동물들과 《1984》의 '프롤'들이 지닌, 희미하고도 유일한 희망을 전해 주는 자질이다. 하지만 그건 진짜일까, 아니면 또 다른 삶을 덮고 있는 맨홀 뚜껑에 불과할까?

종종 행사가 끝나고 독자들의 책에 사인을 해줄 때면, 나는 소설가 리처드 포드Richard Ford가 된 듯한 기분이 든다. 한번은 그가 왜 자신이 독자들을 만날 때마다 실망을 안겨줄 수밖에 없는지 설명하는 걸 들은 적이 있다. "난 내 최선의 자아를 작품 속에 쏟아 넣죠." 그는 두 손을 펼쳐 보이며 말했다. "그리고 난 내가 쓴 가장 훌륭한 작품이 아니에요." 그의 두 손 사이 벌어진 틈에서 나는 작가와 작품 사이의 간극을 보았다. 그 간극은 텅 비어 있는 공간이 아니다. 그 공간은 암흑물질로, 작가와 작품과 독자를 한데 묶어주는 물질로 가득 차 있다.

사인을 받으려고 서 있는 사람들의 줄은 친밀감으로 이루어진 간극이다. 사람들은 당신이 당신의 작품을 읽고 떠오른 그 사람이기를 바라고, 이는 전혀 불합리한 일이 아니다. 당신은 그들의 다정하고 솔직한 얼굴에서 전적으로 타인인 이 사람들이 이미 당신을 알고 있다는 걸 볼 수 있다. 그들은 자신들이 책을 토대로 해서 직관으로 만들어 낸 바로 그 사람이 당신이라 여긴다. 독서라는 이 내밀하고 상상력이 깃든 융합 과정에서 그들은 자신의 많은 부분을 그 사람에게 투사했을 것이다. 그러니 그들이 당신이기를 바라는 '당신'은 하나의 혼합체, 즉 당신과 독자가 한데 뒤섞인 또 다른 존재다.

작가들은 자신에게서 자신이 아는 것들과 알지 못하는 것들을 끌어와 세상에 내보인다. 사인회에서 당신은 독자들이 상상한 당신의 모습에 부응함으로써 그동안 써온 작품들에 걸맞는 가치를 지닐 것을 요구받는다. 마치 당신이 다른 누군가의 머릿속에 있는 자물쇠 모양의 공간에 꼭 맞아야 하는 열쇠라도 되는 것처럼 말이다. 열쇠가 꼭 맞으면, 당신은 작품의 진정성을 보증하는 존재가 될 것이다. 그런데 맞지 않으면(내 말은, 만약에 내가 맞지 않는다면), 그러면 어떻게 되는 걸까?

진정성에 관한 이런 불안이 존재하는 건, 말들이 독자의 내면으로 들어가 마법을 일으키기 때문이다. 말들은 쏴 소리를 내고, 펑펑 터지고, 무언가를 불러낸다. 독자의 마음을 바꿔 놓기도 한다. 당신의 말들은 독자에게 마법을 걸 수는 있으나 사기꾼의 속임수라는 느낌을 주어서는 안 된다. 그렇게 되면 독자는 기만당한 기분이 들 테니까. 테이블 뒤에 앉아 있는 작가라는 아바타에게 독자가 원하는 것이라고는 자신들의 머릿속에 그려둔 상像과 일치해 달라는 것이 전부다. 분명 이건 그리 많은 걸 바라는 게 아니다. 그리고 저기 그들이 있다. 수줍고 기대에 찬 얼굴로 참을성 있게 줄을 서서, 그 계약서에 서명해 달라는 듯 사인할 자리를 접착식 메모지로 표시한 책을 들고.

하지만 종이 위에서는, 버지니아 울프가 말했듯 "'나'란 그저 실체가 없는 누군가를 가리키는 편의상의 용어에 불과하다".[26] 종이에 쓰인 그 '나'는 유연하고도 창의적인 방식으로 포용력이 있으며, 그러면서도 거침없고 분노에 차 있다. 그 여자는 성역할에 대한 기대를 비껴간다. 그 여자는 누구에게도 빚진 것이 없다. 그 여자는 살림 목록을 관리하지 않고, 남편에게 상처를 줄까 봐, 친구들의 기분을 상하게 할까 봐, 아이들을 방치하거나 수치심을 주게 될까 봐 걱정하지도 않는다. 울프의 말에 따르면 그 여자는 "증오와 노여움으로 괴롭지도, 정신이 산만해져 있지도 않다".²⁷ 그 증오와 노여움이 타당하고 중요할 수는 있겠지만 말이다. 그 내면의 '나'는 작가에게 익숙하면서도 낯선 존재다. 그 여자는 정신분석이 복원하려고 애쓰는 자아, 상담실에서나 종이 위에서 기억되거나 창조되는 자아와 비슷할 수도 있다. 미스터리 서클이나 조수의 흐름을 만드는 보이지 않는 힘처럼, 그 자아는 우리의 꿈, 글쓰기, 아이들 같은 다른 현상들에 흔적을 남겨놓지만 계속 보이지 않는 곳에 남는다. 우리 중 누구도 우리가 생각하는 그 사람이 아니다. 우리 중 정말로 '고상한' 사람은 아무도 없을지도 모른다.

내가 생각하기에 한 사람은 그의 작품이 아니라 그저 작품이 나온 근원일 뿐이다. 그 두 가지가 일치하기를 바라고, 그렇지 않다면 '취소'라는 처벌을 가하는 것은 새로운 종류의 압제다. 그 압제에서는 어떤 예술도 탄생할 수가 없다.

만약 오웰이 오늘날 테이블 뒤에 앉아 책에 사인을 하고 있다면, 줄에 서 있는 팬은 자신이 작품을 통해 알게 된 그 사람을 보게 될 것이다. 다시 말해 자신이 보고 싶은 사람을. 그 깡마른 남자는 팔 길이에 비해 너무 짧은 아주 오래되고 닳아빠진 스포츠 재킷을 걸치고, 손수 말아 만든 담배를 줄줄이 태우며 기침을 하고 있을 것이다. 날카로운 푸른 눈과 이튼 출신답게 모음을 길게 끄는 높은 톤의 목소리를 지닌, 약간 말을 더듬는 사람일 것이다. 그 팬은 가식 없이 말하는 언어의 위대한 마법사를, 고상함과 약자의 수호자를 보게 될 것이다. 가난한 사람들의 삶을 연구하고, 스페인에서 목숨을 걸고 파시스트들에게 맞서 싸웠으며, 빛나는 에세이 한 편 한 편

속에서 모두 위선을 비난해 온, 자기비하가 버릇인 한 남자를 보게 될 것이다. 외모만 봐도 자신의 이익을 챙길 생각이라곤 없어 보이는 동정심 많고 고결한 사람을.

그런 다음, 만약 당신이 젊은 여성이라면, 그리고 수줍고 기대에 찬 얼굴로 참을성 있게 줄을 서 있다면, 그는 당신에게 물을지도 모른다. 물론 당신에겐 더 좋은 할 일들이 많겠지만, 콜록콜록- 혹시 숲에서 함께 산책할 시간을 좀 내줄 수 있겠느냐고 말이다.

어떤 작가든 독자가 상상하는 자신의 모습과 자신의 실체 사이의 간극으로 굴러떨어질 수 있다. 그리고 그곳에는 한 여자가 살고 있을지도 모른다.

교열하기, 실시간으로

그들은 그리니치에 있다. 아일린의 생리통이 달마다 점점 더 심해져서 런던에 의사를 만나러 온 것이다. 아일린의 얼굴은 깔고 누운 침대 시트만큼이나 창백하다.

눈을 뜨자 커튼 사이로 빛이 보인다. 오웰은 벌써 일어난 모양이다. 아마도 아래층 거실에서 타자를 치고 있을 것이다. 아일린은 좀 놀란다. 어젯밤 오웰이 어느 잡지사 파티에서 몹시 취해 돌아왔기 때문이다.

어제는 아팠지만 오늘은 통증이 덜해졌기에 아일린은 조금 더 자고 싶다. 여기 그리니치에서는 그럴 수 있다. 자리에서 일어나 돌봐줘야 할 가축들이 없는 것이다(가축들을 대신 돌봐주고 있는 잭과 메리 커먼에게 축복이 있기를). 아일린은 돌아누워 눈을 감는다.

5분쯤 지났는지, 어느새 한낮이 된 건지 알 수 없는 시간, 오웰이 방으로 돌아온다. 그는 손수 타자 친 에세이 원고를 들고 있다. 아일린은 어제 그 원고의 뒷면에 수정 사항들을 적어두었다.

"괜찮아요?" 오웰이 묻는다. 아일린은 자신의 고통이, 죽지 않고도 피 흘릴 수 있는 이 능력이 오웰에게는 어딘가 무섭고 차마 말로 할 수 없는 것으로 느껴진다는 걸 깨닫는다.

아일린은 고개를 끄덕이며 몸을 일으킨다. "차를 좀 마시면 나아질 것 같아요."

오웰이 미소 짓는다. "로나한테 가져오라고 할게요." 로나는 집에서 일하는 소녀다.

오웰은 문 가까이에 있는 줄을 당긴다.

"당신 글씨를 알아볼 수가 없어서요." 오웰은 그렇게 말하며 에세이를 건넨다. 그러고는 책상 의자를 돌려놓고 앉는다. 아일린은 침대맡 협탁에서 안경을 집어 들고, 원고 뒷면에 적힌 자신의 의견을 본 다음 종이를 뒤집어 타자가 쳐진 면을 확인한다.

"달리는," 아일린이 읽는다. "1920년대라는 타락한 세계에서 자라났다. 교양이 엄청나게 널리 퍼져 있고, 유럽의 수도마다 특권층과 불로소득자들이 득실거리던 시대였다. 스포츠와 정치에서 손을 뗀 그들은 예술을 후원하는 데 몰두했다. 사람들에게 죽은 당나귀를 던지면 사람들은 그 대가로 돈을 던져주었다."[28] 아일린은 두 눈을 반짝이며 고개를 든다. "굉장히 재미있네요."

"고마워요."

아일린은 다시 원고를 본다. "하지만 여기가 아닌데. 아, 여기 있다. '만약 셰익스피어가 내일 이 땅에 돌아온다면, 그리고 그가 가장 좋아하는 취미가 열차 칸 안에서 어린 소녀들을 강간하는 것이라고 밝혀진다면, 우리는 그가 또 다른 《리어왕》을 쓸지도 모른다는 이유로 그에게 그런 짓을 계속하라고 말해서는 안 된다… 우리는 머릿속에 두 가지 사실을, 즉 달리가 훌륭한 화가라는 사실과 역겨운 인간이라는 사실을 동시에 품을 수 있어야 한다. 하나는 다른 하나를 무효화하지 않으며, 어떤 의미에서든 영향을 끼치지도 않는다.'"

아일린은 다시 종이를 뒤집어 자신이 뭐라고 썼는지 본다. "분리할 것…. 그래요, 내가 정말 알아보기 어렵게 썼네요. 미안해요." 불빛이 등 뒤에 있어서 오웰은 머리칼, 귀, 어깨만 보이는 실루엣이 되어 있다. 하지만 아일린은 경험으로 안다. 오웰은 귀 기울여 듣고 있다. 여기가, 바로 여기가 그들이 만나는 곳이다.

"내 말은," 아일린은 등 뒤의 베개들을 다시 정리한다. "여기 이 글 속에 두 가지 생각이 뒤섞여 있다는 거예요. 하나는 열차 칸 안에서 어린 소녀들을 강간하는 일이—아니면 당신이 그 천재한테 시키는 일이 뭐든, 그게—어째선지 달리한테 활력을 줘서 걸작을 쓰게 만든다는 생각이에요." 아일린은 오웰을 올려다보며 콧등에 걸친 안경을 손가락으로 밀어 올린다. "다른 하나는 우리가 그 이후에 그 걸작에 관해 어떻게 생각하는지에 관한 생각이고요. 그 걸작을 만든 사람이 당신이 표현한 것처럼 이렇게 '역겨운 인간'이라는 걸 알게 되었을 때요. 아니면 그냥," 아일린은 오웰을 바라본다. "보통의 결함 있는 인간일 수도 있겠죠. 우리는 그런 대가를 받아들일 수 있을까? 이해되죠?"

오웰은 이렇게 아일린의 관심을 받는 일이 거의 신체적으로 따뜻함을 느끼는 일에 가깝다는 걸 깨닫고 있는 듯하다. 그는 손가락에 끼워진 결혼반지를 만지작거린다.

"난 그냥," 오웰이 말한다. "셰익스피어가 정말로 그런 짓을 했다고 해도 《리어왕》의 가치는 여전히 유효하다는 걸 말하고 싶었어요."

"하지만 여기 적혀 있는 건 그런 얘기가 아닌데요." 아일린은 원고를 들어 올린다. "당신은 어떤 천재가 열차 칸 안에서 어린 소녀들을 강간해야만 한다고 해도, 그게 우리가 그 사람의 작품을 바라보는 방식에 영향을 끼쳐서는 안 된다고 암시하고 있어요. 그리고 그런 뒤에 우리는 그 대가를 외면한 채 작품을 즐길 수 있다고요. 모두가 자신이 원하는 걸 얻는 거죠." 아일린은 오웰과 시선을 맞추고 어깨를 으쓱한다. "내 생각에는, 어린 소녀들만 빼고 말이에요."

"그런 뜻이 아니에요."

"글쎄, 그렇게 읽히는걸요. 그리고 그건 나쁜 질문도 아니고요."

오웰은 주먹을 입으로 가져가더니 기침을 한다. "내게 필요한 건 정신분석뿐이로군."

아일린이 미소 짓는다. "그건 확실히 아닌 것 같은데요. 당신이 정신분석에 무차별 사격을 했던 부분이 어디더라?" 아일린은 다시 원고를 본다. "아, 여기네요. 달리의 '메뚜기 공포증' 속에 담겨 있었을지도 모르는 그 '콤플렉스' 얘기요. *레둑티오 아드 아브수르둠*°. 당신은 메뚜기랑 열차 칸 안에서의 강간 얘기를 하면서 공포증이랑 나쁜 행동이 마치 아주 별난 것처럼 보이게 하고 있어요. 그런데 사실 그것들은 나름의 방식으로 아주 흔하죠."

지금이야말로 그에게 묻기 적절한 순간일 것이다. 다른 여자들과 섹스하는 일이 당신의 작품에 활력을 주냐고. 아니면 작품을 쓸 수 있을 만큼 남자로서의 자신감에 활력을 주냐고. 그들 두 사람 다 그 질문이 이곳에 존재한다는 걸 안다. 그 질문은 침대와 의자 사이에, 수줍고 기대에 찬 얼굴로 참을성 있게 서서 누군가가 자신을 입 밖에 내주기를 기다리고 있다.

"두려운 일이긴 하죠, 물론." 아일린은 말한다. "펜을 종이에 대는 순간 늘 생각보다 더 많은 게 드러나니까요."

오웰은 기다린다.

아일린은 오웰의 검은 윤곽선 너머를 바라본다. 공원 위로 비행기 한 대가 하늘을 가로지르며 실 같은 구름 한 오라기를 남긴다.

노크소리가 난다. 로나가 들어온다. 불꽃처럼 붉은 머리를 한 로나는 검은 원피스에 하얀 앞치마를 두르고 머뭇거리며 쟁반을 나르고 있다.

○ 귀류법歸謬法의 라틴어 표현. 여기서는 그 수사적 전용으로, '극단적인 예를 끌어와 상대를 비정상적인 존재로 몰아가는 방식'을 뜻한다. —옮긴이

"여기 놓을까요, 부인?" 로나가 책상에 다가가며 묻는다. 책상 위에는 타자기가 있고, 종이들이 여기저기 흩어져 있다. 뜨겁고 미끄러지기 쉬운 찻잔들이 놓인 쟁반은 무겁다. 소녀는 가만히 선 채 기다린다.

"고마워, 로나."

조지는 무언가 딴생각을 하고 있다. 아무튼 조금도 움직이지 않는다. 연극배우처럼 지시를 해줘야 하는구나, 아일린은 생각한다.

"여보, 좀 치워줄래요?" 아일린이 말한다.

"어, 그래요." 오웰은 일어나 타자기를 옮겨놓는다. 로나가 쟁반을 내려놓는다. 로나는 이제 목부터 머리 꼭대기까지 빨갛게 달아올라 있다.

"따라드릴까요, 부인?" 로나가 묻는다.

"아냐, 로나." 아일린이 미소 짓는다. "우리가 할게."

조지가 차를 따르는 동안 아일린은 다시 그의 에세이를 들여다본다.

"예를 들어, 당신은 여기 이렇게 썼어요. 달리의 작품이 '온전한 정신에 대한, 고상함에 대한, 그리고 심지어는, 달리의 그림 중 일부는 외설적인 그림엽서처럼 상상력을 오염시키기 쉽기에 삶 자체에 대한 직접적이고도 분명한 공격'이라고." 아일린이 고개를 든다. "당신이 갖고 있던 외설적인 그림엽서들이 당신 상상력을 오염시켰다고 생각하진 않잖아요, 안 그래요?"

오웰은 반쯤은 웃음, 반쯤은 놀라서 내뱉는 짧은 신음이 섞인 소리를 낸다. 찻주전자를 내려놓는다.

III   보이지 않는 노동자

"음, 그렇진 않았던 것 같아요." 홍차가 담긴 잔을 오웰로부터 건네받으며 아일린은 미소 짓는다. "그러기엔 그것들은 너무 약했죠."

오웰이 웃음을 터뜨린다. 아일린은 오웰에게 교열 작업이 몹시 설레는 일이며, 누군가가 자신보다 더 분명하게 자신을 들여다보게 만드는 위험한 기쁨이라는 걸 알고 있다.

딸기

1939년 여름이다. 그들은 시골집에 돌아와 있다. 오웰은 이곳에서 겨울을 나고 싶어 하지만 아일린은 그건 끔찍한 생각이라고 여긴다. 오웰의 폐 상태가 좋지 않은 데다, 바깥에서 모든 게 얼어붙을 무렵이면 집 안도 함께 얼어붙을 테니 말이다.

게다가 전쟁이 다가오고 있다. 오웰은 보통 사람들이 이 사실을 알면 전쟁에 반대해 들고일어날 거라고 말한다. 아일린의 생각은 다르다. 정부가 전쟁을 선포하면 사람들은 모두 지지할 거라고 아일린은 오웰에게 말해준다. 이때가 아일린이 오웰의 "남다른 정치적 단순함"[29] 에 놀라는 순간이다. 오웰은 아일린의 통찰을 일기에 적어둔다.

머무를 것인가, 떠날 것인가. 결국, 그들은 어느 순간 결정을 내렸을 것이다.

아일린은 커다란 금속 냄비를 싱크대에 놓고 수도꼭지를 튼다. 성냥을 켜 휴대용 석유 화로에 불을 붙인다. 다시 성냥을 켜 담배에 불을 붙이고는, 입술 사이에 담배를 문 채 손목시계를 벗어 창턱 위에 올려놓는다. 이번 주에 아일린은 사과 소스, 오이 피클, 그리고 시럽에 담근 복숭아를 만들었다. 여기서 겨울을 나겠다고 동의한 건 아니다. 이 식량들은 오웰이 그러겠다고 고집할 경우 그가 먹으라고 준비한 것이다. 아일린은 런던에 있는 로렌스와 그웬의 집에서 머무르며 상황을 볼 생각이다. 양철지붕 아래에서 유리병과 과일이 담긴 통을 불 위에 올려 끓이는 이 작업은 마치 동화에 나오는 것 같다. 위층에서는 주인님이 기침을 하며 잉크에서 황금을 만들어내려고 애쓰시는 중이다. 어쩌면 끓고 있는 이 통은 그들 사이에 벌어지고 있는 일에서 눈을 돌리기 위한 수단에 불과할지도 모른다.

오늘은 딸기잼이다. 아일린은 하얀 에나멜 그릇을 집어 들고 뒷문으로 나간다. 높이 솟은 해가 눈부셔서 아일린은 눈을 깜빡인다. 정원은 늦여름의 분홍빛과 보랏빛으로 온통 난리가 나 있다. 달리아와 비단향꽃무와 장미가 향긋한 아지랑이 속에서 고개를 끄덕인다. 곤충들은 향기에 취해 있다. 닭들은 틈틈이 화난 듯 험담을 늘어놓는다. 그럴 만도 하다. 녀석들은 도둑들과 함께 사는 셈이니까.

아일린은 잘라서 반바지로 만든 낡은 바지를 입고 오웰의 벨트를 하고 있다. 헛간의 못에 걸린 포대 자루를 내려 딸기 모판 옆에 놓는다. 아일린은 "빛으로 가득한 그 들판에서, 꽃들 사이를 노니는 벌처럼 새로운 기쁨을"[30] 거둘 것이다. 사랑하는 워즈워스, 다정한 윌리엄. 아일린은 무릎을 꿇고 딸기를 찾아낸다. 짙은 녹색 방패 아래 숨어 빨갛게 윤을 내는 바늘꽂이 같은 그것들을. 하나를 입에 넣어본다. 기쁨이 전율처럼 스친다.

그들이 이 활기로 들끓는 삶에 시동을 건 건 3년 전이었다. 정원에 만든 모판, 파놓은 도랑, 심어둔 꽃과 과일 하나하나가 모두 꿈에 대한 착수금이었다. 그 시절, 그들은 말다툼도 웃음 띤 어조로 했고, 손수레도, 도랑도, 삽도, 싱크대도, 도끼도 나란히 붙잡고 일했다. 의견 차이는 그저 생활 방식의 사소한 부분에서만 일어나는 것처럼 보였다. 저녁을 먹을 때 옷을 차려입을 것인지("이런 시골집에서요?" 아일린은 소리쳤다), 혹은 마멀레이드를 식탁 위 그릇에 옮겨두어야 하는지 같은 문제 말이다. 하지만 이제 아일린은 깨닫는다. 그런 실랑이들은 실은 누가 노동을 맡을 것인지를 두고 일어난 것이었다. 누가 상대방에게 시간을 선물로 줄 것인가. 그 실랑이들은 아일린의 기억 속에서 서로 엉겨 붙어 하나의 싸움으로 남았다. 노라를 만나고 싶거나, 오빠가 찾아와서 아일린이 월링턴을 떠나려 할 때 오웰이 그러지 못하게 막았던 싸움으로. 그런 싸움들은 보통 조지가 위층으로 터덜터덜 걸어 올라가 버리는 것으로 끝났다. 아일린을 설거지할 접시들과 재떨이들 사이에 남겨둔 채로.

딸기 그릇이 가득 찼다. 아일린은 바지에 손을 문질러 닦는다. 집으로 몸을 돌리는데, 위층 창문이 빛을 받아 반짝인다. 조지가 그곳에서 작업을 하고 있지만, 모습은 보이지 않는다.

정원 끝에서 바라본 윌링턴의 시골집.
창문 안쪽으로 누군가의 모습이
어렴풋이 보인다.

변소 청소가 그 모든 일의 절정(혹은 밑바닥)이었다. 조지는 몸이 좋지 않아 그 일을 할 수 없었다. 아일린의 머릿속에 깊이 새겨진 한순간이 있다. 일을 반쯤 했을 때, 조지가 저 창문을 열고 아일린을 불렀다. 아일린은 조심스럽게 몸을 빼냈다. 변기 위로 넘쳐흐른 짙은 색 배설물에서 부츠 신은 발을 꺼냈다. 소용돌이치는 그 오물은 너무도 역겨웠고, 악취에 속이 뒤집힐 지경이었다. 아일린은 조지가 뭐라고 하는지 들으려고 창문 쪽으로 네 걸음을 떼었다. 그러고는 거기 서 있었다. 조지의 녹색 낚시용 장화를 신고, 장갑 낀 두 손을 옆으로 벌리고, 온몸이 똥투성이가 된 채로.

"차 마실 시간이잖아요. 안 그래요?" 그때 조지는 그렇게 말했다.

아일린의 피가 얼음처럼 차갑게 식었다. 조지가 자신을 위해 차를 끓여주려고 그 말을 했을 거라는 생각은 단 한순간도 들지 않았다.

아일린은 딸기가 든 그릇을 창문 아래 싱크대 한쪽에 내려놓는다. 유리병들을 찬물에 씻고 헹구기 시작한다. 팔뚝에 팔꿈치까지 소름이 돋는 순간, 아일린은 깨닫는다. 무언가를 안다는 건 그것이 어떻게 느껴지게 될 지 이해하는 거라고 아일린은 언제나 생각해 왔다. 하지만 아일린은 경험 자체를 과소평가하고 있었다. 경험은 일어나고 있는 일을 머리가 채 깨닫기도 전에 피를 얼려버릴 수 있다. 아일린은 그 경험의 세부 사항이 그렇듯 끔찍할 거라고는 예상하지 못했다. 설마 조지가 다른 여자들과 섹스하기 위해 자신에게 '허락'을 구할 거라고는. 그에게 강력해진 기분을 선사하는 건 그 여자들과의 섹스일까? 아니면 아일린이 느끼는 모멸감이 그런 효과를 내는 걸까? 모멸감을 느끼지 않기 위해 아일린이 겨우 취할 수 있는 유일한 방법은 그 일이 중요하지 않은 척하는 것이다. 그리고 그렇게 한다는 건 (아일린은 마지막으로 헹군 유리병을 마른행주 위 다른 병들 옆에 놓는다) 결국 아일린 자신이 중요하지 않은 존재인 척하는 것이다. 아일린은 수도꼭지를 잠근다. 다정한 윌리엄이 필요하다. "흔들리는 마음의 균형을 바로잡는"[31] 워즈워스가.

끓는 물 속으로 유리병들을 조심스레 집어넣는다. 유리병은 모두 여섯 개다. 둥그린 유리 뚜껑도, 금속 걸쇠도, 그것들을 밀봉할 천연고무로 된 오렌지색 고리도 모두 여섯 개씩이다. 두 배로, 두 배로 고생과 고난을°. 아일린은 차가 한잔 마시고 싶지만, 점화구가 하나뿐이라 지금은 이 살균 작업이 끝날 때까지 기다려야 한다. "아, 이러니까 좀 낫네." 조지는 첫 모금을 들이켜고 나면 그렇게 말하곤 했다. 그는 아일린에게서 몸을 떼어내며 돌아누울 때도 그 말을 한다. "아, 이러니까 좀 낫네."[32] 메이블이 뭐라고 했더라? 조지가 파리에서 얻은 방에 데려다 놓았다는 그 여자에 대해? 그 여자는 가슴이 납작하고, 머리는 이튼 학생처럼 짧고, 모든 면에서 탐이 났다고 했지.[33] 메이블 역시 한동안 조지와 잤고, 조지가 동성애자라고 여긴다. 조지의 친구 헤펜스탈도 같은 생각이다. 어쩌면 저 대단한 남자가 원하는 건 여자가 아닐지도 모른다. 그럼 아일린이 왜 그의 곁에 머물러야 하나?

아일린은 딸기를 마른행주로 닦으며 벌레가 있는지 살펴본다. 그런 다음 서랍에서 과도를 꺼내 그것들의 녹색 모자를 벗겨내고 썰기 시작한다. 문제는 아일린이 그의 행동을 못 본 체하고 자신이 알게 된 것에 애정을 품을 수 있다는 거다. 뭐든 진정으로 좋은 것으로 만드는 일은—아일린은 칼을 내려놓고 축축해진 손목으로 이마에서 머리칼을 쓸어낸다—다듬는 과정에 달려 있다.

아일린은 창턱 위에 놓인 손목시계를 힐끗 본다. 병들이 균이 없는 상태가 될 때까지 12분 동안 끓이는 중이다. 그러고 보니, 그들이 아이가 생기지 않는 상태라는 것도 문제다. 결혼한

○ 《맥베스》에서 마녀들이 마법의 가마솥을 끓이며 주문을 외우는 장면에 나오는 대사이다. — 옮긴이

지 3년이 지났지만, 아일린은 아직 임신이 되지 않고 있다. 병원에 가서 문제가 무엇인지 알아보자고 아일린이 권하자, 오웰은 말했다. "내가 난임이에요. 그게 문제라고."

두 사람은 줄에 맨 염소들을 이끌고 마을 길을 따라 내려가고 있었다. 여덟 살쯤 돼 보이는 남자아이 셋이 그들에게는 아랑곳하지 않은 채 흙바닥에서 구슬치기를 하고 있었다.

"하지만 어떻게 알아요?"

"그냥 알아요. 아무도 임신시킨 적이 없는걸."

"그건 알 수 없는 일이죠. 버마에도 여자가 있었고, 파리에도 있었는데."

"그냥 그렇다니까." 그가 말했다.

아일린은 앞에 놓인 길을 바라보았다. 목이 콱 막혀왔다.

"하지만 당신이 늘 말했잖아요. 아이들을 너무나 원한다고." 아일린은 조지의 팔을 붙잡아 걸음을 멈추게 한다. "나한테 언제 말할 생각이었어요?"

조지는 한 손으로 불꽃을 감싸며 담배에 불을 붙인다.

"지금 말하고 있잖아요."

아일린은 조지가 병원에 갔으면 좋겠지만 그는 싫다고 한다. 어떤 검사를 받아도 너무 "역겨울" 것 같다고 한다.[34] 아일린의 주치의는 달마다 생리통이 심하기는 해도 아일린에게는 문제가 없다고 했다.[35]

선반 위 설탕통으로 손을 뻗는데, 무언가가 후다닥 움직인다. 반대쪽 끝에서 또 다른 통 하나가 툭 떨어지며 밀가루가 온통 바닥에 쏟아진다.

"무슨 일이에요?" 위층에서 목소리가 들려온다.

"아무것도 아니에요." 아일린이 소리쳐 대답한다. "그냥 뭘 좀 떨어뜨렸어요." 조지는 쥐라면 기겁을 한다. 아일린은 그렇지 않다. 녀석들을 선반 위에 늘어서서 캉캉춤을 추고 있는 친구들이라고 상상한다. 아일린은 문 뒤로 가서 쓰레받기와 빗자루를 꺼낸다.

또다시 기침 소리가 들려온다. 아일린은 멈춰 선다.

그러다 타자기 소리가 다시 울린다. 아일린은 숨을 내쉬고 밀가루를 쓸어모은다.

유리병들이 담긴 냄비를 점화구에서 치운 다음 그 자리에 딸기와 설탕이 담긴 소스 냄비를 올려놓는다. 딸기가 부드럽게 끓기 시작하자, 아일린은 계단에 쌓여 있는 책더미로 가서 책 한 권을 꺼내려 한다. 그 순간, 위에 있던 책들이 폭포처럼 무너져 내린다. 그리고 다음 순간엔 조지가 그곳에 서 있다. 손수건을 입에 댄 채 낡은 푸른색 셔츠 위로 피를 줄줄 흘리면서.

"얼음." 그가 말한다. 그의 두 눈은 공포에 질려 있다.

아일린은 허겁지겁 얼음 상자로 달려가 얼음 몇 조각을 쪼갠다. 피에, 죽음에 직면하자 단호하게 조지 편에 서 있는 자신을 깨닫는다. 다른 여자들과 어린 소녀들은 사라진다.

구급차가 와서 다시 그를 싣고 간다. 아일린은 이곳에 남아 잼 만드는 일을 마무리하고 닭들을 닭장에 넣어야 한다. 버스를 타고 따라갈 것이다. 집 안이 너무도 휑하게 느껴진다.

아일린은 주방에서 국자를 집어 들고는 냄비에 든 짙은 붉은색 덩어리 속으로 푹 찔러넣는다. 이 작업을 안전하게 하기에는 아직 잼이 너무 뜨겁지만, 다른 할 일이 당장은 생각나지 않는다. 마르크스가 아일린의 정강이 안쪽에 몸을 기대온다. 녀석은 아일린이 앉고 난 뒤에야 따라 앉는다. 아일린은 심리적인 원인 때문에 출혈이 일어날 수도 있는지 궁금해진다. 그저 겨울 동안만이라고 해도 아일린이 자신을 떠나버릴지 모른다는 두려움 때문일까. 이런 경우에 대해 연구된 바가 있는지 로런스에게 물어봐야 할 것 같다.

이렇게 많은 피를 보며 살아가게 될 줄은 몰랐다. 조지의 피도, 아일린 자신의 피도. 조지의 피는 기침과 함께 토해져 나오지만 거의 고통 없이 흘러나온다. 그것이 의미하는 바가 더 두렵긴 하지만 말이다. 아일린의 피는 소리 없이, 하지만 고통스럽게 흘러나온다. 생명의 가능성을 상징하는 무언가로 가장하고서.

"우리, 정말 피범벅이 됐네요." 한번은 아일린이 그렇게 농담을 했었다.

조지는 불쾌하다는 듯 얼굴을 찡그렸다.

"그러니까 생각나는데," 조지가 말했다. "그 헝겊들 좀 빨랫줄에 그렇게 훤히 보이게 널어놓지 말아요."

아일린은 자신의 고통을 그에게 말하는 걸 그만두었.

유리병들이 충분히 식어 손으로 만질 수 있게 되자, 아일린은 그것들을 밀봉해 뒷문 뒤쪽에 다른 병들과 함께 쌓아놓는다. 녹색에서 붉은색으로 이어지는 스펙트럼. 짙은 녹색 피클, 그보다 옅은 사과 소스, 황금빛 복숭아, 그리고 이제 연구실의 표본처럼 끈끈한 이 붉은 잼까지. 모자랄까, 너무 많을까. 판단이 서지 않는다.

아일린은 식탁에 앉는다. 심장이 또다시 자기 혼자 결정을 내린 것 같다. 아일린은 이 결혼 생활을 계속 이어갈 것이다. 조지를 계속 살아 있게 해주면서 어떤 작품이 탄생할지 지켜볼 것이다.

다음날, 아일린은 버스와 기차를 타고 병원으로 간다. 원뿔 모양으로 신문지에 싼 하얀 월하향 한 다발을 들고 향기를 퍼뜨리면서. 로런스 오빠의 또 다른 동료인 몰록 박사는 쾌활하고 외향적인 사람인데, 남자용 예복을 입고 넥타이에는 진주로 된 핀을 꽂고 있다. 그는 조지에게 말한다. "피를 토하는 건 걱정할 일이 아닙니다. 건강에는 오히려 좋을 수도 있어요."[36]
이런 식으로 환자들을 속이는 건 너무도 기괴한 일이라고 아일린은 생각하지만, 조지의 두 눈은 환히 빛난다. 용기가 생긴 그는 자신이 "괜찮게 지낼 시간이 몇 년이나" 남았는지 묻는다. 남은 시간 전체가 몇 년인지는 알고 싶어 하지 않는다. 그건 누구라도 알고 싶지 않을 것이다. 박사는 대답한다. "필요한 만큼은 남아 있을 겁니다, 환자분." 아일린이 보기에 의사들은 아무 생각이 없고, 그들이 쓰는 방법이라고는 감언이설, 위약, 날랜 손재주로 환자들을 속이는 게 다. 몰록 박사는 방을 나서며 검은 실크해트를 쓴다.[37]

오웰은 아일린이 꽃을 묶는 데 쓴 노끈을 만지작거린다.
"끈 한 오라기는 길이가 얼마나 되지?" 그는 희미하게 미소 짓는다.

아일린은 울음을 터뜨린다.

시골집으로 돌아왔을 때는 저녁이 되어 있다. 아일린은 아침에 거두지 못한 달걀을 거둬들인다(오늘은 열여덟 개다). 푸줏간에 내다 팔 것이다. 아일린의 타자 일감이 끊겨서 그들은 이제 돈 들어올 곳이 없다. 오웰의 말처럼 그들은 그야말로 "하루 벌어 하루 먹는 생활"[38]을 하는 중이다. 돈 문제는 "완전히 감당이 안 되는"[39] 수준이 되어가고 있다. 프리랜서로 글을 쓰는 걸 제외하면 오웰에게는 일도, 앞으로 일을 하게 될 가망도 없다. 몰록 박사가 로런스 오빠를 봐서 공짜로 진료를 해주니 얼마나 다행인가. 아일린은 주전자를 불 위에 올려놓고, 방금 켠 성냥으로 담배에도 불을 붙인 다음 자리에 앉는다.

잠시 후 아일린은 담배꽁초를 비벼 끈다. 자기라도 돈을 좀 벌어야겠다는 생각이 든다.

조지가 요양소에서, 그런 다음엔 돈 많은 친구 L. H. 마이어스의 호화로운 저택에서 회복하는 동안, 아일린은 옥스퍼드 시절에 알던 친구를 찾아간다. 친구는 런던에 있는 육군성에서 근무하고 있다. 아직 아무것도 선포되지 않았지만 전쟁의 기운은 소리 없이 스며들고 있다. 기차 안에는 도시를 떠나는 부유한 사람들이 가득하다. 거리에서는 학생들이 줄을 맞춰 걸으며 피난 연습을 하고 있다. 육군성 건물 앞에도 모래주머니가 쌓여 있다. 아일린의 친구는 전쟁이 일어날 게 "거의 확실하다"[40]고 말해준다.

9월 3일 아침, 오웰 부부는 그리니치에 머무르고 있다. 그들은 그웬과 로런스와 함께 라디오 주위에 모인다. 오랫동안 예상해온 일이지만, 막상 닥치니 속이 텅 비는 것 같다. 수상의 목소리는 어둡고 무겁다. 독일은 폴란드에서 철수하는 데 동의하지 않을 거라고 그는 말한다. "따라서, 이 나라는 독일과의 전쟁을 선포합니다…"

로런스와 아일린이 시선을 주고받는다. 로런스는 그웬에게 몸을 돌리며 입을 연다. 아마도 무슨 말일지는 그웬 역시 이미 알고 있겠지만.

"나 입대해야겠어요. 의무대에. 내가 할 수 있는 일을 해야겠어요."

"저도 같이 가겠습니다." 조지가 말한다. 로런스가 고개를 끄덕인다. 군대가 조지를 받아줄 거라고 생각하는 사람은 아무도 없지만 말이다.

　　　　　　　　　　　　　　　～

로런스는 전선으로 가야겠다고 고집한다. 그곳에 있어야 외과 의로서 가장 도움이 될 수 있다고 느끼기 때문이다. 그웬은 그들의 한 살배기 아들, 이름이 아버지와 똑같이 로런스인 그 애와 함께 런던에 남아 집에 마련된 진료소에서 계속 환자들을 볼 것이다. 그웬은 과학을 믿는 사람이라 예감에 쉽게 휘둘리지 않는다. 그래서 마침내 남편에 대한 불길한 예감이 찾아왔을 때는 한층 불안해하면서도 더욱 무시하려 애를 쓴다. 그웬은 그 예감을 자기 집에서 일하는 보모에게만 털어놓는다.[41]

프랑스로 떠나면서 로런스는 아일린에게 한 가지 부탁을 한다. 종종 그리니치에 머무르며 그웬의 이야기 상대가 되어달라는 것이

그리니치 저택에 있는 로런스

다. 어쩌면 그는 동생이 또다시 그 시골집에서 혹독한 겨울을 보내지 않도록 막아 주고 싶었던 건지도 모른다.

선전

아일린은 어쨌든 런던에 남아야 한다. 일자리가 들어왔기 때문이다. 신설된 정보부 검열과의 상당히 높은 직책이다. 이 부서는 전쟁에 관한 뉴스를 검열해 내보내고 언론에 보도된 내용을 검열하는 두 가지 업무를 모두 책임진다. 아일린의 사무실은 블룸즈버리의 세너트 하우스°에 있다. 오웰은 아일린이 옥스퍼드의 인맥을 통해 그 자리를 얻었다며 "아는 사람의 아는 사람, 기타 등등, 기타 등등"[42] 덕분이라고 말했다. 마치 그 자리가 그들 두 사람 모두의 생계를 유지할 방책이 아니라 아일린이 받을 자격이 없는 상이라도 되는 것처럼 말이다. 전기 작가들은 아일린이 앞으로 2년 동안 두 사람 모두를 경제적으로 부양한다는 사실을 한 번도 분명히 밝히지 않는다. 오웰 자신도 그 사실을 중요하지 않은 것으로 취급했다.

○ 당시 런던대학교 본부 건물을 영국 정보부가 일부 사용했다. 현재는 런던대학교 중앙도서관이다.-옮긴이

세너트 하우스

오웰은 건강 문제로 입대를 거부당한다. 그는 겨울을 나기 위해 시골집으로 돌아간다. 싸울 수 없고 아내의 벌이에 의존해 살아야 한다는 이중의 모멸감을 안고서. 1939년에서 1940년으로 넘어가는 그 겨울, 그는 혼자 지낸다. 염소들은 썩 좋은 친구가 못 되고, 그가 심은 감자는 땅속에서 썩어간다. 그가 다음번에 피를 토하는 건 언제일까. 아무도 그 생각은 하고 싶어 하지 않는다. 아일린은 격주로 주말에 찾아온다.

런던은 몸을 낮추고 다가올 공습을 기다리고 있다. 매일 밤 시내에서는 정전이 일어나지만 하늘은 여전히 텅 비어 있다. 창문들은 판지 아니면 페인트로 덮여 있다. 지하철역들은 '방공호'로 명칭이 바뀌는 중이다. 세인트 폴 대성당 주변에는 모래주머니가 천장 높이까지 쌓여 있다. 로런스와 그웬의 집 맞은편에 있는 공원에는 거대한 방공 기구가 떠 있다.[43] 관측소 위쪽 하늘에 뜬 그 풍선은 적

III 보이지 않는 노동자 345

의 항공기를 포획하기 위해 그물처럼 연결된 와이어에 묶여 있다.

위험에도 불구하고, 아일린은 월링턴보다는 차라리 런던에 있고 싶어 한다. "다른 가족들이 공습의 위험에 노출되어 있는 동안 혼자서 안전한 장소에 머무르는 건 옳지 않다고"[44] 느껴서다. 리디아는 아일린이 "전쟁으로 인해 삶이 뒤흔들리는 것을 거의 반기는 듯 보였다. 그 애에게 그건 새롭고 극적인 경험이었다"[45]고 여긴다. 그뿐 아니라, 리디아가 보기에 아일린에게는 "자기 목숨을 위험에 빠뜨리고 싶어 하는 무의식적인 소망"[46]까지 있었다. 이것이 일종의 체념이었든, 혹은 모험을 향한 필사적인 갈망이었든, 나는 그것이 아일린과 오웰이 공유한 것이었다고 믿는다.

스페인에서 맡았던 일처럼 이번 일 역시 아일린을 전쟁의 심장부로, 실제로 일어나는 일과 말할 수 있는 것의 경계선 위로 데려다 놓는다. 문서상으로는 흥미로운 일처럼 보였을지도 모른다. 정부의 기밀 정보를 다루는 사무실에서 일하면서 전선에서 들어오는 뉴스를 숨기는 동시에, 국내 언론 통제를 담당하는 일이었으니까. 하지만 알고 보니 그 일은 오랜 시간 해야 하는 고된 업무인 데다 상상도 할 수 없을 만큼 따분한 일이라고 아일린은 노라에게 쓴다. 아일린의 동료들은 사회주의 성향의 신문인 〈데일리 워커〉와 파시스트 신문인 〈액션〉의 차이를 거의 구분하지 못한다. 게다가 아일린의 고용주는 우유부단한 사람, 자기 스스로 결정을 내리는 일만큼이나 나를 두려워하는 사람이다.[47] 더 나쁜 건 업무의 세부에 매몰된 나머지 일어나고 있는 일의 전체 흐름을 파악하기가 어렵다는 점이다. 어떤 정보는 하찮은 수준이다. 근무 초기, 아일린은 영국 파시스트 연합의 지도자인 오스월드 모슬리Oswald Mosley가 "성생활에 있어서는 극단적인 피학성애자"⁴⁸라는 사실을 알아냈다고 건조하게 전한다. 오웰은 상류층을 회유하기 위한 정책이 계속되고 있다고 믿게 된다. "영국을 지키기보다는 배신할 가능성이 큰 얼간이들과 친파시스트들이 요직을 가득 채우고 있기"⁴⁹ 때문이다. 아일린에게는 유럽 대륙에서 히틀러와 싸우고 있는 부대들에게 실제로 일어나는 일을 알아낼 수 있는지가 더 관심사였을지도 모른다. 그곳에는 로런스가 있었으니까.

아일린이 세너트 하우스에서 관여하고 있던 검열이 정확히 어떤 종류였는지는 알 수 없다. 하지만 아일린이 그곳에서 했던 일, 즉 특정한 진실들을 지우고 순수한 형태의 국가상이 그것들을 대체하게 하는 작업에서 오웰이 영감과 영향을 받았을 가능성은 있다. 오웰은 아마도 그 건물을 《1984》에 나오는 진리부(사실은 허위부)의 모델로 삼았을 것이다.

월링턴에서, 오웰은 산문집 《고래 뱃속에서》의 집필을 끝내가고 있지만 생활 전선에서는 간신히 살아나가고 있다. 또다시 접시들이 싱크대 속에서 얼어붙는다. 또다시 화장실이 고장 난다. 1월 말, 아일린은 월링턴으로 가서 오웰을 도와 짐을 싼 다음 그를 데리고 나온다. 그들은 머리 높이까지 쌓인 눈을 뚫고 4.8킬로미터를 걸어서 여행 가방들과 오웰의 타자기를 옆 마을까지 운반한 다음 버스를 탄다. 어느 순간 그들은 도로를 포기하고 들판 위로 걸어간다. 허리까지 빠지는 눈더미 속에서 발이 바닥에 닿지 않은 채 나아간다. 하지만 태연한 오웰은 자연에서 즐거움을 느낄 만큼 기력이 있어서, 눈밭을 느릿느릿 뛰어다니는, "때로는 스무 마리 정도씩 한

데 모여 있는 토끼 무리들"[50]을 알아본다. 놀랄 일도 아니지만, 그는 그 뒤로 6주 동안 몸이 아파 로런스와 그웬의 집에서 간호를 받아야 한다. 하지만 3월 중순이 되자 오웰은 곧장 시골집으로 돌아간다. 오웰 부부의 동네 친구인 잭 커먼은 바람이 불어 오웰의 코듀로이 바지가 달라붙을 때 드러나는 깡마른 다리의 윤곽을 보고 충격을 받는다.[51]

오웰은 혼자서는 겨우 몇 주밖에 더 버티지 못한다. 1940년 봄, 닭들은 팔리고, 개와 염소들은 마을 사람들이 맡아서 돌보게 된다. 6개월 넘게 아일린과 떨어져 지낸 뒤(3년 반 동안 이어진 그들의 결혼 생활에서 세 번째다), 오웰은 런던으로 이사한다.

그와 아일린은 이제 둘만의 집을 찾아 나선다. 아일린의 봉급과 오웰이 가끔씩 프리랜서로 버는 수입만으로 감당할 수 있는 집. 그들은 베이커 스트리트에서 '도싯 챔버스'라는 집을 찾아낸다. 한 전기 작가의 묘사에 따르면 그곳은 "4층에 있는 너무도 딱해 보이는 방 두 개짜리 집으로, 아래층에는 상점들이 있고, 바로 뒤의 골목에는 차고들이 있으며, 엘리베이터가 없고, 채광이 나쁘며, 싸구려 중고 가구와 가스 온수기, 공동욕실이 있는 집"[52]이다. 두 사람은 그 집에 오웰의 버마 칼들과 블레어 집안의 성경, 그리고 선조인 '레이디 메리'의 초상화[53]를 들여놓는다. 리디아는 그 집이 "공습 시 안전이라는 관점에서 보면 전혀 바람직하지 않은 집"[54]이었다고 말한다. 하지만 이 점은 두 사람에게 조금도 문제가 되지 않는다.

그리니치에 있는 오빠의 멋진 저택, 요리사와 보모, 하녀와 '잡역부'까지 있는 그 집을 떠나 농장 일과 요리, 청소, 간호, 교열과 타자 작업을 하러 주말마다 시골집으로 향하면서 아일린은 어떤 기분이었을까? 그런 기록은 남아 있지 않다. 베이커 스트리트에 있는 그 우중충한 집으로 이사하면서 그가 어떤 기분이었는지에 대한 기록도 마찬가지다. 이제 아일린은 세 사람 몫의 노동을 하고 있다. 낮에는 정보부에서 일하고, 모든 집안일과 장보기, 요리를 도맡으며, 남는 시간에는 오웰의 작품을 교열하고 타자로 친다. 그럼에도 아일린은 불평 한마디 남기지 않았다. 아일린과 친했던 한 친구는 훗날 아일린이 자신들의 "집시 같은 생활 방식"[55]을 "초연하게" 받아들이는 것처럼 보였다고 말했다. 어쩌면 아일린은 이런 세 배의 노동을 자신이 한 선택의 대가라고 여기는지도 모른다. 작가의 작품이 주는 만족감이 자신 또한 충족시켜 주리라는 희망 때문에 그와 삶을 함께하기로 한 대가라고 말이다. 어쩌면 아일린은 오웰이 절대 입 밖에 내지 않을 사실까지 알고 있는지도 모른다. 오웰이 결과물을 내기 위해서는 두 사람 몫의 노동이 필요하다는 사실 말이다.

오웰은 기분이 바닥을 치고 있다. 명백히 입대 연령에 해당하는 자신이 런던 거리를 배회하고 있다는 사실이 부끄러워서다. 그는 "면제증"을 받고 군 복무에서 제외되었지만, 이를 원하지 않는다. "이 나라 남자들 절반은 불알 두 쪽을 내놓아서라도"[56] 면제를 받고 싶어 한다는 걸 알면서도 그렇다. 글을 쓰기도 어렵다. 영국이 침공당하고 파시스트 국가로 변하면서 이제 세계가 언제라도 멸망할 수 있는 상황이기 때문이다.

그때, 한 전기 작가가 쓴 것처럼 "뜻밖에도 오웰은 〈타임 앤 타이드 Time and Tide〉에 연극과 영화 리뷰를 쓰는 꾸준한 일자리를 제안받게 된다".[57] 또 다른 전기 작가는 〈타임 앤 타이드〉에서 "제안받은" 이 서평 쓰는 일로 인해 "오웰에게는 런던에서 저렴한 숙소를 구해 아일린과 함께 지낼 기회가 생긴다"고 쓴다. 그러면서도 애초에 오웰이 런던으로 온 이유가 시골집에서의 노동을 혼자서는 감당하지 못해서였으며, 아일린의 봉급이 그들의 주된 생계 수단이었고 앞으로도 계속 그러리라는 사실은 생략한다.⁵⁸ 나는 수동태 속에 숨은 뜻을 읽어낼 수 있게 된 터라, '제안받게 된다', '나타났다' 같은 구절들을 보면 곧바로 경계하게 된다. 오웰을 담당하는 남성 편집자들의 이름은 빠짐없이 기록되지만, 이 경우 오웰에게 일자리를 준 사람은 당시 〈타임 앤 타이드〉의 부편집자였던 여성 소설가 레티스 쿠퍼Lettice Cooper였다. 하지만 쿠퍼가 기억하듯 결과는 썩 좋지 못했다. "오웰이 극장에 가는 일을 그리 좋아했다는 생각은 안 들어요. 특히 '뭐든 빌어먹을 연극을' 보러 가는 일은 더더욱 안 좋아했죠. 오웰은 첫 공연이 올라가는 밤 시작 시간이 다가오면 갑작스레 상태가 안 좋아지곤 했고, 그러면 내가 끼어들어 대신 그 일을 해줘야 했어요."⁵⁹ 이 대목에서 전기 작가들의 언어는 한 여성을 은폐하고 있다. 오웰에게 일자리를 주었을 뿐 아니라 그 일의 상당 부분을 대신 해주었던 여성을.

 이 일자리는 상근직이 아니다. 아일린은 정보부에서 오웰이 할 수 있는 약간의 프리랜서 일을 찾아준 것으로 보인다. 또다시 한 전기 작가는 아일린이 그곳에서 일했으며 아마도 오웰에게 일자리를 얻어주었을 거라는 언급을 피하는 식으로 문장을 써내지만 말이다. "오웰은 이따금 정보부(괴벨스의 선전부에 대한 영국의 대답이었다)에서 일자리를 찾아냈다. 정보부는 런던대학교 세너트 하우스에 본부를 두고 있었는데, 이곳은 《1984》에 나오는 진리부를 구상하는 데 영감을 준 요소 중 하나였다."⁶⁰

〈호라이즌Horizon〉에 글을 쓰기 시작하면서 오웰은 조금 더 행복해진다. 〈호라이즌〉은 오웰의 친구 시릴 코널리가 편집을 맡고 있는 1940년대의 영향력 있는 간행물이다. 오웰은 "좀 더 화려한 문학계로 조금씩이나마 옮겨 가기" 시작한다. 그 세계는 "즐거운 파티들"과 "실하게 잘 자라난 일련의 젊은 비서들"이 있는 세계다. 그 전기 작가는 이렇게 덧붙인다. "그리고 또 다른 것도 있었다. 어느 날 사무실에 찾아간 오웰은 분명 코널리의 편집 보조원들과 우연히 마주쳤던 것 같다. 그들 중에는 검은 머리칼을 한 재니타 울리Janetta Woolley라는 눈에 띄는 여성이 있었다. 재니타가 처음으로 맡은 일 중 하나는 단편소설 속의 욕설을 잉크로 지우는" 업무였다. 그리고 또 다른 여성도 있었는데, "생기 있는 얼굴을 한 20대 초반의 금발 머리 여자로… 이름은 소니아 브라우넬Sonia Brownell이었다."[61]

'또 다른 것', 즉 연애 관계는 이런 식으로 암시된다. 여자들을 오직 '실하게 잘 자라난' 육체로만 묘사하는 문장들 속에서. 오웰이 그 여자들을 만난 일을 설명해 주는 적절한 동사는 이 문장들 속에 없다. 그는 그저 그 여자들과 '우연히 마주쳤'을 뿐이다. 이 문장들은 말 없는 윙크와 함께 어떤 의미를 전하면서도, 필요할 때면 쓴 사람이 그 의미를 그럴듯하게 부인할 수 있게 의도되어 있다. 이런 식으로, 오웰이 맺었을 것으로, 혹은 맺고 싶어 했을 것으로 추정되는 재니타와 소니아와의 연애 관계는 암시되는 동시에 은폐된다.

라디오가 없는 아일린과 오웰은 9시 뉴스를 듣기 위해 술집에 간다. 창문들은 가려져 있고, 가게 안에는 연기와 수다가 눅진하게 고여 있다. 그들이 라디오를 켜달라고 부탁하자, 여자 바텐더는 이렇게 말한다. "아, 저희는 라디오는 절대 안 켜는데요. 보시면 아시겠지만 듣는 사람이 아무도 없거든요… 다른 바에서는 피아노 연주를 틀어놓는데, 거기서도 그냥 뉴스를 들으려고 그걸 끄진 않을걸요."[62] 그럼에도 그 바텐더는 그들을 위해 라디오를 켜준다. 정치인들의 연설은 사람을 흥분시키는 듯하면서도 동시에 모호하다. 정치인들이 하는 말에 내용이 너무 없다고 오웰이 투덜대자, 아일린은 이렇게 말한다. 교육받지 못한 사람들은 설령 이해하지 못한다 해도 거창한 연설을 좋아한다고, 마음을 뒤흔드는 감정에 이끌리고, 그들에겐 그것이 더 중요하다고. 오웰은 마음에 와닿는 이 말을 일기에 적어놓는다.

내용 없는 연설이 필요한 건 사실들이 섬뜩하기 때문이다. 히틀러의 군대는 덴마크와 노르웨이를 점령했고, 이제 룩셈부르크까지 함락시킨 참이다. 다음 차례는 프랑스가 될 것이다. 파시스트들은 유럽 대륙을 검붉은 물결로 뒤덮으며 멈출 줄 모르고 퍼져나가고 있다. 매일 밤 정전이 시작되는 시각은 조금씩 더 앞당겨진다.

몇 주째 로런스에게서 편지가 오지 않고 있다. 집에서는 집중할 수도, 가만히 앉아 있을 수도, 책을 읽을 수도 없다. 직장에서는 뉴스를 이해할 수가 없다. 책상 위로 전달되는 단편적인 뉴스들도 마찬가지다. 어느 날 저녁, 조지가 외출하자 아일린은 혼자 술집에 간다. 그러고는 바텐더에게 라디오를 켜달라고 한 번 더 부탁한다. 아일린은 방송되지 않는 내용이 무엇인지 찾아내려고 뉴스의 행간에 귀를 기울인다. 스페인에서 선전 문구를 쓰던 때를 떠올린다. 그 문구들은 전선에서 벌어지는 일과는 거우 실낱같은 연관성만 유지하는 글들이었다. 마치 실제 사건들에서 영감을 받았으나 전혀 다른 목적을 위해 쓰인 이야기처럼. 그리고 바로 그런 게 선전이었다. 지금, 아일린은 숨어 있는 사실들을 찾아 귀를 기울이지만, 벨기에가 함락되었다는 사실만 간신히 알아낸다. 프랑스가 영국을 실망시켰으며, 자국을 제대로 방어하는 데 실패했다는 암시도 들어 있기는 하다. 유럽은 히틀러가 휩쓰는 대로 휩쓸린다.

그자는 언제든 이곳에 쳐들어올 수 있다.

사무실에서는 누군가가 이야기를 한다. 히틀러가 프랑스로 날려 보내는 비행기들이 난민들에게 기관총을 난사하며 폭격을 퍼붓고 있다고. 사람들은 손수레와 자동차를 타고, 혹은 걸어서 줄지어 피난 가다가, 도로 위에서, 들판을 가로질러 도망치려다가 폭격을 당한다고. 아일린은 오빠를 생각하며 두려움에 휩싸인다. 로런스는 거기 어딘가에 있을 테고, 숨는 건 그의 성향에 맞지 않는 일이다.

사람들은 보이지 않는 방식으로 연결되어 있다. 리디아는 아일린과 로런스에게서 그것을 느낀다. "프랑스가 함락된 뒤 어느 날 오후, 나는 아일린과 함께 집에 있었다. 그때 덩케르크 소식이 들어오기 시작했다. 아일린이 방금 차를 끓여둔 참이었지만 우리 둘 다 마실 생각이 없었다. 아일린은 방안을 왔다 갔다 하며 줄담배를 피웠다.[63] '어머니한테 어떻게 말씀드려야 할지 모르겠어.' 아일린은 말했다. '오빠는 분명 죽었을 텐데….'"

오웰 역시 괴로워한다. 그는 워털루와 빅토리아 기차역을 오가며 고향에 도착하는 부상자들 사이에서 로런스를 찾는다. 플랫폼들은 겁에 질린 난민들과 두 눈에 전쟁이 가득 담긴 병사들로 아수라장이 되어 있다. 오웰은 몇몇 사람에게 다가가 그들이 만났을지도 모르는 의사에 관해 묻는다. 중간 체구에 푸른 눈, 검은 머리, 각진 턱을 한 오쇼네시라는 의사, '쇼크'로 불리는 의사에 대해. 하지만 말하지 말라는 명령을 받은 병사들은 이내 어딘가로 황급히 이끌려 간다.

쇼크

피난이 시작되기 직전이다. 영국 함대와 낚싯배, 항해선, 유람선 등 상상할 수 있는 모든 민간 선박들이 기괴한 오합지졸의 소함대를 이루고 영국 해협을 건너갈 준비를 하고 있다. 함대는 프랑스를 점령한 히틀러에게서 도망치는 연합군을 구출해 돌아올 것이다.

로런스는 덩케르크에 일찌감치 도착했다. 그의 부대 소속 다른 의사들은 아직 위험한 도로를 따라 이동하는 중이다. 머리 위에서 독일 비행기들이 윙윙거린다. 로런스의 동료인 조지 맥나브George McNab도 이곳에 있다. 그는 시내 곳곳을 뛰어다니며 상점 주인들에게 지하 저장실을 방공호로 써도 되겠느냐고 묻는다. 그때 폭격이 시작된다. 맥나브의 눈에 어느 카페에 앉아 있는 로런스가 들어온다. 로런스는 "몸을 숨기려는 어떤 시도도 하지 않고 있었다".[64] 맥나브는 그에게 지하 저장실로 들어가라고 소리친다. 하지만 로런스는 움직이려 하지 않는다. 맥나브는 안절부절못한다. 로런스는 "지하 저장실로 내려가 숨기를 몇 번이고 거부했고… 폭탄이 떨어지기 시작했다". 주위의 시내가 폭탄에 날아가는데도 로런스는 그곳에 가만히 앉아 있기만 한다. 폭탄 하나가 카페를 직격하면서 맥나브는 그 충격으로 지하 저장실 안으로 내던져진다. 아래로 떨어지는 그의 눈에 친구의 모습이 얼핏 스쳐간다. 참혹할 정도로 부상을 입은 모습이다. 공습이 끝나자, 맥나브는 "위로 올라갔고, [가엾은 쇼가] 누가 봐도 '임종에 가까워져' 있는 걸 발견했다. 그는 모르핀과 물을 달라고 했고, 나는 그것들을 그에게 주었다." 맥나브는 다른 사람 몇 명을 소리쳐 불러 로런스를 다른 지하 저장실로 옮기는 걸 도와달라고 한다. 그런 다음 "구급차를 찾으러 밖으로 나갔다…" 모든 것이 불타고 있다. 건물들도, 먼지도, 공기도.

돌아온 맥나브는 지하 저장실로 내려가 쇼를 끌어올리려고 한다. "하지만… 쇼는 이미 빈사 상태였다."

아무도 로런스가 왜 숨지 않으려 했는지 이해하지 못했다. 어쩌면 그는 자신의 부대원들이 아직 도로에 있는데 자신만 은신처에 숨고 싶지 않았던 건지도 모른다. 아니면 그저 자신이 있겠다고 했던 곳에 남아 있고 싶었던 건지도 모른다. 우주에 맞서는 일에는, 우주라는 그 사악한 자아에게 자신의 존재를 무시하지 말라고 감히 요구하는 일에는 어딘가 뒤틀리고 쓸쓸한 구석이 있다. 덩케르크에 있던 다른 사람들은 좀 더 단순하게 설명했다. 로런스는 고집이 세서 죽은 거라고.

아일린은 맥나브의 이야기도, 오빠가 어떻게 세상을 떠났는지도 전혀 듣지 못했다. 하지만 어쩌면 직감하고 있었을지도 모른다. 아일린 역시 로런스의 대담하고도 뻔뻔한 숙명론을, 죽음을 거스르기 위해 오히려 죽음을 불러들이는 그 삐딱한 태도를 지니고 있었으니까.

　　～

　　아일린은 로런스가 바랐던 대로 그웬과 함께 지내기 위해 그리니치에 와 있다. 두 손은 욕실의 녹색 세면대를 짚고 있고, 눈앞에는 약장이 열려 있다. 약장 안에는 가루 치약이 있고, 하얀 머그잔에 꽂힌, 면도날에 수염 몇 가닥이 여전히 끼어 있는 질레트 안전면도기도 들어 있다. 아일린은 약장 문을 닫는다. 거울을 들여다보며 한쪽에서 다른 쪽 눈으로 시선을 옮긴다. 피부 밑으로 푸른 혈관들이 비쳐 보인다. 머리칼은 뿌리 부분이 약간 그을린 것 같다.
　　아일린은 구할 수 있는 신문이란 신문은 전부 사가지고 왔다. 활자로 인쇄된 그것들을 읽으면 믿을 수 있을지도 모른다.
　　〈더타임스〉에는 이렇게 적혀 있다.

　　의학박사이자 왕립 의과대학 펠로우이며 왕립 육군 의무대 소속으로 플랜더스에서 전사한 **로런스 오쇼네시 소령**은 젊은 흉부 및 심장외과의 중에서도 유난히 촉망받던 인물이었다…

　　〈아이리시타임스〉에는 이렇게 적혀 있다.

　　…전사한 로런스 오쇼네시 씨는 할리 스트리트에서 가장

뛰어난 외과의 중 한 명이었다. 그는 전쟁이 발발하자마자 자신의 일을 접고 왕립 육군 의무대에 재입대했다… 그의 소망은 전선에 나가 흉부 부상자들을 직접 치료하는 것이었다… 그는 선구자적인 외과의사이자 기민하고 결단력 있는 아일랜드인이었다. 또한 학자이기도 했는데… 그의 정신적 스승은 히틀러의 의사인 자르부르크 교수였다.[65]

그가 히틀러의 유일한 의사일 리는 없다. 로런스가 말하는, 아니 말했던 바에 따르면, 그곳에는 죄수들에게 머스터드 가스 실험을 너무나도 하고 싶어 하는 독재자가 있고, 자우어브루흐는 그자의 바늘귀로 자신의 히포크라테스 선서를 간신히 통과

아기 로런스를 안고 있는
그웬을 촬영하고 있는 로런스

시키며 버텨내고 있다고 했다. 자우어브루흐가 적일 리는 없다. 그 사람은 어쨌든 국왕을 수술하러 영국에 왔던 사람 아닌가. 그리고 그 일정을 조율한 사람이 바로 로런스였다. 아일린은 숨을 들이마신다.

'전사한'. 아일린은 이 부고 기사들이 자신이 근무하는 정보부를, 완곡어법이 전문인 그 부서의 손길을 거친 것인지 궁금해진다. 그럴 만한 시간은 충분히 있었다. 로런스가 세상을 떠난 지 일주일도 한참 넘게 지나 있었으니까. 혹시 부고 기사를 전문으로 다루는 특별부서라도 있는 걸까? 어쩌면 지하 납골당에? 아니면 지하실에 있을까?

1940년 여름

이렇게 해서 아일린의 내면에는 산산조각 난 세계가 스며든다.

리디아는 이렇게 쓴다. "아일린이 세상을 붙잡고 있던 힘은 애초에 한 번도 단단했던 적이 없었지만, 오빠가 죽은 뒤로는 한층 더 느슨해졌다. 아일린은 내게 여러 번 말한 적이 있었다. 자신의 오빠야말로 자신이 어려움에 처할 때마다 즉각적으로 도움을 줄 거라 확실히 기대할 수 있는 유일한 사람이라고 말이다."[66]

오웰은 로런스의 죽음이나 아일린의 슬픔에 대해서는 일기에 한 마디도 적지 않는다. 그는 "모든 게 붕괴되고 있다"[67]고 여기지만, 그 죽음에 대해서는 거의 누구에게도 언급하지 않는다. 하지만 그해 여름, 아일린의 상태가 어땠는지 말해주는 다른 사람 두 명의 기록은 남아 있다.

아일린과 오웰은 가끔씩 스칼렛 농장에 점심을 먹으러 간다. 그들의 친구인 파이벨 부부와 바르부르크 부부가 머무르고 있는 시골 농장이다. 비행기들은 그들의 머리 위 가까이를 선회하다 멀어진다. 때로는 영국 공군의, 또 때로는 나치 공군인 루프트바페의 비행기다. 청명한 여름 하늘에서는 훗날 '영국 본토 항공전'이라고 불리게 될 공중전이 죽음의 술래잡기처럼 시작된 참이다. 오웰은 이렇게 적는다. "내가 글을 쓰는 지금, 대단히 문명화된 인간들이 머리 위를 날아다니며 나를 죽이려 하고 있다."[68] 그들은 정원의 그 자리에서 움직이지 않는다.

아일린은 말을 잃었다. 토스코 파이벨의 기억 속에서, 아일린은 바깥에 나와 앉은 채 "우리가 이야기하는 동안 변함없는 침묵 속에 잠겨 있었다. 내 아내 메리의 말에 따르면 아일린은 피곤하고 핼쑥해 보였을 뿐 아니라 옷차림도 칙칙했고 흐트러져 있었다". 머리도 빗지 않은 채였다. 메리가 부드럽게 달래 이야기를 시키려 했지만, 아일린은 "완전히 닫혀버린 사람처럼 보였다". 아무도 아무것도 묻지 않고, 아무도 설명하지 않는다. "오웰과 아일린 둘 다 어느 정도 과묵했기에," 토스코는 이렇게 쓴다. "우리는 아일린이 두 번인가 세 번 찾아온 뒤에야 영국군에서 의사로 복무하던 그의 오빠 로런스가 전사했다는 사실을 알게 되었다⋯."[69]

아일린의 친구 마거릿 브랜치Margaret Branch는 정신요법 전문가로, 스페인 내전에서는 구급차 기사로 일했고, 지금은 프랑스 레지스탕스의 비밀 요원이 되기 위해 떠나려 하고 있다. 마거릿의 눈에 비친 아일린은 18개월 동안 "심각한 우울 상태"[70]다. 아일린은 "영혼의 어두운 밤을 마주하고 있고, 아무도 그에게 닿을 수 없다". 마거릿의 진단은 깊은 곳까지 파고든다. "오웰과 결혼하고 월링턴에서 그의 기묘한 생활 방식을 함께하기 위해, 아일린에게는 신비로운 꿈 같은 기질이 조금은 있어야 했다." 마거릿은 이렇게 썼다. 하지만 이제 "삶에 대한 아일린의 꿈은 흔들리고 있었다."

아일린이 그랬듯 '몽상가'가 된다는 건 무슨 뜻일까? 이 단어를 떠올리면 나는 움찔하게 되고, 그래서 그 단어가 내가 외면하고픈 진실을 건드리고 있다는 걸 알게 된다. 우리는 반은 육체, 반은 허구로 이루어진 존재다. 그 허구가 이 책의 페이지 위에서처럼 실제 현실을 재료로 만들어진다고 해도 말이다.

몽상가가 된다는 건 훗날의 작품이라는 꿈에 자신의 인생을 거는 예술가처럼 사고하는 것일까? 그러면서 자신이 남기고 갈 무언가를 위해 살아가는 것일까? 닭들이 있고 폭탄이 터지지만 정해진 목적은 없는 삶과는 달리, 이 꿈에는 한 가지 목적이 있다. 오웰이 쓰는 모든 책은 불멸에 대한 착수금이 된다. 오웰은 **유명한 작가**가 되겠다는 목표에서 눈을 떼지 않는다. 그리고 그 목표를 이룰 수 있는 사람이 되기 위해 그는 아일린이 필요하다. 인생이라는 끊임없이 흐르는 혼돈으로부터 원인과 결과를, 인물들과 그들의 운명을 풀어내는 이야기꾼으로서 아일린이 지닌 재능이 필요하다. 삶을 변화시킬 수 없을 때는 아이러니로, 조각난 삶을 다시 한데 엮어내고 싶을 때는 은유로 거리를 두고 바라보는 아일린의 재능이 필요하다. 자신이 누구인지 일깨워줄 수 있는 로런스가 있었을 때, 아일린은 그런 재능 모두를 오웰에게 줄 수 있었다. 하지만 이제 로런스가 사라졌다. 로런스의 죽음은 아일린에게서 삶에 대한 꿈을 앗아가 버렸다. 그리고 다른 모든 꿈이 그렇듯, 그 꿈 역시 한번 잃어버리면 되찾기 어렵다.

아일린은 리디아에게 수없이 말했었다. 조지에게는 그 누구보다도 자기 작품이 먼저라는 걸 알기에, 자신이 의지할 수 있는 사람은 언제나 오빠였다고 말이다. 오웰에게는 아일린 자신보다 작품이 더 중요하다는 걸 이해하려고 애쓸 때마다, 아일린은 로런스를 문장 속에 끼워 넣어 곁에 두려 한다. 친구에게 보내는 편지에 쓰거나 말로 할 수는 있어도, 결혼 생활에서 그토록 외롭게 남겨진다는 건 또 다른 문제다. 당신을 괴롭게 만드는 원인이 당신을 그 괴로움에서 구해줄 수는 없는 법이다.

선물

독일군이 다가오고 있다. 아내는 아무 반응 없이 멍하게 굳어 있다. 하지만 오웰의 머릿속에는 다른 생각이 가득하다. 오늘은 그의 생일이고, 그는 선물로 한 사람을 원한다. 이는 전기 작가로서도 너무 과한 일이었는지, 그중 한 명은 이렇게 쓴다. "놀랍게도, 아내가 가족을 잃은 슬픔을 겪고 있는 와중에 오웰은 브렌다를 대놓고 갈망하고 있었다."[71] 6월 25일, 자신의 서른일곱 번째 생일에 오웰은 짝사랑하던 브렌다에게 편지를 쓴다. 똑똑하고 빈틈없는 체육 교사이자 그와 자려고 하지 않았던 브렌다에게, 다음과 같이 유혹의 말을 담아.

당신을 잊으려고 그렇게 애썼지만 아무래도 잊을 수가 없네요… 당신은 내 인생에서 너무도 커다란 부분을 차지하고 있어요. 기억해요… 지난여름 전쟁이 시작되기 직전에 우리가 함께했던 그 아름다운 산책을? 그때는 당신과 나와 아일린에 관해 설명할 수가 없었죠. 당신이 원치 않았으니까. 그리고 우리의 관계 [같은] 그런 관계는 당연하게도 당신에겐 부당하고 불가능한 것이었으니까. 아일린은 내가 당신과 일 년에 두 번쯤 잤으면 좋겠다고 했어요. 그렇게 해서 내가 행복해지기만 한다면요. 하지만 물론 그런 식으로 계획을 할 수는 없는 일이죠. 그래도 우리가 한 번도 제대로 사랑을 나누지 못한 건 안타까운 일이에요. 그랬더라면 우린 너무나 행복할 수 있었을 텐데. 세상이 정말로 무너지기 시작하면 당신을 만나러 가려고 노력해 볼게요. 아니면, 혹시 당신은 원치 않는 걸까요? 난 당신에게 아무런 권리도 없네요… 몇 달 동안 당신에게 편지 쓰고 싶은 마음이 너무도 간절했지만 억눌러 왔어요. 하지만 오늘은 내 생일이고, 나 자신에게 생일 선물을 줘도 된다고 아일린도 말했어요. 혹시 마음이 있다면 위에 적은 주소로 편지를 보내주세요… 조심해요, 사랑하는 사람, 공습이 시작되면 몸을 피하고, 부디 행복하게 지내려고 노력하길.

사랑을 담아
에릭.

여러 전기 작가들은 이 편지를 "3자 동거 관계를 수립하려는 다소 어설픈 시도"[72]로 해석한다. 만약 그들이 아일린의 동의를 날조하지 않았더라면, 그럼으로써 자신들의 영웅의 결백함을 꾸며내려고 그토록 어설픈 시도를 하지 않았더라면, 이 해석도 재미있었을 것이다. 전기 작가들은 이 배신행위가 배신행위로 보이는 정도를 줄이려고 아일린을 끼워 넣고 싶어 한다. 하지만 오빠를 잃은 슬픔으로 말을 잃을 정도였던 아일린이, 자신이 리디아에게 "학교 선생인가 뭐 그래"라고 너무도 화가 나서 말했던 사람과 함께 섹스를 하고 싶어 한다고는 상상할 수가 없다. 그리고 아일린은 오웰이 그 여자와 관계를 갖기를 바라지 않는 것 또한 분명하다. 오웰은 "당신과 나와 아일린에 관해 설명"하고 싶어 하지만 브렌다는 그를 거절한다('당신이 원치 않았으니까'). 이때 오웰은 "당신과 나와 아일린이 함께하는 건 어때요?"라고 묻고 있는게 아니다. 그는 마치 허락을 받은 것처럼 브렌다에게 이야기를 지어내고 있다. 하지만 브렌다는 그것이 거짓말임을 거의 확실히 알고 있고, 그래서 듣고 싶어 하지 않는다. 누군가가 당신의 면전에서 거짓말을 하는 걸 지켜보는 건 민망한 일이다. 그래서일까? 이제 이 편지에서 오웰은 다시 브렌다에게 거짓말을 한다. "아일린은 내가 당신과 일 년에 두 번쯤 잤으면 좋겠다고 했어요. 그렇게 해서 내가 행복해지기만 한다면요." 그리고 거기에 더해 이렇게도 말한다. "나 자신에게 생일 선물을 줘도 된다고 아일린도 말했어요." 오웰은 그 선물이 이 편지를 쓰는 것인지 혹은 브렌다 자신인지는 교묘할 정도로 모호하게 남겨둔다. 아일린이 해도 된댔어요, 오웰은 브렌다에게 그렇게 말하고 있다. 하지만 당신이 해도 된다고 했잖아요, 그는 아일린에게는 그렇게 말할 것이다.

    나는 오웰이 브렌다와 잤으면 '좋겠다'고 아일린이 진심으로 바랐을 거라고는 상상할 수가 없다. 아일린이 이렇게 말하는 건 상상할 수 있다. "그래서 행복해진다면, 그냥 그 여자랑 일 년에 두 번씩 섹스해 버리지 그래요?" 이는 다시 말해 "내 앞에서 그 학교 선생을 욕망하면서 나를 구슬리고, 귀찮게 굴고, 얼쩡거리는 것 좀 그만 돼요"라는 뜻이다. 아일린은 오웰이 브렌다를 쫓아다니는 유일한 이유가 브렌다가 그와 자는 걸 거부해서라고 리디아에게 말한 적이 있다. 아일린은 오웰에게 쾌락은 섹스 자체가 아니라 그것을 찾는 과정에 있음을 이해하고 있고, 이 정복의 과정이 끝나기를 바란다. 어쩌면 아일린은 이렇게 생각하는 건지도 모른다. 두 사람이 섹스를 하면 오웰이 더는 브렌다와의 섹스를 원하지 않게 되거나, 브렌다가 (실제로 지금은 원한다면) 더는 오웰과의 섹스를 원하지 않게 될 거라고 말이다. 하지만 오웰은 아일린의 말들을 브렌다에게 마치 허락의 말들처럼 교묘하게 재현한다. 사실 그 말들은 "그냥 해버리고 입을 닥쳐요"에 가까운데도 말이다. 나한테 와서 '허락'을 받으려고 하지 말아요. 내 고통을 당신 쾌락의 일부로 만들지 말라고요.

브렌다에 관해 말하자면, 그가 숙고 끝에 내린 결론은 "오웰은 사실 여자들을 좋아하지 않는다"는 것이었다. 여기서 브렌다가 인간으로서의 여자들을 의미하는지, 성적인 상대로서의 여자들을 의미하는지, 혹은 둘 다인지는 분명하지 않다. 브렌다는 어떤 전기 작가도 인용하지 않는 한 단락의 글에서 이를 다음과 같이 설명했다. "그는 가학성이 있었고, 그게 여자들에 대해 이런 감정을 품는 이유였다."[73] 브렌다 역시 남자들을 별로 좋아하지 않았을지도 모른다. 오웰과 마지막까지 연락을 주고받긴 했지만, 브렌다는 긴 생애 동안(101살까지 살았다) 싱글로 남았고, 한 번도 결혼하지 않았으며, 알려진 바에 따르면 오웰과의 잠자리 역시 일관되게 거절했다.

자체 무장

아일린이 정보부에서 풀타임으로 일하고 집에서도 풀타임으로 일하는 동안, 오웰은 남는 시간을 주체하지 못한다. 그래서 그는 세인트 존스 우드의 국방 시민군에 들어간다. 국방 시민군은 독일군이 침공해 올 경우 정규군을 지원하기 위해 결성된 자원봉사자 조직인 "아빠의 군대Dad's Army"의 한 지부다. 나치는 강제수용소로 보낼 영국 좌파 지식인들의 명단을 이미 준비해 두고 있다.[74] 한 지인의 말에 따르면, 침공이 이루어질 경우 "예술가들을 모두 쏴버리라"[75]는 특별 지시가 콘윌에 있는 국방 시민군에게 내려와 있다고 한다. 오웰은 그게 그렇게 나쁜 일은 아닐 거라며 농담을 한다. 오웰의 머릿속에서 국방 시민군은 나치가 이곳에 도착한 뒤 그들에 맞서 싸우며 "다가오는 반란을 일으킬 혁명적 민병대"이며, 그의 우울한 예견에 따르면 영국에서 나타나게 될 "불가피한 파시즘화"[76] 경향에 맞서게 될 토착 방어 조직이다.

세인트 존스 우드의 자원봉사자들은 현역으로 복무하기에는 부적합하거나, 너무 어리거나, 너무 나이가 많은 열 명의 남자로 이루어진 오합지졸 집단이다. 지휘관은 식료품 가게 주인이고, 부지휘관은 차량 정비소 주인이다. 그밖에 "돈 많은 부르주아" 두 명이 있고, 셀프리지스 백화점의 밴 운전사, 덴질 제이콥스Denzil Jacobs라는 10대 소년, 그리고 오웰의 박식하고 상냥한 친구이자 발행인인 프레드 바르부르크Fred Warburg도 있다. 그들은 애비 로드에 있는 어느 차량 정비소 옥상에서 일주일에 두 번씩 모인다. 오웰은 오랫동안 무기를 다뤄 본 경험을 자랑스레 여기지만, 바르부르크는 그를 좋아하면서도 그가 "적에게서 두려워해야 할 어떤 것보다도 큰 위험 요소였다"[77]고 생각한다. 한번은 오웰이 스피곳 박격포에 엉뚱한 종류의 폭탄을 장전해 발사하는 바람에 "한 명은 치아가 날아갔고, 또 한 명은 병원 신세를 져야 했다."[78] 오웰은 많은 무기를 그들의 작은 집으로 가지고 돌아온다. "벽난로 선반 위에 폭탄들이 있는 건 참을 수 있어요."[79] 아일린은 건조하게 말한다. "하지만 침대 밑에 기관총을 넣어두는 건 참지 않을 거예요."

제복을 매우 좋아하는 오웰은 시민군 군복을 몸에 꼭 맞게 맞춘다. 가끔 남자들은 늦게까지 포커를 하며 시간을 보낸다. 당시 10대 소년이었던 제이콥스는 한번은 게임에서 10실링을 잃은 오웰이 자리에서 일어서더니 "난 여기까지야"라고 선언했던 일을 기억하고 있었다. 그런 다음 오웰은 한 전기 작가가 묘사하듯 "그 소년을 데리고 나가 잡담을 나눴다… 그들의 대화 뒤에는 다크호스의 그림자가 숨어 있었다."[80] 여기서 전기 작가가 무엇을 암시하고 있는지는 불분명하다. 의미가 일렁이거나, 비유가 흐릿해지거나, 라틴어나 프랑스어 단어가 마치 길을 잃은 것처럼 끼어들 때면, 거기에는 성적인 의미가 숨겨져 있을 때가 상당히 많다. 〈호라이즌〉 사무실에서 만났던 비서들에 관한 암시적인 말처럼, 혹은 메이블을 '에게리아'로, 아이다를 '팜므 리브르'라고 부른 것처럼, 여기서도 모호해진 언어는 오웰이 하고 있었던, 혹은 하고 싶어 했던 어떤 행동을 직접 말하지 않고 암시하는 한 가지 방법이 된다.[81] 다시 말해, 진실을 감추면서 동시에 말하는 한 가지 방법이 된다.

1940년 9월, 조르주 코프가 쓴 장문의 편지가 아일린에게 도착한다. 이 전쟁이 이어지는 동안 당신은 얼마나 고생이 많았을까요, 아일린, 내 소중한 사람.[82] 코프는 이렇게 쓴다. 코프 역시 고생이 많았다. 스페인에서 스탈린주의자들의 감옥을 탈출한 그는 프랑스로 가 외인부대에 들어갔다. 독일군이 침공하자 그는 다시 포로로 잡혔다. 그런 다음 어찌어찌 그곳에서도 탈출해 나왔다. 비록 그 과정에서 한쪽 엄지손가락을 잃었고, 다른 두 손가락도 못 쓰게 되기는 했지만 말이다. 코프는 비시 프랑스에 도착해 거기서 이 편지를 썼다. 그는 신분을 숨기고 영국 정보국을 위해 활동하고 있으며(그는 이 사실을 편지에 밝히지 않는다), 영국으로 갈 수 있기를 바라고 있다(결국 그렇게 된다). 그는 아일린이 좋아할 만한 것들을 편지에 적어 넣는다. 이곳 시골은 아주 아름다워요. 그는 프로방스에 관해 이렇게 말한다. 파라솔 같은 소나무들이 서 있는 언덕이 있어요. 카탈로니아에서, 우리가 레이다에서 돌아오면서 버스를 타고 속력을 내 달렸던 몬세라트와 바르셀로나 사이의 길에서처럼요. 언젠가 당신과 함께 이곳에 올 수 있기를 간절히 바라요. 이곳 사람들이 만드는 작은 파이가 있는데, 폭신해 보이는 반죽 안에 앤초비가 들어 있어요. 당신이 좋아할 것 같아요. 그리고 당신이 분명 완전히 반해버릴 [초콜릿 롤]도 있답니다. 코프는 편지의 끝 무렵에 이렇게 쓴다. 당신을 만나고 당신 목소리를 들을 수 있다면 그게 얼마나 큰 기쁨일지 내가 말해야 할까요. 당신은 그 모든 걸 알고 있죠. 내가 어떤 종류의 고르고 고른 생각들을 보내고 있는지도요. 그는 편지 말미에 사랑하는 조지로부터라고 서명한다.

코프가 아일린을 사랑한다는 건 분명하다. 아일린이 노라에게 보낸 편지들로 미루어 볼 때 아일린이 그를 사랑하지 않는다는 것 역시 분명하지만 말이다. 그럼에도 자신이 무엇을 좋아할지, 어떤 기분일지, 어떤 괴로움을 겪고 있을지 생각해 주는 남자가 있다는 건 틀림없이 마음을 건드리는 일이었을 것이다. 아일린은 코프에게 답장을 보내지 않았지만, 다른 편지들은 거의 모두 버렸음에도 이 편지만은 끝까지 간직했다.

영국 대공습

1940년 여름의 끝, 아일린의 오빠의 목숨을 앗아간 전쟁이 그들의 목숨까지 앗아가려고 영국 해협을 건너 다가온다. '영국 대공습'을 시작한 히틀러는 폭탄들을 비처럼 쏟아붓는다. 처음에는 도로와 부두, 비행장만을 겨냥하던 폭격은 9월 중순부터 민간인을 학살하는 무차별 폭격으로 변한다. 비행기가 떼로 몰려온다. 수백 대의 비행기가 하늘을 뒤덮으며 수천 개의 폭탄을 똥처럼 갈겨댄다. 비행기들이 얼핏 보이기도 전부터 대공 사이렌이 울리기 시작하고, 곧이어 울부짖는 듯한 그 소리가 우레처럼 낮게 윙윙거리는 굉음과 합쳐지면서 폭격기들이 시야에 들어온다. 미사일이 떨어지기 시작할 때도 소리가 들리는데, 가까워질수록 찢어지는 비명 같은 휘파람 소리가 난다. 그 단조로운 소리를 듣는 순간, 기이하게도 지하 저장실로 가거나 은신처를 찾아 지하철역으로 들어갈 시간이 생긴다. 하지만 너무 가까이 있다면 미사일 소리는 들리지 않을 것이고, 끝

1940년 런던 상공의 비행운

내 아무것도 알 수 없게 될 것이다. 오웰과 아일린은 침대에서 서로를 끌어안는다. 폭탄이 가까이에 떨어질 때면 오웰은 그 사실을 알 수 있다. 아일린의 심장 박동이 빨라지기 때문이다.[83] 런던에서만 3만 명이 목숨을 잃게 될 것이다.

아일린은 자신이 죽든 살든 더는 신경 쓰지 않는다.[84] 리디아는 이렇게 기억을 떠올린다. "사이렌이 경고의 울음을 터뜨릴 때마다 아일린은 꼭대기 층이었던 자기 집의 불을 끄고, 창문을 열고는 거리에서 벌어지는 일을 지켜보곤 했다. 그 애가 방공호를 이용하는 일은 한 번도 없을 것이다…."[85]

오웰 부부는 폭탄이 파놓은 거대한 구덩이들과 부서진 돌무더기들, 차단된 거리들을 지나 걸어간다. 집 쪽으로 가려고 길모퉁이를 돌려 하지만, 길모퉁이 자체가 사라져 버려서 혼란에 빠진다. 공포는 말로 표현할 수 있는 수준을 넘은 뒤다. 나무에는 어린아이의 머리가 걸려 있고, 돌 부스러기 아래로는 나이든 여자의 한쪽 손과 손목이 나와 있다. 미사일이 그들의 집 근처에 떨어질 때면 벽이 흔들리며 석고 가루가 층층이 떨어져 내리고, 그들이 집에 돌아와 보면 모든 것이 석회 같은 회색빛 먼지에 뒤덮여 있다.

폭격은 11월까지 매일 밤 계속된다. 매일 밤이 마지막 밤이 될 수 있고, 친구를 만나는 어느 순간이든 마지막 만남이 될 수 있다. 아침이면 집을 잃은 사람들이 망연한 얼굴로 소지품이 든 여행 가방을 움켜쥐고 나타나지만, 갈 곳은 없다. 그을음으로 덮인 소방관들은 탑처럼 치솟는 불길을 향해 호스를 움켜쥐고 완전히 지친 얼굴로 서 있다.

그들은 새로운 어휘들을 습득했다. 방공 기구, 대공포, 슈투카, 낙하산 폭탄, 방공호, 소이탄, 하인켈, 예광탄, 루프트바페 같은 단어들을. 갑작스럽게 묵시록의 역학에 익숙해진 사람들이 이 단어들을 놀라움을 잃은 문장 속에 넣어 아무렇지 않게 쓴다. 삶은, 오웰의 말대로 "광기"[86]의 집합이다.

그들은 가끔 주말이면 월링턴에 간다. 침략자들을 혼란에 빠뜨리기 위해 시골의 교통 표지판들은 제거되거나 엉뚱한 방향으로 돌아가 있고, 농부들은 적의 비행기가 착륙하지 못하도록 들판에 낡은 기계들을 흩어 놓았다. 그 모든 것 위로 독일 폭격기들이 날아오른다. 누군가가 카디프에서 배 한 척이 폭격에 맞았고 "시신들이 양동이에 담겨 수습되었다"고 전해준다. 마을에는 이제 피난해 온 사람들이 열한 명이다.[87]

그해 여름, 트로츠키가 멕시코에서 암살된다. 암살자는 러시아 비밀경찰 요원으로 바르셀로나에서 활동하고 있던 메르카데르다.

이제 오웰은 극도로 예민해져 있다. 낙하산을 타고 내려올지 모르는 나치에 대해서 뿐 아니라 여전히 자신을 쫓고 있다고 생각되는 공산주의자들에 대해서도 그렇다. 시골집 문을 두드리는 예상치 못한 소리는 언제든 매복 공격일 수 있다. 노크 소리가 날 때마다 오웰은 소총을 움켜쥐고 문 뒤로 뛰어간 다음 아일린에게 문을 열게 한다. 하지만 암살자가 와 있는 일은 없다. 한 번은 문을 열어 보니 리디아가 서 있다. 리디아는 낙하산 폭탄이 자신이 살던 건물 지붕을 뚫고 내려오는 바람에 피난을 와야만 했다. 폭탄은 터지지 않은 채 계단에 무시무시하게 걸려 있었다. 월링턴에 온 리디아는 가정적인 풍경을 마주한다. 너무나 평범해서 오히려 도발적으로 보이는 풍경이다. 오웰이 총을 치우자, 아일린은 자신이 만든 "아주 맛있는 사과 머랭 파이" 몇 조각을 차려 내놓는다.[88]

아일린은 런던에 있을 때면 여전히 가끔 그웬과 함께 머무르며 이야기 상대가 되어준다. 어느 날 저녁 오웰도 그곳에 있을 때 사이렌이 울리기 시작하자, 그들은 집을 나와 그리니치 교회의 지하 납골당으로 간다. 그곳에는 250명쯤 되는 사람들이 꽉꽉 들어차 있다. 오웰은 그곳의 악취가 "참기 어려울 정도"라고 느끼고, 유해들이 가득한 납골당에서 노는 아이들을 보고 몹시 속상해한다.[89]

또 가끔은 오웰이 런던의 집에 남아 있고, 아일린은 그를 위해 음식을 만들어 둔 다음 그웬의 집으로 간다. 한 번은 아일린이 오븐에 셰퍼드파이°를 넣어 데워놓고, 그들이 입양해 키우던 고양이 몫으로는 삶은 뱀장어를 꺼내놓고 간다.[90] 그러자 오웰은 아무런 이

○ 으깬 감자 안에 다진 고기를 넣어 구운 파이이다. -옮긴이

런던 상공의 방공 기구 풍선들

상한 점을 알아차리지 못한 채 뱀장어를 먹어 치운다.

공포는 너무도 끊임없이 계속된 나머지 거의 진부해져 버린다. 어느 날 저녁, 집에 있던 오웰은 그리니치에 있는 아일린에게 전화를 걸었다가 배경음처럼 들려오는 "엄청난 굉음"을 듣게 된다.

"무슨 소리예요?" 오웰이 묻는다.

"그냥 창문들이 부서져 내리는 소리예요."[91] 아일린은 그렇게 대답하고는 대화를 이어간다.

그리니치 교회가 폭격에 맞는다. 교회 안에는 사람들이 피신해 있었다. 방공 기구가 막아내지 못한 또 다른 폭탄 하나가 왕립 관측소 근처에 떨어진다. 집 맞은편 공원의 넓은 구역이 날아간다.

아일린은 노라에게 편지를 쓰고 싶지만, 문제는 침대에서 나올 수 있느냐다.

아일린은 몸이 좋지 않아 정보부에서 한 달간 병가를 받은 터다. 그는 그리니치에서 그웬과 함께 머무르고 있다. 아직 두 살이 채 안 된 아기 로런스는 보모와 함께 캐나다로 보내진 뒤다. 삶은 해로움 사이에서의 선택이 되어버렸다. "뭘 고를래? 전함들이 가득한 바다에 배를 타고 나가 있는 소년이 될래? 아니면 폭탄이 떨어지는 집 안에 있는 소년이 될래?" 어린아이들이 하는 그런 게임처럼 말이다.

아일린은 몇 주 동안이나 침대에 누워 있었다. 매일 이 도시의 새로운 구역들이 돌과 뼈가 가득한 커다란 구덩이들로 변해간다.

로런스가 세상을 떠난 뒤로, 아일린은 매일 아침 깨어날 때마다 둔탁한 충격과 함께 다시금 쓰러지는 기분이었다. 하지만 오늘 아침에는 그렇지 않았다. 아마 내일은 다시 그럴 것 같지만, 오늘은 아니다. 지금, 오빠와 함께 사라져버렸던 아일린의 일부는 되돌아오는 중이다. 눈을 뜨는 순간 아주 짧은 찰나지만 자신이 온전하다는 느낌이 들어서 안다. 오빠를 남겨두고 떠나는 순간에는 새로운 슬픔이 가슴을 찔러온다.

아일린은 아무에게도 아무 말도 하지 않는다. 모두가 누군가를 잃었고, 그 슬픔을 용감하게, 혹은 연극적으로 품고 살아간다. 대부분은 용감하게, 즉 드러내지 않은 채 품고 지낸다. 하지만 하혈과 어지러움, 복부의 통증과 온몸을 짓누르는 불쾌함을 숨기기는 더 어려워졌다. 한 달 전, 그웬은 아일린에게 침대에 누워 있으라고 단호히 말했다. 때로 아일린은 그저 침대 시트 아래 놓인 하나의 곡선에 불과한 존재다. 그런 존재가 되어 칼날 같은 통증이 찔러대는 동안 배를 부여잡고 있다. 빨래를 하려고 흠뻑 젖은 헝겊 조각들이 가득 든 양동이를 가지러 오는 소녀가 가여울 뿐이다. 아일린은 자기 몸에서 풍기는 냄새에 숨이 막힌다.

아일린은 마침내 침대에서 나온다. 이겼다! 그런 다음 가운을 입은 채 책상 앞에 앉는다. 노라를 못 만난 지도 너무 오래됐다. 이제 그 애는 거의 허구 같은 존재로, 아일린의 농담 속에 숨은 뜻을 알아볼 줄 아는 상상 속의 소울메이트로 변해버렸다. 아일린은 새 펜촉을 찾아 서랍을 뒤진다.

오늘이 정확히 며칠인지 모르겠다. 하지만 어차피 그런 건 중요하지 않다.

이 편지에는 멋진 선물이 동봉되어 있겠지만 그게 뭔지는 나도 아직 몰라. 오늘 오후에 살 거거든. 그랬으면 좋겠어.[92]

이 편지는 아일린이 집을 나설 때 노라를 생각하고 있었다는 걸 전하기 위한 편지다. 물론 노라가 이 편지를 받을 때쯤엔 그 여정은 끝난 지 오래일 테고, 임무는 아마도 완수되었을 것이다. 아니면 피범벅이 된 참상 속에서나 부서진 돌무더기 아래서 끝났을 수도 있겠지만. 하지만 그건 중요한 게 아니다….

펜에서 흘러나온 잉크가, 짙푸른 색이어서 거의 검은빛을 띠는 잉크가, 아일린의 가운뎃손가락을 물들인다. 중요한 건 (아일린은 펜에 뚜껑을 씌운다) 누군가를 마음속에 품는 일이 지닌 힘이다. 중요한 건 그 사람의 미래에 당신에 대한 생각을 심어 놓는 일이다. 만약 그 사람이 이틀 뒤 이 편지를 받고 당신을 떠올린다면, 당신은 그 생각 속에서 (비이성적인 마법의 작동

원리에 따라) 여전히 이곳에 존재하게 될 것이다. 아일린은 이 마법이 반대 방향으로도 작동하기를, 그래서 노라도 이 편지를 받기 위해 지금 그곳에 아직 존재하기를 바란다. 브리스톨에는 폭탄이 비처럼 쏟아져 내렸고, 그 파괴된 정도와 사망자 수는 상상을 초월하고 있다. 물론 이런 이야기는 신문에 실리지 않지만 말이다.

그동안 몸이 **아팠어**. 너무나도 아팠어. 4주 동안 침대에 누워 있었는데 아직도 <u>힘이 없어</u>. 넌 알겠지만, 어쩌면 콰터스도 알지 모르지만, 내 상태는 우리 동네 의사들의 능력을 넘어섰어. 의사들 진단으론 처음에는 방광염이었다가, 다음엔 신석증[93]이었다가, 또 다음엔 몰타열[94]에 난소 합병증까지 있대. 그러다 결국 결핵에 감염되었다는 진단이 나왔는데도, 그 과정에서도 쉬쉬해서 나는 내가 무슨 검사를 받는 건지도 짐작할 수가 없었어.[95] 아직 암이나 G.P.I.[정신이상을 동반한 전신 마비] 진단은 나오지 않았지만, 곧 나올 것 같다는 예감이 들어. 내 심장이 곧 멎어버릴 줄 알았는데 아무 이상이 없어서 의사들은 몹시 당황하고 있어. 그런가 하면, 완벽할 만큼 다정하고 체구가 작은, 굴뚝새를 닮은 어떤 병리학자는 일반 혈구 수 검사를 하더니 내 헤모글로빈 수치가 57퍼센트로 떨어졌다는 사실을 알아냈어. 임상 의사들은 이 사실을 몹시 경시하고 있지만 사실상 다른 무엇도 찾아내지 못하고 있어. 그래서 이제 난 몸무게가 9스톤[57킬로그램]이 되면 나을 거라는 이야기를 듣고 있단다. 하지만 지금은 옷을 입고도 7스톤 12[45킬로그램]밖에 안 되니까, 내 생각에 의사들은 내가 완쾌되기 전에 흥미를 잃을 것 같아.

아일린은 숨을 들이쉬고는 공원 쪽을 내다본다. 방공 기구는, 줄에 묶여 하늘에 떠 있는 거대하고 친근한 고래 같던 그 기구는 사라져버렸다. 며칠 전 밤에 관측소가 폭격을 맞았기 때문이다. 이 집은 예전에는 왕실 천문학자의 저택이었다. 어쩌면 그 천문학자도 이 자리에 책상을 두었을지 모른다. 그러면 사실상 그 자체로 경도가 0도인 본초자오선 위에 걸터앉을 수 있게 되니까. 아일린에게 이 장소는 언제나 무언가의 중심처럼 느껴져 왔다. 히틀러가 이곳의 흔적을 없애고 이곳을 자신의 것으로 만들고 싶어 하는 건, 그리하여 세상을 자기 뜻대로, 시간과 공간의 출발점부터 다시 설정하고 싶어 하는 건 의심의 여지 없이 그래서다. 아래쪽 보도에서 한 여자가 유아차를 세우고 구두 한 짝을 벗는다. 여자는 한 손으로 크롬 손잡이를 붙잡고 균형을 잡으면서 구두에서 돌을 툭툭 털어낸다.

아일린은 월요일에 직장으로 돌아가고 싶다. 마치 이 모든 게 한심한 소동에 불과하다는 듯이 말이야. 하지만 건강 진단서 없이는 그럴 수가 없고, 그 치사한 인간은 진단서에 서명해주지 않을 거야. 하지만 난 이제 건강상의 이유로는 쇼핑하러 갈 수 있게 됐어. 재정 상태는 그리 좋지 않지만 말이야. 너희 집 페인트칠은 괜찮아? 아일린은 노라의 집이 폭격에 맞았는지 아닌지 알 수가 없다. 노라가 살아 있는지 아닌지도.

통증이 더 심해져서 긴 주말을(너와 함께) 보내려고 계획해두었는데, 그러고 나니 통증이 훨씬 더 심해져서 결국 병가랑 합쳐지고 말았어. 아일린은 그 시간을 조지의 얇은 책《사자와 유니콘》 원고를 타자로 치며 보냈어. 토리당원이면서 사회주의자가 되는 방법을 설명해 주는 책이야. 바르부르크가 가격을 두 배로 올릴 수 있도록 1만 단어를 추가해야 했는데, 나중에 덧붙인 부분 일부는 꽤 괜찮아 보여… 그럭저럭 견딜 만한 크리스마스가 되길 바랄게. 우린 박싱 데이°에 저녁 식사를 준비할 거야. 원래는 고립된 병사들을 위한 행사인데, 그들이 너무 고립되어 있어서 우린 아직 그 사람들이 누군지도 모르고 있어.

군인들을 떠올리자 아일린의 생각은 위태로울 만큼 로런스에게로 가까이 다가간다. 물론 로런스가 세상을 떠났을 때 노라에게 편지는 썼지만, 이제는 그 일을 더는 말로 표현할 수가 없다. 그리고 어머니 역시 건강이 좋지 않다. 슬픔 때문인지도 모르겠고, 어쨌든 진단 가능한 병이 있는 건 아니다. 그들 주변에서는 남자들이 온통 폭탄에 날아가거나 익사하거나 흔적도 없이 사라지고 있고, 그들, 아일린과 어머니는 이곳에서 그저 달처럼 이울어가고 있다.

조르주 코프 있지, 난 그 사람 역시 죽은 줄 알았는데, 생포됐더라. 가슴에 총 두 발을 맞고 왼손 일부도 총에 맞아 날아갔지만 말이야. 그 사람은 그 뒤에 프랑스의 비점령 지역으로 탈출했고, 지금은 이리로 오려고 하고 있어. 하지만 그 사람 편지는 오는 데 두 달쯤 걸리니까 지금 무슨 일이 일어나고 있는지는 거의 알 수가 없구나.

여기에 덧붙일 말은 더 없다. 코프가 정말로 여기까지 오는

○ 크리스마스 다음 날로, 피고용인들이나 사회적 약자들에게 선물을 주는 날이며 법정 공휴일이다. ‒옮긴이

III 보이지 않는 노동자   381

데 성공한다면 아일린은 어떻게든 그를 상대할 것이다.

이제 언제나처럼 헌신적인 돼지가 되어 쇼핑을 하러 가봐야겠구나.

아일린은 무사히 쇼핑을 한다. 폭탄이 떨어지지도 않고, 피가 나거나 쓰러지는 일도 없다. 집에 돌아온 아일린은 편지에 이렇게 덧붙인다.

어머니에게 드릴 굽 있는 부드러운 슬리퍼를 찾느라 한 20킬로미터? 22킬로미터쯤 걸었는데, 그 와중에 어느 끔찍한 가게에서 다른 모두에게 줄 손수건도 사야만 했어. 작년에 보낸 선물도 똑같았던 것 같지만, 어쨌든 넌 추운 날을 대비해 근사한 하얀 손수건을 한 무더기 갖게 되겠구나.

점점 기력이 약해지고 있을지언정 어머니는 여전히 어머니다.

일주일 뒤, 아일린은 여전히 몸이 좋지 않지만 직장으로 돌아간다. 직장 사람들은 앞으로 30일에서 60일 뒤에 침공이 예상되며 아마도 가스 공격이 동반될 것 같다고 이야기하고 있다. 하지만 3월이 되어도 침공은 이루어지지 않고, 그 무렵 어머니가 세상을 떠난다. 아일린은 하루 휴가를 받아 장례식을 치른 다음 사무실로 돌아간다. 그들에겐 돈이 필요하다.

고요함은 마치 아일린이 소유한 시간처럼 느껴진다. 조지는 〈호라이즌〉 사무실에 나가 있다. 아일린은 버터 없이 구운 토스트에 마멀레이드를 발라 차와 함께 먹는다. 오늘 아침 조지는 딴생각에 빠져서는 자기 버터뿐 아니라 아일린 몫의 버터

까지 먹어버렸다. 배급 식량이 얼마나 되는지 조지는 전혀 모른다.[96]

아일린이 마지막으로 노라에게 편지를 쓴 건 2주 전 어머니에 관해 썼을 때다. 어머니의 죽음은 슬프지만, 세상은 이미 갈가리 찢긴 뒤다. 아일린은 이제 자기 자신인 척하기 위해 편지를 쓰고 있다. 그 목소리를 찾을 수 있다면, 그 자아 역시 되찾을 수 있을지도 모른다.

종이가 부족해서 아일린은 직장에서 집으로 가져온 폐지를 반반하게 펴서 쓰고 있다. 여전히 약간 구겨져 있는데, 이상하게도 그래서 더 완벽해 보인다. 아일린은 그 종이를 타자기에 집어넣는다.

반만 인쇄된 문양은 이 종이가 꽃으로 피어나기도 전에 이미 폐지가 되어버렸다는 사실을 말해준단다. 내가 정부 공무원으로 보냈던 시간 역시 마찬가지야. 종이가 부족하니 요약해서 말해보자면,

신체적 상태: 공습 덕분에 훨씬 나아짐. 아마도 지금, 살면서 그 어느 때보다도 밤에 더 많이 자고 있어서겠지.

정신 상태: 공습 덕분에 일시적으로 나아짐. 공습이 일종의 변화였거든. 그런데 공습이 일상이 될 거라고 위협해대는 지금은 다시 나빠지고 있네.

전쟁 이후로 있었던 일: 상상도 할 수 없을 만큼 따분한 매일의 업무. 일주일에 한 번씩 그리니치를 떠나보려 하지만 번번이 좌절됨. 한 달에 한 번씩 시골집에 가보는데, 그 집은 좀 더 지저분해져 있을 뿐 그대로야.

장래 계획: 베이커 스트리트에 있는 가구 딸린 집('챔버스')을 떠나 베이커 스트리트 북쪽에 있는 가구 없는 집에 들어갈 가능성을 상상 중. 그렇게 하면 조지의 국방 시민군 담당구역에 남아 있을 수 있거든. 우리 둘 다 그 집에서 살 수 있을 거라는 가정하에 하는 상상이지만, 아마 좌절될 거야. 쓸 돈이라곤 5실링도 없는 나날이 계속되는 데다, 파괴되지 않고 남아 있는 집들도 점점 줄어들고 있고, 어쩌면 어디서든 우리는 더는 살아 있지 못할 테니까. 하지만 마지막에 쓴 일이 일어날 가능성은 적어. 더 짧게, 그러나 똑같이 정확하게 요약하자면

> 아무 일도 일어나지 않는
> 돼지니까.

아일린은 담배에 불을 붙인다. 어쩌면 사무실에서 매일 15분씩 방독면을 쓰고 있어야 한다는 이야기, 그 시간 동안은 담배를 피울 수도 없고, 그들 모두가 묵시록에 나오는 미친 말들처럼 변해버린다는 이야기를 노라에게 할 수도 있을 것이다. 아니면 결핵 검사 결과가 계속 (기적적이게도) 음성으로 나오고 있다는 이야기를. 하지만 그게 아니다. 아일린이 하고 싶은 이야기는 그게 아니다.

아일린은 편지를 훑어본다. 사고 실험 하나. 만약 끝이 다가오고 있다면 당신은 무엇을 쓸 것인가? 당신 주위로 500파운드, 1,000파운드, 4,000파운드들이 용기에 담긴 죽음이 온통 퍼부어지는 가운데, 줄표로 삽입된 소식들과 무질서 상태를 담은, 휘파람 소리를 내며 미사일처럼 떨어지는 편지를 쓸

것인가?

　아일린이 두 손을 자판에 올려놓자, 생각도 하기 전에 말들이 폭발하듯 터져 나온다. 부탁이야. 편지를 써줘. 어려운 점이 있다면, 내가 편지를 쓰기에는 너무 심하게 우울하다는 거야. 브리스톨에 갈 수 있겠다는 생각이 반쯤 들 때가 여러 번 있었지만, 주말을 내 마음대로 쓸 수 없게 된 지도 말 그대로 수년째야. 조지가 피를 토할 거야. 런던은 사실 올 만한 곳이 못 된다고 생각하지만, 만약 온다면 NATIONAL 교환국 3318번으로 꼭 전화해 줘. 우리 부서장은 거의 자기 스스로 결정을 내리는 일만큼이나 나를 두려워하는 사람이라 내가 시간을 뺄 수 있을 거야. 그때까지 모두에게 내 사랑을 전해줘.

E.[97]

　리디아는 이렇게 썼다. "전쟁 중에, 나는 아일린이 자신이 살 거라 기대하지 않고 미래에 대해 그다지 신경을 쓰거나 계획을 세우지도 않는다는 불안한 느낌이 들었다."[98] 아일린은 이렇게 말하곤 했다. "난 죽든 살든 상관없어." 그건 관심을 끌기 위한 말이 아니라 마치 자신이 목숨을 잃을 경우 친구들이 느낄 슬픔을 덜어주기 위한 말 같았다. 하지만 그 말은 친구들에게서 아무것도 덜어주지 못했다.

분리하기

오웰의 아내는 슬픔과 병 속으로 사라져버렸다. 아일린은 부부의 생계를 위해 풀타임으로 일할 뿐 아니라 집안일을 하고, 집에 먹을 것을 마련해 두고, 요리까지 하지만, 오웰은 그 이상을 원한다. 그래서 또 다른 관계를 시작한다.

이네즈 홀든Inez Holden은 "부서질 듯 섬세한 외모"와 "병약한 매력"을 지닌 "재미있는" 여성으로, 소설가이자 기자다.[99] 오웰의 문학적 영웅 중 한 명인 H. G. 웰스의 친구이기도 한 이네즈는 웰스의 차고 위층에 있는 아파트에서 잠시 머무르고 있다. 이네즈와 함께 동물원에 다녀온 오웰은 "차나 한잔하자"며 그를 자기 집으로 데리고 간다. 그런 다음 양해를 구하고 자리를 비운다. 다시 나타난 오웰은 국방 시민군 군복으로 갈아입고 있다. 다음 순간, 그는 이네즈를 "덮쳤다". 이네즈는 오웰이 섹스에서 내보이는 "강렬함과 다급함"에 "놀란다". (그가 군복으로 갈아입은 건 이해하기 어려운 행동이지만 말이다. 한 여성은 언젠가 이렇게 밝히기도 했다. "오웰은 버마 중사 스타일로 섹스하는 사람이에요. 끝난 뒤에는 '아, 이러니까 좀 낫네'라고 말하고는 돌아눕더라고요.")[100]

다음날, 오웰은 이네즈를 만나 "자신의 결혼 생활에 대해 설명했다…." 한 전기 작가는 이렇게 기록한다. "의심의 여지 없이 브렌다에게 했던 것과 똑같은 이야기였을 것이다. 오웰이 행복해지기만 한다면 그가 뭘 하든 아일린은 신경 쓰지 않는다는 이야기 말이다." 이네즈는 오웰의 설명을(실제로는 무슨 내용이었든) "유용하고 이해가 잘 되는" 이야기라고 느낀다. 그런 다음 이 전기 작가는 한 걸음 더 나아가 "개방 결혼에 대한 동의"라는 허구를 꾸며내기까지 한다. 그는 희망에 찬 어조로 이렇게 쓴다. "오웰의 이야기는 이제 그와 아일린이 어떤 형태로든 개방된 관계에 대한 합의에 도달했다는 사실을 확인해 주는 듯했다. 적어도 오웰은 그렇다고 믿었다."[101]

하지만 증거가 들려주는 이야기는 전혀 다르다. 그날 저녁, 오웰과 아일린은 이네즈와 함께 저녁을 먹으러 간다. '신경 쓰지 않는다'는 말과는 거리가 멀게도, 이네즈가 느끼기에는 "다소 억눌린 긴장이 흐르는 분위기였다". 그리고 그런 다음, 마치 그걸로는 상황의 이상함이 충분치 않기라도 했던 것처럼, 이네즈는 더욱 이상한 점을 알아차린다. "[오웰은] 거의 무의식적으로 대화에서 빠져나간 것처럼 보였다. 마치 그 이야기 전체에서 자신을 분리해 내기라도 하려는 것처럼."[102]

이네즈는 "약 10년에 걸쳐 일주일에도 몇 번씩" 오웰을 만났다. 그들은 아일린이 직장에 있는 동안 함께 점심을 먹으러 가곤 했고, 그런 다음엔 아파트로 돌아오곤 했다. 적어도 그중 일부는 섹스를 하기 위해서였을 것이다.[103] 전기 작가의 입장에서 이는 약간의 설명이 필요한 부분이다. "그들의 관계에 대해 무엇을 알고 있었든, 아일린은 분명 그것을 감내할 준비가 되어 있었다." 한 전기 작가는 이렇게 쓴다. "하지만 아일린이 그 관계로 인해 고통받았는지는 알 수 없으며, 오웰 자신도 그것을 알고 있다거나 신경을 쓴다는 암시조차 한 적이 없다."[104] 전기 작가들의 해석은 아일린의 감정을 무효로 친다. 그의 남편이 그랬던 것과 똑같이 말이다. 감내하는 건 '분명'한 일이다. 고통받았는지는 '알 수 없'다. 그리고 오웰은 더는 무신경할 수가 없었다.

하지만 나는 또 다른 무언가를 상상해 볼 수도 있다. 내 영웅을 변호하려고 애쓰는 게 아니라 아일린의 관점에서 상황을 이해하려고 하고 있기 때문이다. 아일린은 왜 오웰 곁에 머무르며 그를 경제적으로, 심리적으로, 지적으로, 그리고 다른 모든 면에서 떠받치기 위해 일하는 걸까? 자기네 부부의 침대에서 막 빠져나온 오웰의 새 연인과 함께 저녁을 먹으러 나가는 건 말할 것도 없고 말이다. 아일린의 친구 중에는 이혼한 이들도 많았다. 아일린 역시 오웰을 떠날 수도 있었을 것이다. 그웬과 함께 살며 일을 해서 스스로를 부양할 수도 있었을 것이다. 나쁜 관계를 끊고 떠나는 것이 그 관계를 유지하는 것보다 어려울 수도 있음을 나는 안다. 하지만 관계를 유지한다고 해서 허락했다는 뜻은 아니다.

배우자에 대한 신의란 기묘한 약속이다. 어떤 사람들에게 그것은 삶의 기본적인 약속이다. 하지만 또 어떤 사람들에게 그것은 그저 말뿐인 약속, "묻지도 말고 말하지도 말아야 할" 문제일 뿐이다. 나 자신의 삶을 돌아봐도, 나 역시 타인의 혼외 연애란 정확히 그런 거라고 제법 강렬하게 느낀다. 그건 그들의 문제지 내가 신경 쓸 문제가 아니라고 말이다. 하지만 만약 내 남편이 병원과 공원에서, 그리고 파티가 끝난 뒤에 다른 여자들을 덮치고, 팬들과 은밀히 만날 약속을 잡고,[105] 성매매 업소에 다니고, "육감적인, 마치 루벤스의 그림에서 빠져나온 듯한 소니아를 우연히 만나려고"[106] 애를 쓰면서 출판사 사무실을 어슬렁거린다면, 내 생각은 달라질 것이다. 나는 그 모든 일이 남편이 어떤 사람인지 말해준다고 느끼게 될 것이다. 신의와 사랑에는 여자 한 명당 한 번씩 커다란 균열이 생길 것이고, 그 폐허가 내 존재의 조건을 지배하게 될 것이다.

나는 다시 검은 상자의 문 앞에 서 있다. 누군가의 '사적인' 삶을 샅샅이 뒤지고 싶지는 않다는 마음을 품은 채로. 하지만 내게는 선택의 여지가 없다. 저 상자 안이 아일린이 살았던 곳이다. 그곳을 들여다보지 않는 것은 가부장제의 본질을 모른 척하는 일이 될 것이다. 오웰은 수년 동안 돈을 주고든 공짜로든 섹스를 할 수 있다. 그 섹스는 합의된 것일 때도 있고, '우연히 마주치는' 누구든 '덮치는' 것일 때도 있다. 그럼에도 아무도 그것에 관해 이야기하지 않을 것이다. 그리고 역사는 그가 고상한 사람으로 남는 것 역시 허용할 것이다.

전기 작가들은 아일린과 오웰이 개방 결혼에 동의했다고 믿고 싶어 한다. 그래서 아일린에게도 연인들이 있었다는 증거를 찾으려고 애쓰지 않으면 안 된다. 하지만 코프가 아일린을 사랑했던 것을 빼고는(그리고 그들이 함께 잤는지는 아무도 알지 못한다) 아일린에게 연인이었던 사람은 없다. 있었더라면 좋았겠다고 나도 모르게 생각해 보지만, 실제로는 그저 아일린을 흠모했던 오빠의 친구 한 명,

그리고 BBC의 어떤 고위 인사와 관련된, 어느 한 사람에게서 나온 불확실한 소문들이 있을 뿐이다. 반면 오웰에게는 거의 셀 수 없을 정도로 많은 연애 사건과 누군가를 '덮치는' 행위, 혹은 강간 미수들이 존재한다.

몇 번, 아일린은 오웰의 행동 때문에 심하게 괴로워한다. 그리고 적어도 한 번은 그에게 다른 여자와의 관계를 정리하지 않으면 떠나겠다고 말하기도 했다.[107] 자신의 가장 심오한 자아를 해치는 일에도 괜찮다고 느끼게 되는 것. 그것이야말로 가부장제에서 여성이 길들여지는 방식의 정점이 아닐까 싶다. 우리는 우리를 이용하는 체제에 동조하도록 길들여진다. 그러고는 결국 우리가 동의했다고, 기분 나쁘지 않았다고, 심지어는 우리 스스로 원한 일이라고 말하게 된다. 어떤 경우든 우리는 '분명 그것을 감내할 준비가 되어 있다'고 간주되고, 우리가 고통받는지 아닌지는 알 수 없는 일로 남을 것이다.

피해자

1941년 5월 10일 밤, 그들은 사이렌 소리와 엄청난 굉음, 사람들이 외치는 소리에 잠에서 깬다. 그들이 사는 건물이 폭격에 맞았다. 안전한 곳으로 내려가는 대신, 아일린과 오웰은 옥상으로 올라가 지켜본다. 세상이 온통 불타고 있다.

그들은 연기가 덮쳐올 때까지, 연기가 "너무 짙어져 도로를 내려다보는 게 어려워질 때까지" 움직이지 않았다고 오웰은 쓴다. 집에 돌아온 그들은 "옷 몇 벌을 걸치고, 소지품 몇 가지를 챙긴 다음 밖으로 나갔다".[108] 계단통에서 오웰은 발을 멈춘다. 그러더니 두려움으로 몸을 웅크리고 있던 한 노부인의 "옆쪽 바닥에 무릎을 꿇고는, 마치 예수 그리스도처럼 한 손을 부인의 머리에 얹고 두 팔로 어깨를 감싸 안은 채 부인을 위로했다"[109]고 아일린은 한 친구에게 말했다. 이 친구는 오웰이 "동정심 많은 사람이긴 하지만, 아내를 비롯해 자기 바로 곁에 있는 사람들보다는 낯선 사람들에게 더 그렇다고"¹¹⁰ 여긴다.

    알고 보니 그들의 건물은 재앙을 피해 갔다. 폭격에 맞은 건 건물 바깥 뒤쪽의 차고다. 그럼에도 그들은 칠흑 같은 어둠에 잠긴 거리를 걸어가 친구네 집에서 그날 밤을 보낸다. 그곳에 도착하자 오웰은 아일린의 새까매진 얼굴을 보고 한마디 한다. "그러는 당신 얼굴은 어떨 것 같아요?" 아일린은 되받아친다.

    아일린은 리디아의 표현대로 2년 동안 "가장의 역할"¹¹¹을 해왔다. 하지만 잦은 자궁 출혈로 몸이 좋지 않다. 여전히 가족을 잃은 슬픔을 안고 있고, 지금 하는 일도 좋아하지 않는다. 집안일을 하고, 친척들과 폭격으로 집을 잃은 친구들을 챙기고, 그들에게 머무를 곳을 찾아주고, 오웰의 글을 교열하고 타자로 치고, 장을 보고 요리를 하고, 그가 아플 때면 간호하는 것까지, 이 모든 것을 계속하기는 쉽지 않다. 1941년 6월, 아일린은 더는 버틸 수 없게 된다. 그래서 검열과에서 사직한다.

    전기 작가들은 아일린이 오웰을 먹여 살리고 있었다는 사실을 언급하고 싶어 하지 않는다. 그러면서도 아일린을 그 일에서 구해 준 건 오웰이라고 언급하기를 좋아한다. 한 전기 작가는 이렇게 쓴다. "이 시점에서 오웰은 아일린이 과로하고 있다고 결론을 내리고, 일을 그만두라고 설득한 것으로 보인다. 6월이 되자 아일린은 다시 자유로운 여성이 되어 있다."¹¹² 공정하게 말하자면, 이 전기 작가는 자신의 주인공이 남긴 글을 바탕으로 이런 주장을 하고 있다. 그의 주인공은 이렇게 쓴다. "일 때문에 건강이 엉망이 되고 있으니 한동안 일을 쉬는 게 좋겠다고 난 아일린을 설득했어요."¹¹³ 하지만 전기 작가 중 누구도 아일린이 생계를 위해 일하는 것을 그만둘 수 있었던 진짜 이유는 언급하지 않는다. 그 진짜 이유란 오웰이 마침내 BBC에서 상근직 일자리를 얻어냈다는 것이다.

오웰에게 BBC는 "매음굴과 정신병원을 합쳐놓은 것 같은 곳"[114]이다. 폭탄들이 떨어지는 동안 그는 예술과 정치, 전쟁에 관한 방송을 제작해 인도와 동남아시아에 송출한다. 그는 그 일에 대해 자주 짜증을 내고, 목소리가 너무 가느다랗고 단조로워서 방송에서 원고를 많이 읽지는 못하지만, 그럼에도 일을 잘 해낸다.[115] 사실 너무도 잘 해내서, 한 오웰 전문가는 "아일린이 적어도 그중 일부는 도와준 게 틀림없다고 확신했다".[116]

동료들 일부는 오웰에게 호감을 느낀다. 그들은 오웰이 "세상의 때가 묻지 않았고, 보기 드물게 도덕적으로 고결한"[117] 사람, 다른 시대에 태어났더라면 "말뚝에 묶여 화형을 당했을" 사람이라고 여긴다. 하지만 또 다른 이들은 오웰이 "다소 내성적이고 딴생각에 사로잡혀 있으며, 대체로 자기 업무를 지루해하는 인상을 주는 사람"[118]이라고 느낀다. 그럼에도 그 이상한 매음굴 같은 장소에는 위안거리가 있다. 한 전기 작가는 그곳에서 일하던 비서들이 "하나같이 아주 젊어 보였다"[119]고 쓴다. 또 다른 전기 작가는 이렇게 쓴다. "그곳의 사교생활 전부가 오웰의 마음에 들지 않은 건 아니었다. 그 시절 BBC에 떠돌던 소문에 따르면 오웰은 어느 비서와 잠깐 연애 사건을 일으켰다고 하지만, 그건 차라리 의무감에서, 혹은 오웰이 그것을 정상적인 사무실 생활의 일부라고 여겨서 일어난 것 같은 사건이었다." 이 우스꽝스러운 한 문장 속에는 한 여자를 지워버림으로써 오웰의 죄를 면제해 주기 위해 고안된 가부장제 마술의 모든 요소가 담겨 있다. 오웰의 연애 사건은 '소문'으로 의심받고,

'잠깐'이라는 말로 사소한 것으로 변해버리며, 상대 여성에게는 이름조차 주어지지 않는다. 그리고 그 뒤에는 오웰의 결백함을 만들어내는 변명들이 신속하게 따라붙는다. 그러니까, 오웰은 그 연애 사건을 일으켜야 할 것 같은 '의무감'을, 혹은 '정상적인 사무실 생활'[120]에 적응해야 할 필요성을 느꼈다는 것이다.

같은 여자인지 아닌지는 모르겠지만, 또 다른 전기 작가는 오웰과 어느 비서의 연애 사건을 좀 더 중요한 것으로 기록한다. "BBC에서 일하던 어느 젊은 비서와의 연애가 상당히 진지한 관계로 발전했다는 이야기가 있으며, 오웰은 또한 자메이카 출신의 시인이자 '사랑스러운 피조물'이라고 불리던 우나 마슨Una Marson과도 친밀한 관계를 맺었을 가능성이 있다." 오웰은 한 라디오극에서 우나 마슨의 노예 주인을 연기했다(녹음본은 남아 있지 않다).

오웰이 BBC에서 좀 더 진지하게 여겼던 또 한 번의 연애 사건이 있다. 그리고 이번에는 전기 작가들도 진지하게 다루지 않을 수 없었다. 이 여성에게는 목소리가 있었기 때문이다. 헨리에타 (헤타) 크라우스Henrietta Crowse는 "아름답고 활기찬 남아프리카 출신의 여성이자 헌신적인 공산주의자"였으며, 작가이자 조각가였다. 헤타의 말에 따르면, 오웰은 그에게 너무도 빠진 나머지 "아일린을 떠나겠다는 말까지 했고", 헤타가 그들의 동료인 윌리엄 엠프슨William Empson과 결혼하자 너무나 속이 상한 나머지 결혼식에 참석도 하지 않았다.[121]

이네즈, 이름이 밝혀지지 않은 비서(들), 자메이카 출신의 시인, 그리고 헤타와 더불어, 이 무렵 "오웰이 친밀하게 지냈던 또 한 사람은 스티비 스미스Stevie Smith였다". 스미스는 BBC 방송에 원고를 써 보내고 있던 또 한 명의 작가였다. 한 전기 작가는 스미스가 오웰이 하는 "덮치는 행동"의 피해자였을 수도 있다고 쓰고 있다. 스미스가 "외도"를 암시하는 말을 한 적이 있다는 것이다. 또 다른 전기 작가는 이 연애 사건이 "남자들끼리 셋이서 à trois" (이 프랑스어는 상황을 좀 더 비밀스러운 동시에 à la fois 더 성적인 것으로 만든다) 모이는 점심 식사에서 나온, "남자들 사이에서 떠도는 문단의 소문"일 거라고 의심한다.[122] 하지만 그 일은 오웰이 덮친 사람에게는 충분히 현실이었을 것이다.

한 전기 작가는 이 무렵 있었던 "기묘한 일화"에 대해 이렇게 쓴다. 오웰은 친구이자 작가인 앤서니 파월 Anthony Powell에게 묻는다. "혹시 여자를 공원에서 가져본 적 있나?"

"아니, 그런 적은 없는데."

"난 있어."

"어땠어?"

"어쩔 수 없이 한 일이었어."

"왜?"

"달리 갈 데가 없었으니까."

어쩌면 그때는 아일린이 아파서 집에 있었을지도, 혹은 당시 그들이 그웬의 집에 머무르고 있었기에 오웰이 다른 여자들을 그곳으로 데려갈 수 없었던 것인지도 모른다. "스티비 스미스라는 이름은 남자들 사이에서 떠도는 문단의 소문 속에서 끊임없이 이 이야기와 연결되었다."[123] 그 전기 작가는 이렇게 쓴다. 이런 일들은 사실의 영역에서 삭제된 다음 '기묘한 일화'나 '소문'이 된다. 마치, 이번에도, 그 남자들이 그들의 행동을 똑바로 마주할 수 없기라도 한 것처럼. 하지만 스티비 스미스는 상황을 분명하게 꿰뚫어 보고 있었다.

스미스는 1949년 발표한 장편소설 《휴일 The Holiday》에 오웰을 모델로 한 인물을 등장시킨다. 그는 이렇게 말했다. "당시 이런 생각이 들었어요. 조지를 두 명으로 나누면 명예훼손의 위험이 줄어들 거라는 생각이." 오웰의 절반은 동성애자이자 스페인 내전 참전군인인 바질 테이트Basil Tate가 된다. 바질은 "여성들을 생물학적으로 필요한 존재라고 여기지만 그 필요성을 못마땅하게 여기는 인물이다. 그는 마치 열두 살 소년처럼 '여자애들은 아무 쓸모가 없다'고 여긴다". 바질은 오웰의 나머지 반쪽 인격을 대변하는 톰 폭스Tom Fox에게 강한 욕정을 느낀다. 톰은 "마르고 호리호리하며 침울한" 남자로, "포악하고 광기 어린" 인물이다.

어쩌면 오웰과 이네즈의 관계 역시 이때쯤 식어가고 있었을지 모른다. 이네즈 역시 소설 속에 호감이 가지 않는 인물로 오웰을 그려 넣기 때문이다. 그 인물은 "학생들 전부가 '속물이자 망나니들'이었던 끔찍한 사립학교의 생존자로, 스페인에서 싸우는 동안 얼은 부싯깃 달린 라이터를 사용하며, 파리의 지저분한 병원에 입원해 부상으로부터 회복하는 중이고… 불결한 호텔 주방에서 일하는 사람이다." 오웰은 이 이야기를 달가워하지 않았다. 더 나쁜 건, 이 이야기가 오웰이 이네즈에게 청탁한 라디오용 단편소설이었다는 점이다.

전기 작가들은 이런 종류의 자료를 다루기 난감해한다. 그들 중 한 명이 말하듯 "오웰의 낯선 이미지들이 모습을 드러내기" 때문이다. 그것은 "예리한 통찰력을 지녔지만 이용당한 여성들"의 눈으로 바라본 오웰의 모습이다.[124] 여기서 '-지만'이라는 말은 앞에 나오는 내용을 희석한다. 이 여성들의 예리한 통찰력은 어째선지 덜 예리한 것으로 변해버리는데, 그건 그들이 '이용당하기' 때문이다. 다시 말해 그 여성들의 좋은 본성이 이용당해 왔기 때문이다. 하지만 나는 누군가로부터 덮쳐져 통찰력이 흐려지는 사람은 아무도 없다고 단언하겠다. 누군가의 피해자가 된다는 건 그 사람을 아주 가까이에서 보게 된다는 뜻, 그의 송곳니와 음경과 아랫배까지 보게 된다는 뜻이다.

먹다

일을 그만둔 뒤, 아일린은 몇 달 동안 쉬면서 건강을 회복하려 애쓴다. 하지만 1941년 12월, 아이가 없는 여성들이 강제로 노동에 동원되면서, 여전히 몸이 허약한 상태였던 아일린도 식품부에 일자리를 얻는다. 그리고 그곳에서, 아일린은 자신만의 삶을 찾아간다.

〈타임 앤 타이드〉에서 오웰의 담당 편집자였던 소설가 레티스 쿠퍼가 이미 그곳에서 근무 중이었다. "40년 전, 아일린이 식품부의 내 방으로 걸어들어왔다."[125] 1984년, 레티스는 이렇게 썼다. "마치 오늘 아침 일처럼 눈에 선하다. 중간쯤 되는 키에… 너무도 예뻤고… 푸른 눈과 검은색에 가까운 머리칼을 지닌 사람이었다. 아일린은 움직임이 느렸고, 언제나 마치 특별한 목적 같은 건 없다는 듯 방 안으로 천천히 흘러들어오는 것처럼 보였다… 나는 아일린이 서두르는 모습을 본 적은 한 번도 없지만, 그는 업무를 항상 기한에 맞춰 끝냈다…." 아일린보다 여덟 살 많았던 레티스는 1918년 옥스퍼드에서 고전학 학위를 받은 사람이었다. 훗날 레티스는 식품부를 〈네, 장관님〉°에 나오는 것과 비슷하지만 좀 더 지적인 장관이 있는 부서라고 설명했다.[126]

식품부는 BBC와 함께 라디오 프로그램을 제작한다. 배급 식량으로 가족들을 위한 요리를 해야 하는 여성들에게 다양한 조리법을 알려주는 프로그램이다. 일주일에 엿새 동안, 〈주방 전선 The Kitchen Front〉은 유명 라디오 방송인들의 목소리로 펼쳐지는 유쾌한 단막극을 통해 전시에 구할 수 있는 잡다한 재료들(달걀가루, 말린 대구, 그리고 엄청나게 많은 파스닙 등)의 소비를 권장한다. 아일린은 이 프로그램의 프로듀서다. 그는 대본을 직접 쓰거나 원고 청탁을 하고, 조리법을 검토하며, 식품부와 BBC 사이에 일어나는 복잡한 정치적 갈등을 조율한다. 집에서 요리를 하며 조리법을 보내오는 열성적인 사람들의 문의를 처리하고, 출연하게 해달라고 목소리를 높여 요구하는 배우들과 인기 있는 라디오 방송인들의 요청도 조정한다. 이 프로그램은 '머키'(칠면조 없이 만드는 저녁 식사용 칠면조 요리) 같은 의심스러운 요리들을 홍보하는데도 불구하고 엄청난 성공을 거둔다. 재치와 글쓰기 실력, 그리고 정치적인 감각까지 겸비한 아일린에게는 그야말로 완벽한 직업이다. 〈주방 전선〉은 결국 놀랍게도 하루에 500만 명이나 되는 청취자를 기록하게 된다. 그리고 영국인들은 그 이전에나 이후에나 그만큼 건강했던 적이 없어 보였다.[127]

매일 아침, 일이 끝나면 레티스와 아일린은 잠깐 빠져나가 커피를 마시러 간다(이는 허용되지 않는 일이다). 커피를 마시러 가지 못하

° 1980년부터 1988년까지 방영한 영국의 인기 TV 시리즈이다. ─옮긴이

게 되면 점심을 함께 먹는다. "우린 꽤 기운차고 유쾌하게 이리저리 돌아다니며 그 주에 가장 가성비 좋은 식품이 무엇인지 알아냈어요. 어느 브랜드의 소금에 절인 쇠고기가, 즉석 튀김이, 혹은 셰퍼드파이가 가장 괜찮은지 찾아보곤 했죠." 레티스는 이렇게 기억을 떠올렸다. 그들은 결국에는 길 건너편 셀프리지스 백화점의 커피숍에 가게 되는 일이 많았다. "그러니 우린 말하자면 언제나 끊임없이 계속되는 대화를 하고 있었던 셈이에요."[128]

레티스는 총명한 독신 여성이고, 아일린은 그에게 자신의 진심을 털어놓기도 한다. 아일린은 방송에 출연하고 싶어 하는 어떤 사람들이 스스로를 속이는 모습에 관해 농담을 한다. "난 자신이 유용한 사람으로 여겨져 마땅하다고 확신하는 사람들을 신뢰하지 않아요." 아일린은 이렇게 말한다. 또 이렇게도 말한다. "글 쓰는 여자들

레티스 쿠퍼

은 연기하는 여자들과 마찬가지로 종종 요리를 다소 과장되게 신성시하는 경향이 있죠." 심지어 뼈까지도 "전쟁 군수품"[129]으로 징발하라는 지시가 내려오자, 아일린은 동료들을 즐겁게 해주려고 '뼈 활용법'을 풍자하는 팸플릿을 쓴다. "우선 모든 고기를 뼈에서 발라냅니다. 그 뼈로 수프를 한 번 끓이고, 한 번 더 끓인 다음 개에게 줍니다. 그런 다음 뼈를 깨끗이 씻어 전쟁 물자 수거소에 가져 갑시다." 아일린은 심지어 자신들이 소비를 장려해야 하는 "감자, 샐러드, 비타민이 들어간" 요리들도 좋아하지 않았다고 레티스는 말했다. "아일린은 고기와 달걀, 치즈와 와인을 좋아했어요."[130]

그들은 가까운 사이로 지내지만, 아일린의 어떤 부분은 레티스에게 수수께끼로 남는다. 타인을 향한 아일린의 넓고 깊은 시선은 찡그린 눈으로 대본을 들여다보는 초췌한 여자, 입가에 담배를 문 채 잊어버리고 멍하니 딴생각에 빠지는 요정 같은 모습과는 쉽게 연결되지 않는다. 레티스는 아일린을 자신의 1947년 작 장편소설 《블랙 베들레헴 *Black Bethlehem*》에 등장하는 앤이라는 인물의 모델로 삼는다.[131]

그 소설은 아일린을 사실적으로 그려 낸다. 앤은 "바람에 실려 문가에 날아온 나뭇잎처럼" 사무실로 "흘러 들어온다". 앤은 종종 아침을 거른다. 집에 있는 음식은 모두 남편 몫으로, 혹은 묵어가는 손님들 몫으로 돌아가기 때문이다. 직장의 다른 여성들은 거울 앞을 지나칠 때마다 머리 모양이나 화장을 점검하지만, 앤은 "거울을 거의 들여다보지 않는다. 그의 머릿속은 언제나 자신이 말하려는 무언가에, 혹은 방금까지 생각하고 있던 무언가에 집중되어 있기 때문이다".

앤에게 말을 걸면, 앤은 보통 상대방을 일 분쯤 바라본 뒤에야 아주 천천히 대답한다. 마치 상대방이 무슨 말을 했든 그것이 너무도 중요한 말이어서 신중히 고려해 봐야 한다는 듯이. 처음에 우리는 앤이 일부러 과장한다고 생각했고, 앤의 대답을 기다리며 초조해졌다. 하지만 시간이 지나고 나니 앤에게는 모든 것이 중요하다는 사실을 깨닫게 되었다. 생에 대한 앤의 감각은 너무도 강렬해서, 앤은 눈앞에 닥친 모든 일이 주는 충격을 있는 그대로 받아들였고, 그것을 단절된 사건이 아니라 모든 것과의 연관성 속에서 바라보았다. 이런 일을 글로 정확히 설명하기는 매우 어렵지만, 나는 사람들 대부분은 세상사 대부분을 대충대충 훑어보고 넘긴다고 생각한다… 어쩌면 이렇듯 복잡한 세상에서 하루하루를 버텨내려면 그럴 수밖에 없을지도 모른다. 확실한 건 앤이 하루를 버텨내기 힘들어 한다는 것이다. 앤은 맡은 일을 매우 잘 해내지만, 거의 항상 늦게까지 남아 업무를 마무리한다. 그런 다음 밤이 되면, 앤은 점심 시간에는 사려고 마음먹고 있었던 고기나 채소를 사지 못한 채 빈손으로 집으로 돌아간다. 점심시간에 말하던 업무를 다 끝내지 못해 장을 보지 못해서다. 아파트에 돌아온 앤은 자신의 총명하지만 괴상한 남편을 위해, 그리고 그들의 친구들을 위해 요리와 청소를 하고, 보통 자정 무렵까지 설거지를 한다…[132]

앤과 남편은 가난하지만, 앤은 "내일 당장 해고될 것을" 두려워하지는 않는다. 여직원들이 한 일을 상사가 자신이 한 거라며 가로채 가자, 앤은 그에게 정면으로 문제를 제기한다. "정의에 대한 앤의 열정에는 자기 자신에 대한 정의도 빠지는 법이 없기" 때문이다. 하지만 앤은 그런 문제 제기조차 공감과 재치가 넘치는 태도로 하기 때문에, 그 남자는 여전히 앤에게 와서 자기 고민을 털어놓는다. 부서의 다른 남자들은 "작고 사랑스러운 외모"를 지닌 앤에게 끌리지만, 동시에 두려워하기도 한다. "앤이 시위와 공동행동을 굳건히 지지하는 사람이기 때문이다." 동료가 부당해고를 당하자 앤은 다른 직원들을 설득해 "총사퇴"를 하려고 시도하나 뜻대로 되지 않는다. 나중에 앤은 이렇게 말한다. "정직한 사람들은 언제나 부정직한 사람들에게 위협이 되는 존재다. 그들은 부정직한 사람들의 신경을 흔들어 놓는다."

이 일화는 식품부에서 실제로 일어난 어떤 사건을 토대로 하고 있다. 어쩌면 그 사건이 아일린에게는 20대 때의 기억을 떠올리게 했을지도 모른다. 그때 아일린은 타자 에이전시에서 동료 직원들을 조직해 "가학적인" 고용주에 맞섰었다. 하지만 이번에는 일이 뜻대로 풀려나가지 않았다.《블랙 베들레헴》에서도 마찬가지다.

레티스는 오웰이 "규정하기 매우 어려운 엄청난 매력"[133]을 지니고 있다는 사실을 알아차렸다. 그 매력 때문에 오웰은 "남녀를 가리지 않고 추종자들에게 둘러싸이게 되었다". 하지만 "그는 여러 가지 면에서 굉장히 순진했고, 거의 멍청하기까지 한 남자였다." (이 부분이 너무 거슬렸는지, 한 전기 작가는 '거의 멍청하기까지 한'[134]이라는 표현을 아예 들어냈다.) "난 오웰이 친절한 사람이라는 걸 알고 있었어요." 레티스는 이렇게 기억을 떠올렸다. "그리고 그가 전혀 두렵지 않았죠. 어떤 사람들은 그를 두려워했지만 말이에요…. 오웰은 어째선지 조금 우스운 사람이었어요. 그를 보면 괜히 비웃고 싶은 마음이 들었죠."¹³⁵ 하지만 레티스는 오웰의 후한 마음씨만큼은 진심이라고 생각했다. 한번은 아일린이 자신들의 배급 식량 중에서 설탕 1파운드를 레티스에게 주어야겠다고 오웰에게 말한 적이 있었다. "왜요?" 오웰은 물었다.¹³⁶ 아일린은 놀라서 대꾸했다. "우리한텐 설탕이 많잖아요. 당신, 싫은 거 아니죠?" "맙소사." 오웰이 대답했다. "그런 뜻이 아니었어요. 왜 우리가 가진 걸 전부 주지 않느냐고 물은 거예요."

레티스는 이렇게 말했다. "어떤 면에서는, 오웰은 썩 영리한 사람은 못 됐다는 생각이 들어요… 그에게는 말하자면… 무지한 면도 있었거든요. 순진한 면도요." 레티스의 말에 따르면 아일린은 오웰 이야기를 하면서 종종 웃곤 했다. 아일린은 한번은 자기가 침대에 앓아누워 있는데, 오웰이 "빵 써는 도마에 빵과 치즈를 올려" 가져왔다고 했다. "그러더니 침대에 누워 있는 내 가슴 위에 그걸 그대로 내려놓지 뭐예요." 아일린은 말했다. 레티스가 보기에 그들 부부는 둘 다 자신들의 건강에 무관심했지만, 오웰은 "아일린의 건강에는 완전히 무관심했다."

레티스는 또 이렇게도 말했다. "스티비 스미스랑 이네즈 홀든 둘 다 [오웰과] 사랑에 빠져서는, 아일린한테 울면서 하소연을 하곤 했어요. 오웰이 자기들한테 관심이 없다는 이야기였죠." 아내는 자기 남편의 연인들을 어떻게 위로해야 할까? 레티스가 보기에 아일린은 "[오웰을] 따뜻하게, 재미있어하면서도 다소 회의적인 태도로 사랑했다".¹³⁷ 그리고 그 점은 아일린이 "내가 그때까지 알고 지낸 어떤 사람보다도… 질투나 원한에서 자유로운 사람이 되는 데" 도움이 되었다.¹³⁸

식품부에서 일하는 동안 아일린은 오랜만에 너무도 행복하다. 하지만 아일린은 야위었고 빈혈에 시달리고 있으며, 종종 몸이 아파 출근하지 못하기도 한다. 사무실과 집 양쪽에서 무리하게 일을 하면서, 아일린은 자기 몸에서 무슨 일이 벌어지고 있는지는 외면하려고 애쓰고 있다. 마치 자신의 세상 일부를 아무렇게나 제거해 버리기를 계속하는 폭탄들을 외면하려 애쓰는 것처럼. 그리고 아일린은 오웰의 혼외 성생활 문제 역시 어떻게든 감당하고 있다. 마음을 조심스레 움직여, 집에 있는 미노타우루스가 만들어 놓은 미궁을 헤쳐 나가면서 말이다.

어느 날 저녁, 오웰 부부가 친구네 집에서 저녁을 먹고 있는데, 근처에서 폭탄이 터지면서 창문들이 부서져 내린다. 아일린은 그런 풍경이라면 지긋지긋하다. "아, 안 돼- 또다시 이러는 건 좀 아니잖아!"[139] 아일린은 그 공포가 너무 잦아진 나머지 이제는 진부하다는 듯 다음과 같이 말한다. "요즘엔 내가 죽든 살든 상관없어요." 리디아에게 해 온 것과 똑같은 말을 레티스에게도 하는 것이다. 그것도 종종이 아니라 "항상"[140] 그렇게 말한다. 리디아는 그것이 죽음 충동이라고 생각하지만, 어쩌면 그건 그저 하늘이 그들에게 전해주는 메시지를 받아들이는 태도였을 수도 있다. 어떤 목숨도 죽음을 피할 만큼 특별하지는 않다는 사실 말이다.

앤은 남편이 외출해 있던 어느 날 밤, 폭탄이 집에 떨어지면서 목숨을 잃는다. 레티스의 화자는 생각한다. "앤의 영혼이 가까이 있는 게 느껴졌다. 인간의 삶이라는 흐름 전체에서 그가 느끼던 너르고 연민 어린 기쁨이, 깊은 본능에서 우러난 경험이, 그 다정한 지혜가. 앤이 내게 말하는 것 같았다. 인생은 짧고, 우리가 사랑하는 사람들이야말로 가장 중요한 존재라고…." 그는 이렇게 느낀다. "앤 같은 사람들, 자신의 사랑을 점점 더 넓은 원으로 퍼뜨릴 줄 아는 사람들은 드물다. 앤은 어떤 별 아래에서 태어난 걸까? 왜 우리 중에는 앤 같은 사람이 이렇게나 드물까?"[141]

재미있는 일

독일은 이제 영국을 침공할 날짜를 잡은 것으로 보인다.[142] 1942년 5월 25일이다. 폭격으로 집이 피해를 입어 지낼 곳이 없어진 오웰과 아일린은 H.G. 웰스의 차고 위층에 있는, 이네즈가 살다 나간 집에 한동안 머무른다.

오웰은 문학적 비판과 우정은 전적으로 분리될 수 있는 문제라고 생각했다. 그는 자신이 지면에서 책을(그리고 인격을) 난도질한 작가 친구들이 그런 평가에 전혀 흔들리지 않고 자신과 계속 친구로 지낼 수 있어야 한다고 믿었다. 이를테면 자신과 가장 오랫동안 알고 지낸 학창시절 친구인 시릴 코널리의 데뷔작 장편소설 서평을 쓰면서 오웰은 다음과 같이 썼다. "남에게 빌붙어 얻어낸 돈을 비역질에 쓰는 이른바 예술가라는 자들에 관해 글을 쓰고 싶어 한다는 것부터가 일종의 정신적 빈곤을 드러낸다."[143] 그는 코널리가 이 평가를 의연히 받아들이기를 바랐다. 코널리는 어느 정도 그렇게 했다. 그 뒤로 다시는 장편소설을 출간하지 않았으니, 어쩌면 가슴 깊이 상처를 받기도 했는지 모르지만 말이다.

하지만 이런 종류의 분리가 누구에게나 가능한 건 아니었다. 당신이 누군가의 작품과 그 사람 본인을 모욕하고도 그가 신경 쓰지 않을 거라 생각한다면 뜻밖의 반응이 돌아올 것이다. 오웰은 BBC에서 위대한 문인 웰스가 "섬나라 근성과 공상적인 이상주의에 빠져들고 있다"며 비난하는 방송을 내보낸다. 웰스는 처음에는 태연하게 반응한다. "뭘 기대하겠는가? 공립학교 남학생들이 식스 폼 때 배우는 거라곤 남색에다 꼴값이 전부인데."[144] (여기서 '꼴값'이란 잘난 체와 속물근성을 뜻한다.) 하지만 오웰은 또 다른 글에서 웰스가 이제 "자기 재능을 다 낭비해 버리고 얄팍하고 부적격한 사상가로"[145] 변해버렸다며 끈덕지게 비난을 계속한다. 이에 화가 난 웰스는 오웰에게 편지를 쓴다. "네가 내 욕을 뭐라고 하고 다니는지 들었다, 이 배은망덕한 돼지 새끼야. 월요일 아침까지 내 집에서 나가."[146]

오웰과 아일린은 킬번의 모티머 크레센트 1층에 있는 "황량한" 집을 찾아낸다. 아일린은 친구에게 이렇게 털어놓았다. "조지랑 내가 그렇게 골초만 아니었으면 더 나은 집을 찾을 여유가 있었을 텐데." 하지만 이 집에는 장점도 있었다. 닭들이 뛰어놀 마당과 오웰이 목공 작업을 할 지하실이 있었고, 목공용 회전 공작기 근처에는 방문객을 위한 여분의 침대도 있었다.

오웰의 조카인 제인은 그곳을 마음에 들어 했다. 그들은 밤 9시쯤 식사를 하곤 했는데, 퇴근한 아일린이 "거실의 대화에 합류해 쉴 새 없이 담배를 피우는 동시에 태연하게 페이스트리 반죽을 휘저어 만든"[147] 맛있는 요리들이 나왔다. 제인의 10대 남동생 헨리도 그곳에 와서 몇 달간 머무르게 되었다. 그 역시 집이 너무 추워 실내에서 검은색 방한 외투를 입은 채 페이스트리 반죽을 밀면서 내내 이야기를 나누고 줄담배를 피우던 아일린을 기억했다. 담뱃재가 떨어지면 아일린은 그냥 반죽에 섞어 밀어버렸다. 아일린은 허영과는 완전히 담을 쌓은 사람이었기에, 가끔 그가 외출하기 위해 "눈부시게" 차려입고 나타날 때면 헨리는 더더욱 놀랐다. 심지어 10대 소년도 "조지 삼촌이 숙모의 진가를 알아보지 못한다"는 건 알 수 있었다. 하지만 오웰 역시 차려입는 건 좋아했다. 주말이면 "에릭 삼촌은 국방 시민군 중사 복장을 제대로 갖춰 입고, 반질반질한 군화를 신고 소총까지 준비한 채 나타나곤 했다".[148]

이 무렵 오웰의 오랜 친구이자 시인이며 늘 말이 간결하고 관찰력이 뛰어났던 루스 피터는 오웰이 죽어가고 있고, 아일린 역시 그리 건강이 좋지 않다고 생각한다.[149] 또한 루스는 기이하고 처음 보는, 마음에 들지 않는 사실 한 가지도 알아챈다. 아일린이 파이를 만들기 위해 사과 속을 완벽하게 파내려고 "애쓰고" 있다.[150] 오웰이 파이 속에 남은 작고 딱딱한 조각들을 발견하면 언짢아하기 때문이다.

이 일화 같은 작고 딱딱한 조각들이야말로 내가 좋아하지 않는 것이지만, 나는 이것들을 그대로 두기로 한다.

그럼에도 아일린은 삶 속에서 여전히 재미있는 일들을 찾아내고, 그 일을 다른 사람들에게 들려주는 데서 더 큰 재미를 느낀다. 그는 H. G. 웰스와의 관계를 회복하고 싶어 한다. "당신이 H. G. 랑 잘 지내지 못하는 건 우스꽝스러운 일이에요."[151] 아일린은 오웰에게 말한다. "내가 그 사람을 저녁 식사에 초대해 보면 어떨까요? 그 사람은 벌써 그 일을 전부 잊었는지도 모르잖아요."

웰스는 곧바로 답장을 보낸다. "난 여러분이 내가 준 차고 위층 집에서 아무 예고도 없이 떠난 걸 보고 몹시 배은망덕한 행동이라고 생각했어요." 그는 이렇게 쓴다. "용서해드리죠. 그리고 네, 물론 저녁 식사에 갈 수 있다면 기쁘겠습니다."[152]

얼마 지나지 않아 케임브리지를 졸업한 청년 마이클 마이어 Michael Meyer가 저녁을 먹으러 오자, 아일린은 웰스와 저녁 식사를 한 이야기를 그에게 들려준다. 웰스는 "한껏 다정한 태도로" 나타나서는 "자기가 위장에 문제가 있어서 기름진 음식은 먹을 수 없다고 주의를 주며 이야기를 시작했다".

"아, 이런." 아일린은 말했다. "제가 커리를 만들었는데."
"난 그거 먹으면 안 되는데." 웰스는 말했다. "그냥 아주 조금만 줘요."
웰스는 커리를 큰 그릇으로 두 그릇이나 먹었고, 거기에 더해 술도 많이 마셨으며, 내내 아주 기분 좋게 이야기를 했다. 저녁 식사가 끝난 뒤 윌리엄 플로머가(아니면 윌리엄 엠프슨이었던가?) 도착했다. 알고 보니 그는 저녁을 먹지 않은 상태였는데, 웰스의 식욕 덕분에 커리는 동이 나 있었다. 그래서 아일린은 이렇게 말했다. "지금 드릴 수 있는 게 건포도가 든 케이크 조금밖에 없네요."
"건포도가 든 케이크?" 그 이야기를 얼핏 들은 웰스가 말했다. "난 그것까지 먹으면 감당이 안 될 것 같은데."

"선생님한테 드린다는 게 아니고요, 빌한테 주려고요." 아일린이 그렇게 말했지만, 케이크가 나오자 웰스는 예사롭지 않게 맛있어 보인다고 말하더니 두 조각을 먹었다.

자정쯤 되어 그들은 기분이 최고조에 달한 웰스를 택시에 태워 보냈고, 멀어지는 차 속에서 웰스는 이렇게 소리쳤다. "다신 나하고 그렇게 오랫동안 연락 끊지 말아요!"

그들은 우정을 복원한 일을 자축했지만, 일주일 뒤 화가 난 웰스로부터 이렇게 적힌 편지를 받았다. "여러분은 내가 몸이 안 좋아 식단 조절을 하고 있다는 걸 알면서도 일부러 음식이랑 술을 권했어요." 기타 등등. 그러면서 그는 두 사람 모두 다시는 보고 싶지 않다고 선언했다. 웰스는 택시 안에서 갑자기 몸이 안 좋아져 병원으로 실려 가야 했던 모양이었다. 그는 오웰 부부가 집을 두고 일어난 소동에 대한 복수로(그는 그제야 기억해 냈다) 이 모든 음모를 꾸민 게 틀림없다고 생각했다. 결국 그들은 다시는 만나지 못했을 것이다.[153]

아일린은 레티스의 전화번호를 돌린 다음 수화기를 어깨와 귀 사이에 끼우고 주방 식탁 위의 종이 무더기를 홀홀 넘긴다.

"이게 감사 편지라고 온 건데요, 뭐라고 적혀 있는지 좀 들어보세요." 아일린은 웰스의 편지를 찾아내 레티스에게 읽어준다. "나를 왜 이런 식으로 공격하는 거요? 무슨 비비 꼬인 질투 때문인 거야, 아니면 정신 나간 정치적 음모인 거야? 내 초기작들이나 읽어요, 이 똥 같은 양반들아."[154]

레티스가 킥킥 웃으며 말한다. "딱하기도 해라. 아마 두 사람이 자길 죽이려 한다고 생각했나 봐요."

"그러게요." 아일린이 말한다. "그것도 건포도가 든 케이크로요." 아일린은 스타킹 신은 두 발을 주방 식탁 위에 올려놓는다.

"있죠, 웰스가 조지를 '그 발만 커다란 트로츠키주의자 놈'이라고 부르고 다닌대요."

그들은 함께 깔깔 웃는다.

"웃으면 안 되는데." 아일린은 말한다. "조지가 속상해하는데."

다정한 기억들

1943년 11월, 오웰은 BBC와 국방 시민군 둘 다를 떠나 〈트리뷴〉의 문학 담당 편집자로 일하게 된다. 스트랜드에 있는 사무실에는 일주일에 사흘만 출근하면 되기에, 그는 새로 생긴 여유 시간에 책을 쓰고 싶어 한다.

하지만 그는 그 역할에 맞지 않는 사람이고, 본인도 안다. 그는 이렇게 쓴다. "사실 나는 편집 일에는 전혀 소질이 없다. 미리 계획을 세우는 것도 싫어하고, 편지에 답장을 쓰는 일은 정신적으로, 아니 신체적으로도 도저히 못 하겠다."[155] 너무 마음이 여려서인지, 아니면 무책임해서인지, 그는 한 친구에게 이렇게 말한다. "누군가가 마음을 다해 글을 썼는데 그걸 돌려보낼 용기가 도저히 안 나더라고."[156]

당시 사무실에는 "찢어지게 가난해서 굶어 죽어가고 있던" 캐나다 시인 폴 포츠 Paul Potts가 길 잃은 영혼처럼 어슬렁거리고 있었다.

포츠는 오웰이 돌려보내야 하는 원고 봉투에 돈을 (때로는 1파운드짜리 지폐까지도) 슬쩍 밀어 넣는 모습을 본 적이 있다고 기억을 떠올렸다. 오웰도 시인했다. "내게 가장 깊이 새겨져 있는 그 시절의 기억은 여기저기 서랍을 열어보고, 그 속에 처리 기한이 몇 주나 지난 편지와 원고가 가득 차 있는 걸 발견하고는 얼른 도로 닫아버렸던 기억이다…." 사무실을 찾아간 토스코 파이벨은 "서평을 써야 하는 신간 무더기를 마치 한 무리의 적처럼 슬프게 바라보며" 앉아 있는 오웰을 발견한다. 16개월 뒤, 오웰은 파이벨에게 그 일자리를 넘긴다. 파이벨은 출근 첫날 "돌려보내야 했으나 그러지 못한 문서 한 무더기가"[157] 책상 서랍과 파일 캐비닛을 가득 채우고, 책상 위에도 여기저기 위태롭게 쌓여 있는 걸 발견한다.

오웰은 이렇게 썼다. "그럼에도 다정한 기억들이 남아 있다. 작고 답답한 사무실에서 내다보이던 뒤뜰과, 폭명탄이 머리 위로 윙 소리를 내며 날아갈 때면 그곳을 함께 쓰던 우리 세 사람이 구석에 모여들던 기억, 그리고 폭탄이 떨어지자마자 타자기가 다시금 탁탁 소리를 내며 평화롭게 울리기 시작하던 기억 같은."[158]

그리고 좋은 점도 있다. 한 전기 작가는 이렇게 쓴다. "그 와중에, 오웰은 또다시 연애 사건을 벌이기 시작했던 것으로 보인다…."[159] 이번 상대는 〈트리뷴〉의 비서 샐리 매큐언 Sally McEwan이었다. "오웰은 또다시 은밀한 만남을 즐기고픈 충동에 굴복했다. 의심의 여지 없이 자기 아내는 이해해 준다는 이야기가 동반되었을 것이다…." 하지만 그 사실을 알게 된 아일린은 몹시 고통스러워한다. 그들은 "살벌한 말다툼"[160]을 벌이고, 아일린은 그를 떠나겠다고 엄포를 놓는다.

리디아는 런던의 폭격을 피하려고 종종 윌링턴에 머무른다. 그는 이 무렵의 기억을 이렇게 떠올렸다. "런던에서 [아일린과] 말다툼을 하고 난 뒤, [조지는] 윌링턴 시골집에 있는 나에게로 가겠다고 선언했다."[161] 그곳에 도착한 오웰은 "너무나 당혹스럽게도 내 방으로 오더니 내 침대에 기어 들어왔다… 나는 그다음 30분을 나를 덮치려는 그를 밀어내려고 몸부림치며 보내야 했다".

나중에, 리디아는 오웰이 그 비서에 대해 "무시하듯, 거의 경멸하는 태도로, 내가 좋아하지 않는 방식으로" 말했다고 밝혔다.

그럼에도 아일린은 오웰 곁에 머무른다. 어쩌면 오웰이 그 수많은 여자들에게서 자신이 진정으로 원하는 것을 발견하지 못하고 있음을 알기에 느끼는 연민 때문인지도 모른다. 그리고 오웰이 무엇을 써낼 수 있는지 지켜보고 싶은 마음도 여전히 있었을 거라고 나는 생각한다.

다른 동물들

오웰은 러시아 혁명을 배반하고 새로운 독재 정권을 도입한 스탈린에게 책임을 묻는 에세이를 쓰기로 마음먹는다. 하지만 아일린이 보기에 그건 끔찍한 생각이다. 영국이 독일과 싸우는 걸 러시아가 돕고 있는 상황에서 당장 그 부분을 공격하고 싶어 하는 사람은 없다. 두 사람은 얼어붙을 듯 추운 침실에서 어떻게 해야 할지 의논한다. 리디아는 이렇게 기록한다. "그들은 믿을 수 없을 만큼 힘겨운 생활을 이어가고 있었지만, 《동물농장》의 아이디어가 탄생한 건 킬번의 그 집에서였다."[162] 아일린은 그 이야기를 장편소설로, 자신이 매우 좋아하고 한때는 직접 써보고 싶어 하기도 했던 동물이 나오는 우화로 써보라고 제안한다.[163] 오웰이 집필을 시작하자 아일린은 "그 작품이 성공할 거라는 사실을 단번에"[164] 알아보았다고 리디아는 기억한다. 매일 저녁 오웰은 아일린에게 그날 쓴 부분을 읽어주고, 그들은 함께 의견을 주고받는다. 매일 아침 아일린은 식품부에 출근해 새로 추가된 부분의 이야기를 들려주며 친구들을 즐겁게 해준다. "커피를 마실 때면 아일린은 그 이야기의 일부를 인용하곤 했어요. 굉장히 흥미진진했죠."[165]

《동물농장》은 3개월 만에 완성된다. 그 작품은 스탈린 수하에서 새로운 지배계급 엘리트들로 무장하고 극악무도한 독재 정권으로 굳어져 버린 러시아 혁명에 대한 알레고리를 담은 걸작이다. 동시에 아일린이 톨킨 밑에서 배웠던 동화와 우화들처럼 그 자체로 완결성을 지닌 한 편의 이야기이기도 하다. 칼 마르크스를 상징하는 늙은 돼지 '메이저'에겐 꿈이 하나 있다. 언젠가 농장 동물들이 자신들을 착취하는 인간들로부터 자신들의 삶에 관한 통제권을 빼앗은 다음, 동물들끼리만 평등하고 조화롭게 살아가는 꿈이다. 메이저가 죽자, 트로츠키와 스탈린을 상징하는 다른 돼지들은 동물들을 이끌고 그들을 노예 상태에서 해방하기 위한 혁명을 일으킨다. '**네 다리 좋음 두 다리 나쁨**' 같은 구호 아래 결집한 동물들은 새로운 사회를 건설하기 위해 엄청난 노력을 기울인다. 하지만 돼지들이 얻은 권력이 굳어지면서 그들은 서서히 자신들이 쫓아낸 인간들의 방식을 그대로 받아들이게 된다. 구호들이 바뀐다. 역사가 다시 쓰인다. 돼지들은 인간의 옷을 입고, 두 다리로 걸어 다니며, 파이프 담배를 피운다. 권력이 유지되도록 돕는 건 사나운 비밀경찰 개들이다. 그 개들은 강아지 때 어미와 떨어졌고, 남을 돕는 자신들의 본성을 부정하도록 훈련받았다. 결국 옛 권력 관계가 복원된다. 다만 인간 엘리트 대신 돼지가 그 자리를 차지했을 뿐이다. 그 이유는 이렇다. '**모든 동물은 동등하지만, 어떤 동물은 다른 동물보다 더 동등하다.**'

《동물농장》은 오웰의 모든 작품 가운데서도 독보적인 위치를 차지하는 작품이다. 여기에는 오웰의 분신과도 같은 한 명의 주인공이 아니라 여러 캐릭터가 함께 등장한다. 고양이는 나긋나긋하고 신뢰할 수 없는 동물이고, 예쁜 말은 리본과 설탕을 찾아 도망친다. 당나귀 벤저민은 그 모든 상황을 다정하면서도 우울한 태도로 바라본다. 남을 쉽게 믿는 짐말이자 노동계급을 대변하는 복서는 과로로 쓰러져 죽는다. 러시아 국민들에게 자행된 사기극, 그리고 전체주의 스탈린 정권의 악랄함과 위선에 대한 정치적 해부는 예리하고 신랄하다. 하지만 이 책은 오웰의 다른 어떤 작품에서도 볼 수 없는 완벽한 구조를, 그리고 캐릭터들의 결점을 연민 어린 시선으로 면밀히 관찰하는 익살스럽고 기발한 어조를 갖추고 있다. 동물들은 어리석거나 망상에 빠져 있거나 무시무시한 존재가 아니라 그저 그들 자신으로, 다시 말해 '있는 그대로 보이는' 존재로 그려져 있다.

오웰이 결혼한 뒤에 그랬듯, 그의 친구들은 오웰의 작품에 일어난 변화에 다시 한번 놀란다. 리처드 리스는 오웰이 자신 안에서 "환상과 유머 감각, 다정함이라는 새로운 광맥"[166]을 어떻게 발견하게 된 건지 이해하지 못한다. 오웰의 발행인인 프레드 바르부르크는 그 작품의 탁월함에 말을 잇지 못한다. 어떻게 "자신의 성격 일면을 그대로 반영한 남자주인공이 등장하는 다소 어두운 소설을 쓰던 이 작가가 갑작스레 날개를 달고 시인이 되었는지"를 짐작할 수가 없지만 말이다. 바르부르크는 이렇게 쓴다. "이제 와 생각해 보면, 오웰의 이전 작품들에는 그가 이렇게 엄청난 경지에 이를 수 있는 작가라는 걸 알려주는 단서가 거의 없었다."[167] 두 남자 중 누구도 이런 놀라운 발전의 원인을 설명하지 못한다.

하지만 토스코 파이벨은 그 작품 뒤에 있는 아일린의 존재를 분명히 알아본다. "오웰의 다른 작품들과는 달리《동물농장》이 최고로 정교하게 쓰인 풍자극이라는 사실은 대단히 자주 언급되어 왔다…" 그는 이어서, 이는 오웰이 그 작품을 "집필 과정에서 아내와 함께"[168] 논의했기 때문이라고 설명한다. "아일린과 오웰이 침대에 누운 채 한 장면 한 장면 이야기하며 함께 웃었다는 이야기가 있다… 그리고 만약《동물농장》이 그 가벼운 터치와 절제력에 있어 그토록 완벽한(거의 '오웰답지 않은') 이야기라면, 그 공의 일부는 아일린과의 대화에서 받은 영향, 그리고 아일린의 명석하고 위트 있는 지성에 돌아가야 한다고 나는 생각한다."

하지만 그건 단지 '대화에서 받은 영향'만은 아니었다. 우화이자 장편소설이자 풍자극이라는 그 책의 형식 자체가 아일린의 아이디어였다. 아일린은 스탈린과 전체주의를 비판하는 에세이를 쓰려던 오웰을 설득해 방향을 바꾸게 했고, 그 뒤로 그들은 폭격 속에서 추위를 피하려고 침대에 누운 채 함께 이야기를 만들어갔다.《동물농장》은 아일린의 정신적 깊이와 공감 능력이 오웰의 정치적 통찰과 만나 탄생한 걸작이었다.

어쩌면 아일린이 참여했다는 사실을 오웰이 그토록 애써 은폐하려 한다는 점이야말로 그 사실을 가장 강력하게 보여주는 증거일지 모른다. 오랜 시간이 흐른 뒤 오웰은 친구에게 이렇게 말한다. 아일린은 그 책의 기획까지 도와줬다[169]고 말이다. 이것은 도용과 삭제를 합친 수법이다. 누군가가 한 아주 작은 기여에는 감사를 표하면서 훨씬 더 큰 기여는 지워버리는 방식. 한 전기 작가는 '까지'라는 말을 삭제하고, 생략부호를 사용하지 않음으로써 생략했다는 흔적을 지운다.[170] '까지'는 거짓을 무심결에 드러내는 '단서'이기 때문이다. 그것은 "시선을 피하거나 귀 뒤를 긁는 행동"의 글로 쓰인 등가물이다.

아일린의 친구들은 진실을 알지만 오웰의 업적을 깎아내리지 않기 위해 조심스러운 표현을 고른다. 레티스는 이렇게 말했다. "아일린을 알던 어떤 사람들은 《동물농장》의 소박함과 우아함이 부분적으로는 아일린의 영향 덕분일 수도 있다고 생각했지요."[171] 리디아는 이렇게 썼다. "나는 그 소설의 몇몇 장면에서 아일린 특유의 유머 감각이 엿보이는 걸 알아보았다. 아일린이 직접 그런 제안들을 한 것인지, 혹은 조지가 자기 아내의 기발한 말하기 방식과 사물을 보는 시선 일부를 자신도 모르게 흡수한 것인지는 이 맥락에서 크게 중요하지 않다. 개인적으로 나는 아일린이 미묘하고도 간접적인 방식으로 《동물농장》의 창작에 협력했다고 확신한다."[172]

"얼어붙을 것 같이 추운 1층 침실"[173]에서 《동물농장》을 쓰는 일은 아일린에게는 기쁨이다. 하지만 겨울이 지나 봄이 오고, 다시 여름이 되면서 거절 편지는 점점 쌓여간다. 아무리 알레고리라 해도 그토록 스탈린을 비판하는 소설을 다루려는 출판사는 한 군데도 없다.

보통 책 한 권이 완성되면 병이 나는 쪽은 오웰이다. 하지만 이번에는 아일린이 병이 난다. 아일린은 열이 나서 이틀째 침대에 누워 있다.

오웰이 빵 써는 도마를 들고 들어온다. 그것을 어떻게 해야 할지 모르는 눈치다. "여기." 그는 말하며 도마를 아일린의 가슴에 올려놓는다. 아일린은 그것을 내려다본다. 빵 반 덩어리, 나이프와 버터 약간.

"고마워요." 아일린은 나이프 손잡이에 엄지를 올리고 도마를 붙잡으면서 몸을 조금 일으킨다. 다정함을 보이는 건 오웰로서는 쉽지 않은 일이지만, 오늘 그는 다정하다.

오웰은 미소 짓고 있다. 살짝 비뚤어지고 조금 갈색으로 변한 이를 내보이며, 한 발에서 다른 발로 체중을 옮겨 실으며. 그의 두 눈은 너무도 푸르지만, 이제 눈 주위에는 주름이 가득하다. 그는 두 손을 어디에다 둘지 모르고 있다. 오웰이 아일린에게 마음을 여는 순간, 아주 드물지만 그런 연결의 순간들이 있다. 더는 말은 오가지 않을 것 같다.

"차!" 그때 오웰이 말한다. "그리고 꿀도 있지. 내가 전부 가져올게요."

"그냥 한 잔만 줘요." 아일린은 방을 나서는 오웰의 등에 대고 소리친다. 찻주전자를 통째로 들고 왔다간 감당이 안 될 것 같다.

오웰은 그 책이 "풍자를 담은 작은 소품"이라고 친구들에게 말하지만, 두 사람 모두 《동물농장》이 거의 완벽한 작품이라는 걸 안다. 아일린은 이 음식이 자축의 의미라는 걸, 어쩌면 감사의 표현일 수도 있다는 걸 깨닫는다.

아일린은 조금 더 일어나 앉으며 침대 헤드에 몸을 기댄다. 그들은 이 침대에서 그동안 아주 많이 함께 웃었다. 그러면서 캐릭터들을, 순환 구조로 된 우화의 플롯을 구상했다. 동물들이 인간들의 집에서 찾아낸 햄들에게 어떻게 장례를 치러주게 할지를, 암탉들이 자신들이 치른 산고의 결실을 도둑맞은 것에 대한 항의의 표시로 어떻게 푸드득 날아올라 서까래 위에서 알을 낳고, 그래서 그 알들이 바닥에 떨어져 깨지게 할지를.

오웰은 문간에 서서 숨을 몰아쉬고 있다. 한 손에는 찻잔을, 다른 손에는 꿀이 든 유리병을 열어 들고서.

"조너선 케이프도 출간을 거절했어요." 그는 아일린에게 차를 건네주고, 도마 위에 꿀을 내려놓는다.

"그럼 무어한테 얘기해 보죠." 아일린은 말한다. "그 작품을 바르부르크한테 넘겨야 한다는 점에서 나도 그 사람과 의견이 같아요."

"알았어요." 오웰이 말한다.

"틀림없이 좋은 출판사를 찾게 될 거예요." 아일린은 말한다.

"나도 그랬으면 좋겠어요." 오웰은 침대 위에 앉는다. "그리고, 당신한테 하고 싶은 이야기가 하나 더 있어요."

IV

해피 엔딩

꽃눈

1944년 말이 다가오자 전쟁이 승리로 끝날 것임이 분명해진다. 삶이 다시 시작될 것이다.

   오웰은 아들을 입양하고 싶은 마음이 굴뚝같다. 반드시 입양이어야 하고, 반드시 아들이어야 한다. 아일린은 그 생각에 확신이 없다. 그는 레티스에게 "자신이 낳은 아이에게라면 줄 수 있었을 사랑과 공감을 입양한 아이에게는 줄 수 없을지도 모르고… 이것이 그 애에게 불공평한 일이 될까 봐"[1] 불안하다고 털어놓는다. 그리고 아일린은 아이를 가질 수도 있었다. "아이를 가질 수 없는 건 제가 아니에요." 그는 레티스에게 말했다. "해부학적으로 볼 때 저는 문제가 없어요."[2] 예전에 폴 포츠가 "아일린한테 다른 사람의 아이를 갖게 하지 그래요? 그럼 그 애는 적어도 아일린이 낳은 아이는 될 거 아니에요"라고 제안하자, 얼굴이 창백해진 오웰이 그 이야기를 단칼에 잘라버린 일이 있었다.[3]

하지만 아일린은 결국 입양에 동의한다. 그웬은 자신의 산과 병원에서 남편이 아닌 남자(영국에 주둔해 있던 미군 병사인 경우가 많았다)의 아이를 가진 여자들을 돌보고 있고, 자신도 메리라는 여자아기를 입양한 터다. 그웬의 환자 중 한 명이었던 낸시 로버트슨Nancy Robertson이라는 여성이 남편이 전선에 나가 있는 동안 낳은 아기가 있었다. 그웬은 아일린과 오웰이 리처드라는 그 남자아기를 입양할 수 있도록 주선한다.

이유는 어디에도 기록되어 있지 않지만, 아일린은 3주 된 그 아기를 병원에서 혼자 데려온다.[4] 전기 작가들은 아일린이 이 일을 했다는 사실 자체를 숨긴다. 그 일을 혼자 해야 했다는 사실은 말할 것도 없고 말이다. "그해 여름," 한 전기 작가는 이렇게 쓴다. "오웰과 아일린은… 3주 된 아기를 얻었다."[5] 또 다른 작가는 이렇게 표현한다. "입양을 다루는 서류 절차가 완료되자 3주 된 그 아기는 우선 오쇼네시 가족의 집으로 보내져… 그곳에서 나머지 준비가 완료되기를 기다리게 되었다…."[6]

어째선지 조지는 올 수가 없다. 아일린은 갈색 종이 상자 속 옷들을 만져본다. 면 잠옷, 연한 푸른색 털실로 짠 카디건과 보닛. 모두 그웬이 보내준 옷들이다. 이렇게 큰 일에 쓰이기에는 너무도 조그만 물건들이다. 아일린은 두 장의 아기 담요를 맨 위에 넣고 상자 뚜껑을 덮은 다음 금속 걸쇠를 하나씩 딸칵딸칵 잠근다. 아기를 뉘여 옮기려고 사둔 바구니가 있다. 아일린은 바구니 안에 상자를 담은 뒤 옆구리에 끼고 아래층으로 내려간다.

아일린은 혼자서 런던을 가로지른다. 버스를 타고, 지하철을 타고, 그런 다음 다시 버스를 타고 병원으로 간다. 구약 성경에 나오듯이 아기를 바구니에 담아 강물에 띄워 보내달라고 했으면 더 쉬웠을 텐데, 아일린은 생각한다. 열차가 엘리펀트 앤드 캐슬에 가까워지자 아일린은 버지니아 울프가 셰익스피어의 가상의 동생으로 창조한 인물 주디스가 떠오른다. 그 여자는 임신한 걸 알게 되고 나서 여기에 묻히고 말았다. 돌아오는 길에는 아일린이 아기와 함께일 것이다. 가슴이 쿵 내려 앉는다.

지하철 승강장에 놓인 이젤 위 칠판에 분필로 쓴 계산 문제들이 보인다. 아이들이 여기서 수업을 들었던 모양이다. 역 바깥으로 나가자 유리 조각들이 빗자루에 쓸려 가며 달그락거리는 소리가 난다. 아기에게 이런 세상을 주어도 될까?

서명해야 할 서류들이 있지만 많지는 않다. 아일린은 이렇게만 하면 한 인간을 넘겨받게 된다는 사실을 믿을 수가 없다. 배급 식량을 받을 때도 이것보다는 많은 절차가 필요했는데.

이렇게 큰일인 것치고는, 정작 아기는 너무도 조그맣다. 갑자기 바구니가 거대해 보인다. 아일린은 아기를 고정하기 위해 담요를 양옆에 하나씩 말아 넣는다. 이제 지하철역으로 내려가는 계단은 더 가파르고 아찔하게 느껴진다. 아기는 열차가 움직이는 내내 잠을 잔다. 까만 속눈썹이 술 장식처럼 내려와 있고, 지금은 자라날 기미만 보이는 눈썹이 파란 모자 아래로 눈에 들어온다. 아일린은 아기가 깨어나 이 강탈 행위에 격분해 비명을 지르기를 기다리지만, 다음 수유 시간에 늦지 않게 집에 도착한다. 아기는 꽃눈처럼 돌돌 감겨 있는 하나의 수수께끼다.

아일린은 잠든 아기를 빤히 들여다본다. 아기의 몸속에서 조그만 폐가 부풀었다 오므라들고, 다시 부풀었다 오므라드는 것 말고는 아무 일도 일어나지 않는다. 아기의 눈꺼풀이 열리자 청회색 홍채가 이리저리 움직이는 게 보인다. 아일린은 인간이 꿈을 꾸는 걸 지켜본 적이 전에는 없었다. 말미잘 같은 손가락들이 퍼졌다 오므라든다. 마치 연습이라도 하듯이.

배가 고파지자 아기는 입을 벌린 채 머리를 이쪽저쪽으로 돌리며 젖꼭지를 찾아 헤매더니, 젖병을 찾아내고 힘껏 빨아들인다. 놀랍다, 생을 향한 이렇게 강렬한 매달림이라니. 아기와의 긴장 속에 젖병을 붙잡고, 그 애의 리듬에 맞춰 힘주어 밀고 당기는 동안 아일린의 마음은 넓어지고 또 넓어진다. 이 조그만 생의 조각이라니.

집에 온 조지가 보이는 기쁨은 눈부실 지경이다. 조지는 앉지도 못하고 아기 곁을 맴돈다. 그는 푸른색에 금색 줄무늬가 들어간 유아차를 사고 싶어 한다! 아기를 이튼 칼리지 입학 대기자 명단에 올리고 싶어 한다![7] 조지는 주방 식탁 위에 놓인 출생증명서를 집어 들더니 담배 끝으로 가져가 태워버린다.[8] 아기의 이름은 리처드 로버트슨이었다. 하지만 이제는 리처드 호레이쇼 블레어다.

아일린은 식품부에서 계속 일하고 싶다. 그러면 그리니치의 집에서 그웬과 함께 머무를 수 있기 때문이다. 그 집에는 보모와 아기방, 그리고 집안일을 해주는 사람들이 있다. 가끔씩 아일린은 그 집의 일하는 소녀나 요리사가 하는 일에 관해 생각한다. 집에서라면 자기가 하게 될 그 일에 관해. 사람들이 자기 주변의 사람들을 바라보지 않기 위해, 타인의 삶이라는 현기증 나는 동굴 속으로 빠져들지 않기 위해 고안해 낸 그 모든 방식을 떠올린다. 그럼에도 이 아기는, 이렇게 연약하고도 끈덕진 한 쌍의 폐와, 잠에서 깨면 자신을 찾는 두 눈을 지닌 이 아기는 완전히, 그리고 정확히 이 돌봄에 의존하고 있다.

일주일 뒤, 하늘에는 새로운 공포가 닥친다. 제트 엔진을 하나씩 탑재한 거대한 V-1 폭탄들이 도시를 공격한다. 이 '폭명탄' 중 하나가 집 근처에서 터지자, 아일린은 리처드를 바닥에 내려놓고 자기 몸으로 덮는다.[9] 등을 활처럼 휘고, 턱을 아기의 부드러운 머리에 댄다. 아일린이 아기에게 입 맞추는 동안 세상은 너무도 요란하게 무너져 내린다. 가까운 곳인지 먼 곳인지, 여기인지 저 너머인지, 지금 일어나는 일인지 앞으로 벌어질 일인지도 분간할 수 없는 굉음 속에서.

리디아가 처음으로 아기를 보러 찾아갔을 때, 오웰 부부는 여전히 그리니치에 있다. 리디아는 오웰과 아일린이 그토록 만족스러워 하는 모습을 전에는 본 적이 없다. "아일린은 아기를 목욕시키고 젖병으로 분유를 먹이고 있었다. 조지는 아일린 앞에 무릎을 꿇고 앉아 황홀한 눈빛으로 지켜보고 있었다. 마치 예수 탄생화에 나오는 숭배하는 목동 같은 태도로."[10]

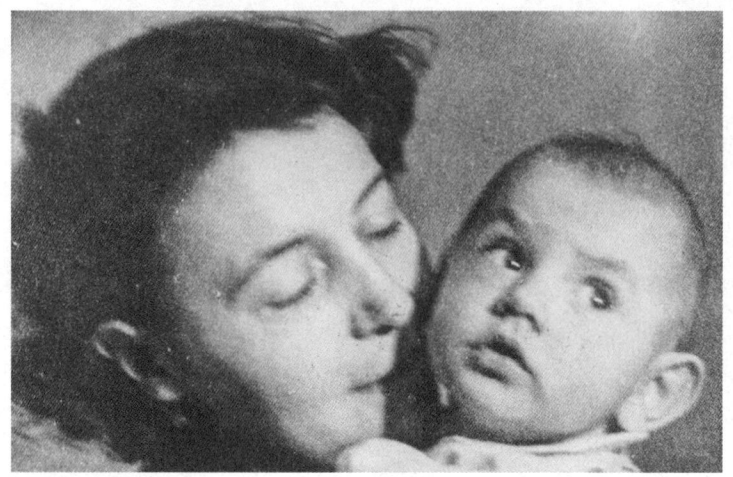

아일린과 리처드(1944년)

아일린은 자신이 죽든 살든 상관없다는 말을 이제는 하지 않는다.[11]

투쟁 혹은 도피 혹은 -

그럼에도 오웰은 또다시 그 친밀감에서 도피한다. 아니 어쩌면, 그건 순전히 습관의 위력인지도 모르겠다. 공원에서 여자가 드러내는 기회를 놓치지 않는 습관 말이다.[12] 한 전기 작가는 그해 여름 햄스테드에 있던 엠프슨의 집에서 열린 파티 이야기를 들려준다. 그 파티에서 술을 잔뜩 마신 오웰은 BBC에서 "어렴풋이만 알던" 한 젊은 여성을 만났다. "파티가 끝난 뒤 그는 햄스테드 히스를 가로질러 그 여성을 바래다주겠다고 제안했고, 거기서 그 여성과 난폭하게 사랑을 나누려고 시도했다. 그 여성은 다음날 만나겠다고 약속하는 것으로 오웰을 밀어냈지만, 다음날 그 자리에 나가지 않자 약속을 어겼다고 비난하는 분노에 찬 편지를 받았다."

술에 취했다는 게 변명이 될 수 있을까? 성관계를 가지자고 하거나 여자들을 덮칠 때 오웰은 보통 맨정신이었다. '난폭하게 사랑을 나누려고 시도했다'라는 완곡어법은 그가 여성을 강간하려 했음을 비틀어 말하는 방식이다. 그리고 오웰이 후에 그 여성에게 보냈다는 편지에 대해서는, 나는 할 말이 없다. 그저 오웰이 리디아에게 했던 비난의 말들만 떠오를 뿐이다. 상대가 원치 않는 섹스의 날짜를 지정해 놓고는 그 시간에 리디아가 집을 비우자 오웰이 퍼부었던 말들만. 남자는 자기가 원하는 걸 가질 자격이 있는 것이다. 그게 당신이라는 사람이라고 할지라도.

나로서는 아일린이 그 사실을 끝까지 몰랐기를 바랄 뿐이다.

6월 28일, 그들의 집에서 아주 가까운 곳에 폭탄 하나가 떨어져 지붕과 천장이 무너져 내린다. 그들이 가진 모든 것이 다시 한번 검댕과 먼지 속에 파묻힌다. 다행히도 그들은 아직 아기와 함께 그리니치에 머무르고 있다. 오웰은 일주일 동안 그곳과 집을 오가며 구할 수 있는 물건들을 구해 낸다. 13킬로미터 가까운 거리를 손수레를 끌고 걸어서 왕복한다. 그는 잔해 속에서 타자로 친《동물농장》 원고 한 부를 끄집어낸 다음, 원고가 "폭격을 맞은"[13] 상태라 죄송하다는 말과 함께 파버 출판사에 있던 T.S. 엘리엇 T.S.Eliot에게 보낸다. 그리고 그해 여름, 다른 모든 사람들과 마찬가지로 엘리엇 역시 출간을 거절한다.

이 무렵 조르주 코프는 영국에 와 있다. 아일린은 그웬에게 그를 도와달라고 부탁했고, 조르주는 오래지 않아 그웬의 이복 여동생이었던 도린에게 구애한 다음 곧 결혼했다. 이제 조르주는 아일린과 최대한으로 가까워져 있다. 결혼을 통해 일종의 친척 오빠가 된 셈이었으니 말이다. 코프 부부는 갓 태어난 아기와 함께 캐논버리 스퀘어에서 살고 있다. 아일린은 조르주가 결혼을 통해 자기 오빠 가족의 일원이 된 것을 어떻게 느낄까? 이에 대해서는 어떤 기록도 남아 있지 않다. 어쩌면 가까이에서 지켜본 조르주는 아일린이 예전보다 더 마르고 창백해졌지만 어째선지 더 강해졌다고, 특히 남편의 말을 바로잡거나 반박하거나 함께 웃을 때면 더욱 그래 보인다고 느꼈을지도 모른다. 조르주와 도린은 아일린과 오웰이 자신들의 집에서 아주 가까운 곳에, 마찬가지로 캐논버리 스퀘어에 집을 구하게 도와준다.

새로운 집은 석고가 천장에서 "우수수 떨어져 내리는, 나병에 걸린 것 같은 어둡고 음침한"[14] 건물 안에 다섯 개의 다락방이 이어져 있는 구조다. 문 밑의 틈은 너무 크게 벌어져 있어서 한 친구는 오웰 부부가 통풍을 위해 그곳을 일부러 톱으로 도려냈다고 생각한다.[15] 하지만 아일린은 이사를 가기 전 리디아에게 편지를 쓰면서 낙관적인 어조로 이렇게 말한다.

우린 캐논버리 스퀘어에 집이 생겼어. 적어도… 폭탄들이 우리보다 먼저 그곳을 덮치지만 않는다면 생기게 될 거야. 그런데 덮칠 가능성이 꽤 크긴 해. 그 집은 꼭대기 층에 있어, 근처에 여러 번 폭탄이 떨어졌는데 이 구역 자체는 창문 한두 개가 깨진 것 빼고는 멀쩡해. 난 그 집이 마음에 들어. 사실 어떤 면에서는 아주 마음에 들어… 안 좋은 점이 있다면 거기 가려면 셀 수 없이 많은 돌계단을 올라가야 한다는 거야… 폭격이 멈추면 리처드를 어떻게 데리고 올라가야 할지 모르겠어. 크레인이랑 밧줄을 구해서 영화 속에서 코끼리를 운반하듯이 해야 할지도 모르겠구나. 조지는 당치 않은 생각이라고 여기지만 말이야.[16]

이사를 마친 뒤, 아일린은 식품부에서 사직한다. 그해 가을의 어느 날 저녁, 아일린을 찾아간 리디아는 집 뒤쪽 정원에서 유아차를 가지고 집으로 들어가려고 애쓰고 있는 아일린을 발견한다.[17]

…나는 아일린이 유아차를 가지고 들어가는 걸 도왔다. 그 애는 미소 지으며 말했다. "애를 위층으로 데리고 올라가야 하는데, 이 녀석이 요즘 몸무게가 엄청 늘어서 도저히 감당이 안 돼…." 그 애의 말은 경고처럼 들렸다. 심장이 아프게 죄어드는 걸 느끼며 순간적으로 귀를 기울이지만, 다음 순간엔 그저 기우일 뿐이라며 애써 흘려버리게 되는 경고처럼. 우리가 난롯불 앞에서 차를 마시는 동안(그러기 위해서는 그 많은 계단 위로 석탄을 날라 와야 했다), 그리고 리처드가 소파에 등을 대고 누운 채 행복하게 옹알이를 하며 발가락을 가지고 노는 동안, 그 애를 입양한 두 사람은 예전보다 더 평온하고 긴장이 풀리고 행복해 보였다. 전쟁의 끝이 잡힐 듯 가까워져 있었다. 런던에는 여전히 V-2 폭탄이 떨어졌지만, 지난여름의 맹공격에 비하면 드문드문 떨어지는 수준이었다….

아일린은 오랫동안 계속되는 하혈과 고통스러운 복통, 그리고 기력을 떨어뜨리는 빈혈에 조치를 취하는 것을 더는 미룰 수가 없다. 리디아는 아일린이 "마침내 자신의 건강에 무언가 조치를 취하겠다고 동의했다"고 쓴다. "집안일이나 육아를 계속할 신체적인 힘이 자신에게 없다는 걸 깨달아서였다. 그 애는… 일련의 주사 치료를 받고 있었지만, 그럼에도 기력은 나아지지 않았고 심지어는 유지조차 되지 않았다."

어느 날 오웰과 함께 거리를 걷던 아일린이 쓰러진다. 마르고 허약해진 그는 침대에 누워 지내야만 하게 된다. 오웰에겐 아일린을 돌봐줄 능력이 없다. 어떤 전기 작가도 그가 그랬을지 모른다는 가능성조차 언급하지 않는다.

어린 로런스를 캐나다에서 다시 데려온 그웬은 아기인 메리도 함께 데리고 스톡턴 온 티스 근처에 있는 가족의 집 '그레이스톤'으로 피신해 있다. 그웬과 한 전문가는 그리로 거처를 옮기라고 아일린을 설득한다. "그곳에선 보모가 리처드를 돌봐주는 동안 아일린이 충분히 쉴 수 있기" 때문이다.

리처드의 입양을 마무리하는 법원 심리는 1945년 2월 21일로 일정이 잡혀 있다. 그 뒤에 그 애는 공식적으로 그들의 아들이 될 것이다. 아일린과 리처드가 북부로 올라가 있는 동안 오웰은 런던에 머물러 있다. 그는 심리가 끝난 뒤 유럽으로 가 종전 관련 취재를 해달라는 〈옵저버〉의 제안을 받아들인 참이다. 그는 파리에서 철수하는 독일군과 독일로 진격하는 연합군을 직접 목격하고 싶다.

아일린은 몸 상태가 조금 나아져 있다. 그동안 날마다 옷을 입었어요, 아일린은 오웰에게 그렇게 쓴다. 침대에서 나왔다는 뜻이다. 하지만 여전히 기운은 없다. 리처드에게 먹을 것 대부분을 챙겨주고 5시에서 6시까지의 사교 시간°에 함께 있는 것 말고는 한 일이 거의 없지 뭐예요.[18] 아일린은 21일 심리에서 오웰을 보게 되기를 기대하

○ 보모가 돌보던 아이들을 어머니가 데리고 있는 시간으로 통상 한 시간이다.

고 있다. 그 무렵에는 리처드의 이가 더 많이 나 있을 거라고 아일 린은 쓴다.

> 당신이 법원에 올 수 있으면 좋겠지만 물론 프랑스 여행을 망쳐서 는 안 되겠죠.
> 금요일이나 토요일 저녁에 전화해 줄 수 있어요? 굉장히 쉬워요. 더럼 카운티 스틸링턴 29번지예요. 물론 장거리 전화고요. TRU 교환소로 전화해서 번호를 요청하면 돼요. 그러면 우리 계획을 이 야기할 수 있을 거예요. 아니면 물론 이번 주말에 직접 와도 되고, 그러면 좋겠죠. 금요일 오후에 그레이스톤 집에 있을게요.
>
> 아일린

오웰이 전화를 했는지 아는 사람은 아무도 없다. 하지만 아픈 아내를 찾아가거나 자기 아들의 입양 절차를 밟는 대신, 오웰은 아 일린이 혼자 법원을 마주하게 두고 15일에 갑자기 프랑스로 출발 한다. 그는 그 심리 절차가 신경을 건드릴 것 같아 두려웠던 걸까? 아니면 자신의 시체 같은 모습이 심리에 불리하게 작용할지 모른다 고 생각했던 걸까? 어쩌면 당시 그가 어느 칼럼에 썼듯, 그는 그저 자기 할 일을 하는 게 지겨워졌을 뿐인지도 모른다.[19]

한 전기 작가는 오웰의 회피를 이런 식으로 감춘다(강조는 내가 한 것이다). "그해 가을, 리처드를 데려온 지 6개월이 지나자 법원에 출석해 입양을 승인받는 일이 필요했다. 모든 게 순조롭게 진행되었 다."[20] 그리고 그는 오웰이 아일린을 놔두고 간 일을 이렇게 은폐한 다. "오웰이 런던을 떠나고 3주가 지난 뒤에야, 아일린은 자궁 종양으로 인한 극심한 통증과 과다 출혈로 몸이 심각하게 안 좋아져 가고 있었다." 이 문장의 문법은 시제를 흉하게 비틀어 사실을 회피하고 왜곡한다. 이 전기 작가가 아일린의 몸이 안 좋아진 건 오웰이 떠난 뒤라고 암시하고 싶기 때문이다. 그는 오웰이 몸이 심하게 아픈 아내를 버리고 가지 않았기를 바란다. 하지만 오웰이 그렇게 했다는 건 그도, 오웰도 아는 일이다.

아일린은 통증 속에 피 흘리는 몸을 이끌고 혼자 법원에 들어가 판사 앞에 모습을 드러내야 한다. 아일린은 자신과 오웰이 둘 다 아프고 "부모 노릇을 하기엔 나이가 많은 까닭에" 양부모로서 가장 적합해 보이는 후보자는 아닐 거라고 느낀다. 그래서 꿀빛 모자를 새로 사서 판사의 시선을 자신의 병색에서 그 모자로 돌린다. 어쩌면 그게 효과가 있었는지 입양은 승인된다.

하지만 함께 축하할 남편은 그곳에 없다. 레티스는 이렇게 기억을 떠올렸다. "아일린은 리처드를 데리고 식품부에 들렀다. 대단히 자랑스러워하고 기뻐하는 모습이었다. 아일린은 태어나서 처음으로 모자를 쓰고 있었다. 외투와 스커트도 단정한 것으로 입고 있었다. 보통은 그렇게 단정하게 차려입는 편이 아니었는데, 판사가 자신을 리처드를 돌보기에 전적으로 적합한 사람이라고 여기게 하려고 노란색 펠트 모자를 산 것이다. 그리고 리처드도 건강했고 아주 쾌활했다."[21]

런던에 혼자 남은 아일린은 심지어 자신을 아주 귀찮게 할 수도 있는 리디아에게도 전화를 건다. 아일린에게 찾아간 리디아는 리처드와 그 애의 사촌들 이야기를 하는 아일린이 "평온"해 보인다는 걸 깨닫는다. 아일린은 편지 한 통을 마저 써서 부쳐야 하는 상황이다.

그는 날짜를 쓰다가 갑자기 말한다. "1945년이라고 쓰는 게 싫어. 1946년이라고 쓰는 건 훨씬 더 싫고, 1947년이라고 쓰는 건 정말이지 못 견딜 것 같아⋯." 리디아는 이렇게 기억을 떠올렸다. "우린 둘 다 웃었다. 나는 그 말을 그저 아일린 특유의 엉뚱한 말 중 하나라고만 여겼다. 지금도 그 말이 어떤 불길한 예감을 표현한 것이라는 생각은 들지 않는다."

평소에는 그날이 며칠인지 아주 흐릿하게만 기억하던 아일린은 이제 날짜에 관해 골똘히 생각하고 있다. 이 아이는 하나의 시작이다. 시간이 다시 흐르기 시작했다. 비록 사랑하는 오빠와의 거리도 점점 벌어지고 있긴 하지만. 리디아를 버스 정류장까지 바래다주며 "아일린은 갑자기 강렬한 감정을 담아 자신의 오빠에 대해 이야기하기 시작했다⋯." 아일린은 서른아홉 살이다. 거의 5년 전 로런스가 세상을 떠났을 때의 나이와 같다. "우린 서로에게 입 맞추는 것으로 작별 인사를 했다." 리디아는 이렇게 쓴다. "아일린은 훨씬 나아 보였다."[22]

아일린은 자신이 나아지지 않았다는 걸 안다. 하지만 조지는 유럽으로 떠났고 입양도 마무리되었으니 이제 자신의 몸을 돌볼 계획을 세울 수 있다. 아일린은 자궁 절제술을 받기로 한다. 오빠의 친구인 하비 에버스Harvey Evers 박사가 수술을 집도할 것이다.

일정이 생긴다. 수술 날짜가 3월 29일로 잡힌다. 아일린은 런던으로 내려가 예약해 둔 치과 진료를 받은 다음 캐논버리

스퀘어의 집에 들른다. 그런 다음 우편물을 훌훌 넘겨본다. 대부분은 독촉장 아니면 아일린이 수습해야 할 재앙에 관해 알려주는 단서들로 보인다(전기 공급 중단 통지문, 응답하지 못한 출판사의 질문지). **긴급** 해지 안내문이 한 통 올 때마다 이야기의 어조가 점점 강해진다고 아일린은 생각한다. 전화벨이 울린다. 이네즈다. 조지가 이네즈에게도 떠난다는 말을 하지 않은 건 이상한 일이다. 어쩌면 이상하지 않은 일인지도 모르겠지만.[23]

그날 밤, 아일린은 추운 집에서 혼자 잔다. 다음날, 아일린은 셀프리지스 백화점에 갔다가 또다시 쓰러진다. 하혈이 심하지만, 아일린은 어찌어찌 식품부로 가서 도움을 청한다. 레티스는 그곳에 없다. 다른 친구들은 구급차를 부르자고, 오웰을 유럽에서 도로 데려오자고 한다. 아일린은 경악하며 거절한다.

아일린은 일주일 동안 런던에 혼자 머무른다. 북부로 돌아갈 기력을 되찾았다고 느끼는 날이 올 때까지.

그날 저녁, 조르주 코프가 킹스크로스 역에서 아일린을 배웅한다. 아일린은 창백하고 허약하다. 조르주가 여행 가방을 선반에 올려놓자 아일린은 좌석에 쓰러지듯 앉는다. 전에는 고양이 같았다면, 이제 아일린은 한 마리 새 같다. 깡마르고 머리털이 보송보송한 창백한 찌르레기 새끼. 스페인은 이제 너무나 먼 과거가 되어 있다.

IV 해피 엔딩

돈

여러 해가 흘러갔다. 계절들이 왔다 갔고,
동물들의 짧은 삶이 휙휙 지나갔다.
―― 조지 오웰, 《동물농장》 중에서

아일린은 담요를 두르고 정원의 고리버들 의자에 앉아 있다. 그웬의 저택 관리인인 블랙번 부인이 타자기가 놓인 탁자를 준비해 두었다. 리처드와 그 애의 사촌들은 집 안에 있다.

1945년 3월 21일 수요일

칼튼

그레이스톤

여보, 오늘 아침에 당신 편지가 왔어요… 거의 2주 동안 편지가 오지 않아서 좀 걱정하고 있었는데 말이에요… 한 통쯤은 분실되었을 수도 있겠네요.[24]

아일린은 그렇게 믿고 싶다. 아니면 조지가 그렇게 말해주었으면 좋겠다. 법원 심리는 어떻게 되었는지 묻는, 혹은 아일린이 그 일을 혼자 하게 두고 자신은 도망쳐버린 이유를 설명하는 편지를 보냈었다고 말이다. 그렇게 가버릴 때, 조지는 아일린이 아프다는 걸 알고 있었다. 상관없다, 이제는 침대에서 나와 있으니.

지금 난 정원에서 타자를 치고 있어요. 멋지지 않나요? …불어오는 바람 때문에 종이가 계속 타자기 위로 쓰러지네요… 하지만 햇빛은 뜨거워요. 리처드는 유아차에 앉아 인형과 이야기를 나누고 있어요. 우주복의 윗부분은 입고 있지만 아랫부분은 조금 전에 벗어버려서, 기저귀 아래쪽으로는 맨살이 드러나 있어요. 햇빛이 강해지기 전에 바람을 쐬어서 살갗이 건강하게 그을리게 해주고 싶어요… 리처드가 쓸 식사용 높은 의자를 샀어요. 구할 수 있는 유일한 종류로요.

그 의자는 비쌌지만, 아일린은 그 말은 하지 않을 생각이다. 사실상 식사용 의자 없이 지낼 수는 없고, 게다가 고백해야 하는 더 큰 소비 품목이 있다.

그 의자는 원한다면 반으로 꺾어서 딱정벌레가 꼬리를 드는 것처럼 뒷부분이 들리게 할 수 있어요. 전체적으로 바퀴가 달려 있고요. 이리로 오는 길에 짐 나르는 카트로 써봤는데 굉장히 유용했어요.

사실 식사용 높은 의자가 조지가 주던 도움을 대신할 수는 없지만, 아일린이 기차를 갈아타야 했던 역들에서는 수하물 운반인을 찾을 수가 없었다. 아일린은 자신이 쓰러진 일이나 런던 집에서 이곳으로 돌아올 힘을 회복하며 혼자서 보낸 일주일에 대해서는 아직 조지에게 말하지 않았다.

결국 밤에 출발했어요. 그래서 조르주 코프가 킹스크로스역에서 날 배웅해 줄 수 있었죠. 그건 아주 좋았지만, 소너비나 스톡턴에는 수하물 운반인이 한 명도 없었고, 달링턴에는 딱 한 명 있길래 내가 붙잡았어요. 리처드 소식은 사실 새로운 게 없어요. 그냥 아주 건강해요. 일주일 동안 그 애에게서 떨어져 있어야 해서 미안했어요. 리처드에게 장난감 트럭도 한 대 사줬는데, 놀랄 만큼 비쌌어요. 가격은 얼른 잊어버려야 했지만, 그 애가 트럭 한 대쯤은 가져보는 것도 중요한 것 같아요.

블랙번 부인—아일린은 늘 '블랙버드'라는 말을 떠올리는데, 부인이 검은 원피스 위에 두른 하얀 앞치마와 움푹 들어간 검은 눈 때문이다—이 밖으로 나오더니, 꼬마 로런스가 사교 시간을 가질 준비가 됐다고 말한다. 아일린은 타자기를 안으로 가지고 들어가 줄 수 있는지 부인에게 묻는다. (평소 같았으면 그런 부탁은 하지 않았을 것이다. B부인의 두 손은 관절염으로 굽어 있다. 하지만 아직 아일린이 손수 그 일을 할 수는 없다.)

아일린은 조카에게 동화책을 읽어준다. 로런스는 이제 여섯 살이다. 아일린은 그 애에게서 자기 오빠의 모습을 찾아보려고 애쓰지만, 그 애는 캐나다에서 낯선 사람들과 지내고 온 뒤로 빈틈없이 공손해져 있다. 가슴이 아플 정도로.

그런 다음, 아일린은 책상 앞에 앉는다. 어디까지 이야기했더라?

놀랄 만큼 비쌌어요.

그렇다. 오웰이 리처드에게 처음으로 주고 싶어 했던 것들은 고급 유아차와(그들은 물려받은 유아차로 대신했다) 이튼 칼리지 입학 대기자 명단 등록이었다(아직 결정되지 않았다). 하지만 대체로는 검소함이 원칙이다. 그러니 오웰이 좋아할 만한 이야기를 해보는 게 어떨까. B부인의 남편이, 이 근처에서 이런저런 허드렛일을 하는 그 사람이 오늘 아침에 들려준 이야기를.

우린 이제 정원에 있지 않아요. 사실 리처드는 침대에 들어간 지 좀 됐어요. 블랙번 씨가 와서 자기가 하는 다른 일들에 관해, 그리고 [자기] 전임자가 어떻게 총으로 자살했는지 이야기해줬어요. 어쩌면 그때는 총 다루는 실력이 전반적으로 다소 낮았는지도 모르겠어요. 그 남자는 산비둘기 한 마리를 쏜 다음, 덤불 속에 떨어진 그 새를 총을 가지고 끌어내리고 했대요(더 잘 설명할 방법이 있을지도 모르겠지만, 대충 짐작할 수는 있겠죠). 그러자 덤불에 걸린 방아쇠가 자연히 당겨졌는데, 다른 총열에 또 한 발의 총알이 장전돼 있었고, 그 어리석은 사람은 사실 총열을 자기 배에 대고 있었대요. 공습의 희생자가 되는 게 차라리 나았을 거예요. 그런데 이 이야기를 듣고 나서도 난 리처드가 총을 절대 가져서는 안 된다는 생각은 들지 않았어요. 차라리 아주 어린 나이에 갖게 해서 다루는 법을 잊지 않도록 해야겠다는 생각이 들었죠.

화제를 바꾸거나 에둘러 갈 방법도 이제 다 떨어졌다. 아일린은 담배에 불을 붙이고 지금까지 쓴 글을 다시 읽어본다. 숨을 깊이 들이쉰다.

그웬이 하비 에버스한테 전화해 봤는데, 병원에선 나더러 당장 입원을 해서 수술을 받으래요. 하지만 그건 여러모로 난

감한 일이에요. 엄청나게 돈이 들 테니까요… 병동 같은 곳에서 침대 하나를 쓰는 데는 일주일에 7기니°인 데다가, 하비 에버스의 수술비는 40기니예요. 런던에서라면 입원비가 일주일에 5기니 정도면 되겠지만 그웬 말로는 수술비가 더 비쌀 거래요. 황당한 건 우리가 정말로 저렴한 비용을 내기에는 너무 부자라는 거예요. 할인을 받으려면 연 소득이 500파운드 미만이어야 한대요.

아일린은 자기 건강에 돈을 쓸 계획을 조심스럽게 포장해서 말해야 한다. 그 돈을 다시 벌 방법도 생각해 내야 한다.

어떤 면에서 내게는 조금 충격으로 다가오는 일이에요. 당신이 아플 때 병원비를 내지 않는 데 익숙해졌거든요. 하지만 물론 그건 오빠가 절차를 대신 밟아줘서 그랬던 거겠죠. 당신이 받았던 기관지 내시경 검사도 40기니 정도는 했을 거예요. 그리고 그 정도면 싼 편이었던 것 같다고 해야겠지만, 걱정이 되는 건…

아일린은 잠시 타자를 멈춘다. 손가락들이 자판 위에서 머뭇거린다.

…사실 내가 그만큼의 돈을 쓸 만한 사람이 못 된다는 생각이 든다는 거예요.

아일린의 침실 문은 살짝 열려 있지만, 그웬은 그래도 노크를 한다. 올케는 둔감하지만, 현명하고 다정하다. 그웬은 데운 젖병을 가져왔다. 그 모든 것에도 불구하고 아일린은 잔물결처

○ 당시 7기니는 현재로 치면 약 405파운드(약 70만 원), 40기니는 약 2,300파운드(약 430만 원)에 해당하는 금액이다.

럼 번져가는 짜증을 느낀다. 그웬은 아일린의 오빠가 아니다. 이런 생각은 비이성적이고 부당하다는 걸 알지만 말이다. 아일린은 타자기에서 몸을 돌린다.

"벌써 열 시예요?"

"그런 것 같네요." 그웬은 편안해 보이는 구두를 신고 거기서 미소 짓고 있다.

"리처드는 시계처럼 정확하네요. 아니, 그 애 배가요."

"그렇게 오래 가진 않아요." 그웬이 젖병을 건네준다. "곧 통잠을 자게 될 거예요."

그들은 함께 복도를 걸어 아기방으로 간다.

"조지한테 편지 쓰고 있어요?" 그웬이 묻는다.

"네."

그웬이 숨을 들이마신다. "하지만 알다시피 그 편지가 수술 전에 도착하지 않을 수도 있어요. 〈옵저버〉에 부탁해서 조지한테 전보를 쳐달라고 하는 게 좋겠어요."

"감사해요. 하지만 그럴 순 없어요. 그러면 모든 게 너무 불길하고 긴급해 보일 거예요."

그들은 아기방 문 앞에 와 있다. 리처드가 울고 있다. 다른 아이들까지 깨어나지 않은 게 기적이다. 아일린은 젖병을 도로 그웬에게 건네준다.

"저 애는 이것 때문에 깨는 걸 그만둬야 해요. 통잠을 잘 만큼 컸어요. 그냥 토닥여주기만 할게요."

그웬이 고개를 끄덕인다. 틀어 올린 머리에서 머리칼 한 가닥이 앞으로 흘러내려 있다. 그웬은 마치 하지 못한 말들과 함께 얼어붙어 있는 것 같다.[25] 아일린은 그웬의 팔에 손을 가져다 댄다.

"왜 그래요?"

그웬은 눈을 감고 고개를 젓는다.

"그럼 우리, 의견을 절충해 보면 어때요? 수술이 끝나면 언니가 거기다 부탁해서 조지한테 전보를 쳐달라고 하는 걸로요."

"좋아요." 그웬이 말한다. 그웬의 온화한 두 눈에는 눈물이 고여 있다. 그웬은 눈을 깜빡이고는 시선을 돌린다. 아일린은 아기방 문을 연다.

리처드가 다시 잠든 뒤, 아일린은 타자기 앞에 돌아와 앉는다. 이 편지는 한없이 긴 데다 쓰기도 어렵다. 어디까지 썼더라? 아, 그래, 돈 얘기를 하고 있었지.

이제 와서 그 말을 취소할 수는 없다. 그렇다고 뒤로 돌아가 X자를 쳐서 그 부분을 전부 지워버리는 건 더 나쁠 것 같다. 그래서 아일린은 조지를 설득할 선택지들을 계속 늘어놓기로 한다. 더 저렴하고 빠른 수술, 어머니에게서 물려받은 집이 팔릴 가능성(저당이 잡혀 있어 큰돈이 되지는 않겠지만), 그리고 아일린 자신이 어떻게든 돈을 버는 방법. 어쩌면 글을 써서 벌 수도 있을 것이다. 조지와 함께, 아니면 혼자서. 누가 알겠는가?

반면에 이걸 그냥 놔두면 당연히 내가 죽는 데는 시간이 제법 걸릴 테고 그때까지도 내내 돈이 들 거예요. 한 가지 가능성이 있긴 해요. 방법만 알아내면 우리가 헤어필드의 집을 팔 수 있을지도 모른다는 거예요. 그리고 난 건강이 나아지면 진심으로 돈을 좀 벌고 싶어요. 물론 밖에 나가서 일할 수도 있겠지만, 내 말은, 말하자면 집에서 정말로 돈을 좀 벌 수도 있다는 거예요. 어쨌든 빨리 수술을 받아서 끝내버리는 것 말고 내가 뭘 할 수 있을지 모르겠어요. 병원에서는 내가 다음 주에 입원해야 한다는데, 내가 이해하기로는 그건 수술이 급하다는 뜻이에요. 의사는 나처럼 빈혈이 심한 환자를 수술할 경우 생길 수 있는 단점들을 상쇄할 만큼 징후들이 긴급하다고 생각해요. 사실 그 사람 생각은 분명해요. 어떤 치료를 해도 내가 달마다 점점 더 빈혈이 심해지는 걸 막을 수는 없다는 거죠. 그래서 내 생각에 병원에선 그냥 수혈을 하고 거의 곧바로 수술을 할 것 같아요.

피, 피, 피. 조지는 얼마나 싫을까. 하지만 아일린은 자신이 얼마나 아픈지 그에게 이야기해야 한다. 그건 그가 보지 못하는 문제이기 때문이다. 아일린은 두 손으로 얼굴을 문지른다. 카디건 소매를 잡아당겨 손목을 덮는다. 피를 흘리며 쓰러지는 일에 심리적인 원인이 있을 수도 있을까? 이건 전에도 궁금했던 적이 있었다. 아일린이 멀리 가려고 하면 조지가 피를 토하곤 했을 때.

지난달, 조지는 난민인 지인에게 아일린의 타자 작업을 알선해 약간의 돈을 벌 기회를 만들었다. 그 원고는 〈트리뷴〉 사무실에 있는 조지의 비서 샐리에게 가져다주어야 했다. 아일린은 늘 조지의 여자들을 만나는 게 싫었다. 샐리든 이네즈든, 헤타든 스티비든, BBC에서 일하는 여자들을. 그 여자들을 마주할 때면 마치 코앞에서 무언가를 도둑맞기라도 한 것처럼 수치심이 들었다.

그 원고를 가지고 출발할 때까지만 해도 괜찮았어요. 그런데 중간에 계획을 변경해 은행에 들렀을 때, 북쪽으로 오기 전날 그랬던 것처럼 통증이 엄습해 왔어요. 다만 이번에는 훨씬 심했죠. 셀프리지스 백화점에서 뭘 좀 마시려고 했지만 그러지 못했고, 그 다음엔 온갖 희한한 일들이 벌어졌어요.

그때 아일린은 바닥에 쓰러졌었다. 엘리베이터 보이가 뛰어나와 아일린의 머리를 받쳤지만, 스커트에 묻은 피를 보자 그는 카운터 뒤에 있던 젊은 여자를 불렀고, 그 여자는 여성 관리자를 부르러 달려갔다. 두 여자는 아일린의 양쪽 겨드랑이에 팔을 넣어 일으킨 다음 화장실로 데려갔다. 스커트가 온통 젖은 아일린이 화장실에서 나오자 그들은 그를 택시에 태웠다.

…하지만 잠시 후 난 식품부로 갔어요. 그냥 더는 어디로도 갈 수가 없더라고요.

그곳에서 아일린의 비서로 일하던 스패로 씨가 〈트리뷴〉에 전화를 했고, 누구든 와서 원고를 가져가 달라고 했다.

〈트리뷴〉에서 온 사람들이…

샐리의 이름은 차마 말할 수가 없다. 너무 고통스럽다. 그래도 그 여자는 몹시 친절했고,

너무도 상냥하게 전화를 걸어 줬고, 와서 날 돌봐주겠다고, 내게 필요한 걸 가져다주고 당신을 집으로 불러주겠다고 했어요. 난 너무 놀랐죠. 하지만 어제는 내가 알기로 당신이 찬성하지 않는 수술에 당신의 돈 전부를 쓴다는 게 정말이지 터무니없는 일이라는 생각이 잠시 들기도 했어요. 그래서 그웬이 〈트리뷴〉에 전화를 걸었죠. 당신하고 빠르게 연락을 취할 방법이

있는지 물어보고, 당신 판단을 들으려고요. 그들은 그럴 방법이 없었지만, 그웬에게 〈옵저버〉에 전화해 보라고 말해줬어요. 그웬은 그렇게 했고, 아이버 브라운[26]과 통화가 됐어요. 아이버는 당신이 지금 독일의 쾰른에 있는 것 같다고, 편지가 도착한다 해도 아주 늦게 도착할 거라고 했어요. 그는 자기들 쪽에서 내 이야기가 담긴 전보를 당신한테 무선으로 보내주겠다고 제안했어요. 그웬 말로는 너무도 친절했대요. 하지만 그렇게 할 수는 없어요. 당신한테 그런 식으로 사실을 전하는 건 불가능한 일이고, 그렇게 하면 모든 게 급박하고 심지어는 비난하는 것처럼 들릴 수밖에 없으니까요. 하지만 수술이 끝나면 그웬이 〈옵저버〉에 부탁해서 당신한테 그런 취지의 메시지를 보내달라고 하기로 했어요.

 아일린의 생각은 제자리에서 맴돌고 있다. 아일린에겐 병이 있고, 그건 가볍게 여기기 어려운 병이지만, 동시에 값비싼 수술을 받아야 할 이유도 제시해야 한다. 조지의 허락도 받아야 한다. 그리고 조지를 오게 해야 한다.

 한 가지 정말 좋은 점은, 당신이 집에 도착할 때쯤이면 내가 회복기에 접어들어 있을 거라는 사실이에요. 마침내 정말로 회복 중일 테니, 당신이 그토록 싫어하는 병원에서의 악몽은 겪을 일이 없을 거예요. 아무래도 날 보러 오기는 해야겠지만, 병동에 있는 사람을 면회하는 건 병원에 나름 환상이 있는 내게도 실은 악몽 같은 일이에요. 그 사람이 많이 아픈 경우에는 특히 그렇겠죠. 나도 처음에는 당연히 그럴 테고요. 난 그저, 당신에게서 말하자면 어떤 허락 같은 걸 받을 수 있었더라면 좋았겠다는 생각이 들긴 해요. 하지만 이건 그냥 히스테리 같은 생각이긴 해요.

허락을 받아야 하는 문제가 있다. 돈 문제도 있다. 그리고 그 다음엔, 아일린의 몸 상태라는 문제가 있다.

분명한 건 종양을, 정확히 말하자면 급속히 자라나는 여러 개의 종양을 그대로 둔 채 살 수는 없다는 거예요. 모든 걸 좀 더 저렴하게 할 수 있는 곳이 어딘가 있었을지 모른다는 불안한 마음이 들긴 해요. 하지만 케니 씨가 뜸을 떠주고 받던 시술비를 생각해 보면, 그건 작은 시술이었는데도 한 번에 15기니였잖아요. 그러니 이 수술에는 적어도 50기니는 들 게 확실해요. 그웬의 병원 의사였다면 오래된 인연도 있고 하니 더 저렴하게 해주었을지도 모르지만, 그 사람은 워낙 실력이 없는 데다 수술하기 몇 주 전부터 입원하라고 했을 것 같아요. 사실상 난 수술 후에도 몇 주쯤은 거기 있게 될 게 틀림없고요. 하비 에버스는 무척 평이 좋은 의사예요… 그리고 난 그가 내 수술을 영국의 다른 누구보다도 신속하게 끝낼 뿐 아니라 제대로 해내기도 할 거라고 확신해요. 그러니 결국엔 그 사람한테 수술을 받는 게 아마 더 저렴하게 먹힐 거예요. 당신이 떠나기 전에 이 문제를 함께 상의할 수 있었으면 좋았을 거라는 생각이 드네요. 하지만 그는 너무도 갑작스럽게 떠나버렸다. 일주일이나 일찍, 법원 출석도 하지 않고서.

내게 '종양'이 있다는 건 알고 있었어요. 하지만 어쨌든 당신이 평온한 마음으로 떠나길 바랐고, 입양 절차가 끝나기 전에 하비 에버스를 만나고 싶지도 않았어요. 혹시 암일 수도 있으니까요. 우리가 부모가 되기엔 나이가 많으니 판사가 우리 건강에 대해 무언가 질문을 할 수도 있다는 생각도 들었고, 아무튼 여명이 6개월이나 뭐 그 정도라는 말을 듣고 겨우 2주 뒤에 이상적인 부모 행세를 하는 건 말하자면 좀 어색한 일이니까요.

아일린의 병은 암이지만 수술은 가능하다.[27] 아일린은 자신들의 미래로 시선을 돌리지만, 그 미래 또한 자신이 계획해야 한다. 조지는 스코틀랜드 극서부 해안에서 멀리 떨어진 어느 섬에 있는 버려진 농가로 가서 살고 싶어 한다. 기차를 타고, 버스를 타고, 다시 여객선과 트럭을 타고, 마지막으로 13킬로미터 가까이 걸어가야 하는, 가는 데만 이틀이 걸리는 집에서.

지금 난 몇 달 뒤에는 건강을 되찾을 거라는 확신이 너무도 커서 사실 문명에서 벗어난 생활을 다시 하게 되는 게 마땅히 그래야 할 만큼 두렵지는 않아요(어쨌든 우리 결혼 직후 당신이 아팠을 때도 난 월링턴 집의 위생 시설 전부를 청소했으니까요. 그건 양동이 하나를 비우는 것보다는 훨씬 더한 일이었고요). 하지만 시간이 많이 들긴 하겠죠.

아일린은 자신이 방금 괄호 안에 적은 말들을 바라본다. 아마 조지는 그게 무슨 말인지 이해하지 못할 것이다. 아일린은 말하지 않으면서 말하고 있다. 조지는 건강이 몹시 안 좋아져서 언제나처럼 자신에게 모든 일을 의지하게 될 거라고. 그리고 자신은 농장과 집 안의 육체노동, 아이 돌보기와 요리, 그리고 아마도 오물통 청소까지 맡게 될 가능성이 크다고. 아일린은 강해져야 할 것이다.

조르주 코프는 그들의 런던 집으로 온 우편물을 오웰에게 전달해 주기로 약속했지만, 지금까지 그러지 않고 있다. 그 주된 이유는 오웰이 그에게 전달할 주소를 알려주지 않았기 때문이다. 하지만 아일린은 그저 그 이유 때문만은 아닐 거라고 생각한다. 조르주는 조지가 몸이 아픈 아일린을 새로 생긴 아기와 단둘이 놔두고 떠난 것에 몹시 화가 나 있는 것인지도 모른다.

괴롭게도 조르주가 당신에게 편지들을 전달하지 않고 있었다는 걸 알아냈어요… 당신한테서 아무 소식도 듣지 못했기 때문이라네요.

조지의 고정 주소는 아일린 자신도 갖고 있지 않다. 이 편지는 그에게 끝내 도착하지 못할지도 모른다.

이 편지를 스크라이브 호텔로 보낸 다음 그곳 사람들이 당신에게 전해주기를 바라는 것 말고는 할 수 있는 일이 없네요. 이상해요. 몇 달 동안 우리가 논의할 일이라곤 없었는데, 당신이 이 나라를 떠나자마자 논의할 일이 산더미처럼 많아졌으니 말이에요. 하지만 전부 해결할 수 있고, 그게 아니라도 적어도 정리할 수는 있어요. 당신이 이번 주에 휴가를 내서 돌아오기만 한다면요.

하지만 또 한편으로는, 조지가 오지 않을 수도 있다.

당신이 다음 달에도 오지 않으면 다시 생각해 봐야 할 것 같네요.

어쩌면 조지가 부탁했던 대로 근처 개리길 마을에 낚시 일정을 잡아두면 그가 올지도 모른다.

개리길에 대해서는 잘 모르겠어요. 당신이 언제 올지에 달려 있어요. 하지만 최악의 경우라 해도 당신은 이리로 올 수 있잖아요? 당신이 온다면 우린 주로 내 방에서 지내게 될 거예요. 사실, 어쨌든 퇴원해 돌아오면 난 한동안 거기서 지내게 될 테니까요. 그리고 리처드도 만나볼 수 있을 거예요. 메리와 로런스는[28] 지금은 둘 다 나와 많은 시간을 함께 보내지만, 다른 곳에 있게 할 수 있어요… 그리고 만약 내가 여전히 그림으로 그린 것 같은 회복기를 보내고 있다면, 당신은 이 지방을 구석구석 잘 아는 블랙번과 함께 외출하거나, 농부인 스윈뱅크 씨와 함께 즐거운 시간을 보낼 수도 있을 거예요.

아일린은 조지가 선택의 여지가 있다고 느끼게 만들어야 한다.

아니면 주말 동안 개리길 마을에 가서 혼자 낚시를 할 수도 있겠네요.

아일린도 시골에서 살고는 싶다. 자신이 집안일을 도맡아 하는 노예처럼 지내지 않고 조금 덜 극단적인 방식으로 살 수 있기만 하다면 말이다. 런던은 폭격을 맞은 폐허 같은 곳이고, 그곳에서 아일린은 오물들을, 그리고 다른 여자들을 피해 다녀야만 한다.

난 당신이 다시 책을 쓰는 게 정말로 꼭 필요한 일이라고 생각해요.

문제는 이거다. 어디서?

…정말로 최악의 최악이 오면, [리처드는] 여름 동안 월링턴에 가 있는 게 나을 거예요. 하지만 더 넓은 집을 찾는 게 좋겠어요. 얼마 지나지 않아 그 시골집은 당신과 리처드가 함께 지

내기엔 너무 비좁아질 테니까요. 그 애의 여동생은 어디로 가야 할지도 모르겠고요. 그리고 내 생각엔 그 시골집은 당신 건강에도 안 좋아요. 아마도 습기와 연기 때문이겠죠.

그들이 그동안 상의해 온 여자아기의 입양 문제를 떠올리자 아일린은 가슴이 설렌다. 하지만 그것까지 쓰면 너무 부담스러워질 것 같다. 편지는 이미 너무 길어졌는데,

이 편지를 쓰는 동안 난 로런스에게 여러 편의 이야기를 읽어주었고, 잠에서 깬 리처드(10시 수유를 이제 막 끊은 참이에요)를 돌봐주었고, 저녁이면 항상 우는 메리도 달래주었고, 저녁을 먹었고, 블랙번 부인의 하소연을 들어주었고… 그러느라 편지가 이렇게 길어졌어요. 내용이 뒤죽박죽인 것도 부분적으로는 그래서예요. 하지만 난 당신이 문학적인 삶만 사는 걸 그만두고 다시 글을 쓰기 시작하는 걸 보고 싶어요. 그게 리처드에게도 훨씬 좋은 일이 될 거고요. 그러니 여기에 이견을 품지는 말아 줘요. 리처드가 당신에게 이런 메시지를 보내고 있어요. 자기는 이견이 없다고요.

…물론 그 애가 쉽지 않은 두 번째 해에 들어서도 그런 확신들을 유지할 수 있을지는 모르겠지만, 시골에서 지낼 수 있고 당신이 당신 자신을, 그리고 나를 만족시키는 삶을 산다면 그럴 가능성은 훨씬 더 커질 거예요.

이제 잠자리에 들어야겠어요. 아마 당신은 이 편지를 받기 전에 수술에 관련된 메시지를 먼저 받게 될 거예요. 당신이 계속… 이동하고 있다면, 아마 다시 영국에 와 있겠네요. 그렇게 된다면 엄청난 낭비가 되겠죠.

나와 리처드의 모든 사랑을 담아.

E.

아일린은 편지를 접어 침대맡 협탁에 올려놓는다. 불을 끈다.

피하고 속이는 말들이 가득한 이 편지는 너무도 무시무시하다.[29] 한 여자가 자신의 필요를 중요하지 않은 것으로 여기다 못해 자신을 반드시 받아야 하는 의학적 치료조차 받을 자격이 없는 사람으로 만들어버리는 말들. 그럼으로써 남편이 오든 안 오든 그의 마음이 편해지게 해주는 말들. 아일린은 지난 몇 년 동안 오웰보다 많은 돈을 벌어왔고, 그보다 많은 돈을 상속받기도 했다. 그럼에도 이 편지는 마치 아일린이 그 돈을 쓰려면 오웰의 허락이 필요하기라도 한 것처럼 쓰여 있다. 자기말소는 가부장제에서 여성에게 요구되는 덕목이지만, 결국에는 스스로를 드러내게 되고 범죄처럼 보이게 된다.

아일린은 수술 전에 여러 친구에게 편지를 써서 병원으로 편지를 보내 달라고 부탁한다. 읽다가 잠자리에 들 편지, 깨어났을 때 읽을 편지를. 아일린은 레티스에게는 오웰에게보다 조금 더 직설적으로, 조금 더 자세하게 편지를 쓴다. 레티스가 자신의 활기찬 허세와 겹겹의 자기비하를 꿰뚫어 보고 자신에게 무엇이 필요한지 알아봐 줄 거라는 사실을 아일린은 알고 있다.

1945년 3월 23일 혹은 그쯤

칼튼

그레이스톤

레티스에게

죄송해요. 이 종이와 타자기 둘 다 메리가 망가뜨렸어요. 여기서는 사실상 종이를 살 수가 없으니 이걸 낭비할 순 없고, 이 기계를 손볼 수도 있겠지만, 리본을 빼내고 대충 교체하면서 20분을 보내고 나니 그만 질려버렸지 뭐예요. 세상에서 제일 긴 물건이 있다면 타자기 리본일 거예요. 제법 넓은 집에 있는 모든 의자 다리를 휘감고도 남아요. 제가 방금 알아낸 사실이에요.

리처드에게 코트를 보내주셔서 감사해요. 여전히 좀 늦되지만 매력이 넘치는 아이인데, 그 매력은 이 아이에겐 재능보다 훨씬 큰 도움이 될 거예요. 그리고 리처드가 그렇게 멍청한 아이인 것도 아니에요. 10개월도 되기 전에 끈으로 트럭을 끌어당기는 법을 깨우쳤고, 지금은 물건을 더 가까이 끌어오거나 다른 물건을 들어 올리는 원리를 탐구하고 있거든요. 정말 부지런한 아이예요.

아일린은 런던에서 레티스를 만나지 못한 것이 유감스럽다. 하지만,

그때는 몸이 아팠지만 누구에게도 전화를 하지 않았고, 결

국 식품부에서 레티스를 찾으며 온갖 극적인 경험을 하게 됐는데, 그때는 자리에 안 계시더라고요.

그날 레티스가 그곳에 있었더라면 얼마나 좋았을까.

여기 오는 길에 뉴캐슬의 외과의사를 찾아갔어요. 리처드의 입양도 마무리되었으니, 이제 그 존양°(존양을 없애는 걸 반대할 사람은 없겠죠)도 해결할 수 있을지 모르겠다는 생각이 들었거든요. 그게 있다는 걸 저는 알고 있었어요. 의사는 그걸, 아니 그것들을 어려움 없이 찾아냈고, 전 다음 주에 그것들을 제거하러 그 개인 병원에 입원해요. 이로써 자궁 절제술 문제도 답이 나온 것 같아요. 제거할 수 있는 거의 모든 것을 함께 제거하지 않고서 종양을 제거할 방법은 없으니까요. 그러니 전체적으로는 아주 다행한 일이에요. 북부의 시골까지 올 만한 가치가 있었어요. 런던에서였다면 거쳐야 했을, 수술 전에 체중을 늘리는 과정이 여기서는 전혀 필요 없거든요. 런던의 외과의사들은 예측할 수 없는 결과에 대비한 보험처럼 환자들을 철저히 준비시키는 걸 아주 좋아해요. 사실 전 그 사람들이 다들 자기들이 휘두르는 수술칼을 두려워하는 게 아닐까 싶어요. 아마도 환자가 수술실까지 가기 전에 사망했으면 하는 무의식적인 소망이 있지 않을까요. 그러면 누구도 의사를 비난할 수 없을 테니까요.

런던에서는 제가 한 달 동안 수혈 등 여러 준비 과정을 거치지 않으면 어떤 수술도 받을 수 없다고 했어요. 하지만 여기서

○ '존양'이라고 오타가 나 있다.

는 다음 주 수요일에 입원해서 목요일에 수술을 받을 거예요. 다른 장점들도 있지만, 무엇보다 이렇게 하면 돈이, 정말 엄청 절약될 거예요. 그것도 다행이죠. 그건 그렇고, 저한테 편지를 써주실 수 있다면 좋겠어요. 전 이론상으로는 누구도 면회를 오지 않았으면 좋겠어요. 1인실을 얻을 수 없기 때문에 더 그렇고요. 하지만 실제로는 아무도 면회를 오지 않는다는 사실에 몹시 화가 날 것 같아요. 올 사람도 없어요. 뉴캐슬에 있는 친구들은 학교 휴일을 맞아 다들 떠나 있을 테니까요. 그러니 만약 펀우드 하우스로 편지를 쓸 시간이 있다면 써주세요… 조지가 멀리 (지금은 독일 쾰른에) 있어서 다행이에요. 조지가 환자 면회를 하는 건 병으로 고통받는 세상의 어떤 사람보다도 더, 한없이 슬퍼 보이는 광경일 테니까요.

이 편지는… 쓰는 데 거의 일주일이나 걸렸지 뭐예요. 하지만 그동안 저희는, 리처드와 저는, 주신 선물에 내내 감사해하고 있었답니다.

사랑을 가득 담아
에밀리[30]

전기 작가들은 오웰이 수술비 때문에 화를 낼 거라고 예상하는 아일린의 두려움과 걱정을 대개는 무시한다. 그들은 조지가 환자 면회를 하는 건 병으로 고통받는 세상의 어떤 사람보다도 더, 한없이 슬퍼 보이는 광경일 테니까요라는 문장을 아일린이 조지의 면회를 원치 않았다는 증거로 인용하기를 좋아한다. 그들은 이 문장을 마치 아일린이 문자 그대로의 의미로 쓰기라도 한 것처럼 이용한다. 아일린이 오웰에게서 버림받은 현실을 견디기 위해 그 문장을 용감해 보이는 일종의 가면처럼 쓰고 있었다는 사실은 보려 하지 않는다. 심지어는 오웰이 아일린을 버린 것조차 아일린의 책임이 되어 버린다. 한 전기 작가는 이렇게 쓴다. "아일린은 그 모든 일을 대수롭지 않게 여겼다. '사실 내가 그만큼의 돈을 쓸 만한 사람이 못 된다는 생각이 들어요'라고 말하면서 말이다."[31] 한 여자가 자신을 방치하는 남자를 위해 대신 변명을 해준다. 그리고 그 다음엔 그 남자의 전기 작가들이 그 변명을 그대로 가져다 쓴다. 이 광경에는 어딘가 소름끼치는 구석이 있다.

가끔씩 아일린은 조지가 자신을 떠올릴지 궁금해진다. 혹은 그가 지금 무엇을 하고 있을지가.

즐거운 시간 보내기

파리에서, 오웰은 스크라이브 호텔에 수많은 외국 통신원들과 함께 머무르고 있다. 그중에는 부유한 예술 애호가인 해럴드 액턴Harold Acton도 있다. 두 사람은 고급 식당에 저녁을 먹으러 나가는데, 오웰이 버마 여자들의 "사랑스러움", 모로코 여자들의 "잘록한 허리와 작고 봉긋한 가슴", "향료 냄새"와 "매끄러운 피부"에 관해 즐겁게 회상하는 건 바로 이때다. 아마도 오웰은 파리의 사창가를 다시 드나들고 있을 것이다. 그는 여전히 〈트리뷴〉에 있는 연인 샐리에게 편지를 쓰고 있다. 어니스트 헤밍웨이를 만나고 싶어진 오웰은 리츠 호텔에 있는 그의 방에 찾아가 노크를 한다.

"열려 있어요!"

오웰의 눈에 침대와 그 위에 놓인 두 개의 여행 가방이 들어온다. 그 뒤에는 떡 벌어진 가슴에 잘생긴 얼굴을 한 유명 작가가 서서 짐을 싸고 있다.

"에릭 블레어라고 합니다." 오웰이 말한다.

"그래서, 대체 뭔 놈의 용건인데?" 헤밍웨이는 늘어진 제복을 입은 깡마른 영국인을 향해 그렇게 소리친다.

"저, 조지 오웰인데요." 오웰이 좀 더 주눅 든 목소리로 말한다.

"젠장, 대체 왜 처음부터 그렇게 말을 안 한 거요?" 헤밍웨이는 여행 가방들을 침대 머리맡으로 밀어놓고 몸을 굽혀 침대 아래를 더듬는다. 그러더니 스카치 한 병을 끄집어낸다. "한잔하쇼. 더블로. 스트레이트로 마시든 물을 타든. 소다수는 없소."[32]

오웰은 공산주의자들에게 암살될까 봐 겁이 난다고, "그자들"이 자신을 뒤쫓고 있다고 헤밍웨이에게 말한다. 헤밍웨이는 오웰이 "상당히 불안하고 걱정이 많으며" "몹시 수척하고… 건강이 안 좋아" 보인다고 생각한다. 오웰은 숨기기 쉬운 무기를 하나 빌릴 수 있겠느냐고 묻고, 헤밍웨이는 32구경 콜트 자동 권총을 건네준다. 개인적으로는 별로 쓸모가 없다고 생각하지만, 그것이 오웰의 기분을 나아지게 해주기를 바란다. 어떤 이유에선지 헤밍웨이는 친구들을 보내 오웰을 "미행하게" 한다. 친구들은 오웰이 "파리에서 아주 안전하고 행복하게 '즐거운 시간을 보내고 있다'고 보고한다.[33]

오웰은 파리에 한 달 동안 머무른다. 3월 말, 그는 헤밍웨이에게 권총을 돌려주고 쾰른으로 간다.

아일린은 마지막으로 보낸 편지에 아직 답장을 받지 못했다. 하긴, 점령군이 후퇴하는 상황에서 프랑스 우편 체계가 어떻게 운영되고 있는지 누가 알겠는가? 우표를 바꿔 붙여야 했던 걸까? 마리안느에서 발키리로°, 그리고 이젠 다시 마리안느로? 오웰이 지난번에 보낸 편지에 붙어 있던 우표를 확인해 봐야겠다. 어디에 뒀는지는 모르겠지만. 게다가 그의 주소 역시 모른다.

그럼에도, 아일린은 오웰이 이 편지들을 받아보고 있다고 생각하려 한다. 그러니 수술, 피, 허락 같은 이야기는 되풀이하지 않을 것이다.

스톡턴 온 티스,

칼튼,

그레이스톤

여보

편지를 조금이라도 써두려고 해요.[34] 수요일에 개인 병원에 입원하는데(오늘은 일요일이에요) 당연히 그때까지 준비가 되어 있진 않을 테니까요. 아이들이 깨어 있는 동안에는 편지를 쓰거나 다른 어떤 일을 하는 게 불가능해요. 보통 8시 15분 전쯤(오늘은 8시 5분 전이었어요) 로런스에게 책 읽어주는 일을 마치고 나면, 우린 8시나 8시 15분쯤 저녁을 먹어요. 그다음엔 9시 뉴스를 들어야 하는데, 적어도 9시 30분까지는 쭉 듣죠(지난 이틀 동안의 전쟁 뉴스는 정말 훌륭했어요). 그러고 나면 탕파에 물을 채우는 등 이것저것 해야 할 시간이 돼요. 우린 일찍 잠자리

○ 마리안느와 발키리는 각각 프랑스공화국과 독일 우표에 사용된 상징적인 여성 인물이다. ─옮긴이

에 들거든요. 그래서 타자로 치지 않고 침대에 들어와서 편지를 쓰는 거예요. 말이 나온 김에 말인데, 로런스한테 내가 아는 대로 밀렵법을 설명해 주다가 유언장을 손으로 쓰게 됐어요. 손으로 쓴 유언장은 거의 항상 유효하잖아요. 서명도 했고, 증인 서명도 받았어요. 그 유언장이 실제로 쓰일 가능성은 거의 없지만, 좀 엉뚱한 일을 한 것 같아 이야기하는 거예요. 리처드한테는 아무것도 물려주지 않았어요. 나보다 오래 산다면 당신이 유일한 유산 수령인이에요(당신은 몇백 파운드는 나갈 헤어필드 집과 그 집의 보험 증권, 그리고 가구들을 상속받게 될 거예요). 하지만 당신이 나보다 오래 살지 못하면 유산은 더 커질 텐데, 그건 전부 그웬한테 남겼어요. 법적인 의무는 없지만 리처드를 위해 써 주었으면 한다는 메모와 함께요. 그 메모는 리처드에게 내가 그 애의 상속권을 박탈한 게 아니라는 사실을 알리기 위한 거예요. 하지만 내가 이런 방식을 택한 건 리처드한테 직접 돈을 유증하는 방법을 알지 못해서예요. 우선 한 가지 이유로는, 그동안 중앙 호적 등기소에서 아무런 연락이 없었으니 리처드의 성이 그대로 로버트슨일 거라는 점을 들 수 있어요.

아일린은 출생증명서를 태워버린 오웰의 연극적인 행동 때문에 법적으로 어떤 변화가 생겼을 거라고는 생각하지 않는다. 그것 때문에 절차가 늦어졌을 수는 있겠지만 말이다.

또 한 가지 이유로는, 리처드한테는 신탁 관리인이 있어야 하는데 당신이 누구를 원하는지 모르겠고, 그 사람들에게도 미리 부탁해야 한다는 점이 있어요. 그리고 또 다른 이유도 있어요. 만약 리처드가 어렸을 때 상속을 받게 된다면, 그 애가 미성

년자로 지내는 동안 신탁 관리인들이 그 돈을 사용할 수 있어야 한다는 게 중요해요. 그래야 그 애가 가능한 한 좋은 교육을 받을 수 있을 테니까요. 당신이 집에 돌아오면 이 모든 걸 제대로 정리해야겠지만, 혹시라도 당신이 앞으로 며칠 사이에 목숨을 잃거나, 내가 목요일에 수술대에 올라 죽게 될 가능성도 고려해야겠다는 생각이 들었어요. 만약 내가 먼저 죽고 그다음에 당신도 목숨을 잃는다면 그건 그냥 너무 안타까운 일이 되겠지만, 그래도 내 작은 유언장이 내가 원했던 바를 알려줄 거예요. 아이를 키우는 데 있어 그웬이 지금까지 썩 만족스러운 성과를 냈다고 하긴 어렵지만, 전쟁이 끝나고 나면 아이들과 함께 지낼 수 있는 제대로 된 시골집이 생길 거예요. 그웬은 리처드를 사랑하고, 로리도 리처드를 아주 좋아해요. 그리고 고용인들도 모두 리처드를 끔찍이 아껴주고요.

이제 조지의 가족 문제, 혹은 가족을 피하는 문제를 처음으로 꺼내야 한다.

난 리처드가 마조리와 함께 지내기보다는 그웬의 집에서 지내는 게 더 행복할 거라고 확신해요. 아마 마조리는 그 애를 맡으려고 하겠지만요. 에이브릴은 어쨌거나 그 애를 맡으려 하지 않을 거고, 나도 그걸 바라요. 에이브릴이 맡는다면 난 도저히 받아들일 수가 없을 것 같아요. 노라와 콰터스는 리처드를 맡아 근사하게 키워줄 수 있겠지만 당신은 그 두 사람 중 누구도 만나본 적이 없잖아요.

정말이지 믿기 어려운 일이다. 그들이 이 오랜 시간 동안 한 번도 만나본 적이 없다는 건. 아일린 자신도 결혼한 뒤로는 노라를 몇 번밖에 보지 못했다. 노라에게도 편지를 써야겠다. 노라는 아마도 런던 의사들과 의견이 같아서 이 수술을 만류하려 하겠지만 말이다. 그러니 그 편지는 나중에 써도 될 것이다.

쿼터스는 인도에 있어서 내가 마음대로 조치를 취할 수도 없고요. 그러니 모든 상황을 고려할 때 긴급한 상황에서 취할 수 있는 최선의 조치가 이거라는 데 당신도 동의할 거라고 생각했어요.

이 정도면 됐다! 끝이다. 아일린은 어조를 바꾼다. 마치 어린아이의 주의를 불쾌한 일에서 반짝이며 마음을 끄는 무언가로, 이 경우에는 아기, 그리고 삶 자체로 돌려놓으려는 것처럼.

리처드는 이가 여섯 개가 됐어요. 이제 놀이 울타리 안에서 혼자 일어서려고 해요. 하지만 정말로 일어서진 못하니까 너무 많은 걸 기대하진 말아요. 어제 보모랑 같이 세 아이를 모두 데리고 병원에 가서 백일해 접종을 했어요. 병원은 4, 5킬로미터쯤 떨어진 곳에 있는데 들판을 가로질러 가야 해요. 우린 길을 잃어서 경작지를 가로질러 가야 했어요. 그런데 유아차도, 메리도 도무지 움직이려고 하지를 않더라고요. 메리는 밭고랑 속에 주저앉아 울어대는 바람에 결국 안아서 옮겨야 했어요. 로런스도 울면서 보채서 안아서 옮겼고. 마지막으로 리처드도 그렇게 했죠. 리처드는 내 무릎에 앉아 성냥갑을 가지고 놀았는데, 팔이 붙잡히자 조금 놀란 눈으로 의사를 쳐다보았고, 이내 깜짝 놀라 내게 고개를 돌렸어요. 마치 이렇게 말하는 것처럼요. "왜 겉으로는 착해 보이는 이 아저씨가 내 몸에 주삿바늘을 찌르는 거예요? 이게 맞아요?" 괜찮다고 말해주자, 그 애는 다소 진지한 얼굴로 다시금 의사를 올려다보더니 이내 미소를 지었어요.

아일린은 출판 관련 이야기로 화제를 돌린다. 오웰이 쓴 기사 교정지를 작업하려고 기다리고 있고,《동물농장》을 출간해 주겠다고 동의한 바르부르크와 그동안 편지를 주고받아 왔다고. 그런 다음 아일린은 이렇게 쓴다.

이제 가서 자야겠어요.

이 편지가 마지막이 될지도 모른다. 해야 하는 중요한 말이 있을지도 모른다. 생각이 난다면 말이다. 하지만 이미 늦은 밤이고, 아일린은 대신 다시금 리처드 이야기로 돌아간다.

그건 그렇고, 그 여섯 개의 이는 위에 세 개, 밑에 세 개라서 좀 이상해 보여요. 그래도 네 번째 윗니가 곧 나왔으면 좋겠어요.

리처드와 나의 모든 사랑을 담아
E.

수요일 아침, 아일린은 슬립을 걸친 채 거울 앞에 서 있다. 전신거울은 나무 스탠드 위에 놓여 조정할 수 있게 되어 있다. 갑자기, 얼굴 하나가 거울 속 자신의 뒤편에 나타났던 일이 기억난다. 리디아의 얼굴이다. 로런스와 그웬의 집에서 리디아와 침실을 함께 쓰던 때의 일이다. 아일린이 지금과는 다른 사람이었을 때. 리디아에게도 편지를 써야겠다.

침대 위에는 아일린의 여행 가방이 열린 채 놓여 있고, 그 안에는 잠옷 네 벌, 가운과 슬리퍼, 갈아입을 속옷, 옷, 칫솔, 볼연지, 스타킹 고정 벨트가 들어 있다. 아일린은 기억이 닿는 한 계속 하혈을 하고 있다. 하혈만 멈출 수 있다면 전혀 다른 삶에서 깨어나게 될 것만 같다.

아일린은 두 손으로 배를 감싸고 엄지손가락을 배꼽에 댄다. 푸른 눈을 한 자신의 딸아이가 이 세상에 태어날 일은 없을 것이다. 그 애에 관해 깊이 생각해 본 적은 없다. 하지만 그 애가 당연히 존재하리라 여겼다는 걸 아일린은 이제 깨닫는다. 좋아. 아일린은 밤색 트위드 스커트 속에 다리를 집어넣고 재킷을 걸친다. 떨리는 손가락에 닿은 단추들이 뻑뻑하게 느껴진다. 가슴속이 텅 빈 것만 같다. 아일린은 숨을 깊이 들이마신 다음 노란 모자를 쓴다. 자신이 무언가를 닮았다면 여러 가지 맛이 섞인 감초 사탕 정도일 것이다. 이제 아일린은 돌아서서 여행 가방을 탁 소리가 나게 닫고 아기방으로 걸어간다.

빗줄기가 버스정류장의 검은 아스팔트에 부딪치자 빗방울들이 그대로 위로 튕겨 나오며 춤을 춘다. 마치 기쁨으로 도약하듯이. 자유가 밀려든다. 아일린이 사랑하는 책이 있고, 사내아이가 있고, 아일린이 속속들이 파악하고 있는 한 남자가 있다. 다가올 삶이 있다.

아일린은 버스 뒷자리에 앉아 여행 가방을 옆에 놓는다. 스톡턴 온 티즈에서 뉴캐슬까지는 버스로 1시간 45분 거리다.

다음날이 되자 딱 한 통의 편지를 더 쓸 시간이 남아 있다. 병원 침대에서 수술실로 실려 가기를 기다리는 동안, 아일린은 언제나처럼 둥글둥글하고 자신감 있는 글씨로 글을 써 내려간다. 하지만 모르핀이 들어가자 문장들은 점점 비뚤어지며 종이 아래쪽으로 미끄러진다. 아일린의 의식이 희미해지면서 처음에는 단어들이, 그다음에는 글자들 자체가 길게 늘어진다. 아일린은 그동안 아이를 입양했고, 유언장을 작성했고, 원고를 보냈고, 계약을 처리했다. 이제 그는 조지를 이야기상대로 불러낸다.

뉴캐슬 온 타인
클레이튼 로드
펀우드 하우스

오늘 아일린은 날짜를 알고 있다! 바로 모든 일이 완료되어야 하는 날짜다.

45년 3월 29일

여보

이제 곧 수술을 받으러 가요. 이미 관장을 했고, 주사를 맞았고(모르핀을 오른팔에 맞고 있어서 거추장스럽네요), 몸을 씻은 다음 값비싼 조각상처럼 탈지면과 붕대들에 싸여 있어요. 수술이 끝나면 이 편지에 메모를 덧붙여서 금방 부칠 수 있을 거예요. 다른 환자들을 보니 아마 짧은 메모가 될 것 같지만요. 이 사람들은 모두 수술을 마쳤어요. 짜증이 나네요. 내게는 한 번도 남들보다 우월하다고 느껴 볼 기회가 없을 것 같아서요.

아일린은 불편해하고 있는 게 아니다. 이는 차라리 더는 할 수 있는 일이 없다는 거대한 항복의 감정에 가깝다. 어떤 이유에선지 아일린의 머릿속에는 모로코의 빌라에 있던 빨랫줄이, 금빛으로 빛나는 세계에서 살아 있는 것처럼 펄럭이던 하얀 옷들이 스쳐간다. 하지만 갈비뼈 밑에는 두려움이 두꺼비처럼 웅크리고 앉아 있다.

간호사가 들어온다. 머리 덮개. 이중 턱. 핀 체인에 매달린 시계. 간호사는 침대 끝에 걸려 있던 클립보드를 집어 들더니 아일린에게 왜 입원했는지 묻는다.

아일린이 미소 짓는다. "거기 안 적혀 있나요?"

"여긴 없는데요. 빈칸이에요." 간호사는 바로잡기라도 하려는 것처럼 클립보드에 무언가를 적기 시작한다.

"그럼 혹시 제가 선택할 수도 있나요?"

간호사는 눈도 깜짝하지 않는다. "아뇨, 부인. 에버스 선생님 본인이 최선이라고 판단하는 일을 하실 겁니다. 금방 오실 거예요."

"네, 그렇겠죠." 아일린이 말한다. "그런데 간호사님, 한 가지만 더요. 거기 혹시 수혈에 관해서는 뭔가 적혀 있나요?"

"아뇨, 여긴 없는데요." 간호사는 처음으로 아일린을 제대로 바라보더니 표정이 변한다. 그러더니 침대 발치의 담요를 툭툭 두드린 다음 클립보드를 제자리에 걸어 놓는다. "좋아요." 간호사가 말한다. 그리고는 병실을 나서며 문을 살짝 끌어당겨 닫는다.

아일린은 약간 애를 쓴 끝에 펜 뚜껑을 연다.

여기 도착한 뒤로 지금까지 하비 에버스를 만나보지 못했고, 그웬도 그 사람하고 연락이 안 된 것 같은데, 내가 무슨 수술을 받게 될지 아는 사람이 아무도 없네요!

아일린은 편지지 받침으로 쓰고 있는 클립보드의 균형을 잡으며 조금 더 똑바로 앉는다. 무릎이 자꾸만 무너지듯 스르르 내려간다.

이 사람들은 하비 에버스가 설마 내게 결정을 맡겼을 거라고는 믿지 않아요. 그분은 언제나 '본인이 최선이라고 판단하는 일을 하신다'면서요! 물론 그렇겠죠. 난 모범 환자지만, 그래도 짜증이 난다는 말은 해야겠어요. 병원 사람들은 내가 대단하다고, 너무도 차분하고 기분이 좋아 보인다고 해요. 다른 누군가에게 내 몸을 넘겨주고 수술을 맡아달라고 할 수 있다면 정말 그럴 텐데.

그럼에도 아일린은 자신이 의식을 잃기 전에 외과의사가 만나러 와주기를 바란다. 자신이 그 사람에게 그저 의식을 잃은 수술 대상이 아니라 한 명의 인간이기를 바란다. 잔디밭에는 그림자들이 길게 늘어져 있다.

더는 떠오르는 말이 없다. 해야 할 말과 행동을 다 했는데 무슨 할 말이 더 있겠는가? 아일린은 그저 이 장소, 이 순간을 조지와 함께 나눌 것이다.

여긴 멋진 병실이에요. 1층이라서 정원도 보이고요. 수선화랑 장대나물로 보이는 것 말고는 별로 볼 게 없지만 그래도 작고 멋진 잔디밭이에요. 내 침대는 창가에 있지는 않은데 방향이 좋아요. 난롯불이랑 시계도 보이고요.

나중에 이 편지는 아일린의 침대맡에서 발견되어 다른 소지품들과 함께 짐으로 꾸려졌다.

Fernwood House
Clayton Road
Newcastle-n-Tyne.

29. III. 45.

Dearest, I'm just going to have the operation, already enema'd, injected (with morphia — the right arm which is a nuisance), cleaned & packed up like a precious image — cotton wool & bandages. When 'it's' over I'll add a note to this & it can get off quickly. Judging by my fellow patients it will be a short note. They've all had their operations. Annoying — I shall never have a chance to feel superior.

I haven't seen Harvey Evans since

G 21202

Orwell/A/1/15/1 14/2

arrival & apparently Gwen didn't communicate with him & no one knows what operation I am having! They don't believe that Haney-Evers really left it to me to decide — he always 'does what he thinks best'. He will of course. But I must say I feel irritated though I am being a _model_ patient. They think I'm wonderful, so placid & happy they say. As indeed I am now I can hand myself over to someone else to deal with.

This is a nice room — quiet & how one can see the garden — not much in it except daffodils & a little croccus but a nice little lawn. My bed isn't next the window but it faces the right way. I also see the fire & the clock.

예감

캐서린 오쇼네시Catherine O'Shaughnessy는 그웬의 딸이다. 당시 캐서린은 '메리'라는 이름으로 불리던 어린아이였고, 집 안의 의자마다 타자기 리본을 감아놓곤 했다. 2021년, 사촌인 쿠엔틴 코프와 실비아 톱과 함께 나눈 대화에서, 캐서린은 여전히 아픔이 묻어나는 목소리로 이렇게 말한다. "왜 엄마가 아일린 고모를 뉴캐슬로 가게 허락한 건지 전 끝내 이해할 수가 없었어요. 엄마는 고모가 얼마나 아픈지 알고 있었고, 고모가 버텨 내지 못할 거라는 예감도 있었거든요. 그러니까…" 캐서린의 목소리가 흐릿하게 잦아들다 멈춘다. 그웬은 이 두 번째 예감 때문에 겁에 질렸던 게 틀림없다. 첫 번째로 찾아왔던 로런스에 관한 예감이 비극적일 만큼 정확했기 때문이었을 것이다. 런던의 외과의사들이 반대하는 저렴한 수술을 받으려는 아일린을 그웬이 왜 말리지 않았는지, 혹은 말리지 못했는지, 그건 아무도 알 수 없을 것이다. 아일린이 왜 혼자 버스를 타고 그 병원에 갔는지도 마찬가지다.

    조르주와 도린 코프의 아들인 쿠엔틴은 캐서린을 위로하려 애쓰며 이렇게 말한다. "너무나도 그웬 이모답지 않은 일이었어, 그렇지?"[35]

V

사후

아일린이 죽은 뒤 오웰이 한 일은 여러 전기에서 쉽게 찾아볼 수 있다. 찾아보기 어려운 건 그가 어떻게 슬퍼했는가이다. 하지만 수동태와 누락된 부분 속에 숨은 뜻을 읽어내는 법을 훈련해 온 내 눈에는 오웰이 실제로 무엇을 하고 있는지가 보인다. 남은 생애 동안, 오웰은 거의 필사적으로 아일린을 대신할 누군가를—어쩌면 한 무리의 사람들을—찾고 있다.

지금껏 아일린을 지켜보아 온 우리의 질문은 다음과 같다. 오웰 눈에는 과연 아일린이 보일까?

전보

유럽에서의 즐거운 시간은 끝났다. 그웬에게 전보가 왔을 때, 오웰은 쾰른에 있는 군 병원에 있다. 병원 측은 오웰이 계속 입원해 있기를 바란다. 그의 폐 상태는 끔찍하게 나쁘고, 그는 기관지염이라고 주장하지만 아무도 그 말을 믿지 않는다. 오웰은 병원 측에 자신이 떠나야 하는 이유를 말하지 않는다. 한 친구에게 이렇게만 말할 뿐이다. "아, 집에 할 일이 좀 있어서. 한 2주쯤 자리를 비울 거야. 그때 봐." 나중에, 무슨 일이 일어났고 오웰이 무엇을 이야기하지 않았는지 알게 된 그 친구는 충격을 받는다.[1] 오웰은 진통제 여덟 알을 처방받아 퇴원한 다음 가까스로 군용기에 올라 런던으로 간다.

그가 처음에 향하는 곳은 이네즈의 집이다. 이네즈는 4월 5일 일기에 이렇게 쓴다.

초인종이 울려 나가 보니 조지 오웰이 서 있었다. 처음에는 알아보지 못했다. 그는 기다란 근위병 스타일의 코트를 입고 있었다. 종군 기자의 제복이었다. 대위 같았다. 그는 M&B 알약 여덟 알을 처방받아 퇴원해서 비행기를 타고 이리로 왔다. 처음에는 그가 소식을 모르는 줄 알았다. 하지만 그는 이미 전보를 받아 알고 있었다. 전쟁이 끝나가고 리처드도 입양하면서 상황이 나아지고 있었고, 아일린 자신도 수술을 받고 나면 건강이 회복될 거라 믿고 있었던 터라 더욱 슬프다고 그는 말했다. 조지는 지독한 슬픔에 빠져 있었다.[2]

오웰은 이네즈의 집에 머무른다. 이네즈는 그를 역으로 데려가 북쪽, 스톡턴 온 티스로 가는 기차에 태워 보낸다.

그웬은 오웰에게 병원 침대맡 협탁에 있던 편지를 전해준다. 오웰은 아일린의 방 침대에 앉아 그것을 읽는다.

오웰의 두 손이 떨린다. 담뱃재가 바닥으로 떨어진다.

여보…

시야가 흐려진다.

…내가 무슨 수술을 받게 될지 아는 사람이 아무도 없네요! … 짜증이 난다는 말은 해야겠어요.

믿을 수가 없다. 믿어지지 않는다.

병원 사람들은 내가 대단하다고, 너무도 차분하고 기분이 좋아 보인다고 해요. 다른 누군가에게 내 몸을 넘겨주고 수술을

V 사후

맡아달라고 할 수 있다면 정말 그럴 텐데.

이 범접할 수 없는 우아함이라니. 오웰은 입이 벌어지지만, 아무 소리도 나오지 않는다.

아일린의 마지막 편지들 가운데 오웰을 가장 흔들어 놓는 부분은, 그가 결코 머릿속에서 지워버리지 못하는 부분은 이 부분이다.

…걱정이 되는 건 사실 내가 그만큼의 돈을 쓸 만한 사람이 못 된다는 생각이 든다는 거예요.

우리가 누군가를 소중히 여기지 않으면 그 누군가 역시 자신을 덜 소중하게 여기게 되는 걸까? 오웰은 교구 목사가 아일린의 결혼 서약에서 '순종'이라는 단어를 빼버렸을 때의 충격을 기억해낸다. "'순종'하지 않기 위해서 당신한테 허락을 받을 수는 없잖아요!" 아일린은 웃으며 그렇게 말했었다.

오웰은 그동안 무슨 짓을 한 걸까?

⁓

장례식은 며칠 뒤에 열린다. 누가 참석했는지에 대한 기록은 남아 있지 않다. 리디아와 레티스는 한 번도 장례식을 언급하지 않는다. 어쩌면 그들은 참석할 수 없었는지도, 혹은 참석했지만 할 말을 찾을 수 없었던 것인지도 모른다. 나는 오웰과 그웬이 그 자리에 있고, 아마도 '집안의 고용인들'인, 블랙번 부부와 보모인 조이스 폴라드Joyce Pollard도 함께 있는 모습을 상상해 본다. 조르주 코프는 몹시 충격을 받고 분노에 차 있을 것이다. 아일린이 편지를 썼던 친구들도 거기에 있었다고 상상하고 싶다. 아일린이 의식을 잃기 전에 편지를 보내 달라고 부탁했던 친구들이다. 하지만 그들은 편지를 보내지 않았다. 그들 중 한 명은 아일린이 "편지와 전보를 수술받고 [나서] 받아보는 게 나을 거라고"³ 판단했기에 그렇게 했다고 밝혔다. 하지만 아일린은 수술 전에 편지를 받아 곁에 두고 싶다고 썼다. 사람들이 자신을 마음속에 품고 있다는 걸 알고 싶어 했다. 나는 노라도 거기 있었다고 상상하고 싶지만, 정말 그랬는지 알 방법은 없다.

오웰은 자신의 사별에 대해 냉정하게 입을 꾹 다문다. 아일린 이야기를 거의 하지 않고, 그나마도 극히 소수의 사람에게만 한다. 그런 까닭에 심지어 "용감한 얼굴"을 하고 "씩씩하게 계속 살아가는" 것이 미덕이던 전시의 나날들에도 그는 마치 감정을 느끼지 못하는 사람처럼 보인다. 시인 스티븐 스펜더가 너무도 안타깝다고 말하자 오웰은 이렇게 대답한다. "그래요, 참 좋은 여편네였는데."⁴ 스펜더는 이 기이한 노동계급식 표현에 충격을 받는다. 그 표현은 아내로부터, 아내에 대한 자신의 감정으로부터 거리를 두려는 전략이다.

그럼에도 오웰은 깊이 애도하고 있는 게 틀림없다. 그의 세계를 지탱해 주던 여자는 이제 사라졌다.

오웰은 이모에게 속마음을 털어놓는다. (인정 많고 괴짜 같은 넬리 이모는 이제 60대에 접어들어 자신의 본모습인 사회주의자 자아를 꽃피우고 있는데, 집주인과 끝없는 논쟁을 벌이며 집세를 더 내겠다고 고집하고 있다.) 넬리는 오웰의 누나인 마조리(신장 질환 때문에 마찬가지로 몸이 좋지 않다)에게 편지를 쓴다. "에릭이 아일린의 죽음에 관해 내게 장문의 편지를 써 보냈고, 굉장히 슬퍼하고 있는 것 같다"고. 이 말에서 우리는 오웰이 슬퍼했다는 사실뿐 아니라 이 가족은 그런 감정을 굳이 말로 표현해야만 하는 가족이라는 사실도 알 수 있다. 오웰은 시인 폴 포츠에게 마음을 털어놓는다. 포츠는 이제 소호의 술집에서 손으로 쓴 시를 팔아 술값을 버는 신세가 되어, "자신의 언어를 훔쳐온 고기처럼 소리치며 팔고 다니고"[5] 있다. 오웰은 포츠에게 말한다. "마지막으로 아일린을 보았을 때, 리처드를 키우게 된 뒤로 아일린을 훨씬 더 사랑하게 됐다고 말하고 싶었지만 말하지 못했고, 그 일을 엄청나게 후회한다"[6]고 말이다.

아일린의 친구들은 심한 충격을 받은 상태다. 레티스는 죄책감에 사로잡혀 있다. 그는 수술 전에 아일린의 편지를 받지 못했다. "그 수술의 심각성을 알았더라면, 아일린이 혼자서 버스를 타고 뉴캐슬로 가서 보호자도 없이 수술을 받으려 한다는 걸 알았더라면 전 당장 달려갔을 거예요. 하지만 소식을 너무 늦게 들었죠."[7] 친구 중 몇몇은 아일린을 제대로 보살피지 않은 오웰을 비난한다. 아일린이 가정교사를 맡아 대학에 보내고 싶어 했던 총명한 사무실 직원 에드나 버시는 자신의 강렬한 애정만큼이나 솔직하게 이렇게 말했다. "전 그 사람을 좋게 생각해 본 적이 없어요. 제가 크게 잘못 생각하는 것일 수도 있겠지만, 항상 그 사람이 아일린을 충분히 돌봐주지 않는다는 느낌이 들었어요. 아일린은 그렇게 젊은 나이에 그냥 간단한 수술 때문에 세상을 떠나서는 안 됐어요." 그는 이렇게 말했다. "오웰은 작가로서 성공하는 데 있어 아일린에게 어마어마한 빚을 졌어요… 그 사람은 아일린을 만나고 나서야 유명해졌죠… 아일린이 그 사람의 '첫 번째 아내'로만 세상에 알려진다는 건 너무 안타까운 일이에요. 아일린은 정말 놀라운 사람이었고, 자신이 가진 모든 걸 바쳐 오웰이 성공하도록 도왔다고 확신해요." 레티스 역시 오웰이 아일린을 돌봐주지 않았다고 생각했다. 하긴, "오웰은 자기 자신조차 돌볼 능력이 없었다".[8]

15년 뒤인 1961년, 리디아는 이렇게 썼다.

아일린은 오웰의 건강을 돌보는 데 있어 자신의 모든 수완과 지성을 아낌없이 쏟아부었고, 그 두 가지 모두 넉넉히 가지고 있었다. 아일린이 의식적으로, 흔들림 없이 추구했던 목표는 오웰이 자신의 운명을 실현하도록 돕는 것이었다. 그의 운명이란 글을 쓰고, 해야 할 말을 하고 싶은 방식으로 하는 것이었다⋯ 오웰의 병은 그를 언제라도 위태로워질 수 있는 존재로 만들어 아일린이 눈을 떼지 못하게 했지만, 먼저 쓰러진 건 아일린이었다. 이보다 더 큰 사랑이 없나니.° 아일린은 삶에서 일어나는 평범하기 그지없는 일들을 재미 삼아 과장하기를 좋아했지만, 자기 자신을 과장하는 법은 결코 없었다. 만약 아일린에게 그렇게 말했다면 그 애는 미소를 지으며 아니라고 일축해 버렸겠지만, 그래도 이 말은 사실이었다.[9]

훗날 한 인터뷰에서, 리디아는 "자신을 희생하는 아내"라는 수사를 버리고 아일린의 관점에서 상황을 바라보는 일로 돌아갔다. 그러면서 이렇게 쏘아붙였다. "난 언제나 아일린이 조지와 결혼한

° 요한복음 15장 13절. - 옮긴이

게 너무도 안타까웠어요. 그 애가 그 사람하고 이른바 사랑이라는 것에 빠져 있다는 걸 정말이지 믿을 수가 없었어요. 아마 조지의 솔직함 때문이었을 거예요. 조지는 아일린이 호기심을 느낄 만한 방식으로 생각을 했어요. 그 애가 흥미를 가질 만한 방식으로요. 그 사람은 별난 사람이었거든요."[10] 리디아는 이 점에 대해 더는 이야기하지 않는다. 하지만 두 사람을 판단하기 더 수월한 내 생각에는, 오웰과 아일린은 서로를 자기파멸로 몰고 가는 일종의 군비 확장 경쟁을 벌였던 것 같다. 아일린은 이타심을 통해, 오웰은 자아와 작업이라는 예술가의 탐욕스러운 이중생활 속으로 사라져버리는 일을 통해 그 경쟁을 이어갔다.

나아갈 길이 보이지 않는다.

그는 윌링턴으로 갈 수가 없다.

캐논버리 스퀘어에 있는 집 옷장 속에는 아일린의 옷들이 질문처럼 걸려 있다.

모두들 오웰이 당연히 아이를 포기할 거라고 생각한다. 혼자 사는 남자가 12개월 된 아기를 어떻게 감당할 수 있겠는가? 하지만 오웰은 리처드를 사랑한다. 그에겐 아일린의 편지와 유언장이 있고, 거기에는 리처드가 그웬의 가족, 사촌들, 보모, 그리고 그 애를 사랑하는 다른 고용인들과 함께 남기를 바란다는 마음이 표현되어 있다. 아일린은 리처드를 노라와 그 남편에게 보내도 된다고 했지만, 오웰의 누이들, 특히 에이브릴에게는 제발 보내지 말아 달라고 했다.

오웰은 장례식이 끝나자마자 기묘한 일을 벌인다. 리처드를 기차에 태워 런던으로 데려간 다음 조르주와 도린 코프에게 맡긴 것이다.[11] 그 집에는 돌봐야 할 그 부부의 아기도 있었는데 말이다. 그런 다음 오웰은 유럽으로 돌아가 두 달 동안 머무른다. 슬픔에 빠진 사람들은 이상한 행동을 하기도 하지만, 내게 이 행동은 이상한 것 이상으로 보인다. 아기를 집에서 데리고 나온 다음 방치하다니. 마치 자신이 돌아갈 수 있게끔 런던에 삶의 씨앗을 심어두고 싶기라도 한 것 같다. 그 씨앗을 키워내는 사람이 오웰 자신은 아닐지라도 말이다.

오웰은 폐허가 된 독일로 진격하는 프랑스군을 하루 늦게 뒤따라간다. 거리에는 시신들이 쌓여 있고, 수없이 많은 독일군 병사들이 포로로 잡혀 있다. 오웰은 오스트리아의 어느 강제수용소가 해방을 맞고 얼마 지나지 않아 그곳으로 찾아간다. 한 사람이 죽을 때 하나의 세계가 파괴되는 것이라면, 그가 이곳에서 보고 있는 건 무엇일까? 오웰은 자기 내면에 있는 슬픔의 풍경과 겹쳐지는 것 말고는 아무런 의미도 찾을 수 없는 학살의 현장 사이를 걸어 다닌다.

그가 유럽에서 하는 취재는 중요하지 않은 것이라 〈옵저버〉를 위해 그곳으로 돌아갈 필요는 없다. 하지만 그에게 꼭 필요한 것이 두 가지 있다. 하나는 시간이다. 오웰은 한 친구에게 이렇게 편지를 쓴다. 아일린의 죽음이 날 뒤흔들어 놓아서 지금은 어디에도 마음을 둘 수가 없어. 돌아가서 취재를 조금 더 하고 싶어. 아마도 몇 주쯤 지프를 타고 여기저기 덜컹거리며 돌아다닌다거나 뭐 그런 걸 한 다음에 말이야. 그러면 기분이 좀 나아질 것 같아.[12] 그에게 필요한 다른 한 가지는 사인 규명 심리를 피하는 것이다.

장례식이 있기 전 스톡턴 온 티스에 머무르는 동안, 오웰은 문제의 외과의사인 하비 에버스를 만나러 가지 않는다. 무엇이 잘못 됐는지도, 아일린이 죽기 전에 어땠는지도, 혹은 정확히 어떻게 세상을 떠났는지도 알려 하지 않는다. 충격적이게도, 에버스 역시 사인 규명 심리에 모습을 드러내지 않았다. 그리고 그 뒤에도 오웰은 검시 보고서를 읽을 엄두조차 내지 못한다. 이유가 뭘까?

오웰은 유럽에 있는 동안 의식적으로든 무의식적으로든 스스로 견뎌낼 만한 서사를 만들어내고 있었다. 그 이야기 속에서 아일린은 겁에 질려 있었던 적이 없고, 오웰은 아일린이 얼마나 아픈지 알면서, 혹은 신경 쓰지 않으면서 그를 방치해 두었던 적이 없다. 오웰은 이네즈에게 "상황이 나아지고 있었고… 아일린 자신도 수술을 받고 나면 건강이 회복될 거라 믿고 있었다"[13]고 말했다. 장례식 사흘 전, 오웰은 리디아에게 이렇게 편지를 썼다. 유일한 위안이 있다면 아일린이 고통받지는 않았던 것 같다는 거예요. 아일린은 무언가가 잘못될 거라는 걸 예상하지 못하고 수술을 받으러 들어갔고, 결국 의식을 되찾지 못했으니까요.[14] 그건 큰 수술이 아니었다고, 오웰은 자기 자신과 다른 사람들에게 말하고 있다. 하지만 그는 아일린에게 급속하게 자라나는 여러 개의 종양이 있다는 걸 알고 있었다. 또한 아일린이 자신이 죽을 수도 있다는 가능성에 대비해 유언장을 작성하고, 오웰과 리처드의 삶을 최대한 정리해 두려고 애썼다는 것 역시 알고 있었다. 떠나기 직전, 오웰은 아일린이 하혈을 하며 쓰러지는 걸 한 번 목격한 적이 있었고, 아일린이 얼마나 약해지고 여위었는지도 알고 있었다.

다음은 아일린이 죽고 나서 3주 뒤에 오웰이 앤서니 파월에게 쓴 편지다.

아일린이 죽었어. 3월 29일, 그렇게 심각한 수술은 아니어야 옳았던 수술을 받던 도중에 갑자기, 예상치 못하게 세상을 떠났네. 난 여기 와 있었고, 무언가가 잘못될 거라는 예상은 전혀 하지 못했어. 사실 그 누구도 그런 예상은 하지 못했던 것 같아. 사인 규명 심리의 최종 결과는 보지 않았고 사실 보고 싶지도 않아. 그게 아일린을 살아 돌아오게 해줄 것도 아니니까. 하지만 마취제 때문이었을 거라는 생각이 들어… 유일하게 다행인 점이 있다면 아일린이 고통스러워하거나 조금이라도 불안해한 것 같지는 않다는 거야. 아일린은 사실 그 수술이 자기 문제를 치료해 주기를 기대하고 있었어. 난 아일린의 기록들 사이에서 죽기 겨우 한 시간쯤 전에 쓰인 것으로 보이는 편지 한 통을 발견했어. 아일린은 수술이 끝나고 돌아와서 그걸 마저 쓰려고 했던 것 같아.[15]

오웰은 아일린이 나빠진 건강과 과로로 5년 동안 정말로 비참한 생활을 했다는 사실은 인정하면서도, 수술을 심각하게 받아들이지 않은 것이 자기 잘못일 수는 없다고 말하고 있다. 그러면서 자기 자신을 아무 책임이 없는 결백한 존재로 만들고 있다. 그는 마취제 때문이었다고 생각하고 싶어 한다. 사인 규명 보고서를 읽었더라면 그렇지 않았다는 걸 알게 되었겠지만 말이다.

 오웰의 말대로, 보고서를 읽는다고 아일린이 살아 돌아오지는 않는다. 하지만 사인 규명 심리의 목적은 고인을 되살리는 것이 아니다. 고인에게 행해져야 할 일종의 정의를 행하는 것이다. 그리고 그 정의는 진실을 통해서만 행할 수 있다.

 나는 아일린이 어떻게 세상을 떠났는지 알기를 꺼렸던 오웰의 마음을 이해해 보려고 무진 애를 쓰고 있다. 내게 가까운 사람들이—우리 어머니도 그랬고, 내가 이 책을 쓰는 동안 집안의 어린이 한 명도 그랬다—오랜 시간에 걸쳐 죽어가는 동안 내가 경험한 바에 따르면, 의료 절차의 한 단계 한 단계마다 우리는 그들과 동행하게 된다. 고통스러운 증상 하나하나, 희망에 찬, 혹은 무용한 검사와 정밀 검사, 결과와 예후 하나하나를 함께하면서 말이다. 이것들은 거스를 수 없는 슬픔의 길에서 거쳐 가야 하는 지점들이고, 우리는 절대 그들을 혼자 내버려 두지 않는다. 비록 그들은 이미 그 어느 때보다도 혼자이긴 하지만 말이다. 그 시간이 우리 자신의 시간은 아니지만, 우리는 마치 물에 빠져 죽어가는 사람이 구명 용품에 매달리듯 혈구 수, 세포 수, 생존율에 매달린다.

 검시 보고서를 읽으며 사랑하는 사람에게 일어난 일을 분 단위로 상세히 들여다보는 것이 극도로 고통스러운 일이라는 건 이해한다. 하지만 이 마지막 사후 단계에서 그 사람 곁에 머무르기를 원치 않는 마음은 나로서는 상상하기 어렵다. 그럼에도 오웰은 보고서를 읽지 못한다. 어쩌면 그 보고서에 수술을 받으러 들어갈 당시 방치되어 있던 아일린의 건강 상태가 상세히 나와 있으리란 걸 알고 있어서인지도 모른다. 오웰은 이렇게 썼다. "전체주의는 과거의 끊임없는 변경을 요구한다. 그리고 결국 그것은 아마도 객관적인 사실의 존재 자체에 대한 불신을 요구할 것이다."¹⁶ 검시 보고서만 읽지 않으면 오웰은 이야기를 통해 과거를 변경할 수 있다.

하비 에버스는 사인 규명 심리에 출석하지 않았지만, 마취과 의사인 도로시 홉킨슨Dorothy Hopkinson은 출석했다. 홉킨슨 박사는 자신이 "에테르 약 2온스°, 클로로포름 1.5드램°°, 그리고 산소를 혼합한 물질을… 소량 사용해 개방식 마취를 했다"¹⁷고 진술했다. 즉 아일린의 입과 코에 마취약을 적신 천을 대서 마취를 시행했다는 뜻이다. 그는 "그러면서 환자의 맥박과 호흡을 점검했다"고 진술했다.

아일린은 곧바로 사망한 게 아니었다. 아일린의 "복부는 드러나 있었고, 자궁 부위는 절제할 준비가 된 상태로 들어 올려져 있었다". 하지만 절개 바로 직전에 아일린의 "얼굴색이 변했고 호흡이 몹시 얕아졌다". 1분 뒤, 아일린의 심장이 멎었다. 아일린의 전기 작가인 실비아 톱은 병원 측이 40분에 걸쳐 "아일린의 심장을 마사지하고 인공호흡을 시도했으며 코라민(혈액순환 촉진제로 현재는 사용이 금지되어 있다)과 로벨린(호흡촉진제)을 투여했지만 모두 소용이 없었다"고 쓰고 있다. 검시 보고서의 조심스러운 어휘에 따르면 아일린은 "자궁 절제 수술을 위해 에테르와 클로로포름을 능숙하고 적

° 약 56그램에 해당한다. −옮긴이
°° 약 5.8그램에 해당한다. −옮긴이

절하게 사용해 실시한 마취 상태에서 심부전으로" 사망했다. 아무도 어떤 잘못도 저지르지 않은 것으로 드러났다.

보고서 맨 밑에는 누군가가 손으로 이렇게 써서 덧붙여 놓았다. "고인은 심한 빈혈 상태였다."

아일린은 스스로 두려워했던 것처럼 수술을 받기에는 너무 몸이 약했다. 수혈 없이, 체중을 늘리는 과정도 없이 수술을 그대로 진행하라는 하비 에버스의 의학적 조언은 옳지 않았다. 이는 부주의에서 비롯된 잘못이었을 가능성이 있다.

오웰은 어떤 종류의 정의도 추구하지 않는다. 대신 위안이 되는 허구에 매달린다. 그는 어쩌면 외과의사가 아니라 자기 자신에게서 잘못을 찾아낼까 두려웠던 건지도 모른다.

사람 구함: 푸른 수염

오웰은 5월에 유럽에서 돌아온다. 그는 여전히 월링턴에는 차마 갈 수 없는 상태라 런던 집에 머무른다. 이상한 냄새가 풍기고, 먹을 것은 하나도 없다. 아일린의 옷장을 열어볼 엄두도 나지 않는다.

그는 아일린의 마지막 편지들을 침대맡 협탁 서랍에 넣어두었다.

공산주의자들이 꾸미는 암살 계획의 목표가 될지 모른다는 오웰의 두려움은 혼자가 되자 더욱 커진다. 그는 한 친구에게 독일제 반자동 루거 권총을 구입해 집에 보관한다. 오웰의 망상은 그를 사악한 우주의 중심으로 데려다 놓는다. 사악한 우주로부터 버림받는 것보다는 그 편이 낫다.

리처드는 다시 북부로 보내진 참이다. 도린과 조르주 코프가 두 아기를 동시에 돌보는 게 너무 힘들었기 때문이다. 나는 조르주가 슬퍼하면서, 그리고 오웰에게 더욱 화를 내면서 그 애를 열차에 태우는 모습을 상상해 본다. 하지만 오웰은 리처드를 다시 데려오고 싶고, 동시에 작업도 계속하고 싶다. 그러기 위해서는 여자가 필요하다. 오웰과 리처드 두 사람 모두를 돌봐주고 집안일까지 해줄 여자가.

수전 왓슨Susan Watson은 스물일곱 살이고, 케임브리지대학의 철학자 겸 수학자와 이혼했으며, 기숙학교에 다니는 여섯 살 난 딸이 있다. 수전은 오웰에게 일자리가 있을지도 모른다는 이야기를 듣고 그를 만날 일정을 잡는다. 오웰이 집 입구가 뒤쪽에 있다는 사실을 말해주지 않아서, 수전은 캐논버리 스퀘어의 공중전화 부스에서 그에게 전화를 건다. 오웰은 창문으로 지켜보다가 내려가 수전을 맞는다.

"몹시 흉한 머리 모양"을 한 깡마르고 줄담배를 피우는 홀아비. 그를 본 수전은 "곧바로 호감을 가지게 되었다. 그리고 그는 무척이나 외로워 보였다."[18] 오웰은 수전을 그 노후한 집의 곳곳으로 데려간다. 목공 작업실에 있던 회전 공작기가 수전의 눈에 띈다. 어쩌면 루거총 역시 그의 눈에 띄었는지도, 오웰이 생각한 끝에 미리 치워두었는지도 모른다. 수전은 오웰이 자신에 관해 아무것도 묻지 않는 것에 놀란다. 그는 그저 요리를 할 줄 아느냐고만 물을 뿐이다. 수전은 대답한다. "그렇게 많이는 할 줄 몰라요." 수전이 결혼해 살 때는 요리사를 두고 생활했기 때문이었다. 그러자 오웰은 유쾌하게 말한다. "상관없어요. 피시 앤 칩스로 연명해도 되니까." 어머니가 출판사를 운영하는 까닭에 수전은 작가들에게는 익숙하다. 재능이 많을수록 괴짜 같은 게 작가들이라고 그는 생각한다. 두 사람은 그리니치로 가서 까만 눈을 한 귀여운 아기를 만난다. 오웰은 리처드를 어떻게 목욕시키는지 보여주며 수전에게 말한다. "얘가 자기 거시기를 갖고 놀아도 그냥 놔둘 거죠?"[19] 이는 14개월짜리 아기를 다루는 방법이라기보다는 자신의 성적인 말에 수전이 어떻게 반응하는지 시험하는 것에 가까워 보인다. 수전은 다음과 같이 조용히 말함으로써 그 시험을 통과한다. "네, 그럼요."

그 뒤, 오웰은 "대리석 기둥들에는 금장식이 되어 있고, 중년의 종업원들이 있는 베이커 스트리트의 사치스러운 레스토랑"[20]으로 수전을 데려가 저녁 식사를 한다. 자리에 앉은 후, 오웰은 잠깐 자리를 비울 테니 음료를 두 잔 주문해 달라고 수전에게 부탁한다. "그러더니, 그는 기둥 뒤로 가서 서 있었어요." 오웰은 종업원이 음료를 가져오자마자 기둥 뒤에서 나온다. 나중에 그는 수전에게 "자신은 종업원들이 사람의 인격을 판단하는 아주 훌륭한 판관들이라고 생각하는데, 수전이 주문한 음료가 빨리 나왔으니 종업원의 승인을 받은 셈"이라고 말해준다. 수전은 이렇게 말했다. "제게는 보모를 고용하는 방식치고는 이상해 보였지만요."

수전은 그 집에 들어가 살며 일주일에 7파운드[21]를 식사와 함께 제공받고 일을 시작한다. 집에서 오웰의 필요를 충족시켜 주는 방법을 익힌다. 그에게 필요한 것들은 작업 루틴 중심으로 짜여 있다. 오웰은 훈제한 청어를 곁들여 요리한 아침을 먹은 다음 서재로 들어간다. 그리고는 오전 내내 작업을 하다가 점심을 먹으러 나간다. 점심을 먹고 돌아와 조금 더 일하다 보면 하루의 가장 중요한 시간이 된다. 수전은 이 시간에 하이 티°를 준비하는 방법을 익힌다. 앤초비 페이스트나 옥스퍼드 마멀레이드를 바른 토스트, 초콜릿 케이크, 그리고 아주 진한 차. 그런 다음 오웰은 자기 방으로 돌아가 새벽 1시나 2시까지 타자기를 두드린다.

수전은 장을 보고, 오웰에게 담배를 사다주고, 그밖에도 그에게 필요한 것이 있으면 뭐든 사러 달려간다. 한번은 오웰이 리츠 호텔에서 하는 저녁 식사에 입고 간다며 도발적이게도 "노동계급 남자가 하는 멜빵"을 사다 달라고 한다. 오웰이 요청해서, 수전은 그의 방한 외투를 군복 티가 나지 않도록 검은색으로 염색한다(별 효과는 없지만). 오웰이 국방 시민군에서 쓰던 털실로 짠 베레모 역시 염색하다가 실수로 줄어들게 만들기도 한다. 오웰은 신경 쓰지 않고 그것을 타버린 팬케이크처럼 머리에 얹더니, 벽에 걸려 있던 버마 칼을 집어 들고는 "일종의 왈츠"[22]를 춘다. 한번은 오웰에게 차가 준비되었다고 알려주러 간 수전이 자기 방에서 목탄과 초석으로 화약을 만들려 하는 그를 발견한 일도 있다. 아마도 적군이 쓰던 루거총에 맞는 탄약을[23] 런던에서 구하기는 어려웠을 것이다. 오웰은 수전을 덮치지는 않았던 것으로 보인다. 오히려 그는 수전이 뇌성마비로 인해 다리를 전다는 사실을 한 번도 언급하지 않는 배려심을 보인다. 오웰이 그 사실을 언급한 건 꼭 한 번뿐이었다. 집으로 가기 위해 여섯 번이나 올라가야 하는 계단을 보며 원한다면 자신이 리처드를 안고 올라가겠다고 제안했을 때.

임시변통으로 마련된 이 생활 방식 속에는 무언의 친밀감이 흐

○　오후 늦게나 이른 저녁에 요리한 음식, 빵, 버터, 케이크 등을 식사를 겸해 차와 함께 먹는다. ―옮긴이

른다. 오웰은 악몽을 꾼다. 수전은 마치 버마에서 오웰의 남자 하인들이 했던 것처럼 오웰의 발을 간지럽혀 깨우는 법을 리처드에게 가르쳐준다. 어느 날, 오웰은 타자기를 식탁 위에 놔두고 자리를 비운다. 수전이 식탁에 차를 내려면 타자기를 옮겨야 한다는 사실을 알고서 한 행동이다. 수전은 "짓궂다"고 느끼지만, 시선은 어쩔 수 없이 오웰이 타자로 치고 있던 문장으로 향한다. "내게는 사랑스러운 꼬마 가정부가 있다."[24] 그것이 수전이 발견하게끔 오웰이 남겨둔 문장이다. 수전에게 알리고 싶지만 말로 할 수는 없는 것.

"어쩌면 제가 충분히 주의를 기울이지 않은 건지도 모르겠지만요."[25] 수전은 세월이 지난 뒤 이렇게 말했다. "오웰한테서는 어떤 슬픔도 느껴지지 않았어요. 전혀 없었죠. 그래도 나중엔 가끔 이런 생각이 들기도 했어요. 그 사람이 극도로 외로움을 느끼고 있었다고요." 조각조각 이어지던 대화는 점차 줄어들어 어색한 침묵이 된다. 자신이 원하는 것과 필요로 하는 것을 수전에게 말하면서 오웰은 아일린을 떠올린다. 예전에 그 모든 것을, 그리고 그 이상을 해주었던 사람을.

"한번은 오웰이 아일린에 관해 이렇게 말했어요. '그게 이상적인 결혼이었다고는 할 수 없어요. 한 번씩은 내가 아일린에게 그리 잘 대해주지 못했다는 생각이 들어요.' 전 그저 유감이라고만 말했죠."

어느 날 옷장을 열어본 수전의 눈에 거기 걸려 있는 아일린의 옷들이 들어온다. 수전은 그 옷들을 꺼내서 치울지, 혹은 자선단체에 기부할지 정중하게 묻는다. "아뇨, 수전, 그냥 당신이 가져요." 오웰은 대답한다. 그는 너무도 슬픈 상태로 너무도 너그럽게 마음을 쓰며 그저 참고 견디고 있다. 상처가 채 아물지 않은 이 나날들에 오웰은 여러 명의 여자를 "아일린"이라고 불렀다고 한다.[26]

수전은 리처드를 사랑하지만, 리처드의 돌봄에 있어 의견 차이가 생길 때는 오웰의 뜻에 따른다. 오웰은 리처드에게 애착 장난감으로 가지고 자라고 목공 작업실에 있던 망치를 주었다. 수전이 그 애에게 곰 인형을 사주자고 제안하자 오웰은 왜 그래야 하는지 이해하지 못한다. 날이 정말로 추워진 어느 날, 수전은 오웰이 리처드의 나무 장난감 몇 개를 난롯불에 태우고 있는 걸 보게 되고, "좀 잔인한 일 아닌가"[27] 생각한다. 오웰은 자신이 결핵을 앓고 있다는 사실을 수전에게 말하지 않는다.

오웰은 늦잠을 자고 있다. 수전은 심부름꾼이 전해주고 간, 끈으로 묶인 꾸러미 하나를 차가 담긴 쟁반과 함께 가져다준다. 수전이 방을 나가자 오웰은 침대에서 꾸러미를 열어본다. 그토록 여러 번 거절당한 끝에 마침내 그것이 여기 있다. 우아한 회색과 녹색 표지에 싸인 《동물농장: 동화》가. 아일린은 동화를 좋아했고, 거기 깃들어 있는 심층적인 우화 구조를, 그 가벼운 언어를, 그것이 가두고 있는 어두운 두려움들을 이해했다. 오웰은 책을 아무 곳이나 펼친다.

…돼지들은 '파일', '보고서', '의사록', '각서'라고 불리는 수수께끼 같은 것들을 만들어내는 데 매일 엄청난 노동력을 쏟아야 했다. 그것들은 커다란 종이였는데, 글로 빽

빽하게 채워져야 했고, 그렇게 채워지자마자 불태워졌다.

아일린의 존재감에 오웰은 멍해진다. 아일린은 고개를 뒤로 젖히고 새하얀 목을 훤히 드러낸 채 웃곤 했다. 아일린이 정보부에서 했던 일이 바로 이런 것이었다. 사실들을 보이지 않게 정리하고 공적인 기록을 변경하는 일. 오웰은 일어나 앉는다. 그러다 나무로 된 침대 프레임에 머리를 박는다. 그들은 이 침대에서 함께 작업을 했었다.

오웰은 손을 뻗어 침대맡 협탁 서랍을 연다. 아일린은 잠깐 여기 있을 것이다. 오웰은 아일린의 마지막 편지들을 마음 내키는 대로 읽기 시작한 참이다. 오늘은 이 부분이다.

난 당신이 다시 책을 쓰는 게 정말로 꼭 필요한 일이라고 생각해요…

오웰은 편지들을 이리저리 뒤적인다. 마지막 편지가 그를 사로잡는다. 그는 그것을 몇 번이고, 끝까지, 읽고 또 읽는다.

난롯불이랑 시계도 보이고요.

수전과 리처드가 공원에 가려고 나가는 소리가 들려온다. 청명하고 추운 날이다. 문이 닫히자, 오웰은 재빨리 옷을 입고 서재로 간다. 수전이 커튼 삼아 임시로 매달아둔 녹색 천을 옆으로 젖히고 첫 문장을 타자로 친다. "청명하고 추운 4월의 어느 날이었다. 시계들이 13시를 치고 있었다."

그는 녹색을 띤 빛 속에 앉아 있다. 그들은 이제 시간을 초월해 있다.

그들은 이 책에 관해 여러 해 동안 이야기를 나누어 왔다. 아니, 나누어 왔었다. 〈1984〉라는 아일린의 시가 있었다. 아일린은 오웰을 만나기 전에 쓴 그 시에 디스토피아적인 미래를 투영했다. 하지만 그 아이디어가 훨씬 더 선명해진 건 아일린이 정보부에 근무하던 시절, 세너트 하우스에서 뉴스를 삭제하던 시절이었다.

나, 다시 책을 쓰고 있어요! 오웰은 아일린에게 말해준다. 이제 그들이 소통하게 된, 말하지 않으면서 말하는 방식으로.

여름의 끝 무렵, 원고는 열두 페이지가 된다. 오웰은 뉴캐슬어폰타인에 있는 아일린의 무덤에 찾아가 들장미 한 송이를 그곳에 심는다. 하지만 그는 깨닫는다. 그는 아일린에 대해 아무것도 쓸 수가 없다. 개인적인 노트에도, 편지에도, 일기에도, 한 단어도 쓸 수가 없다. 그가 11월에 어느 에세이에 썼듯, "불행하게도, 한 사람의 감정이 정말로 어떤 상태인지 깨닫기 위해서는 종종 어떤 구체적인 사건이 있어야 한다."[28] 그리고 당연한 일이지만, 그때가 되면 이미 너무 늦어 있다.

사랑, 일

현재로서 우리가 아는 건, 상상력이란
어떤 야생동물들처럼 갇힌 상태에서는 자라나지 않는다는 것뿐이다.
―― 조지 오웰, 〈문학 예방〉, 1946년.

오웰의 친구 시릴 코널리는 다음과 같은 농담으로 유명하다. "복도에 놓인 유아차만큼 훌륭한 예술에 음울한 적이 되는 건 없다."[29] 이 말은 보편적인 선언처럼 들리지만 실은 오직 남성 독자들만을 대상으로 하는 그런 말 중 하나다. 코널리는 여성 예술가들에게 아이를 낳지 말라고 경고하고 있는 것도, 작업과 육아 사이에서 갈등하는 우리에게 공감하고 있는 것도 아니다. 그렇다고 자신이 말을 걸고 있는 남성 예술가에게 그가 작업과 아이 돌보기 사이에서 갈등하며 아침이면 잠 못 잔 얼굴로 백지나 캔버스 앞에 앉게 될 수도 있다고 말하고 있는 것도 아니다. 코널리는 가정생활이 한 남자가 성적으로, 그리고 다른 모든 방식으로 방황할 자유를 제한하며, 따라서 그의 창조성을 둔화시킨다고 말하고 있다.

그 '논리'에 따르면, 가정생활의 이런 둔화 효과 중 하나는 남자가 아내를 두기 위해 돈을 벌어야 한다는 것으로 나타난다. 하지만 아내가 제공하는 서비스(섹스, 육아, 청소, 요리, 교열, 심리상담, 살림살이 운영)는 결혼제도 밖에서는 조달하기 어려운 건 물론이고 비용도 감당할 수 없을 만큼 많이 들 것이다. 이제《동물농장》이 미국에 팔리게 되면서 오웰은 마침내 돈이 생긴다.[30] 그는 자신의 생산성을 유지하는 데 필요한 조건들을 만들어줄 또 다른 아내를 찾고 있다. 그런 존재 없이는 작업을 할 수가 없는 것이다.

수전은 오웰이 필요로 하는 것 가운데 집안일과 관련된 부분을 제공해 준다. 그리고 이제, 아내 노릇에 포함되는 다른 역할들도 채워져야 한다. 1945년에서 1946년에 이르는 그다음 몇 달 동안, 오웰은 적어도 네 명의 여자를 덮친 다음 청혼한다. 거의 알지도 못하는 여자들이지만, 그에게는 써야 할 책이 있고, 그래서 사람을 구해야 한다. 시도들이 거절당하자, 오웰은 자신의 아내라는 일자리를, 그 자리에서 해야 할 일들과 받게 될 보상, 일이 시작될 날짜와 예상되는 종료 날짜 등 점점 더 내밀한 세부사항을 넣어가며 설명해야 한다는 걸 깨닫는다. 그 일은 쉽지 않다. 자신에게 필요한 것들을 나열하는 과정에서 그는 아일린이 자신을 위해 무엇을 해주었는지를, 전에는 인정하지 않았던 사실들을 적고 있는 자신을 발견하기 때문이다. 아일린의 이름은 오웰이 그 여자들에게 청혼하며 하는 말들 속에서, 때로는 그가 쓴 가장 사적인 편지들 속에서 불쑥불쑥 튀어나온다. 오웰은 한 가지가 아니라 두 가지 충격적인 사실을 동시에 직면(혹은 외면)해야만 한다. 전에 그 일자리를 맡았던 사람이 과로와 방치 속에 사망했다는 사실, 그리고 자신 역시 오래 살지 못할 수도 있다는 사실이다.

이제 20대 중반에 접어든 소니아 브라우넬은 오웰보다 열다섯 살 어리다. 〈호라이즌〉의 편집자 시릴 코널리가 복도의 유아차에도, 그리고 아마 자신의 본업에도 구애받지 않은 채 "다른 어딘가에서 빈둥거리는"[31] 동안, 소니아는 사실상 잡지의 운영을 떠맡은 참이다. 소니아는 재능을 판단하는 능력이 탁월하고, 뛰어난 편집 실력과 통찰력, 과단성을 겸비한 인물이다. 프랑스 문화에 심취해 있고, 세련된 데다 "똑똑하고 술을 많이 마시며 재미있고 위험한"[32] 사람이기도 하다. 소니아는 흥미로운 연인들을 골라 사귀는데, 그중에는 화가인 윌리엄 콜드스트림William Coldstream과 젊은 예술가 루시언 프로이트Lucian Freud도 있다.

몇몇 남자들이 소니아에게 오웰이 우울해 한다는 이야기를 꺼낸다. 그러면서 가서 그의 기운을 좀 북돋아 줄 수 있겠느냐고 묻는

소니아 브라우넬,
1949년 10월 〈호라이즌〉
마지막 근무일에 사무실에서.

V 사후

다.[33] 소니아는 오웰이 〈호라이즌〉 사무실을 어슬렁거리던 시절부터 그를 알고 있었다. 또, 전쟁 중에 코널리의 집에서 열린 저녁 식사 자리에서 오웰이 자신은 노동계급이 이해하지 못하는 글은 절대 쓰지 않고 형용사도 사용하지 않는다고 장황하게 떠들어대며 "음식에 들어간 외국 식재료"[34]에 대해 불평하던 모습도 기억하고 있다. 소니아는 그때 그에게 별 감흥을 받지 못한 터였다. 하지만 가보겠다고 동의한다.

오웰은 기대에 들뜬다. 집에 술이 없어서, 그는 수전을 보내 셰리주 한 병을 사오게 한다. 한 전기 작가는 이렇게 쓴다. "그가 바라는 결과를 내려면 진한 차로는 부족했다. 너그러운 성격의 소유자로 종종 혼외 연애에 뛰어드는 성향이 있었던 소니아는 오웰에게 연민을 느꼈고, 그의 구애에 굴복했다. 친구들에게는 '별 것 아니었다'[35]고 보고했지만 말이다." 사실 소니아는 오웰이 "접근하기 시작"[36]했을 때 "섬뜩했다"고 루시언 프로이트에게 이야기하고, 또 다른 친구에게는 오웰이 "서투른 데다 그다지 감정을 드러내지 않은 채 성급하게 섹스를 했기에" 그 경험이 "재앙 같았다"고 털어놓는다. "그 사람은 만족한 듯 보였어요." 소니아는 말했다. "하지만 나는 전혀 즐겁지 않았다는 걸 그 사람은 몰랐던 것 같아요."[37]

그렇게 해야 할 일을 하고 나자, 오웰은 소니아에게 청혼한다. 그 청혼이 너무 때 이르고 감정이 결여된 채 이루어지는 바람에 갑자기 아내 노릇의 본질이 적나라하게 드러난다. 그것은 다만 비어 있는 하나의 일자리일 뿐이다. 소니아는 오웰을 거절한다. 담배 연기로 가득 차 숨이 막히고, 칼들이 걸려 있고, 회전 공작기에 루거 총까지 있는 데다, 벽에서는 선조들이 얼굴을 찡그리고 있는 그 비참한 집으로 들어가 기침이나 해대는 홀아비와 그의 아이에게 필요한 것들을 시중들 이유가 소니아에게 어디 있겠는가? 소니아가 어떻게 거절을 했는지는 알려져 있지 않지만, 부드러운 방식이었던 것 같기는 하다. 이따금 수전이 일을 쉬는 날이면 소니아는 그 집을 다시 찾아가 오웰이 작업을 할 수 있도록 리처드를 봐주곤 했기 때문이다. "아, 아, 이 양배추랑 빨지 않은 기저귀 냄새라니."[38] 소니아는 그렇게 말한다. 그러면서 그것이 자기 삶이 아니라는 안도감에 몸서리를 친다. 얼마 지나지 않아 소니아는 프랑스로 떠나고, 철학자 모리스 메를로퐁티Maurice Merleau-Ponty와 열정적인 연애를 시작한다.

이 일이 있고 나자, 오웰은 자신이 아내에게 요구하는 일에 대한 보상으로 형편없는 섹스 말고도 무언가를 더 제공해야 한다는 사실을 깨달은 것처럼 보인다.

그해 말, 오웰은 리처드를 데리고 웨일스로 가 작가인 아서 쾨슬러Arthur Koestler와 그의 아내 마마인Mamaine과 함께 크리스마스를 보낸다. 기차역 승강장에서 그는 마마인의 쌍둥이 자매인 셀리아 커완Celia Kirwan을 만난다. 셀리아도 그들과 함께하기로 한다. 셀리아 역시 젊은 편집 보조원으로, 〈팔러믹Polemic〉이라는 잡지에서 일하고 있다. 수전과 마찬가지로 스물일곱 살이고 최근에 이혼했다. 셀리아는 "꼿꼿이 일어선 솔 같은 머리칼을 하고, 한쪽 팔에 아기를 안고 다른 쪽 팔에는 여행 가방을 든" 이 "키 크고 살짝 텁수룩한 사람"에게 호기심을 느낀다. "조지에겐 명백한 성적 매력 같은 건 없었어요."[39] 셀리아는 이렇게 기억을 떠올렸다. "하지만 누구나 알아볼 수 있는 대단한 무언가가 있었죠." 셀리아는 어린 아이들을 무척 좋아하고, 열차 좌석에 앉은 오웰은 셀리아가 이제 21개월이 된 리처드와 놀아주는 걸 지켜본다.

그들이 도착했을 때 오웰이 슬퍼 보이는 걸 본 쾨슬러는 셀리아가 "그의 기운을 좀 북돋아 주기를"[40] 간절히 바란다. 쾨슬러는 처제가 자신의 친구인 오웰에게 딱 맞는 여자일지도 모른다고 생각한다. 그래서 셀리아에게 오웰이 좋은 남편이 될 거라고 최선을 다해 설득한다.[41] 오웰은 서둘러 청혼을 한다. "그는 셀리아가 자신과 결혼해 줬으면 한다고 설명했고, 그게 안 된다면 혹시 연애라도 할 수 있지 않겠느냐고 물었다."[42] 소니아와 마찬가지로 셀리아도 상황을 분명히 이해한다. "아시겠지만, 그 사람은 아내가 없으니까 리처드를 돌봐 줄 누군가를 원했던 거예요."[43]

셀리아는 양가감정을 느낀다. 그들이 런던으로 돌아오자 셀리아는 오웰의 집으로 하이 티를 마시러 간다. 차를 마시고 나자, 오웰은 수전과 리처드를 주방으로 내보낸다. 그러고는 소파에 앉아 허심탄회한 고백과 얼버무리기가 뒤섞인 협상을 시작한다. 그는 셀리아에게 자신이 '기관지 확장증'이 있다고 털어놓는다.[44] 셀리아의 말에 따르면 오웰은 이렇게 말했다고 한다. "난 가끔 심하게 피를 토하고 쉽게 열이 나는데, 그렇게 아플 때면 오직 빵만 먹어야 열을 내릴 수 있어요… 하지만 의사 말로는 그렇게 피를 토하는 게 사실 위험한 건 아니래요." 오웰은 마치 모든 걸 자조적으로 털어놓고 있는 것처럼 보인다. "이를테면," 셀리아는 말한다. "그 사람은 이렇게 말했어요. '난 당신보다 열다섯 살이나 많고, 내가 10년 뒤에 죽으면 당신은 서른일곱 살이 될 텐데, 그건 과부가 되기에는 썩 좋은 나이는 아니에요.' 온통 그런 이야기였죠." 그 순간 오웰은 두 가지 협상을 진행 중이다. 하나는 서비스에 대해, 한 여자와 하는 협상이다. 다른 하나는 시간에 대해 자신의 운명과 하는 협상이다. 그는 10년 더 살고 싶어 한다.

닷새 뒤, 이번에는 셀리아가 오웰을 점심 식사에 초대한다. "그 사람은… 나한테 다시 한번 물었어. 자기랑 결혼할 수 있을지, 아니면 어쨌든 연애라도 할 수 있을지 생각해 보겠느냐고. 난 이 두 번째 선택지가 끔찍하게 걱정이 됐어."[45] 셀리아는 쌍둥이 언니에게 이렇게 말한다. "그 사람은 자신을 거절하는 걸 어째선지 굉장히 어려운 일로 만들어버리니까 말이야." 그런 다음 오웰은 셀리아에게 편지를 쓴다. 너무나 성적으로 노골적인 편지여서 "셀리아는 그걸 누구에게도 보여줄 엄두가 안 났고, 이야기할 수조차 없었다". 하지만 셀리아는 정말로 오웰과 결혼하기를 원치 않는다. "그래서 조지에게 좀 모호한 답장을 썼죠. 어쨌거나 그 문제는 해결이 됐어요." 셀리아 역시 간신히 그를 거절하고 친구로 남는 데 성공한다.

앤 올리비에 팝햄Anne Olivier Popham은 오웰과 같은 아파트 블록에 산다. 앤은 스물아홉 살로, 유럽에서 하던 일을 잠시 쉬며 고향에 돌아와 있다. 그는 300명의 '모뉴먼츠 멘'—영국의 보존 전문가와 미술사학자 등으로 구성된, 나치가 약탈해 간 귀중한 예술품들을 되찾기 위한 단체—중 한 명으로 유일한 여성이기도 하다.

노년이 된 앤은 오웰과 마주쳤던 기억을 이렇게 떠올렸다.

"그 사람이 어린 아들을 데리고 길을 걸어 내려가는 걸 종종 보곤 했어요." 앤은 이렇게 기억을 떠올린다. 어느 날 오웰에게서 쪽지가 왔다. 함께 차를 마시자고 초대하는 쪽지다. "그 사람 아파트에는… 탁자가 있고, 아기가 있고, 보모가 있었어요. 우린 갈색 빵이랑 당밀을 곁들여 진한 인도 차를 마셨죠. 차를 마시고 나자, 오웰은 보모한테 아기를 데리고 나가라고 하고는 이렇게 말했어요. '침대에 와서 앉아요.' 그래서 난 가서 침대 구석에 앉았죠. 그 사람이 다가오더니 내 옆에 앉았어요."

앤은 그 기억이 믿기지 않는다는 듯 웃음을 터뜨린다. "그러더니 곧장 두 팔을 내 몸에 두르고는 키스를 하는 거예요."

"그 사람이 말하더군요. '당신, 정말 매력적이네요. 날 좋아할 수 있을 것 같아요?'"[46]

"난 충격을 받았죠. 그래서 '지금 뭐하는 거예요?' 하고는 그를 밀어냈죠. 모든 게 너무 당황스러웠어요. 너무나 갑작스럽고, 너무도 계산된 행동이었거든요. 난 몸을 떼어냈어요…. 나중에 생각해 보니 이건 이튼 출신들이 여자들한테 접근하는 수법, 마치 아무도 자기들을 거스를 수 없다는 듯 그 사람들이 쓰는 수법이라고 판단이 되더군요. 오웰은 '미안하다'고 하더니 내게 무슨 일을 하느냐고 물었어요. 난 대답했죠. '독일을 통치하고 있는데요.'"

～

오웰의 장편소설 작업은 믿을 수 없을 만큼 느리게 진행 중이다. 더는 아일린의 편지를 꺼내 볼 필요가 없다. 그는 그 편지들을 거의 외우고 있다. 난 당신이 다시 책을 쓰는 게 정말로 꼭 필요한 일이라고 생각해요. 그래, 그렇겠지. 당신으로선 그렇게 말하는 게 어려운 일은 아니지.

오웰은 간신히 써낸 스무 페이지 남짓한 원고를 이리저리 넘겨본다. 그는 스스로에게는 허락하지 않는 감정들을 자신의 인물 '윈스턴'에게 부여하고 있다. 윈스턴은 곰곰이 생각한다.

난 누구를 위해 이 일기를 쓰고 있는 거지? 윈스턴은 갑자기 궁금해졌다. 미래를 위해, 아직 태어나지 않은 이들을 위해서지. 그의 생각은 페이지에 적힌 의심스러운 날짜 위를 맴돌다가 신어인 '이중사고'라는 단어에 쿵 하고 부딪쳤다. 윈스턴은 자신이 그동안 감당해 온 일의 중대함을 처음으로 실감했다.

오웰은 타자기에 종이를 새로 끼운다. 가엾은 윈스턴은 '2분 증오'에 참여하고 있다. 그것은 텔레스크린 앞에서 정치적인 적대감을 강제로 쏟아내는 광기 어린 의식으로, 실재하는 적이든 상상 속의 적이든 적에 맞서 사람들을 단합시키기 위해 고안된 것이다. 윈스턴은 무언가 다른 것을 떠올려야 한다. 생각을 그 의식에서 떼어내기 위해. 오웰 역시 무언가 다른 것을 떠올려야 한다. 생각을 아일린에게서, 그리고 점점 줄어들고 있는, 아내가 없는 그 자신의 미래에서 떼어내기 위해.
그는 타자를 치기 시작한다.

윈스턴은 자신의 증오를 스크린 속의 얼굴로부터 자기 뒤에 있는 검은 머리칼의 여자에게로 옮기는 데 성공했다. 생생하고도 아름다운 환영들이 머릿속을 스쳐갔다. 그는 고무 곤봉으로 그 여자를 죽도록 때릴 것이다. 벌거벗긴 그 여자를 말뚝에 묶어놓고 성 세바스천처럼 온몸에 화살을 퍼부을 것이다. 그 여자를 유린하고 절정의 순간에 목을 그어버릴 것이다. 게다가, 자신이 왜 그 여자를 증오하는지도 전보다 더 잘 이해가 됐다. 그가 그 여자를 증오하는 건 그 여자가 젊고 예쁘고 무성無性의 존재이기 때문이었다. 그 여자를 침대로 데려가고 싶지만 절대 그런 일은 없을 것이기 때문이었다. 그 여자의 사랑스럽고 나긋나긋한 허리는 마치 팔을 둘러 달라고 부탁하는 것처럼 보이지만, 그곳을 감싸고 있는 건 오직 밉살맞은 진홍색 장식띠, 정절을 상징하는 공격적인 표식뿐이기 때문이었다.

이제 증오는 절정으로 치달았다.

오웰은 뒤로 기대어 앉아 담배에 불을 붙인다. 이 부분 뒷면에는 어떤 수정 사항을 휘갈겨 쓸 거예요, 여보?

그 일은 앤이 차를 마시러 왔던 날에서 얼마 지나지 않은 어느 날 일어난다.

수전이 자기 방에 있는데, 바깥 통로에서 소란스러운 소리가 들려온다. 오웰이 사방에 몸을 부딪치며 걸어가고 있다. 바닥에 온통 피를 토하지 않으려고 애를 쓰면서.

"도와드릴까요?" 수전은 묻는다.

"네, 그래요. 얼음물 한 주전자랑 얼음 한 덩어리를 가져와요. 그

걸 싸서 내 머리 위에 올려줘요."

"침대로 돌아가세요, 당장, 빨리요!" 수전은 소리친다.

"고마워요."

그래서 수전은 "얼음 상자에서 꺼낸 얼음을 싸서 오웰의 머리 위에 올려놓고는, 곁에 앉아 출혈이 멎을 때까지 그의 손을 잡고 있었다".[47]

오웰이 의사를 부르지 못하게 하지만, 수전은 어쨌든 의사를 부른다. 리처드를 위해 부르는 척하면서 복도에 있는 전화를 건다. 의사가 도착하자 수전은 그를 오웰에게 들여보낸다. 하지만 오웰이 너무도 짧게 얼버무리는 대답만 하는 바람에 의사는 '위염'이라는 진단을 내린다. 수전은 자신이 고용주의 거짓말을 정정할 위치는 아니라고 생각한다.

오웰이 병을 숨긴 탓에 자신이 감염 위험에 놓였을 수 있는데도, 수전은 거기에 화가 나지는 않는다. "아시겠지만," 수전은 나중에 이렇게 말했다. "이 일에서 이상한 건, 오웰이 저한테 자기가 결핵이라는 얘기를 한 번도 한 적이 없다는 거예요… 너무나도 비밀스럽고 자기 얘기를 안 하는 사람이었어요."

수전은 오웰의 고통을 날카롭게 관찰한다. "그렇게 피를 토하고 나자 오웰은 자기 수명이 줄어들고 있다고 느낀 것 같아요. 걱정되었겠죠. 그러고는, 받아들여질 거라는 어떤 확신도 사실은 없는 상태로, 여자들한테 무턱대고 청혼을 하기 시작했어요. 절박할 만큼 외롭고 혼란스러워서 그렇게 한 거죠. 오웰의 작가로서의 삶은 굉장히 성공적이었고, 아기도 아주 건강했지만, 한 인간으로서 그 사람의 욕구는 채워지고 있지가 못했던 거예요. 만약에 그때 아내가 있었더라면 오웰은 아내를 사랑했을 거예요."

오웰은 건강을 회복하자마자 다시 앤에게 연락한다. 앤은 독일로 돌아가 있다. 이제 상황은 긴급하다.

오웰은 자신이 원래는 더 일찍 편지를 썼을 거라고, 하지만 위염이라는 병에 걸려 이번 주 내내 아팠어요라고 쓴다. 그런 다음 그 거짓말을 더욱 그럴듯하게 만들려는 듯 세부 사항을 덧붙인다. 난 그런 단어가 의사라는 직업에 대해 많은 걸 말해준다고 생각해요. 배가 아프면 위염, 머리가 아프면 뇌염, 뭐 그런 식이겠죠. 어쨌든 상당히 불쾌한 경험이었어요… 오웰은 자신이 쓰기로 약속한 여러 편의 글 이야기를 한 단락에 걸쳐 길게 늘어놓는다. 그런 다음 그는 사과하기에 이른다. 사과 같지 않은 그 사과를 하면서, 그는 앤에게 화를 낼 권리가 있다는 걸 마지못해 인정한다.

당신이 떠나기 전날 밤에 내가 말하자면 '접근'을 하는 바람에 화가 나거나 놀라진 않았는지 궁금하네요. 대답할 필요는 없어요. 내 말은, 대답을 안 해도 난 화가 나지 않을 거라는 뜻이에요… 당신이 외롭고 행복하지 않아 보인다는 생각이 들었고, 내게 관심을 갖는 일도 어쩌면 가능하지 않을까 싶었어요… 그냥, 가끔 난 너무도 절박하게 외로워요. 친구들은 수백 명쯤 있지만, 내게 관심을 주고 격려해 줄 수 있는 여자는 없거든요… 물론 나 같은 인간이 당신처럼 젊은 사람과 사랑을 나누고 싶어 한다는 건 터무니없는 일이겠죠. 난 정말 그러고 싶어요. 하지만 당신이 이해만 해준다면, 그냥 안 된다고 말해도 기분이 상하거나 상처받진 않을 거예요.[48]

그런 다음 오웰은 성적으로 음란한 내용 때문에 금지됐으나 자신이 불법적으로 손에 넣는 데 성공한 몇 편의 장편소설을 보내주겠다고 제안한다.

앤은 답장에서 애초에 자신에게 끌린 이유가 무엇이었느냐고 묻는다. 오웰은 이렇게 대답한다. 당신도 틀림없이 잘 알겠지만 당신은 아주 아름다워요. 하지만 그게 이유의 전부는 아니었어요. 그러나 앤은 자신이 매력적인지 묻고 있는 게 아니다. 자신을 한 명의 온전한 인간으로 바라볼 능력이 오웰에게 있는지 알아보는 시험을 하고 있다. 그리고 오웰에겐 그런 능력이 없다. 그는 그저 앤을 자신의 욕구를 충족시켜 줄 존재로 바라볼 뿐이다. 난 내 여생과 내 작업을 함께해 줄 누군가를 정말로 원해요.[49] 이건 단순히 함께 잘 누군가를 찾는 문제는 아니에요. 물론 나 역시 때때로 그걸 원하긴 하지만요.

당신은 나를 사랑하게 될 것 같지 않다고 하는군요. 오웰은 앤에게 그렇게 쓴다. 앤은 오웰에게 사랑이 얼마나 중요한지 알고 싶어 한다. 오웰의 대답은? 사랑은 있어도 되고 없어도 되는 것이다. 하지만 이제 오웰은 자신이 정말로 필요로 하는 것을 직면해야 한다. 그건 너무나도 힘든 일이다.

내가 당신에게 정말로 묻고 싶은 건 당신이 한 문학인의 미망인이 되고 싶은지 하는 거예요. 만약 상황이 지금과 크게 달라지지 않는다면 그런 삶에도 나름의 즐거움이 있을 거예요. 당신은 아마 들어오는 인세를 받게 될 테고, 미출간 원고들을 편집한다든지 하는 일에서 재미를 느낄 수도 있을 테니까요. 물론 내가 얼마나 오래 살지는 알 수 없어요. 하지만 '병약한 사람'으로 여겨지고 있긴 해요. 내게는 언제든 폐렴으로 발전할 수 있는 기관지 확장증이라는 병이 있고, 한쪽 폐에는 오래된 '비진행성' 결핵 병변도 있어요. 그리고 전에는 곧 죽을 거라고 여겨졌던 적도 여러 번 있고요. 하지만 난 언제나 살아남았죠. 단지 그 질병들에게 복수하기 위해서요…

오웰은 자신이 이제 막 겪은 결핵성 출혈을 위염이라고 속였고, 자신의 현재 상태를 과거로 밀어 넣고는 '오래된 비진행성 병변'으로 격하시킨 참이다. 그에게는 작품이 먼저다. 한때 그에겐 작품을 함께 만들어갈 아내가 있었다. 이제 그는 또 한 명의 아내를 원한다. 자신이 죽은 뒤 그 작품을 관리해 줄 아내를.

내 생각에 난 난임이기도 한 것 같아요. 어쨌거나 지금까지 아이가 생긴 적이 한 번도 없거든요. 너무 역겨워서 그 검사는 받아보지 않았지만요. 하지만 혹시 당신이 다른 사람의 아이들을 갖고 싶다면 난 신경 쓰지 않을 거예요. 내가 육체적으로 질투를 느끼는 일은 거의 없으니까요.

오웰 자신도 알지만 이건 거짓말이다. 아일린이 다른 사람의 아이를 임신할 수도 있다는 사실에 그들 부부가 직면했을 때, 오웰은 충격을 받아 그 이야기를 단칼에 잘라버렸으니까. 그 생각을 하니 그는 아일린이 떠오른다.

누가 누구와 자는지 하는 문제에는 난 크게 관심 없어요. 내게 중요하게 느껴지는 건 감정적이고 지적인 차원에서 신의를 지키는 거예요. 난 때로 아일린에게 신의를 지키지 못했고 굉장히 심하게 대하기도 했지만, 그리고 내 생각에는 아일린 역시도 나를 심하게 대했지만, 그건 진정한 결혼이었어요. 우리가 끔찍한 어려움들을 함께 겪었고, 아일린이 내 작업에 관한 모든 것과 기타 등등을 이해해 주었다는 의미에서 말이죠.

아일린이 자신을 심하게 대했다고 오웰이 생각한 이유는 뭘까? 그걸 알기는 불가능하다. 혹시 그가 바람을 피운 일을 두고 그들이 벌인 '살벌한 말다툼' 때문이었을까? 아일린이 마지막으로 오웰에게 보낸 편지들을 읽어보면, 그리고 언제나 자신의 절박한 필요를 오웰이 받아들일 수 있도록 기쁨을 담은 용어들, 이를테면 낚시, 풍경, 총, 병원과 거리 두기, 오웰의 아이들이 아닌 아이들과 거리 두기 등으로 바꿔 말하는 아일린의 상냥함과 외교적 감각을 살펴보면, 오웰이 무엇을 언급하고 있는지 상상하기는 어렵다. 오웰에게 타인의 관점을 이해하는 능력이 없다는 것이 앤에게는 의심의 여지없이 명백해 보였을 것이다. 오웰의 편지는 이렇게 이어진다.

당신은 젊고 건강하니 나보다 나은 사람을 만나 마땅해요. 하지만 다른 한편으로, 만약 당신이 그런 사람을 찾지 못한다면, 그리고 당신 자신을 본질적으로 미망인 같은 존재라고 여기고 있다면, 좀 더 나쁜 일도 할 수 있지 않을까요. 이를테면 내가 사실 그렇게 역겨운 사람은 아니라고 생각해 본다거나. 내가 앞으로 10년을 더 살 수 있다면, 가치 있는 책 세 권쯤은 더 쓸 거라고 생각해요. 거기에 더해 잡다한 글들도 꽤 많이 쓰게 되겠죠. 하지만 난 평화롭고 조용한 삶을, 그리고 나를 아껴줄 누군가를 원해요. 그리고 리처드도 있죠. 그 애에 대한 당신의 감정이 어떤지 모르겠군요. 당신도 이 모든 걸 곰곰이 생각해 볼 수 있겠죠…

그런 다음 오웰은 앤을 주라섬으로 초대한다. 그곳은 스코틀랜드 해안에서 멀리 떨어진 곳에 있는 외딴 섬으로, 오웰이 이번 여름에 가고 싶어 하는 곳이다. 와서 내 정부가 되어달라는 건 아니에요. 그냥 와서 머물러 달라는 거예요. 그는 편지를 이렇게 끝맺는다. 내가 당신의 의지를 거슬러 사랑을 나누려 할 거라고는 생각하지 말아줘요. 당신도 알다시피 난 문명인이니까. 사랑을 담아, 조지. 앤은 좀 더 단호하게 오웰을 거절하는 답장을 쓴 것이 틀림없다. 자신의 작업을 '함께해 주길' 바라는 병든 남자의 아내가 되어, 그가 죽고 나서 그의 문학적 유산을 관리해 주고 싶은 마음은 전혀 없다고 말이다. 특히나 강간을 하지는 않겠다고 글로 써야만 하는 남자라면 더욱 싫다고. 오웰이 앤에게 보낸 세 번째이자 마지막 편지를 보면, 그는 말뜻을 알아들은 것 같다. 당신의 편지에 대해 많은 생각을 해봤어요.[50] 그는 이렇게 쓴다. 그리고 당신 말이 맞다는 생각이 드네요. 당신은 젊으니 아마도 당신에게 어울리는 사람을 찾게 될 거예요. 어쨌든 그 얘기는 그만하죠. 그런 다음 그는 서명한다. 당신의 조지로부터. 앤은 정말로 자신에게 어울리는 사람을, 버지니아 울프의 조카였던 쿠엔틴 벨Quentin Bell을 찾아냈고, 장수했다. 앤이 삶에서 이룬 많은 업적 중 하나는 울프의 일기를 편집한 것이었다.

적어도 한 번의 청혼이 더 있었다. 이번에도 햄스테드의 엠프슨 부부네 집에서 열린 파티에서 술을 마시고 일어난 일이었다. 오웰은 그 자리에서 오드리 존스Audrey Jones라는 여성에게 자신의 '아내 잡기 전략'을 시험해 보았다. 오드리와 두 번째 만나던 날 오웰은 결혼해 달라고 했지만, "그게 일종의 농담이라고 생각한 오드리는 오웰과 그의 청혼 둘 다를 웃어 넘겼다."[51]

전기 작가로서 자신의 주인공이 비웃음과 거절을 당하는 걸 지켜보는 건 힘든 일이다. 그들 중 한 명은 오웰 대신 약간의 간접적이고 유사과학적인 여성혐오를 섞어 곧바로 이렇게 반격한다. "오웰이 예쁘고 젊은 여성들을 이렇듯 집요하게 추구했다는 사실에는 그가 기싱Gissing과 공유하고 있던 다음과 같은 견해가 반영되어 있다. '지적인 여성은 매우 찾아보기 힘든 생물이며, 만약 누군가가 지적인 동시에 예쁜 여성과 결혼하고 싶어 한다면 잘 알려진 산술적 법칙에 따라 그 선택의 폭은 더더욱 좁아진다.'"[52]

~

아일린이 세상을 떠난 지도 일 년이 지났다. 오웰은 처음으로 월링턴에 돌아간다. 리디아와 한 친구가 그곳에 살고 있긴 하지만, 시골집은 온통 아일린의 흔적으로 가득하다. 마르크스가 할퀴어놓은 의자. 선반 위에 놓인 통들. 지금은 당연히 비어 있지만 여전히 문 뒤에 쌓여 있는 유리병들. 참을 수가 없다.[53] 오웰은 자신의 책상 맨 아래 서랍에서 아일린이 맨 처음에 썼던 편지들을 발견한다. 열린 마음으로, 온통 지금과는 다른 미래를 꿈꾸며 썼던 편지들을.

V 사후

정원에서 편지들을 태우고 있는 오웰의 모습이 리디아의 눈에 들어온다. 리디아는 가슴을 찌르는 듯한 불안을 느낀다. 저것들은 저 사람이 태울 수 있는 소유물이 아니잖아! 하지만 물론 그것들은 그의 소유물이다.

누가 이 이야기를 하게 될까?

오웰은 월링턴에 머무를 수가 없다. 하지만 캐논버리 스퀘어로 돌아가자마자 그곳에도 있기 싫다는 생각이 든다. 그는 돌 부스러기로 뒤덮인 런던에서 벗어나야 한다. 앞으로 쓰게 될 책이 세 권은 더 있으니 10년은 더 살 거라고 그는 여자들에게 말해 왔다. 이말은 뒤집어도 성립되니, 수학적으로 참인 것이 틀림없다. 10년=책 세 권. 주라섬에 가면 오웰은 의사들과 엑스레이, 가슴을 두드리며 하는 진찰과 객담 검사로부터 멀리 떨어져 지낼 수 있을 것이고, 따라서 다음과 같은 허구를 유지할 수 있을 것이다. 끝이 다가오고 있는지도 모르겠지만, 아내가 있든 없든 그는 그 예견된 끝보다 오래 살 수 있고, 더 많은 책을 써낼 수 있다는 허구 말이다.

폭격은 이제 멎었지만 지붕이 무너지거나 수도관이 폭발할 가능성은 언제나 있기에, 오웰은 침대맡 협탁에 있던 아일린의 마지막 편지들을 자신의 가방 안쪽 주머니에 넣고 다니기 시작했다. 이렇게 얇은 종이의 특성이 궁금하다. 식탁에 앉아 장문의 편지 한 통을 꺼낸다. 전에는 아일린이 봉투에 침을 발라 붙이던 모습이 떠오르곤 했지만, 지금 그는 자신에게 떠오르는 그 생각을 멈춘다.

아일린 역시 런던을 떠나고 싶어 했던 것 같다.

런던에서의 생활이 내게 얼마나 악몽 같은지 당신은 모르는 것 같아요. 당신에게도 그렇다는 건 알지만, 당신은 종종 마치 내가 그걸 좋아하기라도 하는 것처럼 말을 하죠… 사방에 사람들이 가득한 것도 참기 힘들고, 식사를 할 때마다 스무 개의 더러운 손이 그걸 만들었다는 생각에 구역질이 나요. 사실 난 깨끗해질 때까지 팔팔 끓인 음식이 아니면 어떤 것도 먹을 수가 없어요. 공기를 들이마실 수도 없고… 시를 읽을 수도 없어요. 한 번도 그럴 수가 없었어요. 결혼하기 전 런던에 살 때는 확실히 한 달에 한 번쯤은 시가 가득 든 여행 가방을 들고 멀리 떠나곤 했고, 그게 다음번에 외출할 때까지 위안이 되어주곤 했는데. 그렇지 않으면 옥스퍼드로 올라가 보들레이언 도서관에서 책을 읽곤 했고, 여름에는 배를 타고 처웰 강을 올라가고, 겨울에는 포트 메도우나 갓스토 마을을 산책하곤 했어요. 하지만 수년 동안 내내, 난 마치 온건한 강제수용소에 있는 것 같은 기분이었어요…

아일린이 쓴 마지막 줄은 결혼한 이후를 가리키는 걸까? 오웰의 손이 여전히 편지를 쥔 채 무릎으로 떨어진다. 그의 마음은 피하고 싶어 하지만, 그는 그것이 사실임을 깨닫는다. 아일린은 멀리 외출했던 적이 별로 없었다.

오웰은 기침을 시작한다. 기침은 계속 이어진다. 고통스럽지만, 결국에는 멎는다. 다행이다.

그는 계속 읽는다. 아일린은 오웰이 런던을 떠나기를 바란다. 그의 재능과 시간을 서평과 칼럼들에 찔끔찔끔 낭비하는 일을 그만두고 또 다른 장편소설을 쓰기를 바란다. 아마 그것이 아일린이 그와 함께 하고 싶은 일이기 때문이었을 것이다. 아니 어쩌면, 아일린 혼자서.

그런 이야기가 어디 있었더라? 오웰은 가방에서 나머지 편지들을 꺼낸 다음 봉투에서 끄집어낸다. 식탁 위의 부스러기들을 쓸어내고 편지들을 펼쳐놓는다. 아, 그래, 여기, 돈 이야기가 나오는 곳이다.

난 건강이 나아지면 진심으로 돈을 좀 벌고 싶어요. 물론 밖에 나가서 일할 수도 있겠지만, 내 말은, 말하자면 집에서 정말로 돈을 좀 벌 수도 있다는 거예요.

물론 아일린은 글을 쓸 수도 있었을 것이다. 어쩌면 그랬을지도 모른다. 하지만 아일린은 항상 너무 바빴다. 한번은 월링턴 집의 정원에서 아일린이 버지니아 울프가 했던 강연의 몇 문장을 낭독한 일이 있었다.[54] 좌절이 예술가의 정신에 미치는 효과를 측정하는 일에 관한 이야기였나, 뭐 그랬다. 마치 우유 회사가 쥐의 몸에 보통 우유와 A등급 우유를 공급해 그 각각의 효과를 측정하듯이.

"난 쥐들이 싫어요." 오웰은 그렇게 말했었다.

"알아요." 아일린은 웃음을 터뜨렸었다.

지금 니코틴으로 얼룩진 그 미소를 보려면 무엇을 내놓아야 할까.

오웰의 시선이 식탁 위에 펼쳐진 페이지들 위를 헤매다

닌다.

　…빈혈이 심한 환자를 수술할 경우 생길 수 있는 단점들을 상쇄할 만큼 징후들이 긴급하대요… 그래서 내 생각에 병원에선 그냥 수혈을 하고 거의 곧바로 수술을 할 것 같아요.

　수혈을 했어야 했다고?

　만약 안 했다면, 돈을 절약하기 위해서? 오웰은 그 생각을 밀어낸다.

　오웰의 시선은 편지에서 편지로 날아다닌다. 어떤 것들은 손으로 쓰여 있고, 또 어떤 것들은 타자로 쳐져 있다. 그는 아일린의 말들을 읽고 또 읽는다. 마치 새로운 의미들이, 아일린이 보내온 새로운 메시지들이 드러날지도 모른다는 듯이.

　여기 있다. 아일린은 정말로 시골로 가고 싶어 했다. 그건 리처드를 위해서이기도 했다.

　물론 그 애가 쉽지 않은 두 번째 해에 들어서도 그런 확신들을 유지할 수 있을지는 모르겠지만, 시골에서 지낼 수 있고 당신이 당신 자신을, 그리고 나를 만족시키는 삶을 산다면 그럴 가능성은 훨씬 더 커질 거예요.

　그래, 그렇다면 시골로 가자.

정물, 칼이 있는

오웰은 아내 될 사람을 찾지 못한다. 하지만 강제로 동원되었던 공장 일에서 해방된 오웰의 여동생 에이브릴이 주라섬에 와서 집안일을 해주기로 한다. 몇 주 뒤에는 수전이 리처드를 데려올 것이다. 수전은 그곳에서 쭉 지내면서 그 애를 돌봐줄 것이다. 당분간은 그렇게 해야 할 것이다.

떠나기 전, 오웰은 앤서니 파월을 찾아간다. 파월 역시 어린 아들이 있다. 그들은 아기방에서 "창가에 놓인 아기 침대에 잠들지 않은 채 조용히 누워 있는" 그 꼬마 아기를 보며 감탄한다. 그러다 파월이 오웰과 이야기하고 있던 책을 가지러 방을 슬쩍 빠져나간다. 그가 돌아와 보니 오웰은 방 맞은편에서 "열심히 그림 한 점을 들여다보고 있다". 그때 아기가 몸을 뒤척인다. 파월이 담요를 바로잡아주려고 아기 침대 안으로 손을 뻗는데, 손이 단단한 무언가에 부딪힌다. 이불을 들춰보니 "거대한 접이식 칼 한 자루"가 거기 있다. 사슴의 내장을 꺼낼 때 쓰는 칼이다. 파월은 충격을 받는다.

"아, 그거 내가 가지고 놀라고 줬어."[55] 오웰이 말한다. "거기다 두고 깜빡했네." 오웰이 왜 그런 칼을 가지고 다니는지는 수수께끼다. 대체 그런 걸 어디다 숨기고 다니는 걸까? 양말 속에?

그 칼이 펴져 있었는지, 접혀 있었는지 언급하는 사람은 아무도 없다. 한 전기 작가는 이 무시무시한 장면에서 알 수 있는 건 오웰이 그저 "아이와 놀고 있었고", 그 모습을 들키기를 원치 않았다는 것 정도라고 여긴다. 파월이 말했듯 "그 사건이 시각적 중요성을 획득하기 위해서는 오웰은 들켜야만 했지만" 말이다. 그 말이 무슨 뜻인지는 모르겠다. 이 전기 작가는 이 사건이 오웰을 "이상하다기보다는 이상하지 않은 사람, 내면의 심리적 힘에 더 이끌리는 사람"[56]으로 보이게 한다고 쓰고는, 오웰이 타인들에게서 보고 싶어 했던 '고상함과 친절'이라는 특성들에 관해 이야기하면서 그 단락을 어처구니없게 끝맺는다. 마치 그곳에서 일어난 말로 표현할 수 없을 만큼 기이한 폭력에의 도발을 흐릿하게 만들려는 것처럼.

아기 침대에 칼을 넣어두는 행위를 뭐라고 설명해야 할지 나는 모르겠다. "무장을 할 것인가, 아니면 해를 입을 것인가." 이것들이 오웰의 눈에 보이는 선택지일까? 오웰이 자신의 목덜미에 와닿는 죽음의 숨결을 느끼며 지내는 지금, 이상한 사건들은 쌓여가고, 그 사건들 속에서는 타인들이 위험에 처하기도 한다. 마치 오웰이 삶의 위태로움을 특히 삶의 대부분을 아직 겪어 보지 않은 사람들과, 즉 아이들과 공유라도 하고 있는 것처럼.

섬, 생활

일하는 것은 죽지 않고 사는 것입니다.
—— 라이너 마리아 릴케[57]

주라섬은 영국 극서부 맨 끝자락, 땅이 해진 레이스처럼 부채 모양으로 펼쳐지며 작은 섬들로 변하는 곳에 자리 잡은 나무 없는 섬이다. 이 섬에는 그때나 지금이나 약 200명의 사람들과 6,000마리 남짓한 사슴들이 살고 있다. 내가 런던에서 그곳까지 가는 데는 하루가 걸린다. 글래스고까지 기차를 타고 가서, 차를 타고 산속으로 들어가 눈부신 은빛 호수들을 따라 해안까지 간 다음, 카 페리를 타고 아일라섬까지 가서, 다시 여객선을 타고 주라섬까지 가는 것이다. 오웰이 살던 시대에는 그가 임대한 집인 반힐까지 가는 데 48시간이 걸렸고, 마지막 13킬로미터 정도는 걸어서 이동해야 했다. 한번은 소니아를 초대한 그가 열아홉 줄에 달하는 지시사항을 써 보냈는데, 거기에는 기차, 버스, 배, 비행기를 타라는 말과 함께 밀가루와 차를 가져와달라는 부탁이 적혀 있었다.[58] 그게 사실상 자기학대를 얼마나 잘하는지 알아보는 시험이었다면, 소니아는 '통과'했다. 그곳에 가지 않는 것으로 말이다.

　여객선에 올라 바라보는 하늘은 부드럽고 양털 같은 회색이다. 나는 병든 몸을 이끌고 "여행 가방 하나, 주전자 하나, 소스 냄비 하나, 타자기 한 대 말고는 거의 아무것도 없이"[59] 이 짙은 물을 혼자 건너는 오웰을 떠올린다. 그는 평화와 신선한 공기를, 온화한 미기후微氣候를 원한다. 여객선이 부두에 닿자 나는 선창을 따라 던져져 있는, 푸른색 밧줄로 만들어진 바닷가재 덫들을 지나 이곳의 유일한 마을인 크레이그하우스로 간다. 그 마을은 슬레이트 지붕을 인 흰색 건물 몇 채가 모여 있는 곳으로, 술집과 잡화점, 우체국 등 가장 기본적인 시설들이 갖춰져 있다. 그리고 그 건물들 뒤, 일반적으로는 교회가 있을 법한 곳에는 위스키 양조장이 높이 솟아 있다.

　오웰이 도착했을 때는 1946년 초여름이다. 그는 크레이그하우스에서 우체국 밴을 얻어 타고 약 27킬로미터를 달려 아르들루사에 있는 영주의 저택으로 간다. 오웰은 마거릿 플레처Margaret Fletcher에게서 반힐을 임대하고 있는데, 두 집 모두 마거릿의 소유다. 마거릿의 남편이자 지주인 로빈은 오웰보다 몇 살 더 많은 이튼 칼리지 졸업생이다. 반힐은 영주의 저택에서 북쪽으로 약 13킬로미터를 더 가야 나온다. 그곳까지 가는 흙길은 몹시 수렁 같고 여기저기 갈라져 있어서 우체국 밴도, 섬에 딱 한 대 있는 택시도 그리로 가는 모험은 하려 들지 않는다.

　마거릿 플레처는 어린 아이들과 참전군인인 남편을 돌보고 있다. 마거릿은 오웰을 만나자마자 "너무도 슬퍼 보이는 그의 얼굴에" 깜짝 놀란다. "그 사람은 키가 컸고 어두운 인상에 굉장히 초췌했어요… 정말 병색이 완연한 남자였죠." 마거릿은 오웰을 영주의 저택에서 하룻밤 묵어가게 해준다. 다음날, 마거릿은 그를 자신의 트럭에 태우고 "그 평탄치 않은 길을 따라" 마지막 13킬로미터를 간다. 마거릿은 나중에 "그 마지막 언덕 꼭대기까지 가서 반힐을 내려다본" 기억을 떠올렸다. "거긴 그냥 드넓은 황무지예요. 정말이지 나무도 몇 그루 없는, 거의 없는 텅 빈 언덕 위 황무지죠. 있는 건… 사슴 몇 마리랑 야생 염소 몇 마리 정도일까요…"

마거릿은 오웰이 걱정된다. "사람들은 고립에 관해 말을 하면서도 정작 고립될 때까지는 그게 어떤 건지 잘 몰라요." 그동안 마거릿은 지붕을 수리하고, 벽을 하얗게 칠하고, 위험한 발전기를 고치면서 이 집을 준비해 왔다. 이곳은 모든 게 대충대충 만들어져 있다. 이곳은 억센 소작인들을 위한 집이지 병든 데다 혼자인 지식인을 위한 집이 아니다. "오웰을 반힐에서 혼자 지내게 두자니 정말이지 극도로 걱정이 되었던 게 기억나네요… 전화를 걸려고 해도 수 킬로미터는 나가야 했으니까요." 마거릿은 말했다. 도와주겠다는 여러 차례의 제안을 오웰이 거절하자 마거릿은 가벼운 서운함을 느낀다. 1,2주 뒤면 에이브릴이 올 것이다.

마거릿 플레처의 딸인 케이트는 나를 자신의 낡은 SUV에 태우고 바로 그 구멍이 숭숭 난 길을 따라 13킬로미터를 달려간다. 키가 족히 180센티미터는 되어 보이는 케이트는 잡담 따위는 하지 않은 지 오래인 것 같은 위풍당당한 중년 여성이다. 그는 생판 남인 내게 친절을 베풀어주는 중이다. 차는 기울어지고 들썩이고 길을 헤집으며 달리다가 언덕 위에서 아무 이유 없이 멈춰 선다. 언덕 맞은편으로는 텅 빈 황무지가 내다보이는데, 아마 그곳에 반힐이 있을 것이다. 케이트는 핸드브레이크를 당겨 올린다.

"잠시만요." 케이트는 열쇠 꾸러미를 들고 차에서 내린다. 보닛 위로, 두 개의 기둥 사이에 걸린 금속 체인이 그제야 눈에 들어온다. 체인에는 중세풍의 커다란 자물쇠가 매달려 있다. 기둥들에는 어떤 울타리도 붙어 있지 않다. 탁 트인 풍경 속에 있는 자물쇠로 잠긴 길. 마치 꿈속에 나오는 경고 같다. 케이트는 강철 열쇠로 자물쇠를 연 다음 다시 차에 탄다. 설명할 필요는 없다는 것 같다.

나는 참지 못하고 묻는다. "왜 그냥 빙 돌아가지 않죠?"

"우린 그렇게 안 해요." 케이트는 답한다. 그걸로 끝이다.

우리는 없어도 될 것 같은 낡은 문을 통과해 어떤 장소에(과거에? 아니면 끝에?) 들어와 있다. 나중에, 나는 황무지 한복판에 있던 그 자물쇠 달린 체인이 섬의 명물로, 아무도 기억하지 못하는 전통에 따라 손대지 않은 채 남아 있다는 걸 알게 된다. 상관없다. 어쨌든 나는 열쇠를 가진 여자와 함께 있으니까. 나는 바다를 바라본다. 바다는 갓 태어난 아기의 눈처럼 짙은 회색이다.

반힐은 슬레이트 지붕을 인 커다란 흰색 농가로, 바다로 완만하게 이어지는 언덕들 사이의 틈에 자리 잡고 있다. 오웰의 침실은 집의 한쪽 끝 맨 위층, 주방 바로 위에 있다. 침대 하나가 지붕창을 바라보게 놓여 있고, 지붕창 너머로는 부드러운 경사를 이루며 바다까지 이어지는 잔디밭이 보인다. 어느 시점엔가 마거릿 플레처는 오웰에게 밝은 노란색 철쭉 덤불을 선물했고, 오웰은 자신이 볼 수 있도록 바로 앞 내다보이는 곳에 그것을 심었다. 그 꽃은 이제 막 피어나려는 참이다.

오웰이 도착했을 때 그 집에는 전기도 들어오지 않고 온수도 나

철쭉 덤불에 꽃이 핀 반힐 전경(2017년)

오지 않는다. 외부 세계와 소통하는 유일한 수단은 배터리로 작동하는 라디오 하나뿐이다. 가스레인지가 있고, 조명으로는 등유 램프가 몇 개 있다. 주방 바깥의 다용도실에 있는 발전기는 기름때로 새까맣고 제멋대로 움직인다. 그곳에는 나무가 없어서 장작도 없고, 이탄을 채취할 시기는 지났다. 가장 가까이 있는 의사는 약 56킬로미터 떨어진 곳에 있는데, 그중 처음 13킬로미터는 문제의 그 길을 되짚어 아르들루사까지 가야 하고, 그런 다음 차를 얻어타거나 택시를 타고 크레이그하우스까지 가서, 다시 배를 타고 옆에 있는 섬까지 가야 한다. 조르주 코프는 이제 글래스고 외곽에서 농사를 짓고 있는데, 오웰에게 그 13킬로미터를 오갈 수 있는 트럭 한 대를 판다. 하지만 부두에 도착한 그 트럭은 마치 장난처럼, 복수라도 하듯 망가져 버린다. 그래서 오웰은 밴을 한 대 산다. 하지만 그 차 역시 작동을 멈춰 버린다. 결국 그는 낡은 오토바이 한 대를 산다. 동네 사람들은 처음에는 놀라지만, 이내 방수 천으로 만든 옷을 입고 언덕 너머로 나타나는 그의 시커먼 형상과 등 뒤로 실루엣처럼 드러나는 풀 베는 낫(오웰은 잡초를 베는 데 필요할지 모른다고 했다)

에 익숙해진다. 하지만 그 오토바이 역시 "끊임없이 고장이 났다"고 마거릿은 기억했다. "오웰은 오토바이 부품들을 주위에 늘어놓고 길가에 앉아 있곤 했어요. 햇볕을 받으며 한 시간쯤 그것들을 만지작거리고 있었죠. 그러다가 점화 플러그든 뭐든 계속 작동이 안 되는 부품을 찾아내고는, 오토바이를 버려둔 채 아르들루사의 우리 집으로 걸어오곤 했어요. 와서 도와줄 사람이 있는지 보려고요… 그 사람은 엔진을 썩 잘 다루지는 못했거든요."[60] 마거릿은 이렇게 덧붙였다. "스스로는 잘 다룬다고 생각했겠지만요."

오웰은 알려진 세계의 끝자락에 머무르면서 의사들을, 서평 쓰는 일을, 슬픔을, 시간을 피하고 있다. 그해 여름과 그다음 두 해 여름 동안, 그는 자신의 삶과 장편소설을 떠받쳐줄 가정이라는 세계를 어떻게든 대충 꿰맞춰 보려고 애를 쓴다. 폐에 차오르는 물로 숨이 막혀 죽을 뻔하는 위기를 간신히 넘겨 가면서.

오웰은 바다가 내다보이도록 지붕창 밑에 책상을 놓아두었다. 그는 타자기의 롤러 손잡이를 돌려 완성된 페이지를 빼낸 다음 자기 오른쪽에 있는 작은 무더기에 올려놓는다. 문진으로는 어딘가에서 주워온 반짝이는 은빛 혈암을 쓰고 있다. 이것은 그가 지금까지 한 모든 작업 가운데 가장 더디게 진행되는 글쓰기다.

7월 초, 수전이 리처드와 함께 도착한다. 오웰은 수전에게 자신의 여동생이 올 거라는 말을 하지 않았다. 만약 말했더라면 수전은 오지 않았을 테니 말이다. 하지만 오웰은 자신에게 가정부와 보모 둘 다 필요하다는 걸 안다. 그게 먼저다. 누가 농장 일을 할지, 혹은 교열을 하고 타자를 쳐줄 것인지도 생각해야 하겠지만 말이다. 평소에는 아주 다정한 수전은 에이브릴이 "대단히 심술궂다"[61]는 걸 알게 된다. 그리고 한번은 그가 어떤 인터뷰에서 조용히 말했듯, 에이브릴은 "멍청하기도" 하다. 수전은 이렇게 말했다. "여동생이 거기 올 거라고 말해줄 수도 있었을 텐데. 어쨌든 주라섬까지 가는 데는 48시간이나 걸렸으니 말이죠."

이제는 반쯤 부랑자가 되어 살고 있는 폴 포츠가 찾아온다. 포츠에겐 그 나름의 여러 매력이 있는데, 그중에는 이렇게 주제 파악을 하는 매력도 있다. "나와 위대한 시인의 다른 점은, 난 위대한 시인이 아니라는 거죠." 그는 한번은 그렇게 말했다. 하지만 그는 동시에 "자기밖에 모르는 과격한 술고래"[62]처럼 보이기도 한다. 다른 이들은 그가 있으면 자리를 피해 왔던 것으로 보인다. 오웰은 소니아를 초대했듯 브렌다, 이네즈, 샐리도 초대하지만, 누구도 오지 않는다.

수전의 눈에 비친 에이브릴은 끔찍한 존재다. 그는 텃세가 심하고 독기를 품은 듯 군다. 리처드가 점퍼를 입는 일을 두고 소동을 피우자 그 애를 때려주지 않는다고 수전을 야단치기도 한다. 자기 오빠의 제대로 된 이름이 "에릭"인데도 그를 "조지"라고 부른다고 수전을 호되게 꾸짖는다.[63] 게다가 뇌성마비로 손이 떨리는 수전의 장애를 비웃기까지 한다. "보모라는 사람이 양말 하나도 기울 줄을 모르잖아!"[64] 에이브릴은 그렇게 내뱉는다. 그는 말을 더듬고 눈을 깜빡이며 대체로 쓸모 있는 사람은 못 되는 포츠에게도 그다지 친절하게 굴지 않는다. 그는 포츠를 "길들여야 하는 인간"[65]이라고 부른다.

오웰은 위층에 머무르며 담배를 피우고 타자를 치고 있다. 아래층에서는 집안 사람들이 법석을 떨어대고 있다. 장작을 구하려고 굳이 밖으로 나간 포츠는 그곳에 있던 유일한 나무를 베어버린다. 당황한 수전은 실수로 포츠의 지저분한 원고 중 하나를 난로에 불을 붙이는 데 써버린다. 그날 밤 포츠는 "달빛 속에 야반도주하듯"[66] 떠난다. 어둠 속에서 13킬로미터를 걸어 아르들루사로 돌아간다.

수전의 남자 친구인 스물세 살의 케임브리지 졸업생 데이비드 홀브룩David Holbrook이 찾아온다. 오웰의 열렬한 팬인 그는 몹시 들떠 있다. 그가 자신의 문학적 우상을 처음으로 얼핏 보게 되었을 때, 오웰은 마당에 나와 거위 한 마리를 아주 가까운 거리에서 총으로 쏘고 있다. 그 거위는 에이브릴의 손에 구워져 식탁에 차려진다. 데이비드는 "활기차고 유쾌한 지성"을 만날 거라 기대하고 있었지만, 실제로 만나게 되는 건 "비참하고 적대감 가득한 늙은이"일 뿐이다.

저녁 식사 자리에서 오웰과 "몹시 음울한 여자"인 에이브릴은 데이비드를 무시한다. 남매는 긴 대화를 주고받는다. "문장 사이사이에는 침묵이 길게 흘렀는데, 굉장히 우울한 침묵이었어요… 제 말은, 저는 그냥 구석에 앉아 있었는데, 오웰이 언제 건너가서 오토바이를 고쳐 가지고 올지, 도널드인지 누군지를 어떻게 불러 와서 배를 수리해 달라고 할지, 뭐 그런 식의 느리고 비참한 대화가 이어지곤 했다는 거예요. 그 두 사람은 마치 중간중간 흐르는 침묵 속에서 다음 문장을 얼마나 더 비참하게 빚어낼 수 있을지 고민하는 것 같았어요."[67]

어쩌면 오웰이 데이비드에게 적대적으로 구는 건 수전이 성생활이라는 걸 하지 않는 존재이기를 그가 바라고 있어서인지도 모른다. 혹은, 데이비드가 공산당원이기 때문일 수도 있다. 오웰은 여전히, 지금 여기시도, 자신이 암살 목표 명단에 있다는 편집증적 망상에 시달린다. 그는 루거총을 장전한 상태로 집 여기저기에 놔두기 시작한다.[68]

그 젊은 커플은 때때로 오웰의 방에 몰래 들어가 책상 위에 놓인 그의 원고들을 읽는다. 데이비드는 그것이 "음울하고 성적인 장면들"이 담긴 "굉장히 우울한 이야기"라고 생각한다. 두 사람은 방에서 자신들만의 성적인 장면들을 연출한다. 흥미롭게도, 그 페이지들 위에 살아 움직이며 체제 속에서 저항하듯 섹스를 하는 윈스턴과 줄리아처럼 말이다.

사냥 여행을 하고 있던 지주 로빈 플레처가 차를 마시러 들르자, 오웰은 갑자기 "굉장히 '버마 경찰'처럼, 몹시 속물같이"[69] 변한다. 수전과 데이비드는 "아래층으로 쫓겨나" 몰이꾼들과 함께 차를 마시게 된다. 데이비드는 이 일이 몹시 재미있으면서도 몹시 이상하다고 느낀다.

결국 수전과 데이비드 역시 도망친다. 그들은 13킬로미터를 걸어 아르들루사로 가는데, 이건 뇌성마비가 있는 수전에게는 힘든 일이고, 짐을 끌고 가느라 둘 다 힘들기도 하다. 이제 세 살이 된 리처드는 몹시 동요하고, 수전은 그 애를 떠나게 되어 속상해한다. 그날 밤, 마거릿 플레처가 그들을 묵어가게 해준다. 또다시 언덕 위의 고장 난 가정이라는 체제로부터 도망쳐 온 난민들을 받게 된 마거 릿이 무슨 생각을 했는지는 어떤 기록에도 남아 있지 않다.

오웰은 어떤 싸움도, 도망친 어떤 사람도 일기에 기록하지 않는다. 그의 폐는 점점 굳어가고 있다. 그는 그저 담배를 피우며 타자만 친다. 잠시 쉬고 싶을 때면 에이브릴과 함께 채소를 심은 밭으로 들어가거나, 손수 짓고 있는 닭장을 손보거나, 작은 배를 타고 낚시를 하러 간다. 가끔은 격심한 운동으로 인해 열이 나기도 한다. 그럴 때면 그는 몸을 떨고 땀을 흘리며 추위하면서 침대로 들어간다.

천국이 뱀 없이 완전하다고는 할 수 없을 것이다. 사방에 살무사들이 도사리고 있다. 그들은 그 뱀들을 경계해야 한다. 특히 리처드 주위에서는 그렇다. 한번은 살무사 한 마리를 본 오웰이 발로 밟아 잡은 일이 있었다. 하지만 다른 사람들이 예상한 대로 머리를 재빨리 박살 내는 대신, 그는 날이 튀어나오는 칼을 꺼내 뱀의 목에서 꼬리까지를 산채로 갈라 내장을 꺼낸다. 그런 다음 그는 "내장을 완전히 제거하고 뼈를 발라냈다".[70] 그들은 충격을 받은 채 계속 지켜본다.

9월 말이 되자 오웰의 원고는 쉰 페이지가 된다.

작업은 여전히 평소보다 한참 더디게 진행되고 있다.

오웰은 아일린의 얼굴을 떠올리려 하지만 잘되지 않는다. 타자기 위에 놓인 아일린의 두 손은 볼 수 있다. 와인 잔을 감싸고 있던 손가락 관절들도. 작고 하얀 아일린의 몸, 엉덩이와 가슴의 튀어나온 부분, 쇄골의 선과 그 아래 드리워져 있던 그림자들도 떠오른다. 하지만 아일린의 얼굴은 계속 텅 빈 채 남아 있다. 오웰은 공포에 질려 일어선다. 계단 맨 위에서 잠시 멈춘다. 무언가가 쿵쿵 소리를 내고 있다. 주방에서 페이스트리 반죽을 완전히 숨통을 끊으려는 듯 치대고 있는 에이브릴이다. 오웰은 기침을 하지 않고 식사 공간으로 내려간 다음, 벽난로 선반에서 사진을 슬쩍 집어 들고 다시 위층으로 올라간다. 한 손을 책상에 짚고 숨을 힘겹게 쌕쌕 몰아쉰다. 그런 다음 액자 뒤의 작은 받침대를 당겨 액자를 똑바로 세운다. 고양이상. 온화한 얼굴. 사진 속에서 아일린은 웃고 있지 않다. 그렇게 재미있었고, 언제나 속으로는 웃고 있던 사람이었는데.

오웰은 갑자기 화가 치밀어오른다.

그는 자리에 앉아 타자를 친다. 자신의 주인공 윈스턴이 되어.

그들은 마치 일부러 자신들의 무덤을 향해 다가가고 있는 듯했다. 침대 가장자리에 앉아 기다리는 동안, 그는 다시금 애정부의 지하실을 떠올렸다. 앞으로 다가올 공포가 어떻게 그런 식으로 사람의 의식 속을 드나드는지가 신기하게 느껴졌다. 그 공포는 미래 어딘가에 고정된 채, 마치 99가 100 앞에 놓이는 것만큼이나 확실하게 죽음 앞에 놓여 있었다. 그것은 피할 수 없었지만, 늦출 수는 있을지도 몰랐다. 그럼에도 사람들은 이따금씩 의식적이고 의도적인 행동을 통해 오히려 그 일이 닥쳐오는 시간을 앞당기는 쪽을 택했다.[71]

기침이 심하게 날 때면 오웰은 손수건에 피가 묻어나오는

지 확인한다. 그는 겨울 동안 이곳에 머무르는 위험을 무릅쓸 수가 없다.

오웰은 캐논버리 스퀘어로 돌아간다. 1946년에서 1947년으로 넘어가는 그 겨울은 너무도 추워서, 그는 침대 프레임을 난롯불에 넣어 땔감으로 쓴다.[72]

에이브릴이 오웰에게 수전을 내보내 달라고 부탁한 뒤, 수전은 주라섬을 떠났다. 오웰은 수전에게 일종의 퇴직금으로 60파운드를 건넸지만, 일종의 '시험'도 덧붙였다. "이걸 받고 끝내든지, 아니면…" 그는 그렇게 말하고는 문장의 뒷부분을 흐렸다. 마치 수전이 돈을 받으면 그걸 받을 자격이 없는 사람이 되는 거라고 암시하듯이 말이다. "오웰이 사람들을 상당히 불쾌한 방식으로 시험하긴 했

아일린(1941년)

V 사후 535

어요." 수전은 말했다. 수전은 그저 다음 배로 떠나야 한다고만 말했다. 원하던 결과를 얻어낸 에이브릴이 자신을 보며 "우쭐거리는" 모습까지는 보고 싶지 않았다.

런던으로 돌아간 오웰은 점심을 함께 먹고 소지품이 든 여행 가방도 가져갈 수 있도록 수전을 초대한다. 그러고는 리처드를 안은 채 현관문으로 나온다. 오웰은 "전보다 훨씬 안 좋아" 보인다. 리처드는 수전을 향해 손을 뻗으며 "까르르 웃으면서 즐거워하고" 있다. 그때 그들 뒤로 에이브릴이 모습을 드러낸다.

"아." 에이브릴은 아이를 가리켜 말한다. "얘가 당신을 잊어버렸네요."

수전은 안으로 들어가 리처드와 놀아준다. 리처드는 그들이 하던 까꿍 놀이를 기억하고 있다. 놀이가 끝나자 수전은 가방을 가지러 침실로 들어간다. 오웰은 그를 따라 들어가 거기 멈춰 선다.

"나 너무 아파요, 수전." 오웰은 말한다. 다른 누구에게도 절대 하지 않았을 것 같은 말이다. 수전은 "그 사람을 바라보았는데, 얼굴이 녹초가 된 데다 약간 푸르스름했어요. 이제 내가 할 수 있는 일이 있을까 하는 생각이 들었죠."

"정말 죄송해요, 조지." 수전은 말한다. "그런데 저, 점심 먹을 때까지 있지 못할 것 같아요."[73]

그런 다음 수전은 청소부인 해리슨 부인을 만나러 간다. 오웰에게 추가로 돌봄이 필요할 거라고 알려주기 위해서다.

노

> 삶은 나쁘지만 죽음은 더 나쁘다.
> ——조지 오웰, 마지막 노트[74]

이듬해 여름, 오웰은 주라섬으로 돌아간다. 아내 없이 꾸려지는 살림은 이번에는 전과는 다른 방식으로 자리를 잡아간다. 나무 의족을 달고 있고 음주 문제가 있는 귀환 군인 빌 던Bill Dunn이 섬에 와 있다. 빌은 일할 의욕이 충만하다. 리처드 리스도 섬에 찾아온다. 언제나 그랬듯 남을 돌봐주는 천사 같은 독신남의 모습으로 말이다. 리스는 오웰을 (그의 이번 책을) 자신의 다음 프로젝트로 삼겠다고 마음먹은 참이다. 리스는 빌이 농사일에 쓸 장비를 갖추도록 1,000파운드를 투자한다. 가정부, 농장 노동자, 자금 후원자, 편집자 겸 격려 담당자까지 생기면서 오웰 주위로 어설프게나마 살림이 하나씩 갖춰져 간다.

그러나 그들은 세상 끝에서도 13킬로미터나 더 떨어진 곳에 있다. 강풍이 불어 닭장이 받침대에서 날아간다. 번개는 정원의 단정한 한 구획을 통째로 태워버린다. 세상은 사나우면서도 연약하다.

하루는 에이브릴의 어깨뼈가 탈구된다. 오웰은 아무것도 도와주지 못한 채 이리저리 허둥대다가 리스에게 외친다. "자네 응급처치 해본 적 있지? …어깨뼈를 다시 맞출 줄도 알지 않아? 그냥 위로 확 밀어 올리면 되잖아, 안 그런가?"[75] 하지만 리스는 "그렇게 확 밀어 올릴 만큼 힘을 낼 수가" 없다. 그가 말했듯 "오웰은 아예 아무 힘도 내려고 하지 않았지만" 말이다. 그래서 그들은 육로와 수로로 56킬로미터를 달려 의사를 찾아간다. 리처드가 머리에 깊은 상처가 나서 꿰매야 하게 되자, 그 여정을 한 번 더 반복한다. 그 애가 홍역에 걸렸을 때도 한 번 더 반복한다. 한편으로 보면 생활은 그럭저럭 지탱되고 있다. 하지만 다른 편에서 보면, 언제라도 와르르 무너질 수 있는 상황이다.

5월 말, 오웰은 훗날 《1984》가 될 소설을 3분의 1분량까지 쓴다.

그러고는 선외 모터를 사서 작은 배에 손수 부착한다.

오웰의 누나이자 에이브릴의 언니인 마조리가 오랫동안 앓아 온 신장 질환으로 얼마 전 마흔여덟 나이에 세상을 떠났다. 남겨진 자식들이 주라섬으로 찾아온다. 군에서 휴가를 나온 헨리, 여성 농업지원군에서 6년간 복무하고 퇴역한 제인, 그리고 그들의 10대 여동생 루시다. 루시의 말에 따르면 오웰은 "끔찍해 보였지만, 하긴 그분은 항상 끔찍해 보였"다. 가족끼리 있으니 생활은 여러모로 수월해지고, 에이브릴도 긴장을 푼다. 에이브릴, 오웰, 리처드, 그리고 세 청년은 작은 배에 짐을 싣고 섬 반대편으로 캠핑을 간다. 그리로 가려면 세계에서 가장 위험한 소용돌이 중 하나인 '코리브레컨'을 지나가야 한다. 빌은 오웰에게 조석표를 제대로 읽었는지 거듭 확인한다. "코리브레컨은 굉장히 위험한 곳이에요."[76] 그는 오웰에게 말한다. "정말이지 굉장히 위험하다고요." 루시의 말에 따르면 오웰은 "대수롭지 않다는 듯" 이렇게 대답한다. "아 그럼, 그럼, 다 찾아봤단다."

지극히 만족스러웠던 이틀 동안의 캠핑이 끝나고, 일행은 집으로 돌아갈 준비를 한다. 에이브릴과 제인은 섬을 가로질러 걸어서 돌아가기로 한다. 오웰, 리처드, 헨리, 루시는 보트를 타고 돌아갈 예정이다. 그런데 문제가 생긴다. 놀랄 일도 아니지만, 오웰이 물때를 잘못 계산했거나, 조석표를 잘못 읽었거나, 시간을 잘못 본 것이다. 파도는 거대하고, 배는 너무 작다. 그들은 배 가장자리에 매달려 아이를 부여잡는다. 하나가 아니라 여러 개의 소용돌이가 연달아 밀려오는데, 그 각각이 건물만큼이나 높은 파도를 일으키며 그들을 중심부의 괴물 같은 지점으로 빨아들인다.

오웰이 키 손잡이를 잡고 있는데 "우지끈하는 소리가 나더니 엔진이 그대로 받침대에서 떨어져 나가 물속으로 사라져 버렸다"고 헨리는 기억을 떠올렸다. "그러자 에릭 삼촌이 이러더라고요. '노를 꺼내는 게 좋겠다, 헨리.' 그러더니 삼촌은 자기 가슴을 문지르면서 뭐 이렇게 말했어요. '알겠지만 난 널 도와줄 수가 없구나, 헨리.'"[77] 헨리의 머리에 이제 죽었다는 생각이 스친다. 그의 눈에 비친 오웰도 그 사실을 아는 것 같다. 난폭한 바다 한가운데 떠 있는 그들은 10대 소녀 한 명, 세 살짜리 남자아이 한 명, 환자 한 명, 그리고 젊은 남자 한 명이다. 헨리는 양손에 노를 잡고 미친 듯 끌어당겨 보지만 "아무 일도 일어나지 않았다". 그들이 물의 절벽 위로 내던져졌다가 다시 아래로 처박히는 와중에 물개 한 마리가 머리를 쑥 내민다. "물개가 흥미로운 건," 오웰은 말한다. "굉장히 호기심이 많은 생물이라는 거야." 루시는 이렇게 말한다. "솔직히 지금이 물개 이야기를 할 상황은 아닌 것 같아요."[78]

엄청난 노력 끝에 헨리는 그들을 튀어나온 바위 쪽으로 이끌고 간다. 그가 뛰어내린 다음 배를 끌어당기는데, 파도의 힘에 배가 뒤집혀버리는 바람에 나머지 사람들이 배 아래 갇혀 버린다.

루시가 맨 먼저 물 위로 올라온다. 그런 다음 오웰이 캑캑거리며 리처드를 안고 올라온다.

뭍으로 올라온 오웰은 차분해진다. 나머지 사람들은 몸을 떨며 두려움에 사로잡혀 있다. 오웰은 구조될 가능성이 희박하다는 걸 알고 있는 게 틀림없다. 그는 주머니에서 스페인제 라이터를 꺼낸다. 여전히 거기 있고, 기적처럼 여전히 작동하는 그 라이터로 그들은 모아놓은 불쏘시개에 불을 피운다. 그러고는 리처드에게 자신들이 가진 유일한 식량인 감자 한 알을 먹인다. 그런 다음 오웰은 무언가 사냥해 먹을 짐승을 찾으러 나간다. 그는 빈손으로 돌아오지만, 자연을 좀 더 관찰하고 돌아온 것 같기는 하다. "보기 드문 새들이 있더라고. 바다오리들이." 그는 말한다. "굴속에 둥지를 트는 놈들이지." 그는 갈매기 새끼 몇 마리를 발견했지만 차마 죽일 수가 없었다. 루시와 리처드가 이야기가 들리지 않는 곳으로 걸어가자, 오웰은 헨리에게 배에 있을 때 "우리 모두 이제 끝이라고 생각했다고"[79] 말해준다. 오웰은 죽어가고 있고, 마치 마음 한구석에서는 모두가 자신과 함께 침몰해 주길 바라는 것처럼 보인다.

그 다음에는 기이하다 할 만큼 가능성이 희박한 일이 일어난다.

관광객들을 태운 바닷가재잡이 배 한 척이 그들 앞을 지나간 것이다. 불꽃을 보고, 다음엔 흠뻑 젖은 채 손을 흔드는 한 무리의 사람들을 본 어부는 그들을 배에 태운다.

리처드 블레어는 그날 일어난 일에 여러 가지로 깊은 영향을 받았다. 훗날 나이를 먹은 그는 자신이 죽게 되면 관을 배에 싣고 불을 붙여달라고,[80] 그런 다음 해질 무렵의 밀물에 띄워 코리브레컨으로 보내달라고 말했다. 자신을 데려가지 않았던 그 힘을 향해 자신만의 방식으로 돌아가고자 하는 것이었다.

1947년 12월 초, 마침내 《1984》의 초고가 완성된다. 오웰은 그제야 검사를 받기로 한다. 아마도 리스가 고집해 비용을 댄 끝에, 흉부 전문의가 글래스고에서 주라섬까지 찾아온다. 의사는 아르들루사의 대저택까지는 오겠다고 동의하지만, 마지막 13킬로미터의 수렁 같은 길은 오지 못하겠다고 한다. 그래서 리스가 농장 트럭에 오웰을 태우고 대저택으로 건너간다.

아르들루사의 저택

의사는 오웰이 결핵으로 "위중한 상태"[81]라고 진단한다. 어떤 일이 있어도 그 길을 따라 반힐로 돌아가면 안 된다고, 길에 난 구멍에만 빠져도 출혈이 일어날 수 있다고 그는 말한다. 하지만 오웰은 아르들루사에 머무르고 싶어 하지 않는다. 플레처 부부의 아이들을 비롯해 그곳에 있는 모두를 감염시키고 싶지는 않다는 것이다. 마거릿 플레처는 오웰이 쓰는 식사 도구 일체를 삶아 소독하고 침구류는 버리겠다고 말하며 계속 설득한다. 그날 밤, 로빈 플레처가 오웰의 방에 이야기를 나누러 간다. 방에서 나온 로빈은 마거릿에게 말한다. "저 친구도 알아."[82] 오웰이 자신이 죽어가고 있다는 걸 알고 있다는 뜻이다.

그럼에도 오웰은 거기 머무르려 하지 않는다. 다른 사람의 집에서 환자로 지내기는 싫다는 것이다. 집이란 그 사람이 만들어가는 삶이고, 자기 집에 있는 한 그는 여전히 자신의 삶 속에 있을 수 있다. 오웰을 태우고 그 끔찍한 길을 달려가는 동안 리스의 얼굴은 두려움으로 굳어진다.

아일린이라면 지금 뭐라고 할까? 오웰은 자신의 노트를 바라본다. 장편소설에 넣을 아이디어들을 알파벳순으로 정리해둔 노트다. 그는 'F' 항목 아래에 이렇게 쓴다. "작가의 외로움. <u>최후의 인간</u>이라는 느낌."[83] 그렇게 밑줄을 긋는다. 그는 책 제목을 '유럽 최후의 인간'이라고 하면 어떨까 생각하고 있다.

2주 뒤, 오웰은 글래스고 근처의 병원에 입원한다. 의사들은 집게 같은 도구로 그의 한쪽 폐의 기능을 정지시키고, 자전거 펌프처럼 생긴 끔찍한 기구로 횡격막에 공기를 주입한다. 그런 다음 항생제인 '스트렙토마이신'을 처방하는데, 너무 신약이라 아무도 올바른 복용량을 모르는 상태다. 오웰의 머리칼이 빠지기 시작하고, 손톱은 까맣게 죽어 빠져나오고, 입술에서도 피가 난다. 무시무시한 상황이지만, 오웰은 신경 쓰지 않는다. 이것들 중 어떤 것도 중요하지 않다. 그는 그저 책을 쓸 시간이 더 있기만을 바랄 뿐이다. 원고를 읽어 줄 누군가가 필요하기도 하지만, 그 일을 해주었던 사람은 이제 없다.

아무리 건강한 작가라도 책의 집필을 끝마치기 위해 속도를 낼 때는 두려움을 느끼기도 한다. 그 책이 세상으로 나아가야 한다는 생각은 마치 당신 내면의 삶이 당신 없이 계속되는 모습을 지켜보는 것과도 같다. 책은 당신을 매미 껍질처럼 벗어버리고, 바람에 날아가게 두고는, 자기 혼자 세상에 등장할 것이다.

병원에서 6개월을 보낸 뒤 오웰의 상태는 조금 나아진다. 놀랍게도, 그는 주라섬으로 돌아가기로 마음먹는다. 더욱 놀랍게도, 아무도 그를 말리지 않는다.

이제 집안 상황은 마침내 해결된 것처럼 보인다. 에이브릴과 빌이 사귀기 시작했다. 에이브릴은 리처드를 돌보고, 집안일과 음식 조달을 맡고 있다. 리처드 리스와 빌은 작은 농장의 운영을 함께 맡고 있다. 리스는 이제 이곳에 아예 눌러앉은 참이다. 오웰의 대화 상대, 편집자, 독자, 운전사, 자금 후원자, 보호자 겸 친구로서. 오웰은 이제 누군가가 남편으로 그를 원한다 해도 섹스에는 관심이 없어졌을지 모른다. 하지만 아일린이 했던 일 가운데 대신해 줄 사람을 찾지 못한 일 한 가지가 더 있다. 타자 작업이다. 이번 원고를 끝내면 오웰은 그 위에 직접 수정 사항들을 적어놓을 것이다. 그런 다음엔 누군가가 그 원고 전체를 다시 타자로 쳐야 할 것이다. 그리고 오웰은 그 옆에 앉아 암호처럼 휘갈겨진 자신의 글씨를 해독해 주어야 할 것이다. 그 글씨는 "믿을 수 없을 만큼 형편없는 악필"[84]이라고 그는 말한다. 그래서 오웰의 에이전트와 출판사 양측은 모두 주라섬에 가서 그 작업을 해줄 여성을 찾으려 애쓰고 있다.

그해 섬에는 유난히 많은 손님이 찾아온다. 너무 많아서 그들은 손님들이 머무를 수 있게 텐트까지 설치한다. 오웰의 옛 친구 브렌다가 찾아온다. 회색 정장을 입은 그는 잘생긴 얼굴로 중성적인 매력을 풍기고 있다. 샐리도 찾아온다. 이네즈는 고양이까지 데려와 몇 주 동안 머무르는데, 그걸 본 에이브릴은 이유도 없이 몹시 화를 낸다. 에이브릴은 음식에서 소금을 빼기로 마음먹는다.[85]

～

오웰은 창밖을 내다본다. 사람들이 캔버스 천으로 된 텐트를 잔디밭에 세우고 있다. 오늘 저녁에는 파티가 열린다. 이곳은 너무 북쪽이라 10시가 지나야 어둑해지고, 그래서 햇빛 속에서 하는 저녁 파티가 되겠지만 말이다. 잔디밭에는 카드 게임용 테이블이 있고, 그 위에는 케이크가 놓여 있다. 지켜보는 사람이 없는 틈을 타서 리처드가 케이크를 향해 걸어가고 있다. 그 애에게는 파티가 지금 시작된 셈이다.

행복에 관해서라면, 오웰은 이곳에서 행복했다고 말할 것이다. 작별 인사를 하는 일은 사랑했던 모든 것에 작별을 고하는 일처럼 느껴진다. 이 땅에, 바다에, 바닷가재들에게, 닭들에게, 배들에게. 그를 죽이려 했던 코리브레컨에. 심지어 지금 눈에 들어오는 저 망할 놈의 발전기, 더럽고 큼직한, 기름기로 번들거리며 위협해오던 저 물건조차 그가 불행해지길 바라지는 않았던 것 같다. 바다로 이어진 경사 위를 구름이 빠르게 움직여 간다. 구름 사이에 잠시 틈이 생기자, 한 줄기의 햇빛이 뻗어와 마거릿 플레처가 선물해준 노란 철쭉에 내려앉는다. 아름다운 광경이지만 어쩐지 통속적이라는 생각이 들어 오웰은 몸서리가 쳐진다. 그는 아직 죽지 않았다.

그는 책 제목을 바꿨다. 이제 그 책은 《1984》가 될 것이다. 아일린이 썼던 시처럼.

1948년 9월, 오웰은 잡초를 한 포기 뽑기만 해도, 달걀을 하나 집어 들기만 해도 열이 난다.

10월이 되자 오웰은 원고 수정을 마친다. 한 번 더 원고를 뽑을 준비가 끝나지만, 타자를 쳐서 제대로 된 원고로 만들어줄 여자는 나타날 기미가 없다. 그래서 11월이 되자 오웰은 직접 다시 타자를 치는 "무시무시한 작업"[86]을 시작한다. 그는 이제 잠시라도 편하게 앉아 있을 수가 없기에 침대에서 일을 한다. 뼈만 남은 두 다리 위에 타자기를 올려놓고 균형을 잡아가며 하루에 5,000단어씩을 두드려댄다. 방안은 등유 연기와 담배 연기로 숨이 막히고, 침대 옆에 놓인 재떨이는 흘러넘치고 있다. 오웰은 오직 복도를 걸어 화장실에 갈 때만 자리에서 일어난다. 에이브릴이 그에게 차와 토스트를 가져다준다.

12월 7일, 오웰은 원고를 보낸다. 그 무렵 그의 몸은 몹시 쇠약해져 있다. 그는 마침내 요양소에서 휴식을 취해야 한다는 사실을 받아들이게 된다. 그는 그웬이 코츠월드에 예약해 둔 요양소로 가기로 한다.

빌과 에이브릴이 이제 다섯 살 반이 된 리처드와 함께 오웰을 차에 태워 아르들루사의 대저택으로 데려간다. 그들이 탄 빌의 오스틴 12는 도중에 수렁에 빠지고 만다. 빌과 에이브릴은 차를 끌어낼 농장 트럭을 가져오기 위해 6킬로미터를 걸어서 되돌아간다.

리처드는 그때 아버지와 함께 차 안에 앉아 기다리던 순간을 기억하고 있다. "우린 그냥 거기 같이 앉아서 이야기를 했어요. 비가 내리고 있었죠. 날씨가 추웠고, 아버지가 사탕을 주신 기억이 나요. 아버지는 몸이 무척 편찮으셨지만 저랑 계실 때는 아주 쾌활하셨어요. 아무 문제도 없는 척하려고 애를 쓰셨죠. 에이브릴 고모랑 빌 아저씨가 트럭을 몰고 돌아왔을 때는 날이 어두워지고 있었어요."[87]

리처드가 기억하는 게 있다면 사랑이다. 하지만 그가 문 닫힌 차 안에 함께 앉아 아버지의 병든 숨결을 들이마시고 있을 때, 그 사랑은 해로움에 너무도 가까이 있다.

깃털을 뽑아줘

주라섬을 떠나기 전, 나는 섬의 구석구석을 걸어 다닌다. 언덕들은 너무도 헐벗은 까닭에 신비롭고, 그 위로 난 길들에는 반짝이는 은빛 혈암들이 비늘처럼 흩어져 있다. 섬 한쪽 끝으로 내려가는 곳에는 '꼭지들'이라고 불리는 높이 솟은 세 개의 언덕이 있는데, 여자의 가슴을 닮았다고 해서 붙은 이름이다. 따뜻하게 몸을 데우며 잠들어 있는 대지가 언제라도 발밑에서 몸을 뒤척일 것 같다. 한번은 산책 도중에 다리가 긴 사냥개 한 마리가 불쑥 모습을 드러낸다. 그 뒤로는 키가 큰 남자가 따라온다. 그는 휴 카스웰Hugh Carswell이라는 음악가인데, 2013년에 자신의 아내 제인이 주라섬 사람들을 인터뷰했고, 그중 몇 명은 오웰과 안면이 있는 사람들이었다고 내게 말해준다.

제인 카스웰Jane Carswell은 자신의 녹음 기록들을 내게 공유해 주었다. 그중 하나는 제인이 플로라 맥도널드Flora McDonald와 그의 친

주라섬에서 바라본 '꼭지들'

구인 낸시 매클린Nancy MacLean이라는 두 노년 여성과 나눈 대화다. 플로라는 10대 시절 크레이그하우스의 술집에서 일한 적이 있었다. 한번은 그곳에 나타난 오웰이 죽은 닭 한 마리를 내밀었다고 했다.

"내가 거기서 일하고 있는데 그 사람이 호텔로 내려왔던 게 기억나네요."[88] 플로라는 말한다. "암탉을 들고 들어오더라고요." 그는 쿡쿡 웃기 시작한다. "그러더니 그 사람이 이러는 거예요. '이 닭, 깃털 좀 뽑아줄래요?'" 두 여자는 왁자하게 소리 내 웃는다. 술집에 들어와 처음으로 눈에 띄는 여자에게 닭털을 뽑아달라고 하는 남자라니, 지금의 그들에게는 부조리하게 느껴진다. 당시 소녀였던 플로라도 그 사실을 알고는 있었지만, 당시에는 그 부조리함을 피해 갈 방법이 없었다. 오웰에게 닭털 같은 건 가서 직접 뽑으라고 너무도 말하고 싶었지만, 그럴 수가 없었다.

"그때는 시키는 일은 그냥 해야 했던 것 같아요…" 플로라는 말한다. 세상이 이상한 건 분명하지만, 그 이상함은 이미 현실을 대체해버린 뒤다. 거기에는 외부라는 게 없다. 플로라가 할 수 있는 일이라고는 그 웃기는 사실을 되풀이해 말하는 것뿐이다. "그 사람이 들어와서 내게 이렇게 말하던 게 항상 떠올라요. '이 암탉, 깃털 좀 뽑아줄래요?' 이유는 나도 모르겠네요." 플로라의 웃음이 점점 잦아들다 사라진다.

코츠월드 요양소
크래넘, 1949년

요양소에 들어간 오웰은 침대 밑에 럼주 몇 병을 보관해 두고 손님이 올 때마다 꺼내 대접한다. 이제 책이 완성되었으니, 그는 우주와 몇 가지 새로운 협상을 하고 있다. 그는 자신의 발행인인 바르부르크에게 이렇게 말한다. "다들 충격을 받을 것 같지만, 다른 건 다 제쳐두더라도, 난 정말 결혼을 하면 더 오래 살 것 같아요."[89] 바르부르크는 이미 원고로 인해 충격을 받은 상태다. 그는 《1984》가 자신이 읽어본 모든 책 가운데 가장 무시무시한 작품이라고 생각한다. 또한 오웰이 "자신의 가학 성향과 그에 따라붙는 피학 성향에 완전히 굴복한 것에" 충격을 받는다. 윈스턴이 자신이 사랑하는 여자를 자신 대신 쥐들에게 던져달라고 애원하는 장면에서 그런 경향은 절정에 이른다. 바르부르크는 생각한다. '앞으로 이런 책은 두 번 다시 읽지 않아도 되기를.' 하지만 좋은 쪽으로 보자면, 그는 베스트셀러가 나왔다고 확신하고 있다.

프랑스에서 돌아온 소니아는 철학자 연인과의 관계가 끝나 마음이 흔들리고 있다.[90] 오웰을 찾아간 소니아는 오웰의 방에서 함께 럼주를 마시고 담배를 피운다. 소니아의 머리칼은 황금빛이고, 피부는 르누아르의 그림 속 소녀처럼 빛난다.[91] 소니아는 너무 아름다워서 정신을 차리기 힘들 정도다. 똑똑하고, 거침없고, 의욕적이고, 너그럽다.

이곳 크래넘에 머무르던 어느 시점에, 오웰은 문제의 충격적이고 자기비하적인 장황한 비난을 글로 쓴다. 여자들의 구제할 길 없는 지저분함, 그리고 남편의 생식능력 부족을 혐오하게 만드는 아내의 끔찍하고 탐욕스러운 성욕에 대한 비난이다. 오웰은 날짜를 적지 않는다. 그래서 그가 그 글을 여성 일반에 대한 (자신에게는 여자가 없다는) 분노에 차서 쓴 것인지, 아니면 새로 결혼을 하게 되면 자신이 정말로 원하는 다른 서비스들을 받기 위해 '남자가 여자에게 해주어야 하는 서비스'를 해야 하리라는 두려움 속에서 쓴 것인지는 알 수 없다.

오웰은 소니아에게 두 번째로 청혼한다. 침대에서였을 수도 있고, 몸 상태가 괜찮았다면 숲속을 산책하면서였을 수도 있다. 소니아가 청혼을 받아들이자, 오웰이 그다음에 하는 말은 이렇다. "당신, 만두 빚는 법을 배워야 할 거예요."[92] 소니아는 이 이야기를 친구에게 전하며 웃음을 터뜨린다. 오웰은 만두를 빚을 것 같지 않은 여자는 상상조차 하기 어려운 모양이다.

소니아는 이 계획을 하나의 새로운 일자리처럼 받아들인다. 시릴 코널리는 소니아가 맡고 있던 잡지를 곧 정리할 생각이다. "〈호라이즌〉이 접히고 나면 난 조지랑 결혼할 거야."[93] 소니아는 한 친구에게 말한다. 그들에겐 협상해야 하는 조건들이 있다. 오웰은 셀리아와 앤에게 그랬듯, 소니아에게도 자신이 원하는 아내의 조건을 하나하나 열거했을 것이다. 섹스(하지만 병세가 심하니 이건 아닐 수도 있다), 위안, '격려해 줄 수 있는 여자'. 그리고 그의 작업에 대한 이해도 필요하다. 어쩌면 오웰은 앤에게 했던 말을 그대로 반복했을지도 모른다. 너무도 실용적 측면에 치우쳐 있어서 가슴 아팠던 그 말을 말이다. 그가 소니아에게 정말로 묻고 있는 건, 자신이 죽고 난 뒤 자신의 문학적 유산을 관리해 줄 수 있는지 하는 것이다. 하지만 어쩌면 그런 질문은 하지 않았을지도 모른다. 오웰은 자신이 죽어가고 있는 게 아니라는 환상을 소니아가 공유해 주길 바라기도 했을 테니 말이다. 소니아는 이 모든 것을 받아들일 생각이다. 그것들이 그에게는 흥미롭기 때문이다. 그리고 리처드도 있다. 소니아는 아내 노릇의 그 부분을 맡아 하는 자신은 상상할 수가 없고, 그래서 그 부분은 합의에서 뺀다.

그래서 리처드는 에이브릴과 함께 지내게 된다. 그는 고모와 함께 행복하게 자라나고, 아일린이 거의 정확하게 예언했던 대로 트랙터 다루는 일을 하게 된다. 농업 엔지니어가 된 것이다.

오웰이 요양소에서 그렇게 몇 달을 보내는 동안, 그의 사춘기 때 연인이었던 재신타가 편지를 보내온다. 그들은 오웰의 표현대로라면 당신이 나를 버마에 버려두고 모든 희망을 앗아간 뒤로, 혹은 재신타의 표현대로라면 오웰이 "내가 준비되기도 전에 끝까지 진도를 나가려고 한" 뒤로 연락을 끊고 지냈다. 재신타가 오웰과 '산책'을 나갔다가 옷이 찢어진 채 돌아와 사흘 동안 방에 틀어박혀 있었던 때로부터 어느덧 20년이 넘게 흘렀다. 재신타는 자신이 아주 재미있게 읽은 《동물농장》을 쓴 조지 오웰이 자신의 옛 친구 에릭이라는 사실을 이제 막 알게 된 참이다. 1949년 2월, 오웰은 두 통의 답장을 쓴다. 한 통은 격식을 갖추어, 다른 한 통은 좀 더 따뜻한 어조로. 당신 편지를 받은 뒤로 계속 그 시절을 떠올리게 돼… 당신이 너무 보고 싶어. 우리 만나야겠어. 내가 여기서 나가면 말이야.[94]

　재신타는 너무 격앙된 나머지 음식을 먹지도 못하고, 며칠 연속으로 잠도 거의 자지 못한다. 그들이 이어오던 7년 동안의 우정이 깨어지고 난 뒤, 재신타의 삶에는 다음과 같은 일들이 있었다. 혼외 관계로 인한 임신, 버림받음, 그리고 아이를 남에게 양도해야 했던 원초적인 슬픔. 오웰이 강간하려 했던 일은 그런 일들에 비하면, 그리고 재신타가 여전히 그에게 품고 있다고 깨닫게 된 감정들에 비하면 작아 보인다. 그 감정들은 사랑과 비슷하게 느껴지기도 하고, 그 모든 일이 일어나기 전의 자신으로 돌아가는 일 같기도 하다. 하지만 오웰이 재신타에게 바라는 건 재신타가 아니라 아내로서의 노동이다. 오웰은 병원에서 재신타에게 전화를 걸어 그 이야기를 했고, 편지들에 쓰기도 했다. 재신타는 세월이 흐른 뒤에 한 어느 인터뷰에서 그 편지 중 한 통을 낭독한다. "있죠, 오웰이 쓴 마지막 단락은 이렇게 시작해요. '당신, 아이들을 좋아해?'[95] 음, 그 말에 난 좀 불안해졌어요. 만약 오웰이 엄마 없는 어떤 아이에게 새엄마를 찾아주고 싶은 거라면, 그건 내가 할 일이 아니라고 느꼈거든요. 그런 종류의 어떤 생각도 그에게 부추기고 싶지 않았고요."

　그래서 재신타는 오웰과 거리를 둔다. 그러고는 그렇게 한 것을 평생 후회한다. 아내가 되는 일에서 바람직하지 못한 부분들은 버리고 바람직한 부분만 도려내는 방법을 재신타는 그저 알지 못할 뿐이다. 그는 그 일로 비참한 기분이 된다. 마치 자신의 이기심으로 인해 (오웰에게) 근사한 것이 되었을지도 모르는 어떤 가능성을 가로막은 것 같고, 어떤 용서받을 수 없는 일을 저지른 것 같은 기분이다. "난 에릭에게 해줄 수 있었을지도 모르는 일들을 결국 한 번도 안 해준 것 같아요."[96] 재신타는 그렇게 말하며 목이 멘다.

소니아는 자주 찾아와 오웰의 우편물을 받고, 타자를 치고, 책을 찾아주는 일을 하기 시작한다. 오웰은 침대에 앉아 있다. "낮은 소리로 가르랑거리는 그 특유의 기침을 하면서, 마치 격렬하게 타오르는 용광로가 이면에 숨겨진 한 장의 얇은 유리섬유 같은, 신비로울 정도로 투명한 피부를 하고서."[97] 소니아는 10대 시절 스위스의 어느 호수에 갔다가 끔찍한 보트 사고를 겪은 적이 있었다. 한 소년이 소니아에게 매달렸지만, 소니아는 혼자 헤엄쳐 나와 살아났고, 뒤에 남은 소년은 익사하고 말았다. 하지만 소니아는 이번 상대는 혼자 두지 않을 생각이다.

어느 날, 소니아는 조셉 콘래드Joseph Conrad의 전기를 읽고 있는 오웰을 발견한다. 그 전기는 콘래드의 아내가 쓴 것이다. 오웰은 분노로 활활 타오르는 얼굴을 하고 그 책을 방 저쪽으로 던져버린다.

"저런 짓은 절대 나한테 하지 말아요."[98] 그가 쉿 소리를 내며 말한다.

소니아는 어리둥절해진다.

오웰은 자신에 대한 어떤 전기도 쓰이지 않도록 금지한다.

쇠

가을이 되자 오웰은 런던에 있는 유니버시티 칼리지 병원의 "작은 칸막이 안쪽 같은 조그만 방"[99]으로 옮겨진다. 그는 낙타색 카디건을 걸치고 침대에 앉아 있다. 친구이자 〈옵저버〉 편집자인 데이비드 애스터David Astor가 퇴근길에 종종 들른다.

"오웰은 항상 앞으로 할 일들을 생각하고 있었어요." 애스터는 그렇게 기억을 떠올렸다. "저한테 지나가는 투로 이렇게 말하더군요. '머릿속에 쓰고 싶은 책이 있는 사람도 죽을 수 있을까요?' 전 당황했죠. 대답이 떠오르지 않더군요. 그러자 오웰이 이렇게 말하며 대신 대답했어요. '내가 여기 의사한테 물어봤거든. 글 쓰는 다른 사람들도 봐준 적 있는 의산데, 이러더라고. 네, 머릿속에 쓰고 싶은 책이 있는 사람도 죽을 수 있습니다. 하지만 난 그렇게 생각 안 해요.' 오웰은 희망을 가지려고 애를 쓰고 있었어요."

의사들의 의견은 갈린다. 나이든 전문의 몰런드는 오웰을 스위스의 요양소에 보내 신선한 공기를 쐬게 해서 기운이 나게 해주고 싶어 한다. 젊은 의사들은 그게 현실성 없는 계획이라고 여긴다. 오웰을 실어가 "그런 종류의 일을 다루는 데 정말로 익숙한 곳에서 편히 죽게 할"[100] 방편에 불과하다면서 말이다.

소니아가 준비를 맡는다. 비행기 한 대를 전세 낸다. 소니아의 젊은 예술가 친구 루시언 프로이트가 와서 오웰을 들어 옮기고 돌보는 일을 도와주기로 한다.

그들의 계획은 우선 결혼을 한 다음 스위스로 비행기를 타고 가서 낚시를 하며 요양하는 것이다. 오웰은 언제라도 밖으로 가지고 나가기라도 할 것처럼 병실에 낚싯대 하나를 두고 지내기 시작한 참이다. 그는 꿈속에서 물고기들로 가득한 강물을 본다. 그는 그 강물 속에 낚싯줄을 드리우고 있다. 그 꿈들은 위안이 된다. 그것들이 "섹스에 대한 꿈인 동시에 죽음에 대한 꿈"[101]이라는 걸 그도 알고 있지만 말이다. 낚싯대는 준비된 채 병실 구석에 세워져 있다. 가끔, 면회객들은 그 낚싯대가 그의 침대 발치에 가로놓여 있다는 걸 알아차린다.

결혼식 주례는 병원 목사가 맡아줄 것이다. 담당 의사도 하객으로 참석할 예정이다. 첫 번째 결혼 때 그랬듯, 오웰은 자신의 행운을 믿을 수가 없다. 그는 애스터에게 말한다. 이런 병에도 불구하고 친구들이나 친척 중 누구도 내가 재혼하는 걸 반대하지 않는 것 같아서 굉장히 힘이 나네요. '그자들'이 사방에서 모여들어 막을 거라는 고약한 기분이 들었는데, 아직은 그런 일이 일어나지 않았어요.[102] 오웰은 또다시 비난받지 않고 빠져나가고 있다.

침대를 떠날 수는 없을 테지만, 카디건만 걸치고 제대로 결혼을 할 수는 없다. 그래서 오웰은 앤서니 파월에게 자신에게 어울리는 재킷을 한 벌 사다 달라고 부탁한다. 파월은 그 옷이 진홍색 코듀로이 재킷이었다고 기억하고, 맬컴 머거리지는 연보라색 벨벳 재킷이었다고 기억한다. 기억이 흐릿한 건 결국 재킷을 사온 사람이 소니아여서였는지도 모르겠다.[103] 어쨌거나 오웰은 그 옷을 매우 마음에 들어 한다.

결혼식 당일, 소니아의 친구인 재니타는 울고 있다. 오웰은 자신이 너무 말라서 간호사들이 주삿바늘을 찌를 살을 찾는 데 애를 먹고 있다며 농담을 한다. 모두가 '죽음과 처녀'라는 테마를 떠올리고, 모두가 그 절망적인 희망의 행위에 참여해 달라는 부탁을 받는다. 하지만 오웰은 즐겁다. 평생 진실을 말하려 애쓰던 사람이 결국 그 진실을 지탱하기 위해 빽빽이 늘어선 허구들을, 그리고 그것들을 함께해 줄 사람들을 필요로 하게 될 수도 있는 일이다. 어쩌면 허구 없이는 행복한 결말도 없을지 모른다. 혹은, 그건 당신이 이야기를 어디서 끝내느냐에 따라 달라질 것이다. 행복한 결말을 원한다면 일찍 끝내면 되고, 피할 수 없는 다른 결말을 보려면 계속 가면 된다. 오웰은 병실 구석의 낚싯대를 바라본다. 비행기와 산, 흐르는 물이 있을 것이고, 그는 낚싯대를 드리워 그 물고기들을 모두 낚아 올릴 것이다.

결혼식이 끝나고 그들은 샴페인 한 잔씩을 마신다. 사진을 찍는 사람은 아무도 없다. 소니아는 오웰의 이마에 키스한다. 그런 다음 나머지 사람들은 결혼 피로연 점심 식사를 하기 위해 리츠 호텔로 떠난다. 오웰은 다시 몸을 눕힌다.

오웰은 행복하다. 몸 상태도 반짝 좋아진다. 그는 원하던 걸 이 됐다. 자신의 꿈과 결혼한 것이다. 그는 소니아를 자신의 문학적 유산 관리자로 지정한다. 하지만 새해가 될 무렵, 그의 상태는 악화된다.

오웰과 아일린과 함께 기차를 타고 스탈린을 피해 달아났던 소년 스탠포드 코트먼이 전화를 걸어온다. 언제쯤 찾아뵈면 편하실까요?

"끔찍할 거야." 오웰은 말한다. "난 지금 딱 해골 같아 보이거든."[104]

그럼에도 코트먼은 오웰의 목소리에 아직은 힘이 있다고 생각하고, 나중에 보러 가기로 마음먹는다.

1월 말 무렵, 오웰은 폴 포츠에게 스위스에는 자기가 좋아하는 실론 차가 없을 것 같아 걱정이라고 말한다. 거긴 "그 지저분한 중국 물건"[105]밖에 없을 거라면서 말이다. 차는 여전히 공급이 제한되어 있고, 포츠는 언제나처럼 빈털터리지만, 그는 차를 구하러 밖으로 나간다.

오웰의 옛 친구 셀리아가 전화를 걸어 언제쯤 찾아가면 되겠느냐고 묻는다. "글쎄, 난 다음 주 수요일에 소니아랑 같이 스위스로 갈 거예요." 오웰은 말한다.

"오, 그것 참 반가운 소식이네요, 조지." 셀리아는 말한다. "의사들 생각에도 당신이 나아질 것 같은가 봐요."

"그렇든지, 아니면 자기들 손으로 시체를 수습하고 싶지는 않은 거겠지."[106]

그날 느지막이, 포츠가 차를 구해가지고 도착한다. "그 문에는 창문이 있어서 안을 들여다볼 수 있었어요. 제가 보니 오웰은 잠들어 있었는데, 그 친구가 잠드는 데 엄청 어려움을 겪고 있다는 걸 알았기에 깨우진 않았어요. 차는 문 앞에 놔뒀고요."[107]

아일린이었다면 뭐라고 했을까? 병실 문에 난 작은 창문 밖으로 검은 머리칼이 한 움큼 보인다. 아일린이 온 건지도 모른다. 아니면 간호사든지. 오웰은 눈을 감는다. 이유는 알 수 없지만 그는 차를 떠올린다.

낚싯대는 병실 구석에 있다. 그대로 두고는 있지만, 오웰은 그게 미끼라는 걸 안다. 반짝이지만 결국에는 쇠 맛이 나게 될 약속.

소니아는 그 금요일 하루를 오웰의 침대맡에서 보낸다. 친구인 앤 던과 루시언 프로이트가 와서 소니아를 근처로 데려가 저녁을 먹인다. 자정이 막 지난 시각, 소니아는 오웰의 상태를 확인하려고 병원에 전화를 걸었다가 그가 사망했다는 말을 듣는다. 객혈이 심했다고 한다. 소니아는 병실로 달려간다. 오웰의 침대는 흐트러져 있고, 시트는 피로 흠뻑 젖어 있다.[108] 소니아는 이루 말할 수 없이 심란해진다.

셀리아는 다음날 아침 전화로 연락을 받는다.
다른 사람들은 BBC 뉴스에서 부고를 듣는다.

훗날 포츠는 말했다. "그 차는 누가 가져갔을지 지금도 종종 궁금해지곤 한답니다."[109]

종장

되살리다

> 책을 쓰는 일은 끔찍하고 몹시 지치는 싸움이다.
> 고통스러운 병이 일으키는 오랫동안 계속되는 발작 같다.
> 저항도 이해도 할 수 없는 어떤 악마에게 떠밀리지 않고서야
> 그런 일을 맡을 사람은 아무도 없을 것이다.
> ──조지 오웰, 〈나는 왜 쓰는가〉, 1946년

내 주위에는 종이 무더기, 복사된 자료, 접착식 메모지들로 뚱뚱해진 책들, 다리를 찢듯 온몸을 쫙 펼친 책들, 노트들, 인쇄한 원고들이 널려 있다. 내 작업실은 완전히 엉망진창이다. 마치 '천사'를 죽이고 대답을 찾고 있는 누군가가 뒤집어놓은 것 같다. 내 오른발 근처에는 넬리 이모에 대한 자료[1]가 여전히 '편집실 바닥'에 놓여 있다. 가난하고 안쓰러운 넬리. 오웰이 죽고 나서 몇 달 뒤, 넬리는 자살을 시도했다.

나는 바깥을 내다본다. 돌출된 창가 근처에는 건축 현장에서 빠져나온, 헬멧을 쓰고 형광 조끼를 입은 한 남자가 잠시 몸을 숨기고 있다. 남자는 테이크 아웃해 온 종이컵을 두 손으로 감싸 쥐고 있다. 그의 머리 위, 그곳에 있던 말벌들은 사라진 지 오래고, 이제는 말벌집만 우리 집 처마 밑에 검은 산호처럼 남아 있다. 그 숙련공은 내 마음속에 잠들어 있던 무언가를 뒤흔든다. 우리를 이루는 코드

속에는 반복되는 구절과 갈라진 틈과 어긋난 곳들이 있다. 진정한 삶과 사랑, 그리고 물려받은 힘이 작동할 순간들을 위한 공간이다.

건축가인 내 남편은 최근 저녁 식사 자리에서 우리가 막 사귀기 시작했을 무렵의 이야기 하나를 손님들에게 들려주었다. 그가 이야기를 시작하기 전까지 나는 그 일을 전혀 기억하지 못하고 있었다. 당시 우리는 남편의 동료가 일하고 있던 건축 현장에 찾아간 참이었다. 해변의 가파른 경사면에 자리한 부지였고, 형광 조끼를 입은 노동자들과 트럭이 사방에 가득했다. 다른 사람들이 언덕 위에 남아 있는 동안, 나는 관목 숲을 통과해 건물로 내려갔다. 건물은 비계飛階로 둘러싸여 있었다. 내가 평지에 도착했을 때, 사람들이 외치는 소리가 들렸다. 나는 몸을 돌렸다. 털과 이빨들로 이루어진 시커멓고 불분명한 덩어리 하나가 쏜살같이 내려오고 있었다. 로트와일러였다. 나는 그 자리에 붙박인 듯 서 있었다. 개가 눈앞에 다가왔을 때, 나는 한 손을 들어 올리고는 내 것인 듯도 하고 아닌 듯도 한 커다란 목소리로 명령했다. **"앉아."** 개는 자리에 앉았다. 녀석은 나만큼이나 놀란 듯했다.

이 이야기에서 크레이그가 좋아하는 부분이 있다면 내 침착함, 혹은 강인함으로 보이는 무언가일 것이다. 당시 나는 그런 것들을 전혀 느끼지 못했지만 말이다. 크레이그는 마치 그날 자신이 감탄스러운 동시에 무시무시한 무언가를 알게 되었다는 듯 그 이야기를 한다. 그는 그 이야기를 자신만의 내밀한 사랑 이야기 가운데 한 장면으로 30년 넘게 간직해 왔다. 그리고 그 이야기는 '사나움'과 연관되어 있다. 그의 이야기를 듣는 동안, 내 머릿속에는 그 장면이 되살아났다. 내가 그때 사용했던 목소리는 우리 어머니의 것이었다.

이 책의 몇몇 부분을 쓰면서 나는 또 다른 목소리, 아일린의 목소리를 사용했다. 내가 갖고 있었던 목소리를 잃어버려서였다. 나는 케르베로스 뒤에서, 무시하고 경시하고 수동태로 만들어버리는 말들 밑에서 아일린을 끌어내 데려왔다. 아일린 자신의 자기삭제와 주의 깊게 경청하는 태도 아래쪽에서 끌어내 데려왔다. 아일린을 찾아냈을 때, 나는 그런 힘들이―그리고 공모자로서의 나 자신이―그동안 내게 무슨 짓을 저질러 온 건지 알 수 있었다.

이 임무를 수행하는 데 오웰의 작품은 꼭 필요했다. 오웰이 '약탈을 목적으로 하는' 압제 체제들에 대해, 그리고 이중사고라는 '거대한 정신적 기만 체계'에 대해 쓴 글을 다시 읽는 일은 즐겁기까지 했다. 남성들이 어떻게 타인의 희생을 통해 자신들을 이롭게 해주는 체제 속에서 스스로 결백하다고 상상할 수 있는지 내가 깨닫게 된 건 오웰의 (그리고 제임스 볼드윈의) 통찰 덕분이었다. 내게는 오웰과 아일린의 용기 있는 노력이 보인다. 나는 머릿속에 사물의 양면을 동시에 간직할 수 있다. 이해심 없는 폭군과 그의 통찰력 있는 언어를, 아내와 그 남편을, 나만의 작업과 다른 모든 이들이 존재하는 내 삶을.

크레이그가 저녁을 먹으라고 나를 부른다. 나는 바닥과 선반들을 둘러보고, 물건들을 보이는 곳에 그대로 놔두기로 마음먹는다. 주방에서는 작은딸이 에세이를 쓰고 있다. 이상한 우연의 일치인지, 그 에세이의 주제는 롯의 아내다. 소돔에서 감히 뒤를 돌아보았다가 소금기둥으로 변해버린 사람. 내 딸은 이름조차 없는 롯의 아내가 죽음을 자초했다는 비난을 받는 이유는 명령에 복종하지 않고 무언가를 바라보았기 때문이라는 걸 알아차린 참이다. 그렇게 해서 그 아내는 받아 마땅한 벌을 받은 것으로 간주되고, 어떤 남자도, 어떤 체제도, 어떤 신도 책임지지 않게 되는 거라고 내 딸은 말한다. 나는 경이로움을 느낀다. 내게는 평생 풀어야 할 과업처럼 느껴지는 것을 열일곱 살밖에 안 된 누군가가 본능적으로 이해할 수 있다니. 이 젊은 여성은 어디까지 나아가게 될까? 나로서는 이제 겨우 도착한 곳에서 딸은 삶을 시작해 나가고 있다.

노라
브리스톨, 1961년 7월

　

어제는 시내에서 메리와 점심을 먹었다. 옥스퍼드 시절 아일린과 함께 알고 지내던 친구다. 메리는 인생 대부분의 시간 동안 주식 거래로 생계를 꾸려왔다. 아일린이 "더할 나위 없이 영리하다"[2]고 불렀던 일이다. 노라는 아일린이 한 그 말이 어째선지 '사기'를 뜻한다는 걸 알고 있었다. 돼지는 종종 신랄해지기도 했다.

그런 다음 노라가 집으로 걸어 돌아오고 있는데, 거기 그것이 있었다. 스탠포드 서점의 진열창에, 리처드 리스가 쓴 그 책이. 《조지 오웰: 승리의 진영에서 도망친 사람》. 지금도 어떤 날들에는 어디를 가도 아일린이 있는 것처럼 느껴진다.

아일린이 오웰과 결혼한 뒤로 노라는 그 애를 거의 만나지 못했다. 그들의 친밀감은 편지들로 모습을 바꾸었다. 그러니 아일린이 곁에 없는 게 그 애가 죽어서가 아니라 그저 멀리 살아서라는 상상에 빠져드는 건 어렵지 않은 일이다.

가끔씩 아일린이 눈에 띄기도 했다. 구부정한 어깨로 걸어가는 누군가의 걸음걸이에서. 제멋대로 뻗친 누군가의 검은 머리칼에서. 물론 살아 있으면 그 애의 머리칼은 지금쯤 희끗희끗해져 있겠지만 말이다. 기차에서 우연히 들려오는 웃음소리에서. 대상을 잃어버린 사랑은 어떻게 해야 할까? 그 사랑은 계속된다. 길을 잃은 채, 주위를 둘러보면서.

지금은 늦은 오후다. 노라는 정원에 앉아 있다. 하루가 끝나가고 있다. 책 역시 끝나가고 있다. 노라는 오웰에게 관심이 있었고, 그의 작품들을, 특히《동물농장》을 즐겁게 읽었다. 하지만 점점 커져가는 자신의 불안을 찬찬히 들여다보는 동안, 노라는 자신이 지금껏 리스의 책을 읽고 있었던 건 아일린을 만나기 위해서였음을 깨닫는다. 이제 두 페이지 남았다.

아일린이 언급되는 건 단 한 번이다. 노라는 페이지를 뒤로 넘겨 그 부분을 찾아낸다. 여기 있다. 리스가 스페인에 있던 아일린의 직장을 찾아가는 장면이다. 아일린은 "내게 그 위험성에 관해 이야기하고 있다"고 리스는 쓴다. 그때 아일린은 "정치적인 공포"[3]에 시달리고 있었다고. 노라는 무언가가 훅 밀려드는 걸 느낀다. 차가운 건지 뜨거운 건지는 알 수가 없다. 아니, 뜨거운 게 맞다. 하루의 열기는 이미 식었지만 말이다. 콰터스 말대로라면 갱년기는 이미 지났을 텐데. 고개를 들자 콰터스가 움직이는 모습이 보인다. 주방 창문 너머에서 흐릿하게 움직이는, 위로가 되는 그 실루엣이.

노라는 마지막 페이지를 펼친다.

리스는 오웰의 "과도한 명예의식"을 거론하며 책을 끝맺고 있다. 그는 이렇게 말한다. 그런 명예의식은 "자기 자신을 향했던 오웰의 가혹함과, 어쩌면 그가 이따금 타인에게 드러냈던 배려 없는 태도까지도 설명해준다. 그럼에도 그의 배려 없는 태도 때문에 피해를 입은 사람이 많다고 하기는 어려울 것이다. 그의 아내를 제외한다면 말이다…"

노라는 숨을 죽인다. 이게 다인 걸까?

"…그리고 자신의 건강과 안전에 무관심했던 그의 태도를 꺾고 싶어 했던 다른 사람들을 제외한다면 말이다…"

없다. 아일린은 거기 없다.

그리고 마지막으로 이런 말들이 나온다. "하지만 인생의 모든 일에는 대가가 따르기 마련이며… 예외적일 만큼 사심 없고 용기 있는 남자와 엮이는 일은 때로 커다란 대가를 요구하기도 한다… 남다른 성품의 소유자가 삶을 헤치고 나아갈 때, 그 과정이 평범한 사람의 무기력한 여정보다 한층 충격적인 여파를 남기리라는 건 예상 가능한 일이다."[4]

노라는 페이지를 넘긴다. 거기에는 오직 텅 빈 면지들만 있을 뿐이다.

물론 죽음은 우리 모두를 사라지게 만들 것이다. 죽음이 뒤에 남겨진 사람들에게 그토록 고약한 속임수처럼 보이는 건 그래서다. 노라는 자신이 그 속임수를 뒤집어줄 말들을 기대하고 있었다는 걸 깨닫는다.

그 순간, 기억이 떠오른다. 노라에게도 그런 말들이 조금은 있다. 그 말들은 저 안에, 책상 맨 위칸에 들어 있다. 노라는 방으로 들어가 열쇠로 그 칸을 연다.

주소를 적어놓은 지도 상당히 오래됐네. 그 뒤로 난 고양이 세 마리랑 놀았고, 담배 한 대를 말았고(요즘은 담배를 말아 피워. 맨손으로는 아니지만), 난롯불을 뒤적였고, 에릭, 그러니까 조지를 거의 미치게 만들었어. 모두 사실은 무슨 말을 써야 할지 몰랐기 때문이겠지. 늦지 않게 편지를 쓰던 습관을 결혼하고 첫 몇 주 동안 잃어버렸나 봐. 에릭이랑 너무도 끊임없이, 정말이지 격렬하게 싸워댔거든. 살인이나 별거가 성사되면 편지를 딱 한 통 써서 모두에게 보내는 편이 시간 절약이 되겠다는 생각까지 들지 뭐야…

아니. 노라는 생각한다. 편지를 든 손이 무릎으로 떨어진다. 아니야. 아일린이 그 대신 이뤄낸 건 삶 그 자체였어.

이제 뭘 해야 할까?

한국 독자들을 위한 짧은 해설

한국에 제 책을 선보이게 되어 무척 영광이고 가슴이 설렙니다.

세상을 있는 그대로 바라보기 위해서는 상상력이 필요합니다. 현실이 스스로를 '정상'으로 위장하고 있기 때문입니다. 지구상의 어느 사회에서나 남성은 여성보다 많은 돈과 권력과 여가 시간을 누리고 있습니다. 남성은 주인공이 되고, 여성은 보조하는 배역, 혹은 계급이 됩니다. 우리는 이 상황을 마치 당연한 것처럼 느낍니다. 그것이 우리가 아는 유일한 세계이기 때문입니다.

하지만 그 '당연함'은 종종 버거울 정도입니다. 8년 전의 어느 날, 저는 감당하기 어려운 가사노동의 무게를 느꼈습니다. 세 명의 10대 아이들과 우울증이 있는 프랑스인 교환학생을 돌보고, 집안일을 하고, 남편을 챙기고, 건강이 좋지 않은 친척들도 챙기고, 써야 하는 글들의 마감 때문에 압박까지 받고 있던 참이었습니다. 제 남편은 상냥하고 가족의 생활에도 깊이 관여하는 사람입니다. 하지만 돌봄노동의 주된 책임은 말없이, 그러나 압도적인 사회적 압력에 의해 저의 몫으로 돌아왔습니다. 저는 어떤 무의식적인 이유로, 혹은 뜻밖의 이어짐에 의해 제가 오웰의 작품들을 차례로 읽어나가고 있다는 걸 깨달았습니다. 제 안에 흘러가는 생각이 있었다면 아마 다음과 같았을 겁니다. '이 사람은 권력이 어떻게 작동하는지 약자의 입장에서 들여다보는 일을 너무도 잘해 낸 사람이잖아. 어쩌

면 이 사람 작품을 읽으면 내가 어쩌다 약자가 된 건지 파악하는 데 도움이 되지 않을까?'

오웰의 글을 읽는 건 무척 즐거운 일이었지만, 제 상황을 이해할 실마리를 그의 작품 속에서 찾을 수는 없었습니다. 그래서 오웰의 주요한 전기 여섯 편을 읽었습니다. 그가 어떻게 그런 작가가 되었는지 알고 싶어서였습니다. 그렇게 계속 읽던 저는, 오웰의 첫 번째 아내였던 아일린 오쇼네시가 결혼하고 6개월 뒤에 가장 가까운 친구에게 보냈던 편지를 발견했습니다. 편지가 늦어져서 미안하다는 사과와 함께, 아일린은 친구에게 이렇게 적었습니다. 결혼식 이후로 자신과 오웰이 "너무도 끊임없이, 정말이지 격렬하게 싸워댔"으며 "살인이나 별거가 성사되면 편지를 딱 한 통 써서 모두에게 보내는 편이 시간 절약이 되겠다는 생각까지" 든다고요.

저는 소리 내 웃었습니다. 하지만 동시에, 뼛속 깊이 충격을 받기도 했습니다. 방금 오웰의 주요한 전기 여섯 편을 읽은 참이었는데, 아일린이 누구였는지에 대해서는 감조차 잡을 수가 없었으니까요. 아일린은 그저 '오웰의 첫 번째 아내'였습니다. 중요하지 않은 주변 인물이었죠.

하지만 진실은 그것과는 전혀 달랐습니다.

저는 아일린을 찾아내는 일에 착수했습니다. 아일린이 처음에는 가정생활에 의해, 다음에는 역사에 의해 어떻게 묻혀버렸는지 자세히 살펴보기 시작했습니다. 저는 '아내 노릇'이라는 사악한 마술의 속임수를 무효화하고 싶었습니다. 그렇게 해서 강제로 사라져야 했던 그 여성을 드러내고, 동시에 저를 짓누르고 있던 힘들도 제대로 바라보고 싶었습니다.

옥스퍼드에서 문학을 전공한 아일린은 총명하고, 유머가 넘치고, 재능 있는 여성이었습니다. 그는 스페인 내전에 뛰어들어 오웰의 목숨을 구하기도 했습니다.《동물농장》을 장편소설로 기획하고, 매일 밤 오웰과 함께 작업을 하며 자신의 재치와 통찰을 그 소설의 캐릭터들 속에 녹여 넣었습니다. 그럼으로써 그 작품을 오웰이 썼던 어떤 다른 작품과도 구별되는 탁월한 작품으로 탄생시켰습니다. 오웰을 경제적으로, 심리적으로, 지적으로, 실질적으로 뒷받침하기도 했습니다. 그리고 그런데도, 아일린은 지워져 버렸습니다.

왜 여성의 노고는 이런 식으로 지워져야 할까요?
우선, 남성이 모든 성취를 혼자 이뤄낸 것처럼 보이게 하기 위해서입니다. 바로(고딕 부탁드려요!) 그렇게 해서 그 남성은 여성들을 지워버리는 가부장제라는 폭력적인 허구 속에서 강력한 중심인물이 됩니다. 둘째로는, 피해자를 지워버리기 위해서입니다. 그 남성이 어떤 여성에게든, 특히 그의 아내에게 해를 끼친 적이 없는 것처럼 보이게 하기 위해서입니다. 그렇게 해서 그 영웅은 모든 일을 혼자서 해냈을 뿐 아니라 결백하기까지 한 인물이 됩니다. 하지만 오웰의 경우에는 그 두 가지 모두 사실이 아니었습니다. 그리고 오웰이라는 사람도, 그의 작품도, 진실을 알고 보면 좀 더 이해가 됩니다. 아무런 과오가 없는 것처럼 포장되었던 그의 모습만 알았을 때보다 훨씬 그렇습니다.

그렇다면 왜 여성들은 전 세계 어디서나 삶과 사랑과 돌봄에 필요한 이런 노동을 부탁받지도 않고, 감사의 말도 듣지 못한 채 전부

떠안고 있는 걸까요?

　이 노동이 '좋은 여성', '훌륭한 어머니', '바람직한 아내'의 정의에 처음부터 내장되어 있기 때문입니다. 여성은 타인을 위해 이런 노동을 해야 하는 존재로 자동적으로 간주됩니다. 반면 남성의 경우엔, 돌봄노동을 전혀 하지 않아도 괜찮은 남자가 될 수 있습니다. 그저 내야 할 돈을 내고, 약속을 지키고, 사야 할 차례가 되면 술집에서 술을 사는 것만으로도 충분합니다. 이 세상은 여성들의 무급 노동 위에서 굴러갑니다. 제가 바라는 게 있다면 돌봄노동이 여성에 대한 도덕적 판단과 분리되는 것, 그래서 남성 동반자와 좀 더 공평하게 노동을 분배할 수 있게 되는 것입니다.

　오웰의 작품들은 저에게 소중합니다. 지금처럼 전체주의와 감시와 독재 정치가 힘을 얻는 시대에, 그의 글들은 우리 모두에게 중요한 텍스트입니다. 저는 오웰을, 아니 다른 누구도 '취소'하고 싶지 않습니다. 그가 만들어낸 '이중사고'라는 개념은 중요한 진실을 드러내줍니다. 가부장제는 한 남자가 여자들에게 심한 행동을 하고도 여전히 고상한 인간으로 여겨질 수 있게 허락해 주는 '이중사고'의 한 예입니다.

　문학은 공감과 통찰, 기쁨, 그리고 진실을 드러내는 행위로 이루어진 작업입니다. 그것이 《조지 오웰 뒤에서》를 쓰면서 제가 바랐던 바이고, 실제로 여러 나라의 독자들 또한 그렇게 읽어주었습니다. 하지만 저는 이 책이 독자들에게 충격과 분노를 안겨주고, 말문이 막히고 눈물까지 흘리게 만들었다는 것 또한 알고 있습니다. 자신이 알아채지 못한 채 혜택을 받고 있던 체제로부터 이제는 벗어나려 노력하겠다는 남성 독자들의 멋진 편지도 여러 통 받았습니다. 이 모든 것은 한 여성을 복원해 내고 '아내 노릇'이라는 구조를 검토하면서 제가 품었던 가장 대담한 기대조차도 훌쩍 뛰어넘는 일들이었습니다.

제가 바랐던, 그리고 여전히 바라는 바가 있다면, 이 책이 하나의 해방이 되는 것입니다. 가부장제는 도덕적으로 낡고 허약한, 정당성이 없는 권력 체계입니다. 그리고 그 바이러스의 가장 끈덕진 중심은, 그것의 DNA는, 이성애 가정에서의 젠더화되고 불공평한 노동에 있습니다. 우리가 그것을 볼 수 있다면, 바꿀 수도 있습니다.

___애나 펀더

감사의 말

아일린의 편지들을 사용하도록 허락해 주신 AM 히스 문학 에이전시의 빌 해밀턴Bill Hamilton에게 감사드립니다. 유니버시티 칼리지 런던의 오웰 아카이브에, 특히 다른 중요한 원자료들을 찾을 수 있도록 도와주신 댄 미첼Dan Mitchell에게도 감사드립니다. 런던대학교 버크벡 도서관의 크릭 아카이브에, 그리고 버나드 크릭 교수의 문학적 유산 관리자분들께, 소장 자료를 사용하도록 친절히 허락해 주신 데에 감사드리며, 이 과정에서 도움을 주신 세라 홀Sarah Hall에게도 감사드립니다.

    제 글에서 분명히 드러나듯, 저는 오웰의 전기 작가들이 남긴 작업에 크나큰 빚을 지고 있습니다. 피터 스탠스키와 윌리엄 에이브럼스, 버나드 크릭, 마이클 셸든, 제프리 마이어스, 고든 보커와 D.J. 테일러가 그분들입니다. 이 작업이 출발하게 된 정신이라는 맥락에서 그분들이 이 작업을 포용해 주시기를 진심으로 바랍니다. 우리 모두는 우리 스스로 만들어낸 것이 아닌 이 젠더화된 허구 속에 갇혀 있으니까요. 저는 또한 실비아 톱의 책 《아일린: 조지 오웰을 만든 여성》에서 아주 많은 것을 배웠습니다. 그 안에 담긴 내용은 다른 어디에서도 찾을 수 없는 것이었습니다.

    너무도 너그러이 시간을 내어 가족 이야기를 들려주시고, 사진과 자료를 찾는 데 결정적인 도움을 주셨으며, 오웰의 발자취를 따라가는 영광스러운 카탈로니아 여행을 기획해 주신 쿠엔틴 코프에게 감사드립니다. 오웰 협회와 그 후원자인 리처드 블레어에게도 감사드립니다. 특히 트럭 속에서 아버지와 함께한 기억과 코리브레컨에 관련된 자신만의 계획들을 인용할 수 있게 허락해 주신 리처드에게 감사드립니다. 마르크스와 윌링턴의 정원이 담긴 멋진 사진들을 찍어 주신 캐서린 몬큐어Catherine Moncure에게도 따뜻한 감사의 말을 전합니다.

데이비드 윅스가 스페인에서 아일린에게 쓴 편지를 공유해 주신 마샤 카프Masha Karp에게, 그리고 특히 넬리 이모에 관해 흥미로운 대화를 나눠주신 다시 무어Darcy Moore에게도 감사드립니다.

주라섬에서 만난 케이트 존슨Kate Johnson, 롭Rob과 소피 플레처Sofie Fletcher에게, 그리고 아르들루사 저택의 사진을 제공해준 앤드루Andrew와 클레어 플레처Claire Fletcher에게 감사를 전합니다. 제인과 휴 카스웰도 큰 도움을 주셨는데, 특히 제인에게, 오웰을 기억하는 주라섬 주민들과 나눈 훌륭한 인터뷰를 공유해 주신 것에 감사드립니다. 런던에 있는 저의 소중한 친구들인 제인 존슨Jane Johnson과 브라이언 머피Brian Murphy, 메건 데이비스Megan Davis, 톰 그레이슨Tom Grayson, 마이클 블레이크모어Michael Blakemore에게, UCL 아카이브 조사를 시작하던 저를 따뜻하게 맞아주신 것에 감사드립니다. 그리고 클레어 토멀린Claire Tomalin과 마이클 프레인Michael Frayn에게, 특히 20세기 초의 어떤 은어('꼴값side')에 대해 생생하게 설명해 주신 것에 감사드립니다.

울프슨 칼리지의 옥스퍼드 삶쓰기 센터에, 특히 허마이어니 리Dame Hermione Lee 교수님과 찰스 피전Charles Pidgeon에게, 아일린이 자주 다니던 곳들을 찾아 옥스퍼드대학교를 돌아다니던 저를 반갑게 맞아주신 것에 감사드립니다. 시드니 공과대학교의 아낌없는 지원과 놀라운 연구 시설에, 여러 해에 걸쳐 귀중한 대화를 나눠주신 부총장 아틸라 브룽스Attila Brungs와 앤드루 파핏Andrew Parfitt, 그곳에 있는 저의 친구들과 동료들, 특히 델리아 팔코너Delia Falconer, 애나 클라크Anna Clark와 로이 그린Roy Green에게도 깊은 감사를 전합니다.

비범한 독자이자 친구이며 이 책이 세상에 나오도록 설득하고 이끌어준 저의 에이전트 세라 찰펀트Sarah Chalfant에게 가장 깊고도 진심 어린 감사를 전합니다. 세라는 놀라운 지성과 다정함으로 저의 작업을 든든하게 떠받쳐주고 있습니다.

이 책은 지금까지 세 대륙에서 출간되는 위업을 이뤄냈습니다. 펭귄 랜덤하우스 오스트레일리아의 니키 크리스터Nikki Christer에게 말로 다 표현할 수 없이 커다란 감사의 마음을 전합니다. 니키는 편집자로서 탁월하고 출판인으로서 현명하며, 한 사람으로서도 놀랄 만큼 너그러운 분입니다. 편집은 흔적을 남기지 않는 예술이지만, 레이철 스컬리Rachel Scully는 그 예술을 너무도 눈부시게 구현해 내는 분입니다. 그의 지적인 통찰력과 세심한 주의력 덕분에 이 책은 더욱 훌륭한 책이 될 수 있었습니다. 중요한 초기 원고 검토 작업을 해주신 캐서린 힐Catherine Hill과 훌륭한 편집을 해주신 케이티 퍼비스Katie Purvis, 교정을 맡아주신 앤젤라 마이어Angela Meyer, 디자인 담당자 애덤 라슈추크Adam Laszczuk, 제작 담당자 벤저민 페어클로우Benjamin Fairclough, 그리고 마케팅과 홍보 담당자 레베카 체레슈키Rebekah Chereshsky와 제시카 멀패스Jessica Malpass에게도 감사드립니다. 영국 바이킹 출판사의 놀라운 여러분께, 이사벨 월Isabel Wall, 메리 마운트Mary Mount, 베네티아 버터필드Venetia Butterfield, 메리 체임벌린Mary Chamberlain, 클로이 데이비스Chloe Davies, 줄리아 머데이Julia Murday, 애니 마운트Annie Mount에게, 그리고 전 세계 곳곳에서 이미지들을 찾아주신 카리슈마 조반푸트라Karishma Jobanputra의 노고에 깊이 감사드립니다. 미국 크노프 출판사의 리건 아서Reagan Arthur, 렉시 블룸Lexy Bloom, 그리고 모건 해밀턴Morgan Hamilton에게, 그분들의 열의에, 편집 과정에서 나눠주신 중요한 대화들에, 그리고 출판인으로서의 탁월한 감각에 감사드립니다. 홍보와 마케팅을 맡아주신 에린 휘태커Ellen Whitaker과 에이미 해거돈Amy Hagedorn에게도 감사드립니다.

원고를 읽어주고 너무나 소중하고 결정적인 의견을 아낌없이 보내준 친구 새러 홀로웨이Sara Holloway와 메리 스퐁버그Mary Spongberg에게 크나큰 감사를 보냅니다. 최종 단계에서 저는 너무나 운 좋게도 메레디스 로즈Meredith Rose와 함께 작업할 수 있었습니다. 비범하고 재능 있는 편집자인 그에게 깊이 감사드립니다. 전문적인 시선으로 원고를 읽어주신 크리스 올슨Kris Olsson, 스페인어 번역을 비롯해 너무도 많은 도움을 주신 와일리 에이전시의 제시카 불록Jessica Bullock에게도 감사드립니다. 그리고 코로나 시기에 함께 산책을 해준 친구이자 창의적인 동료들인 드루실라 모제스카Drusilla Modjeska, 수지 밀러Suzie Miller, 레노어 테일러Lenore Taylor, 스테파니 스미Stephanie Smee와 다이애나 리치Diana Leach에게, 또한 의미 있는 대화를 나눠준 닉 드레이크Nick Drake, 존 콜리John Collee, 샐리 머레이Sally Murray와 앤 마리 스완Anne Marie Swan에게도 감사를 전합니다. 수전 롤링Susan Rawling, 엘렌 드빙크Hélène Devynck, 플루어 우드

Fleur Wood와 닉 브라이언트Nick Bryant, 알렉스 번Alex Bune과 존 찰머스John Chalmers, 힐러리 찰스워스Hilary Charlesworth와 찰스 게스트Charles Guest, 그리고 샘 모스틴Sam Mostyn과 사이먼 베케트Simeon Beckett. 이 모든 분들의 우정과 너그러운 마음은 그동안 저에게 큰 힘이 되어주었습니다. 그리고 휴 펀더Hugh Funder와 존 펀더John Funder에게, 이 책을 쓰는 지난 몇 년 동안 보내주신 그 모든 지지에 감사합니다.

너무도 오랫동안 이 책과 함께 지내며 자신들의 이야기를 쓰도록 허락해 준 제 아이들에게 감사합니다. 마지막으로, 그 누구보다도 제 남편 크레이그 알친Craig Allchin에게, 자신 없이 이 책은 쓰일 수 없었을 거라며 농담을 던지는 그에게 감사합니다. 하지만 그의 말이 맞아요. 우리 삶의 다른 수많은 모험처럼, 이 모험 역시 크레이그의 창의적인 통찰과 열린 마음 덕분에 가능했으니까요.

옮긴이의 말

이 책은 조지 오웰을 '취소'하기 위해 쓰인 책이 아니다. 오웰은 이미 세상을 떠난 작가이고, 그의 작품들은 고전의 반열에 오른 지 오래이며, 그의 작품을 사랑하고 아끼는 수많은 팬들과 평론가들 및 전문가들이 전 세계적으로 굳건한 지지층을 이루고 있다. 굳이 어떤 '남성연대'의 존재를 상정하지 않더라도, 순전히 얽히고설킨 출판계의 이해관계 측면에서만 봐도 오웰이 '취소'될 가능성은 전무해 보인다. 이 책의 저자인 애나 펀더 또한 그것은 자신의 의도와 거리가 멀다고 밝히고 있다. 저자 자신이 오웰의 오랜 팬이었던 것도 사실이다(누가 그렇지 않았겠는가). 나는 우리가 이 책을 오웰 한 사람을 규탄하기 위해서가 아니라 차별을 만들어내는 구조의 교묘함과 견고함을 돌아보고 우리 자신이 타인에게 행할 수 있는 착취를 두려워하기 위해 읽었으면 한다. 그러자고 마음을 다해 제안하고 싶다.

전 세계적으로 일어난 미투운동 이후로 '예술가의 비윤리적인 행동과 그의 작품을 과연 분리할 수 있는가'하는 문제는 오랫동안 뜨거운 화두가 되어왔다. 이 책 역시 그 문제를 다루지만, 그보다는 그 예술가의 주변에서 그의 행동들을 모두 감내해야 했던 한 실존 인물의 삶을 발굴하고 복원하는 데 조금 더 중점을 둔다. 오웰의 첫 번째 아내였던 아일린 오쇼네시가 그 인물이다. 1905년 태어난 아일린은 1936년 오웰과 결혼해 1945년 세상을 떠날 때까지 오웰의 곁에서 아내로서의 의무를 다했다. 그 의무에는 생계 부양, 가사노동, 육아, 타자 및 교열 작업, 조언과 격려, 잔심부름과 때로는 남편의 여러 연인들을 위로하는 일까지 포함되어 있었다. 아일린은 또 스페인 내전 기간 바르셀로나에서 POUM이라는 정당의 핵심 일원으로 일하며 스탈린 세력의 주시 대상이 되었고, 죽음을 무릅쓰고 오웰과 오웰의 작품, 그리고 동료들의 생명을 구해낸 인물이기도 하다. 그는 오웰의 비공식 편집자가 되어 음울하고 자기비하적인 남성 주인공을 주로 내세우던 오웰의 작품에 유쾌한 농담과 위트의 빛을 비춰 주었고, 그가 다양한 존재들을 훨씬 생생하고 활기 넘치는 모습으로 그릴 수 있도록 도와주었다. 그런 다음 아일린은 때 이른 죽음과 함께 역사 속에서 흔적 없이 사라졌다. 오웰 자신을 포함해 그 누구도 아일린의 공로를 공식적인 기록으로 남기지 않았다.

저자는 이렇듯 완벽하게 사라져 있던 아일린을 "('누락·하찮게 만들기·동의'라는 세 개의 머리를 지닌) 케르베로스 뒤에서, 무시하고 경시하고 수동태로 만들어버리는 말들 밑에서", "아일린 자신의 자기 삭제와 주의 깊게 경청하는 태도 아래쪽에서" 끌어내 데려온다. 그리고 그 과정에서 다양한 방법을 동원한다. 우선, 저자는 아일린이 절친한 친구 노라 사임스 마일즈에게 남겼던 여섯 통의 편지를 실마리로 픽션 혹은 '대항서사'를 창조해 낸다. 그런 다음 당시 오웰과 아일린이 살았던 삶에 관해 방대한 자료를 토대로 연구해 쓴 논픽션을 더해 넣는다. 마지막으로, 문제의 시야를 현재까지로 확장해 여전히 지속되는 성차별, 가사노동의 불균형한 분배, 창작자의 작업 환경에 갈려 들어가는 타인의 피와 땀, 끊임없이 여성을 공모시키고 침묵하게 하고 사라지게 만드는 남성중심적 사회의 구조에 관해, 저자 자신의 회고록에 가까운 다양하고 설득력 있는 글들을 덧붙인다.

이 책은 출간과 함께 오웰 애호가들로부터 여러 공격을 받기도 했다. 어떤 사람들은 왜 오웰과 아일린이 실제로 했다는 증거가 없는 말과 행동을 마치 실제인 것처럼 써놓았느냐고 저자를 비난한다. 그러나 애나 펀더는 그 부분들이 '픽션'임을 명확히 밝히고 있으며, 역사소설을 쓰는 작가에게는 사실의 큰 틀 안에서 역사를 자신의 관점으로 해석하고 세부사항을 창조해 낼 자유가 있다. 그리고 사실상 이 책은 남성 작가 조지 오웰과 후대 여성 작가 애나 펀더의 싸움이 아니다. 그보다는 오웰의 여러 전기 작가들과 아일린의 전기 작가 애나 펀더의 싸움, 공식화된 평가와 재평가의 싸움, 남성 예술가에 대한 무조건적인 추앙과 그 추앙 속에서 사라진 한 여성을 되살리려는 시도의 싸움에 가깝다. 실제로 이 책에서 가장 흥미로운 부분이자 빛나는 부분 중 하나는, 전기 작가들이 오웰의 과오를 덮고 아일린의 존재를 지우기 위해 문장의 시제를 바꾸고 수동태와 사물 주어를 사용해가며 무리한 서술을 이어간 지점들을 저자가 낱낱이 밝혀내는 부분이다. 그 전기 작가들은 후대에 이런 재평가가 이루어질 거라고는 미처 생각하지 못했던 걸까. 놀라움과 분노를 넘어 쓴웃음이 지어질 뿐이다.

어떤 사람들은 이 결혼은 아일린이 스스로 선택한 것이었다고 지적하기도 한다. 물론 그건 사실이다. 하지만 오웰이 자신의 두 번째 아내가 될지 모르는 후보자들에게 비교적 허심탄회하게 털어놓았던 것처럼 첫 번째 아내 아일린에게도 '이 결혼에서 해야 할 일들과 감내해야 할 것들'의 목록을, 다시 말해 '아내라는 일자리'의 조건들을 구체적으로 솔직하게 제시했다면 아일린은 과연 이 결혼에 동의했을까? 나는 아무래도 그렇게는 생각할 수가 없다. 결혼이라는 '검은 상자' 안에서 일어나는 거의 모든 일은 '집안 문제'로 치부되며, 많은 가정폭력이 그런 식으로 은폐된다. 구체적으로 사람을 '때리는' 종류의 폭력이 아닐 경우에는 더욱 드러나기 어렵다. 또한 아일린이 결혼 생활에서 실제로 겪었던 많은 일을 사실로 인정한다고 해서 그가 '피해자'라는 하나의 정체성으로만 고정되는 것도 아니다. 번역을 하는 내내, 나는 아일린이 시종일관 무력하고 비참한 피해자이기만 했다고는 생각할 수 없었다. 노라에게 쓴 편지들 속의 문장에서 비치는, 그리고 애나 펀더가 상상을 통해 되살려놓은 아일린은 내게 자기 세계가 분명하고, 엉뚱하고, 유머 감각이 넘치고, 마음이 넓고 공감 능력이 뛰어나며, 담력과 추진력이 돋보이고, 상황 판단이 빠르고, 굴종을 거부할 만큼 독립적이고, 지적이면서도 낙천적인 톡톡 튀는 매력을 지닌 사람으로 다가왔다. 특히 스페인에서의 활약을 다룬 장들에서는 그가 얼마나 정치적으로 중요한 역할을 했고 위기 상황에서 얼마나 명민하게 대처했는지 생생하게 드러나 있다.

아일린은 본인의 의지로 선택을 했고 오웰 곁에 끝까지 남아 있었다. 그것이 그다지 좋은 선택지는 아니었지만 말이다. 그리고 우리는 그동안 진실을 사랑하고 허례허식과 위선을 증오했으며, '밑바닥 생활'을 하는 사람들을 멀리서 스케치만 하는 대신 직접 그들 안으로 걸어 들어가 고락을 함께했고, 파시즘을 말로만 비판하는 게 아니라 직접 스페인까지 가서 생명을 걸고 싸운 다음 그것을 글로 써냈던 소탈하고 양심적인 작가 조지 오웰에 대해 속속들이 많은 것을 알아왔으니, 이제 그동안 알려지지 않았던 사실들과, 그 곁의 한 여성이 처해 있었던 실존적 조건 또한 알게 된다면 균형 잡힌 평가에 도움이 될 거라 믿는다.

적어도 다음의 몇 가지는 명백한 사실로 보인다. 첫째, 오웰은 모든 종류의 권력과 압제와 기만을 혐오하고 인간들이 그로부터 해방되기를 염원하는 작가였지만, 그에게 유독 여성만큼은 그 '인간'에 포함될 만큼 동등한 존재가 아니었다. 둘째, 아일린은 오웰의 여러 작품, 특히 《동물농장》의 창작에 여러 가지 면에서 지대한 공헌을 했고, 그 공을 제대로 인정받지 못했다. 셋째, 아일린은 건강과 재정 문제로 절실히 도움이 필요했을 때 동반자였던 오웰로부터 도움을 받지 못했다.

이 책은 가부장제가 여성의 삶을 지우는 구조를 여러 각도에서 보여주지만, 오웰과 아일린의 관계는 단순히 '전통적인 가부장 대 삶의 주도권을 빼앗긴 아내'의 구도로 환원하기에는 복잡한 면이 있다. 무엇보다 생활비를 대부분 아일린이 벌었고, 오웰은 흔히 상정되는 '경제권력자'로서의 가장과는 거리가 멀었기 때문이다. 그럼에도 아일린은 동반자이자 창작의 조력자로 존중받기보다 침묵하고 헌신하는 쪽으로 밀려났다. 그는 경제 능력이 있었기에 오웰을 떠날 수도 있었지만, 그러지 않았다. 거기에는 아마도 '예술'과 '예술가'로서의 오웰에 대한 존경과 애정, 기대가 큰 이유로 작용했을 것이다. 그런 점에서 두 사람의 관계는 창작자 중심의 삶이 그를 존경하는 동반자의 시간과 삶을 어떻게 침식하는지 보여주는 불평등한 구조의 예로 읽는 쪽이 조금 더 정확할지도 모른다. 창작자가 혼자일 때에는 자기 생활을 엉망으로 만들어가면서라도 어떻게든 예술을 할 수 있고, 그건 스스로 감내할 문제로 남는다. 문제는 두 사람이 짝을 이룰 때부터다. 창작자에게 가장 중요한 자원은 '시간'이고, 무슨 일이 있어도 그 자원을 확보해야만 하는 상황에서 곁에 있는 사람을 착취하지 않기는 정말로 어렵다. 곁에 있는 그 사람이 당신의 작품에 존경과 애정을 품고 응원해 주는 사람이며, 애초에 당신의 예술을 좋아해서 결혼까지 한 사람이라면 더더욱 그렇다. 당신이 충분히 유명해진다면, 그리고 그 사람이 당신만큼의 사회적 지위를 확보하지 못한다면, 그 사람은 아마 기꺼이 내주든, 울며 겨자 먹기로 내주든, 당신에게 자신의 시간과 노동력을, 그리고 나중에는 아마 자기 삶의 방향감각까지도 내주게 될 것이다. 그리고 그 사람이 언젠가 그 점에 대해 항의하고 싶어질 때쯤이면 당신의 팬들과 애호가들이 그를 침묵시킬지도 모른다. 혹은 반대로, 당신은 해도 해도 끝나지 않는 가사노동 틈바구니에서 창작할 시간을 확보하기 위해 밤마다 발을 동동 구르고, 만성 수면부족과 과로에 시달리며, 끝내 당신을 방해하는 '생활'과, 당신 작업의 가치를 인정해 주지 않는 동반자와 화해하지 못한 채 외롭고 괴로운 적대 관계를 이어가게 될지도 모른다. 어느 쪽이든, 그런 점에서 이 책은 삶과 예술과 관계에 대한 섬뜩한 경고로 읽히기도 한다. 창작을 하고 있거나 꿈꾸고 있는 당신은, 혹은 그런 사람을 사랑해서 삶을 함께 할 계획을 세우고 있는 당신은, 이런 식으로 가장 소중한 사람의 삶을 착취하거나, 그런 사람에게 착취당하거나, 혹은 창작자에게 꼭 필요한 '자기중심성'을 끝내 갖추지 못해 창작을 중도에 포기하지 않을 자신이 있는가?

    그동안 '여성서사'에 해당하는 여러 작품을 번역해 왔지만 이토록 강렬하게 모든 감각을 파고드는 고통을 선사하는 작품은 처음이었다. 거의 모든 페이지가, 그곳에 적혀 있는 구체적인 사실들이, 원치 않았지만 나 역시 이 괴로운 '이중사고'에 한데 얽힌 공범이라는 실감이 악몽처럼 다가왔다. 마지막으로 내 머릿속에 맺혀 끝내 사라지지 않았던 질문 한 가지가 있다면 이런 것이다. 우리는 대체로 평범한 사람이 온 힘을 다해 내지르는 고통의 비명보다는 유명 작가가 내뱉는 별 의미 없는 한 마디 말을 더 가치 있게 여기고, 거기에 귀를 기울인다. 이 책의 말미에는 "아일린이 이뤄낸 것은 삶 자체"였다는 말이 나온다. 저자는 왜 이 당연한 사실을 이토록 많은 페이지를 들여 말해야만 했던 걸까? 왜 작가가 아니었던, 그저 '삶'을 살았던 아일린이 존중받는 건 옛날이나 지금이나 이다지도 어려운 일일까? 한 사람이 아무런 수식어 없이 그 존재만으로 존중받는 일이 불가능하다면, 한 유명인의 재능과 성취에 대한 추앙이 수천, 수만의 타인의 삶에 대한 기본적인 존중을 대체해 버리는 일이 계속된다면, 그 낡디 낡은 검은 상자의 흑마술은 언제까지나 끝나지 않을 것이다. 부디 이 작품이 독자들에게 예리하고 의미 있고 풍성한 질문들로 남기를 바란다.

___서제인

주

제사

위에서부터 차례로 아래와 같다.
-George Orwell, 'Reflections on Gandhi', *Partisan Review*, 1949.
-Phyllis Rose, *Parallel Lives: Five Victorian Marriages*, Penguin Books, 1985, p. 136.
-Vivian Gornick, 'Why Do These Men Hate Women?', in *Taking a Long Look: Essays on Culture, Literature, and Feminism in Our Time*, Verso, 2022, p. 256.

I 아내 노릇, 대항 서사

서펵, 1936년 11월

1. Peter Davison (ed.), *George Orwell: A Life in Letters*, Liveright Publishing Corporation, 2013 (이후로는 *A Life in Letters*라고 표기), pp. 66-7. 이 책에 인용된 아일린의 모든 편지는 이 책에서 인용했다. 이름에 관한 메모 하나: 조지 오웰의 본명은 에릭 블레어였다. 아일린은 그를 '조지'라고 불렀다. 나는 이 이야기에 나오는 비슷한 이름들(조르주 코프와 조르조 티올리)과 구별하기 위해 그를 '오웰'로 표기했다. 아일린의 오빠는 가끔씩 '에릭'으로 불리기도 했으나, 나는 에릭 블레어와 혼동되지 않도록 그를 '로런스'로 표기했다. 텍스트 속에 동명 인물들이 등장할 경우에는 그들을 구별하기 위해 성 혹은 이름을 그때그때 골라 사용했다. 예를 들어 리처드 리스는 리처드 블레어와 구별하기 위해 '리스'로, 찰스 오어는 로이스 오어와 구별하기 위해 '찰스'로, 이름이 데이비드로 같았던 두 사람은 각각 '윅스'와 '크룩'으로 표기했다.
2. 오웰의 조카 제인 모건이 고든 보커에게 한 말. Gordon Bowker, *George Orwell*, Abacus, 2004, p. 39.
3. 아이다의 손자 헨리 데이킨. Stephen Wadhams, *Remembering Orwell*, Penguin Books, 1984, p. 30. 헨리의 누나 제인은 조부모님 댁을 찾아갔을 때의 그리운 기억들을 간직하고 있었다. "작지만 다소 이국적인" 그 집은 "광택 나는 무지갯빛 커튼들, 우리 할머니가 만든 수많은 자수가 놓인 스툴이며 가방, 쿠션, 바늘꽂이, 그리고 스팽글과 비즈, 작은 물건들이 가득 든 마호가니와 상아로 만들어진 흥미로운 상자들로 채워져 있었다… 그 집의 물건 대부분은 할머니가 어느 능력 있는 서펵 여인의 도움을 받아 만든 것이었다. 할머니와 에이브릴 이모는 침대에서 아침을 먹었는데, 한 명은 머리 쪽에서, 다른 한 명은 발치에서 먹었다. 얼그레이 차, 그리고 파툼 페퍼리움[앤초비 페이스트]을 바른 토스트였다. 닥스훈트들은 보통 침대 위에 앉아 있었는데, 그 모습은 우리를 기쁘고 아연하게 만들었다." Jane Morgan (née Dakin) in Audrey Coppard and Bernard Crick (eds), *Orwell Remembered*, Ariel Books, 1984, p. 85.

현재, 팽팽한

4. 'Shooting an Elephant', *The Collected Essays, Journalism and Letters of George*

Orwell, Sonia Orwell and Ian Angus (eds), Secker & Warburg, 1968 [1970] (이후로는 *Collected Essays, Journalism and Letters*라고 표기), vol. 1, p. 265. 당시의 지명 '모울메인'은 현재의 몰러먀인이며, 버마는 현재의 미얀마다.

5. George Orwell, 'Charles Dickens', in *Collected Essays, Journalism and Letters*, vol. 1, p. 504. 다음의 책 역시 참조하라. *The Complete Works of George Orwell*, 20 vols, Peter Davison (ed.), Secker & Warburg, 1998 (hereafter CW), vol. 12, p. 56 [597].

6. Peter Stansky and William Abrahams, *The Unknown Orwell (1972) and Orwell: The Transformation* (1979), published in one volume in 1994 by Stanford University Press; Bernard Crick, *George Orwell: A Life*, Secker & Warburg, 1980; Michael Shelden, *Orwell: The Authorized Biography*, HarperCollins, 1991; Jeffrey Meyers, *Orwell: Wintry Conscience of a Generation*, W. W. Norton, 2001; D. J. Taylor, *Orwell: The Life*, Vintage, 2003; and Gordon Bowker, *George Orwell*, Abacus, 2004. 나는 이 책들에 이루 말할 수 없이 큰 빚을 지고 있다.

7. Bowker, p. xi.
8. Taylor, p. 2.
9. Bowker, p. 194.
10. Crick, p. 400.
11. Meyers, p. 127.

검은 상자

12. Charles Orr, in Lois Orr, *Letters from Barcelona: An American Woman in Revolution and Civil War*, Gerd-Rainer Horn (ed.), Palgrave Macmillan, 2009, p. 179.
13. Lettice Cooper, 'Eileen Blair', *The PEN: Broadsheet of the English Centre of International PEN*, no. 16, Spring 1984, p. 19.
14. 아일린이 마조리 데이킨에게 1938년 9월 27일 쓴 편지. Davison (ed.), *A Life in Letters*, p. 121.
15. Crick, p. 251.
16. 아일린의 친구인 리디아 잭슨이 버나드 크릭에게 1974년 11월 27일 한 말. Crick Archive, cited in Sylvia Topp, *Eileen: The Making of George Orwell*, Unbound, 2020, p. 364.
17. 노라의 조카 짐 듀런트가 발견한 이 편지들은 모두 다음의 책에 수록되어 있다. Davison (ed.), *A Life in Letters*.
18. Davison (ed.), *A Life in Letters*, p. xv.
19. Esther Power quoted in Topp, p. 42.
20. 실비아 톱의 《아일린: 조지 오웰을 만든 여성》은 아일린에 관한 정보의 중요한 출처가 되어주었다. 톱의 관점은 "아일린을 닮은 이 세상의 다른 많은 사람들, 재능 있는 반려자의 갖가지 다양한 필요에 맞춰 조력하는 일에 자신의 삶을 기꺼이 바쳐 온, 그리고

그러나 내내 자신들이 진가를 충분히 인정받지 못하고 종종 무시당할 것을 알면서도 결코 흔들림 없이 헌신했던, 혹은 자신만의 개인적 재능을 반려자의 성공 속에 기꺼이 묻어두었던 모든 유명인의 아내와 남편, 그리고 반려자들"(p. 455)에게 그 책을 바치고 있다는 점에서 선명히 드러난다. 어쩌면 이런 식으로 그들이 무시당하거나 묻히는 일을 기꺼이 감수했다고 추정하기 때문에 톱은 오웰과 아일린, 그리고 리디아의 말들을 나와는 다르게 해석하게 된 것인지도 모른다. 예를 들면, 톱은 "살인이나 별거"라는 말이 나오는 아일린의 편지를 "유쾌하고 정감 어린 농담"이라고 해석한다. 자신이 떠나려 할 때마다 오웰이 피를 토하거나 "뭔가 병이" 난다고 아일린이 노라에게 말할 때, 톱은 이렇게 쓴다. "어쩌면 아일린은 오웰이 자신을 집에 붙잡아둘 수단으로 그의 병을 이용한다는 사실에 우쭐해졌을지도 모른다"(p. 151). 오웰의 마지막 노트에 나오는, 여자들의 성적 탐욕과 "구제할 길 없이 지저분하고 단정치 못한" 경향에 대한 한 단락의 글에 대해 톱은 이렇게 쓴다. "오웰은 대놓고 아일린을 언급하지는 않지만, 그가 지저분한 여자와 결혼한 건 사실이다"(p. 117). 톱은 아일린의 지저분함과 마찬가지로 아일린의 성적 욕망 역시 오웰의 이상한 장광설에 원인을 제공했다고 본다. "오웰은 인습적인 사람이어서, 섹스는 남자가 하고 싶은 기분일 때 하는 것이고, 여자는 섹스를 시작하거나 아무 때나 기대해서는 안 된다고 생각했던 것으로 보인다"(p. 156). 톱은 "아일린은 오웰이 신의를 지키겠다고 약속하지는 않았음을 이해하고 있었다"고 쓴다. 하지만 신의를 깨는 일이 실제로 벌어지기 시작하기 전에 그런 사실을 뒷받침해 줄 증거는 없다. 또한 톱은 오웰 부부의 절친한 친구이자 작가이며 심리학자였던 리디아 잭슨이 오웰과의 관계를 스스로 설명한 부분을 통렬하게 비난하는 태도를 보인다. 아일린을 바라보는 톱의 시선은 미묘하고도 상세하다. 톱 역시 나와 마찬가지로 아일린이 오웰의 삶을 구했다고 결론을 내린다. 그는 아일린을 본질적으로 한 천재의 조력자로, "결혼에 대한 다소 전통적인 인식을 오웰과 공유했던"(p.117) 사람으로 묘사하고 있다. 그 전통적인 인식에는 "아일린 자신을 오웰의 꿈의 일부로 바꾸어놓는"(p. 123) 일도 포함되어 있었다. 그와는 달리, 내 관심사는 그런 결혼과 그런 꿈속에 있기 위해 치러야 하는 대가가 무엇인지 살펴보는 것이다.

사랑에 빠지다

21. Meyers, p. 120, 그웰의 딸 캐서린 몬큐어의 말을 인용.
22. Elisaveta Fen, *A Russian's England: Reminiscences of Years 1926-1940*, Paul Gordon Books, 1976, p. 340 (이후로는 *A Russian's England*로 표기). 리디아의 본명은 '리디아 비탈리에브나 지부르토비치'였으며, 결혼한 뒤로 남편의 성인 '잭슨'을 쓰게 되었다. 그는 '엘리자베타 펜'이라는 필명으로 글을 썼다.
23. Ibid. p. 345.
24. Crick, p. 168.
25. Kay Ekevall quoted in Wadhams, *Remembering Orwell*, Penguin Books, 1984. p. 58.
26. Stansky and Abrahams, *Orwell: The Transformation* (이후로는 *The Transformation*으로 표기), p. 108. 로잘린드는 버나드 크릭에게 보내는 편지에서 이 말을 다음과 다르게 표현했다. "자, 저런 게 바로 내가 결혼하고 싶은 부류의 여자야!" Crick, p. 172.

27. Cooper, 'Eileen Blair', p. 19.
28. 로잘린드가 버나드 크릭에게 한 말. Crick, p. 172.
29. Fen, *A Russian's England*, p. 345.
30. 이 에세이는 다음과 같다. Elisaveta Fen, 'George Orwell's First Wife', *The Twentieth Century*, August 1961, pp. 115-26 (이후로는 *George Orwell's First Wife*라고 표기).
31. Stephen Wadhams (presenter), 'The Orwell Tapes', part 2 [radio program], *Ideas*, 2017년 8월 23일 (2016년 4월 11일에 처음 방송됨), Canadian Broadcasting Corporation (이후로는 'The Orwell Tapes'라고 표기). 이 인터뷰들의 편집된 일부 내용은 다음에서 찾아볼 수 있다. Wadhams, *Remembering Orwell*.

오웰은 누구인가?

32. Taylor, p. 152.
33. Malcolm Muggeridge in Miriam Gross (ed.), *The World of George Orwell*, Weidenfeld & Nicolson, 1971, p. 170.
34. Susan Watson in Wadhams, *Remembering Orwell*, p. 157.
35. Cyril Connolly: "그 멋지고 쾌활하고 돈 많은 여자들은… 모두 그를 만나고 싶어 했고, 그와 이야기를 나누기 시작했으며 그들의 모피 코트는 기쁨으로 떨렸다". Bowker, p. 194, 멜빈 브래(감독)에게서 인용. *George Orwell: The Road to the Left* [documentary film], BBC Bristol, 1971.
36. Muggeridge, 'A Knight of the Woeful Countenance', in Gross (ed.), p. 169.
37. 메이블의 아들 에이드리언 피어즈의 말. Wadhams, *Remembering Orwell*, p. 47.
38. Geoffrey Gorer, in Bowker, p. 173, quoting from Bragg.
39. Jacintha Buddicom, *Eric & Us: The First-Hand Account of George Orwell's Formative Years*, Finlay Publisher, 2006 [1974], p. 38. 재신타는 이렇게 쓴다. "물론 에릭은 언제나 글을 쓸 것이었다. 그저 한 명의 작가로서가 아니라, 언제나 대문자로 적힌 **유명한 작가**로서."
40. 루스 피터에게서 인용. Coppard and Crick (eds), p. 71.
41. 오웰의 가정교사 앤드루 고우에게서 인용. Crick, p. 51.
42. 앤드루 고우는 오웰을 좋아했음에도 불구하고 오웰을 대학에 추천하는 일은 "[그] 단과 대학에 불명예를" 가져올 거라고 말했다. Crick, p. 73.
43. George Orwell, *Burmese Days*, Oxford University Press, 2021 [1934], p. 56.
44. Orwell, *The Road to Wigan Pier* [1937], (이후로는 *Wigan*이라고 표기) in *The Penguin Complete Longer Non-Fiction of George Orwell*, Penguin Books, 1983, p. 245.
45. 이름을 밝히지 않은 한 '버마에 정통한 인물'이 이 이야기를 버나드 크릭에게 들려주며, 정부 청사에 익명의 편지를 보낸 '음탕한' 미국 석유업자들의 말을 인용했다. Crick, p. 89.
46. Crick, p. 91.
47. *Nineteen Eighty-Four*, Penguin Books, 1984 [1949], p. 184.

48. James Baldwin, 'My Dungeon Shook: Letter to My Nephew on the One Hundredth Anniversary of the Emancipation', in Toni Morrison (ed.), *James Baldwin: Collected Essays*. Library of America edition, 1998, p. 292.
49. 몇몇 전기 작가들은 오웰이 모울메인의 강변에 있던 사창가를 찾아간 일을 그저 의혹으로 축소하기를 좋아한다. 예를 들어 스탠스키와 에이브럼스는 오웰이 다른 사람들에게 들려준 관련 이야기들을 "풍문"이라고, 혹은 "자부심에서 나왔거나 효과를 더하기 위한" 허풍이라고 언급한다. *The Unknown Orwell*, p. 190. 하지만 오웰이 사창가를 여러 번 찾아간 일은 사실이고(Shelden, p. 63), 오웰이 쓴 다음의 〈성매매에 관한 얄궂은 시〉 같은 몇 편의 시 속에 영원히 남아 있다.

> 내가 어리고 아무 분별이 없었을 때
> 머나먼 만달레이에서
> 햇빛처럼 사랑스러운
> 한 버마 소녀에게 마음을 빼앗겼네.
> 피부는 황금빛, 머리칼은 칠흑 같고
> 이는 상아처럼 희었지.
> 난 말했어. '은화 스무 닢을 줄 테니
> 아가씨, 나랑 같이 자자.'
> 소녀는 나를 보았지, 너무도 순수하고, 너무도 슬프고
> 살아 있는 것 중에 가장 사랑스러웠어.
> 그러고는 그 어리고 혀 짧은 목소리로
> 스물다섯 닢을 불렀지.

크릭은 이 시가 오웰이 1927년 7월에 버마를 떠나기 직전이나 직후에 쓰였다고 생각한다. 이 시가 '부적절하게도' 버마 정부의 공문서 용지에 쓰여 있었기 때문이다(Crick, p. 93). 오웰이 버마와 파리, 런던에서 성매매 여성들을 찾아간 일에 관해서는 다음을 참조하라. Bowker, p. xiv. 그럼에도 가끔씩 여성들의 노동에 대한 오웰의 무신경함이 걷히는 순간들이 있었다. 《위건 부두로 가는 길》에는 오웰이 서른 살쯤 되는, 집안일로 완전히 지쳐 버린 채 더러운 배수관 깊숙이 손을 집어넣고 있는 한 여자를 알아차리는 다음과 같이 아름다운 순간이 등장한다.

> 그 여자의 얼굴은 둥글고 창백했다. 여러 차례의 유산과 힘들고 단조로운 일들 때문에 스물다섯 살로도, 마흔 살로도 보이는 빈민가 여자의 평범하고 지친 얼굴이었다. 그리고 내가 바라본 순간, 그 얼굴에는 내가 그때까지 본 것 중 가장 황폐하고 희망 없는 표정이 떠올라 있었다. 그러자 우리가 '그 사람들은 우리와 느끼는 게 달라'라고 말할 때, 빈민가에서 자라난 사람들은 빈민가 말고 다른 세상은 상상할 줄 모른다고 말할 때, 그건 잘못된 판단이라는 생각이 떠올랐다. 내가 그 여자의 얼굴에서 본 것은 아무것도 모르는 짐승의 괴로움이 아니었던 것이다. 그 여자는 자신에게 무슨 일이 일어나고 있는지 아주 잘 알고 있었다. 거기, 살을 에는 추위 속에서, 빈민가 뒷마당의 질척한 돌들 위에 무릎을 꿇고 앉아

막대기로 악취 나는 배수관 속을 쑤셔대는 운명이 얼마나 끔찍한 것인지, 그 여자는 나만큼이나 잘 이해하고 있었다. (Wigan, p. 165)

하지만 이런 통찰력은 오웰이 아일린과 함께하는 생활 방식을 바꿔놓지는 않았다. 모든 집안일을 한 사람은 아일린이었다.

50. 이는 엘러너의 딸의 판단이다. Taylor, p. 125.
51. Taylor, pp. 136-7.
52. Stansky and Abrahams, *The Unknown Orwell*, p. 280.
53. Stansky and Abrahams, *The Transformation*, p. 38.
54. Stansky and Abrahams, *The Unknown Orwell*, p. 299.
55. Mabel Fierz in Coppard and Crick, p. 94.
56. 이 말은 케이가 보커에게 한 것이다. Bowker, p. 164.
57. 이를테면, 오웰은 메이블에게 자신이 쓴 르포 〈교수형〉이 지어낸 이야기라고 털어놓았다. 오웰은 교수형 집행 장소에 실제로 가본 적이 없었다. 또한 아래에 나오는 "그 여자는 몹시 예뻤고" 부분 역시 참조하라.
58. Stephen Wadhams, 'The Orwell Tapes', parts 1 and 2. 1890년에 태어난 메이블은 스물일곱 살인 오웰을 만났을 때 마흔 살이었고, CBC 프로듀서들과 이야기를 나눌 때는 아흔세 살이었다.
59. Gordon Bowker, 'Orwell's London', The Orwell Foundation, 2008 [2006].
60. Crick, p. 131.
61. Richard Rees, *A Theory of My Time: An Essay in Didactic Reminiscence*, Secker & Warburg, 1963, p. 31 (이후로는 *A Theory*로 표기).
62. Richard Rees, *George Orwell: Fugitive from the Camp of Victory*, Southern Illinois University Press, 1961 (이후로는 *Fugitive*로 표기).
63. Rees, *Fugitive*, p. 65.

…그럼 아일린은 누구인가?

64. Lettice Cooper, *Black Bethlehem*, Cedric Chivers Ltd, 1971 [1947], p. 180. 소설가이자 아일린의 친한 친구였던 쿠퍼는 자신의 1947년작 장편소설 《블랙 베들레헴》에 아일린을 모델로 한 앤이라는 인물을 등장시켰다. '앤'은 "쿠퍼가 자신의 친구이자 진정으로 흠모하는 사람이었던 아일린을 보여주려는 최선의 시도였다". Topp, p. 357, 레티스 쿠퍼의 말에서 인용; Crick Archive.
65. Fen, 'George Orwell's First Wife', p. 115.
66. Muggeridge in Gross (ed.), p. 168. "그는 일종의 무산 계급의 코스튬을 입고 있었다. 아주 낡고 후줄근해진 스포츠 재킷과 코듀로이 바지였는데, 옛날 만화에 나오는 것처럼 정말로 여기저기 끈으로 얽어매 놓은 복장은 아니었지만, 당시 노동계급 지역과 어부들이 사는 해변가 마을에서 여전히 살 수 있었던 종류의 옷이었다."
67. Lettice Cooper in Coppard and Crick, p. 163.
68. Henry Dakin in Wadhams, *Remembering Orwell*, p. 129.

69. Lettice Cooper in Coppard and Crick, p. 163.
70. Cooper, 'Eileen Blair', p. 19.
71. Cooper, *Black Bethlehem*, p. 154.
72. Fen, *A Russian's England*, pp. 343-4.
73. Crick Archive.
74. Edna Bussey quoted in Topp, p. 80.
75. Fen, 'George Orwell's First Wife', p. 115.
76. Fen, *A Russian's England*, p. 346.
77. Topp, p. 69.
78. 실험 시간에 종종 아일린과 같은 조로 활동했던 동료 학생 존 코언은 아일린이 "총명했고, 다소 거칠었으며, 종종 왈가왈부를 좋아하고 '도발적인' 성격을 드러내기도 했다"고 기억을 떠올렸다. Stansky and Abrahams, *The Transformation*, p. 118. 하지만 아일린은 코언을 재미있는 사람이라고 여겼다. 리디아는 코언이 "별로 중요하지도 않은 이론상의 문제들을 두고 강사들과 지엽적인 논쟁을 벌이며 잘난 채"했지만 아일린은 "그의 영리함과 집요함을 재미있어 했다"고 기억을 떠올렸다. *A Russian's England*, p. 341.
79. 이 시기 영국 여성의 약 40퍼센트가 가사노동과 관련된 직업을 갖고 있었다. T. J. Hatton and R. E. Bailey, *Oxford Economic Papers*, 40(4), 1988, pp. 695-718.
80. Fen, 'George Orwell's First Wife', p. 115.
81. Stansky and Abrahams, *The Transformation*, p. 115. 톱은 그보다는 아일린이 "성이라는 중요한 주제와 그것이 모든 인간관계에 미치는 영향"을 연구하기 위해 설립된 이 위원회에서 속기사로 일했을 가능성을 제기한다. Topp, p. 76.
82. Fen, 'George Orwell's First Wife', p. 115.
83. Topp, p. 81.
84. Ibid., p. 87.
85. Stansky and Abrahams, *The Transformation*, p. 117. 리디아는 아일린을 버트로부터 자기 공부를 계속하라는 열렬한 격려를 받았던 "총명한 학생"으로 묘사한다. 'George Orwell's First Wife', p. 118.
86. Topp, p. 93. 리디아는 "오웰은 아일린의 심리학 지식에 방어적인 태도를 보였다…"고 썼다. Fen, 'George Orwell's First Wife', p. 119.
87. 아일린은 이 시를 1934년, 모교 선덜랜드 여자고등학교의 개교 50주년 기념식을 위해 썼다. 오웰의 마지막 장편소설 《1984》의 제목은 이 시의 오마주일 가능성이 있다.

세기말, 1984

죽음
합성된 바람이 물질의 먼지를
쓸어갔으나, 이 방 하나만은
꾸준히 비추는 자외선을 나무라며
먼지 한 톨 없는 채로 먼지 낀 어스름을 뿜어낸다.
유행 지난 과거 위에는 노스와 힐라드,

버질과 호레이스가 난파돼 누워 있고,
셰익스피어의 뼈들은 마침내 고요하며,
예이츠나 윌리엄 모리스처럼 죽어 있다.
이 안의 사람들은 이제 쉴 자격이 있지 않은가?
그들은 100번의 순환 속을 가로지르며
고전에 대한 탐구에 불평했고,
피할 수 없는 하루하루마다
빈 공간에 공을 집어넣으려고
비이성적으로 애썼다.

탄생
모든 상실은 이제 하나의 획득이다
모든 기회는 이성을 따르는 법이니.
수정 궁전이 맞이하는 비는
예정된 계절에 내려온다.
어떤 책도 그 명쾌한 선을 방해하지 않는다
햇빛에 그을린 학자들은 자신들의 생각을
텔레파시 방송국 9번에 맞춰 조율하므로.
그들은 거기서 꼭 알아야 하는 것들만을 배운다.
유용한 과학, 서구에서 공인된
텔레세일즈 기술과 스페인어를.
유적과 철학과 감기를 추방해 버릴
정신의 화장火葬을.
태평한 태도를 지닌 열 살짜리 아이들처럼.

불사조
세계들이 죽었다, 다시 살 수 있도록.
가장 어여쁜 깃털을 다시금 달고
가장 또렷한 노랫가락으로
온갖 자연스러운 날씨를 반길 수 있도록.
베이컨의 동료는 아인슈타인이고,
헉슬리는 플라톤과 음식을 나눠 먹으며,
자외선은 그저 현대의 감성에 맞춰
이름 붙여진 햇빛일 뿐.
다른 집은 없다 해도 이 집 안에서
과거와 미래는 함께할 수 있다,
각각 자신이면서 동시에 서로인 채
묘한 조화를 이루며.
그 둘 모두 비단 가운의 포옹 속에서
제자리를 찾아내며.

88. 아일린이 1945년 3월 21일 오웰에게 쓴 편지. Davison (ed.), *A Life in Letters*, p. 251.
89. *Wigan*, p. 157.

사우스올드

90. Lettice Cooper in Coppard and Crick, p. 162;
91. Jock Branthwaite in Wadhams, *Remembering Orwell*, p. 99.
92. 이 이야기는 케이 이케발이 한 것이다. Wadhams, *Remembering Orwell*, pp. 56-7.
93. 다음 오웰의 설명을 참조하라. *Wigan*, p. 243: "해심은 '원주민들' 중에서 적어도 버마인들은 신체적으로 혐오스럽게 느껴지지는 않았다는 점이다. 사람들은 그들을 '원주민들'이라며 깔봤지만, 육체적으로 그들과 가까워지는 데는 거의 거리낌이 없었다. …이를테면 나는 우리 집에서 일하는 버마인 소년에게 내 옷을 입히고 벗기는 일을 늘 맡기고 있었다… 나는 버마인에게 거의 여자에게 느끼는 것 같은 감정을 느꼈다."

공짜로

94. 브렛 캐버노는 크리스틴 블레이지 포드의 증언에도 불구하고 미국 연방대법관으로 지명되었다.
95. *The Creation of Patriarchy*, Oxford University Press, 1986. 이 책에서 역사학자 거다 러너는 메소포타미아에서 가부장제가 발달하기 시작한 시기를 기원전 3500년에서 600년 사이로 본다. 그보다 이른 시기로 보는 견해들도 있다.
96. Simone de Beauvoir, *The Second Sex*, Random House, 2011 [1949], p. 76, ; Ibid., p. 73.
97. Frederick (Friedrich) Engels, *The Origin of the Family, Private Property and the State*, ed. Eleanor Leacock, International Publishers Co., 1972 [1884], pp. 220-1.
98. Lerner. 특히 '여성 노예' 챕터를 참조하라. 이 장에서 러너는 "생물학적·문화적 요인들이 어떻게 남성들로 하여금 남성들을 노예화하는 방법을 배우기에 앞서 여성들을 노예화하게 만들었는지" 설명한다. 러너의 분석에 따르면, "남성이 여성을 종속시킨 경험은 제도로서의 노예제를 창조하는 데 개념적 모델이 되었고, 가부장제 가족은 그 구조적 모델이 되었다"(p.89). 러너는 노예제에 관해 역사적으로 포괄적이면서 인종 문제에 대한 감각 또한 분명한 서술을 제시한다. 예컨대 그는 이렇게 지적한다. "백인 남성이라면 누구나 흑인 여성을 성적으로 이용하는 일 역시 18세기와 19세기 미국의 인종 관계의 특징이었지만, 그것은 노예제 폐지 이후에도 지속되었고, 20세기가 시작되고 한참이 지난 뒤에는 인종 및 계급 억압의 한 가지 특징이 되었다."(p.88)
99. Virginia Woolf, *A Room of One's Own and Three Guineas*, Penguin Books, 2019. Searchable at gutenberg.net.au/ebooks02/0200931h.html.
100. 그 사례로는 2013년 12월 3일자 〈더 컷〉에서 에밀리 굴드 등이 나눈 다음의 논의를 참조하라. 'Reading While Female: How to Deal with Misogynists and Male Masturbation'.
101. 이와 관련된 증거는 차고 넘친다. 그 사례로는 다음을 참조하라. Jacques Charmes,

'The Unpaid Care Work and the Labour Market: An Analysis of Time Use Data Based on the Latest World Compilation of Time-use Surveys', Gender, Equality and Diversity & ILOAIDS Branch, International Labour Organization, Geneva, 2019, ilo.org/wcmsp5/groups/public/---dgreports/---gender/documents/publication/wcms_732791.pdf. 국제노동기구(ILO)의 이 보고서는 다음의 사실을 알아냈다.

전 세계 어디에서나 예외 없이 여성은 전체 무급 돌봄노동의 4분의 3을 수행하거나, 주어진 전체 제공 시간의 75퍼센트 이상을 그 노동에 쓰고 있다. 여성은 남성보다 평균적으로 3.2배 더 많은 시간을 무급 돌봄노동에 바친다. 여성과 남성이 무급 돌봄노동을 동등하게 분담해 수행하는 국가는 존재하지 않는다. 그 결과로 여성은 끊임없이 시간 부족에 시달리게 되고, 따라서 노동 시장에의 참여가 제한된다.

또 다른 사례로는 다음을 참조하라: Gaëlle Ferrant, Luca Maria Pesando and Keiko Nowacka, 'Unpaid Care Work: The Missing Link in the Analysis of Gender Gaps in Labour Outcomes', OECD Development Centre, December 2014, atoecd.org/dev/development-gender/Unpaid_care_work.pdf. 경제협력개발기구(OECD)의 이 보고서는 다음의 사실을 알아냈다.

전 세계적으로 여성은 남성보다 2배에서 10배 더 많은 시간을 무급 돌봄 노동을 하는 데 쓴다… 무급 돌봄노동은 경제 활동의 중요한 일면인 동시에 개인과 가족, 사회가 누리는 삶의 질에 기여하는 필수적인 요소다… 개인들은 매일 요리와 청소를 하고, 아이들과 병약자, 노인들을 돌보는 데 시간을 쓴다. 이런 활동들이 삶의 질을 결정하는 데 매우 중요함에도 불구하고, 무급 돌봄노동은 정책 의제에서 누락되는 일이 허다하다… 무급 돌봄노동을 외면하는 일은 개인의 삶의 질 수준과 그 변화, 시간의 가치에 대한 잘못된 추론을 낳는다. 이는 다시 특히 고용 시장에서의 젠더 불평등, 역량 강화와 관계된 기타 영역들을 비롯한 다양한 사회경제적 분야 전반에서 정책 효율성을 저해하게 된다. 여성은 전통적으로 남성보다 훨씬 더 많은 시간을 무급 돌봄노동에 쓴다. 무급 돌봄노동을 여성의 특권으로 여기는 젠더화한 사회 규범 또한 존재한다. 이 규범으로 인해 전 세계의 다양한 지역, 사회경제학적 계층과 문화권에 속한 여성들이 가사와 재생산 역할에 대한 기대에 부응하는 데 하루 중 상당 시간을 쓴다. 이것은 여성이 하는 유급 노동 활동에 추가되는 일이기 때문에 여성에게 노동의 '이중 부담'을 만들어낸다. 여성과 남성 사이에 무급 돌봄노동이 불평등하게 분담되면 여성 인권이 침해될 뿐 아니라 경제적 역량 강화에도 제약이 생긴다.

102. 유엔여성기구는 다음과 같이 보고한다. "여성의 무급 노동은 가족을 지탱하고, 경제를 떠받치며, 종종 부족한 사회 서비스를 대신하는 돌봄의 비용을 보조하고 있다. 그럼에도 이는 '노동'으로 인정받는 일이 드물다. 무급 돌봄 및 가사 노동은 국내총생산(GDP)의

10퍼센트에서 39퍼센트에 해당하는 것으로 평가되며, 제조업과 상업, 혹은 운송업 영역보다 더 많은 경제적 기여를 할 수 있다. 기후 변화가 심해짐에 따라 여성들이 농사를 짓고 물과 연료를 구하기 위해 떠맡는 무급 노동은 더욱 더 늘어나고 있다." 다음을 참조하라. 'Redistribute Unpaid Work', UN Women website, citing *Women's economic empowerment in the changing world of work: Report of the Secretary-General*, E/CN.6/2017/3, December 2016. 전 세계 여성 노동의 가치를 미화 10조 9,000억 달러로 추산한 자료는 다음을 참조하라. Gus Wezerek and Kristen R. Ghodsee, 'Women's Unpaid Labor is Worth $10,900,000,000,000', *New York Times*, 5 March 2020 and Kadie Ward, 'Time to Care: Recognising the Truth Behind the Economy of Unpaid Care', OECD Forum Network, 10 September 2022.

수동태, 뻣뻣한

103. 넬리의 삶에 대해서는 다음의 자료를 참조하라. Darcy Moore, 'Orwell's Aunt Nellie', *George Orwell Studies*, vol. 4, no. 2, 2020, pp. 30-44 and 'Orwell in Paris: Aunt Nellie', Darcy Moore website, 21 January 2020, darcymoore.net/2020/01/21/orwell-paris-aunt-nellie/.

104. 테일러는 이를 넬리 이모가 "남편의 에스페란토어 운동가 인맥 중 하나를 이용한" 것으로 보지만(p.142), 이들은 넬리 자신이 ILP에서 알던 사람들이었다. 서점 주인이었던 웨스트로프 부부는 넬리의 절친한 친구이자 같은 당 소속 동지들이었다.

105. 오웰이 재신타 버디콤에게 1949년 2월 15일에 쓴 편지. Davison (ed.), *A Life in Letters*, p. 445.

106. Dione Venables, 'Postscript' to Buddicom, p. 182. 재신타는 이 성폭력 사건을 1974년에 출간된 자신의 회고록에서는 언급하지 않았다. 이 사건은 재신타의 조카인 디오네 베나블스가 2006년 재신타의 책에 발문을 덧붙이며 폭로했을 때에야 널리 알려지게 되었다. 오웰의 키에 대한 주석: 오웰은 자신의 키가 189센티미터라고 했지만, 베나블스는 그가 193센티미터였다고 보고 있다.

107. Mabel Fierz in Coppard and Crick, p. 95. 테일러(pp. 97-8)는 메이블의 말에 의혹을 제기하면서, 오웰이 한 여성에게 사기를 당했다기보다는 오웰과 수잔의 남자친구(혹은 아마도 포주) 사이에 '싸움'이 벌어졌다는 쪽으로 이야기를 끌고 가려 한다. "오웰이 아직 만나보지 못했으나 나중에 다소 사적인 여러 이야기를 자세하게 털어놓게 되는 메이블 피어즈의 말에 따르면, 문제의 원인은 오웰이 어느 카페에서 만난, 그리고 그 무렵 한창 매혹되어 있었던 수잔이라는 '꼬마 창녀'였다. 피어즈의 이야기 속에서 수잔에게는 아랍인 남자친구가 있었는데, 오웰은 이 남성과 일종의 싸움에 휘말렸다. 이 설명이 어디까지 사실인지는 알 수 없다. 하지만 버마인 여성들과 관련된 일에서, 그리고 그 뒤의 다른 일화들에서 그랬듯, 오웰에 대해서는 결코 완전히 알 수 없다는 인상이 남으며, 이는 그의 개인적인 삶의 광대한 영역이 뚫고 들어갈 수 없는 어둠 속으로 뻗어 있다는 느낌이다." 강조는 내가 한 것이다. 의혹을 던지고 사소한 것으로 만들어버리는 행위가 궁극적으로는 여성들의 언어가 있어야 할 곳에 "뚫고 들어갈 수 없는" 어둠을 만들어낸다는 것을 보여주기 위해서다.

108. 《파리와 런던의 밑바닥 생활》[1933]은 오웰이 파리에서 빈곤 속으로 추락한 경험을 중심축으로 삼는다. 오웰은 수잔과 있었던 일을 은폐하기 위해 그 경험을 다음과 같이 윤색한다.

> 어느 날 호텔에 자신이 조판공이라고 말하는 한 이탈리아인 청년이 나타났다. 청년은 다소 알 수 없어 보이는 사람이었는데, 양쪽 뺨에 구레나룻을 기르고 있어서였다. 그런 구레나룻은 깡패 아니면 지식인의 표식이었는데, 누구도 그가 어느 쪽에 속하는지 확신할 수가 없었다. F. 부인은 그의 인상을 마음에 들어 하지 않았고, 그에게 일주일치 숙박비를 선불로 받았다. 그 이탈리아인은 숙박비를 내고 호텔에 엿새를 머물렀다. 그러는 동안 그는 몇 개의 열쇠 복사본을 준비하는 데 성공했고, 마지막날 밤에는 내 방을 비롯해 10여 개에 달하는 방을 털어갔다. 다행히도 그는 내 주머니에 있던 돈을 찾아내지 못했기에 나는 빈털터리가 되지는 않았다. 하지만 내게 남은 돈은 겨우 47프랑, 그러니까 7실링 10펜스뿐이었다.

> *The Penguin Complete Longer Non-Fiction of George Orwell.* Penguin Books, 1983, pp. 16-17.

109. 넬리가 오웰에게 제공해 주고 있던 식사는, 넬리가 런던에서 준비하고 있던 식사를 루스 피터가 기억해 묘사한 것과 비슷했을 수도 있다. 루스는 그것을 "파리 토박이가 끔찍하게 쪼들릴 때 먹을 법한 무시무시한 음식"이라고 기억했다. Coppard and Crick, p. 70.
110. 사례로는 다음 책에서 스탠리와 에이브럼스가 '모로코 여자들'에 관한 오웰의 말을 논하는 부분을 참조하라. *The Unknown Orwell,* pp. 190-1.
111. Bowker, p. 266.
112. 결혼이라는 검은 상자의 닫힌 문 안에서, 남성이 여성에게 하는 행동은 역사적으로 남성이 알아서 할 일로 간주되어 왔다. 심지어 법도 여성을 보호해 주지 않으려 했다. 1980년대와 1990년대까지도 오스트레일리아와 영국, 그리고 미국에서 결혼한 여성은 합법적으로 강간당할 수 있었다. 법에 따르면 그 여성은 자신의 몸에 대한 접근권을 내주는 데 영구히 동의한 것이었기 때문이었다. 여성은 그의 남편에게 속해 있었고, 또한 남편의 재산권을 보호하기 위해 존재하지만 그 재산에 (인간의) 권리를 부여해 주지는 않는 법률에 속해 있었다(사례로는 다음의 판례를 참조하라. UK: Regina Respondent and R. Appellant [House of Lords] [1992] 1 AC 599. 오스트레일리아에서 부부 강간은 2003년에 성범죄법이 통과된 뒤에야 법률로 금지되었다. 미국에서는 1993년이 되어서야 50개 주 모두가 부부 강간을 형사처벌하게 되었다. 그동안 법률이 바뀌어 왔음에도 여성들은 여전히 강간으로부터 보호받을 권리를 제대로 보장받지 못하고 있다(기소율도 낮고, 유죄 판결은 실소가 나올 정도로 드물다). 살인 역시 마찬가지다. 예를 들어 현재 오스트레일리아에서는 매주 한 명의 여성이 남성 파트너에 의해 살해되지만, 이런 살인사건은 '가정' 내에서 일어난 사소한 일로 취급된다. 마치 더 온건하게 죽는 방식이 있기라도 한 것처럼 말이다. 강간 재판에서는 그 전에 어떠한 폭행 전과가 있다 해도 남성 피고인의 무죄 추정이 당연시된다. 그는 침묵을 지킬 수도 있다. 반면 여성의 말과 진실성은 증언대로 불려 나와 의심받게 된다.

약혼

113. Stansky and Abrahams, *The Transformation*, p. 96. 전기 작가들은 재닛이 밤에 오웰의 방에서 들려오는, 쥐들이 부스럭거리는 소리를 듣고 지내야 했다는 점에 대해서는 인정한다. 하지만 재닛이 이 상황을 "지저분하다"고 표현하자, 그 비판은 재닛 자신의 성격적 결함이 되어버린다. "전에 학생 대표를 했던 사람답게, 재닛은 청결함과 단정함에 관해서는 몹시 까다로워지곤 했다…"
114. Taylor, p. 160.
115. Crick, pp. 176-7. Also Stansky and Abrahams, *The Transformation*, p. 73.

달리기

116. Wadhams, 'The Orwell Tapes', part 1. 다음 역시 참조하라. Taylor, p. 153.

역겨운 부분 지우기, 빈 칸에 줄 긋기

117. Collected Essays, *Journalism and Letters*, 1968, vol. 1, p. 222.
118. Ibid. p. 224.

목가적인 삶

119. Taylor, p. 159.
120. Geoffrey Gorer in Stansky and Abrahams, *The Transformation*, p. 176.
121. Stansky and Abrahams, *The Transformation*, pp. 203-4.
122. 오웰의 마지막 문학 노트, *Collected Essays, Journalism and Letters*, vol. 4, p. 573.
123. Jeffrey Meyers, *Orwell: Wintry Conscience of a Generation*, p. 124. 마이어스는 누가 그 노동을 했는지 직접 언급하는 유일한 전기 작가다. "오웰은 고행에 가까운 이런 삶을 즐겼지만, 대부분의 노동을 했던 아일린은 끔찍하게 괴로워했다"(p. 124).
124. Lettice Cooper in Wadhams, p. 116.
125. 아일린은 이 말을 패트리샤 도노휴에게 한 것으로 알려져 있다. Wadhams, *Remembering Orwell*, p. 118. 또한 다음을 참조하라. Stansky and Abrahams, *The Transformation*, p. 205.
126. 아일린이 1036년 11월에 노라에게 보낸 편지. Davison (ed.) *A Life in Letters*, p. 66.
127. Fen, 'George Orwell's First Wife', p. 122. 또한 다음을 참조하라. Wadhams, *Remembering Orwell*, p. 68.

젠더화된 영혼의 고백

128. Virginia Woolf, 'Professions for Women', a paper read to the Women's Service League in 1931. 다음을 참조하라. wheelersburg.net/Downloads/Woolf.pdf.

박하사탕

129. Fen, *A Russian's England*, 1976, p. 349. 이 장에 등장하는 그다음 내용들 역시 이 책에서 인용했다.

130. Rees, in Coppard and Crick, p. 124.
131. Rees, *Fugitive*, p. 37.
132. Rees, in Coppard and Crick, p. 124.
133. Stansky and Abrahams, *The Transformation*, p. 184. 보커는 이를 다음과 같이 표현한다. "《위건 부두로 가는 길》 이후로 오웰의 작품에 일어난 변화는 결혼이 그에게 가져다준 지적 자극에 크게 빚지고 있는 것으로 보인다." 크릭은 이렇게 쓴다. "우연이든 어떤 영향을 받아서든, [오웰의] 글은 아일린을 만난 뒤로 크게 나아졌고, 안정되고 단순해졌으며 일관성을 띠게 되었다…"
134. Fen, *A Russian's England*, 1976, p. 377.
135. Stansky and Abrahams, *The Transformation*, p. 208, Ibid., p. 207.
136. Fen, *A Russian's England*, p. 378.
137. Ibid.
138. Bowker, p. 193.
139. Davidson (ed.), *A Life in Letters*, pp. 66-7.

과도한 섹스

140. Fredric Warburg, *All Authors Are Equal: The Publishing Life of Fredric Warburg 1936-1971*, Plunkett Lake Press, 2015 [1973], p. 97.
141. Stansky and Abrahams, *The Transformation*, p. 76. 이 말은 오웰이 버마와 파리에서 했던 성적인 경험들을 무시하고 있다. 마치 성매매 여성들과 버마인 여성들은 그와 섹스한 "여자들"에 들어가지 않는다는 듯이 말이다.
142. Bowker, p. 193.
143. Meyers, p. 127.
144. Malcom Muggeridge, in Gross (ed.), p. 167.
145. Crick, p. 14. 크릭은 아이다를 "혼자 사는 여성, 어쩌면 거의 팜프 리브르가 되고 싶어 했을지도 모르는 여성 특유의 빠릿빠릿한 태도와 과도한 현실 감각"을 지닌 사람으로 묘사한다. 크릭이 여기서 말하는 '자유로운 여성'이 정치적인 의미인지, 혹은 성적인 의미인지는 분명하지 않다.
146. Ibid, p. 13.
147. Moore, 'Orwell's Aunt Nellie', p. 40; Adrienne Sahuqué, *Les Dogmes Sexuels*, Félix Alcan, Paris, 1932.
148. from Robert Marjolin's review of *Les Dogmes Sexuels*, *American Journal of Sociology*, vol. 39, no. 4, 1934, p. 537.
149. Review of *The Rock Pool* by Cyril Connolly and *Almayer's Folly* by Joseph Conrad, in *Collected Essays, Journalism and Letters*, vol. 1, p. 256. 강조는 오웰 자신이 한 것이다.
150. Stansky and Abrahams, *The Transformation*, p. 37.
151. 그리고 이 단락에 인용된 다른 구절들: Empson in Gross (ed.), p. 97.
152. 맬컴 머거리지는 코널리가 자신에게 이 이야기를 해준 기억을 다음에서 자세히 밝힌다. Gross (ed.), p. 169.

153. 당시 10대였던 오웰이 나 아무래도 이스트우드한테 빠진 것 같아(짓궂은 에릭)라고 적어놓은 이 쪽지의 일부는 다음 책에 실려 있다. Bowker, p. 65.
154. Bowker, p. 177.
155. Ibid., p. 175. 스탠스키와 에이브럼스는 메이블의 통찰력과 영향력을 가볍게 취급하면서("메이블은 결코 과장을 삼가는 사람이 아니었다", p. 133) 메이블이 "혼자만의 상상 속에서 열렬한 흥분을 느끼며 놀라운 비밀 하나를 알려주었다. 에릭이 그(헤펜스탈)에 대한 동성애적 욕망을 억누르고 있다는 이야기였다. 메이블은 오웰이 레이너의 머리칼을 매우 좋아한다고 말했던 일을 가지고 그 비슷하게 추론을 한 것이다. 구체적인 정황들이 어땠든, 시간이 흐르면서 그 정황들이 왜곡되었을 가능성은 충분하다…"고 말한다. (p. 136). 하지만 와덤스의 녹음 기록 속에서 메이블은 진지하고 지적인 여성으로 등장한다. 메이블은 오웰을 몹시 잘 알고 있었고, '실현되지 못한 동성애에 관한 메이블의 언급은 머리칼에 관한 것이 아니라 오웰이 헤펜스탈에게 저지른 폭력에 관한 것이었다. 오웰은 술에 취해 돌아온 헤펜스탈을 사냥 지팡이로 두들겨 팼다. 그날 오웰은 아일린과 하루 종일 산책을 하고 돌아온 길이었다.
156. Topp, p. 145, referencing the Crick Archive. 톱은 잭 커먼의 말들 속에 괄호를 삽입해 "(이건 성적인 의미에서 하는 말은 아니었다)"라고 덧붙이지만, 톱이 그렇게 단언할 수 있는 근거는 분명치 않다. 톱은 이렇게 추측한다. "어쩌면 비교적 관습적인 사람들이었던 커먼 부부는 이후 아일린과 오웰의 다소 개방결혼적인 관계를 달갑게 여기지 않았던 것인지도 모른다." 하지만 '진정한 결혼이 아니었다'는 말과 '잘못된'이라는 말은 오웰의 동성애적 성향에 대한 암시였을 수도 있다. 〈디 아델피〉에서 리처드 리스의 조수로 일했던 잭 커먼은 언어를 신중하게 고르는 작가였다. 그는 자기 자신을 "교육을 별로 못 받고, 쪼들리며, 방언을 써서 말하는 노동계급"이라고 묘사했고, 오웰은 "타락해가고 있는 앙팡 테리블"이라고 묘사했다. Coppard and Crick, p. 140. 다시 무어는 오웰의 또 다른 게이 친구이자 "교양 있고 여러 언어를 구사하는 미국 시인 겸 극작가"였던 에두아르 로디티에 관해 이야기한다. 로디티는 오웰이 잭 커먼을 통해 알게 된 사람이고, 리처드 리스와 〈디 아델피〉와도 연결되어 있었다. 무어는 로디티가 게이이기는 했지만 "'대놓고 동성애자인 사람들'에게는 끌리지 않았고, 대부분의 관계는 '양성애자이거나 일반적인 남자들', 즉 연애사에서 자신과의 관계가 예외에 해당하는 남자들과 맺었다"고 말했다. 무어는 일 년 동안 가깝게 지낸 로디티와 오웰의 관계를 지적하는 유일한 연구자이기도 하다. 그는 이렇게 쓴다. "로디티와 블레어는 1931년 한 해 동안 늘 붙어 다녔다. 당시 그들은 런던을 배회하며 길에서 지내는 사람들과 이야기를 나누고, 이스트엔드에서 저렴한 중국 음식을 사먹은 다음 로디티가 살던 핌리코의 에버리 스트리트까지 걸어가곤 했다. 그들은 소호에 있는 악명 높은 24시간 카페 '블뢰'의 단골이었다…" Darcy Moore, 'The True Artist: Poverty, Networking and Literary Artifice', *George Orwell Studies* (2021) vol. 6, no. 1, pp. 7-31. 또한 다음을 참조하라. darcymoore.net/2021/12/12/the-beat-of-the-tambour/.
157. Bowker, p. 83, 오웰의 마지막 문학 노트에서 인용. CW, vol. 20, p. 206 [3725].
158. "나는 그 유대인이 새로 얻은 그런 권력을 휘두르면서 진심으로 어떤 쾌감을 느끼고 있는 건지 궁금해졌다. 나는 그가 정말로 그것을 즐기고 있는 건 아니며, 단지 사창가에 간 남자처럼, 혹은 처음으로 담배를 피워보는 소년이나 미술관을 빙빙 돌며 걸어다니는

관광객처럼 자신은 그걸 즐기고 있다고 스스로 되뇌고 있는 거라는 결론을 내렸다. 그는 그러면서 자신이 속수무책으로 당하기만 했던 옛날에 세워두었던 계획대로 행동하고 있을 뿐이었다." 'Revenge is Sour', *Tribune*, 9 November 1945, in *Collected Essays, Journalism and Letters*, vol. 4, pp. 19-22.

159.   Crick Archive.

겨우살이

160.   Fen, *A Russian's England*, p. 417. 이 페이지에 인용된 모든 글은 이 책에서 인용한 것이다.
161.   Anthony Powell, *Infants of the Spring*, Heinemann, 1976, p. 136.
162.   Fen, *A Russian's England*, p. 417.

II 보이지 않는 투사

머리글자라는 역병

1.   *Homage to Catalonia*, Penguin Books, 2000 [1938] 이후로는 *Homage*로 표기]), p. 197. 《카탈로니아 찬가》의 모든 인용은 이 판본을 따랐다. 2000년에 나온 텍스트에는 오웰이 생전에 수정하고자 했으나 당시 출간된 판본에는 반영되지 않았던 수정 사항들이 포함되어 있다. 대표적인 변화로 본문 5장과 11장이 부록으로 옮겨진 것을 들 수 있다. 전체 텍스트는 다음에서 찾아볼 수 있다. gutenberg.net.au/ebooks02/0201111.txt. 구텐베르크 텍스트는 초판을 기반으로 하고 있다.
2.   *Homage*, pp. 1-2, 4.
3.   시인이었던 루스 피터의 견해. Coppard and Crick, p. 69. 보커는 루스와 그의 친구 케이트가 오웰의 시를 "우스꽝스럽다"고 여겼으며, 루스는 철자가 틀린 외설적인 단어들로 점철되어 있는 오웰의 시를 재미있어 했다고 지적했다. "이튼 칼리지에서 배운 사람도 흠이 있네, 하고 루스는 생각했다." 보커(p. 101)는 이 일화를 "도자기나 만지는 사람 두 명이 오웰의 작품을 제대로 이해하지 못하고 보인 반응"이라며 비난을 퍼붓는다. (루스와 케이트는 당시 도자기 회사에서 일하고 있었다.) 하지만 루스는 이미 시집을 낸 시인이었고, 나중에는 유명한 시인이 되었다.
4.   George Orwell, 'Looking Back on the Spanish War', *Collected Essays, Journalism and Letters*, vol. 2, pp. 286-306, at p. 306. 몇몇 전기 작가들이 이 시를 부분부분 인용하기는 하지만, 그중 누구도 여성에 대한 반감이 드러나 있는 이 연은 포함시키지 않는다.
5.   *Homage*, p. 200.
6.   카탈로니아어 '마르크스통일노동자당Partit Obrer d'Unificació Marxista'의 약자. POUM은 반스탈린주의 공산주의 정당이었다.
7.   *Pravda*, 16 December 1936, as cited in Crick, p. 219.
8.   Bowker, p. 213, n. 46, PRO/HW 17/127 Public Record Office, Kew. 이 글을 쓰는 지금, 스탈린의 계승자인 푸틴이 우크라이나에서 자신이 죽이고 싶은 이들을

'파시즘'이라고 비난하는 걸 보니 기묘한 메아리가 느껴진다. 이는 역사의 반복이라기보다는 역사를 다시 쓰려는 독재자의 상상력의 빈곤일 것이다.

9. *Homage*, p. 17.
10. Ibid., p. 22; Ibid., p. 34; Ibid., p. 32.
11. Wadhams, *Remembering Orwell*, p. 79. 그럼에도 오웰은 무너져 내린 대피호 속에서 은신처를 만들고 있었던 일에 관해 아일린에게 이야기해 주기는 했다. 나중에 아일린이 표현했듯 그건 "어떤 폭격 때문이 아니라 그저 중력 때문에" 무너져 내린 것이었다. 하지만 이 이야기 역시 《카탈로니아 찬가》에는 들어가 있지 않다. *CW*, vol. 1, p. 205.
12. *Homage*, p. 44.

기적 일으키기, 손톱 다듬기

13. '체제에 반대하는 사람'이라는 뜻을 지닌 이름 '랑티'는 에스페란토어 운동가이자 급진 사회주의자였으며 넬리 리무쟁과 여러 해 동안 같이 살았던 외젠 아담(1879-1947)의 가명이었다. 넬리는 결국 60대 때 외젠과 결혼했으나, 외젠은 1936년 '세계일주'를 떠난 뒤 끝내 넬리에게 돌아오지 않았다. 랑티는 1947년 멕시코에서 자살했다. 다음을 참조하라. Moore, 'Orwell in Paris: Aunt Nellie'.
14. Powell, *Infants of the Spring*, p. 36.
15. Davison (ed.), *A Life in Letters*, pp. 69-70.

고인 물

16. *Homage*, p. 76.
17. Taylor, p. 210.
18. Ibid., p. 213.
19. Stansky and Abrahams, *The Transformation*, p. 247.

스파이와 거짓말

20. Davison (ed.), *A Life in Letters*, p. 72. 1937년 당시 500페세타는 현재 약 1,000유로에 해당하는 금액이다.
21. 보커는 아일린을 언급할 때 "돕고 있다"거나 "심지어 자신의 돈까지 써가면서" 같은 표현을 사용한다. 마치 아일린의 일이 진짜 일이 아니라 개인적 친절을 보여주는 행위에 불과하기라도 했다는 듯이 말이다.
22. Orr, p. 139. 로이스는 이 이야기를 노인이 되어 "남부식으로 길게 발음을 끌면서" 했다. 녹음테이프에는 당시 하이볼 잔 속에서 얼음이 달그락거리는 소리까지 담겨 있다. Orr, p. 202.
23. Charles Orr, in Orr, p. 179.
24. 웨스트로프 부부가 하던 서점에서 오웰과 함께 일했던 존 킴시의 말. 오웰의 전기 작가 중 누구도 이 자료는 사용한 적이 없다. Crick Archive, as cited by Topp, p. 170, n. 26. 킴시는 호텔 이름을 '컨티넨테일'이라고 잘못 표기했으나 여기서는 바로잡았다.
25. Bowker, p. 220.

26. Charles Orr, in Orr, p. 180.
27. 오어는 이런 사례 하나를 말해준다. 유명한 미국 작가 존 더스패서스가 바르셀로나에 오게 되자, 그의 방문 일정을 조율하는 일이 아일린에게 맡겨진다. 더스패서스의 열렬한 팬인 오웰은 그를 몹시 만나보고 싶어 한다. "오웰은 저한테 직접 부탁했을 수도 있었을 거예요." 찰스는 이렇게 기억을 떠올린다. "우리 사무실에 매일 들렀거든요. 하지만, 아뇨, 그 부탁은 아일린이 와서 했어요. '에릭이 더스패서스를 만날 어떤 핑계라든지 방법 같은 것 좀 없을까요?'라고요." 찰스가 동의하고 아일린이 교묘하게 일을 꾸민 끝에, 오웰은 더스패서스가 공화파 지도자 닌과 회담을 갖기 위해 들어가는 방 앞의 복도에 우연히 서 있게 된다. 그러고는 몇 분 동안 그와 잡담을 나누게 된다. 그는 그 위대한 인물과의 짧은 만남에 완전히 넋이 나가버린다. 그럼에도 그는 감사 인사조차 직접 하지 않는다. 찰스는 이렇게 쓴다. "며칠 뒤에 아일린이 내게 메시지를 가져왔다. '에릭이 마음속 깊은 곳에서 우러나는 감사를 전해달라고 해서요.'" 그런 다음 아일린은 오웰의 사교적 무능함을 슬쩍 사과하듯 이렇게 덧붙였다. "저한테 감사 인사를 대신 해달라고 부탁하더라고요. 그 사람 말로는 자기가 워낙에 말을 잘 못해서 그렇대요."
28. Charles Orr, in Orr, pp. 179-81.

중개자

29. Topp, p. 175, n. 41, citing Charles Orr, 'Homage to Orwell, as I Knew Him in Catalonia', unpublished pamphlet, 1984, p. 5.
30. Orr, p. 195.
31. Bowker, p. 219 and n. 68, citing KGB File, David Crook Report, Alba Collection.
32. Rees, *A Theory of My Time*, p. 106.
33. Lois Orr, in Orr, p. 151, Ibid., p. 199.
34. 아일린이 어머니에게 1937년 3월 22일에 쓴 편지. Davison (ed.), *A Life in Letters*, p. 71.
35. 아일린이 오웰의 에이전트인 레너드 무어에게 1937년 4월 12일에 쓴 편지. *CW*, vol. 11, p. 17.
36. Bowker, p. 211.
37. Davison (ed.), *A Life in Letters*, p. 72.
38. John McNair, *Spanish Diary*, pamphlet produced by the Greater Manchester ILP branch, n.d., p. 18. independentlabour.org.uk/publications/.
39. 아일린이 어머니에게 1937년 3월 22일 쓴 편지. Davison (ed.), *A Life in Letters*, pp. 71-3.

공포

40. Rees, *A Theory of My Time*, p. 95.
41. Rees, *Fugitive*, p. 139.
42. Bowker, p. 214.
43. *Homage*, p. 99.

44. Bowker, p. 216. 보커는 스파이들이 중점적으로 감시한 건 "블레어 부부"였다고 쓰고 있다. 영국 공산주의자 스파이들은 에릭 블레어는 "정치적 이해도가 낮고 정당 정치에 관심이 없다"고 보고했다. 그리고 오웰이 대부분 멀리 떨어진 참호에 있었기에, 그들이 ILP 본부에서 일하고 있던 아일린을 더 많은 정보를 지닌, 따라서 더 가치 있는 표적으로 여기는 것은 합리적인 일로 보인다.
45. Bowker, p. 213, Ibid., p. 219. 위와 동일한 인용.
46. 아일린이 1937년 5월 1일에 오빠에게 쓴 편지. Davison (ed.), *A Life in Letters*, pp. 76-7.

전투를 찾아서, 1937년 5월 3일

47. *Homage*, p. 106, Ibid., p. 108.

전투 한복판, 1937년 5월 3일

48. 이것은 오웰이 이 팸플릿을 부르던 제목이다. 공식적으로 이 팸플릿은 '정당 활동의 결함과 트로츠키주의자들 및 기타 표리부동한 자들을 숙청하기 위한 조치'로 알려져 있으며 이는 스탈린이 1937년 3월 3일에 한 연설에서 따온 구절이다.
49. *Homage*, p. 121. 오웰의 설명에 포함된 정보는 아마 호텔에 있었던 아일린에게서 얻은 정보였을 것이다. OGPU는 소련의 비밀경찰 조직으로 NKVD와 KGB의 전신이었다.
50. *Homage*, p. 113.
51. Ibid., p. 114.
52. *Homage*, pp. 114-16.
53. Ibid., p. 135.
54. Crick, p. 223. 당시 목격자였던 프랭크 프랭크포드의 말을 인용.
55. Harry Milton, *Fighting Back*, radio program, cited in Topp, p. 180.
56. *Homage*, p. 145.
57. Bowker, p. 221.
58. *Homage*, p. 146. 오웰은 이 일에 대해서는 이야기하지 않는다. 어쩌면 그들이 실수로 그 부상 당한 병사를 파시스트가 점령한 마을로 데려갔다가 돌아와야 했기 때문인지도 모른다. 이에 대해서는 맥네어의 설명(p. 250)을, 그리고 다음을 참조하라. Stansky and Abrahams, *The Transformation*, pp. 249-50.
59. Crick, p. 224.
60. Bowker, p. 221.
61. 1937년 6월 5일 데이비드 웍스가 아일린에게 쓴 편지의 사본을 내게 보내준 마샤 카프에게 감사드린다. 이 편지는 코민테른에서 독일어로 번역한 것이다. 편지 속에서, 바르셀로나의 "5월 사건"을 피해 알바세테에 있던 공산주의자 본부로 도망친 웍스는 아일린이 자신과는 서로 친근하게 이름을 부르는 사이가 아니었는데도 그 "미국 신사"(아마도 찰스 오어)와는 그런 사이라는 사실이 "당황스럽다"며 서두를 연다. 그러면서 이렇게 말한다. "더 가까운 친구가 되려는 내 서툰 시도들에 당신이 아무런 거절도 하지 않았던 까닭에, 나는 전혀 알 수 없게 되어버렸어요. 당신이 나를 어떻게 생각하는지에 대해, 아니 실은, 당신이 나에 대해 조금이라도 어떤 긍정적 감정을 갖고 있는지에 대해.

그랬으면 좋겠네요, 나는 당신을 너무도 좋아하고 흠모하니까." 웍스는 자신의 활동들에 대해서는 알려줄 수 없지만, 계획들을 달성했고 "내가 순진한 청년이라는 환상은 갖고 있지 않"다고 말한다. 그런 다음 그는 동료들이 하는 대화의 50퍼센트는 욕설로 이루어져 있다며 불만을 털어놓고는 "오로지 당신의 것"이라고 서명한다. (번역은 내가 했다.)

62. 찰스 오어는 이렇게 쓴다. "공산주의자 공작원들 중 가장 호기심을 자아내는 인물은 조르조 티올리였다. 그는 파시스트가 점령한 이탈리아에서 도망쳐 온 난민이었다." 티올리는 "스탈린주의자 조직에 붙잡혀 있었지만", "정말로 인간적이었고, 그 일이 자신에게 갖추라고 요구하는 잔혹함을 받아들일 수 없는" 사람이었다. "그는 기자인 척했다. 상냥했고, 여러 가지 면에서 우리를 도와주었다… 오웰은 자신의 아내가 나머지 우리들과 함께 체포되지 않았던 이유에 관해 추측하지만[오웰의 추측은 아내가 자신을 함정에 빠뜨리기 위한 미끼로 그곳에 남겨져 있었으리라는 것이다], 조르조 티올리가 체포되지 않았던 이유에 관해서는 의문을 품지 않는다. 나는 1937년 6월 무렵 티올리가 오웰과 아일린을 감시하라는 임무를, 혹은 (이것이 좀 더 가능성 있는 가설인데) 말은 많지만 정치적이지는 않았던 아일린에게서 그저 정보를 수집하라는 임무를 받았을 거라고 생각한다. 1937년 6월, 공산주의자들의 감옥에서 열홀간 있다가 풀려난 뒤, 나는 조르조 티올리와 함께 있는 아일린을 바르셀로나 거리에서 만났다. 그들은 내게 다음과 같은 이상한 이야기를 들려주었다. 그들 두 사람은 호텔에서 우연히 바로 옆방에 묵게 되었다. 아일린은 조르조가 어떤 지도들이 든 통을 자신의 방 발코니에 보관하게 해주었다고 했다. 자칫하면 죄를 뒤집어쓰게 되는 원인이 될 수도 있는 지도들이었다. 경찰이 아일린의 방을 수색하고 있다는 걸 알아챘을 때, 그는 자신의 방 발코니에서 손을 뻗어 그 지도들을 도로 가져갔다. 아일린의 방을 나온 경찰이 이번에는 그의 방을 수색하러 오자, 그는 그 지도들을 다시 아일린의 발코니에 가져다 놓았다. 그 지도들은 아일린과 POUM에게 죄를 뒤집어씌우고자 마련된 물건이었을까? 그렇다면 조르조는 아일린을 보호하려고 했던 걸까? 아니면 그건 단지… 또 하나의 연극이었을까? 진영을 넘나드는 스파이였던 조지의 역할을 은폐하기 위해 조작된 일화였던 걸까? 하지만 그는 다른 공산주의자 공작원들과는 달랐다. 가끔씩 그는 내게 수수께끼 같은 힌트들을 흘렸는데, 만약 그때 내가 그 힌트들을 알아들었더라면 나와 다른 사람들은 고생을 한층 덜었을 것이다." 찰스가 아는 한, 티올리는 스페인에서 자취를 감추었다. 찰스는 그가 "탈당자들을 미연에 방지하거나 그들의 흔적을 은폐하기 위해" "공산당 상부에 의해" 살해되었을지도 모른다고 생각한다. Charles Orr, in Orr, pp. 181-2.
63. *Homage*, p. 163.
64. 오를로프는 이 명령을 바르셀로나 보안국장인 오르테가 대령에게 전달했다. 다음을 참조하라. Boris Volodarsky, *Stalin's Agent: The Life and Death of Alexander Orlov*, Oxford University Press, 2014, pp. 280-2.
65. 이 대화에 대한 로이스의 이야기를 들어보려면 다음을 참조하라. 'The May Days and My Arrest' in Orr, p. 189.

다섯 낮, 다섯 밤

66. McNair, p. 24.
67. Orr, p. 182.

68. McNair, p. 25.
69. Orr, p. 184.
70. Ibid., p. 193.
71. Ibid., p. 190.
72. GPU는 소련의 비밀경찰 조직으로 OGPU, NKVD, KGB의 전신이었다.
73. Orr, p. 195.

흰히 보이는 곳에

74. *Homage*, pp. 187-8. 강조는 원문.
75. Ibid., pp. 165-6.
76. Ibid., p. 172.
77. Ibid., p. 174.
78. Taylor, p. 231. 또 다른 전기 작가는 아일린이 경찰청에 갔던 일을 아예 생략해 버리고, 아일린이 영사관에 갔던 일은 수동태로 처리해 지워버리면서, 그러는 내내 그들 각자가 따로따로 그 일을 한 것처럼 암시한다. "그들 각자는 영국 영사관에서 제대로 된 여행 서류들을 손에 넣었다…" Shelden, p. 275.
79. *Homage*, pp. 181-2.

보이는 존재

80. *Homage*, p. 191.
81. McNair, p. 26.
82. *Homage*, p. 192, Ibid., p. 174.
83. 톱 역시 아일린이 스페인에서 오웰뿐 아니라 맥네어와 코트먼의 목숨까지도 구해주었다고 생각한다. "그들 모두가 목숨을 구한 건 아일린 덕분이었다는 데는 의심의 여지가 없다." (p. 288).
84. Bowker, p. 227.

III 보이지 않는 노동자

월링턴, 1938년 1월 1일

1. Davison (ed.), *A Life in Letters*, pp. 94-7.
2. 아일린이 잭 커먼에게 1938년 3월 14일에서 15일에 걸쳐 쓴 편지. Davison (ed.), *A Life in Letters*, pp. 103-4.
3. Ibid.

허로 하는 키스

4. 이 부분에 나오는 리디아의 인용문들은 다음에서 인용했다. Fen, *A Russian's England*, pp. 418-19.
5. 이 일거리 중에는 어떤 장편소설도 포함되어 있었는데, 아일린은 그 소설에 대해 한 친구에게 다음과 같이 말했다. "말투는 플롯만큼이나 독창적이고, 구두점은 다소

특이하게 쓰는 사람이야." Topp, pp. 218-19.
6. 아일린이 제프리 고러에게 1938년 10월 4일에 쓴 편지. Davison (ed.), *A Life in Letters*, p. 128.

모로코

7. 아일린이 아이다 블레어에게 쓴 편지. Davison (ed.), *A Life in Letters*, pp. 117-19.
8. 이 편지는 다음 책에 수록되어 있다. Davison (ed.), *A Life in Letters*, pp. 146-8. 아일린은 이렇게 쓴다. "그들은 조지를 두 달 동안 프레스턴 홀에 붙잡아 두었어. 황폐증[결핵]이라는 단호한 진단을 끊임없이 반복해 내리면서 말이야. 조지한테 그 병이 없다는 걸 알고 나서도 그랬어. 결국 난 맨 처음에 찍은 엑스레이에서 가장 믿을 만한 의사들도 황폐증이라는 잠정적인 진단에조차 동의하지 않았다는 사실을 알게 됐어." (p. 146) 오웰은 평생 폐질환에 시달렸고, 어느 시점에는 결핵에 걸리기도 했다. 결핵은 박테리아에 의해 발생하며, 기침과 재채기, 침 뱉는 행위를 통해 전염된다. 잠복성일 수도 있고 증상이 나타날 수도 있는데, 다량의 출혈은 활동성 결핵의 가장 심한 증상 중 하나다. 다른 증상으로는 기침, 흉통, 체중 감소, 쇠약감, 발열, 야간 발한 등이 있다. 결핵 치료제는 1950년대 후반이 되어서야 널리 사용되기 시작했다. 개발도상국에서는 여전히 많은 사람들이 결핵으로 목숨을 잃지만, (항생제 내성 균주가 아닌 이상) 다양한 항생제를 6개월간 복용하면 치료 가능하다. 아일린은 폐에 결핵이 감염되지는 않았던 것으로 보인다. 결핵은 자궁에도 감염될 수 있지만, 이것이 아일린의 하혈과 고통의 원인이었는지는 알 수 없다.
9. 아일린이 제프리 고러에게 쓴 편지. Davison (ed.), *A Life in Letters*, pp. 128-9.
10. Bowker, p. 244.
11. 아일린이 오웰의 누나 마조리에게 1938년 9월 27일에 쓴 편지. Davison (ed.), *A Life in Letters*, pp. 120-2, at p. 121.
12. 아일린이 메리 커먼에게 쓴 편지. ibid., p. 143.
13. 아일린은 이 편지에서 '조르주' 대신 '조지'를 사용한다. 하지만 나는 혼동을 피하기 위해 '조르주'로 통일했다.
14. 마조리 데이킨이 1938년 10월 3일에 쓴 편지. copy in Orwell Archive, University College London; 그리고 다음을 참조하라. Crick, p. 252.

휴식

15. T. R. Fyvel, *George Orwell: A Personal Memoir*. Weidenfeld & Nicolson, 1982, p. 109.
16. Stansky and Abrahams, *The Unknown Orwell*, footnote on p. 190. 이 주석은 두 페이지에 걸쳐 이어진다. 또한 다음을 참조하라. Harold Acton, *More Memoirs of an Aesthete*, Hamish Hamilton, 1986 [1970].
17. Crick, p. 91.
18. Stansky and Abrahams, *The Unknown Orwell*, pp. 190-1.
19. Taylor, p. 279.
20. Fen, *A Russian's England*, pp. 430-1.

21.   Ibid., p. 431.
22.   Topp, p. 273.

간극에 유의하라

23.   *Nineteen Eighty-Four*, p. 183.
24.   'Benefit of Clergy: Some Notes on Salvador Dalí' [1944], in *Collected Essays, Journalism and Letters*, vol. 3, pp. 185-95. orwell.ru/library/reviews/dali/english/e_dali. 달리는 자의식 가득한 유머와 과장을 담아 글을 썼지만, 오웰은 이를 재미있어 하지 않았다.
25.   'Charles Dickens' [1940], in *Collected Essays, Journalism and Letters*, vol. 1, pp. 454-504. 여기서 오웰이 논하고 있는 장편소설은 다음과 같다. Carl Eric Bechhofer Roberts, *This Side Idolatry*, Bobbs-Merrill, 1928.
26.   Virginia Woolf, *A Room of One's Own*, Penguin Books, 2000 [1929], p. 6.
27.   Ibid., p.60.

교열하기, 실시간으로

28.   Orwell, 'Benefit of Clergy: Some Notes on Salvador Dalí', *Collected Essays, Journalism and Letters*, vol. 3, pp. 185-95, at p. 194.

딸기

29.   1939년 아일린은 오웰의 누나 마조리에게 보내는 편지에 이렇게 썼다. "모든 것에도 불구하고 남다른 정치적 단순함을 유지하고 있는 에릭은 자기가 국민의 목소리라고 부르는 걸 듣고 싶어 해요. 에릭은 그게 전쟁이 일어나지 않게 막아줄지 모른다고 생각하지만, 저는 그건 그저 자기들은 전쟁을 원치 않는다고, 하지만 정부가 전쟁을 선포하면 당연히 싸울 거라고 말하는 목소리였을거라 확신해요." Davison (ed.), *A Life in Letters*, pp. 120-1.
30.   William Wordsworth, *The Prelude*, Book 1 (1805), ll. 608-9.
31.   Wordsworth, *The Prelude*. "그동안 내가 바라 온 것은/ 지나간 시절로부터 키운 나는 생각들을 불러오고/ 흔들리는 마음의 균형을 바로잡는 것…" Book 1 (1805), ll. 648-50.
32.   Crick, p. 325, n. 54 from Paul Potts, *And Dante Called You Beatrice*, p. 82.
33.   메이블은 오웰이 "한번은 자신이 아내를 만나기 전에 알고 지냈던 모든 여자들 중에서 가장 사랑했던 건 파리의 어느 카페에서 데려온 꼬마 창녀라고 말했다"고 했다. "그 여자는 몹시 예뻤고, 사내아이 같은 몸매에다 머리는 이튼 학생처럼 짧았고 모든 면에서 탐이 났다고 말이에요." Coppard and Crick, p. 95.
34.   오웰은 앤 팝햄에게 자신은 난임 검사를 한 번도 받아본 적이 없는데 "너무 역겨워서"라고 말했다. 아래의 주를 참조하라. 오웰은 또 케이에게 자신이 난임이라고 말하기도 했다. "우린 아이들에 관해 한두 번 이야기를 나누긴 했어요. 전 오웰에게 한 번이라도 아이를 갖고 싶었던 적이 있느냐고 물었죠. 제가 그 사람 아이를 낳고 싶었다는 게 아니라" (여기서 케이는 웃음을 터뜨린다) "아시잖아요, 그냥 일반적인 대화였어요. 그러자 오웰은 말했죠. '음, 난 아이를 가질 수 없는 것 같아요.' 그래서 제가 말했어요. '왜 그런 말을

해요?' 그러자 그는 잠시 생각하더니 대답했어요. '음, 지금까지 한 번도 아이가 생긴 적이 없거든요.' 그래서 전, 그때는 그렇게 말하지 않았지만, 이런 생각이 들었어요. 그걸 당신이 어떻게 알아? 아이가 생겼는데 여자들이 말을 안 한 걸 수도 있잖아." Wadhams, 'The Orwell Tapes', part 1. 보커는 오웰이 버마에서 한 여자에게 임신을 시킨 적이 있다는 소문들에 관해 언급하지만, 이 소문들에는 근거가 없다 (p.xiv). 만약 그 소문이 사실이고 오웰이 나중에 난임이 된 거라면, 이는 성병에 감염된 결과였을 가능성도 있다.

35. 레티스는 아일린이 자신에게 문제가 있는 게 아니라고, "해부학적으로 볼 때 저는 문제가 없어요."라고 말했던 기억을 떠올렸다. 'The Orwell Tapes', part 3.
36. 오웰이 리처드 리스에게 한 말. Bowker, p. 249.
37. Ibid.
38. 오웰이 도로시 플로우먼에게 1941년 6월 20일에 쓴 편지. Davison, *A Life in Letters*, p. 192.
39. Crick, p. 266, 1940년 8월 9일의 일기에서 인용.
40. Topp, p. 277, n. 66, from *CW*, vol. 11, p. 399.
41. 그웬은 조이스 폴라드에게 이 이야기를 했다. Topp, p. 290.

선전

42. 오웰이 제프리 고러에게 1940년 1월 10일에 쓴 편지. Davison (ed.), *A Life in Letters*, p. 174.
43. Taylor, p. 275.
44. Fen, 'George Orwell's First Wife', p. 121.
45. Fen, *A Russian's England*, p. 449.
46. Fen, 'George Orwell's First Wife', p. 121. 강조는 원문.
47. 아일린이 노라에게 쓴 편지. Davison (ed.), *A Life in Letters*, pp. 187-8, at p. 188.
48. Topp, p. 280, citing *CW*, vol. 11, p. 402.
49. Bowker, p. 270, Crick, p. 263.
50. Topp, p. 285, citing *CW*, vol. 11, p. 320.
51. Meyers, p. 194.
52. Crick, p. 263.
53. Bowker, p. 265.
54. Fen, 'George Orwell's First Wife', pp. 121-2.
55. Cooper, 'Eileen Blair', p. 19.
56. Empson in Gross (ed.), p. 94.
57. Bowker, pp. 264-5.
58. Taylor, p. 283.
59. Cooper, 'Eileen Blair'.
60. Bowker, p. 269.
61. 이 단락의 모든 인용문은 다음에서 인용했다. Taylor, p. 277.
62. Topp, pp. 307-8, quoting *CW*, vol. 12, p. 479.
63. Fen, 'George Orwell's First Wife', p. 122.

쇼크

64. 나는 이 부분의 묘사에 대해서는 특히 톱의 책에 많은 빚을 지고 있다. p. 291.
65. 이는 원문의 표기를 따른 것이다. 교수의 실제 이름은 '자우어브루흐'다.

1940년 여름

66. Fen, 'George Orwell's First Wife', p. 122.
67. Taylor, p. 273.
68. 'The Lion and the Unicorn: Socialism and the English Genius', in *Why I Write* (Penguin Great Ideas), Penguin Books, 2005 [1946], pp. 11-94.
69. Fyvel, *George Orwell: A Personal Memoir*, p. 105. 이 자료에는 '로런스'의 이름 철자가 잘못 표기되어 있다.
70. 그리고 이 단락의 다른 인용문들은 다음에서 인용했다. Margaret Branch in ibid., pp. 135-6.

선물

71. 몇몇 전기 작가들은 이 일화를 통째로 생략하지만, 보커는 담담한 마음과 충격이 뒤섞인 태도로 여기에 서술하고 있다. p. 266.
72. 사례로는 다음을 참조하라. Bowker, p. 266. 보커는 또한 독창적이게도 오웰이 1940년에 브렌다에게 쓴, '허락'에 관한 내용이 담긴 이 편지를 이용해 오웰이 1939년에 브렌다에게 성적으로 접근했던 일을 사후적으로 정당화하려 한다. "오웰은 두 사람의 관계에 대해 말을 꺼내려 했고, 자신과 아일린은 개방결혼을 즐기고 있으며 둘 다 서로에게 질투나 소유욕이 전혀 없다고 넌지시 밝혔다."
73. Coppard and Crick, p. 68.

자체 무장

74. Bowker, p. 269.
75. Taylor, p. 315.
76. Bowker, p. 268.
77. 바르부르크는 이 말을 머거리지에게 했다. 다음을 참조하라. Gross (ed.), p. 170. 그럼에도 바르부르크가 오웰에게 품고 있는 애정은 분명하다. 그는 오웰을 "염세적인 천재… 내가 알게 되고 숭배하게 된, 그 작품에 사로잡혔던 남자, 내가 도와주고 소중히 하려 애썼던 남자, 하지만 살려 내는 데 성공하지는 못했던 남자"라고 묘사한다. Warburg, p. 11.
78. Bowker, p. 268. 보커는 이 남자가 병원으로 실려갔다는 사실은 언급하지 않는다. "오웰은 스피곳 박격포의 복잡한 구조를 완벽하게 익히려 했지만, 엉뚱한 탄약을 사용하는 바람에 동료 병사 한 명의 목을 날려버릴 뻔했다." 크릭은 오웰의 행동을 흐릿하게 만들기 위해 이 사건을 수동태로 묘사한다. "참호용 박격포에 엉뚱한 훈련용 탄약이 장전되었다…" (p. 272). 그 자리에 있었던 바르부르크는 (엉뚱한) 폭탄이 발사된 뒤 스피곳 박격포가 반동으로 튕겨 나오면서 "스미스 이병은 사실상 위아래 앞니를 전부 잃었고, 존스 이병은 적어도 24시간 동안은 의식이 없었다"고 기록했다. 오웰은

바르부르크에게 자신이 조사법정에 출석해야 할 것 같다며, (당국이 지불한) 스미스 이병의 의치 비용이 100파운드 이상이라고 말했다. "이는 오웰에게는 터무니없이 과해 보이는 금액이었다." Warburg, p. 38.

79. Bowker, p. 268, n. 57.
80. Taylor, p. 286.
81. Stansky and Abrahams, p. 208, 그리고 아이다와 관련해 "팜프 리브르"라는 말을 사용한 것에 대해서는 다음을 참조하라. Crick, p. 14.
82. 코프가 아일린에게 1940년 9월 8일에 쓴 편지. Orwell Archive, University College London.

영국 대공습

83. Cooper, 'Eileen Blair', p. 19.
84. Fen, *A Russian's England*, p. 346. 또한 다음을 참조하라. Lettice Cooper in Wadhams, *Remembering Orwell*, p. 130.
85. Fen, 'George Orwell's First Wife', p. 122.
86. Taylor, p. 288.
87. Ibid., p. 289.
88. 기자이자 리디아의 친구였던 패트리샤 도노휴는 시골집에 도착한 자신들이 경험한 이야기를 다음에서 들려준다. Wadhams, 'The Orwell Tapes', part 3, extracted in Wadhams, *Remembering Orwell*, pp. 117-19. "조지는 곧바로 총을 집어들더니 문 뒤로 가서 긴장된 준비 자세를 취하고 있었어요." 그는 그러더니 [아일린에게] 문을 열어달라고 했다. 그는 무슨 생각이었을까? "만약 달갑지 않은 손님이었다면 지체 없이 총을 쏴버렸을 거예요!" 도노휴는 또한 이렇게 지적하기도 한다. "있죠, 조지는 폭탄들도 만들었어요. 아마도 화염병을요."
89. Taylor, p. 296.
90. Crick, p. 295.
91. Meyers, p. 19, 오웰이 1941년 3월 20일에 쓴 전쟁 관련 일기에서 인용. *CW*, vol. 12, p. 452.
92. Davison (ed.), *A Life in Letters*, p. 183. 이 편지에는 날짜가 적혀 있지 않고, 언제나처럼 서두의 호칭도 생략되어 있다. 데이비슨은 이 편지가 1940년 12월 5일자라고 말한다.
93. 신장 결석증.
94. 박테리아 감염병인 브루셀라병으로, 염소가 앓는 경우가 많고 사람에게 전염될 수 있다. 증상으로는 열, 관절 통증과 체중 감소 등이 있다.
95. 레티스의 말에 따르면 아일린은 "끊임없이" 결핵 검사를 받고 있었지만 기적적이게도 결과는 항상 음성이었다. Coppard and Crick, pp. 164-5.
96. Topp. p. 364, n. 51, 1974년 11월 27일에 리디아가 크릭에게 한 말을 인용. Crick Archive.
97. Davison (ed.), *A Life in Letters*, pp. 187-8.
98. Fen, *A Russian's England*, p. 346.

분리하기

99. Anthony Powell, in Bowker, p. 277.
100. Bowker, p. 278; Arthur Koestler-Ian Angus interview, 30 April 1964, Ibid. p. 82.
101. Ibid., p. 278.
102. Ibid., p. 278.
103. 보커는 이렇게 쓴다. "오웰은 1941년 초에 이네즈를 정기적으로 만나기 시작했고, 아일린이 직장에 있는 동안 이네즈를 점심식사에 데려갔다가 아파트로 다시 데려왔다"(p. 278). 또 다른 전기 작가는 이 이야기를 완전히 생략해 버리고 이네즈 홀든에 대해서는 다만 오웰과 "절친한 친구 사이가 되었다"고만 언급했다(Crick, footnote on p. 264).
104. Bowker, p. 278.
105. 오웰 부부가 스페인에서 돌아오고 얼마 지나지 않아, 오웰은 몇 통의 편지에서 자신의 팬이었던 에이미 찰스워스에게 수작을 걸었다. 에이미는 오웰에게 편지를 써서 만나자는 제안을 했다(Bowker, p. 230). 이 여성이 서른세 살로 두 아이를 키우고 있는, "남편이 너무 자주 때려서 그를 떠난" 싱글맘이라는 사실을 알게 되자 아일린은 "기분이 좋아" 보인다(Topp, p. 203). 그런 특징들 때문에 그 여성은 오웰에게 매력 없는 여성이 된다. 보커는 이때부터 오웰의 결혼이 "적어도 그의 머릿속에서는" "개방결혼으로 선언되었고, 그는 그런 기분이 들 때마다 어디로나 자유롭게 눈길을 돌릴 수 있었던 것으로 보인다"고 그럴싸한 설명을 갖다 붙이기 시작한다. 이는 아일린이 동의했다고 상상함으로써 오웰에게 '허락'을 선물로 주고 싶은 마음이 너무나도 큰 전기 작가의 또 다른 예다. 그렇게 하면 오웰은 아내를 배신하는 남편이 되지 않을 수 있기 때문이다.
106. Bowker, p. 277.
107. Ibid., p. 316.

피해자

108. 오웰의 전쟁 일기에서 인용. *CW*, vol. 12, pp. 495-6. 또한 다음을 참조하라. Topp, p. 310.
109. Wadhams, *Remembering Orwell*, p. 132.
110. Topp, p. 310, 레티스 쿠퍼의 말에서 인용. 편지는 크릭 아카이브에 보관되어 있다.
111. Fen, *A Russian's England*, p. 449.
112. Bowker, p. 278.
113. 오웰이 도로시 플로우먼에게 1941년 6월 20일에 쓴 편지. Davison (ed.), *A Life in Letters*, p. 192. 톱은 이를 다음과 같이 표현한다(p. 311-12). "'아일린은 일 년 넘게 검열과에서 일하고 있었지만, 한동안 일을 쉬는 게 좋겠다고 난 아일린을 설득했어요.' 당시 오웰은 한 친구에게 그렇게 말했는데, 이는 아일린이 하기 싫은 일을 거의 2년 가까이 했던 사실을 어쩨선지 축소해 말한 것이다." 오웰은 기간을 거의 반으로 줄임으로써 아일린의 노동을 낮게 평가하고, 아일린이 자신들을 먹여 살리고 있었다는 사실을 말하지 않으며, 자신이 아일린을 '설득해' 일을 그만두게 함으로써 그를 구해 낸 것이라고 포장한다. 하지만 아일린이 일을 그만둘 수 있었던 진짜 이유는 오웰이 보수를 받는 일을 그제서야 구했기 때문이었다.

114. Bowker, p. 299; Taylor, p. 324.
115. Crick, p. 284. 오웰의 목소리가 담긴 음성 녹음은 남아 있지 않다.
116. 오웰이 BBC에서 일하던 시기의 전문가인 데스먼드 애버리는 당시 오웰이 쓴 글들 속에서 "[오웰이] 너무도 학문적으로 철저해 보여서 종종 의아함을 느꼈다". 그는 "결혼한 뒤로 [오웰의] 비판적인 지성이 얼마나 깊어지고 그의 지식의 폭이 넓어졌는지를" 눈여겨보았고, "아일린이 적어도 그중 일부는 도와준 게 틀림없다고 확신했다." Topp, p. 313.
117. Bowker, p. 301.
118. rick, p. 284.
119. Bowker, p. 283.
120. rick, p. 287.
121. Bowker, p. 284, Ibid., p. 283, Ibid., p. 284.
122. Crick, p. 289.
123. Ibid.
124. Bowker, p. 284, Ibid., p. 285, Ibid.

먹다

125. Cooper, 'Eileen Blair', p. 191.
126. 이는 1980년대 BBC의 인기 있는 TV 시리즈였던 〈네, 장관님〉을 가리킨다.
127. BBC 100, 'Under Siege: The Kitchen Front', BBC website, bbc.com/historyofthebbc/research/kitchen-front/
128. Topp, p. 318. 또한 다음을 참조하라: Wadhams, *Remembering Orwell*, p. 130.
129. Topp, p. 318.
130. Coppard and Crick, p. 163.
131. 레티스는 이렇게 쓴다. "나는 《블랙 베들레헴》에 그녀의 초상화를 그려넣고자 했다…", Crick Archive.
132. Cooper, *Black Bethlehem*, p. 177, Ibid., p. 181, Ibid., p. 176, Ibid., p. 154.
133. Coppard and Crick, p. 163.
134. Crick Archive, Birkbeck Library Archives and Special Collections, University of London. 또한 다음을 참조하라: Topp, p. 349.
135. Wadhams, *Remembering Orwell*, p. 132.
136. Coppard and Crick, p. 164.
137. Crick Archive.
138. Cooper, in Coppard and Crick, p. 163.
139. Crick, p. 295.
140. Wadhams, 'The Orwell Tapes', part 3.
141. Cooper, *Black Bethlehem*, p. 247; Ibid. p. 209.

재미있는 일

142. Taylor, p. 313.
143. Review of *The Rock Pool* by Cyril Connolly and *Almayer's Folly* by Joseph

144. Conrad, in *Collected Essays, Journalism and Letters*, vol. 1, p. 255.
145. Bowker, p. 276.
146. *The Listener*, 'Wells, Hitler and the World State', in *Collected Essays, Journalism and Letters* 1970, vol. 2 [originally published in *Horizon*, August 1941], pp. 172, 171.
146. Wadhams, *Remembering Orwell*, p. 135.
147. Jane Morgan, in Coppard and Crick, p. 87.
148. Topp, p. 328, Ibid., p. 309.
149. Bowker, p. 296.
150. Ruth Pitter in Coppard and Crick, pp. 74-5.
151. Michael Meyer's account, in Wadhams, *Remembering Orwell*, p. 135.
152. Ibid, p. 136.
153. Michael Meyer in Gross (ed.), pp. 128-9. 마이어는 입센과 스트린드베리의 작품 번역으로 유명한 번역가가 되었다.
154. Taylor, p. 305. 톱(p. 333)은 이 말이 아일린이 이네즈에게 들려준 이야기에서 나온 것이라고 적고 있다.

다정한 기억들

155. Bowker, p. 305, citing Orwell's column 'As I Pleased' [sic] of 31 January 1947, in *Collected Essays, Journalism and Letters*, vol. 4, p. 278.
156. Tosco Fyvel in Wadhams, *Remembering Orwell*, p. 149.
157. Tosco Fyvel, 'The Years at *Tribune*', in Gross (ed.), p. 112, Ibid., p. 115.
158. Bowker, p. 305, citing Orwell's column 'As I Pleased' [sic], 31 January 1947. 다음을 참조하라. *Collected Essays, Journalism and Letters*, vol. 4, p. 322.
159. Bowker, p. 316.
160. Shelden, p. 383, 1989년 6월 셀리아 페이지트 굿먼과의 인터뷰에서 인용.
161. Topp, p. 349. 이 내용은 오웰의 전기 작가 중 누구도 다루지 않는다.

다른 동물들

162. Fen, 'George Orwell's First Wife', p. 123.
163. Cooper, in Coppard and Crick, p. 165.
164. Topp, p. 368. 톱에 따르면, 쿠엔틴 코프의 어머니인 도린은 아들에게 이렇게 말했다고 한다. 스탈린을 다룬 내용 때문에 출판사가 원래의 형식으로 책을 내기 어려워지자 아일린이 그 작품을 우화 형식으로 다시 써보라고 제안했다고 말이다.
165. Cooper, in Wadhams, *Remembering Orwell*, p. 131.
166. Rees, *Fugitive*, p. 84.
167. Warburg, p. 56. 바르부르크는 "이 작품이 걸작이라는 사실을 한 번도 의심하지 않았고"(p. 48), 대부분의 평론가들과 마찬가지로 《동물농장》을 오웰의 "최고 걸작"으로 여겼다(p.56). 오웰 역시 그 작품이 자신의 가장 훌륭한 작품이라 여겼다. 크릭은 이렇게 쓴다. "《동물농장》을 빼고는 오웰의 작품 중 어떤 것도 그 자신의 커다란 기대에 미치지

못했다'(p. 384).
168. Fyvel, *George Orwell: A Personal Memoir*, p. 137-8.
169. 오웰이 도로시 플로우먼에게 1946년 2월 19일에 쓴 편지. Davison (ed.), *A Life in Letters*, pp. 289-90. 하지만 오웰은 이 책의 탄생에 관해 다른 이야기를 지어낸다. 그는 이 책의 아이디어를 어디서 얻었는지에 관해 다음과 같이 쓴다. "어느 날 (그때 나는 어느 작은 마을에 살고 있었는데) 아마도 열 살쯤 되어 보이는 한 어린 소년을 보게 되었다. 소년은 커다란 짐말 한 마리를 좁은 길로 몰고 가려고 애를 쓰면서 말이 방향을 틀려고 할 때마다 채찍으로 때리고 있었다. 그때 이런 생각이 들었다. 만약 저런 동물들이 자신들의 힘을 자각하게 되기만 한다면, 우리 인간들은 그들을 통제할 수 없을 것이고, 인간이 동물들을 착취하는 방식은 부유층이 무산 계급을 착취하는 방식과 많은 부분에서 비슷하다고 말이다. 그런 다음 나는 마르크스의 이론을 동물들의 관점에서 분석하기 시작했다…" 하지만 '마르크스의 이론을 동물들의 관점에서' 보면 어떻게 될까 하는 것은 《동물농장》이 답하고 있는 질문이 아니다. (마르크스의 이론은 따지고 보면 애초에 동물들의, 노동계급의 관점에서 출발한 것이다.) 오웰이 이런 장면을 보았을 수는 있겠지만, 이 장면은 은유가 되기에는 너무 매끈하게 들린다. 마치 오웰이 자신이 지어내서 썼다고 시인했던 에세이 〈교수형〉에 나오는, 물웅덩이를 피해 걷는 사형수라는 세부사항처럼 말이다(메이블 프리츠의 말에서 인용. Wadhams, *Remembering Orwell*, p. 45; 또한 다음을 참조하라: Stansky and Abrahams, *The Unknown Orwell*, p. 269). 또는 오웰이 파리에서 그의 돈을 털어간 '창녀'를 대체하기 위해 '구레나룻을 기른 이탈리아인 조판공'을 지어낸 일과도 비슷한 느낌이다. 또 다른 가능성도 있다. 오웰은 이 설명을 1947년에 우크라이나에서 출간된 판본의 서문에 처음으로 실었다. 어쩌면 오웰은 우크라이나를 지배하고 있던 스탈린에 대한 언급을 피하면서 《동물농장》의 탄생 배경을 말하는 이야기가 필요했던 건지도 모른다.
170. Bowker, p. 308.
171. Wadhams, *Remembering Orwell*, p. 131.
172. Fen, 'George Orwell's First Wife', p. 123.
173. Ibid.

IV 해피 엔딩
꽃눈
1. Cooper, 'Eileen Blair', p. 19.
2. Wadhams, 'The Orwell Tapes', part 3.
3. Shelden, p. 263.
4. 이 세부사항에 대해서는 톱에게 감사한다. "아일린은 아기에게 입힐 잠옷과 솔이 든 작은 여행가방을 들고 병원에 도착했고, 그런 다음 어찌어찌 그 애를 모티머 크레센트로 데리고 돌아갔다. 오웰의 도움은 없었던 것으로 보인다"(p. 377).
5. Bowker, p. 316.
6. Taylor, p. 338.

7. Cooper, 'Eileen Blair', p. 19.
8. Bowker, p. 318.
9. Lettice Cooper, Crick Archive, in Topp, p. 379, n. 25. Also Wadhams, 'The Orwell Tapes', part 3.
10. Fen, 'George Orwell's First Wife', p. 124.
11. Topp, p. 386.

투쟁 혹은 도피 혹은-

12. 보커는 이를 "전원적인 유혹에 끌리는 성향"이라고 완곡하게 표현한다. p. 316.
13. 오웰이 T. S. 엘리엇에게 1944년 6월 28일 보낸 메모. Crick, p. 314. 엘리엇은 《동물농장》이 부패하기 쉬운 권력의 속성을 여실히 보여준다는 사실을 이해하지 못한 것으로 보인다. 그는 오웰에게 "좀 더 공익적인 태도를 지닌 돼지들"이 필요하다는 의견을 전했다. T.S.엘리엇이 오웰에게 1944년 7월 13일에 전한 말. Crick, p. 315.
14. Bowker, p. 317.
15. Mary Fyvel in Wadhams, 'The Orwell Tapes', part 3.
16. Davison (ed.), *A Life in Letters*, p. 239.
17. Fen, 'George Orwell's First Wife', p. 125.
18. 아일린이 오웰에게 1945년 3월 21일에 쓴 편지. Davison (ed.), *A Life in Letters*, pp. 247-54, at p. 254. 아일린은 로런스, 리처드, 메리와 통상적인 '사교 시간'보다 더 많은 시간을 함께 보낸 것으로 보인다.
19. 오웰은 그 달에 쓴 자신의 칼럼〈나 좋을 대로As I Please〉의 서두를 다음과 같이 연다. "도자기 그릇 한 무더기를 설거지할 때마다, 바다 밑을 누비고 구름 사이를 날아다닐 줄은 알면서도 이 답답하고 지겹고 시간낭비에 가까운 일을 매일의 일상에서 없애버리는 방법은 아직 찾아내지 못한 인간들의 상상력 부족에 놀라게 된다." 오웰은 설거지가 "본질적으로 창조적이지 못하고 인생을 낭비하게만 만드는 일"이라며, "빨래처럼 외부에 맡겨야 하는 일"이라고 말한다. "우리 선조들이 그랬듯 이 세상에서의 삶이란 본래 비참한 것이고, 평범한 여자는 나이가 서른 살쯤 되면 망가진 허드렛일꾼이 되어버리는 게 전적으로 자연스러운 일임을 당연히 받아들이지" 않을 거라면 말이다. *Tribune*, 9 February 1945, in *Collected Essays, Journalism and Letters*, vol. 3, p. 375.
20. Bowker, pp. 320 and 326. 또한 다음을 참조하라. Crick: "아기는 5월 14일에 태어났고, 그들은 6월에 그 애를 입양하며 리처드 호레이쇼 블레어라고 이름 붙였다"(p. 319).
21. Cooper, 'Eileen Blair', p. 19.
22. Fen, 'George Orwell's First Wife', p. 125.
23. Topp, p. 395, 이네즈 홀든의 1945년 3월 30일자 일기에서 인용: Crick Archive.

돈

24. 그리고 이 편지에서 인용된 문장들은 모두 다음에서 인용했다. Davison (ed.), *A Life in Letters*, pp. 247-54.
25. 마이어스는 이렇게 쓴다. "그웬 오쇼네시는 아일린이 살 수 없을 거라는 불길한 예감을 느꼈고, 연락이 오면 바로 알려달라고 자신의 약사에게 부탁했다. 그리고 그 전화는

26. 〈옵저버〉의 편집자.
27. "아일린과 몇몇 친구들은 그 병이 암일 거라고 의심했다." Meyers, p. 235.
28. '메리'는 그웬이 입양한 딸로, 지금은 캐서린이라는 이름으로 알려져 있는 인물이다.
29. 하지만 어떤 전기 작가들은 그렇게 생각하지 않는다. 예를 들어 셸든은 아일린이 "자신의 건강과 생존보다 그 수술의 '극악무도한' 비용을 (다소 비틀려 보일 정도로) 더 많이 걱정하고 있었다…"고, 또한 아일린에게 오웰의 마음에 들고 싶어 하는 "히스테리에 가까운" 욕망이 있었다고 억지 해석을 한다. Meyers, p. 235.
30. Davidson (ed.), *A Life in Letters*, pp. 256-8. 아일린은 식품부에서 '에밀리'라는 이름을 사용했는데, 이는 자신이 쓰고 목소리 연기까지 했을 가능성이 있는 라디오 단막극 '에밀리 버긴스'에서 따온 이름이었을 수도 있다.
31. Bowker, p. 326.

즐거운 시간 보내기

32. Crick, p. 325, n. 54 from Paul Potts, *And Dante Called You Beatrice*, p. 82.
33. Bowker, p. 325, n. 9. 어니스트 헤밍웨이가 하비 브레이트에게 1952년 4월 16일부터 5월 1일까지 쓴 편지. University of Tulsa Special Collections.
34. 이 편지에는 날짜가 적혀 있지 않지만, 1945년 3월 25일에 쓰인 것이다. *CW*, vol. 17, pp. 107-9.

예감

35. Orwell Society, 'George Talks' Sylvia Topp 21 March 2021, YouTube.

V 사후

전보

1. A. J. Ayer, interview with Stephen Wadhams, Canadian Broadcasting Corporation (1983), in Bowker, p. 327.
2. 이네즈 홀든의 1945년 4월 5일 일기에서 인용. Bowker, pp. 327-8.
3. Inez Holden, quoted in Topp, p. 402, n. 116; Inez Holden diary, Crick Archive.
4. Spender quoted in Wadhams, *Remembering Orwell*, p. 145.
5. Jason Crimp, 'A Man of Much Voice and No Song', *Orwell Society Journal*, no. 14, Spring 2019, pp. 15-18, at p. 15.
6. Potts in Wadhams, *Remembering Orwell*, p. 145.
7. Topp, p. 402, n. 118 citing Lettice Cooper, Crick Archive.
8. Wadhams, 'The Orwell Tapes', part 3.
9. Fen, 'George Orwell's First Wife', p. 125.
10. Wadhams, 'The Orwell Tapes', part 2.
11. 이는 너무도 기이한 행동이었기에, 한 전기 작가는 "아일린은 조르주와 도린 코프가

리처드를 키워 주기를 원했었다"고 씀으로써 이 행동을 말이 되는 것으로 만든다. 하지만 이 말에 대한 증거는 없다. Bowker, p. 329.
12. 오웰이 드와이트 맥도널드에게 쓴 편지. Shelden, p. 384, n. 19.
13. Shelden, p. 382.
14. 오웰이 리디아에게 1945년 4월 1일 쓴 편지. Davison (ed.), *A Life in Letters*, p. 261. 세상을 떠나기 3일 전 오웰의 에이전트인 레너드 무어에게 쓴 편지에 따르면 아일린은 그 수술이 상당히 큼임을 알고 있었다. 아일린이 무어에게 1945년 3월 22일 쓴 편지. *CW*, vol. 17, p. 104 [2639]. 그러나 이를테면 파이벨 같은 사람은 아일린이 "작은 수술을 받다가 세상을 떠났다"는 인상을 받았고, 그것을 계속 유지했다. Gross (ed.), p. 114.
15. 오웰이 파월에게 1945년 4월 13일에 쓴 편지. *Collected Essays, Journalism and Letters*, vol. 3, p. 408.
16. Orwell, 'The Prevention of Literature', *Polemic*, January 1946.
17. 검시 과정에 대한 이 설명은 실비아 톱의 책에서 크게 도움을 받았다. pp. 403-4.

사람 구함: 푸른 수염

18. Wadhams, *Remembering Orwell*, p. 157, Ibid., p. 156, Ibid., p. 157. 하지만 그러고 싶은 마음이 별로 들지 않았던 수전은 요리책 한 권을 사서 요리를 독학했다.
19. Coppard and Crick, p. 217.
20. Ibid., p. 218. 전기 작가 중 누구도 이 일화는 사용하지 않는다.
21. Taylor p. 349. 수전은 이 금액이 매우 후하다고 생각했다.
22. Susan Watson in Taylor, p. 360.
23. 셸든은 탄약을 제조하는 오웰의 모습에 좀 더 편집증적인 분위기를 가미한다. 그는 오웰이 "아마도 총알들이 귀해지거나 불법이 되는 날에 대비해 자신의 기술을 연마하고 있었던 것 같다"고 쓴다(p. 387).
24. Taylor, p. 360. 테일러는 오웰이 이 메모를 "아무 생각 없이" 서재에 놔두었다고 억지 설명을 붙인다. 하지만 수전 자신의 말에 따르면 이 글귀는 그들이 식사를 하던 식탁에 놓여 있었다. 수전은 그것이 말하지 않고 자신에게 메시지를 보내는 오웰만의 방식이라고 이해했다. Wadhams, *Remembering Orwell*, p. 158.
25. Wadhams, *Remembering Orwell*, p. 157.
26. 오웰은 이 말을 폴 포츠에게 했고, 포츠는 와듬스에게 전해주었다. ibid., p. 145.
27. Crick Archive.
28. 'Revenge Is Sour', *Tribune*, November 1945.

사랑, 일

29. Cyril Connolly, *Enemies of Promise*, University of Chicago Press, 2008 [1938], pp. 115-16.
30. 《동물농장》은 1943년 11월에서 1944년 2월 사이에 쓰였고, 1945년 8월에 영국에서 출간되었다. 초판 4,500부는 6주 만에 모두 팔렸고, 증쇄와 번역권 판매도 그 뒤를 이었다. 오웰에게 처음으로 목돈이 들어온 건 1946년 8월 이 책이 미국에서

출간되면서였다. 이 책으로 오웰이 평생 번 수입은 약 1만 2,000파운드 (현재는 거의 60만 파운드에 해당)에 달한다.

31. Taylor, p. 364.
32. Michael Meyer, in Wadhams, *Remembering Orwell*, p. 133.
33. 이때 "소니아를 보내준 것"을 자신의 공으로 돌리고 싶어 하는 두 명의 남자가 있다. 마이클 세이어스와 아서 쾨슬러다. (켄티시 타운에 있던 남자들만 살던 아파트에서) 오웰의 전 아파트 동거인이었던 세이어스는 오웰을 만나 오랫동안 점심식사를 함께하면서, 그가 "굉장히 아프고 몹시 우울해" 보이며 "아일린의 죽음에 관해 애틋한 어조로" 이야기를 한다고 느꼈다. 세이어스는 〈호라이즌〉의 파티에서 소니아 브라우넬을 만났을 때 이 이야기를 전하면서, 소니아에게 오웰을 찾아가 (전기 작가의 표현을 빌자면) "그의 기운을 좀 북돋아 주려고 애써" 보기를 권한다. 소니아는 전에 쾨슬러와 섹스하는 사이였다(또한 그 결과로 임신중단수술을 받아야 했던 것으로 보인다). 보커는 쾨슬러가 소니아에게 했던 성적 모욕을 전하는 동시에, 그가 소니아에게 오웰과 섹스하라고 권했다고 암시한다. Bowker, p. 340. 다음 역시 참조하라. Taylor, p. 364.
34. Taylor, p. 364.
35. Bowker, p. 340. 그런 다음 보커는 곧바로 그들이 섹스했는지 아닌지에 대한 의혹을 제기한다. "오웰이 소니아를 덮쳤는지, 아니면 그저 청혼만 했는지는 미지수로 남아 있다." 하지만 두 페이지 뒤에서, 그는 그들이 섹스했다는 전제 하에 독자에게 다음과 같이 이야기한다. "오웰과 잘 준비가 되어 있었던 것으로 보이는 소니아는…" (p. 342). 이는 전기 작가가 서사 속에서 원인과 결과, 혹은 사건을 분리하는 또 하나의 예다. 이는 그 두 가지를 책임의 문제로 엮지 않기 위한 장치다.
36. Taylor, p. 365.
37. Shelden, p. 409.
38. Bowker, p. 341.
39. Wadhams, *Remembering Orwell*, p. 163.
40. Taylor, p. 362.
41. Shelden, p. 405.
42. Taylor, p. 362.
43. Wadhams, *Remembering Orwell*, p. 163.
44. 그리고 이 단락에 나오는 다른 인용문들은 다음에서 인용했다. Bowker, p. 342.
45. Bowker, p. 343, n. 72, Wadhams, *Remembering Orwell*, p. 174.
46. Wadhams, *Remembering Orwell*, p. 167. 나머지 부분은 다음에서 인용했다. Robert McCrum, 'HG Wells, Keynes, Orwell… My Years at the Heart of the Bloomsbury Set', *The Guardian*, 12 June 2016.
47. Wadhams, p. 161., Ibid., p. 102.
48. 오웰이 앤 팝햄에게 1946년 3월 15일에 쓴 편지. Davison (ed.), *A Life in Letters*, p. 293. 보커는 이 장면의 당혹스러움을 뒤집어 이렇게 쓴다. "분명히 앤을 당혹스럽게 만들었던 오웰은 상황을 수습하기 위해 편지를 썼다. 다소 둔감했던 사람인 만큼, 그는 거절을 당하자 당황했던 것으로 보인다…" (p. 346)
49. 오웰이 앤 팝햄에게 1946년 4월 18일에 쓴 편지. Davison (ed.), *A Life in Letters*, p.

307. 이 편지를 읽는 앤의 목소리는 다음에서 들어볼 수 있다. Wadhams, 'The Orwell Tapes', part 3.
50. 오웰이 앤 팝햄에게 1946년 8월 7일에 쓴 편지. Davison (ed.), *A Life in Letters*, p. 321.
51. Bowker, p. 346.
52. Ibid. 조지 기싱(1857-1903)은 오웰이 존경했던 영국 소설가였다. 이 인용문은 오웰의 다음 에세이에서 인용했다. 'George Gissing', in [1948], *Collected Essays, Journalism and Letters*, vol. 4, p. 488. 오웰은 이렇게 쓴다.

> 기싱은 자신의 책 전반에 걸쳐 지적인 여성은 매우 찾아보기 힘든 생물이며, 만약 누군가가 지적인 동시에 예쁜 여성과 결혼하고 싶어 한다면 잘 알려진 산술적 법칙에 따라 그 선택의 폭은 더더욱 좁아진다고 암시했다. 그는 이 점에서 의심의 여지없이 옳다. 이건 마치 백색증이 있는 사람들 가운데서도 왼손잡이인 사람만 고를 수 있는 것과 마찬가지다. 하지만 기싱이 자신의 혐오스러운 여주인공을, 그리고 어떤 다른 여성 인물들을 다루는 방식에서 드러나는 건, 그 당시에는 여성의 섬세함, 교양, 심지어는 지성이라는 개념까지도 우월한 사회적 지위와 값비싼 물질적 환경이라는 개념에서 따로 떼어놓기 어려운 것이었다는 사실이다. 한 명의 작가가 결혼하고 싶어 하는 부류의 여성은 동시에 다락방에서 생활하는 일에서 뒷걸음질을 칠 법한 부류의 여성이기도 했던 것이다. 기싱이 《뉴 그럽 스트리트》를 썼을 때, 그건 아마도 사실이었을 것이다. 하지만 오늘날에는 그렇지 않음을 정당하게 주장할 수 있다고 나는 생각한다.

53. 보커(p. 342)는 이 말을 오웰이 도로시 플로우먼에게 보낸 1946년 2월 18일자 편지에서 했다고 적고 있다. 데이비슨은 이 편지가 1946년 2월 19일자라고 말한다. 또한 오웰이 이 편지에 자신이 언젠가 시골집에 가야겠다고, 그래서 "가구와 책들을 정리해야겠지만, 계속 미루고 있었어요. 지난번에 거기 갔을 때는 아일린과 함께였고, 그게 속상해서 갈 수가 없어요"라고 적었다고 쓴다. Davison (ed.), *A Life in Letters*, p. 290. 한편, 오웰은 월링턴에서 편지들을 태우다가 목격되기도 했다. 그 편지들의 정체를 정확히 알기는 불가능하다. 그것들은 아일린에게서 받은 편지들이었을까? 아니면 노라나 코프가 아일린에게 보낸 편지들이었을까? 어쨌든 아일린은 편지를 많이 보관하는 편은 아니었다. 하지만 아일린이 세상을 떠나고 나서 오웰이 그 집을 처음으로 찾아갔을 때 이런 광경을 보게 된 리디아는 몹시 심란해졌다.

54. "확실히 이제는 좌절이 예술가의 정신에 미치는 효과도 측정해 봐야 할 때다. 나는 어느 유제품 회사가 보통 우유와 A등급 우유가 쥐의 몸에 미치는 영향을 각각 측정하는 걸 본 적이 있다. 두 마리 쥐가 우리에 나란히 들어 있었는데, 한 마리는 남의 이목을 꺼리고 수줍어하는 작은 녀석이었고, 다른 한 마리는 털에 윤기가 흐르고 대담하며 덩치도 큰 녀석이었다." Virginia Woolf, *A Room of One's Own*, Penguin Books, 2000 [1929], p. 55.

정물, 칼이 있는

55. Powell, *Infants of the Spring*, p. 140.

56. Taylor, p. 366.

섬, 생활

57. Rainer Maria Rilke, *Letters of Rainer Maria Rilke, 1892-1910*, (trans. Jane B. Greene and M. D. Herter Norton), W. W. Norton, 1969, p. 77.
58. 오웰이 소니아에게 1947년 4월 12일에 보낸 편지. Davison (ed.), *A Life in Letters*, p. 351.
59. Bowker, p. 353. 이 단락들에 인용된 플레처 부인의 말은 다음을 참조하라. Wadhams, 'The Orwell Tapes', part 3 and Wadhams, *Remembering Orwell*, pp. 170-4.
60. Wadhams, *Remembering Orwell*, p. 173.
61. Ibid., p. 160, Ibid., p. 176.
62. Crimp, p. 15.
63. Coppard and Crick, p. 223.
64. Wadhams, Remembering Orwell, p. 177.
65. 에이브릴은 자신의 형부인 험프리 데이킨에게 이렇게 편지를 썼다. "폴 포츠는 내가 던지는 번뜩이는 재치의 화살들이란 화살들은 전부 진지하게 받아들이고 울화통을 터뜨리며 괴로워하지만, 내 생각엔 그래도 내 덕분에 많이 사람 꼴을 갖춰 가고 있는 것 같아요." 에이브릴 블레어가 험프리 데이킨에게 1946년 7월 1일 쓴 편지. Davison, (ed.) *A Life in Letters*, p. 315.
66. Taylor, p. 375.
67. Wadhams, *Remembering Orwell*, p. 180., Ibid. pp. 179-80.
68. Bowker, p. 356.
69. Wadhams, *Remembering Orwell*, p. 180.
70. Bill Dunn, ibid., p. 184.
71. *Nineteen Eighty-Four*, p. 115.
72. Shelden, p. 418.
73. Susan Watson, Crick Archive at Birkbeck Library Archives and Special Collections, University of London, GB1832 CRK6/1/52.

노

74. Orwell Archive, University College London Folio 15.
75. Rees, *Fugitive*, p. 144.
76. Wadhams, *Remembering Orwell*, p. 189.
77. Ibid., pp. 190-1.
78. 전기 작가는 이 장면에서 노를 저어야 하는 사람이 오웰이 아니라 헨리라는 사실을 숨기기 위해 사물 주어를 사용한다. "하지만, 노를 젓는 일은 눈에 보이는 아무런 효과도 내지 못했다." 테일러는 이렇게 쓴다(p. 387). 그런 다음, "노의 힘은 그들을 주라섬에서 1킬로미터 조금 넘게 떨어진 튀어나온 바위까지 데려갔다." 이는 전기 속 문장에 사물 주어가 (여성이 아니라) 남성의 행동을 모호하게 만들고 전기 주인공의 평판을 떨어뜨리지

않기 위해 사용된 드문 예다.
79. Wadhams, *Remembering Orwell*, p. 192.
80. 제인 카스웰의 녹음 기록 〈Jura Lives〉에서 인용. 이 녹음 기록은 '아가일 앤드 더 아일랜즈'의 지도자가 자금을 대는 주라섬 개발 신탁 프로젝트의 일환으로 제작되었다. 더 많은 정보는 다음에서 찾아볼 수 있다. isleofjura.scot/jura-lives-project/and discovery.nationalarchives.gov.uk/details/a/A14084701.
81. Taylor, p. 389.
82. Wadhams, *Remembering Orwell*, p. 195.
83. 다음을 참조하라. Crick, Appendix A, p. 408.
84. 오웰이 바르부르크에게 1948년 10월 22일에 쓴 편지. Warburg, p. 102.
85. Crick, p. 356.
86. 오웰이 반힐에서 데이비드 애스터에게 1948년 11월 19일에 쓴 편지. Davison (ed.), *A Life in Letters*, p. 422.
87. Wadhams, *Remembering Orwell*, p. 202.

깃털을 뽑아줘

88. 그리고 이 부분의 다른 인용문들은 모두 다음에서 인용했다. Jane Carswell interview in *Jura Lives*. 낸시 매클린은 1927년생, 플로라 맥도널드는 1931년생이다.

코츠월드 요양소, 크래넘, 1949년

89. Warburg, p. 119, Ibid., p. 103, Ibid., p. 106. 스탠스키와 에이브럼스는 아일린이 있었더라면 《1984》의 "격렬한 쓴맛"을 나아지게 할 수 있었을 거라고 생각한다. *The Transformation*, p.184. 오웰을 찾아간 브렌다는 "그가 심지어는 아주 사소한 부분에서도… 가학적인 성향을" 지니고 있다는 걸 알아차린다. "오웰이 저한테 말했어요. 자기는 면회 온 누구하고도 대면 접촉을 하면 안 된다고요. 그런데 그래 놓고는 또, '자, 이제 나한테 키스해 줘요.' 하는 거예요. 그래서 제가 안 된다고, 안 할 거라고 했더니, 오웰은 자기가 물을 마신 컵으로 저한테도 음료를 마시게 하려고 했어요. 하지만 전 거절했죠." Crick Archive.
90. 연인이었던 모리스 메를로퐁티는 소니아에게 이렇게 말한 적이 있었다. "사랑해, 아마도." 이는 그들의 관계 속에 존재했던 철학적이면서도 낭만적인 걸림돌을 어느 정도 보여주는 말일 것이다. Shelden, p. 348.
91. Diana Witherby in Wadhams, *Remembering Orwell*, p. 212.
92. Taylor, p. 413. 또한 다음을 참조하라. Hilary Spurling, *The Girl from the Fiction Department: A Portrait of Sonia Orwell*, Hamish Hamilton, 2002, p. 96.
93. 소니아가 다이애나 위더비에게 한 말. Wadhams, *Remembering Orwell*, p. 212.
94. 오웰이 재신타 버디콤에게 1949년 2월 15일에 쓴 편지. Davison (ed.), *A Life in Letters*, pp. 444-5.
95. Wadhams, *Remembering Orwell*, p. 205;
96. Wadhams, 'The Orwell Tapes', part 1.
97. Muggeridge, 'A Knight of the Woeful Countenance', in Gross (ed.), p. 173.

98. Spurling, pp. 149-50. 소니아는 오웰의 말을 곧이곧대로 받아들여 오랜 세월 동안 어떤 전기도 집필되지 못하게 막았다. 그러면서 오웰의 작품들을 능숙하고 세심하게 편집하고 홍보했다. 그 과정에서 소니아는 정보조사부(영국 외무부 산하의 선전 부서)와 협력해 《동물농장》이 많은 언어로 번역되게 했고, CIA와 협력해 영화화도 추진했다(하지만 이 영화에 대해서는 결국 졸작이라고 여겨 학교 상영을 금지했다). 소니아는 이언 앵거스와 함께 오웰의 권위 있는 산문집인 《조지 오웰의 산문, 기사, 편지 모음》(펭귄북스, 1968)을 편집하기도 했다. 소니아는 리처드를 위해 오웰의 유산을 관리했지만, 회계사에게 사기를 당해 빈곤 속에 세상을 떠났다. 다른 많은 작가들을 도우며 살아왔음에도 그랬다.

쇠

99. Wadhams, *Remembering Orwell*, p. 10; Ibid., pp. 209-10.
100. Dr James Nicholson, in Wadhams, 'The Orwell Tapes', Part 3.
101. 마지막 문학 노트, 1949, University College London Folios 5 and 6.
102. 오웰이 데이비드 애스터에게 1949년 9월 5일에 한 말. Crick, pp. 399-400.
103. Crick, p. 403.
104. Wadhams, *Remembering Orwell*, p. 215.
105. Crick, p. 404.
106. Taylor, p. 418.
107. Wadhams, *Remembering Orwell*, p. 216.
108. Bowker, p. 414.
109. Wadhams, *Remembering Orwell*, p. 216. 앤서니 파웰에게는 이런 식으로 떠오르는 물건이 그 진홍색 코듀로이 재킷이었던 모양이다. 그는 이렇게 쓴다. "종종 궁금해지곤 했어요, 그 친구가 그 옷을 입고 묻혔을지." Coppard and Crick, p. 247.

종장

되살리다

1. 넬리는 자신이 마땅히 받아야 한다고 여겼던 연금을 받는 데 어려움을 겪었고, 오웰이 죽고 난 뒤 몇 달 동안 신경쇠약에 시달렸다. 넬리는 1950년 여름 스프링필드 정신병원에 입원했고, 그곳에서 "손목 혈관을 그어 자살을 시도"했으며, 6월 22일에 뇌출혈로 사망했다. 다음을 참조하라. Darcy Moore, 'Orwell's Aunt Nellie,' *George Orwell Studies*, vol. 4, No. 2 (2020), pp. 30-44, at p. 42.

노라

2. 아일린이 노라에게 1938년 1월 1일에 쓴 편지. Davison (ed.), *A Life in Letters*, p. 97.
3. Rees, *Fugitive*, p. 139.
4. Rees, *Fugitive*, p. 146.

사진 출처

이 책에 실린 이미지들은 해당 저작권 소유자들의 친절한 허락 아래 수록되었습니다. 혹시라도 정확히 표기되지 않은 사진이 있다면 연락해 주시기 바랍니다.

8쪽 　아일린 오쇼네시의 옥스퍼드 시절 노트(1924년경), 故 소니아 브라우넬 오웰의 유산, 오웰 아카이브
43쪽 　모자 © Noun Project
46쪽 　케르베로스 © Noun Project
49쪽 　노라 사임스 마일즈 © Margaret Durant
52쪽 　그리니치에 있던 로런스와 그웬의 저택 © Quentin Kopp
57쪽 　리디아 잭슨, 리즈대학교 도서관 특별 소장품, 리즈 러시아 아카이브 1394/11988
69쪽 　리처드 리스, 오웰 아카이브
87쪽 　아일린의 옥스퍼드 시절 노트(1924년경), 故 소니아 브라우넬 오웰의 유산, 오웰 아카이브
117쪽 　결혼 증명서(1936년 6월), 본 출판사는 이 서식의 양식에 대해 영국 정부 저작권(Crown copyright)을 인정하며, 해당 서식에 기재된 내용에 대해서는 크라운이 소유권을 주장하지 않는 것으로 이해하고 있습니다.
124쪽 　작업실 화이트보드 © Anna Funder
141쪽 　월링턴의 교회 묘지에 있는 오웰, 결혼식 당일로 추정된다. 오웰 아카이브
154쪽 　바르셀로나의 레닌 막사(1936년), 월드 히스토리 아카이브, 알라미 스톡 포토
157쪽 　조르주 코프, 카탈로니아(1937년), 오웰 아카이브
158쪽 　알쿠비에레 산맥 전선. 오웰이 처음 배치된 참호를 복원해 놓은 곳에서 우에스카 외곽 파시스트 진지를 건너다본 장면이다. © Quentin Kopp
162쪽 　염소 © Noun Project
172쪽 　1936년에서 1945년 사이 우에스카에서 총살된 사람들을 기리는 기념비 © Anna Funder
176쪽 　바르셀로나의 로이스 오어, 엘리자베스 커식 제공
185쪽 　영국인들로 구성된 '톰 만' 부대, 오스트레일리아국립대학교 아카이브, N171
187쪽 　전선의 아일린, 오웰 아카이브
197쪽 　데이비드 크룩, 스페인(1937년), David Crook © 1990, Crook family © 2004
201쪽 　바르셀로나의 카페 모카(1930년대), 스페인 문화체육부 역사기억기록센터, 센텔레스 아카이브, 사진 번호 2911
210쪽 　카페 모카 내부(1937년 5월), 작자 미상, 카탈로니아 국립아카이브, 카탈로니아 자치정부(제2공화국), 자료 번호 ANC1-1-N-3996, 1937년 5월 3일 및 7일
221쪽 　아일린이 블레어 가족에게 보낸 전보, 故 소니아 브라우넬 오웰의 유산, 오웰 아카이브
226쪽 　"가면을 벗어라!" 바르셀로나의 공산당 선전 포스터(1937년), 스페인의 공산주의정당 POUM에서 최초 발행, 워릭대학교 현대기록센터 소장

275쪽   마르크스, 캐서린 몬큐어
298쪽   모로코의 아일린, 오웰 아카이브
334쪽   정원 끝에서 바라본 윌링턴의 시골집, 캐서린 몬큐어
343쪽   그리니치 저택에 있는 로런스, 오웰 아카이브
345쪽   세너트 하우스, 폴 리들-VIEW, 알라미 스톡 포토
358쪽   아기 로런스를 안고 있는 그웬을 촬영하고 있는 로런스, 오웰 아카이브
373쪽   1940년 런던 상공의 비행운, PA 이미지, 알라미 스톡 포토
376쪽   런던 상공의 방공기구 풍선들, 나이데이 픽처 라이브러리, 알라미 스톡 포토
400쪽   레티스 쿠퍼, 페르세포네 북스
430쪽   아일린과 리처드(1944년), 오웰 아카이브
471쪽   장대나물, 프랭크 헤커, 알라미 스톡 포토
472쪽   아일린이 오웰에게 쓴 마지막 편지, 고故 소니아 브라우넬 오웰의 유산, 오웰 아카이브
473쪽   아일린이 오웰에게 쓴 마지막 편지, 고故 소니아 브라우넬 오웰의 유산, 오웰 아카이브
493쪽   독일제 루거 권총, 칼 밀러, 알라미 스톡 포토
503쪽   소니아 브라우넬, 1949년 10월 〈호라이즌〉 마지막 근무일에 사무실에서, 오웰 아카이브
528쪽   철쭉 덤불에 꽃이 핀 반힐 전경(2017년) ⓒ Anna Funder
535쪽   아일린(1941년), 오웰 아카이브
541쪽   아르들루사의 저택 ⓒ Andrew & Claire Fletcher
548쪽   주라섬에서 바라본 '꼭지들' ⓒ Anna Funder

627

참고문헌

조지 오웰의 단행본

Animal Farm, Penguin Books, Harmondsworth, 1980 [originally published in 1945]. [《동물농장》, 도정일 옮김, 민음사, 1998]

Burmese Days, Oxford University Press, Oxford, 2021 [1934]. [《버마의 나날》, 공진호 옮김, 현암사, 2023]

The Collected Essays, Journalism and Letters of George Orwell, vols 1-4, Sonia Orwell & Ian Angus (eds), Penguin Books, Harmondsworth, 1970.

The Complete Works of George Orwell, Peter Davison (ed.), Secker & Warburg, London, 1998.

Down and Out in Paris and London [1933], in *The Penguin Complete Longer Non-Fiction of George Orwell*, Penguin Books, Harmondsworth, 1983, pp. 7-153. [《파리와 런던의 밑바닥 생활》, 신창용 옮김, 삼우반, 2008]

Essays, Penguin Modern Classics, Penguin Books, London, 2000.

Homage to Catalonia, Penguin Books, London, 2000 [1938]. [《카탈로니아 찬가》, 정영목 옮김, 민음사, 2001]

Nineteen Eighty-Four, Penguin Books, Harmondsworth, 1984 [1949]. [《1984》, 정회성 옮김, 민음사, 2003]

Politics and the English Language and Other Essays, Benediction Classics, Oxford, 2010.

The Road to Wigan Pier [1937], in *The Penguin Complete Longer Non-Fiction of George Orwell*, Penguin Books, Harmondsworth, 1983, pp. 155-299. [《위건 부두로 가는 길》, 이한중 옮김, 한겨레출판, 2023]

단행본

Acton, Harold, *More Memoirs of an Aesthete*, Hamish Hamilton, London, 1986 [1970].

Baldwin, James, 'My Dungeon Shook: Letter to My Nephew on the One Hundredth Anniversary of the Emancipation' [1963], in Toni Morrison (ed.), *James Baldwin: Collected Essays*, Library of America edition, New York, 1998. [제임스 볼드윈, 〈나의 감옥이 흔들렸다: 노예 해방 1백 주년을 맞아 조카에게 보내는 편지〉, 《단지 흑인이라서, 다른 이유는 없다》, 박다솜 옮김, 열린책들, 1962]

Bowker, Gordon, *George Orwell*, Abacus, London, 2004.

Buddicom, Jacintha, *Eric & Us*, Finlay Publisher, Chichester, 2006 [1974].

Connolly, Cyril, *Enemies of Promise*, University of Chicago Press, Chicago, 2008 [1938].

Cooper, Lettice, *Black Bethlehem*, Cedric Chivers Ltd, London, 1971 [1947].

Coppard, Audrey & Bernard Crick (eds), *Orwell Remembered*, Ariel Books, London, 1984.

Crick, Bernard, *George Orwell: A Life*, Secker & Warburg, London, 1980.

Davidson, Peter (ed.), *George Orwell: A Life in Letters*, Liveright Publishing Corporation, New York, 2013 [2010].

— *The Lost Orwell*, Timewell Press, London, 2006.

De Beauvoir, Simone, *The Second Sex*, Penguin Random House, New York, 2011 [1949]. [시몬 드 보부아르, 《제2의 성》, 이정순 옮김, 을유문화사, 2021]

Engels, Friedrich, *The Origin of the Family, Private Property and the State*, Penguin Books, London, 2010 [1884]. [프리드리히 엥겔스, 《가족, 사유재산, 국가의 기원》, 김대웅 옮김, 두레, 2012]

Fen, Elisaveta, *A Russian's England: Reminiscences of Years 1926-1940*, Paul Gordon Books, Warwick, UK, 1976.

Fyvel, T. R., *George Orwell: A Personal Memoir*, Weidenfeld & Nicolson, London, 1982.

Gross, Miriam (ed.), *The World of George Orwell*, Weidenfeld & Nicolson, London, 1971.

Lerner, Gerda, *The Creation of Patriarchy*, Oxford University Press, New York, 1987. [거다 러너, 《가부장제의 창조》, 강세영 옮김, 당대, 2004]

Meyers, Jeffrey, *Orwell: Wintry Conscience of a Generation*, W. W. Norton, New York, 2000.

Orr, Lois, *Letters from Barcelona: An American Woman in Revolution and Civil War*, Gerd-Rainer Horn (ed.), Palgrave Macmillan, London, 2009.

Powell, Anthony, *Infants of the Spring*, Heinemann, London, 1976.

Rees, Richard, *George Orwell: Fugitive from the Camp of Victory*, Southern Illinois University Press, Carbondale, 1961.

— *A Theory of My Time: An Essay in Didactic Reminiscence*, Secker & Warburg, London, 1963.

Rilke, Rainer Maria, *Letters of Rainer Maria Rilke, 1892-1910* (trans. Jane B. Greene and M. D. Herter Norton), W. W. Norton, New York, 1969.

Rose, Phyllis, *Parallel Lives: Five Victorian Marriages*, Penguin Books, Harmondsworth, 1983.

Shelden, Michael, *Orwell: The Authorized Biography*, HarperCollins, New York, 1991.

Spurling, Hilary, *The Girl from the Fiction Department: A Portrait of Sonia Orwell*, Hamish Hamilton, London, 2002.

Stansky, Peter & William Abrahams, *The Unknown Orwell* (1972) and *Orwell: The Transformation* (1979), published in one volume by Stanford University Press, Stanford, 1994.

Taylor, D. J., *Orwell: The Life*, Vintage, London, 2003.

Topp, Sylvia, *Eileen: The Making of George Orwell*, Unbound, London, 2020.
Volodarsky, Boris, *Stalin's Agent: The Life and Death of Alexander Orlov*, Oxford University Press, Oxford, 2014.
Wadhams, Stephen, *Remembering Orwell*, Penguin Books, Ontario, 1984.
Warburg, Fredric, *All Authors Are Equal: The Publishing Life of Fredric Warburg 1936-1971*, Plunkett Lake Press, Lexington, 2019 [1973].
Wildemeersch, Marc, *George Orwell's Commander in Spain: The Enigma of Georges Kopp*, Thames River Press, London, 2013.
Woolf, Virginia, *A Room of One's Own*, Penguin Books, London, 2000 [1929]. [버지니아 울프, 《자기만의 방》, 공경희 옮김, 열린책들, 2022]
— *A Room of One's Own* [1929] and *Three Guineas* [1938], Penguin Books, London, 2019.
Wordsworth, William, *The Prelude*, Penguin Books, London, 1996 [1798, 1799, 1805, 1850]. [윌리엄 워즈워스, 《서곡》, 김승희 옮김, 문학과지성사, 2009]

정기간행물

Cooper, Lettice, 'Eileen Blair', *The PEN: Broadsheet of the English Centre of International PEN*, no. 16, Spring 1984, pp. 19-20.
Crimp, Jason, 'A Man of Much Voice and No Song', *Orwell Society Journal*, no. 14, Spring 2019, pp. 15-18.
Fen, Elisaveta, 'George Orwell's First Wife', *The Twentieth Century*, vol. 168, August 1960, pp. 115-26.
Hatton, T. J. & R. E. Bailey, 'Female Labour Force Participation in Interwar Britain', *Oxford Economic Papers*, vol. 40, no. 4, December 1988, pp. 695-718.
Orwell, George, 'As I Please', *Tribune*, 9 February 1945, *Collected Essays, Journalism and Letters*, vol. 3, pp. 375-78. Accessible at telelib.com/authors/O/OrwellGeorge/essay/tribune/AsIPlease19450209.html. [조지 오웰, 〈나 좋을 대로〉, 《나는 왜 쓰는가》, 이한중 옮김, 한겨레출판, 2010]
— 'Benefit of Clergy: Some Notes on Salvador Dali' [1944], in *The Collected Essays, Journalism and Letters of George Orwell*, Sonia Orwell & Ian Angus (eds), Secker & Warburg, London, 1970, [1968], vol. 3, pp. 156-65. Accessible at orwell.ru/library/reviews/dali/english/e_dali.
— 'Charles Dickens' [1940], in *Essays*, Penguin Books, London, 2000.
— 'The Lion and the Unicorn: Socialism and the English Genius' [1941], in *Why I Write* (Penguin Great Ideas), Penguin Books, New York, 2005, pp. 11-94. [조지 오웰, 〈사자와 유니콘: 사회주의와 영국의 특질〉, 《조지 오웰 산문선》, 허진 옮김, 열린책들, 2020]
— 'The Prevention of Literature', *Polemic*, no. 2, January 1946, in Sonia Orwell & Ian Angus (eds), *The Collected Essays, Journalism and Letters of George Orwell*,

Secker & Warburg, London, 1970, [1968], vol. 4, pp. 59-72. Accessible at orwellfoundation.com/the-orwell-foundation/orwell/essays-and-other-works/the-prevention-of-literature/. [조지 오웰, 〈문학 예방〉, 《나는 왜 쓰는가》, 이한중 옮김, 한겨레출판, 2010]

—'Reflections on Gandhi', Partisan Review, January 1949, in *The Collected Essays, Journalism and Letters of George Orwell*, Sonia Orwell & Ian Angus (eds), Secker & Warburg, London, 1970 [1968], vol. 4, pp. 463-70. Accessible at orwell.ru/library/reviews/gandhi/english/e_gandhi. [조지 오웰, 〈간디에 대한 단상〉, 《조지 오웰 산문선》, 허진 옮김, 열린책들, 2020]

—'Revenge is Sour', *Tribune*, 9 November 1945, in *The Collected Essays, Journalism and Letters of George Orwell*, Sonia Orwell & Ian Angus (eds), Secker & Warburg, London, 1968, vol. 4, pp. 3-6. Accessible at orwell.ru/library/articles/revenge/english/e_revso.

—'Why I Write' [1946] (Penguin Great Ideas), Penguin Books, New York, 2005, pp. 1-10. [조지 오웰, 〈나는 왜 쓰는가〉, 《나는 왜 쓰는가》, 이한중 옮김, 한겨레출판, 2010]

Stradling, Rob, 'The Spies Who Loved Them: The Blairs in Barcelona, 1937', *Intelligence and National Security*, vol. 25, no. 5, pp. 638-55.

Woolf, Virginia, 'Professions for Women', a paper read to the National Society for Women's Service, London branch, 21 January 1931. [버지니아 울프, 〈여성의 직업〉, 《집 안의 천사 죽이기》, 최애리 옮김, 열린책들, 2022]

온라인

Bowker, Gordon, 'Orwell's London', The Orwell Foundation, 2008 [2006], orwellfoundation.com/the-orwell-foundation/orwell/articles/gordon-bowker-orwells-london/.

McCrum, Robert, 'H. G. Wells, Keynes, Orwell... my years at the heart of the Bloomsbury Set', The Guardian, 12 June 2016, theguardian.com/books/2016/jun/11/anne-olivier-bell-last-survivor-bloomsbury-set.

McNair, John, 'Spanish Diary', pamphlet produced by the Greater Manchester Independent Labour Publications, 1979, independentlabour.org.uk/wp-content/uploads/2015/11/John-McNair-Spanish-Diary.pdf.

Moore, Darcy, 'Orwell in Paris: Aunt Nellie', 21 January 2020, darcymoore.net/2020/01/21/orwell-paris-aunt-nellie/.

The Orwell Archive, University College London, ucl.ac.uk/library/digital-collections/collections/orwell.

'Richard Rees', Spartacus Educational website, September 1997 (updated January 2020), spartacus-educational.com/SPreesR.htm.

Topp, Sylvia, 'George Talks', The Orwell Society, interview with Sylvia Topp, 21 March 2021, orwellsociety.com/about-the-society/george-talks/page/3/.

Tortorici, Dayna (ed.), 'Reading While Female: How to Deal with Misogynists and Male Masturbation', No Regrets: Three Discussions, n+1 Small Book Series 5, The Cut, 3 December 2013, thecut.com/2013/12/reading-while-female-misogynists-masturbation.html.

UN Women, 'Equal Pay for Work of Equal Value', n.d., unwomen.org/en/news/in-focus/csw61/equalpay:~:text=This%20stubborn%20inequality%20in%20the,in%20different%20jobs%20than%20men.

'Under Siege: The Kitchen Front', website about The Kitchen Front radio program produced by Ministry of Food & BBC Radio, 2023, bbc.com/historyofthebbc/research/kitchen-front/.

오디오

Carswell, Jane, Jura Lives [audio interviews], Jura Development Trust Project. 더 많은 정보는 다음을 참조하라. isleofjura.scot/jura-lives-project/ and https://discovery.nationalarchives.gov.uk/details/a/A14084701.

Wadhams, Stephen (presenter), 'The Orwell Tapes', parts 1-3, Canadian Broadcasting Corporation, originally aired April 2016, cbc.ca/radio/ideas/the-orwell-tapes-part-1-1.3513191.